Anonymous

Mittheilungen des K.u.K. Kriegs-Archivs

Anonymous

Mittheilungen des K.u.K. Kriegs-Archivs

ISBN/EAN: 9783744679886

Hergestellt in Europa, USA, Kanada, Australien, Japan

Cover: Foto ©ninafisch / pixelio.de

Weitere Bücher finden Sie auf **www.hansebooks.com**

MITTHEILUNGEN

DES

K. UND K. KRIEGS-ARCHIVS.

HERAUSGEGEBEN

VON DER

DIRECTION DES K. UND K. KRIEGS-ARCHIVS.

NEUE FOLGE.

V. BAND.

MIT VIER TAFELN.

WIEN 1891.

VERLAG VON L. W. SEIDEL & SOHN.

K. UND K. HOFBUCHHANDLER.

INHALT.

Die Fortsetzung der »Kriegs-Chronik« im VI. Band. Die »Kriegs-Chronik« erscheint zugleich vollständig (I. Theil: Böhmen, Mähren, Schlesien; II. Theil: Donau-Thal und österreichische Alpenländer; III. Theil: Ungarn. Dalmatien, Bosnien; IV. Theil: Galizien und Bukowina) bei L. W. Seidel & Sohn, k. u. k. Hofbuchhändler in Wien.

OESTERREICH IM KRIEGE

GEGEN DIE FRANZOESISCHE REVOLUTION 1792.

VON

HAUPTMANN HAUSENBLAS

—

Benützte Quellen: Acten des k. und k. Kriegs-Archivs — Acten des k und k. Landesbeschreibungs-Archivs. — Acten des k und k Haus-, Hof- und Staats-Archivs. — Chuquet. La première invasion prussienne, Paris 1886. — Crome, Statistisch-geographische Beschreibung der sämmtlichen österreichischen Niederlande Leipzig 1785. — Dumouriez, La vie du géneral Dumouriez, Hamburg 1795. — Geschichte der ersten vier Feldzüge des französischen Revolutionskrieges. Von einem deutschen Officier, Deutschland 1805. — Gournay, Journal militaire. Jahrgänge 1789. 1790, 1791, 1792. — Herrmann, Diplomatische Correspondenzen aus der Revolutionszeit 1791 bis 1797. Gotha 1867. — Karl, Erzherzog. Geschichte des ersten Krieges der französischen Revolution vom Jahre 1792 bis 1797 in den Niederlanden, Frankreich, Deutschland, Italien und Spanien. (Im 3. Band der österreichisch-militärischen Zeitschrift 1865.) — Lafayette, Mémoires, correspondences et manuscrits du général. Paris 1837. — Massenbach, Memoiren zur Geschichte des preussischen Staates unter den Regierungen Friedrich Wilhelm II. und Friedrich Wilhelm III. — Moniteur, Jahrgänge 1791, 1792. — Neuester Kriegs-Schauplatz oder Blick auf die nördlichen und östlichen Gegenden Frankreichs vom Pas de Calais bis zu den Alpen von Savoyen. Leipzig 1815. — Pascal, Histoire de l'armée et de tous les régiments. Paris 1847. — Poisson, L'armée et la garde nationale. Paris 1885. — Ranke, Ursprung und Beginn der Revolutionskriege 1791 und 1792. Leipzig 1875. — Rousset. Die Freiwilligen von 1791 - 1794. Berlin 1875. — Renouard, Geschichte des französischen Revolutionskrieges im Jahre 1792 Cassel 1865. — Sybel, Geschichte der Revolutionszeit von 1789 bis 1795. Düsseldorf 1858. — Tableau historique de la guerre de la révolution de France. Paris 1808. — Vivenot, Quellen zur Geschichte der deutschen Kaiserpolitik Oesterreichs. Wien 1873. — Widdern, Der Rhein und die Rheinfeldzüge Berlin 1869. — Widdern, Belgien. Nord-Frankreich, der Nieder-Rhein und Holland als Kriegsfeld. Berlin 1870.

Die grosse revolutionäre Bewegung, welche gegen Ende des achtzehnten Jahrhunderts Frankreich durchwühlte und den Sturz des monarchischen Systemes so unzweifelhaft und unverhüllt zum nächsten Ziele hatte, stellte das Land hiedurch in einen schroffen Gegensatz zu den Mächten Europas. Der Umstand, dass die revolutionäre Partei in Frankreich ihre leidenschaftliche Agitation weit über die Grenzen des eigenen Landes hinaustrug und sich zur Beschützerin der unzufriedenen Elemente aller anderen Staaten aufwarf, verschärfte jenen Gegensatz auf das Aeusserste. Der Aufstand der Niederländer vom Jahre 1789 gegen die österreichische Herrschaft war „hauptsächlich durch das Beispiel und die Aufmunterung der französischen Aufwiegler entstanden," [1] welche auch im Breisgau, in der Lombardie, im benachbarten Sardinien, in Spanien wie anderwärts Unruhen zu stiften trachteten, so dass es wohl nöthig schien, „dem ferneren Einflusse einer solchen Nachbarschaft hinlänglich zu steuern." [2]

Die milden und versöhnlichen Massregeln Kaiser Leopold II. hatten einer nachdrücklichen Unterstützung durch die Macht der Waffen bedurft, um die Bevölkerung der österreichischen Niederlande wieder einigermassen zu beruhigen und den Verlust der schönen und reichen Provinz zu verhindern.

Wie grosse Missgriffe geschehen mussten, um das Volk der Wallonen, durch Menschenalter zu den treuesten Söhnen Habsburgs zählend, zu Rebellen gegen das Kaiserhaus zu machen, so reichten

- - -

[1] u. [2] Kaunitz an den Fürsten von Reuss. Wien, 13. December 1790. Vivenot. Quellen zur deutschen Kaiserpolitik Oesterreichs. I. 56.

jetzt die friedlichen und die strengen Mittel nicht hin, um die einmal
erschütterte Autorität wieder in alter Kraft aufleben zu lassen. Es
traten aber im Laufe der Bewegung ausserdem revolutionäre
Erscheinungen in den Vordergrund, die nichts gemein hatten mit
der Auflehnung gegen jene Gesetze, welche Kaiser Josef II. einzu-
führen versucht. Ueber die Vertheidigung der alten Landes-
verfassung hinaus drängte sich der Republikanismus der französischen Jacobiner zu mächtigem Einfluss heran und die Opposition in
Belgien im Jahre 1792 war in ihrem Wesen eine ganz andere als
jene des Jahres 1788. Es hätte langer friedlicher Weiterentwick-
lung, weiser Verwaltung und kluger Behandlung bedurft, um
wieder gutzumachen, was eigene Fehler, wie nicht minder die
Aufreizungen und heimliche Unterstützung der Unzufriedenheit
durch England und Preussen an dem tüchtigen Volke verschuldet
hatten und um endlich dem Weitergreifen jenes Demagogenthums
einen kräftigen Damm entgegenzusetzen, welches jetzt von Paris
seine Losung empfing und sich in zahlreichen Clubs und geheimen Gesellschaften über die Niederlande und Deutschland aus-
zubreiten begann. Dieser dauernde Friede war nicht dem Kaiser-
hause, nicht den Völkern gegönnt. Die Grundsätze und Ideen der
Revolution trugen nun die Früchte, die sie ihrer Natur nach tragen
mussten. Ein Sturm hatte sich erhoben, der kein Land unberührt
liess.

Ludwig XVI., König von Frankreich, der Gatte der edlen
Tochter Maria Theresias, Maria Antoinette, ein Fürst, gütig und
mild wie Keiner vor ihm auf Frankreichs Thron, wie berufen,
durch seine eigenen Tugenden die schweren Ausschreitungen gegen
Recht und Sitte zu sühnen, die seine Vorgänger Ludwig XIV.
und Ludwig XV. begangen, hatte 1789 dem heftigen Drängen
einer planvoll geleiteten öffentlichen Meinung nachgebend, eine
allgemeine Stände-Versammlung seines Reiches berufen. Aber zur
ehrlichen Unterstützung des edlen Willens ihres Königs waren die
meisten dieser Männer nicht gekommen. Mit dem bewussten Ziel,
dem Königthum die Macht zu entreissen, der geheiligten Souveränität des legitimen Königs eine Souveränität des Volkes,
oder richtiger, der revolutionären Partei entgegenzustellen, giengen
die Abgeordneten, besonders jene des sogenannten „dritten
Standes" an ihr Werk. Schritt um Schritt ertrotzten sie neue

Vortheile, Schritt um Schritt zerstörten sie die Macht und das
Ansehen des Königs. Ludwig XVI. war nicht der Mann, um
im Nothfalle mit dem Degen die Rechte der Krone zu vertheidigen,
er wusste mit Heroismus zu dulden, aber für die einzige und
sicherste Stütze, die er in so ernster Zeit sich sorgfältig zu bewahren so vielen Grund gehabt, das Heer, besass er keinen
Sinn.

Jedes Zugeständniss des Königs wurde nur zum Mittel neuer
massloser Forderungen. Tumulte und politischer Mord machten
sich in Paris breit und als die Demagogen einen förmlichen
Heereszug des Pöbels organisirt hatten, um die königliche Familie
zur Rückkehr von Versailles nach Paris zu zwingen, eine That,
die von scheusslichen Ausschreitungen und feigen Mordthaten begleitet war, da war König Ludwig XVI. zur Machtlosigkeit herab-
gedrückt, ein Spielball in den Händen der herrschenden Partei
der National-Versammlung, des letzten Scheines seiner Freiheit,
selbst seines Lebens nicht länger sicher.

Zur Zeit, als die Revolution in Frankreich ihr Haupt erhob
und an dem alten Königsthron, der neun Jahrhunderte hindurch festgehalten, so mächtig zu rütteln begann, waren die Staaten
Europas von den verschiedensten politischen Gegensätzen erfüllt
und konnten der Revolution gegenüber höchstens eine beobachtende
Haltung annehmen. Oesterreich war im Bunde mit Russland in
einen langwierigen Krieg mit der Türkei verwickelt. Dem Bünd-
nisse der beiden Kaiserhöfe stand eine preussisch-englisch-hollän-
dische Allianz mit der ausgesprochenen Absicht entgegen, die Pforte
in ihrem Bestande zu erhalten. Zwischen Preussen und der Türkei
bestand ausserdem noch ein besonderes Bündniss, welches der
Pforte den Länderbesitz, so wie er vor dem Kriege mit Oesterreich
war, garantirte. Schweden rüstete zum Kriege gegen Russland,
während Spanien, Neapel und Sicilien durch innere Gährungen
zu sehr beschäftigt waren, um sich, trotz der von Frankreich her
drohenden Gefahr, auch noch nach auswärts in Verwicklungen
einlassen zu können. Die Revolution fand so von Aussen dieselbe
Schwäche, welche ihr im Innern begegnete und alle Dämme über-
fluthend, wuchs mit ihrer Ausdehnung auch die Entartung.

Die Fürsten Europas konnten sich indessen der Erkenntnis der
Gefahr doch nicht ganz verschliessen, welche für das monarchische
Princip und die bestehende Ordnung in der Herabwürdigung der
Krone Frankreichs erwuchs und wenn auch die Bedeutung dieser
Gefahr noch immer nicht im vollen Masse gewürdigt wurde, so
betrachtete man doch den Zeitpunct als gekommen, um entschei-
dendere Schritte gegen die Revolution zu unternehmen. „Die
Ehre aller Souveräne und die Sicherheit aller Staaten ist com-
promittirt", schrieb Kaiser Leopold II. unter dem Eindrucke der
missglückten Flucht Ludwig XVI. an die Kaiserin von Russland
und an die Könige von Spanien, England, Preussen, Neapel und
Sardinien, welche er in dringenden Worten aufforderte, sich mit
ihm über jene Massregeln zu einigen, welche nöthig seien, „um
die Freiheit und Ehre des allerchristlichsten Königs und seiner
Familie zu retten und den gefährlichen Ausschreitungen der französischen Revolution eine Grenze zu setzen". [1] Der Kaiser schlug
eine gemeinschaftliche Declaration aller Mächte vor, durch welche
er die Führer der Revolutionspartei „zur Einsicht zu bringen und
von verzweifelten Schritten abzuhalten" hoffte. [2]

Eine gemeinsame, alle Staaten gegen das Treiben der Revolution
zusammenfassende Politik war es also, welche Kaiser Leopold II.
anstrebte. Darin aber bestand eben die Schwierigkeit, dass es unmöglich war, so rasch als es nöthig gewesen wäre, eine einheitliche
Action zu Gunsten Ludwig XVI. in das Werk zu setzen. „Die
Verschiedenheit der Absichten und Interessen aller Theilnehmer
(an der vorgeschlagenen Declaration) lässt billig besorgen, dass es
sehr schwer sein wird, die fremden Höfe unter sich und nebstbei
die geflüchteten Prinzen, Royalisten, Aristokraten zu gemeinsamen
Zwecken und Operationen zu vereinigen, ohne welche Vereinigung
aber nichts Erspriessliches zu hoffen ist," schrieb Kaunitz, der
erprobte Lenker der österreichischen Politik an den Grafen Ludwig
Cobenzl [3]. Der vielerfahrene Staatsmann hatte nur zu sehr Recht.
England, dessen Interesse es durchaus nicht war, Frankreich,
seinen steten Rivalen zur See, wieder gesunden zu sehen, „wich
einer directen Erklärung über die diesseits gemachten Anträge

---

[1] u. [2] Circular-Schreiben des Kaisers vom 6. Juli 1791. Vivenot I. 185.
[3] Kaunitz an Ludwig Cobenzl, Wien, 23. Juli 1791. Vivenot I. 202.

unter verschiedenen Vorwänden aus, gab aber den Höfen von
Petersburg und Berlin seinen Entschluss nicht undeutlich zu erkennen, sich in den französischen Angelegenheiten neutral zu verhalten. Der Berliner Hof fand anfangs ein Bedenken bei einer
gemeinschaftlichen Declaration und glaubte eine nähere Uebereinkunft über thätige Massnahmen bis zum gänzlichen Friedens-
schluss (Oesterreichs) mit den Türken aussetzen zu sollen. Der
Hof von Madrid verbarg die Hindernisse und Beschwerlichkeiten
nicht, welche die Ungewissheit über die englische Gesinnung und
die Rücksichten auf die Selbsterhaltung seinem aufrichtigen Eifer
für die gute Sache in den Weg legen dürften. Sardinien verlangte
selber Hilfe (von Oesterreich), um die Ruhe im eigenen Lande
aufrecht halten zu können," während Russland lange mit einer
bestimmten Antwort zögerte. [1] So sah sich denn Kaiser Leopold
mit seinen Bestrebungen zur Bekämpfung der Revolution ver-
einzelt und allein konnte Oesterreich sich damals in neue kriegerische Verwicklungen nicht einlassen. Noch war der Friede mit
der Pforte nicht abgeschlossen, noch bestand das gegen Oesterreich
gerichtete preussisch-türkische Bündniss in Kraft, die Niederlande
waren nach blutigen Kämpfen kaum erst unterworfen, in Ungarn
gab es viele unzufriedene Elemente und gross waren die Opfer an
Geld und Blut, welche der letzte Türkenkrieg gefordert, so dass
Finanzen und Armee dringend der Ruhe bedurften. [2] Günstiger
gestaltete sich die Lage der Monarchie, als am 4. August 1791 der
Friede von Sistowa mit der Pforte zu Stande kam und Preussen
bald darauf die gegenstandslos gewordene Allianz mit der Türkei
aufhob. [3] Kaiser Leopold setzte nun seine im Interesse der

[1] Kaunitz an den Kurfürsten von Mainz, 11. November 1791 und an
Ludwig Cobenzl, 12. November 1791, Vivenot I, 266, 271.

[2] Im November 1790 schilderte Kaunitz in einem Briefe an Ludwig Cobenzl
die Lage der Monarchie, welche sich seither nicht wesentlich gebessert hatte,
wie folgt: „Es hängt das Heil der österreichischen Monarchie davon ab, dass ihr
die zur Wiedererlangung und Befestigung des Besitzes der Niederlande, zur
Sicherstellung des königlichen Ansehens in Ungarn, zur Herstellung ihrer
Truppen und Finanzen ganz unentbehrliche Ruhe gegönnt und sie nicht den
vereinigten Angriffen der Pforte, Preussens und der Seemächte, in dem Zeitpuncte, wo ihr die nöthigsten Widerstandsmittel gebrechen, preisgegeben werde.«

[3] Bischoffwerder's Erklärung. Wien, am 15. August 1791. Vivenot
I, 225

Erhaltung des Friedens schon im Jahre 1790 begonnene Annäherung an die Mächte der Tripelallianz, namentlich an Preussen, fort, dessen Monarch König Friedrich Wilhelm II. das Schicksal Ludwig XVI. ebenfalls tief mitempfand und von der Anschauung durchdrungen war, „man dürfe nicht aufkommen lassen, dass ein Land sich gegen seinen rechtmässigen Oberherrn empöre, in der Ueberzeugung, dass sich keine andere Regierung darum kümmern werde". [1]

Friedrich Wilhelm II. hatte ein hohes Vertrauen zu Kaiser Leopold gefasst und hegte den Wunsch nach einer persönlichen Zusammenkunft, auf welche der Kaiser bereitwilligst einging. [2]

Am 27. August kamen beide Monarchen in Pillnitz, einem Lustschlosse des Kurfürsten von Sachsen in der Nähe von Dresden, zusammen und unterzeichneten hier eine Declaration, in welcher sie ihre gemeinsamen Ansichten über die französischen Angelegenheiten zum Ausdrucke brachten und die Bereitstellung ihrer Truppen in der Erwartung zusagten, „dass auch die übrigen Fürsten die ihren Kräften angemessenen wirksamsten Mittel" ergreifen würden, um das gemeinschaftliche Ziel zu erreichen.

Als dieses Ziel bezeichnet ein Circulare des Wiener Hofes an die kaiserlichen Gesandten vom April 1792 theils die Herstellung der „verletzten Rechte der deutschen Reichs-Stände, jene des päpstlichen Stuhls und die Abwendung der Gefahren, welche jedem anderen Staate mehr oder weniger, früher oder später, durch die Verbreitung der französischen Seuche bevorstehen, theils die Aufrechthaltung der essentiellen Bestandtheile der monarchischen Regierungsform in Frankreich."

Das Circulare fügte in präcisen Ausdrücken bei, die Mächte hätten sich indessen keineswegs als berechtigt anzusehen, „von einer grossen, freien, selbstständigen, unabhängigen Macht wie die französische ist, zu fordern, dass entweder Alles, wie es vorhin war, in integrum restituirt oder gerade auf diesen oder jenen und keinen andern Fuss gesetzt werden solle." [3]

---

[1] Ranke, Ursprung und Beginn der Revolutionskriege 1791 und 1792, S. 102 und Friedrich Wilhelm II. an Jacobi, Berlin, 28. Juli 1791. Vivenot, I. 218.
[2] Leopold II. an Friedrich Wilhelm II. Mailand 19. Juni 1791. Vivenot I. 169.
[3] K. A. 1792, I. 4⅔.

Es handelte sich also nicht um die Wiederherstellung der früheren Zustände in Frankreich, die Quelle so vielen Unglücks, sondern zunächst um die Restitution „einer monarchischen Regierung, gleich entsprechend den Rechten der Fürsten und dem Wohle der Nation." [1]) Gleichzeitig fanden in Pillnitz auch Voreinleitungen zum Abschluss eines geheimen Allianzvertrages zwischen Oesterreich und Preussen statt. [2])

Die Pillnitzer Declaration war von hoher politischer Bedeutung. Sie kennzeichnete nicht nur die Stellung Oesterreichs und Preussens der Revolution gegenüber, sondern bildete auch einen sichtbaren Wendepunct in der bisherigen Politik beider Mächte, welche sich zum Schaden des deutschen Reiches so lange Jahre feindselig entgegengestanden waren. [3]) Die Aufregung, welche diese Erklärung dagegen bei den Jacobinern hervorrief, war eine ungeheuere. Noch stand aber dem „Berg" eine gemässigtere Mehrheit in der National-Versammlung entgegen, noch besass diese selbst einige monarchische Gesinnung oder schützte sie wenigstens vor und als König Ludwig XVI. am 14. September 1791 die von der National-Versammlung ausgearbeitete Verfassung beschwor, hatte es den Anschein, als ob die Monarchie in Frankreich sich noch einmal und ohne auswärtige Hilfe emporzuraffen vermögen werde.

Am Wiener Hofe entschloss man sich daher, statt das gleich anfangs in Vorschlag gebrachte „active Concert gegen Frank-

[1]) Oesterreichisch-preussische Declaration, Pillnitz, 27. August 1791. Vivenot I, 234.

[2]) Geheimer Staats-Referendär Freiherr von Spielmann an den Fürsten Kaunitz. Prag, 31. August 1791. Vivenot I, 236.

[3]) Schon Kaiser Josef II. sagte über ein Bündniss Oesterreichs mit Preussen: „Wenn das Haus Oesterreich und das Haus Brandenburg sich aufrichtig verbinden und nach einem gemeinsamen Plane handeln, so haben sie sich weder vor einer, noch vor mehreren verbündeten Mächten zu fürchten und sie sind nicht blos die Schiedsrichter über Deutschland, sondern über ganz Europa, müssen von allen Mächten gesucht werden und haben nicht nöthig, sich um die Gunst irgend einer einzigen zu bekümmern".

Doch Kaunitz in Oesterreich und Hertzberg in Preussen waren gegen eine solche Politik ihrer Souveräne und erst nach dem Tode Kaiser Josef II., als Leopold II. gegen den Willen seines Kanzlers eine selbstständige Politik führte und Hertzberg beseitigt wurde, kam es zur Annäherung zwischen beiden Staaten.

reich zu realisiren, ein internationales passives Systéme de l'attente et de l'observation" zu versuchen[1]) und man gab sich schon der Hoffnung hin, den Krieg vermeiden zu können. Doch die Entscheidung hierüber lag nicht mehr in den Händen des Kaisers. Die Jacobiner begriffen ganz wohl, dass die Annahme der Constitution eine wenigstens augenblickliche Kräftigung der Monarchie bedeute und drängten unaufhörlich zum Kriege, indem sie in der zu erwartenden allgemeinen Verwirrung am raschesten die Früchte ihrer Bestrebungen reifen zu sehen hofften. Gestand doch Brissot, einer der wüthendsten und einflussreichsten Republikaner selbst zu: „Als ich auf die Kriegserklärung drang, da war es meine Absicht, das Königthum abzuschaffen."[2])

An Vorwänden zu einem Kriege konnte es nicht fehlen. Der Schutz und die Unterstützung, welche die Emigranten in den an Frankreich grenzenden Gebieten deutscher Fürsten gefunden, sowie die militärischen Rüstungen, welche die an der Spitze der Emigration stehenden Brüder Ludwig XVI. vornahmen, hatten längst die Aufmerksamkeit der Revolutionspartei erregt und wiederholt verlangten ihre Führer vom Könige, sowohl gegen die Emigranten, als gegen die deutschen Reichsfürsten, namentlich die Kurfürsten von Trier und Mainz, energische Schritte zu unternehmen. Kaiser Leopold hatte die Gefahr, welche aus der Emigrantenfrage für den Frieden, wie für Ludwig XVI. selbst entstehen konnte, vollkommen erkannt und nicht nur in den Niederlanden und in Vorder-Oesterreich jede bewaffnete Ansammlung von Emigranten untersagt,[3]) sondern auch an die Kurfürsten die eindringlichsten Ermahnungen gerichtet.[4])

Fürst Kaunitz liess durch den Chargé d'affaires von Kornrumpf auf diplomatischem Wege das Möglichste aufbieten, um ein

---

[1]) Circular-Erlass des Fürsten Kaunitz an die Gesandtschaften zu Petersburg, Madrid, Berlin, Neapel und Stockholm. Wien, 12. November 1791. Vivenot I, 270 und Vorlage der Staatskanzlei vom 17. Januar 1792. Vivenot I. 330.

[2]) Brissot à tous les republicains.

[3]) Kaunitz an den Kurfürsten von Mainz. Wien. 11. November 1791. Vivenot I. 266.

[4]) Der Kurfürst von Mainz an den Reichs-Vice-Kanzler. Mainz. 5. November 1791. Vivenot I. 261.

provocirendes Benehmen der im Trier'schen versammelten französischen Emigranten gegen Frankreich zu verhindern, während er dem Kurfürsten von Trier andererseits gegen den befürchteten Einbruch französischen Gesindels militärischen Schutz zuzusagen sich verpflichtet fühlte. Der Kurfürst war in der übelsten Lage; eine kategorische Note des französischen Ministers Grafen Vergennes vom 18. November 1791 schien ihn für die militärischen Vorbereitungen der Emigranten verantwortlich machen zu wollen, die zur Unterstützung des unglücklichen Königs allerdings ziemlich offen betrieben wurden. [1]) Der deutsche Reichsfürst fand indessen doch noch Mannhaftigkeit genug, dem mächtigen Nachbar schon am 20. November zu antworten, dass der König nicht frei sei und das geforderte Einschreiten gegen die Emigranten „n'est pas une suite de l'intention volontaire du Roi." [2])

Die Fürsten beeilten sich übrigens nicht zu sehr, den Wünschen des Kaisers nachzukommen und Anlässe zu diplomatischen Beschwerden der französischen Regierung fanden sich fortwährend. Es fiel daher den Jacobinern nicht schwer, ihrem ungestümen Kriegsverlangen eine gewisse Begründung zu verleihen und die öffentliche Meinung dafür zu erwärmen, die ihren Forderungen dem Könige gegenüber den nöthigen Nachdruck gab. Am 14. December 1791 erschien Ludwig XVI., umgeben von seinen Ministern, in der National-Versammlung und versprach, dem Kurfürsten von Trier erklären zu lassen, dass wenn dieser vor dem 15. Januar 1792 nicht allen Ansammlungen und Rüstungen der in sein Gebiet geflüchteten Franzosen ein Ende mache, er ihn als einen Feind Frankreichs ansehen müsse, während eine gleich darauffolgende Rede des Kriegsministers Narbonne der National-Versammlung ankündigte, dass der König die Aufstellung dreier Armeen an der Grenze befohlen habe. [3])

Die Situation begann ernst zu werden. Man war am Wiener Hofe zwar überzeugt, dass Ludwig XVI. den Krieg gewiss lieber vermeide, man wusste aber auch, dass bei dem täglich

---

[1]) K. A., Hof-Kriegs-Raths-Acten 1792; 1 ad 2.
[2]) K. A. H. K. R. 1792; 1a ad 2.
[3]) K. A.. H. K. R. 1792; 1 ad 1.

steigenden Einflusse der revolutionären Partei die Gesinnungen des
Königs allein keine Gewähr mehr bieten konnten und bei den hoch-
gehenden Leidenschaften, wie bei der eingerissenen allgemeinen Unordnung jedes unvorhersehbare Ungefähr den Krieg entfesseln könne.
In einer am 17. Januar 1792 unter Vorsitz des Kaisers abgehaltenen
Minister-Conferenz wurde daher beschlossen „von dem angenommenen
passiven Observationsplan weiter vorzurücken", die Mächte Europas
erneuert zu gemeinschaftlichem Vorgehen gegen die Revolution
aufzufordern und, wenn nöthig, die diplomatische Action durch eine
militärische Demonstration zu unterstützen. Dabei wurde jedoch
an dem Grundsatze festgehalten, „dass der Allerhöchste Hof sorgfältig vermeiden müsse, sich in einseitige, von der Beiwirkung
anderer und insonderheit des preussischen Hofes isolirte thätige
Massnahmen einzulassen." [1]) Es war dies im damaligen Momente umso mehr geboten, als Frankreich es eben versuchte, sich
mit England zu verständigen, sowie die österreichisch-preussische
Annäherung zu hintertreiben, [2]) während in Russland, welches am
9. Januar mit der Pforte Frieden geschlossen hatte, die Idee einer
zweiten Theilung Polens auftauchte, [3]) ein Plan, dem Preussen
beizustimmen nicht abgeneigt war, [4]) während Oesterreich die
Erhaltung eines selbstständigen Königreiches Polen zwischen seinen
Grenzen und dem russischen Reiche als den Interessen der Monarchie am meisten entsprechend ansah. [5]) Bei der von Russland
angestrebten Entscheidung in Polen war es daher nicht gleich-
giltig, ob Oesterreichs Heer sich allein im Kampfe mit Frankreich
befand, oder blos ein Theil desselben im Vereine mit den Contingenten der übrigen Mächte zur Bekämpfung der Revolution
verwendet wurde. Bevor eine Verständigung mit den anderen
Höfen erzielt war, musste daher alles vermieden werden, was eine
kriegerische Verwicklung mit Frankreich herbeiführen konnte.
Der Kaiser verfügte demnach nochmals die Auflösung der bewaffneten

[1]) Protokoll der Minister-Conferenz vom 17. Januar 1792. Vivenot I. 327.
[2]) Kaunitz an Mercy. Wien 13. Januar 1792. Vivenot I. 364.
[3]) Weiss. Weltgeschichte IX 43.
[4]) Kaunitz an Ludwig Cobenzl. Wien 12. November 1791. Vivenot I. 282.
[5]) Betrachtungen Kaunitz' über die polnischen Angelegenheiten. Vivenot
I. 418.

Emigranten-Corps in den Gebieten der Kurfürsten [1] und warnte die Grafen von Artois und Provence vor jeder Ueberstürzung. [2] Gleichzeitig wurde jetzt aber auch der Abschluss des Bündnisses mit Preussen eifriger betrieben und dasselbe kam am 7. Februar 1792 zu Stande. Sein Hauptinhalt war die gegenseitige Garantie des Besitzstandes, verbunden mit dem Uebereinkommen, dass jeder auswärtige Angriff auf eine der beiden Mächte mit gemeinschaftlichen Kräften zurückzuweisen sei. [3]

Während von Seite Oesterreichs alles geschah, um den Frieden zu erhalten, that die französische National-Versammlung, in der die Jacobiner völlig die Oberhand gewonnen, das Gegentheil. Am 25. Januar wurde über Antrag Brissot's eine Resolution angenommen, derzufolge Kaiser Leopold II. bis zum 1. März sich bestimmt auszusprechen habe, ob er mit der französischen Nation im Frieden leben wolle oder nicht und ob er auf alle gegen die Souveränität, Unabhängigkeit und Sicherheit der französischen Nation gerichteten Verträge zu verzichten bereit sei. Jede ausweichende Antwort sollte als Kriegserklärung zu betrachten sein. [4] Allerdings verweigerte der König diesem Beschlusse seine Sanction, doch wurde die Stimmung hiedurch nicht besser und immer kühner schritt der „Berg" auf seinem Wege vorwärts.

Inmitten dieser gespannten Situation starb am 1. März Kaiser Leopold II. Sein Sohn Franz blieb dem politischen System des Vaters treu, die Revolution in Frankreich nur im Vereine mit den übrigen Mächten bekämpfen zu wollen. Die herausfordernden, unter dem Einflusse der Jacobiner verfassten Noten der französischen Regierung liess König Franz in ruhiger, aber kraftvoller Weise beantworten und war der Inhalt dieser Antworten „hauptsächlich gegen eine zügellose Menschenclasse gerichtet, deren Grundsätze jeder ordentlichen Landesregierung den Umsturz drohen und gerade zur

[1] Kaunitz an den Prinzen von Nassau-Usingen. Wien 17. Januar 1792. Vivenot I. 326.

[2] Leopold II. an die Grafen von Provence und Artois. Wien 16. Januar 1792. Vivenot I. 326.

[3] Ranke. Revolutionskriege 166.

[4] Moniteur vom 26. Januar 1792.

allgemeinen Anarchie führen." [1] In der National-Versammlung aber
wurde jede österreichische Note als ein Eingriff in die inneren Angelegenheiten Frankreichs erklärt und das Geschrei nach Krieg
immer lauter. In der Sitzung vom 10. März brachen sich die Leidenschaften vollends Bahn. Oesterreich wurde auf das heftigste angegriffen und Brissot suchte in einer feurigen Rede den Beweis zu
erbringen, der Krieg gegen Franz II. sei so gut wie eröffnet,
da die Frist bereits verstrichen sei, die man zur Abgabe jener
Erklärung gestellt habe. Das noch einigermassen royalistische
Ministerium Delessart wurde des Hochverrathes beschuldigt, gestürzt
und der unglückliche Ludwig XVI. genöthigt, sein neues Ministerium aus Männern der Revolution zu bilden. General Dumouriez,
der als ein Anhänger derselben galt, wurde Minister des Aeussern.
Die Jacobiner hatten gesiegt und das Königthum war seiner
letzten Stütze beraubt. Dumouriez rieth dem Könige, in der National-
Versammlung den Krieg gegen den König von Ungarn und Böhmen
zu beantragen, welchem Rathe der von allen Seiten verlassene und
verrathene Monarch, der nirgends mehr einen sicheren Rückhalt zu
finden wusste, am 20. April 1792 nachgab. Es war eine bewegte
und stürmische Sitzung an diesem entscheidungsvollen Tage. Zwar
fehlte es nicht an besonnenen Stimmen, welche zur Umkehr
mahnten, doch die Jacobiner, frohlockend, endlich dem ersehnten
Ziele nahe zu sein, liessen derlei Regungen nicht aufkommen.
Sie waren sich der Macht, die sie in den Händen hatten, bewusst
und je lebhafter die Gefahren geschildert wurden, in welche
Frankreich ein so leichtfertig unternommener Krieg bei dem Mangel
einer gut disciplinirten Armee, der grossen Finanznoth und der
isolirten politischen Stellung stürzen konnte, umso begeisterter
wurde der Kriegsgedanke festgehalten. Die Versammlung schien
von dem Bewusstsein erfüllt, dass man an einem jener grossen
Wendepuncte der Geschichte angelangt sei, der über die Zukunft
von Völkern und Staaten entscheide. Der Kampf grosser un-
vereinbarer politischer Gegensätze sollte beginnen und der Ausgang
desselben musste dem künftigen Jahrhundert seinen Charakter
aufprägen.

---

[1] Circular-Schreiben des Fürsten Kaunitz an Seileru, Schlick, Westphalen
und Lehrbach, Wien 13. April 1792. Vivenot I. 451.

Obwohl man am Wiener Hofe noch zu Beginn des Jahres 1792 gehofft hatte, den Krieg vermeiden zu können und wenigstens nicht an einen so baldigen Ausbruch desselben glaubte, hatte man sich in massgebenden Kreisen doch mindestens mit der Kriegsfrage beschäftigt und die Mittel zur Erreichung des beabsichtigten Zweckes erwogen.

Die an Frankreich zu stellenden Forderungen sollten in einer gemeinsamen Declaration aller Mächte zum Ausdruck gebracht werden, zu deren Unterstützung eine bewaffnete Demonstration dienen sollte, welche zugleich dem Könige und den ihm noch gebliebenen Getreuen eine Stütze gewähren könnte. „Wenn noch irgend ein gesunder Menschenverstand in Paris übrig ist, so sollte man mit allem Grunde hoffen können, dass es dem König gelingen dürfte, die Nation das Uebermass von Gefahren einsehen zu machen, denen sie sich aussetzen würde, wenn sie es zum wirklichen Bruche gegen sie von Seite so vieler Mächte zugleich kommen liesse. Sollte aber gegen alle bessere Vermuthung der König nicht im Stande sein, unter seiner Mediation einen solchen Vergleichsweg zu eröffnen und auch kein anderer zu gütlicher Beilegung der Sache gebahnt werden können, so wird zwar freilich zuletzt nichts anderes als die Gewalt der Waffen übrig bleiben.“ [1]

In diesem Falle war man in Wien und Berlin zum Einmarsch in Frankreich entschlossen, der zunächst bis an die Maas führen sollte. Bis dahin durfte man erwarten, durch das Verhalten der französischen Generale, Truppen und Einwohner zu bestimmten Schlüssen gelangen zu können, ob der Weitermarsch auf Paris sich empfehle oder ob es nothwendig sei, den Operationen eine „systematische Richtung“ zu geben und erst Montmédy, Sédan, Thionville, Mézières zu nehmen, dann Winterquartiere zu beziehen und im nächsten Frühjahre den Feldzug fortzusetzen. [2] Das kaiserliche Corps in den Niederlanden sollte die Bewegung der Haupt-Armee unterstützen, indess die Holländer die innere Ruhe in Belgien aufrecht erhielten; ein sardinisches Corps sollte gegen

---

[1] Vorlage der Staatskanzlei vom 17. Januar 1792. Vivenot I. 330.
[2] Memoire des Herzogs von Braunschweig. K. A. 1792. II. 10½ und Memoiren von Massenbach I. 43—47.

Lyon vordringen und eine spanische Armee die Pyrenäen überschreiten. [1]

Auf das Mass der Kräfte, welche zu dem bevorstehenden
Kriege verwendet werden sollten, waren die Verbindungen, die
von Wien und Berlin aus noch mit den Tuilerien bestanden,
sowie die schlechte Meinung, die man über die französische Armee
hatte, von grossem Einflusse. Noch immer lag der Gedanke ferne, dass
es den terroristischen Gewalten der Revolution gelingen könne,
den Krieg zu einem Kriege ganz Frankreichs zu machen, man
rechnete vielmehr darauf, dass es sich nur darum handle „die in
Frankreich herrschende Partei zu bekämpfen und der unterdrückten
Partei die Hand zu bieten." [2] Der Uebertritt eines grossen Theiles
der französischen Armee, namentlich der Cavallerie, wurde für
wahrscheinlich gehalten, ebenso, dass die meisten festen Plätze
beim Annähern der Verbündeten ihre Thore freiwillig öffnen würden.
Diese Unterschätzung des Gegners und die unzureichende Beurtheilung der Lage und Zeit überhaupt waren Ursache, dass Oesterreich, wie Preussen mit durchaus nicht genügenden Kräften das Unternehmen begannen. Oesterreich stellte zu dem bevorstehenden Kriege
ausser den 53.000 Mann in den Niederlanden nur noch 50.000 Mann
auf, denen eine preussische Armee von gleichfalls 50.000 Mann
und wie man hoffte, noch eine russische in gleicher Stärke nebst
Contingenten der übrigen Mächte zur Seite stehen sollten.

Den Zeitpunct zum Beginne des Krieges hatte man in Wien
selbst bestimmen zu können geglaubt und hoffte noch Mitte April
genügend Zeit zu haben, die diplomatischen Verhandlungen, welche
die Vereinigung und Mitwirkung der Mächte Europas bezwecken
sollten, zum Abschluss bringen zu können. „Erst nach an Ort und
Stelle versammelten allseitigen Armeen" schreibt Kaunitz noch am
21. April an die auswärtigen Gesandtschaften und Missionen „nach
der erst sodann an Frankreich erlassenen gemeinsamen Declaration
zur gütlichen Vermittlung" sollte zu den Waffen gegriffen werden. [3]

---

[1] Memoire des Herzogs von Braunschweig K. A. 1792, II, 10 1/2
[2] K. A. 1792, II, 10 1/2.
[3] Circular-Erlass des Fürsten Kaunitz an sämmtliche k. k. Gesandtschaften und Missionen. Vivenot II, 5.

Die Kriegserklärung Frankreichs vom 20. April wurde unter diesen
Umständen zur diplomatischen und militärischen Ueberraschung. Es
war jetzt unbedingt zweifelhaft, ob mit Ausnahme Preussens sich überhaupt noch eine andere Macht bestimmen lassen würde, an dem Kriege
theilzunehmen; die militärischen Vorkehrungen aber waren kaum begonnen, so dass die schwachen kaiserlichen Corps in den Niederlanden
und im Breisgau vorläufig noch eine geraume Zeit auf sich selbst
angewiesen bleiben mussten.   Doch wurde auch jetzt unter den
geänderten Verhältnissen an der Absicht festgehalten, die Armee
„nämlich jene von 50.000 Mann im Breisgau und jene in den
Niederlanden, vereinigt mit der königlich preussischen Armee von
50.000 Mann, wenn sie an Ort und Stelle sind, selbst alsdann
offensive agiren zu lassen, wenn Russland gegen alle höchste
Wahrscheinlichkeit gar keinen Theil an dem proponirten Concert
nehmen und auch alle übrigen Höfe ganz zurückbleiben, oder
einige davon nur in schwache Concurrenz treten sollten." [1] Eine
Erhöhung der Zahl der zu mobilisirenden Truppen wurde nicht
verfügt, dagegen forderte man die Reichs-Kreise erneuert zur
Reichshilfe auf. Preussen sollte ferner in London seinen ganzen
Einfluss geltend machen, um England wenigstens zur Neutralität
zu veranlassen; dem Könige von Sardinien überliess Oesterreich
einen Theil seiner in der Lombardie stehenden Truppen, „damit
der König in Stand gesetzt werde, wenigstens eine bedrohliche
Stellung zu nehmen und eine Masse französischer Truppen an
sich zu ziehen", während die Generalstaaten die Garnisonen von
Maastricht und Venloo verstärkten und nebstbei den Beschluss
fassten, „ein anderweites Corps von 5—6000 Mann in der Nachbarschaft zu dem Ende zu versammeln, um sich nach Erforderniss
der Umstände auf der Stelle dahin begeben zu können, wo ihre
Gegenwart am nöthigsten sein wird." [2] Die österreichischen Corps
in den Niederlanden und im Breisgau hatten einstweilen nur die
Aufgabe, sich defensiv zu verhalten, bis der Aufmarsch der Haupt-
Armee vollzogen sein würde und sollten dann nach dem mittlerweile festzustellenden Operationsplane handeln.

---

[1] Kaunitz an Reuss. Wien 2. Mai 1792. Vivenot II. 18
[2] Kaunitz an Reuss, Wien 2. Mai 1792. Vivenot II, 18.

2*

DER KRIEGS-SCHAUPLATZ IN DEN NIEDERLANDEN, DER CHAMPAGNE UND AM RHEIN.

Die kriegerischen Ereignisse des Jahres 1792 in den Niederlanden, der Champagne und am Rhein spielen in einem Raume, der im Osten durch das Rhein-Thal mit der Mündungs-Ebene des Main, im Süden durch eine Linie, die von Basel über die Senke von Belfort zu den Quellen der Marne führt, im Westen durch den Oberlauf der Marne und weiter nördlich durch die Somme, im Norden durch den Canal la Manche und die Nordsee begrenzt ist.

Dieser Kriegsschauplatz umfasste somit das östliche und nordöstliche Frankreich mit den Departements Nord, Pas de Calais, Somme, Aisne, Ardennen, Marne, Ober-Marne, Meuse, Mosel, Meurthe, Ober- und Nieder-Rhein, Aube, Vogesen,[1]) die österreichischen Niederlande sammt dem von kaiserlichen Truppen besetzten Gebiete des Bischofs von Lüttich, das Herzogthum Jülich, die Kurfürstenthümer Köln, Trier, Mainz und Pfalz am Rhein, das Fürstenthum Nassau (Oranien, Usingen, Weilburg), die Landgrafschaft Hessen-Darmstadt, das Bisthum Speier, die Markgrafschaft Baden, die österreichischen Vorlande, Breisgau und Ortenau, sowie die Gebiete der zahlreichen kleineren von den genannten Staaten umgebenen oder an sie angrenzenden Reichsfürsten, Reichsritter und einiger reichsunmittelbarer Städte.

---

[1]) Die Eintheilung Frankreichs in 83 Departements wurde 1789 von der National Versammlung beschlossen und mit Decret vom 15. Januar 1790 durchgeführt. Die alte Provinzial-Eintheilung blieb indessen im Volksmunde noch lange aufrecht und ist selbst heute noch manchmal in Gebrauch, da die Verschiedenheit der physischen, industriellen und gesellschaftlichen Verhältnisse sich viel enger an die alte Bezeichnung knüpft, als an die Unterscheidung der Departementsgrenzen.

Es entsprachen der alten Bezeichnung: Flandern, Artois, Picardie die Departements: Nord, Pas de Calais, Somme; der Champagne die Departements: Ardennen, Marne, Ober-Marne, Aube; der Bezeichnung: Lothringen die Departements: Maas, Mosel, Meurthe, Vogesen; dem Gebiete des Elsass die Departements: Ober- und Unter-Rhein. Das Departement Aisne entsprach dem östlichen Theil der Île de France.

Frankreich war gegen Ende des 18. Jahrhunderts eines der cultivirtesten und trotz der vielfachen Schädigungen des Nationalwohlstandes reichsten Länder Europas.

Mit immensen Hilfsquellen durch den Reichthum, die Güte seines Bodens und durch die Industrie seiner Bewohner ausgestattet, begünstigt durch seine klimatischen Verhältnisse, begrenzt durch zwei Meere, in welche eine grosse Zahl schiffbarer und durch Canäle verbundener Flüsse münden, hatte dieses grosse Reich die elende Wirthschaft Philipp von Orléans und Ludwig XV. auch finanziell zu überdauern vermocht, bis die Schrecknisse und Wirren der Revolution Handel und Wandel in Stockung brachten und die bisher schon grosse, aber immerhin noch getragene Schuldenlast in das Ungeheure und Unerträgliche ansteigen liess. Frankreich hatte zur Zeit der Revolution ein Areale von ungefähr 550.000 *km²* und 25 Millionen Einwohner,[1] welche in etwa 400 grossen, 1500 kleinen Städten und 10.000 Flecken und Dörfern wohnten. Industrie und Handel überragten im Allgemeinen die Bodencultur und die sehr zurückgebliebene Viehzucht, so dass Frankreich damals jährlich für mehr als 145 Millionen Livres[2] landwirthschaftliche Producte einführen musste.

Es geschah wenig für die Urbarmachung vieler brachliegender Districte, weil es an Geld, wie an gutem Willen fehlte, man zog vor, mit dem Capital in den Colonien und in auswärtigem Handel zu speculiren.

Der Theil des französischen Gebietes zwischen der belgischen Grenze und der Somme, südöstlich durch die Oise und Sambre, nordwestlich durch das Meer begrenzt, die ehemaligen Provinzen Flandern, Artois, Picardie zählte, zu den fruchtbarsten und bevölkertsten Gebieten Frankreichs, welches von hier aus einen namhaften Theil seines Lebensmittelbedarfes bezog. Der Landstrich producirte hauptsächlich Kornfrucht, namentlich Weizen, dann Gemüse, Geflügel, Schlacht- und Zuchtvieh.

Der Theil von Lothringen zwischen Neufchâteau, Moyenvic, Thionville und St. Michel war gleichfalls mit Getreide und Hafer

---

[1] Gegen 36½ Millionen im Jahre 1866, zu welcher Zeit der Flächenraum annähernd jenem vom Jahre 1792 entsprach.

[2] Ein Livre etwa 1 Frank (39·7 kr. ö. W.).

wohlbebaut, allein bei weitem weniger leistungsfähig als Flandern, Artois und die Picardie. Steiniges, minder fruchtbares Terrain wechselte hier mit ergiebigeren Strichen ab.

Das Elsass blühte wie die flandrischen Gebiete und lieferte die Producte des Ackerbaues in besonderer Güte.

Eine der ärmsten Gegenden des Kriegs-Schauplatzes dagegen war der östliche Theil der Champagne (im Bereiche des Departements Marne und der nördliche Theil des Departements Aube). Der kreidige Felsboden ist hier nur mit einer dünnen Ackerkrume bedeckt und tritt vielfach zu Tage. Nur spärliche Gehölze, Rebenpflanzungen, Getreidefelder und einige Weiler beleben das eintönige Bild der meist zu Viehtriften benützten Flächen und haben den dürrsten und magersten Gegenden an der Marne und Aisne den Namen der „Champagne pouilleuse" zugezogen.

Contrastirend zu diesen öden Flächen steht der westliche Theil der Champagne, die Thalfurchen der Aisne, Marne, Aube und Seine, sowie die Gegend westlich Epernay in reicher Vegetation. Zahlreiche Gehölze, dichtgedrängte Ortschaften, blühende Getreidefluren, Wein- und Obstgärten schmücken die Landschaft, deren Reichthum an Wein schon lange Weltruf besass.

Die Kartoffel wurde vor der Revolution in Frankreich nur sehr selten gezogen und in vielen Provinzen aus Vorurtheil selbst von den ärmeren Classen der Bewohner nicht gegessen. Nur Lothringen und das Elsass hatte grösseren Kartoffelbau aufzuweisen.

Der Waldbestand dieser Landstrecke war Ende des achtzehnten Jahrhunderts bedeutend grösser als heute, doch ohne dass eine eigentliche Forstwirthschaft getrieben wurde und die vielen Fabriken mit fast ausschliesslicher Holzfeuerung verzehrten ganze Waldungen. Die Revolution beschleunigte den Ruin der Forste. Viele Holzungen der Krone und des Adels wurden verkauft und verschleudert; durch ein Decret der National-Versammlung, welches gestattete, alle Holzungen unter 300 Morgen nach Belieben auszuroden, rissen unzählige Missbräuche ein. Die Gemeinden devastirten ihren Waldbesitz und die Käufer der Nationalgüter suchten schleunig den Kaufschilling aus den Waldungen ihrer gekauften Güter in Sicherheit zu bringen. Diese Holzverheerungen giengen in einigen Departements soweit, dass ganze Gebirge entholzt und

dadurch vielfach die physische Beschaffenheit der Provinzen ver-
ändert wurde.[1]) Grosse zusammenhängende Waldcomplexe gab
es noch in den Vogesen, den Ardennen und Argonnen, auch im
Elsass, wo der Hagenauer Forst und der Bien-Wald noch bestehen;
weniger waldreich waren die Picardie, Artois und Flandern, doch
gab es auch hier einzelne grössere Waldungen, wie der Wald von
Normal zwischen Bavay und Landrecies, der Wald von St. Amand,
von Nieppe nördlich St. Venant, von Boulogne etc., in den übrigen
Gegenden wechselte Wald mit Ackerboden mehr oder weniger ab.

Wein war im achtzehnten Jahrhundert ein Hauptproduct
Frankreichs, das in grossen Mengen erzeugt und ausgeführt wurde.
In der Champagne, in Lothringen und im Elsass gab es viele
Weingärten.

Die Viehzucht deckte den eigenen Bedarf Frankreichs nicht,
es wurde jährlich für etwa 7 Millionen Livres Vieh aus Deutschland, den österreichischen Niederlanden und der Schweiz eingeführt. Schlechte Racen, Unkunde und Unvermögen des Land-
mannes, wie die Gleichgiltigkeit der Regierung waren die Gründe,
warum dieser Zweig der Landwirthschaft nicht blühen konnte.[2])

Am meisten entwickelt war die Viehzucht in den zum
Kriegs-Schauplatze gewordenen Gebieten von Flandern, dem Elsass
und Lothringen. In der Champagne gab es nur eine kleine und
schlechte Rinderrace, dagegen verhältnismässig viele Schafe.

Die Pferde-Einfuhr betrug jährlich gegen 20.000 Stück, die
aus Spanien, Deutschland, Holland und der Schweiz gebracht
wurden.

Die Revolution untergrub alle Erwerbs- und Nahrungszweige
in Frankreich, der auswärtige Handel war fast ganz ruinirt. Im

---

[1]) Erst zur Zeit der Consular-Regierung wurde diesen Verwüstungen
einiger Einhalt gethan und Nachpflanzungen angeordnet. Im Jahre 1792 betrug
der Waldbestand Frankreichs circa 20 Millionen Hektare gegen beiläufig
10 Millionen Hektare in der Gegenwart.

[2]) Zahl der

	im Jahre 1792	im Jahre 1878
Rinder	6,000.000	9,900.000
Pferde	1,440 000	2,868.000
Schweine circa	2,400.000	5,700.000
Schafe	25,000.000	21,000.000

Jahre 1792 empfanden die Armeen der Verbündeten, welche mit
einem Verpflegs-Stande von kaum 120.000 Mann in Frankreich ein-
rückten, schon den empfindlichen Mangel an Lebensmitteln, namentlich an Brod und Fleisch, die das verarmende Land nicht mehr
liefern konnte. Ein Theil der Schuld lag allerdings an der Schwer-
fälligkeit des Magazin-Systems, zum nicht geringen Theile aber doch
in dem Umstande, dass selbst für die Bevölkerung die Haupt-
bedürfnisse nicht mehr im Lande selbst aufzubringen waren.

Die Bevölkerung Frankreichs, sonst fleissig, arbeitsam und
ihren Gewerben nachgehend, war durch die revolutionäre Bewegung, welche Frankreich durchzog, in einen nicht geringen
Grad der Aufregung versetzt worden. Die schlechten Ernten der
vergangenen Jahre, das Stocken des Handels, die nahezu uner-
schwingliche Steuerlast hatten eine allgemeine Missstimmung erzeugt und den revolutionären Grundsätzen den Boden geebnet.
Die Partei der Jacobiner, welche in allen grösseren Orten ihre
Clubs hatte, inscenirte Steuerverweigerungen, Plünderungen adeliger
Güter und Gewaltthätigkeiten jeder Art. Die feindselige Erregung
der grossen Masse bereitete den einrückenden Heeren der Verbündeten einen nichts weniger als freundlichen Empfang, obwohl
die Alliirten, den Aussagen der Emigranten Glauben schenkend,
darauf gerechnet hatten, die Bevölkerung zum grossen Theile für
Ludwig XVI. sich erklären zu sehen. Vielfach wurde von den
Einwohnern auf die einrückenden Oesterreicher und Preussen geschossen, sowie Transporte überfallen und geplündert.

Die vortreffliche Lage des zweiten Theiles des Kriegs Schauplatzes, der österreichischen Niederlande, zwischen Deutschland und
England, zwischen Frankreich und Holland, die vielen schiffbaren
Flüsse und Canäle und die vorzüglichen Strassen hatten von
altersher diesen Provinzen einen ausgebreiteten inneren und
äusseren Handel gewonnen, der das Land so ausserordentlich be-
reicherte, dass Belgien im Stande war, Jahrhunderte hindurch
einen blutigen Krieg nach dem andern, der um den Besitz dieser
herrlichen Landschaften geführt wurde, über sich hinziehen zu
sehen, ohne zu Grunde zu gehen.

Die österreichischen Niederlande, mit Luxemburg und Lüttich[1]), hatten ein Areale von rund 37.000 *km²*. Etwa 3½ Millionen Einwohner bewohnten eine grosse Zahl blühender Städte, Dörfer und Flecken. Die Dörfer längs der Landstrassen reihen sich fast alle eines an das andere, so dass die Spanier, als sie noch diese schönen Länder besassen, zu sagen pflegten, sie seien nur ein einziges unermessliches Dorf.

Das Land producirte alle Arten von Kornfrucht, doch reichte auch hier das Ertträgniss der Ernte für die dichte Bevölkerung nicht immer aus, so dass im Jahre 1792 für das österreichische Corps bei einem Verpflegs-Stande von wenig über 50.000 Mann ein grosser Theil der Mehlvorräthe ausserhalb des Landes beschafft werden musste. Hafer wurde sogar aus Polen herbeigeführt. [2])

Die Obst- und Gemüsezucht stand auf einer hohen Stufe der Vollendung.

Der fruchtbarste Theil des Landes war die Provinz Flandern, der Raum zwischen Schelde und Meer, welcher einem Garten glich. Der Boden besteht aus schwarzem, fettem Ackerland, die Wiesen sind mit Gesträuchen und Bäumen eingefasst, neben welchen Abzugsgräben oder gemauerte schiffbare Canäle mit Schleussen führen, die grosse Theile des Landes unter Wasser setzen können. Zwischen Schelde, Sambre und Maas gewährt die Landschaft einen anderen Anblick. Das wellenförmige Hügelland ist hier stark coupirt, der Boden lehmig, bei trockener Witterung hart, bei nasser schwer passirbar. Die Felder sind vielfach von Baumreihen durchsetzt, so dass das Land an manchen Puncten beinahe einem lichten Walde gleicht.

Im Gegensatze zu diesen fruchtbaren Landschaften steht die Gegend östlich Antwerpen bis zur Dommel, eine unfruchtbare Sandhaide mit einigen kleinen Moorstrecken, Seen und Teichen, die „Campine" genannt, der sich jenseits der Dommel zwischen dieser und der unteren Maas die sterile Sumpfniederung des „Peels" anschliesst.

Der Raum zwischen der unteren Maas und dem Rhein

---

[1]) Das Land war in 10 Provinzen eingetheilt: Brabant, Limburg, Luxemburg, Geldern, Flandern, Hennegau, Namur, Mecheln, Tournay, Antwerpen.

[2]) K. A.; H. K. R. Acten 1792. IV, 1 und K. A. 1792, IV, 38.

dagegen, nördlich der Linie Maastricht-Köln, zum grossen Theile vom Herzogthume Jülich ausgefüllt, gehörte zu den fruchtbarsten und getreidereichsten Gegenden Deutschlands und wurde nicht mit Unrecht eine der „Kornkammern" desselben genannt.

Der Waldbestand des Raumes zwischen dem Meere, dann der Linie Sambre - Maas, Maastricht - Köln war zur Zeit der Revolutionskriege viel ausgedehnter als heute, nahm aber dennoch nur einen verhältnissmässig nicht grossen Flächenraum in Anspruch. Viele kleinere Waldparcellen waren, wie zum Theil noch heute, über das Land zerstreut und nur hie und da kommen grössere zusammenhängende Waldungen vor, wie z. B. südöstlich von Brüssel, dann dem linken Ufer der Sambre und Maas entlang.

Das Klima in den Niederlanden trägt in den an das Meer anschliessenden Provinzen einen fast oceanischen Charakter, es ist milde und gleichmässig mit Nebeln im Frühjahr und Herbst, dagegen gibt es in den höher gelegenen südöstlichen Theilen schroffe Temperaturwechsel.

Der Belgier zeigt in Sprache und Lebensweise französischen Charakter. Solange die österreichische Regierung an hergebrachten Rechten des Landes nicht rüttelte, gab es kein anhänglicheres und ergebeneres Volk als diese Wallonen. Die Massregeln Kaiser Josefs II. griffen tief in das damals noch fast allgemein sehr religiöse Empfinden dieses Volkes, wie in die eifersüchtig gehüteten Rechte des Landes ein. Die Revolution von 1789, die erst 1790 wieder durch Waffengewalt unterdrückt werden konnte, hatte einen unheilbaren Riss in das bisherige gute Verhältniss zum kaiserlichen Gesammtbesitz gebracht. Es gährte seither im Lande und die Beweglichkeit des Volkes führte es zu Extremen, religiöser Glaube und crasser Rationalismus lebten nun in gleicher Macht. Französische Aufwiegler sorgten dafür, dass das Feuer der Empörung fortglimme. Die kaiserlichen Truppen befanden sich daher in den Niederlanden fast wie in Feindesland.

Der unwirthbarste Theil des ganzen Kriegs-Schauplatzes ist das durch die Ardennen, die Hohe Venn, Eifel und Hundsrück ausgefüllte Gebiet zwischen Maas und Nahe, durch welches 1792

die Hauptmasse der Verbündeten vorrückte. Grosse zusammenhängende Waldstriche, ausgedehnte Haidestrecken und Torfmoore, namentlich in der Venn und Eifel, dann die Dürftig-
keit des Bodens verweisen den Ackerbau hauptsächlich auf die
Thäler und beschränken selben zumeist auf Hafer, dagegen bieten
ausgedehnte Weideflächen der Viehzucht alle Bedingungen des
Gedeihens.

Das Klima ist hier rauh, die Torfmoore sind wochenlang
mit dichten Nebeln bedeckt und nur bei anhaltender Trockenheit
oder Frost passirbar.

Militärisch haben Eifel und Venn zu allen Zeiten nur als
Durchzugsland gegolten, welches von grösseren Kriegszügen, mehr
noch als die wald- und haidenreichen Ardennen, nach Möglichkeit vermieden wurde und auch wirklich nicht fähig wäre, aus
seinen eigenen Mitteln grössere Truppenmassen auch nur vorüber-
gehend zu ernähren.

Dieses ganze Gebiet war wenig bevölkert, theils wegen der
Beschaffenheit des Landes, theils weil alle Interessen des Handels
und Verkehrs sich der grossen Wasserstrasse des Rheins zu-
wendeten.

Aehnlich sind die physikalischen Verhältnisse im stark bewaldeten Haardt-Gebirge, welches vom Hundsrück durch das fruchtbare Glan-Thal getrennt wird.

Die österreichischen Vorlande endlich, der Breisgau und die
von der Markgrafschaft Baden umgebene Ortenau, sowie die
sonstigen kleineren deutschen Gebiete im Rhein-Thale zählten
dagegen schon 1792 zu den gesegnetsten deutschen Landstrichen,
welche Getreide, Wein, Obst in hervorragender Güte besassen,
hie und da unterbrachen grössere Waldungen den fruchtbaren
Boden des rechtsseitigen Rhein-Thales, der Haardt-Wald, Mann-
heimer-Wald, Lorscher-Wald etc., wie auch die das Rhein-Thal
östlich abschliessenden Höhenzüge allgemein stark bewaldet sind.

Die Viehzucht stand in voller Blüthe.

Eine Reihe grosser Städte, dann viele Märkte und Flecken
waren die Wohnsitze einer fleissigen, intelligenten und arbeitsamen
Bevölkerung, welche durch ihre Ausdauer und Strebsamkeit, trotz

der vielen Kriege, deren Schauplatz das Rhein-Thal bildete, es immer wieder zu bedeutendem Wohlstande gebracht hat.

Die österreichischen Vorlande zählten ein Areal von 3300 *km²* mit einer Einwohnerzahl von 137.347 Seelen, die sich auf 17 Städte, 10 Flecken und 440 Dörfer vertheilte, das Reichsgebiet am linken Rhein-Ufer war 21.500 *km²* gross und hatte 2,200.000 Einwohner.

Der ganze Raum zerfällt seiner plastischen Beschaffenheit nach in zwei wesentlich verschiedene Abschnitte, welche durch eine Linie getrennt werden, die von Bonn über Maastricht, die Maas entlang bis zur Einmündung der Sambre läuft und dann dieser bis zum Ursprung folgt.

Der Raum südlich dieser Linie gehört zum grösseren Theile dem Hoch- und Gebirgslande an, während der nördliche Abschnitt einen Theil des grossen nordeuropäischen Tieflandes ausmacht.

a) Das Land zwischen dem Rhein und der Mosel.

Das Rhein-Thal zwischen Basel und Mainz ist von wechselnder Breite und nicht völlig eben. Am linken Ufer treten die Ausläufer der Vogesen und des Haardt-Gebirges vielfach bis an das Strom-Ufer heran, so namentlich zwischen der Breusch und der Moder, dann der Sauer und Lauter, sowie bei Rheinzabern, Worms und Mainz. Am rechten Ufer fallen Schwarz- und Odenwald meist steil und kurz zur Thalebene ab, die rechtsseitige Thalsohle ist daher völlig eben und nur bei Basel und Schliengen reichen die Ausläufer des Schwarzwaldes bis dicht an den Rhein heran. Der Kaiserstuhl zwischen Alt-Breisach und Kenzingen ist ein isolirter Bergstock.

Die Vogesen einschliesslich des Haardt-Gebirges über 200 *km* lang und durchschnittlich 30 *km* breit, werden durch den tiefen Einschnitt von Zabern in zwei in ihrem Baue ganz verschiedene Hälften getheilt. Die Süd-Vogesen sind ein hohes, stark bewaldetes, wasserreiches Mittelgebirge mit kuppelförmigen Gipfeln. Wenige tief eingeschnittene Engpässe durchsetzen den Höhenkamm. Die Nord-Vogesen sind bedeutend niedriger und treten im Grossen und Ganzen als flaches Hochland auf, das erst gegen das Haardt-Gebirge hin sich wieder erhebt und gebirgsartig wird; doch herrscht auch im Haardt die Plateauform

vor. Tief eingerissene Schluchten bilden enge Wald- und Fels-
defiléen, ohne gangbares Seitenterrain. Vogesen und Haardt-
Gebirge fallen steil gegen den Rhein hin ab, verflachen sich aber
allmälig gegen die Mosel und die Lothringer Hochebene.

Nördlich des Haardt-Gebirges fällt das Gelände in einer
Breite von 30—40 *km* zu einem breitwelligen, wohlbebauten Hügellande mit einzelnen höheren waldigen Bergstufen herab. [1])

Jenseits dieser Depression steigt das Terrain wieder bis
ungefähr auf gleiche Höhe wie das Haardt-Gebirge zum Hundsrück empor. Es ist dies ein rauhes Felsplateau, mit mehreren
aufgesetzten, in fast senkrechter Richtung zum Rheine streichenden,
stark bewaldeten Bergketten, welches steil und felsig zur Mosel,
zur Saar und zum Rheine abfällt, den es mit dem gegenüber
liegenden Taunus zu einem Felsenpasse einengt.

Zwischen Saar und Mosel breitet sich nördlich der tiefen
Terrainfurche, welche heute vom Rhein-Marne-Canal durchzogen ist,
die Lothringer Hochebene aus, eine reichangebaute, im
allgemeinen sehr gangbare Landschaft, in der sanftwellige, fruchtbare Ackerflächen mit ausgedehntem, waldreichem Hügellande, hie
und da auch mit scharfgeformten Bergrücken abwechseln.

Der Raum südlich jener Terrainfurche ist eine von zahlreichen Wasserläufen durchzogene und in ihren höheren Theilen
meist mit Waldungen bedeckte Hügellandschaft.

b) Das Land zwischen Mosel und Maas bis zur Linie
Bonn-Maastricht.

Der nördliche Theil dieser Landschaft wird durch die
Ardennen, die Venn und die Eifel ausgefüllt.

Die Ardennen bilden eine breite, flachwellige, oft ganz
ebene, stark bewaldete Bergfläche ohne geschlossene Bergrücken
und ohne Gipfelerhebungen, mit tiefen, steilen und felsigen
Thälern. Sie setzen sich in westlicher Richtung auch jenseits der Maas fort, den Winkel zwischen diesem Flusse und der
Sambre ausfüllend.

[1]) Dieser Raum ist ungefähr begrenzt durch die beiden Strassenzüge
Kirchheimbolanden—Kaiserslautern—Saarbrücken und Kreuznach—Birkenfeld
Merzig.

In östlicher Richtung hängen die Ardennen mit der Venn und
Eifel zusammen. Es sind dies zwei wasserarme Hochplateaux, mit
einzelnen breiten Rücken oder felsigen Platten und tief eingeschnittenen Thälern, ähnlich wie die gegenüber liegenden Massen
des Sauerlandes und Westerwaldes, mit welchen sie den Rhein noch
bis in die Gegend von Bonn einengen. Ausgedehnte Waldcomplexe wechseln hier mit grossen Haidestrecken und Torfmooren.

Der Raum südlich der Ardennen zwischen Mosel und
Maas, die Moselberge, zeigt bis in die Gegend von Toul ein
welliges, einförmiges, meist fruchtbares Hochland und geht südlich
des genannten Ortes in eine bewaldete, allmälig steigende Hügellandschaft über.

c) Das Land westlich der Maas.

Zwischen der Maas und oberen Aisne, durch die Thalsenkung
des Bar-Flusses nordwestlich begrenzt, liegt das 30—70 km breite Berg-
land der Argonnen. Ohne wesentlich die Höhe von 400 m zu
überschreiten, ist dasselbe ein Landstrich mit zuweilen tief eingeschnittenen, oft steilrandigen Thälern und dichten ausgedehnten
Waldungen. Bei feuchter Witterung sind infolge des Lehm- und
Kalk-Bodens Truppenbewegungen ausserhalb der wenigen Kunst-
strassen mit grossen Schwierigkeiten verbunden. Namentlich gilt
dies im eigentlichen „Argonner-Walde", in dem Gelände zwischen
der oberen Aisne und Aire.

Zwischen der oberen Aisne und der mittleren Marne breitet
sich dann das vielfach durchschnittene, theils bewaldete, theils
aber intensiv angebaute Hügelland der oberen Champagne
aus, welches im Süden und Südosten in die wellige, wenig fruchtbare, wasserarme Ebene der „Champagne pouilleuse" übergeht.

Im Westen wird die Champagne von einem kalkigen Hochland begrenzt, dessen scharf bezeichneter Fuss der Linie Nogent-
Epernay-Laon-La Fère, dann der Oise folgt. Dieses Hochland erhebt sich mit seinem schroffen Ostabhange mehr als 100 m relativ
über das durchschnittliche Niveau der Champagne und senkt sich
dann allmälig nach dem grossen Becken von Paris hinab. Es wird
von den rechtsseitigen, tief eingeschnittenen Nebenflüssen der Seine
durchbrochen und öffnet so eine Reihe natürlicher Zugänge nach
der Hauptstadt.

Den Raum nordwestlich der oberen Champagne endlich bis jenseits der Oise nimmt das fruchtbare offene Hügelland der **Picardie und Artois** ein.

d) Das Land zwischen der Nordsee und der Maas-Sambre-Linie.

Der schon in das Gebiet der grossen nordeuropäischen Tiefebene gehörende, nördlich der Linie Sambre - Maas - Lüttich - Bonn liegende Theil des Kriegs - Schauplatzes ist kein ausschliesslich ebener Raum. Der Ardennen-Wald findet in ihm noch nördlich der Maas - Sambre eine Art Fortsetzung in einer flachwelligen, stark coupirten Hügellandschaft, welche erst jenseits der Linie Lüttich - Löwen - Brüssel und der Schelde ganz zur Ebene übergeht.

Gegen die Sambre und Maas fällt diese Landschaft steil und felsig ab, so dass beide Flüsse in einem tief eingeschnittenen, zumeist felsigen Thale fliessen. Das nördliche Ufer überhöht vielfach das südliche.

Das Flachland, welches die flandrischen Landschaften zwischen dem linken Ufer der Schelde und dem Meere, dann den Raum östlich der Schelde-Mündung erfüllt, ist nur noch durch einzelne unbedeutende Hügelzüge unterbrochen. Die Ebene, von zahlreichen natürlichen und künstlichen Wasseradern durchschnitten, erhebt sich nur wenig über den Meeresspiegel.

Der Rhein und die Schelde mit ihren Nebenflüssen, sowie der Ober- und Mittellauf eines Theiles der rechtsseitigen Zuflüsse der Seine bilden die Hauptwasseradern des Kriegs-Schauplatzes, welche noch durch einzelne grössere Canäle ergänzt werden. Mehrere kleinere Küstengewässer, sowie das Meer selbst können ausser Betracht bleiben.

Der Rhein durchzog vor seiner in der ersten Hälfte des neunzehnten Jahrhunderts erfolgten Regulierung die Strecke Basel - Mainz in vielfach gewundenem, durch zahlreiche Auen, Inseln und Sandbänke getheiltem Laufe, so dass in diesem Raume das Strombett oft die Breite von 3000 Schritten noch überstieg. Die Uebersichtlichkeit, somit auch die Ueberwachung beider Ufer

wird überdies selbst heute noch durch Buschwerk und viele dichte
Auen an beiden Ufern beeinträchtigt und dies war zu Ende des
achtzehnten Jahrhunderts und vor der Rhein-Regulierung in noch weit
höherem Grade der Fall. Von Mainz bis nahe oberhalb Bonn ist das
Strombett geschlossen und wird durch das auf beiden Seiten herantretende hohe und vielfach felsige Ufer oft auf 500 bis 600 Schritte
eingeengt. In der Nähe von Bonn erweitert sich das Thal wieder
mehr und mehr, bis der Strom unterhalb dieser Stadt die nord-
europäische Tiefebene betritt, welche er nun in trägem, gewundenem
Laufe durchschneidet. Die mittlere Tiefe des Stromes beträgt zwischen
Basel und Kehl 1 bis 4 m, nördlich Kehl bis Wesel 4 bis
8 m. Das Gefälle zwischen Basel und Mainz ist ziemlich stätig,
dann nimmt die Geschwindigkeit in der Strecke Mainz - Bonn zu
und ist abwärts Mainz so stark, dass zur Verankerung von Ponton-
brücken die schweren, von Rheinschiffen benützten Anker genommen werden mussten. Im Jahre 1792 war der Rhein in der
Strecke Basel - Wesel nur bei Basel und Strassburg permanent
überbrückt. Schiffbrücken gab es bei Mannheim, Mainz und Nieder-
Wesel; fliegende Brücken, Fähren, Ueberfuhren waren jedoch in
beträchtlicher Anzahl vorhanden. Im März und Juli ist in der
Regel auf Hochwasser zu rechnen.

Die Mosel wird erst abwärts Toul, wo sie die Strasse Strass-
burg-Paris kreuzt, zum militärischen Hinderniss. Die beiderseitigen
Bergplateaux treten hier mit hohen und steilen Rändern nahe an
den Fluss. Unterhalb Metz erweitert sich das Thal am linken Ufer
bis zu einer Breite von 7 km[1]), verengt sich dann wieder
bei Thionville und wird von Sierck ab durch dicht herantretende
Fels-Ufer geschlossen, welche, eine kleine Thalerweiterung bei Trier
ausgenommen, den Fluss bis zu seiner Mündung begleiten. Die
Mosel wurde von Metz abwärts befahren und 1792 auch in der
Strecke Koblenz - Trier als Nachschublinie für die Verpflegung
ausgiebig benützt[2]). Brücken befanden sich bei Toul, Metz, Thionville, Trier, Bernkastel und Koblenz. Für eine vom Rhein gegen
Westen vorrückende Armee bildet die Mosel in der von Süd nach

<hr>

[1]) Die rechten Thalbegleitungshöhen bleiben hart am Ufer und dominiren
das linke Ufer bedeutend.

[2]) K. A. 1792: VIII, 8. Heute ist der Fluss schon von Toul angefangen
schiffbar.

Nord laufenden Strecke Toul zur Saar - Mündung ein Operationshinderniss, welches durch einfache Befestigungen noch schwerer
überschreitbar gemacht werden kann, während von da abwärts die
geänderte Laufrichtung der Mosel im Vereine mit dem Hundsrück
eine Art Trennung des gesammten westrheinischen Kriegs-Schauplatzes schafft.

Die Saar hat ähnliche Uferverhältnisse wie die Mosel, zumeist ein tief eingeschnittenes, felsiges Thal mit einzelnen Er-
weiterungen, woselbst sich dann auch Brücken oder geeignete
Uebergangspuncte befinden, wie bei Saarbrücken, Saarlouis, Merzig
und Conz[1]). Zum militärischen Hindernisse wird die Saar übrigens
erst nach Aufnahme der Blies.

Von den Zuflüssen der Saar ist nur die Nied von einigem
Belang durch ihr tief eingeschnittenes Thal, welches die von Saarlouis und Saarbrücken nach Thionville und Metz führenden Communicationen durchschneidet.

Die Maas durchfliesst bis Verdun ein breites Muldenthal mit
hohen, bald steilen, bald sanftern Rändern und ist in dieser Strecke
von Infanterie und Cavallerie an vielen Stellen durchfurthbar. Von
Stenay bis Mezières ist im allgemeinen das rechte Ufer dominirend
und felsig. Von Mezières bis Lüttich durchbricht der Fluss die
Ardennen und zwängt sich, vielfach mit Inseln angefüllt, durch einen
schmalen Gebirgsspalt mit meistentheils hohen, felsigen, von Seiten-
thälern häufig durchbrochenen Rändern. Von Lüttich abwärts erweitert sich das in eine Hügellandschaft übergehende Thal, bis der
Fluss bei Maastricht in die Tiefebene eintritt. Die Breite der Maas
beträgt bei Verdun ungefähr 100, bei Namur 180, bei Lüttich
250 Schritte. Die Schiffbarkeit begann 1792 erst bei Charleville,
während der Fluss heute schon von Verdun an befahren wird. Im
Jahre 1792 war die Maas ausser bei Verdun noch bei Stenay,
Sédan, Mezières, Givet (Schiffbrücke), Dinant, Namur[2]), Huy,
Lüttich und Maastricht überbrückt.

---

[1]) Bei Conz treten die linken Uferhöhen so weit zurück, dass eine Ebene
entsteht, welche vom rechten hohen Ufer dominirt wird. Der Südrand dieser
Ebene wird von den Höhen von Tavern und Wavern gebildet, welche in allen
Feldzügen ihre Rolle spielten. [2]) Hier befand sich eine steinerne, 400 Fuss lange Brücke, die jedoch in
sehr schlechtem Zustande war.

Die Sambre, zur Zeit der Revolutionskriege von Maubeuge bis zur Mündung bei Namur schiffbar, fliesst in dieser Strecke in einem tief eingeschnittenen, meist felsigen Thale mit fast stets dominirendem linkem Ufer. Die Thalebene selbst ist oft mehrere hundert Schritte breit und mit Wiesenflächen bedeckt, welche in vielfachen Windungen vom Flusse durchschnitten werden.

Die Roer, welche 1792 die Winterquartiere des Generals Dumouriez deckte, wird weniger ihrer Breite und Tiefe wegen, als durch ihre vielfachen Seitencanäle und Gräben zum Bewegungshinderniss.

Der Main tritt zu den Ereignissen des Jahres 1792 nur in der kurzen Strecke von Frankfurt abwärts in Beziehung und durchfliesst hier die weite Mündungsebene zwischen Taunus und Odenwald in einer durchschnittlichen Breite von 300 Schritten.

Die vielen sonstigen Nebenflüsse des Rheins, welche derselbe in der Strecke Basel-Mainz aufnimmt, sind mit Ausnahme des Neckars und allenfalls noch der Ill und der Nahe unbedeutende schmale Wasserrinnen, die nur ausnahmsweise von bemerkenswerther militärischer Bedeutung sein können.

Die Erft, hinter welcher 1792 ein Theil der kaiserlichen Truppen Winterquartiere bezog, wird am rechten Ufer von einer Hügelreihe begleitet, welche die gegenüberliegenden Niederungen dominirt. Das Flüsschen selbst ist unbedeutend.

Die Schelde bildet die wichtigste Lebensader Belgiens; sie war in ihrem ganzen Laufe innerhalb des Landes schiffbar, empfing durchgehends gleichfalls schiffbare Nebenflüsse und nahm eine Menge Canäle in sich auf. Ihre Breite beträgt bei Gent 50 Schritte, wächst dann sehr rasch bis auf 700 Schritte; der Fluss verlässt jenseits Antwerpen, 1500 Schritte breit, das belgische Gebiet. Die Schelde hat beim Eintritt in Belgien etwa 2 m Tiefe, welche dann rasch zunimmt, so dass die schwersten Seeschiffe bis Antwerpen gelangen können. Ausserhalb des französischen Gebietes war die Schelde zu Ende des achtzehnten Jahrhunderts bei Tournay, Audenarde, Gent und Dendermonde überbrückt. Der Fluss bietet in westlicher Richtung nur auf eine kurze Strecke eine Vertheidigungslinie gegen Frankreich, die in ihrem Werth noch dadurch sehr herabgemindert wird, dass der Oberlauf, an dem zahlreiche befestigte Puncte lagen, sich auf französischem Gebiete befindet. Breite und Tiefe verleihen indessen namentlich von Gent abwärts der Schelde den Charakter eines bedeutenden Operationshindernisses.

Die Haïne, welche den zwischen Sambre und Schelde bestehenden Raum, durch den die kürzeste Operationslinie aus Frankreich gegen Brüssel führt, durchfliesst, war 1792 zwar ein nicht canalisirtes kleines Gewässer, das aber seiner Lage wegen seit jeher in den Kriegen zu einer gewissen Bedeutung gelangt war.

Lys und Dender, zur Zeit der Revolutionskriege theilweise canalisirt und vielfach überbrückt, waren militärische Hindernisse untergeordneter Art.

Die Rupel erreicht nach Aufnahme der Nethe und Dyle eine Breite von 400 Schritten und eine bedeutende Tiefe, so dass selbe wenigstens unterhalb Mecheln als beachtenswerthes Operationshinderniss betrachtet werden muss.

Dyle, Nethe, Demer und Dürme sind zumeist nur auf den bestehenden Uebergängen passirbar.

Die an sich fast unbedeutendste der vielen Wasserrinnen ist die Senne, an welcher die Landes-Hauptstadt Brüssel liegt; sie erhält jedoch durch den vorgelegten, von Brüssel in nördlicher Richtung zur Rupel führenden Canal eine Verstärkung.

Von den vielen Canälen sind als die hauptsächlichsten zu erwähnen: jener von Ypern nach Nieuport, durch welchen die zwischen diesen Puncten liegenden Gegenden unter Wasser gesetzt werden konnten; dann die Canäle Ostende-Brügge-Gent, Gent-Sas de Gent, Brüssel zur Rupel, Löwen zur Senne-Mündung.

Ueberdies bestanden Schleussen-Einrichtungen, durch welche das Ueberschwemmen der anliegenden Gegenden ermöglicht wurde, bei der Schelde von Cambray bis Gent, dem grössten Theil der Scarpe, dem untersten Theil der Haïne, dann fast im ganzen Lauf der Lys, bei der Senne von Brüssel bis zur Mündung, der Rupel und dem Unterlauf der Nethe, endlich noch der Roer und der Erft.

Von dem Flussgebiete der Seine sind zunächst nur die stark eingeschnittenen Thäler der oberen Aisne und der Aire zu erwähnen.

3*

Die zahlreichen und im südlichen Abschnitte des Kriegs-
Schauplatzes meist tief eingeschnittenen Flüsse, die vielen Canäle,
die ausgedehnten zusammenhängenden Waldungen in einzelnen
Landschaften, stellenweise auch Torfmoore und Sumpfstriche er-
schwerten die allgemeine Gangbarkeit, doch erschien dieser Nachtheil durch ein reich entwickeltes Netz meist vorzüglicher Strassen
in vielfacher Weise wieder ausgeglichen.

Frankreichs Ost- und Nordgrenze weist eine Reihe von
grossen Verkehrswegen auf, welche seit jeher von Völker- und
Heeres-Zügen beschritten wurden und zwischen welchen den
localen und Handels-Bedürfnissen entsprechend, ein mehr oder
weniger ausgedehntes secundäres Wegnetz vorhanden war.

Das niedrige Hügelland zwischen Vogesen und Jura, als die
„trouée de Belfort" bekannt, diente seit alten Zeiten dem Verkehre
zwischen dem Süden Deutschlands und Burgund; durch die breite
Mündungs-Ebene des Main, über die Depression zwischen Haardt-
Gebiet und Hundsrück führte ebenso der bequemste Weg aus
dem Innern Deutschlands an die mittlere Saar; aus dem unteren
Mosel-Thal gelangt man über Longwy durch die langgestreckte
Thalsenkung der Chiers, die sogenannte „trouée de Carignan", mit
Benützung eines kurzen Stückes des Maas-Thales und dann des
Thales der aus entgegengesetzter Richtung der Maas zufliessen-
den Sormonne verhältnismässig leicht in die Hügellandschaften der
Picardie, während der Raum zwischen der tief eingeschnittenen
Sambre und der schiffbaren Schelde wie geschaffen scheint, um
ohne grosse Hindernisse im Terrain zu finden, aus dem nördlichen
Frankreich in die Gegend von Brüssel zu gelangen.

Die Strassen in den Niederlanden zählten schon 1792 zu den
schönsten Europas und zeigen in ihren Hauptzügen kaum einen
nennenswerthen Unterschied gegen heute.

In Frankreich waren fast alle grösseren Orte durch gute
Chausséen verbunden und auch in den deutschen Rheinlanden
fand sich ein ziemlich gut entwickeltes Strassennetz vor. Wenig
wegsam waren zum Schlusse des vorigen Jahrhunderts die Gebiete
der Ardennen, Eifel, Venn und des Hundsrück, in welchem Raume
nur sehr spärlich fahrbare Verbindungen bestanden, die zumeist mehrfach Defiléen durchziehen mussten, bis sie den Rand

der Plateaulandschaften erreichten; in den südlichen Vogesen, sowie im Argonnen-Wald war die Bewegung grösserer Truppenmassen fast ausschliesslich an die Communicationen selbst gewiesen.

Die wesentlichsten Verbindungen über die Argonnen waren:

a) Stenay-Beaumont über den Pass von Chêne-Populeux nach Vouziers;

b) Stenay-Buzancy, über den Pass von la Croix aux Bois, ebenfalls nach Vouziers. Das kleine Dorf selbst liegt im Sattel zwischen zwei Bergkuppen, welche die Strasse beherrschen.

c) Der Pass von Grand-Pré. Der Ort liegt am nördlichen dominirenden Thalrande der unteren Aire, kurz vor deren Mündung und sammelt die Strassen von Varennes, Dun, Stenay nach Vouziers und in die Champagne.

d) Varennes über den Pass von la Chalade nach St. Menehould.

e) Die grosse Pariser Strasse von Verdun, über Clermont, den Pass les Grandes Islettes nach St. Menehould. Die Vertheidigung kann im Allgemeinen und in erster Linie in dem Raume bei Clermont an der Aisne und darnach bei dem kleinen Dörfchen Les Islettes auf dem dominirenden Bergrand gesucht werden, welcher das linke Ufer der Biesme bildet.

Auf dem ganzen Kriegs-Schauplatze fanden sich äusserst zahlreiche Festungen und befestigte Städte. Dieselben stammten theils aus der Zeit der Städtefreiheit und der mit ihr verbundenen Nothwendigkeit selbstständiger Vertheidigungsfähigkeit, theils aus der Zeit der grossen niederländischen Befreiungskämpfe, theils aber und soweit es die eigentlichen Festungen anbetraf, überwiegend aus der Periode jenes fast endlosen Festungsbaues Ludwig XIV. und seines grossen Kriegsbaumeisters Vauban.

Es gab keine Zugangsstrasse in das Innere Frankreichs mehr, welche nicht durch eine oder selbst mehrere Festungen gesperrt gewesen wäre. Ein zwei-, auch drei- und vierfacher Festungsgürtel schloss den Nordosten Frankreichs gegen feindliche In-

vasionen. Fast alle diese Festungen bestanden aus einem
bastionirten Vieleck mit einer grösseren oder geringeren Zahl von
Aussen- und Vorwerken; nur wenige aus älterer Zeit stammende
Plätze zeigten noch mittelalterliche, von Thürmen flankirte Mauern
mit vorgelegtem Graben. [1])

Im Norden beginnt die französische Vertheidigungslinie gegen
die Niederlande an der Meeresküste mit Dünkirchen; ein Platz,
dessen Fortification nach holländischer Art aus Erdwällen und
nassen Gräben bestand, jedoch durch Ueberschwemmungen und
die Beschwerlichkeit, sich ihm zu nahen und ihn einzuschliessen,
bedeutende Festigkeit erhielt.

Gleiche Erscheinungen boten auch die kleineren Festungen
Bergues und Gravelines.

Den Centralpunct zwischen Lys und Schelde bildete Lille,
1792 mit seiner Citadelle und seinen vielen Aussenwerken eine
der stärksten Festungen des Continents.

Die ausgedehnten und wohlbefestigten Plätze Douay und
Arras waren zur Vertheidigung der Scarpe bestimmt.

Vier Festungen beherrschten die Schelde, von denen zwei,
Valenciennes und Cambray, als Plätze ersten Ranges galten.
Die Schleussenwerke, durch welche die Umgebung der beiden
Festungen, sowie das Schelde-Thal unter Wasser gesetzt werden
konnte, standen unter dem Schutze der anderen beiden kleineren
Festungen Condé und Bouchain, die wieder ihre Stärke in den
sie umgebenden Wasserlinien und Inundationen fanden.

An der Sambre lag Maubeuge, eine zwar kleine und stark
eingesehene Festung, deren verschanztes Lager indessen einigen
Ersatz für die weniger günstige Lage bot. Maubeuge sicherte
den Uebergang über die Sambre in einer Richtung, welche grosse
Vortheile zum Angriff der belgischen Grenze gewährt.

[1) Beschreibung der Festungen. Aufsatz des Erzherzogs Carl. Streffleur.
Oesterreichische Militärische Zeitschrift 1865, III., 131. — Jene Festungen,
welche im Kriege 1792 eine besondere Rolle spielten, werden seinerzeit bei
der Schilderung der betreffenden Ereignisse näher beschrieben werden.

Zwischen Schelde, Sambre und Maas bildeten Le Quesnoy, Philippeville, Marienburg, Landrecies, Avesnes und Rocroy die Verbindung, alle klein und ohne besondere Bedeutung.

An der Maas bei Givet, einer grossen Festung mit Citadelle und vielen Aussenwerken auf den umliegenden Bergen, Vauban's Meisterwerk, sowohl in der Anlage als in dem äusserst künstlichen Defilement, endete der rechte Flügel der grossartigen französischen Vertheidigungsfront gegen die Niederlande. Eine zweite, dritte und vierte Festungslinie hinter den vorgenannten Plätzen bildeten die befestigten Puncte Calais, Ardres, St. Omer, Aire, St. Venant, Béthune, Arras, Guise, Boulogne, Montreuil, Hesdin, Abbeville, Doullens, Bapaume, Amiens, Péronne, Ham, La Fère, Laon und endlich Soissons.

Diesem französischen Festungsgürtel hatte noch 1780 ein beinahe ebenso starker in den österreichischen Niederlanden gegenübergestanden. In erster Linie deckten die Grenze die festen Plätze Nieuport, Furnes, Dixmude, Ypern, Fort Knocke, Warneton, Menin, Tournay, Ath, Mons, Charleroi, Namur; eine zweite Linie wurde gebildet durch Ostende, Damme, Vilvorde, Brügge, Gent, Andenarde, Brüssel, Löwen, Tirlemont; die Linie der Demer und Schelde wurde in dritter Reihe vertheidigt durch die Festungen Dendermonde, Mecheln, Aerschot, Diest mit Sichem und Haelen, hinter denen noch Lierre und der Centralplatz Antwerpen lagen. Ausser diesen Plätzen gab es noch eine Anzahl kleinerer befestigter Puncte, wie Arlon, Bastogne, La Roche, Marche, zwischen Luxemburg und Namur, dann Nivelles, Binche, St. Ghislain, Hal, Enghien, Soignies, Braine le Comte, Lessines, Grammont, Alost, Leuze, Limburg, Roermonde, Leau, welche aber zum Theile längst verfallen waren. Ausserdem war noch Lüttich von kaiserlichen Truppen besetzt [1]).

In den österreichisch-niederländischen Festungen, der „Barrière" gegen Frankreich, hatte Holland ein Mitbesatzungsrecht, wie schon früher, so abermals zugestanden durch den Vertrag zu Antwerpen vom 15. November 1715. Der Barrièrenvertrag wurde jedoch 1781

---

[1]) Maastricht und Venloo lagen bereits auf holländischem Gebiet. Da Holland sich jedoch während des Feldzuges 1792 neutral verhielt, können die zahlreichen holländischen Festungen hier vorläufig ausser Betracht bleiben.

gekündigt und im September desselben Jahres mit einem Federstrich die Demolirung sämmtlicher niederländischen Festungen, Luxemburg, die Citadelle von Antwerpen und die Seebefestigung von Ostende ausgenommen, anbefohlen [1]).

Nicht nur die kleineren festen Plätze, sondern auch die wichtigen Grenzfestungen Nieuport, Tournay, Mons und Namur sollten fallen; später auftauchende Bedenken retteten wenigstens Einzelnes. Im wesentlichen war jedoch die Demolirung 1784 vollendet, so dass zu Beginn des Jahres 1792 die Grenzen der Niederlande fast ganz offen und schutzlos dem feindlichen Einfalle

---

[1]) Die Handelsinteressen Englands und Hollands hatten im Vertrag zu Antwerpen 1715 das Zugeständniss beim Friedens-Schlusse erzwungen, dass die Schelde, dieser Lebensnerv des Landes, für Ein- und Ausfuhr gesperrt und Holland ein Besatzungsrecht in Namur, Tournay, Menin, Furnes, Warneton und Fort Knocke, ein Mitbesatzungsrecht in Roermonde und Dendermonde gewahrt bleibe. Holländische Truppen befanden sich noch 1780 thatsächlich in allen diesen Plätzen. Allerdings waren selbe wie der Republik, so auch dem Kaiser verpflichtet, aber ihre Vertheilung, Ablösung, die Ernennung der Befehlshaber, hing von Holland ab, welches auch das Recht des Durchmarsches nach und von diesen festen Plätzen besass. Das blieb unter allen Umständen eine schwere Last für die österreichischen Niederlande und war mit den grossen mercantilen Plänen, die man in Wien hegte und rasch durchführen zu können glaubte, wenig vereinbar. Die Kündigung des Vertrages erfolgte daher 1781 unerwartet schnell, zugleich wurde der Befehl zur Schleifung der Festungen gegeben. Das Mitinteresse Hollands an der Vertheidigung der belgischen Grenze gegen Frankreich war damit allerdings aufgehoben, aber Staatskanzler Kaunitz lehnte in seinem Vertrauen auf die Haltbarkeit der französischen Verbindung den Einspruch des holländischen Gesandten mit den Worten ab: »Der Kaiser will nichts mehr von der Barrière reden hören, sie existirt nicht mehr, jeder Vertrag hört von selbst auf, sobald die Umstände, die ihn hervorgerufen haben, nicht mehr vorhanden sind. Der Barrière-Vertrag war gegen Frankreich gerichtet, unsere innige Verbindung mit diesem Staate hat denselben gänzlich unnütz gemacht.« Weiss, Weltgeschichte VII. 480.) Dass aber auch die festen Plätze desshalb zerstört werden sollten, wäre nicht erforderlich gewesen und hier haben zweifellos andere Einflüsse gewaltet. Wer dem Kaiser Josef II. diesen Schritt gerathen, wer den Gedanken angeregt oder gefördert hat, oder ob auch hier jene geheimen Verbindungen die Hand im Spiele hatten, die eine so bedeutende Rolle in den Ereignissen dieser Zeit spielten, ist nicht mehr zu erkennen, die Acten über die Frage der Demolirungen sind verschwunden. Jedenfalls konnte die französische Revolutionspartei dankbar sein für diese Massregel, die ihr freiwillig ein Feld des Erfolges bereitstellte.

preisgegeben waren und auch das Innere des Landes fast jedes fortificatorischen Rückhaltes entbehrte.

Nieuport besass noch seine Vertheidigungsfähigkeit; von Ypern, Fort Knocke und Furnes waren bereits Theile der Festungswerke auf Abbruch verkauft; Dixmude hatte keine Befestigungen mehr.

Tournay, früher ein Platz „erster Ordnung" und 1792 selbst mit seinen Resten von Befestigungen wichtig für die Vertheidigung der Niederlande, besass nur noch den die Stadt umgebenden Hauptwall mit schlecht erhaltenen, lediglich für Infanterie-Vertheidigung eingerichteten Thürmen und vorgelegtem, meist trockenem Graben. Escarpe und Contrescarpe waren noch ziemlich erhalten, zeigten jedoch einzelne Breschen. Von den Vor- und Aussenwerken waren viele gänzlich planirt, einige waren in ihrer Grundform noch durch einen Erdwall erkenbar und nur sehr wenige in brauchbarem Stande erhalten. Die Citadelle hatte gegen das Aussenfeld eine vertheidigungsfähige bastionirte Umfassung. Gegen die Stadt hin war der Wall demolirt und das Glacis theils verbaut, theils in Gärten verwandelt [1]).

Aehnlich sah es mit den Resten der Befestigungsanlagen in dem an der kürzesten Operationslinie nach Brüssel gelegenen Mons aus, welchem Platze nur ein breiter, nasser Graben mit einer Wassertiefe von 1 m, die allenfalls noch verdoppelt werden konnte, wenigstens einen gewissen Grad von Sturmfreiheit verlieh.

Namur besass eine die Stadt und das rechte Maas-Ufer beherrschende, aber sehr verwahrloste Citadelle. Die Stadt selbst war von einem halbverfallenen, bastionirten Walle umgeben, die Aussenwerke demolirt [2]).

Ostende (mit den Forts St. Philippe und Paeschendale), Brügge, Damme, Audenarde und Dendermonde besassen ihre Werke noch zum Theile, Gent hatte noch ein befestigtes Schloss, Alost war zum offenen Platz herabgesunken, Antwerpen noch stark befestigt, Lierre, Mecheln und Vilvorde noch erhalten. Brüssel war in gutem Stande, dagegen besassen Löwen und Tirlemont nur noch den Hauptwall, Leau war ganz zerfallen,

---

[1]) K. A. 1792; III, 6 und XIII, 30¾.

[2]) Eine nähere Beschreibung dieses Platzes siehe Darstellung der Belagerung 1792.

Haelen hatte noch einen Wall ohne Verkleidungen, Diest eine alte
Stadtumfassung. Sichem und Aerschot waren in völligem Zer-
fall, Roermonde und Limburg besassen eine vertheidigungsfähige
Umfassung.

Von Namur und Lüttich gegen den Rhein hin bildete nur
die kleine, unbedeutende pfälzische Festung Jülich an der Roer,
zwei Märsche westlich von Köln eine Art Verbindung.

Am Rheine selbst lag die pfälzische Festung Düsseldorf, ein
Platz von mittlerer Grösse, dann Wesel am Ausflusse der Lippe
auf preussischem Gebiete. Wesel war ein grösserer Platz, doch
fehlte es an gesicherten Fluss-Uebergängen sowohl am Rheine, wie
an der Lippe.

Weniger zahlreich waren die Festungen im Grenzgebiete
zwischen Frankreich, dem Luxemburg'schen und Deutschland.
Der grosse Raum zwischen Mosel und Maas war allerdings im
Allgemeinen nur wenig zu bedeutenden Operationen geeignet, aber
auch nur durch die starke, auf Felsen erbaute Festung Luxemburg,
welche in dem kaiserlichen Bereiche lag, vertheidigt.

Die Linie der französischen Festungen von Givet südöstlich
war auch in dieser im Allgemeinen so wenig wegsamen Strecke
von der Maas gegen die Mosel hin wohlgeschlossen. Am südlichen Ausgange des Maas-Durchbruches durch die Ardennen lag
die kleine Feste Mezières, weiter aufwärts das ausgedehnte, aber
wenig vortheilhaft liegende Sédan. Am Chiers standen Longwy [1]) und
Montmédy. Ausserdem gab es in diesem Raume noch einige kleinere
befestigte Städte oder Schlösser, wie Carignan, Stenay und Bouillon.

Die aus dem Rhein-Thal über die Depression zwischen Hundsrück und Haardt gegen Paris führenden Strassen treffen an der
Mosel auf Thionville [2]) und Metz, einen der vorzüglichsten Waffen-
plätze Frankreichs, mit seinen zahlreichen und starken Werken
einen bedeutenden Raum umfassend, welcher grosse Kriegs-
vorräthe barg. Thionville vorgelagert, befand sich dicht an der

---

[1]) Die Beschreibung dieses Platzes, siehe Schilderung der kriegerischen
Ereignisse bei der Capitulation am 23. August 1792.

[2]) Die Beschreibung dieser 1792 von den Oesterreichern beschossenen
und später cernirten Festung, siehe Schilderung der kriegerischen Ereignisse
dieses Jahres.

Grenze an der mittleren Mosel das befestigte Schloss Sierck und nordwestlich davon jenes von Rodemack.

An der Saar war Saarlouis befestigt.

Im Rücken von Metz deckte den Uebergang über die Maas an der von Kaiserslautern herkommenden Strasse die Festung Verdun [1]).

Wie Laon und Soissons eine gewisse Vermittlung, Verbindung und Unterstützung zwischen dem linken Flügel der französischen Vertheidigungslinie und dem System der Maas-Linie bildeten, so verband Toul, Nancy und Marsal diese mit der Gruppe der Rhein- und Vogesen-Befestigungen.

Den Ober-Rhein vertheidigte auf französischer Seite Strassburg mit Weissenburg, Hagenau, Schlettstadt, Neu-Breisach und Hüningen, dann die Vogesen-Sperren Bitsch, Lichtenberg, Lützelstein, Pfalzburg, Belfort, meist kleinere Festungen ohne über die nächste Umgebung hinausragenden Einfluss. Bei Strassburg finden sich vortheilhafte Uebergangsstellen über den Strom, wie auch die vorzüglichsten Heerstrassen hier münden; im weiten Umfange der Festung waren alle Kriegserfordernisse zu beschaffen in einem Masse, dass Frankreich zur Aufstellung einer schlagfertigen Armee am Ober-Rheine kaum anderer Anstalten bedurfte, als die Vereinigung seiner Truppen bei Strassburg. Die Festung selbst mit einer starken Citadelle war eine der vorzüglichsten ihrer Zeit und konnte noch eine bedeutende Verstärkung durch ihre Inundation erhalten.

Deutschlands Grenze war am Ober-Rhein fast ganz offen. Von Düsseldorf stromaufwärts fanden sich nur auf ganz grosse Entfernungen von einander feste Plätze, denen einige Bedeutung zuerkannt werden konnte, wie gegenüber der Mosel-Mündung der churtrierische Ehrenbreitstein, zu hoch gelegen, um den Rhein zu bestreichen und zu klein, um nach Aussen zu wirken, weiterhin die kleineren hessischen Grenzplätze Rheinfels und St. Goar, an der Mündung des Mains endlich auf dem linken Ufer, als Mittelpunct der ganzen deutschen Strom-Vertheidigung, die Zugänge zum Herzen Deutschlands sperrend, erhob sich das mächtige Mainz. Die Lage, sowie der grosse Umfang dieser Festung gaben ihr eine ganz hervorragende Bedeutung.

[1]) Die Beschreibung des Platzes, siehe Schilderung der kriegerischen Ereignisse zum 2. September 1792.

An der Neckar-Mündung endlich stand die ziemlich starke pfälzische Festung Mannheim mit durch Befestigungen geschützten Brücken über Neckar und Rhein und in der Nähe von Landau endlich lagen auf dem rechten Rhein-Ufer die Trümmer der Festung Philippsburg in offener Gegend, auf dem Gebiete des Bischofs von Speyer. Diese Plätze befanden sich alle auf den Gebieten kleiner Fürsten, die weder die Mittel noch die Neigung besassen, ihre Festungen in gutem Stande zu erhalten und auszurüsten.

Auch die alte Kaiserstadt Frankfurt a. M. und der nordwestlich davon gelegene Königstein besassen Befestigungen, welche im Laufe des Feldzuges mehrfach berufen waren, zur Geltung zu kommen. Frankfurt war von einem einfachen Hauptwall mit vorliegendem nassem Graben umgeben. Vor den sieben Thoren lagen Ravelins ohne Vorgraben. Wall und Graben waren übrigens völlig vernachlässigt und nur in geringem Grade vertheidigungsfähig. Königstein war ein auf einem Berge liegendes altes Schloss mit Wall und Graben.

I.

DER FELDZUG IN DEN NIEDERLANDEN 1792.

Die allgemeinen Kriegsvorbereitungen und Rüstungen Oesterreichs in den Niederlanden.

Die Rüstungen Oesterreichs für einen möglichen Feldzug im Jahre 1792 begannen spät und in sehr mässigem Umfange. Die Ueberzeugung war allgemein, dass bei der gänzlichen Auflösung, die im Lande herrschte und bei der Machtlosigkeit der kaum noch dem Namen nach bestehenden Regierung, Frankreich unvermögend sei, „sich in äussere Kriegshändel einzulassen.“ [1]) Es wurden daher 1791 kaum die allernöthigsten militärischen Vorbereitungen getroffen, obwohl nach der Flucht des Königs die Reorganisation der französischen Armee, welche einer Mobilmachung gleichkam, mit allen Mitteln fortgesetzt, die Zahl der an den Grenzen gegen die Niederlande und Deutschland stehenden Truppen, welche im Juli 1791 schon gegen 60.000 Mann betrug, noch vermehrt und die Aufstellung und Standesvermehrung der Nationalgarden so viel nur möglich, betrieben wurde.[2])

Oesterreich hatte vom niederländischen Aufstande her noch 53.000 Mann in den Niederlanden und einige schwache Garnisonen im Breisgau stehen. Die im Herbste 1791 erfolgte Verlegung eines

---

[1]) Kaunitz an Cobenzl Wien. 7. Januar 1792. Vivenot I. 314.
[2]) Decret der National-Versammlung vom 3. Juli 1791 »Journal militaire« 1791. II. 336. Ueber die Vertheilung der französischen Truppen an der Grenze

Cürassier-Regiments und zweier Infanterie-Bataillone nach Vorder-Oesterreich, woselbst nun etwa 6000 Mann sich befanden, sowie die Absendung eines Dragoner-Regiments nach den Niederlanden und die vorläufige Suspendirung des Marschbefehles für die daselbst stehenden 14 Husaren-Escadronen, welche in das Innere der Monarchie verlegt werden sollten, war Alles, was den drohenden Kriegsvorbereitungen der Franzosen gegenüber im Jahre 1791 von Seite Oesterreichs geschah. [2])

von der Mosel bis zur Nordsee liegt eine Liste vor, vermuthlich aus einem Kundschaftsbericht stammend:

Garnisonen	Linien-Infanterie	National-garden	Artillerie	Cavallerie	Zusammen	
					Mann	Pferde (Reiter)
Saarlouis . . .	2000	600		400	2600	400
Metz	4000	3000	1000	800	8000	800
Thionville . .	2000	1000	100	400	3100	400
Longwy . . .	1000	400	.	400	1400	400
Montmédy . .	1000				1000	
Stenay . .	1000				1000	
Sédan . .	1200	500	100	400	1800	400
Mezières . .	1200	300	60	100	1560	400
Charleville .	1200	500	100		1800	
Rocroy	600	500	50	100	1150	400
Givet (Charlemont)	1200	1200	100	310	2500	310
Marienbourg	1000				1000	
Philippeville . .	1200	200	50	90	1450	90
Maubeuge . .	1200	600	50	1200	1850	1200
Le Quesnoy . .	600		30		630	
Condé . . .	1000				1000	
Valenciennes .	2100	2000	200	1000	4300	1000
Bouchain . .		500	30	100	530	100
Cambray	500	500		280	1300	280
Douay . .	2200	2000	1000	250	5500	250
Arras	800			600	800	600
Lille	4200	4000	100	500	8300	500
Armentières						
Béthune . .	ungefähr 3000				3000	
Aire . . .						
St Omer . . .						
Bergues . .	800				800	
Dünkirchen . .	2200				2200	

Zusammen 37.500 Mann Linien-Infanterie, 17.800 Mann Nationalgarde, 2970 Mann Artillerie und 7530 Reiter = 58.270 Mann. (K. A. 1792; I. 4.)

[2]) Protokoll der Minister-Conferenz vom 10. September 1791. Vivenot I. 245.

Als jedoch der französische Kriegsminister Narbonne am 14. December 1791 der National-Versammlung bekanntgab, der König habe die Aufstellung von 150.000 Mann binnen einem Monat an den Grenzen anbefohlen, [1]) sah sich auch Kaiser Leopold II. genöthigt, ernstere militärische Massnahmen einzuleiten. In den ersten Tagen des Januar 1792 erhielt der Hof-Kriegsraths-Präsident FM. Michael Graf Wallis Befehl, die Aufstellung von 40.000 Mann für die Niederlande und Vorder-Oesterreich vorzubereiten, welche Zahl am 14. Februar auf 50.000 erhöht wurde. [2])

Da man aber in Wien auch jetzt noch an dem Grundsatze festhielt, „dass der Allerhöchste Hof sorgfältig vermeiden müsse, sich in einseitige, von der Beiwirkung anderer und insonderheit des preussischen Hofes isolirte, thätige Massnahmen einzulassen", [3]) so wurden blos 4 Bataillone und 6 Escadronen, gegen 6000 Mann, mit 16 Geschützen, sofort marschbereit gemacht, und in den Breisgau abgeschickt, wo sie anfangs Mai eintrafen, [4]) während der übrige Theil sich erst „nach Massgabe des zu treffenden Concertes, theils in wirklichen Marsch setzen, theils marschfertig halten sollte, vorausgesetzt, dass Seine königlich preussische Majestät einer gleichen Verbindlichkeit die Hände bieten und folglich eine gleiche Truppenverstärkung nach ihren rheinischen Landen bestimmen würden." In die Niederlande wollte man noch keine Verstärkungen senden, sondern nur die Completirung der bereits dort befindlichen Truppen durchführen. Auch die Anforderungen, welche das niederländische General-Commando zur Erlangung der Kriegsbereitschaft der Truppen in den Niederlanden stellte, waren gering. Dasselbe beantragte am 3. Januar: Die Anlegung von Magazinen; Completirung des Artillerie-, Pontons-, Regiments- und Transports-Fuhrwesens, dem bei 1000 Mann und 3000 Pferde fehlten; Zuweisung von 369 Pferden an Latour-Chevauxlegers; Completirung des Grün-Laudon'schen Frei-Corps; Vertheidigungs-Instandsetzung und Approvisionirung von Luxemburg, wo FML. von Querlonde com-

[1]) K. A.; H. K. R. 1792, I. ad 1.
[2]) K. A.; H. K. R. 1792, I. 3 und Kaunitz an Reuss, Wien, 20. Februar 1792. Vivenot I. 390.
[3]) Conferenz-Protokoll vom 17. Januar 1792, Vivenot I. 330.
[4]) K. A. 1792, V, 159.

mandirte und der Citadelle von Antwerpen, für welche als Com-
mandant der Oberstlieutenant von Mayr von Bender-Infanterie
(Nr. 41) vorgeschlagen wurde, endlich des Schlosses von Namur, wo
General von Moitelle den Befehl führte; die Einberufung aller beur-
laubten Officiere, darunter auch des FML. Baron Alvinczy und
Zusendung einiger Generale. [1]

Vorläufig verblieb es bei diesen vorbereitenden Massnahmen.
Erst als Anfangs April ganz zuverlässige Nachrichten aus Paris
einlangten, „dass die herrschende Partei in Frankreich beschlossen
habe, ohneweiters zu Feindseligkeiten zu schreiten und zwar auf
der einen Seite in das Trierische und Lüttichische, anderseits aber
in Savoyen einzufallen," wurde nach den Beschlüssen der Minister-
Conferenz vom 13. April die Marschbereitschaft von weiteren
15.000 Mann verfügt, welche binnen einem Monat in den Breisgau
abgehen sollten, [2] während der Rest der projectirten Truppen-
aufstellung, 23.000 Mann, erst Befehl zur Annahme der Kriegsbereitschaft erhielt, als am 20. April Frankreich thatsächlich den Krieg
erklärte. [3]

Hiemit war nun auch Preussen auf Grund des mit Oesterreich abgeschlossenen Allianzvertrages zur Theilnahme am Kriege
verpflichtet und König Friedrich Wilhelm II. ordnete Anfangs Mai
die Mobilisirung von gleichfalls 50.000 Mann an.

Die deutschen Reichsfürsten, vom Kaiser wiederholt aufgefordert, ihre Contingente für das Reichsheer aufzustellen,
zögerten, da sie den Krieg nicht als „Reichs-Krieg" anzusehen geneigt
waren; es konnte, da doch jedenfalls ein Vorwand zum Unthätig-
bleiben gefunden werden sollte, dieser immerhin noch als der beste
gelten. Nur der Landgraf von Hessen-Cassel war bereit, der
kaiserlichen Aufforderung nachzukommen und zog schon im Monate
Februar 5000 Mann bei Hanau und Rheinfels zusammen.

Was Oesterreich beim Ausbruche eines Krieges in den bedrohten
Gebieten an Streitkräften besass, war somit kaum eine Kriegs-

[1] K. A.: H. K. R. 1792, I. 4.
[2] K. A. 1792, IV, 8.
[3] K. A. 1792, IV, 22.

rüstung zu nennen. Es mussten noch Monate vergehen, bis die Armeen der Verbündeten auf dem Kriegs-Schauplatze eintreffen konnten und diese ganze Zeit hindurch war das kaiserliche Gebiet in den Vorlanden, wie die österreichischen Niederlande dem feindlichen Angriffe ausgesetzt. Die Franzosen begnügten sich indessen am Rheine mit einer defensiven Rolle, so dass Vorder-Oesterreich, wo das Landes-Aufgebot zur Verstärkung des schwachen kaiserlichen Truppen-Corps einberufen worden war, geschont blieb, während in den Niederlanden, wenige Tage nach der Kriegserklärung, in rascher Folge nacheinander feindliche Einbrüche erfolgten, welche im höchsten Masse die Energie und Umsicht des Statthalters und des commandirenden Generals in Anspruch nahmen.

An der Spitze der niederländischen Landes-Regierung standen die Erzherzogin Marie Christine, eine Tochter der grossen Kaiserin-Königin mit ihrem Gemahl, dem FM. Herzog Albert Casimir von Sachsen-Teschen als „Statthalter, Gouverneurs und General-Capitaines der Niederlande", während FM. Blasius Columbanus Freiherr von Bender, als commandirender General des niederländischen General-Commandos, den militärischen Befehl über alle Truppen und Anstalten führte. Das Commando jenes Corps, welches im Falle eines Krieges mit Frankreich zu Operationen im Felde verwendet werden sollte, wurde dem FZM. Georg Grafen Browne, [1]) und als dieser es seiner geschwächten Gesundheit wegen nicht übernehmen konnte, dem FZM. Grafen Franz Sebastian Carl Josef Clerfayt de Croix übertragen. [2]) Als Chef des Generalquartiermeisterstabes in den Niederlanden fungirte Oberst Karl Freiherr von Lindenau. Doch nahm auch der erste General-Adjutant des Herzogs, Oberst Graf Seckendorff, bemerkenswerthen Einfluss auf die

---

[1]) K. A. 1792, IV, 8.

[2]) K. A. 1792, XIII, 82. — Nach dem Tagebuche Lacy's erfolgte die Ernennung Clerfayt's auf Grund Allerhöchster Entschliessung vom 10. Mai 1792. Clerfayt traf Ende Mai in den Niederlanden ein und übernahm am 31. Mai 1792 das Commando des Corps, welches bis dahin von FM. Bender geführt worden war. Diesem wurde, im Falle er durch sein hohes Alter verhindert sein sollte, das General-Commando in den Niederlanden weiter zu führen, die Gouverneur-Stelle von Luxemburg zugesichert. (K. A. 1792, V, 167.)

militärischen Dienstgeschäfte. Das Geniewesen leitete Oberst
d'Arnal des Ingenieur-Corps. Das Verpflegswesen besorgte General-
Landes-Commissär Baron Bartenstein im Einvernehmen mit dem
Verpflegs-Inspector Oberst Hervay und der kaiserlichen Verpflegs-
Direction.

Anfangs Januar 1792 standen in den Niederlanden folgende
Truppen:[1])

Truppenkörper	Bataillone	Compagnien	Escadronen	Verpflegs-stand Mann	Pferde	Anmerkung
Pückler-	1	.		480	.	—
Leuwen-	1			670	.	—
Rousseau-	1			632	.	—
Morzin- (Grenadiere)	1			628	.	—
Briey-	1			481	.	—
Barthodeisky-	1			697	.	—
Clerfayt Nr. 9	3			2534	.	—
d'Alton Nr. 15	1			1334		Oberstens-Bataillon
Hohenlohe Nr. 17	1			1309		Leib- „
Stuart Nr. 18	1			1259	.	Oberstens- „
de Ligne Nr. 30	3			2180	.	—
Sztaray Nr. 33	2			1950	.	Leib- u. Oberst.-Bat.
Esterházy Anton Nr. 34	2			1726		„ „ „
Kinsky Franz Ulrich Nr. 36	1			1345	.	Leib-Bataillon
Württemberg Nr. 38	3			2569		—
Bender Nr. 41	3			3241		—
Mathesen Nr. 42	1			1298		Leib-Bataillon
Kinsky Franz Nr. 47	1			1228		„ „
Murray Nr. 55	3			2594	.	—
Colloredo Josef Nr. 57	1			1382	.	Oberstens-Bataillon
Vierset Nr. 58	3			2760		—
Fr Corps Grün-Laudon	3			1247		Wurde vor Beginn des Krieges auf ein Bataillon zu 6 Compagnien reducirt
O'Donell	2			1555		—
Tyroler Scharfschützen		10		938		—
Dandini-Jäger		10		1438		—
Le Loup-Jäger		4		495	.	—
Garnisons-Regiment Nr. 3	1			495	.	—
Würzburg Infanterie	2			1523	.	—
Bamberg-Infanterie	1			690		—
Anhalt-Grenadiere		2		378		—
Fürtrag	44	26		40956	.	

(The left margin shows the bracket label **Infanterie - Regiment** grouping the regiment rows.)

[1]) K. A.: H. K. R. 1792, I. ad 4 und K. A. 1792, I, 2°/₂.

Truppenkörper	Bataillone	Compagnien	Escadronen	Verpflegs-stand		Anmerkung
				Mann	Pferde	
Uebertrag	44	26		40956		
Vom 1. u. 3. Feld-Artill.-Rgmt.		6		980	.	—
Artillerie-Füsiliere . .		1		197		—
Pionniere		1		147		—
Pontonnier-Detachement		.		40		mit 40 Pontons
Husaren-Reg. Blankenstein Nr. 16			10	1852	1826	—
„　　　Wurmser Nr. 30			2	592	575	—
„　　　Esterházy Nr. 32			2	538	514	—
Chevauxlegers-Reg. Latour Nr. 31			8	1476	1188	—
Dragoner-Reg. Coburg Nr. 37		.	8	1419	1444	—
Uhlanen-Frei-Corps Degelmann			6	1125	1172	—
Würzburg-Dragoner .			2	379	378	—
Anhalt-Dragoner .			1/2	74	73	—
Summe	44	34	38½	49775	7170	—
Ausserdem noch 11 Train-Divi-sionen		.		1419	1494	—
Totale				51194	8664	—

Der dienstbare Stand dieser Truppen betrug indessen nur 31.541 Mann Infanterie und 6095 Reiter mit 147 Geschützen.

Die geringe Truppenstärke der Kaiserlichen in den Niederlanden und die grosse Entfernung von den Erblanden der Monarchie, welche für das Heranziehen von Verstärkungen einen grossen Zeitaufwand erforderte, liess die Lage des Corps angesichts der allenthalben an den Grenzen stattfindenden Anhäufungen französischer Truppen zu Beginn des Jahres 1792 als eine sehr bedenkliche erscheinen.

Schon am 10. Februar vermochte FM. Bender einen ziemlich eingehenden Bericht über den Stand der französischen Streitkräfte in den festen Plätzen an der niederländischen Grenze an den Hof-Kriegsrath zu senden, eine Liste, die übrigens bereits ein buntes Gemisch der alten königlichen Truppen, Nationalgarden und Freiwilligen zeigt. [1]

---

[1] K. A.; H. K. R. 1792, II. 2.

Garnisonen	Truppen				National-Garde		Summe	
	Infanterie	Mann	Cavallerie	Reiter	Soldaten	Friwill.	Mann Infanterie	Reiter
Dünkirchen	Colonel-général 1100; Penthièvre 1100; Artillerie 54	2254	1 Escad. Royal-Croates	50			2254	50
Gravelines	—		—		1200		1200	
Calais	Conti 1500		Unbekannt welchen Rgmts.	200	574		2074	200
Hergues	Flandre 1100; Artillerie 100	1200					1200	
St Omer	Viennois 1000		1 Escad. Jäger	50			1020	50
Hesdin	—		Royal-Croates	450	600		600	450
Ardre	—		Bourbon-Drag.	350				350
Aire	1 Baon. de Forêt 500		Normandie-Jäger zu Pferd	350			500	350
St. Venant	1 Baon. la Couronne	500	—				500	
Bethune	1 Baon. la Couronne	600	Orléans Cavall.	400			600	400
Lens	—		—		600		600	
Arras	Dillon Irländer	200	—		600		800	
Bapaume	—		—		600		600	
Armentieres	Von der Garnison von Bethune	200	—				200	
Lille	De Brie 1100; Bourbon 1100; Chartres 1100; Diesbach-Schweizer 1000; Artillerie 200	4400	Colonel-général-Cavallerie	500		4000	8400	500
La Bassée	—		—		600		600	
Carvin	—		—		600		600	
Marchiennes			—		600		600	
Douay	Beaujolais 1100; Courten-Schweizer 1100; Artillerie 1000	3200	La Reine-Drag.	300		2000	5200	300
Bouchain	Einige Detachements von anderen Orten				600		600	
Lallers			—		600		600	
Conde	Auxerrois 1000						1000	
Valenciennes	Navarre 1000; Royal-Suédois 1350; Artillerie 100	2450	Chartres-Dragoner 400; Schomberg-Dragoner 400	800		2000	4450	800
Cambray	1 Baon. von Beauce 600; Alsace ?? 1100; Artillerie 50	1750	Esterházy-Husaren	250			1750	250

Garnisonen	Truppen — Infanterie	Mann	Cavallerie	Reiter	National-Garde Soldaten	Freiwill.	Summe Mann Infanterie	Reiter
Quesnoy	Vintimille 650 / Artillerie . 30	680	—	.	.	.	680	.
Cateau-Cambrésis .	—		—		500	.	500	.
Landrecies	1 Baon. Beauce 600		—			.	600	.
Maubeuge	Reinach-Schweizer 1200 / Gévaudan-Jäger . 600 / Artillerie . 50 / Pionniere . 50	1900	Commissaire-général-Dragoner 600 / Esterházy-Husaren 250	850			1900	850
Avesnes	Orléans 1100		—	.			1100	.
Marienbourg	Wird aus den Garnisonen von Givet und Rocroy bestritten		—					
Philippeville	Dauphin . 1200 / Jäger . 800 / Artillerie . 80	2080	Normandie-Jäger .	90	200		2230	90
Givet und Charlemont	Foix 1200 / 1 Baon. Lorraine 600 / Artillerie 100	1900	1 Escadron	50	600	.	2500	50
Rocroy	1 Baon. Lorraine 600 / Artillerie 50	650	Royal-Picardie	400	500	.	1150	400
Charleville	2 Bataillons 1200 / Artillerie . 50	1250			500	.	1750	
Mezières	2 Bataillons 1200 / Artillerie . 50	1250	Royal-Lorraine-Cavall.	400	300		1550	400
Sédan .	3 Bataillons 1600 / Artillerie . 100	1300			500	.	1800	
Bouillon . .	Bouillon . 300	300	1 Escad. Jäger	50		.	300	50
Stenay .	—		Artois-Dragon.	100		.	.	400
Montmédy	1 Regiment Infanterie 1100 / 1 Bataillon Schweizer 600	1700	—		600		2300	
Longwy	Roussillon .	1200	Dauphin-Drag	300	500		1700	300
Mangiennes	—		—	.	600	.	600	
Thionville	2 Regimenter Sonnenberg	2200	1 Reg. Dragoner	300	1000		3200	300
Saarlouis	Schweizer 1200 / Austrasie . 600	1800	Berchini-Hus.	350			1800	350
Metz	4 Regimenter 1100 / Artillerie . 1000	5400	2 Cavall-Reg. Chamborand-	1000		2100	7500	1000
Nancy	Rouergue . 1100	1100	Husaren	500			1100	500
			Zusammen			.	50188	5800

Die Bedenken der Lage mussten um so ernster aufgefasst
werden, als die Bevölkerung in den österreichischen Niederlanden,
seit den Reformjahren und der Niederwerfung des Aufstandes
Ende 1790 ohnehin in unruhiger und feindseliger Stimmung, jetzt
noch durch die Emissäre der französischen Revolution aufgereizt,
sich so unverlässlich zeigte, dass wohl vorausgesetzt werden durfte,
sie beim Ausbruch des Krieges mit Frankreich abermals die Fahne
des Aufruhrs aufpflanzen zu sehen. [1]

Wenn die Anträge, die der FM. Freiherr von Bender für die
Kriegsbereitschaft machte, bezüglich des eigentlichen Feindes auch
noch von sehr optimistischen Gesichtspuncten ausgingen, so klingt
durch dieselben doch überall die Besorgniss vor inneren Unruhen durch. Bender nahm im Allgemeinen als wahrscheinlich an,
dass Frankreich jedes Auftreten kaiserlicher Truppen und selbst das
einfache Abweisen einer französischen Invasion „als die erste
Kriegsausforderung von Seiten des kaiserlichen Hofes“ erklären
werde.

„Ein in der Anarchie tobendes Volk“, schrieb er, „welches auf
den Anhang der Belgier und Lütticher, dann auf seine heutige Ueberzahl gegen unser Corps baut, berechnet die künftigen Staatsfolgen
nicht . . .“ „Frankreich hat in der Kürze seiner Operationslinien, in
dem Besitze einer Reihe von festen Plätzen, dann in dem Enthusias-
mus des Volkes, wodurch es auf Formirung dreier Corps d'armée, im
Elsass, Lothringen und französisch Flandern, zu 50.000 Mann
jedes, rechnet, einen unstrittigen wichtigen Vortheil gegen ein
Corps, welches von seinem Staatscentrum, somit von der Aus-
rüstungs- und Ergänzungsquelle so weit entfernt ist und dessen

---

[1] K. A.; H. K. R. 1792; I. 4. — Um von den in den Niederlanden
stehenden Truppen möglichst viel zu den Operationen gegen Frankreich verwenden zu können, hatte sich die österreichische Regierung an Preussen
gewendet, um aus Westphalen preussische Truppen zur Aufrechthaltung der
inneren Ruhe und zur Versehung des Garnisonsdienstes in den Niederlanden
zu erhalten. Die preussische Regierung lehnte diesen Antrag jedoch ab, indem sie die Unzuverlässigkeit der in Westphalen stehenden neun Bataillone
und den Mangel an Cavallerie als Grund angab. (Reuss an Metternich. Berlin,
11. April 1792. K. A. 1792; XIII, 80.) Der König von Preussen schrieb in dieser
Angelegenheit selbst an Franz II. und berief sich auf den Allianztractat, in
welchem gegenseitige Hilfe nur im Falle eines Angriffes durch eine dritte
Macht, nicht aber bei Ausbruch innerer Unruhen vereinbart worden sei.

Operationstheater von festen Plätzen ganz entblösst ist. Doch wird man auf der anderen Seite mit einem disciplin- und subordinationslosen, unabgerichteten und an baarem Gelde mangelnden Feinde zu thun haben, hiemit ein Corps nach dem andern mit ungleich wenigerer Anzahl der Streitenden schlagen, sofort die Tête jedem erneuerten Einfalle halten können, wofern ich nur auf eigene Unterstützung der Niederländer rechnen dürfte und nicht vielmehr deren Verrätherei und Aufflammung des hie und da noch glimmenden Empörungsfeuers befürchten müsste." [1]

Das kaiserliche Corps sah sich daher genöthigt, nicht nur gegen den äusseren Feind Front zu machen, sondern auch im Innern des Landes starke Garnisonen zu unterhalten und bereit zu sein, mit den ernstesten Mitteln der inneren Gefahr vorzubeugen.

Der Herzog von Sachsen-Teschen, welcher alle diese Verhältnisse wohl überblickte, bemühte sich in umsichtiger Weise, alle Anordnungen zu treffen, um die Sicherung der niederländischen Provinzen gegen innere Unruhen, wie gegen den Einbruch französischer Armeen zu ermöglichen. [2]

Die nächsten Vorsorgen des Herzogs waren auf Ergänzung der Truppen an Mann und Pferd, auf Beschaffung der Bespannungen für die Geschütze und Trainfuhrwerke, auf die Anlage von Magazinen und Spitälern, sowie auf Vertheidigungs-Instandsetzung der bestehenden Befestigungen gerichtet.

Der Standes-Abgang des Corps betrug im Monate Februar noch 9597 Mann, 824 Pferde [3] bei den Truppen, sowie 671 Mann und 2510 Pferde beim Train. [4] Der Herzog wendete sich an den Hof-Kriegsrath, um den erforderlichen Nachschub zu betreiben. Bis aber aus Böhmen und Ungarn, wo sich die Regimenter meistens ergänzten, die Transporte in den Niederlanden anlangten, musste noch eine lange Zeit verfliessen. Thatsächlich trafen die Ergänzungs-Transporte auch erst nach Ausbruch des Krieges, im Laufe der

[1] K. A.; H. K. R. 1792, I, N. 4.
[2] K. A.; H. K. R. 1792; II, ad 1. — An den betreffenden Militär-Conferenzen, welche am 2., 3. und 5. Februar in Brüssel stattfanden, nahm auch Erzherzog Karl theil. (Lacy an den Kaiser ddo. 22. Februar 1792. K. A. 1792; XIII. 82.)
[3] K. A.; H. K. R. 1792; II, ad 1.
[4] K. A. 1792; VI. 135.

Monate Mai und Juni und selbst noch später bei ihren Regimentern
ein. [1]) Auch die Ergänzung der wallonischen Regimenter ging nicht
günstig von statten. Unruhen und Agitationen hemmten die ein-
heimische Werbung, [2]) so dass diese Regimenter genöthigt waren,
ihre Abgänge aus dem Reiche zu decken. Die in den Niederlanden befindlichen zwei Frei-Corps O'Donell und Grün-Laudon
zeigten solche Lücken in ihren Reihen, dass der Herzog sich veranlasst sah, diese beiden Truppenkörper, welche fünf Bataillone
zu sechs Compagnien bilden sollten, auf drei Bataillone zu sechs und
vier Compagnien, somit von 30 auf 14 Compagnien zu reduciren. [3])

Neue Frei-Corps zu formiren zeigte sich als ganz undurchführbar. [4]) Nur in Limburg gelang die Aufstellung eines
solchen, welches später unter dem Namen „Limburger Freiwillige",
300 Mann stark, unter Commando des Hauptmanns Grafen
Harnoncourt dem GM. Moitelle in Namur zugewiesen wurde. [5])

Der grosse Abgang an Pferden bei der Cavallerie, sowie
der Mangel an Bespannungen für die Artillerie, das Brücken-
material, theilweise auch den Verpflegs- und Bagage-Train, beein-
trächtigten die Operationsfähigkeit des Corps sehr. Auf ein recht-
zeitiges Eintreffen der Ergänzungspferde aus dem Reiche und den
Erblanden war ebensowenig zu hoffen wie auf die Recruten-
Transporte. Der Herzog liess daher auf eigene Verantwortung [6])

---

[1]) K. A. 1792; IV, 1. — Der erste Ergänzungs-Transport, 1760 Mann, 286
Pferde, brach in den ersten Tagen des April erst aus Böhmen auf. Ein zweiter
Ergänzungs-Transport, 818 Mann, aus Ungarn kommend, traf am 18. Juni in
Brüssel ein. (K. A. 1792; VI, 96.) Ende Juli betrug der Abgang auf den Kriegs-
stand noch immer 6118 Mann und 927 Pferde.

[2]) K. A.; H. K. R. 1792; II. ad 1.

[3]) K. A.; H. K. R. 1792; V, 11. — Das O'Donell-Frei-Corps, welches
sich aus Galizien ergänzte, bestand nunmehr aus zwei Bataillonen zu vier
Compagnien, das Grün-Laudon-Frei-Corps aus einem Bataillon mit sechs Compagnien. Letzteres ergänzte sich aus den französisch-belgischen Grenzdistricten,
deren Bevölkerung ganz den revolutionären Umtrieben anheimgefallen war. Das
Corps hatte daher auch durch Desertion allein einen Verlust von 936 Mann.

[4]) K. A. 1792; V. 91.

[5]) K. A. 1792; VII. 78. — Man beabsichtigte, dieses Corps mit zwei Bataillonen zu sechs Compagnien zu formiren. Der geringe Stand liess dies aber nicht
zu, so dass dasselbe endlich in drei Compagnien zu 100 Mann eingetheilt wurde.

[6]) K. A. 1792; III. 1. — Diese Massregel war umsomehr geboten, als bei der
schlechten Gesinnung der Bevölkerung auf Vorspannspferde nicht zu rechnen war.

den dringendsten Bedarf durch Lieferungen decken, so dass
FM. Bender schon Ende März das Vorhandensein der noth-
wendigsten Bespannungen dem Hof-Kriegsrath melden konnte.[1])
Die Deckung des weiteren Bedarfes an Pferden erfolgte dann aus
den Erblanden, verzögerte sich jedoch so, dass der letzte Transport
erst Ende Juni von Wien abgieng.[2])

Wie für die Ergänzung, so wurde auch für die Verpflegung
vorgesorgt. Durch Abschluss von Lieferungscontracten noch im
Monate Februar, wurde eine sechsmonatliche Verpflegung für
die Garnisonen in den Niederlanden und in Luxemburg gesichert
und gleichzeitig zur Anlage von Haupt-Magazinen in Brüssel,
Mecheln, Dendermonde und Löwen geschritten, in welchen ein
sechswöchentlicher Verpflegsvorrath für ein Operations-Corps von
36.000 Mann und 7—8000 Pferden dauernd erhalten werden sollte.
Das Schloss von Gent erhielt einen dreimonatlichen, jenes von
Namur einen vierzehntägigen, die Citadelle von Antwerpen einen
einjährigen und die Festung Luxemburg einen sechsmonatlichen
Verpflegsvorrath für die Besatzung, der bereit liegen sollte, sobald
die Concentrirungsbewegungen des Corps beginnen würden. Als
Filial-Magazin für die erste Concentrirung der Armee zwischen
Mons und Tournay war Ath ausersehen und daselbst eine fünf-
bis sechstägige Verpflegung für das ganze Armee-Corps nebst Holz-
und Strohvorräthen vorbereitet, sowie Feldbacköfen errichtet.[3])

Man wusste vom Jahre 1789 her, dass die Vorspannsbauern sammt Pferden
entweder gar nicht erschienen oder doch bei der ersten Gelegenheit davon-
liefen. Es wurden daher mit der Firma Kaulla und Comp. in Brüssel Contracte
auf Lieferung von 908 Zug- und 400 Reitpferden abgeschlossen. Der Hof-Kriegsrath ordnete zwar an, diese Contracte rückgängig zu machen, da es einerseits
der Wille des Kaisers sei, dass das für Kriegsrüstungen auszugebende Geld im
Inlande bleibe, anderseits die genannte jüdische Firma während der Unruhen
im Jahre 1789 das Aerar sowohl bei den Pferdekäufen, als bei den Fleischlieferungen mehrfach benachtheiligt hatte. Der Herzog liess jedoch, der Noth
gehorchend, die Zugpferde vereinbarterweise liefern.

[1]) K. A. 1792; III. 7.
[2]) K. A. 1792; VI, 135. — Artillerie und Train der Truppenkörper siehe
Anmerkung zur Ordre de bataille.
[3]) K. A.; H. K. R. 1792; II, ad 1 und K. A. 1792; III, 7. — Die gesammten
Verpflegs-Anordnungen traf das Landes-Commissariat im Einvernehmen mit
dem General-Commando. Die Regimenter wurden angewiesen, ihre Marke-

Haupt-Spitäler wurden in Brüssel und Löwen vorbereitet, sowie Anordnungen getroffen, um im Bedarfsfalle fliegende Spitäler im Rücken der Armee errichten zu können. [1]

Schwer wurde bei der steigenden Gefahr und der geringen verfügbaren Truppenzahl jetzt die übereilte Demolirung fast aller festen Plätze im Lande empfunden. Dieser Verlust war nicht mehr zu ersetzen und Anordnungen in dieser Richtung konnten nicht mehr bezwecken, als eben Nothbehelfe zu schaffen. Der Herzog von Sachsen-Teschen beabsichtigte zunächst den für den Fall eines Krieges mit Frankreich gewählten Aufmarschraum, die Gegend zwischen Mons und Tournay, zu sichern und ordnete die Instandsetzung dieser beiden Orte an, „damit sie gegen einen Ueberfall gesichert sind und im Falle sich die Armee auf einige Tage entfernen müsste, durch einen Coup de main nicht emportirt werden können." [2] Um an der Maas einen haltbaren Punct zu gewinnen, wurde befohlen, das Schloss zu Namur derart herzurichten, „dass es dem Feinde 5—6 Tage Widerstand leisten könne, als dem äussersten Termin, binnen welchem die ganze Armee oder ein Theil derselben dem Schlosse zu Hilfe kommen kann." [3] Ebenso wurde das Schloss in Gent in Vertheidigungszustand gesetzt und später auch Vorbereitungen zur Befestigung von Ypern getroffen, um festen Fuss in der Provinz Flandern zu behalten, was bei der unverlässlichen Gesinnung der Bevölkerung dieser Provinz, die am meisten mit den französischen revolutionären Anschauungen sympathisirte, für den Fall des Ausbruches neuer Unruhen sehr wünschenswerth schien. [4]

----

tender aufzunehmen. Die Fleischlieferungen und die Schlächterei wurde durch das Landes-Commissariat an Unternehmer gegeben, welchen auch die Zufuhr des Fleisches zu den Truppen oblag. Die Gemüse wurden erst im Aufmarschraume gekauft und an die Truppen vertheilt. Die Beistellung von Brod und Zwieback geschah durch das kaiserliche Verpflegs-Amt. (K. A., 1794; III. 2.)

[1] Das Garnisons-Spital in Brüssel hatte einen Fassungsraum für 400 Kranke. (K. A. 1792; III. 2¹/₄.)

[2] K. A.: H. K. R. 1792; II. ad 1.

[3] K. A.; H. K. R. 1792; II. ad 1.

[4] Für Mons wurden 10.000, für Tournay 50.000, für Gent 10.000, für Namur 40.000 Gulden als Bau-Fonds bestimmt.

Die Schliessung vorhandener Breschen und Lücken durch Erdwälle, die Errichtung einiger Erdwerke, Tambourierungen und Pallisadierungen mit schwacher Erdanschüttung dahinter, war übrigens meist Alles, was mit den geringen Mitteln in den Plätzen Mons und Tournay gemacht werden konnte, für deren Armierung auch nur je 16 Kanonen in Antrag gebracht wurden. Etwas mehr geschah für die Herstellung der Citadelle von Namur, wo die vorhandenen Wälle mit gemauerten Escarpen versehen, sowie die Kehlen der einzelnen Vorwerke durch Pallisadierungen geschlossen, die Brustwehren und Auftritte erneuert, das Minensystem nachgebessert, die gedeckten Wege gesichert, die bombensicheren Räume belagsfähig gemacht wurden, so dass die Citadelle selbst einer Belagerung gegenüber einige Widerstandsfähigkeit gewann. Die Armirung bestand aus 13 Kanonen und 4 Mörsern und sollte noch um 7 Kanonen und 4 Haubitzen vermehrt werden. Munition war in genügender Menge vorhanden. In Gent wurden die offenen Seiten der mit 4 Geschützen armirten Citadelle, welche ein bastionirtes Viereck bildete, durch Erdwälle mit Pallisaden geschlossen. Mit den Befestigungsarbeiten von Tournay, Mons, Namur und Gent wurde noch im Monate März begonnen, jene in Ypern verzögerten sich bis zum Monate August.

Um aber aus diesen Festungsruinen wieder brauchbare, einem kräftigen Anpralle Widerstand leistende Bollwerke zu machen, dazu reichten weder Zeit noch Kräfte hin.

Inzwischen war die Sprache der diplomatischen Verhandlungen immer schärfer, die anmassende Haltung der französischen National-Versammlung immer herausfordernder geworden und der Deputirte Brissot konnte bereits jenen Antrag wagen, den Krieg gegen Oesterreich als erklärt zu betrachten, wenn Kaiser Leopold II. nicht bis zum 1. März genügende Aufklärungen über die mit den anderen Mächten gegen Frankreich eingegangenen Verbindungen gebe. Bei diesen Aussichten erhielten nun die zum Ausmarsche bestimmten kaiserlichen Regimenter in den Niederlanden den Befehl des Herzogs von Sachsen-Teschen, sich bis zum 1. März marschbereit zu machen, während die zum Zurückbleiben in Aussicht genommenen Truppenkörper gleich in jene Orte verlegt wurden, deren Besatzung sie bilden sollten.

Ordre de bataille.¹)

Commandirende: Feldmarschall Herzog Albert Casimir von Sachsen-Teschen und Feldmarschall Blasius Freiherr v. Bender
Corps-Commandant: FZM. Franz Sebastian Karl Josef Graf Clerfayt de Croix.

Divisionär	Brigadier	Truppenkörper	Bataillone	Compagnien	Escadronen	Verpflegsstand Mann	Verpflegsstand Pferde	Gefechtsstand Mann	Gefechtsstand Reiter	Geschütze	Fuhrwerke	Anmerkung
		A. Mobiles Armee-Corps:										
FML. Maximilian Graf Baillet de Latour	GM. Karl Freiherr v. Biela	Inf.-Reg. Kinsky Franz Ullrich Nr. 36	1			1322	74	1236		3	17	Leib-Bataillon
		Würtemberg Nr 38				968	54	780		3	16	Leib-u. Oberst.-Bat.
		Clerfayt Nr. 9	2			1997	44	1596		6	16	Leib-u. Oberst.-Bat.
		Gren.-Bat. Barthodeisky				717	46	656		3	11	
		L-uwen				684	52	650		3	11	
FML. Ferd. Prinz von Würtenberg	GM. Ludwig v. Mikovin	Inf.-Reg. Colloredo Josef Nr. 57				1332	78	1267		6	25	Oberstens-Bat.
		De Ligne Nr. 30	2			1697	80	1373		3	11	Leib-u. Oberst. Bat.
	GM. Alexand. Freiherr v. Jordis	Inf.-Reg. D'Alton Nr. 15				1318	54	1253		3	11	Oberstens-Bat
		Hohenlohe Nr 17				1292	82	1200		3	19	Leib-Bataillon
		Gren.-Bat. Rousseau				661	40	622		3	11	
		Inf.-Reg. Sztaray Nr. 33	2			2233	144	1987		6	32	Leib-u. Oberst.-Bat.
		Bender Nr. 41	4/6			703	40	817		3	10	Oberstens-Bat.
FML. Peter Freiherr v. Beaulieu	GM. Anton Graf Sztaray	Inf.-Reg. Stuart Nr 18	1			1214	82	1131		3	19	Oberstens-Bat
		Gren.-Bat. Morzin	1			688	52	600		3	11	
		Pluckler				495	42	462		3	8	
		Briey				461	32	403		3	11	
	Oberst Heinrich du Jardin	Inf.-Reg. Esterhazy Ant. Nr. 34	2			1866	144	1086		6	32	Leib-u. Oberst.-Bat.
		Murray Nr. 55	2			1978	71	1794		6	20	dto.

¹) K. A. 1792; I. 5, 7, 8 und IV, 10¹/₂, 21, 23, 31.

									Bemerkung
	O'Donell-Frei-Corps	1			825	64	721	16	2. Bataillon
	Tyroler Scharfschützen				679	40	835	11	—
	Le Loup-Jäger	10				4	431	1	—
	Dandini-Jäger	4			651	38	110	10	—
	Pionnier-Compagnie	3			1142	12	15	Mit 6 Laufbrücken,
	Pontonnier-Detachement	1			150			45	Mit 40 Pontons,
					40		40		Bespannung vom Fuhrwesen
	vom 3 Garnisons-Reg.	1/2			250			2	2 Comp. zu Stabsdiensten
	Chevauxleg.-Reg. Latour Nr. 31		8		1489	1211	1120	9	
	Dragoner-Reg. Coburg Nr 37		8		1624	1496	1318	12	
	Husaren-Reg. Blankenstein Nr. 16		10		2078	2105	1764	21	
	Husaren-Reg. Wurmser Nr 30		2		585	589	561	3	
	Uhlanen-Frei-Corps Degelmann		6		1280	1267	1105	15	
	Leichte Artillerie-Reserve							43	338 Mannschaft von der Feld-Art., Bespannung v. Fuhrwesen
	Artillerie-Füsilier-Comp.	1			196	4			1. Bei der leichten Artillerie-Reserve
	vom Bombardier-Corps				63				
	vom Feldzeugamt				100				
	11 Fuhrwesens-Divisionen				1419	1546		387	6 Transports-, 2 Proviant-, 3 Artillerie-, Fuhrwesens-Divis.
	Summa der zu Operationen im Felde bestimmten Truppen	24 1/2 24	34	34454	9527	2218 5878	114 1198		
						28326			

Stabs-Corps, directe dem Generalquartiermeister unterstellt — FML. Jos. Freih. v. Laßen

G.M. Ludwig Graf Happoncourt

G.M. Adolf v. Boros — FML. Johann Freih. v. Penzenstein

G.M. Prinz Karl von Lothringen

B. Zu Garnisonen bestimmte Truppen:

Divisionär	Brigadier	Truppenkörper	Bataillone	Compagnien	Escadronen	Verpflegs-stand Mann	Verpflegs-stand Pferde	Gefechts-stand Mann	Gefechts-stand Reiter	Geschütze	Fuhrwerke	Anmerkung
		Brüssel.										
		Inf.-Reg Bender Nr. 11	1			1057	50	936		3	13	Leib-Bataillon
		Bamberg	1			609	46	572		3	11	Bataill zu 4 Comp.
		Grün-Laudon-Frei-Corps	1			1136	11	1074		2	13	—
		Dragoner-Reg Würzburg			1	161	165		150	8	3	
		Summa in Brüssel	3		1	1963	305	2608	150	8	40	
		Gent.										
		Inf.-Reg. Württemberg Nr. 35	1			968	48	779		2	11	Oberst.-Bat., hievon 2 Comp detachirt in Brügge
		Mecheln.										
		Inf.-Reg. Würzburg	4			528	45	466		3	11	
		Antwerpen.										
		Inf.-Reg Bender Nr. 41	3			950	11	3210			3	3 Oberstens-Bat.
		Würzburg	3			524	46	486		3	11	—
		Summa in Antwerpen	1			650	55	705		3	14	—

GM. Philipp Graf Dresbach

Loewen.						
Inf.-Reg. Würzburg	³/₄	255	243	—	1	Hievon 1 Officier 30 Mann detachirt in Diest
Tirlemont.						
Inf.-Reg. Würzburg	²/₆	132	121	—	1	Ausserdem noch ein Detachement Wurmser-Husaren
Lierre.						
Inf.-Reg. Würzburg	²/₆	132	121	—	1	—
Lüttich.						
Inf.-Reg. Vierset Nr. 58	1	1069	971	3	12	Leib-Bataillon
„ de Ligne Nr. 30	1	548	492	2	76	3 Bataillon
Daudin-Jäger		142	136			
Dragoner-Reg. Würzburg	1	189	196	182	2	
Summa in Lüttich	2	1948	1948	5	21	
Namur.						
Inf.-Reg. Kinsky Franz Nr. 47	1	1257	1155	3	17	Leib-Bataillon
„ Vierset Nr. 58	1	1065	907	3	1	Oberstens- u. 3. Bat.
Husaren-Reg. Esterházy Nr. 32	2	268	265	230	2	
Summa in Namur	3	2620	2064	250	6	20

GM. Philipp Graf Diesbach

GM. Johann Chevalier de Moitelle

Divisionär	Brigadier	Truppenkörper	Bataillone	(Compagnien)	Escadronen	Verpflegsstand Mann	Verpflegsstand Pferde	Gefechtsstand Mann	Gefechtsstand Reiter	Geschütze	Fuhrwerke	Anmerkung
FML. Wilhelm Freih. v. Schroder	G.M. Wenzel v. Cameller	Inf.-Reg. Clerfayt Nr. 9	1			558		475				3. Bataillon
		„ Württemberg Nr. 38	1			727		590				3. Bataillon
		„ Bender Nr. 41	1			1387	78	1101			17	3. Bat. zu 6 Comp.
		„ Mathesen Nr. 42	1			1221		1135		3		Leib-Bataillon
		„ Murray Nr. 55	½			637	52	512		2	14	3. Bataillon
		O'Donell-Frei-Corps	1			777		731			1	1. Bataillon
		vom 3. Garnisons-Regiment				280	3	226			4	2 Compagnien
		Daudini-Jäger	1			143		136			3	
		Anhalt-Grenadiere	2			372	13	347				
		Husaren-Reg. Esterházy Nr. 32		1		269	267		253			
		Dragoner-Reg. Anhalt			½	73	74		71			
		Mineur-Abtheilung	½			149		104				
		Summa in Luxemburg	17½	4	4½	6573	486	5357	324	33	39	
		Summa der Garnisonen			6	10027	1563	4185	906	33	16?	
		Hiezu: Schwere Artill.-Reserve und vom 1. u. 3. Feld-Artill.-Regiment				1104		1509			60	
		Totale in den Niederlanden	42	34	38½	51585	11080	36633	6784	147	1410	
									43417			

An Train- und Artillerie-Ausnass waren systemisirt:

für jedes Bataillon: 3 Geschütze (zwei zweispännige Dreipfünder und ein vierspänniger Sechspfünder, oder drei zweispännige Dreipfünder), 3 Munitionskarren (wie die Geschütze zwei- oder vierspännig), 1 zweispänniger Artillerie-Bagage-wagen, 6 vierspännige Proviantwagen, 5 vierspännige Feld-Requisitionswagen;

für jede Escadron: 1 vierspänniger Proviantwagen, 1 vierspänniger Feld-Requisitionswagen;

ausserdem für jeden Truppenkörper: 1 zweispänniger Feldschmiedewagen, 1 zweispänniger Stabs-Requisitionswagen.

Jedes Leib- und Oberstens-Bataillon, das 3. Bataillon vom Infanterie-Regiment O'Donnell, sowie das Grün-Laudon-Frei-Corps zählten 6 Compagnien, die übrigen dritten Bataillone, sowie die beiden Bataillone O'Donnell-Frei-Corps je 4 Compagnien.

Eine feste Eintheilung in Divisionen und Brigaden bestand übrigens nicht. Die Bataillone und Brigaderen wurden den jeweiligen Verhältnissen entsprechend in Gruppen vereinigt und den Divisionären und den Brigaderen unterstellt. Obige Eintheilung galt nur für die erste Versammlung und wurde später in der mannigfachsten Weise geändert.

Oberst Lindenau bekam den Auftrag, Versammlungs-Canton-
nirungen an der Grenze auszumitteln und die Marschpläne auszuarbeiten. Es wurden Marsch- und Schiess-Uebungen der Truppen
durchgeführt und die Ausbildung der Artillerie-Handlanger betrieben. Ein Belagerungs-Park wurde zusammengestellt.[1]) Geschütze
und Trainfuhrwerke der Regimenter erhielten Bespannungen, soweit die Zahl der verfügbaren Pferde reichte und die Fassungen
der erforderlichen Kriegsmunition, Feld-Requisiten, Monturen und
sonstigen Bedürfnisse wurden durchgeführt. Die Depôts der Regimenter kamen in die östliche Hälfte des Landes, die Regiments-
Erziehungshäuser in das limburg'sche Gebiet, für die Uebergabe
der Kasernen und zurückbleibenden ärarischen Güter, sowie zum
Abschub der Kranken wurden Anordnungen erlassen und somit
Vorsorge nach jeder Richtung getroffen, „dass zur Zeit, wenn die
Operationen anfangen sollen, mit einem Winke Alles exequirt
werden könne".[2])

Der Theilnahme der Bevölkerung an der Bewegung, die von
Frankreich ausging, wurde mit der steigenden Gefahr ein erhöhtes
Interesse zugewendet und entschiedene Massregeln angeordnet. „Das
Heil des Staates und besonders der mir anvertrauten Truppen,"
befiehlt FM. Bender, „ist das erste und mit der Nothwendigkeit
eng verbundene Gesetz, wider jeden Bösewicht, der Feindseligkeiten gegen die Truppe auszuüben wagen würde, ohne zu fragen,
ob er ein ausländischer oder belgischer Bösewicht sei, nach jenen
Kriegsgesetzen, die dem Militari in Feindesland wider dergleichen
Verräther zustehen, mit exemplarisch militärischer Schärfe zu verfahren. Der eine Sturmglocke rühren sollte, ist auf der Stelle

---

[1]) K. A. 1792; III. 5 und VI. 78. — Ursprünglich war die Aufstellung
eines grossen Belagerungs-Artillerie-Parkes geplant und sollten hiezu die in
Luxemburg befindlichen bedeutenden Artillerie-Vorräthe mit dem daselbst
befindlichen Artillerie-Feld-Depôt nach Mecheln verlegt werden. Da jedoch dem
Transporte dieses Materials grosse Schwierigkeiten entgegentraten, begnügte
man sich mit der Zusammenstellung eines kleineren Belagerungs-Artillerie-
Parkes, bestehend aus 20—24pfündigen, 29—12pfündigen Batteriestücken,
4—10pfündigen Batterie-Haubitzen, 6—6' pfündigen, 12—30pfündigen und
6—10pfündigen Mörsern, welche den in Gent, Namur, Brüssel und Luxemburg befindlichen Vorräthen entnommen wurden.

[2]) K. A.; H. K. R. 1792; II, ad 1 und K. A. 1792; II. 10.

aufzuknüpfen, und der patriotische Cocarden aufsetzt, niederzu-
machen." [1])

Ein zweiter Erlass wurde mit Trommelschlag in den Gemeinden und Städten verkündet: [2])

"Sollten ein oder andere unruhige Köpfe so ehr- und pflicht-
vergessen sein, entweder gegen ihren Souverän, der sie durch
seine Armee schützen und vertheidigen lässt, aufrührerisch zu
werden und unter dem sonst ruhigen und getreuen Volke Unruhe
und Unordnung zu erregen, oder gegen ihre Mitbürger oder wohl
gar gegen das Militare sich durch gewaltthätige Handlungen ver-
greifen zu wollen; so wird anmit der Befehl eines hohen General-
Commando kundgemacht, mittelst welchem das Militare anmit
ausdrücklich befehligt wird, in Folge der schon im vorigen Jahre
publicirten Erklärung auf alle Zusammenrottirungen, nach fruchtloser Aufforderung allsogleich auseinander zu gehen, ohneweiters
Feuer zu geben und da, wo sich Cavallerie befindet, solche zu-
sammenzuhauen. Alle jene, so durch das Militare bei solchen Ge-
legenheiten arretirt und eingebracht werden, werden nach dem
Militärgesetze und wo es nöthig ist, mittelst Standrecht aufgehangen
oder vor den Kopf geschossen.

Sollten Unruhen an solchen Orten geschehen, wo keine
Garnisonen befindlich sind, so wird der Schrecken eines nicht
schreckbaren Feindes die Armee nie hindern, Detachements gegen
derlei rebellische Städte, Flecken oder Dörfer zu schicken, gegen
die Rebellen aller Orten, wo sie sein werden, mit aller Schärfe zu
verfahren und jene Häuser mit Stückschüssen in Staub und Asche
zu verwandeln, aus welchen man sich erdreisten sollte, einen einzigen Flintenschuss auf unsere Soldaten zu machen. Schildwachen
oder grosse Posten, wenn sie insultirt werden sollten, haben
Jenen, der sie insultirt, er sei, wer er wolle, vor den Kopf zu
schiessen." [3])

Wie die Dinge standen, war die Nothwendigkeit für die
militärische Leitung in den Niederlanden nicht zu verkennen,

---

[1] K. A. 1792. IV. 7.
[2] K. A. 1792 IV. 26.
[3] K. A. 792. IV. 25 v. 28. April 1792.

für eine voraussichtlich längere Zeit sich zu völlig selbstständigem Handeln vorzubereiten und demgemäss die allgemeinen Directiven für die Durchführung der zugefallenen Aufgabe aufzustellen.

Die Concentrirung der französischen Truppen an der niederländisch-französischen Grenze hatte in Brüssel schon lange die Befürchtung rege gehalten, dass die Franzosen die isolirte Lage des kaiserlichen Corps in den Niederlanden benützen könnten, um, auf eine allgemeine Erhebung in Belgien bauend, plötzlich in das Land einzubrechen. [1] Der Herzog von Sachsen-Teschen hatte daher schon im Winter 1791/92, um für alle Fälle vorbereitet zu sein, einen Vertheidigungsplan für die ihm anvertrauten Provinzen durch den Obersten des General-Quartiermeisterstabes Karl Friedrich von Lindenau entwerfen lassen, den er Anfangs Februar 1792 genehmigte. [2] Dieser Operationsplan [3] lautete:

„Die Barrièren oder Schutzwehren, worauf man eigentlichst einen Defensivplan gründen und etabliren kann, sind dreierlei: entweder Gebirge,

Ströme und Defiléen,

Festungen.

In Ermanglung dieser im Vertheidigungs-System gründenden Objecte und wo also der vorgesetzte Defensiv-Plan weder durch das eine, noch das andere geschützt werden kann, so bleibt jetzt zur möglichen Erreichung dieses Endzweckes nur noch ein einziger Weg, ein einziges, wiewohl den meisten Schwierigkeiten unterliegendes Experiment übrig, nämlich dieses, dass in dem solchergestalt an sich unbedeckten Grenzterrain und in jenen Gegenden, wo die Vertheidigungslinie gezogen werden müsste, eine Chaine von Positionen und Posten aufgeführt würde, die einander entlängst derselben succediren und mittelst welcher man nach denen dazu projectirten Märschen des Feindes Bewegungen entgegen manövriren, sich seinem etwaigen Vordringen entgegensetzen und auch dann, wo es Zeit und Umstände erfordern oder begünstigen, ihm selbst auf den Hals gehen und angreifen könne; als wozu

[1] K. A.; H. K. R. 1792, I, 4.
[2] K. A.; H. K. R. 1792. II, ad 1.
[3] K. A.; H. K. R. 1792, III. ad Nr. 2.

diese Art des Vertheidigungskrieges vor jenem die Hand bietet,
wo man sonst durch die Ströme hierin mehr beschränkt ist und
sich nicht wohl über solche hinauswagen darf.

Ehe ich diese Defens-Linie sammt den dahin gehörenden
Stellungen und Märschen anzeige, so glaube dasjenige voraus-
schicken zu müssen, was sich wahrscheinlicherweise über die
Operationen, so von französischer Seite gegen uns dirigirt werden
könnten, vermuthen lässt und wohin sie solche alsdann, wo dieses
anjetzo wirklich ihre Meinung sein sollte, vernünftiger Art noch
hinlenken dürften.

Die Operationslinien, auf welchen der Feind gegen uns vor-
und in die diesseitigen Provinzen einzudringen versuchen möchte,
sind hauptsächlich drei:

Die eine zu unserer Linken wäre die, wo derselbe von Givet
herauf an der Maas und gegen Namur zu dränge,

die zweite und eigentliche Capital-Linie wäre von Valenciennes
und Maubeuge her gegen die Mitte und das Herz unserer Provinzen über Mons auf Brüssel gerichtet,

eine dritte ist die, wo der Gegentheil von Aire und St. Omer
her nach Flandern zu penetriren gedächte.

Mit der ersten dieser Operationen können folgende Absichten
und Vortheile, die sich der Feind dadurch vielleicht zu verschaffen
vermeint, verbunden sein:

Erstens sich durch die Einnahme von Namur an der Maas
zu etabliren, ein Detachement sodann in das Lüttich'sche vorzuschieben und allerorten Unruhen zu erregen,

zweitens unsere Communication mit dem Luxemburg'schen
abzuschneiden und sich selbst hingegen in eine nähere und sichere
Gemeinschaft mit derjenigen Abtheilung seiner Truppen zu setzen,
die an der Mosel agiren sollten.

Hingegen sind nun andererseits gleich wichtige Objectionen
zu machen und jenen Bewegungsgründen entgegen zu stellen.

Für das erste, so ist Namur und allerorten die Maas die stärkste
Situation der Defensivlinie, die von uns gegen Frankreich formirt
werden kann. Stadt und Schloss, so gegen einen coup de main

alsobald gesichert werden müssten, liegen diesseits; das Terrain
ist in diesen Gegenden das dominirende über das jenseitige und
der Strom hier herum gegen einen Uebergang am besten zu
bewahren; ferner so entfernte sich der Feind, indem er seine
Haupt-Operationen hierher lenkte, allzuweit von seinen anderen
ihm zur Linken bis Dünkirchen und der See verbreiteten Besitzungen.

Es müsste solcher also dortherum entweder ein beträchtliches
Corps zugleich stehen haben, indem er hier mit Macht auf Namur
vordränge oder das Flachland preisgeben und dagegen die Festungen,
als: Valenciennes, Condé, Lille, Douay und so weiterhin, gut
besetzen. Wie vermag er aber dieses, er, der eigenen und allen anderen
Anzeigen nach, von Givet bis Dünkirchen kaum 30.000 Mann
regulärer Truppen hat und seine Nationalgarden schwerlich in's
Feld führen darf, will er nicht damit, wie beinahe ohne Irrthum
zu urtheilen ist, seine eigene Niederlage bei der ersten Affaire
beschleunigen. Was übrigens die Unterbrechung unserer Communication mit dem Luxemburg'schen belangt, so wird das Uebel, was
er uns dadurch zufügen wollte, sobald die Festung nur gut versehen ist, von keinen bedeutenden Folgen, indem er weder Geld
noch Lebensbedürfnisse von daher ziehen, der Feind aber selbst
sich gleichfalls wenig Ressourcen für den Unterhalt seiner Armee
von dorten aus zu versprechen hofft; uns hingegen scheint bei
dermaliger Lage der Sachen die Gemeinschaft mit Deutschland
und Holland importanter zu sein, wie jene. Uebrigens vermögen
wir ja eine feindliche Invasion in das Luxemburg'sche, es sei nun
von Givet oder Charleville und anderen Gegenden her keineswegs zu verhindern und so könnten dennoch die Franzosen irgendwo in diesem Lande einen Posten finden, der die
Communication mit Namur und Brüssel interceptirte, ohne desshalb ihre Operationen auf Namur selbst richten zu müssen.

Die zweite Operations- und eigentliche Capital-Linie wäre die,
wo der Feind von Valenciennes oder Maubeuge über Mons gegen
Brüssel vorzudringen suchte. Wenn es ihm hierinnen also reussiren
könnte, dass er bis zu dieser letzteren Stadt herankäme, so hätte
er dadurch ohnstreitig Vieles gewonnen; Namur wäre nun decouvrirt
und von diesseits angegriffen, nicht wohl zu behaupten, zumal bei
der Verfassung, in welcher es sich dermalen noch befindet; eine ver-

langte Gemeinschaft mit dem Lüttich'schen würde dadurch ebenfalls erleichtert und endlich so bliebe auch der grösste Theil von Flandern bis Gent und Brügge seinen Einfällen ausgesetzt und ihm überlassen.

Ob nun der Gegentheil diese über Mons von Valenciennes und Maubeuge her dirigirten Operationen etwa durch eine zu gleicher Zeit von Lille aus gegebene Demonstration in unsere rechte Flanke zu befördern suchen würde, ist vielleicht möglich; da uns aber die Schelde von dieser Seite deckt, so würde er sich hiedurch nur von denen Truppen schwächen, welche an jenen Stellen agiren sollten und vielleicht dadurch doch nichts bewirken. Die dritte Operations-Linie ist die, wo der Feind aus denen Gegenden von St. Omer und Aire zwischen dem Lys-Flusse und der See in die Grafschaft Flandern einbräche.

Für den Augenblick will mir kein richtigerer Bewegungsgrund, warum er seine Haupt-Operationen hierher lenken sollte, als dieser einer etwaigen Geneigtheit der Einwohner zu ihren, den National-Assemblée-Grundsätzen, als welches bishero eine der stärksten Motive gewesen, so ihre turbulenten, jedoch vielen Einfluss habenden Redner anempfehlen und womit sie drohen, beifallen.

Weiter so könnten sich die Feinde auch in dieser Provinz auf Contribution an Geld und Lebensvorräthen für die Truppen gegründete Hoffnung machen und letztlich auch vielleicht mit diesem Einbruch in Flandern eine Gemeinschaft zur See verbinden und den einträglichen Besitz von Ostende in Betracht ziehen.

Auf der anderen Seite, so entfernt sie die Eröffnung der Campagne oder die Verlegung des Kriegs-Schauplatzes nach jenen Gegenden ebenfalls und noch mehr als die nach Namur von allen ihren angrenzenden Staaten, insbesondere aber von aller Gemeinschaft und wechselseitigen Hilfe und Uebereinstimmung zu den Operationen mit ihren anderen Armeen an der Mosel und am Rhein, als welches sie allerdings in Erwägung zu ziehen haben.

Weiters hiesse es doppelte Arbeit thun wollen, oder den weitläufigsten Weg einschlagen, um zum Zwecke zu kommen, wenn der Feind sich mit seinen Unternehmungen auf Flandern zukehrte; denn nunmehr gesetzt, er sei auch zwischen der See und dem Lys-Flusse bis Brügge und den Canal vorgedrungen, so bleibt uns noch die Schelde und letztlich die Dender zur Bedeckung für Brabant und Brüssel nach jener Seite, also, dass er nun zu neuen Operationen vorgehen müsste, um dahin zu gelangen, was er durch die über Mons und gerade auf Brüssel gerichtete zugleich erreichen könnte; denn unmöglich vermöchten wir uns sodann mit der Armee nach Flandern zu ziehen, um etwa diese Provinz zu decken und dagegen alle Gemeinschaft mit Deutschland, mit dem Luxemburg'schen und auch theils mit Holland zu verlieren und uns dorten gleichsam eingesperrt zu sehen.

Das Resultat aller dieser Betrachtungen scheint mir und vielleicht mit einiger Wahrscheinlichkeit dieses sein zu können, dass des Feindes Haupt- und ernstliche Operationen, wofern er dergleichen anjetzo ja träumen sollte und sich stark hiezu genug fände, über Mons gegen Brüssel hingerichtet werden dürften.

Die Defens-Linie, deren oben Meldung geschehen, nebst denen in solcher angetragenen Positionen, Posten und Märschen, wie ich solche vorläufig nach der Karte des Landes und nach den Kenntnissen, so mir die Geschichte der hier herum geführten Kriege, Märsche und genommenen Lager etwa verschafft hat, entworfen habe und in den folgenden Blättern unter Beihilfe der solchen zugefügten detailliren werde; diese soll dazu zwecken, um dem Feind, wohin er auch seine Operationen richten möchte, es sei gegen Namur, Mons, Flandern oder irgend einen anderen Punct, sich aller Orten entgegenstellen und ihm durch kurze Märsche begegnen zu können.

Bevor ich jedoch zu dieser Detaillirung fortschreite, so wird es nöthig sein, den Fuss und Etat der Truppen festsetzen zu müssen, mit dem wir ins Feld zu rücken vermögen und was dagegen der Feind, der uns als Angreifender drohen will, für eine wirkliche Armee zusammenzubringen im Stande ist, mit welcher er zufolge jenes Vorgehens agiren könnte.

Unsere in die Niederlande verlegten Truppen betragen an Effectiven ungefähr gegen 36.000 Mann Infanterie und 7000 Caval-

lerie, zusammen 43.000 Mann. Hievon mögen zu innerer Besatzung
und Versicherung des Landes, der Magazine und Plätze 8000 Mann
bestimmt sein, wovon z. B. 1000 Mann, 200 Pferde mit inbegriffen,
nach Antworpen, um zugleich in der Campine zu patrouilliren und
die Unruhigen daselbst im Zaume zu halten, 3000 Mann und
300 Pferde nach Brüssel, 1500. worunter 200 Pferde, in Lüttich,
falls wir dieses besetzt halten sollten und 1500 Mann, worunter
300 Pferde, nach Namur; dieses zusammen:

Antwerpen . . .	800	Inf. 200	Pferde
Brüssel	3000	„ 300	„
Lüttich	1300	„ 200	„
Namur	1200	„ 300	„
	6300	Inf. 1000	Pferde.

Wobei jedoch zu bemerken, wie die Besatzung von Namur
zur Feld-Armee gehöre und ihren Platz in der Defens-Linie
ausfüllt.

Da jenes also in Allem 6300 Mann beträge, so verbleiben
noch 1700 zu willkürlicher Besetzung, etwa nach Flandern zur
Verhütung der feindlichen Streifereien und der inneren Zwistigkeiten.

Der Stand des wirklichen ins Feld rückenden Heeres wäre
nunmehr nach Abzug obiger 8000 Mann von 43.000, fünfunddreissig-
tausend, worunter gegen 6000 Mann Cavallerie.

Rechne man von dieser ganzen Masse noch 5000 Mann ab,
die detachirt würden, um etwa irgendwo ein Camp volant zu
formiren, um seitwärts auf den Flanken der Haupt-Armee Posten
zu halten, Plätze zu bewachen oder wo die Gemeinschaft zu
erhalten u. dgl., so behält man 30.000 Mann, ein nicht unbeträcht-
liches Heer und womit, wenn es gut geführt wird, 40.000 auch
50.000 und mehr feindlicher, aber minder mobiler und geübter
Truppen, denen die Menge nur schädlich wird und ihre Unordnung
vermehret, wahrscheinlicher Weise und beinahe gewiss, sobald als
es in undurchschnittenen, ungebirgigen Gegenden zugleich auf
Manövriren ankommt, über den Haufen geworfen und geschlagen
werden können. Diesen 35.000 Mann guter Truppen hat aber der
Feind, der sogar mit Angriff drohen möchte, entlängst der Grenzen
von Dünkirchen an bis Givet zur Maas, wie schon gesagt, keine

30.000 Mann, ja kaum 26.000 Mann regulärer sogenannter Truppen, denen aller Aussage nach Mobilität, Subordination und nicht selten die Treue fehlet, entgegen zu setzen, wenn auch kein Mann davon in den vielen Festungen zurückblieb, sondern alle durch Nationalgarden besetzt blieben, obschon wohlhabende, vermögende Bürger als Handelsleute hier so wenig als im Felde gute Vertheidiger abgeben; besonders wo ihre Habseligkeiten dem Feuereinwerfen sich ausgesetzt sehen, wie man davon zur Zeit der preussischen Invasion in Holland mehrere Beispiele gesehen.

Nach Abwiegung der beiderseitigen Verhältnisse an Macht und Stärke zur Vertheidigung und zum Angriff, wobei letzterer ziemlich unwahrscheinlich wird, so gebe nunmehr eine Defens-Linie für die diesseitige nach Frankreich gekehrte Grenze an, welche aber zugleich überhaupt und nicht nur insbesondere und allein für die dermalige besorgte Situation abzweckt und angenommen werden kann und wobei man aus der entworfenen Chaine der Positionen und Posten, da wo es die Lage der Sachen erfordert oder begünstiget, auf den Feind losgehen und ihm auf den Hals fallen kann.

Diese Linie, welche zu besserer Unterscheidung auf der Karte [1]) blau punctirt ist, appuyret zu der Linken an Namur und die Maas, geht von hier rechts weg hinter der Sambre auf Charleroi, weiter über Binche oder Trivières, auf Mons diesseits der Haine fort, von hier gegen Tournay und Ypern, wo der rechte Flügel durch den Canal gegen Furnes und die See lehnet.

Der Hauptgegenstand dieser Linie ist eigentlich der Strich von Namur bis Menin. Die entlängst desselben gewählten Positionen, so einander durch kleine Märsche communiciren, also dass man im Nothfall durch einen forcirten Marsch von etwa 5 Meilen und darunter, es sei nun zu der rechten oder linken die 2. Stellung zu der Seite, wo man hineilen müsste, erreichen kann, sind vorläufig in den Gegenden, wie folget, angetragen und durch zwei blaue Striche bezeichnet:

---

[1]) Die von Lindenau benützte Karte hat sich leider im k. und k. Kriegs-Archiv nicht mehr vorgefunden.

Die erstere, von Namur an (denn bei letzterer Stadt ist diesseits der Maas, wo man den Strom, die Stadt und Schloss und
zugleich das dominirende Terrain vor sich hat, jede Stellung gut),
die erstere also zur Rechten von Namur[1]) ist bei Tamines, hinter
der Sambre, den linken Flügel an die Orneau, den rechten an
das Wasser Wanfereée; das Terrain dieser Position gehört theils
zu der von Masy. Der Marsch von Namur hierher wäre nur
2½ Meilen.

Die zweite Stellung[2]) weiter rechts ist bei Charleroi ebenfalls
hinter der Sambre zu nehmen, den Piéton-Fluss auf dem rechten
Flügel, die Seen bei Charleroi auf dem linken Flügel oder gegen
denselben. Der Marsch aus dem Lager bei Tamines hierher beträgt
2 Meilen.

Zur dritten Position bei Binche[3]) oder Trivières gelangt das
Corps d'armée, wo es dem Feinde immer noch nach der Rechten
entgegen manövriren müsste, in das Lager bei Mons hinter der
Haïne, den Strom und die Stadt vor der Fronte auf die Höhen
bei Maisières,[4]) wo beide Flügel der Karte nach zu urtheilen, durch
beschwerliches Terrain und Defiléen auf ihren Flanken gedeckt
werden können. Der Marsch hierher ist ca. 2 Meilen.

Die fünfte Stellung zu der Rechten von Mons wäre bei Bligny[5])
etwas rechts von Belveil zu nehmen, wo zwei Gewässer, so bei
Ath in den Dender fallen, die Flanken umfliessen. Der Marsch
von Mons nach diesem Lager macht 2½ Meilen. Diese Stellung
wäre eine der wichtigsten, weil solche mitten inne zwischen Mons
und Tournay die Capital-Linie deckte.

Bei Tournay[6]) oder Rumilliers (Rumignies) an der Schelde,
die Stadt und den Strom auf dem rechten Flügel, Waretsin
(Warchin) und das dortige Wasser vor der Front, wäre die sechste
Stellung. Um von dem Lager bei Bligny bis hierher zu gelangen,
werden 2¾ Meilen marschirt. Aus dieser Position wird ein deta-

---

[1]) Skizze 1. Tafel II.
[2]) Skizze 2. Tafel II.
[3]) Skizze 3, Tafel II.
[4]) Skizze 4. Tafel II.
[5]) Wohl richtiger »bei Leuze« zu nennen. Skizze 5. Tafel II.
[6]) Skizze 6. Tafel III.

chirter Posten, der jedoch gut gedeckt und wachsam sein muss, auf die Strasse gegen Lille gesetzt.

Zur folgenden Position[1]) und immer nach der Rechten würde die Gegend bei Waterelos unweit Roubaix zwischen Tournay und Menin gewählt. Der Marsch von ersterer Stadt, in welcher ein Posten verbliebe, bis zu diesem Lager beträgt 2 Meilen.

Die letzte und achte Stellung wäre endlich bei Menin diesseits des Lys-Flusses, Stadt und Strom auf dem rechten Flügel[2]) oder auch nach Beschaffenheit der feindlichen Bewegungen jenseits der Lys die Stadt und den Fluss auf dem linken.[3]) Der Marsch aus vorigem Lager hierher ist 2 Meilen.

Sollte der Gegentheil noch mehr links gegen Flandern zwischen der Lys und der See heranzudrängen suchen, so zeichnet sich auf der Karte die Gegend bei Ypern zu einer ihm zu opponirenden Stellung[4]) aus, wo der rechte Flügel am Canal, der linke an Seen appuyirte. Der Marsch von Menin machte 2½ Meilen.

Eine letztere Stellung[5]) ganz rechts nach der See müsste endlich hinter dem Canal zwischen Knoke und Loo zu nehmen sein, wofern der Feind sich soweit links ziehen sollte. Dieser Marsch hierher betrüge 2 Meilen.

Alle diese verschiedenen Positionen können vielleicht zum Theil an manchen Orten etwas mehr rechts, an anderen wieder weiter nach der Linken oder mehr vorwärts, auch wohl wo ein weniges mehr zurück genommen werden müssen als hier und auch auf der Karte des Landes bestimmt worden; indem man sich hiebei dem Terrain und nachdem sich dasselbe zu Positionen am besten auszeichnet, zu fügen hat, so bald es nur ohne allzu grosse und Blössen gebende Abweichungen von der Defens-Linie geschehen kann; jedoch werden sich solche und zumal bei dem Vorsatz: sich auf keine ganz entschiedene Vertheidigung einzuschränken, sondern bei aller Gelegenheit, wo es zum Schlagen kommen möchte, aus derselben zum Angriff überzugehen, wahrscheinlich in dieser Art finden lassen, wie man selbige hiezu braucht.

[1]) Skizze 7. Tafel III.
[2]) u. [3]) Skizze 8. Tafel III.
[4]) Skizze 9. Tafel III.
[5]) Skizze 10. Tafel III.

Diese Positionen solchergestalt gewählt, wie im vorigen angezeigt worden, liegen keine von der anderen drei Meilen ab und formiren eine Kette, entlängst welcher man den Feind, es sei nun von der Mitte aus oder vom linken nach dem rechten oder vom letzteren nach dem linken Flügel entgegen manövriren kann; je und nachdem seine ernstlichen Angriffs-Demonstrationen da oder dorthin gerichtet sein möchten und bis man den Zeitpunct gefunden zu haben glaubt, wo man selbsten ihm mit Vortheil auf den Hals gehen, angreifen und schlagen kann. Schon anderer Orten habe gesagt, der preussische, vom verstorbenen Könige für die nach polnischer und russischer Seite gekehrte, ost- und westpreussische Grenze zu der dortigen Truppenzahl entworfene Defensiv-Plan, zu dessen Realisirung auf dem Terrain ich zwei Jahre hindurch verwendet habe,[1] ebenso aus einer Chaine von 18 Positionen und Posten auf einer Strecke von 60 deutschen Meilen, nämlich von dem Zusammenfluss des Memel- und Szeszuppe-Stromes bei Ober-Eisfeldt gegen die Grenze von Samaiten (Samogitien) bis zur Weichsel bei Thorn besteht, wo dann das letztere Lager unweit Maxeren zu stehen kommt.

Es bleibt mir nun noch dasjenige zu sagen übrig, wohin die Truppen im Falle eines von französischer Seite zu besorgenden wirklichen Angriffs concentrirt werden müssten.

Wären wir, wie zu vermuthen, die Ersten im Felde, also dass wir des Gegners Bewegungen vielleicht bestimmen oder doch seine Absichten verzögern und ihm selbst Attention geben könnten, so glaube ich, wäre das Corps d'armée nach der auf der Karte gezogenen gelben Linie zwischen Mons und der Schelde zu verlegen, also dass jene Stadt die Tête des linken Flügels, Tournay die Tête des rechten machte und Leuze oder Chièvre zum Hauptquartier würden, Ath aber würde ein Depôt.

In dieser Concentrirung stehen die Truppen nicht nur in der Mitte der Defensiv-Linie, um sogleich in ähnlichen Zeiträumen und wohin es sei, nach der Rechten oder Linken in Bewegung gesetzt zu werden, sondern sie stehen auch auf der Capital-Linie von Valenciennes oder Maubeuge und gegen Brüssel und diese

---

[1] Während Lindenau in preussischen Diensten stand.

Verlegung derselben bedroht zugleich Lille, Condé und Maubeuge, von welchen Festungen der Feind doch keine bei dieser unserer Stellung entblössen darf.

Die Position bei Bligny unweit Belveil liegt mitten in der erwähnten Concentrirung zwischen Mons und der Schelde und zugleich auf der Capital-Linie, wesshalb es auch hier zum ersten Sammlungslager dienen könnte.

Vielleicht dürfte die Nähe des rechten Flügels der an die Schelde hinter Tournay lehnenden Concentrirung zu der Festung Lille Bedenklichkeit machen. Allein man ist hier nicht nur eben durch die Schelde gegen letztere Festung gedeckt, sondern es fragt sich auch, ob man Tournay ganz verlassen will. Ich sollte glauben: Nein; weil der Feind solange möglich von seiner Etablirung an der Schelde, die er dadurch erhielte und also unsere Communication nach Flandern nehmen möchte, verhindert werden muss. Will man demnach Tournay behaupten und es zugleich gegen eine combinirte Unternehmung von Lille und Condé her decken oder schützen, so ist dieser Zweck dadurch erreichet, wenn der rechte Flügel hier an der Schelde appuyirt und hinter der Stadt ein Theil desselben verlegt und à portée gesetzt wird.

Sollte sich der Feind auf seiner Operations-Linie zu unserer Linken gegen Namur und die Maas bei oder zwischen Givet und Philippeville sammeln, so cantonniren wir zwischen Charleroi und Tamines gegen Namur und das Lager bei Tamines dient zu der ersten Zusammenziehung als die Mitte jener Concentrirung, wenn es die Umstände erfordern sollten.

Wollte sich aber der Feind von hier auf die Capital-Linie gegen Mons werfen, so haben wir einen ganzen Marsch über ihn dahin voraus und nach Namur noch näher.

Drohte uns der Gegner auf seiner Operations-Linie der Linken gegen unsere Rechte nach Flandern, von St. Omer und Aire aus, so concentrirten wir uns mit denen dahin bestimmten Truppen zwischen Menin und Ypern, bis campirt wird und man sich sodann bei seinem ernstlichen Vordringen um Ypern setzte.

Versammelte endlich der Feind seine Hauptmacht bei Lille, um also zwischen der Schelde und der Lys vorzubrechen und uns von Flandern zu trennen, so ziehen wir uns zwischen die Schelde

und Menin, Tournay jetzo vor dem linken Flügel, Menin vor dem
rechten und das mitten inne situirte Lager bei Waterelos unweit
Rubaix auf der Hauptstrasse nach Gent würde der erste Samm-
lungsposten.

Diese hier vorgeschlagene und projectirte Defens-Linie kann
von uns nicht wohl zu weit verlassen werden, ob wir schon, sobald der Feind sich irgendwo derselben nähern sollte und Blössen
gäbe, alsbald auf ihn vorgehen und denselben anzugreifen gedenken;
denn da wir der feindlichen Festungen wegen in französischen
Boden einzudringen und das Kriegstheater dahin zu verlegen anjetzo nicht vermögen, der Feind also hingegen und en faveur eben
dieser Festungen entlängst unsern Grenzen manövriren, uns dorten
bedrohen, an anderer Stelle vielleicht wirklich einzubrechen versuchen dürfte, so müssen wir auch einen Plan haben und die Linie
bestimmen, auf welcher wir ihn beobachten, cotoyiren und begegnen
können, wozu dann die Positionen im letzteren Fall abzwecken
sollen.

Was nun endlich das Luxemburg'sche belangt, so scheint es
bei den dermaligen Umständen und jetzigen Lage der Sachen nicht
völlig behauptet werden zu können. Wollten wir dorten ein Corps
von etwa 7—8000 Mann halten, so schwächen wir uns zu sehr
in den Hauptpartieen unserer Defensive für Brabant und Flandern,
sondern gleich bedenklich wäre auch noch dieses: Der Feind, der
seine Macht auf der Linie zwischen Lille und Givet beisammen
halten kann, bedrohet uns dadurch überall entlängst der niederländischen und luxemburg'schen Grenze. Wenn wir uns ihm aber
solchergestalt hier überall entgegensetzen und beide Provinzen
decken wollen, so müssen wir uns von der Schelde bei Tournay
an gerechnet, wenn wir auch Flandern nicht mit einbegreifen und
solches ganz entblössen, auf einer doppelt so langen Linie, als die
feindliche Linie ist, defendiren, schwächen und einer Trennung
aussetzen; denn der Feind kann uns solchergestalt aller Orten
mit überwiegender Macht um etliche Märsche zuvorkommen und
dorten den Ausschlag geben, ehe wir solchem mit vereinigten
Kräften zu begegnen vermögen; daher sollte glauben, es sei rathsamer, unsere Macht hier zusammen zu halten, dagegen aber einen
guten Partisan mit etwa 600 Jägern und 400 leichten Pferden in
den Ardennen zu lassen, der den Feind von daher beunruhiget.

die Communication möglichst schützt und also bis zu näher an-
langender Verstärkung den kleinen Krieg machet. Oder man liesse
eine Abtheilung Truppen, die für ein camp volant bestimmt wären,
diesseits der Maas bei Namur stehen, um den Feind allda zu
observieren und ihn, wenn er gegen das Lüttich'sche vorzudringen
versuchte, abzuschneiden. Dieses Detachement wäre dann auch
eher an die Haupt-Armee heranzuziehen oder von solcher zu sou-
tenieren, so lange selbige zwischen Mons und Tournay stehe.

Dies ist es, was mir über den hier vor Augen gehabten
Gegenstand beifallen wollte und was ich hiemit zur Beurtheilung
unterlege.   v. Lindenau, Obrister."

Nachdem Februar und März mit Kriegsvorbereitungen ver-
gangen waren, ohne dass es zur Eröffnung von Feindseligkeiten
gekommen wäre, liessen zahlreich seit den ersten Tagen des Monats
April[1]) einlaufende Nachrichten von Verschiebungen französischer
Truppen gegen die Grenze auf den baldigen Ausbruch des Krieges
und auf die Richtigkeit der Annahme schliessen, dass der grössere
Theil der französischen Nord-Armee wirklich zwischen Sambre
und Schelde in Belgien einbrechen werde. Am 12. April erhielten
die Truppen Verhaltungsbefehle für den Fall des Vormarsches
der Franzosen. Die Besatzungen von Luxemburg, Namur, Mons
und Tournay wurden angewiesen, sich bis zum einlangenden Entsatze zu wehren. Die übrigen kleineren an der Grenze gelegenen
Garnisonen sollten beim Vorgehen überlegener feindlicher Kräfte
ihre Vorposten einziehen und nach bewirkter Vereinigung langsam
auf die zugewiesenen Sammelpuncte zurückgehen. FM. Bender
zog zur Beobachtung der Grenzen einzelne Bataillone und 5 Escadronen näher an selbe heran, liess die wichtigsten Einbruchs-
linien durch vorgeschobene Detachements bewachen, sowie die
Wege eifrig abpatrouilliren, auf denen ein Vorrücken feindlicher
Kräfte zu vermuthen war.

---

[1]) Es wurde die Ansammlung französischer Truppen in Givet-Charlemont,
Bevin, Charleville, Mezières, Rocroy, Marienbourg und Philippeville gemeldet,
sowie dass „das Volk von Thionville" einen Aufzug an der Grenze veranstaltet
und eine „Stange mit dem Freiheitshut" daselbst aufgestellt habe. K. A. 1792.
IV. 12.

Eintheilung der Armee in den Niederlanden am 20. April 1792. [1])

Commandirender: FM. Freiherr von Bender ⎫
FZM. Graf Clerfayt ⎰ zu Brüssel.

Divisionen	Brigade	Regimenter und Corps	Bataillone	Compagnien	Escadronen	Stationen	Stab	Compagnien	Escadronen
FML. Graf Baillet de Latour zu Gent	GM. Freiherr v. Biela zu Courtray	Inf.-Reg. Clerfayt Nr. 9 (Leib- u. Oberst.-Bat.)	2	.		Tournay . .	1	12	4
									4
		Inf.-Reg. d'Alton Nr. 15 (Oberstens-Bat.)	1			Lenze	1	2	.
		Inf.-Reg. Franz Ulrich Kinsky Nr. 36 (Leib-Bat.)	1			Brügge . . .	1	4	.
						Ostende . .		2	.
		Inf.-Reg. Josef Collo-redo Nr. 57 (Oberst.-Bat.)	1			Ypres . . .	1	6	.
		Inf.-Reg. de Ligne Nr. 30 (Leib- u. Oberst.-Bat.)	2	.		Courtray . . .	1	8	
						Audenarde (vom Leib-Bat.) . . .		4	
	GM. v. Jordis zu Gent	Pückler-Grenadiere	1	.		⎫ . . .	1	4	.
		Leuwen- ▸	1	.		⎬ . . .	1	6	.
		Inf.-Reg. Württemberg Nr. 38 (Leib- u. Oberst.-Bataillon) .	2	.		⎬ Gent	1	12	
		Inf.-Reg. Bamberg	1			⎭	1	4	
		Laudon-Frei-Corps	1	.		Termonde .	1	5	
						Alost		1	
						Gent	1	1	
						Ypres		1	.
		Tyroler Scharfschützen		10		Furnes .		2	
						Menin		3	.
						Tournay und Gegend		3	
FML. Prinz Ferdinand von Württemberg zu Brüssel	GM. Graf Sztáray zu Antwerpen	Inf.-Reg. Anton Ester-hazy Nr 31 (Leib-u. Oberstens-Bat.)	2	.		Antwerpen	1	12	.
							1	10	.
		Inf.-Reg. Würzburg	2	.		Lierre . .		2	.
						Herenthals	1	1	.
		Dandini-Jäger		6		Santvliet		1	.
						Hochstraaten, Turnhout .		1	
						Arendonk . .		1	
						Vilvorde		1	.
						Charleroi .		1	

[1]) K. A. 1792, IV. 11, siehe Tafel I. Dislocation der beiderseitigen Streit-kräfte am 20. April 1792.

Divisionär	Brigadier	Regimenter und Corps	Bataillone	Compagnien	Escadronen	Stationen	Stab	Compagnien	Escadronen
FML. Franz Ferdinand von Würtemberg zu Brüssel	GM. Graf Diesbach zu Brüssel	Rousseau-Grenadiere	1				1	6	
		Morzin- »	1			Brüssel	1	6	
		Bartholeisky- »					1	6	
		Inf.-Reg. Hohenlohe Nr. 17 (Leib-Bat.)	1			Brüssel	1	6	
		Inf.-Reg. Bender Nr. 41 (Leib- u. Oberst.-Bat.)	2			Ath (v. Oberst.-Bataillon)	1	10 / 2	
	GM. v. Mikovini zu Mecheln	Briey-Grenadiere	1			Loewen	1	6	
		Inf.-Reg. Stuart Nr. 18 (Oberstens-Bat.)	1			Mecheln (Oberst.-Bat.)	1	6	
		Inf.-Reg. Sztáray Nr. 33 (Leib- u. Oberst.-Bat.)	2			Tirlemont (Leib-Bat.)		6	
FML. Freih. v. Beaulieu zu Mons	GM. von Moitelle zu Namur	Inf.-Reg. Franz Kinsky Nr. 47 (Leib-Bat.)	1			Namur	1	6	
		Inf.-Reg. Vierset Nr 58 (Oberst.- u. 3. Bat.)	2					10	
	Oberst de Jardin zu Mons	Inf.-Reg. Murray Nr. 55 (Leib- u. Oberst.-Bat.)	2			Mons	1	12	
		O'Donell-Frei-Corps (2. Bataillon)	1			Mons	1	4 / 3	
		Le Loup-Jäger			4	Binche	1	1	
FML. Freiherr v. Lilien zu Brüssel	GM. Graf Happoncourt zu Tournay	Latour-Chevauxlegers: Oberst-, Oberstlieutenants- u 2. Majors-Division			8	Tournay	1		6
		1. Majors-Dion. 1. Esc.				Courtray			1
		1. » » 2. »				Ypres			1
						Menin			1
	GM. v. Baros zu Loewen	Blankenstein-Hus.: Oberst.- u 2. Majors-Division				Brüssel	1		4
		Oberstlieutenants-Division			10	Antwerpen			2
		1. Majors-Dion. 1. Esc.				Loewen			1
		1. » » 2. »				Mecheln			1
		3 Majors-Division				Ath			2
		Esterhazy-Husaren: 1. Majors-Dion. 1. Esc.			1	Namur	1		1
		Wurmser-Husaren: 3. Majors-Dion. 1. Esc.				Tirlemont	1		1
		3. » » 2. »			2	Diest			1
		Würzburg-Dragoner			1	Gent			1

Divisionär	Brigadier	Regimenter und Corps	Bataillone	Compagnien	Escadronen	Stationen	Stab	Compagnien	Escadronen
FML. Freiherr v.? Lilien zu Brüssel	GM. Prinz Karl von Lothringen zu Mons	Coburg-Dragoner: Oberst u.Oberstlieu-tenants-Division .				Mons u Gegend	1		4
		1.Majors-Dion 1.Esc.			8	Nivelles .			1
		. . » 2. »				Wavre .			1
		Chevauxleg.-Division				Charleroi .			2
		Degelmann-Uhlanen .			6	Mons .		1	5
						Binche			1
FML. du Hamel de Querlonde zu Luxemburg	GM. v Cameller zu Luxemburg	Inf.-Reg. Clerfayt Nr. 9 3. Bataillon	1						4
		Inf.-Reg. Württemberg Nr. 38, 3. Bataillon	1						4
		Inf.-Reg. Bender Nr.41, 3. Bataillon .	1			Luxemburg			6
		Inf.-Reg. Mathesen Nr. 42, Leib Bataill.	1					1	6
		Inf.-Reg. Murray Nr.55 3. Bataillon .	1						4
		O'Donell-Freicorps. 1. Bataillon							4
						Luxemburg	1		2
		3. Garnisons-Regiment .	1			Lille und Laef-Neusboek			1
						Brüssel			1
		Dandini-Jäger . .		1					1
		Anhalt-Grenadiere .		2					2
		Mineurs (Detachement)				Luxemburg			
		Esterhazy-Husaren 1. Majors-Division							
		2. Escadron			1				1
		Anhalt-Dragoner							2
FML. v. ?amp-?ia ?u ?echa	Oberst Reyniac zu Lüttich	Die sämmtliche Feld- und Garnisons- dann Füsiliers-Artillerie, nebst Bombardiers-u.Zeugamts-Personal .		7		Mecheln Namur Luxemburg Antwerpen			
		Inf.-Reg Vierset Nr ?8, Leib-Bataillon mit Stab	1					1	6
		Inf.-Reg. Ligne Nr 30 3 Bataillon	1			Lüttich		1	4
		Dandini-Jäger .		1					1
		Würzburg-Dragoner			1			1	1
		Dandini-Jäger		2		Limburg Ruremonde			1
	Ober-Lieut. Schmid vom Generalstab	Pionniere		1		Hal			1
		Pontonniere (Detachement) .				Namur			

Summe 42 253 38?

Am 20. April fiel die Entscheidung. Die Kriegserklärung gegen den König von Ungarn und Böhmen wurde in Paris von Ludwig XVI. unterzeichnet.

Ein Befehl des Herzogs von Sachsen-Teschen vom 23. April ordnete die vollständige Absperrung der Grenze und Einstellung des Verkehrs mit der französischen Armee an, verbot jedoch jede Feindseligkeit, bis die officielle Mittheilung der Kriegs-erklärung, von der bereits alle Zeitungen sprachen, eingetroffen sein oder ein unmittelbarer französischer Angriff begonnen haben würde.[1] Marschall Rochambeau, Commandant der französischen Nord-Armee, richtete am selben Tage an den in Mons comman-direnden FML. Beaulieu ein Schreiben mit der Versicherung, dass er trotz der Kriegserklärung ohne besonderen Befehl seines Königs nicht zur Eröffnung des Krieges schreiten werde.[2]

So standen denn beide Theile einige Tage einander auf-merksam gegenüber; Niemand zeigte Lust, die Action zu beginnen, Niemand aber auch mochte ahnen, dass auf denselben Gebieten, welche jetzt der Krieg zunächst bedrohte, erst dreiundzwanzig Jahre später die Reihe der welterschütternden Kämpfe mit schwer errungenem Siege zum Abschluss kommen werde, deren Eröffnung jetzt in den nächsten Tagen bevorstand.

Am 25. April ordnete der Herzog von Sachsen-Teschen den Abmarsch des mobilen Armee-Corps in den bereits in Aussicht genommenen Versammlungsraum zwischen Mons und Tournay an. Der Abmarsch der Truppen erfolgte in der Zeit vom 26. bis 29. April; die Anordnungen waren derart getroffen, dass die Truppen am 1. Mai in den Concentrirungs-Stationen eintreffen sollten, so dass dann

     9 Bataillone, 18 Escadronen bei Tournay und Umgebung,
     6   „   8   „   „ Blicquy nächst Leuze,
     9   „   8   „   „ Mons und Umgebung,
die leichte Artillerie-Reserve und Artillerie-Füsilier-Compagnie in Ath, Pionnier-Compagnie, Pontonnier-Detachement und schwere Artillerie-Reserve in Hal concentrirt gewesen wären.[3]

Die Vertheilung der Truppen in den Concentrirungs-Quartieren zwischen Mons und Tournay war, wie folgt, beabsichtigt[4].

---

[1] K. A. 1792; IV, 16.
[2] K. A. 1792; IV, 17.
[3] K. A. 1792; IV, 15, 18, 21.
[4] K. A. 1792; IV, 21, 23. Siehe Skizze 11 auf Tafel III.

Hauptquartier: Leuze.

Divisionär	Brigadier	Truppenkörper	Bataillone	Compagnien	Escadronen	Concentrirungs-Station	Anmerkung
FML. Graf Latour zu Tournay	GM.-Freiherr von Biela zu Tournay	Inf.-Reg. Kinsky Franz Ulrich Nr. 36	1			Tournay	Leib-Bataillon
		„ Würtemberg Nr. 38	2				Leib-Bataillon
		„ Clerfayt Nr. 9	1				Leib- u. Oberst.-Bat.
		Gren.-Bat. Barthodensky					
	GM. von Mikovini zu Ramecroix	Leuwen				Rumillies	Oberstens-Baon.
		Inf.-Reg. Colloredo Josef Nr. 57	2			Havines	Leib- u. Oberst.-Bat.
		„ de Ligne Nr. 30				Bourgquembray	
						Ramecroix, Gaurain	
FML. Prinz von Würtemberg zu Blicquy	GM. von Jordis zu Auberchies	Inf.-Reg. d'Alton Nr. 15	1			Bary	Oberstens-Baon
		„ Hohenlohe Nr. 17	3			Willanpuis	Leib-Bataillon
		„ Sztáray Nr. 33	1			Auberchies, Blicquy	Leib- u. Oberst.-Bat.
		„ Bender Nr. 41				Beloeil	Oberst.-Bat. (4 Cp.)
		Gren.-Bat. Rousseau				Gallaix	
FML. Freiherr von Beaulieu zu Mons	GM. Graf Sztáray zu Herchies	Inf.-Reg. Stuart Nr. 18	1			Giroesaxe	Oberstens-Baon
		Gren.-Bat. Morzin				Herchies	
		„ Pückler	1			Erbisoeil	
		„ Briey				Jurbise	
	Oberst du Jardin zu Mons	Inf.-Reg. Esterhazy Anton Nr. 34				Mons	Leib- u. Oberst.-Bat.
		„ Murray Nr. 55	2				Leib- u. Oberst.-Bat.
		O'Donell-Frei-Corps	1			Mons	zum Vorposten-Diens: bestimmt

Commando	Truppe	Division	Ort	Zahl	Bemerkung
FML. Freiherr von Lilien zu Maulde	Latour-Chevauxlegers		Tournay	6	Daselbst Regimentsstab
			Beclers	2	
GM Graf Happoncourt zu Tournay	Coburg-Dragoner:	Oberstens-Division	Tongres	2	
		Oberstlieutenants-Division	Ormeignies	2	
		Chevauxlegers-Division	Erhault	2	
		1. Majors-Division	Chièvres	2	
GM von Boros zu Thumougies	Blankenstein-Husaren:	Oberstens-Division	Maulde	2	Daselb. Regimentsst.
		Oberstlieutenants-Division	Thumougies	2	
		1. Majors-Division	Thieudain	2	
		2. „	Kain	6	
		3. „	Grand Metz	2	
GM. Prinz v. Lothringen zu Mons	Wurmser-Husaren:	8. Majors-Division	Chapelle	2	Daselb. Regimentsst.
	Degelmann-Uhlanen		Mons	4	
			Maisières	2	
Zum General-Quartiermeister-Stab gehörig	Dandini-Jäger		Vorposten vor der Mitte des Cantonnirungs-Rayons	8	
	Tyroler Scharfschützen		Vorposten vor dem rechten Flügel des Cantonnirungs-Rayons bei Tournay	10	
	Le Loup-Jäger		Vorposten vor dem linken Flügel des Cantonnirungs-Rayons bei Mons	4	
FML. von Penzenstein	Pioniere		Hal	1	
	Pontonier-Detachement				
	Schwere Artillerie-Reserve		Ath		
	Leichte „				

„Distribution der Jäger und Schützen zur Chaine der Vorposten.[1])

Tyroler Schützen.

Nach Obigies und Esquelines unterhalb Tournay an der Schelde . . . 1 Compagnie — patroulliren längs der Schelde herunter gegen Grand Bray.

Nach Tournay in den nach Lille gelegenen Vorstädten 1 Comp. — patrouilliren vorwärts um Tournay herum, die Cavallerie aber gegen Lille, weil hierherum Ebene und kein Holz.

Nach Vaux, Calonne und Antoing oberhalb Tournay entlang der Schelde 2 Comp. hievon Avertissements-Posten vorwärts zu Péronnes und Vezonchaux. — patrouilliren die Schelde herauf nach La Plaine ins Holz von Mortogne und nach Flines, auch mögen kleine Patrouillen zuweilen über die Schelde gehen.

Nach Wasmes . . 1 Compagnie Avertissements - Posten Maubray. — patrouilliren vorwärts auch im Holz von Mortogne und über Callenelle und Wiers gegen Condé.

Braffe . . . . . 1 Compagnie Avertissements - Posten Bitremont. — patrouilliren vorwärts und ebenfalls gegen Condé über Noirtron und Verquegi.

Bury . . . . . 1 Compagnie Avertissements - Posten Roncour. — patrouilliren auf Peruwelz gegen Condé.

Der Obristlieutenant mit 2 Compagnien zu Nezon als Soutien und point de ralliement. — patrouilliren auf Peruwelz gegen Condé.

Diesen Jäger-Patrouillen wird nach Beschaffenheit des Terrains, so solche hiebei zu durchschreiten haben, mehrere oder wenigere leichte Cavallerie beigegeben, wo die Gegend aber ganz frei und eben, patrouillirt letztere allein.

[1]) K. A. 1792; IV, 15.

Dandini.

Nach Thumaide und Wadelen-
court . . 1 Compagnie
Avertissements - Posten
Brigitte.

patrouilliren ebenfalls auf Condé.

Nach Baseeles . 1 Compagnie
Avertissements - Posten
Blaton.

patrouilliren auch nach Condé
und Mernipant an der Haïne.

Grand Glise . . . 1 Compagnie
Avertissements - Posten
Harchies.

patrouilliren nach der Haïne.

Im Wald zwischen Grand Glise
und Hautrage 1 Compagnie
Avertissements - Posten
Pomereoul.

patrouilliren längs den Holzungen
und zur Haïne.

Nach Hautrage 1 Compagnie
Vorwärts von Hautrage an der
Haïne und den dortigen
Passagen bei St. Ghislain und
Hamaide . . 1 Compagnie

patrouilliren nach der Haïne.

Der Oberstlieutenant zu Que-
vaucamps mit 2 Compagnien
zum Soutien und point de
ralliement.

patrouilliren entlang der Haïne.
In diesen Gegenden von Grand
Glise bis Hautrage und Mons
wird nur wenige leichte Cavallerie zu den Vorposten
und Patrouillen nöthig, da
alles Terrain hierherum hol-
zig und coupirt ist.

Le Loup.

Nach Baudour . 1 Compagnie
Avertissements - Posten
Tertre.

patrouilliren nach der Haïne.

Nach Ghlin . . . 1 Compagnie
Avertissements - Posten
Long-Coron und Lensan.

patrouilliren entlang und jenseits
der Haïne, wohin Passage
vorhanden.

Jenseitige Vorstädte von Mons
auf Maubeuge zu 1 Comp.

patrouilliren auf Maubeuge.

Obourg links von Mons diesseits an der Haïne 1 Compagnie und 50 Uhlanen	patrouilliren auf Maubeuge und zugleich links entlang und diesseits der Haïne gegen Binche.

Parteien und Haupt-Patrouillen gehen von Tournay gegen Lille und an der Schelde gegen Condé,

von Leuze und den Gegenden des Hauptquartiers nach Condé zu,

von Mons gegen Maubeuge und die Sambre.

Allen diesen Quartieren der Jäger, welche die Chaine der Vorposten bilden und nach Beschaffenheit des Terrains und deren Patrouillen, so solche zu thun haben, mehrere oder wenigere leichte Cavallerie zuzugeben, jedoch wird, wie schon gesagt, von Grand Glise bis Mons letztere nicht viel gebraucht werden können. Des Nachts wird die Mannschaft, so nicht auf Wachen und Patrouillen sind, zusammen in die Schlösser, Maierhöfe, Kirchen und andere feste Gebäude, so in den Dörfern, wo solche liegen, vorhanden, gezogen und allorten beim Gewehre gehalten.

Oberst v. Lindenau, m. p.“

Diese geplante Kräftevertheilung kam jedoch nur noch theilweise zur Ausführung, denn schon am 29. April erfolgte der erste Einfall der Franzosen in Belgien, der die sofortige Verwendung der einzelnen Truppenkörper nach dem momentanen Bedürfnisse nothwendig machte.[1]

DIE RUESTUNGEN FRANKREICHS UND DER KRIEGSPLAN.

Seit Ludwig XIV. hatte stets ein grosser Theil der französischen Truppen die normale Garnisonirung an der Ost- und Nordostgrenze des Reiches gefunden. Im Laufe des Jahres 1791, je mehr die Revolutionspartei an Macht gewann und ihre weitreichenden Pläne verwirklichen zu können hoffen durfte, war die Zahl dieser Truppen noch vermehrt worden.

[1] K. A 1792; IV. 24. Die Gruppierung am 29. April wird die Ausgangs-Situation für die seinerzeitige Schilderung der weiteren Ereignisse bilden. Die strategische Situation beider Armeen Ende April. Anfangs Mai zeigt Beilage Tafel IV.

Gegen Ende des Jahres 1791, zu einer Zeit, da weder Oesterreich noch Preussen irgend eine militärische Vorkehrung getroffen
hatten, standen in dem französischen Grenzgebiete zwischen Dünkirchen und Belfort bereits 100 Bataillone und 108 Escadronen
der Linien-Armee und waren über 60 Nationalgarde-Bataillone zur
Aufstellung gelangt. [1]) Der Friedens-Stand dieser Linien-Truppen
sollte 60.000, der Stand der Nationalgarden 30.000 Mann betragen,
überdies war für die Linien-Armee die Annahme des Kriegs-Standes
anbefohlen worden. [2])

Auch eine Eintheilung in Armeen bestand schon. Alle Regimenter, welche zwischen Dünkirchen und Givet standen, bildeten
die sogenannte „Nord-Armee", die Truppen im Elsass bezeichnete
man als „Rhein-Armee", während jene Luxemburg gegenüber eine
eigene Gruppe für sich bildeten. [3])

Am 14. December erhielt der Kriegsminister Narbonne vom
König den Befehl, 150.000 Mann binnen einem Monat an den
Grenzen zusammenzuziehen. Nun sollten drei Armeen unter Commando der Generale Rochambeau, Luckner und Lafayette formiert
werden. [4])

Die National-Versammlung bewilligte 20 Millionen Livres für
Kriegszwecke und General Narbonne reiste auf Befehl des Königs
selbst an die Grenzen, um sich von dem Zustand der Truppen
und Festungen persönlich zu überzeugen, sowie um die Aufstellung
der Armeen zu beschleunigen.

Bei der grossen Zahl von Truppen, welche schon an der
Grenze standen und bei dem Umstande, dass schon im Sommer
1791 für die ganze Armee die Annahme des Kriegs-Standes anbefohlen worden war, konnte erwartet werden, dass die Aufstellung
der Armeen sich rasch vollziehen werde. Dem war nicht so.

Die Ergänzung der Linien-Armee stockte vollkommen, da
die jungen Leute es vorzogen, unter selbstgewählten Officieren
bei besserer Bezahlung und nur auf Kriegsdauer in der National-

---

[1]) Journal militaire 1791. II, 353, 499.
[2]) Siehe „Die Heere des Kaisers und der französischen Revolution 1792".
Mittheilungen des k. und k. Kriegs-Archivs. IV. 72.
[3]) Journal militaire 1791. II, 362.
[4]) K. A.; H. K. R. 1792; I, ad 1.

garde zu dienen,[1]) und die Desertionen nahmen grosse Dimensionen an. Der Abgang wurde rasch so bedeutend, dass die Infanterie-Regimenter nur mit je einem Bataillon, die Cavallerie-Regimenter mit drei, selbst nur zwei Escadronen in das Feld rücken konnten.[2]) Trotz dieser Massregel erreichten bei vielen Infanterie-Regimentern nicht einmal die ersten Bataillone den vollen Kriegs-Stand von 857 Mann[3]) und auch die Nationalgarde-Bataillone zählten statt 800 kaum 500 Mann.

Die drei Armeen, welche einen Stand von 150.000 Mann im Felde verwendbarer Truppen haben sollten, besassen bei Beginn des Feldzuges kaum die Hälfte und noch im Juni fehlten den Linien-Truppen bei den Armeen über 17.000 Mann auf den Kriegs-Stand.[4])

Empfindlich war der Mangel an Officieren, namentlich an höheren Truppen-Commandanten. Von 9000 Officieren der alten königlichen Armee waren 6000 aus den Reihen des von der Revolution zersetzten, treubrüchigen Heeres ausgetreten und

[1]) Die Nord-Armee z. B. konnte binnen zweier Monate nicht einmal 20 Recruten anwerben. (Chuquet II, 34.) Das zweckmässigste Mittel, die Lücken in der Linien-Armee zu füllen, wäre jedenfalls die Einreihung von Mannschaften der Nationalgarde gewesen. Die Generale haten den Kriegsminister auch wiederholt um ein bezügliches Decret, aber die Jacobiner hüteten sich sehr, darauf einzugehen und waren ängstlich bemüht, ein Aufgehen der Nationalgarde in der Linie zu verhindern. Man vereinigte indessen im Jahre 1793 (theilweise auch schon 1792) doch Linien-Truppen mit Nationalgarden im Brigadeverbande und verpflichtete jeden waffenfähigen Bürger zum Dienste in der Armee. Nach und nach verschwanden wenigstens die Freiwilligen endlich ganz und es entstand wieder eine regelmässige Armee.

[2]) Siehe „Die Heere des Kaisers und der französischen Revolutio n 1792" Mittheilungen des k. und k. Kriegs-Archivs IV, 72. Das ausmarschirende erste Bataillon jedes Infanterie-Regiments, sowie die ausmarschirenden zwei, beziehungsweise drei Escadronen jedes Cavallerie-Regiments wurden aus den kräftigsten Leuten und Pferden auf den Kriegsfuss augmentirt und bildeten die eigentliche Feld-Armee. Die zurückbleibenden Bataillone und Escadronen waren lediglich Ersatzkörper und wurden zu Besatzungs- und Garnisonsdiensten verwendet. Ausgenommen von dieser Massregel waren die 11 Schweizer Regimenter, welche sich aus der Heimat ergänzten und fast alle den vorgeschriebenen Kriegs-Stand erreicht hatten. Diese Neu-Organisation wurde fünf Wochen vor Beginn des Krieges angeordnet.

[3]) Chuquet: La première invasion prussienne I, 30.

[4]) Moniteur vom 28 Juni 1792.

zumeist, den Prinzen des königlichen Hauses folgend, ausgewandert. [1]) Die Nationalgarden wählten sich ihre Officiere selbst, von deren Befähigung dann auch der Werth des betreffenden Bataillons abhing. [2])

Die Ergänzung des Pferdemateriales liess viel zu wünschen übrig, obwohl die Remonten-Depôts gegen 4000 gute Reitpferde an die Cavallerie abgegeben hatten und etwa 12.000 Artillerie- und Trainpferde zu Beginn des Jahres 1792 für die Armee angekauft worden waren. [3])

Die Festungen waren gut dotirt, in Douay, Arras, la Fère, Strassburg, Metz, Auxonne, Lyon, Grenoble und Fort Barrault befanden sich 1226 Geschütze sammt Zugehör, aus denen man drei grosse Artillerie-Reserven und drei Belagerungs-Parks zu bilden beabsichtigte, ausserdem standen in den Grenzplätzen zwischen Dünkirchen und Belfort über 4000 Festungsgeschütze aller Art und namhafte Vorräthe an Pulver und Geschossen. [4])

---

[1]) Die Emigration der höheren Officiere begann schon 1790. Nach der missglückten Flucht des Königs verliess auch General Bouillé, welcher die militärischen Massregeln zur Sicherung der Flucht getroffen hatte, mit fast allen seinen Generalen und vielen Oberofficieren Frankreich. (Poisson: „L'armée et la garde nationale", I, 269.) Im October und November 1791 gieng eine weitere Zahl von 2160 Officieren in das Ausland und 187 Artillerie-, 144 Cavallerie- und 398 Infanterie-Officiere nahmen entweder ihren Abschied oder verliessen die Armee ohne Bewilligung.

[2]) Viele Nationalgarde-Bataillone wählten ehemalige Militärs zu ihren Officieren und Unterofficieren. Diese Bataillone waren bald viel besser disciplinirt und leisteten später gute Dienste. Von den hervorragenden Generalen der Republik und des Kaiserreichs finden sich manche Namen in diesen Bataillonen. So z. B. war Bessières Commandant des 1. Bataillons des Departements Lôt, Davoust commandirte das 3. Bataillon des Departements Yonne, Jourdan das 2. Bataillon des Departements Haute Vienne, Laharpe das 4. Bataillon des Departements Seine et Oise, Moreau das 1. Bataillon des Departements Isle et Vilaine, Oudinot das 3. Bataillon des Departements Meuse, Victor das 5. des Departements Bouches du Rhône etc. Soult war Hauptmann im 1. Bataillon des Departements Haut-Rhin, Massena Adjutant im 2. Bataillon des Departements Var, Lannes Unterlieutenant im 2. Bataillon des Departements Gers etc.

Im Allgemeinen aber waren Eitelkeit, Intriguen, revolutionäre Gesinnung jene Eigenschaften, welche Anwartschaft auf Officiers- oder Unterofficiersstellen gaben.

[3]) Journal militaire, 1792. I. 19 und ff.

[4]) Journal militaire 1791. II, 357.

Die Bewaffnung und Ausrüstung der Linien-Truppen war im Allgemeinen wohl eine brauchbare, doch vielfach etwas veraltete. Die Nationalgarden waren in vielen Bataillonen noch ganz ohne Waffen und Munition, anderen fehlte wieder die Bekleidung und Ausrüstung, bei einigen Alles. Es waren zwar grosse Summen für Waffen bewilligt worden, doch blieb es zumeist nur bei der Bewilligung, da die Finanznoth die Auszahlung hinderte.

An Lagergeräthen herrschte ebenso und allgemein grosser Mangel, da solche nur für 82.000 Mann vorräthig waren und doch über 150.000 Mann in das Feld geführt werden sollten.

Der Train war Gegenstand der Privat-Unternehmung. Der Kriegsminister hatte ausserdem 1200 Proviant-Fuhrwerke angeschafft.

In Lille, Strassburg und Bitsch wurde für jede der drei Armeen ein Sanitäts-Train von 35 Fuhrwerken ausgerüstet, sowie Vorbereitungen zur Aufstellung ambulanter Spitäler getroffen.

In den verschiedenen Magazinen, welche in Armeebereiche lagen, waren Lebensmittel für 230.000 Mann und 22.000 Pferde auf sechs Monate angehäuft, an deren Vermehrung noch gearbeitet wurde.

Die moralischen Zustände im französischen Heere waren im Mai noch abscheulich und sie kennzeichneten sich neben der eigenen Disciplinlosigkeit, Brutalität und Mordlust auch lebhaft genug in dem jedem Begriffe militärischer Ehre zuwiderlaufenden Verhalten gegen die Gefangenen. Wenn FM. Bender am 30. Mai die Nachricht nach Wien übermittelt,[1] dass einzelne französische Truppenkörper noch so viel Königstreue und Fahnen-Ehre besassen, um wie Royal-Allemand-Cürassiere, Saxe- und Berchiny-Husaren zum grössten Theile wenigstens zu den eigentlichen Repräsentanten des Königthums Frankreichs, den emigrirten Prinzen überzugehen, so musste er gleichzeitig melden, „dass die Franzosen am 29. Mai zu Lamain[2]) einen Clerfayt'schen, dort auf Werbung gestandenen Gemeinen Namens Johann van Molder, sammt dessen Quartiermann Philipp Deprés, sammt noch einem andern Clerfayt'-

---

[1] K A.; H K R. 1792, V. 15.
Kaiserliches Gebiet, an der Grenze, nahe bei Marqasin.

schen Gemeinen, Pressing, aufhoben, nach Lille schleppten und
erstere zwei, nämlich van Molder und Deprés zugleich mit dem
General Dillon auf's Grausamste massacrirten, er, Pressing aber,
nachdem er in der Ermordeten Blute herumgeschleppt und sehr miss-
handelt worden, durch einen französischen Officier und einen
Schweizer beim Leben erhalten und sohin sich selbst zu ranzio-
niren Gelegenheit fand."

Anfangs Januar war der Kriegsminister Narbonne von seiner
Bereisung nach Paris zurückgekehrt. Er legte der National-Versammlung einen Bericht über die Truppenstärke der zur Aufstellung bestimmten französischen Armeen vor, nach welchem dieselben bestehen sollten aus:

	Linien-Truppen für das Feld	Linien-Truppen für die Garnisonen	Besoldete National-garden	Zu-samme
Nord-Armee unter Luckner	23.049	15.573	20.000	58.629
Centrums-Armee unter Lafayette	23.227	15.000	22.000	60.227
Rhein-Armee unter de la Mortière	20.943	11.604	16.000	48.544
Süd-Armee unter Montesquieu	23.380	11.841	25.000	60.221
Im Innern und an den Küsten	21.375	.	3.500	24.875
Truppen der Colonien	12.564	.	3.000	15.564
	179.556		87.000	
		266.556		

Mit schwungvollen Worten schilderte Narbonne, wie vortrefflich er den Zustand der Armee und der Festungen[2]) gefunden
habe. Enthusiastisch lobte er den Geist und Patriotismus der Truppen,
den Ehrgeiz der Nationalgarden, deren lebhafte Gefühle für die
Freiheit und Begierde selbe zu vertheidigen, er erklärte zum
Schlusse seine feste Ueberzeugung, dass, wenn das Interesse der
Nation den Krieg erheische, dieser mit Ehren geführt werden

[1]) K. A. 1792. I. 4.
[2]) Der Kriegsminister versicherte, dass Lille in vorzüglichem Stande sei
und ruhig eine Belagerung aushalten könne, dasselbe gelte mehr oder weniger
von Douay, Valenciennes, Maubeuge, Charlemont, Sédan, Metz, Landau, Strassburg und Besançon. In allen Plätzen werde übrigens eifrigst gearbeitet. Später
stellte es sich allerdings heraus, dass diese Schilderung bei weitem nicht der
Wirklichkeit entsprach.

könne. [1]) Die leichtfertige Rede Narbonne's trug nicht wenig dazu
bei, die Jacobiner immer ungestümer zum Kriege treiben zu lassen,
umsomehr als der Kriegsminister dem diplomatischen Comité gegenüber behauptete, die drei Armeen würden am 1. Februar bereit
sein, in das feindliche Gebiet einfallen zu können. [2])

Mitte April endlich war übrigens wirklich die Mehrzahl der
zur Armee bestimmten Truppen in gewissem Masse für die Operationen in den Niederlanden und am Rhein zwischen Dünkirchen
und Besançon bereit. Es waren dies 235 Bataillone und 174 Escadronen mit einem Gesammt-Stande von 142.000 Mann, welche
nun in drei Armeen, wie folgt eingetheilt waren: [3])

Die „Nord - Armee" unter Commando des Marschalls Rochambeau umfasste alle Truppen zwischen dem Meere und der
Sambre mit 43 Infanterie- und Jäger-Bataillonen, 4 Artillerie-Bataillonen, 42 Escadronen Linien-Truppen und 30 Bataillonen Nationalgarde, in der Stärke von 44.000 Mann.

Die „Centrum - Armee" unter den Befehlen des Generals
Lafayette stand im Raume zwischen der Sambre und den Vogesen
(Philippeville, Bitsch) und zählte 44 Infanterie- und Jäger-Bataillone,
4 Artillerie-Bataillone, 79 Escadronen Linien-Truppen und 40
Bataillone Nationalgarde, mit einem Stande von 55.000 Mann.

Die „Rhein - Armee" unter Marschall Luckner wurde aus
den im Elsass (zwischen Bitsch und Besançon) garnisonierenden
Truppen zusammengesetzt und bestand aus: 32 Infanterie- und
Jäger-Bataillonen, 4 Artillerie-Bataillonen, 53 Escadronen Linien-
Truppen und 34 Bataillonen Nationalgarde. Der Stand dieser Armee
belief sich auf 43.000 Mann. [4])

---

[1]) Journal militaire 1792, II, 19 und ff.

[2]) Sitzung der National-Versammlung vom 27. Januar 1792. Moniteur vom
28 Januar 1792. Später nannte Narbonne den 10. Februar als Tag, an welchem
die Armee operationsbereit sein werde, während das diplomatische Comité den
1. März für die Eröffnung des Krieges festsetzte.

[3]) Die Dislocation der Truppen, Tafel 1.

[4]) Von allen drei Armeen war aber nur etwas mehr als die Hälfte zu
Operationen im Felde verwendbar und von den 104 Bataillonen Nationalgarde
eine grosse Zahl überhaupt nicht schlagfertig. Im Laufe des Feldzuges
konnten von denselben nur 83 theils im freien Felde, theils in Festungen
verwendet werden. Ueber Antrag des Generals Dumouriez wurde Ende Februar
noch die Formierung einer Süd-Armee angeordnet. (La vie du général Dumouriez, II; 136, 137.)

Ordre de bataille der drei französischen Armeen, Mitte April 1792[1]).

Nord-Armee

Nummer des Truppenkörper	Ehemaliger Name des Truppenkörpers, bezw. Name des Departements, in dem das Nationalgarden-Baon aufgestellt wurde	Standort	Bataillone	Escadronen	Mann	Reiter	Datum der Errichtung der Nationalgarden-Bataillone	Anmerkung
		Infanterie.						
1	Colonel général .	Dünkirchen	2	.	1000			
5	Navarre	Valenciennes	2	.	1000			
12	Auxerrois . .	Condé	2	.	1000			
14	Foret . . .	Aire	1		700			
15	Béarn . . .	Arras .	1	.	700			
18	Royal Auvergne .	Arras . .	2	.	1000			
19	Flandre . . .	Bergues . .	2		1000			
22	Viennois . .	St. Omer . .	2	.	1000			
24	Brie . . .	Lille . .	2	.	1000			
44	Orléans . . .	Avesnes .	2		1000			
45	La Couronne . .	1 Bat. Béthune / 1 » St. Venant	2		1000			
49	Vintimille . .	Le Quesnoy	2	.	1000			
56	Bourbon	Lille	2	.	1000			
68	Beauce	1 Bat Cambray / 1 » Landrecies	2		1000			
74	Beaujolois .	Douay . . .	2		1000			
78	Penthièvre . . .	Dünkirchen . .	2	.	1000			
81	Conti . . .	Calais .	2		1000			
85	Diesbach	Lille . .	2		1000			
86	Courten . . .	Douay	2		1000			
89	Royal Suédois	Valenciennes .	2		1000			
90	Chartres .	Lille	2		1000			
100	Reinach . . .	Maubeuge	2		1000			
		Jäger.						
10	de Gevaudan	Maubeuge	1		700			
	Summe der Infanterie- u. Jäger-Bataillone		43		22100			

[1]) K. A. 1792; VI, 137 und XIII. 81, 816, dann Pascal II, 267, 269, 271.

Eine Eintheilung der Regimenter in Divisionen ist nicht zuverlässig zu constatiren, übrigens wurden bei dem häufigen Wechsel im Ober-Commando die Regimenter der drei Armeen so vielfach durcheinander geworfen, dass die Wiedergabe eines Divisions-Verbandes kaum besonderen Werth hätte.

Die genaue Dislocation der Nationalgarden-Bataillone konnte nur bei wenigen derselben festgestellt werden, es war zumeist nur möglich, zu ermitteln, wieviel solcher Bataillone in den einzelnen Orten überhaupt vorhanden waren, ohne die Nummer und den Namen derselben zu erfahren.

Nummer des Truppenkörpers	Ehemaliger Name des Truppenkörpers, bezw. Name des Departements, in dem das Nationalgarden-Baon. aufgestellt wurde	Standort	Bataillone	Escadronen	Mann	Reiter	Datum der Errichtung des Nationalgarden-Bataillons	Anmerkung
	Artillerie.							
3	Besançon	Maubeuge	2		1000			
7	Toul	Douay	2		1000			
	Summe der Artillerie		4		2000			
	Schwere Cavallerie.							
1	Colonel général	Lille		3		400		
3	Commissaire général	Maubeuge		3		400		
8	Cuirassiers	Arras		3		400		
10	Royal Croates	2 Escadr. Hesdin / 1 » Dünkirchen		3		400		
13	Orléans	Béthune		3		400		
	Husaren.							
3	Esterhazy	2 Escadr. Cambray / 2 » Maubeuge		4		550		
	Dragoner.							
3	Bourbon	Ardres		3		400		
5	Colonel général	Landrecies		3		400		
6	La Reine	Douay		3		400		
14	Chartres	Valenciennes		3		400		
17	Schomberg	Valenciennes		3		400		
	Jäger zu Pferd.							
5	du Hainault	Béthune		4		550		
6	de Languedoc	Aire		4		550		
	Summe der Cavallerie			42		5650		
	Summe der Linien-Truppen		47	42	24100	5650		
					29750			
	Nationalgarden-Bataillone.							
1.	de l'Aisne	—	1		500		26.8 1791	
1.	du Calvados	—	1		500		17/10 „	
1.	de la Charente	—	1		500		22/10 „	
1.	des Côtes du Nord	—	1		500		22/9 „	
1.	d'Indre et Loire	—	1		500		6/10 „	
1.	d'Isle et Vilaine	—	1		500		10/9 „	
1.	du Nord	Lille	1		500		1/9 „	
2.		—	1		500		1/9 „	
3.		—	1		500		1/9 „	

Nummer des Truppenkörpers	Ehemaliger Name des Truppenkörpers, bezw. Name des Departements, in dem das Nationalgarden-Bataillon aufgestellt wurde	Standort	Bataillone	Escadronen	Mann	Reiter	Datum der Errichtung des Nationalgarden-Bataillons	Anmerkung
1.	de l'Oise	--	1	.	500	.	? 1791	
2.		—	1	.	500	.	18,9	„
3.		—	1	.	500	.	18,9	„
1.	de l'Orne	—	1	.	500	.	20,9	„
2.		—	1	.	500	.	20,9	„
1.	de Paris	Valenciennes	1	.	500	.	21/7	„
2.			1	.	500	.	21/7	„
1.	du Pas de Calais	—	1	.	500	.	25,9	„
2.			1	.	500	.	25,9	„
4.	de la Seine in-	—	1	.	500	.	28/1 1792	
1.	ferieure	—	1	.	500	.	12/1	„
2.		—	1	.	500	.	12/1	„
1.	de Seine et Marne	—	1	.	500	.	25,8 1791	
1.	de Seine et Oise	—	1	.	500	.	4/10	„
3.		—	1	.	500	.	19,10	„
1.		--	1	.	500	.	?	„
2.	de la Somme	—	1	.	500	.	6,9	„
3.		—	1	.	500	.	2,9	„
4.		--	1	.	500	.	6,9	„
1.	de la Vendée	—	1	.	500	.	5,12	„
1.	de l'Yonne	—	1	.	500	.	22,9	„
	Summe der Nationalgarden-Bataillone		30		15000			
	Totale der Nord-Armee		77	42	39100	5650		
					44750			

Centrum-Armee.

Infanterie.

2	Picardie	Thionville	2	.	1000	
6	Armagnac	Thionville	2	.	1000	
8	Austrasie	Saarlouis	2	.	1000	
17	Auvergne	Pfalzburg	2	.	1000	
25	Poitou	Verdun	2	.	1000	
29	Dauphin	Philippeville	2	.	1000	
34	Angoulême	Longwy	1	.	700	
43	Royal Vaisseaux	Sedan	2	.	1000	
47	Lorraine	(1 Bataillon Givet.	2	.	1000	
		(1 Bataillon Rocroy				
53	Alsace	?	2	.	1000	
54	Royal Roussillon	Longwy	2	.	1000	
55	Condé	Montmédy	2	.	1000	
58	Rouergue	Nancy	2	.	1000	
65	Sonnenberg	Saarlouis	2	.	1000	
66	Castella	Metz	2	.	1000	
71	Vivarais	Metz	2	.	1000	

Nummer der Truppenkörper	Ehemaliger Name des Truppenkörpers, bezw. Name des Departements, in dem das Nationalgarden-Baon. aufgestellt wurde	Standort	Bataillone	Escadronen	Mann	Reiter	Datum der Errichtung des Nationalgarden-Bataillons	Anmerkung
73	Royal Comtois	Rocroy	1	.	700	.		
76	Chateauvieux	Bitsch	2		1000			
83	Foix	1 Baon. Givet / 1 Baon. Marienburg	2	.	1000			
92	Walsh	am Marsche	1	.	700	.		
94	Hessen-Darmstadt	Mezières	2		1000			
98	Bouillon	Bouillon	2		1000			
99	Deux-Ponts	Damvillers	2	.	1000			
Jäger.								
9	des Cevennes	Metz	1	.	700	.		
Summe der Infanterie- u. Jäger-Bataillone			44		22800			
Artillerie.								
1	La Fère	am Marsche	2		1000			
6	Auxonne	Metz	2		1000			
Summe der Artillerie			4		2000			
Schwere Cavallerie.								
7	Royal Etranger	am Marsche	.	3	.	400		
15	Royal Allemand	Metz		3	.	400		zu den Emigranten übergegangen
16	Royal Lorraine	Mezières	.	3		400		
18	Berry	am Marsche	.	3		400		
21	Royal Picardie	Rocroy		3		400		
23	Royal Guienne	Saaralbe		3		400		
24	neu errichtet	Vaucouleurs		3		400		
Husaren.								
1	Berchiny	Saarlouis		4	.	550		zu den Emigranten übergegangen
2	Chamborand	Mouzon		4		550		
4	Saxe	Saargemünd		4		550		¹/₂ zu den Emigranten übergegangen
5	Colonel géneral	Luneville		4		550		
6	Lauzun	St. Avold		4		550		
Dragoner.								
2	Condé	Verdun		3	.	400		
4	Conti	Pont à Mousson		3	.	400		
7	Dauphin	Thionville		3		400		
10	Mestre de camp	Charleville		3		400		
12	Artois	Stenay		3		400		
13	Monsieur	Epinal		3		400		

Nummer des Truppenkörpers	Ehemaliger Name des Truppenkörpers, bezw. Name des Departements, in dem das Nationalgarden-Baon. aufgestellt wurde	Standort	Bataillone	Escadronen	Mann	Reiter	Datum der Errichtung des Nationalgarden-Bataillons	Anmerkung
		Jäger zu Pferd.						
5	d'Alsace . . .	Sédan	.	4	.	550		
3	Flandre . .	Metz	.	4	.	550		
9	Lorraine . .	am Marsche .	.	4	.	550		
11	Normandie . . .	Philippeville und Givet	.	4	.	550		
12	Champagne .	Stenay	.	4	.	550		
	Summe der Cavallerie			79	.	10700		
	Summe der Linien-Truppen		48	79	24800	10700		
					35500			
		Nationalgarden-Bataillone.						
ein	l'Allier . . .	Philippeville . .	1	.	500	.	7/10 1791	
1.		—	1	.	500	.	24/8 „	
2.	des Ardennes . .		1	.	500	.	22/9 „	
3.		Longwy . .	1	.	500	.	26/9 „	
4.		Metz	1	.	500	.	21/9 „	
ein	de la Charente inférieur	—	1	.	500	.	22/10 „	
ein	du Cher	—	1	.	500	.	12/10 „	
1.		—	1	.	500	.	27/8 „	
2.	de la Côte d'Or .	Longwy	1	.	600	.	1/9 „	
ein	de la Creuse . .	—	1	.	500	.	13/10 „	
ein	d'Eure et Loire	—	1	.	500	.	1/11 „	
ein	de l'Indre	-	1	.	500	.	26/10 „	
ein	de Loir et Cher .	—	1	.	500	.	30/9 „	
ein	du Loiret	—	1	.	500	.	6/10 „	
1.		Mezières . . .	1	.	500	.	4/9 „	
2.	de la Marne	Metz . . .	1	.	500	.	7/9 „	
3.		Givet . . .	1	.	500	.	4/9 „	
4.		Montmédy	1	.	500	.	14/9 „	
ein	de la Haute-Marne	—	1	.	500	.	17/9 „	
ein	de Mayenne et Loire	Verdun . . .	1	.	500	.	25/9 „	
1.		l'falzburg . . .	1	.	500	.	9/8 „	
2.		—	1	.	500	.	17/8 „	
3.	de la Meurthe .	—	1	.	500	.	28/8 „	
4.		—	1	.	500	.	21/8 „	
5.		Metz	1	.	500	.	1/10 „	
1.		—	1	.	500	.	1/9 „	
2.	de la Meuse . .	—	1	.	500	.	28/9 „	
3.		—	1	.	500	.	6/9 „	
4.		—	1	.	500	.	23/9 „	
1.		—	1	.	500	.	1/8 „	
2.	de la Moselle	—	1	.	500	.	14/8 „	
3.		—	1	.	500	.	18/8 „	
4		—	1	.	500	.	25/8 „	
ein	de la Nièvre . .	—	1	.	500	.	11/10 „	

7*

Nummer des Truppenkörpers	Ehemaliger Name des Truppenkörpers, bezw. Name des Departements, in dem das Nationalgarden - Baon. aufgestellt wurde	Standort	Bataillone	Escadronen	Mann	Reiter	Datum der Errichtung des Nationalgarden-Bataillone	Anmerkung
2	de Saône et Loire	Pfalzburg . . .	1	.	500	.	28/9	,,
2.	de Seine et Marne	—	1	.	500	.	13/9	,,
4.	de Seine et Oise	—	1	.	500	.	19/10	,,
1.	de la Haute Vienne	—	1	.	500	.	1/10	,,
5.	de Vosges . . .	Bouillon . . .	1	.	500	.	28/11	,,
3.	de l'Yonne . . .		1	.	500	.	?	
	Summe der Nationalgarden-Bataillone		40		20000			
	Totale der Centrum-Armee .		88	79	44800	10700		
					55500			

Rhein-Armee.

Infanterie

3	Piémont . . .	Strassburg . .	2	.	1000			Die Infanterie-Regimenter Nr. 18, 23, 35, 58, 101, welche zur Rhein-Armee gehörten, waren zur Süd-Armee abcommandirt worden.
13	Bourbonnais . .	Neu-Breisach . .	2	.	1000			
21	Guyenne . . .	am Marsche . . .	2	.	1000			
30	Perche . . .	am Marsche . .	2	.	1000			
33	Tourraine . . .	am Marsche . .	2	.	1000			
46	Brétagne . . .	Hüningen . . .	2	.	1000			
48	Artois . . .	am Marsche . . .	1	.	730			
57	Beauvoisis . . .	Landau . . .	2	.	1000			
62	Salm-Salm . . .	Strassburg . .	2	.	1000			
69	Vigier . . .	Strassburg . .	2	.	1000			
72	Vexin	am Marsche . .	2	.	1000			
82	Saintonge . . .	Lauterburg . .	2	.	1000			
96	Nassau . . .	Besançon . . .	2	.	1000			
97	Steiner . . .	?	2	.	1000			
105	neu errichtet . .	Besançon .	2	.	1000			

Jäger.

6	Bretons . . .	Bischweiler . . .	1	.	700			
7	d'Auvergne .	Fort Louis . .	1	.	700			
12	du Roussillon . .	am Marsche . .	1	.	700	.		
	Summe der Infanterie- u. Jäger-Bataillone		32		16800			

Artillerie

2	Metz	Besançon . .	2	.	1000	.		
5	Strassburg . . .	Strassburg . .	2	.	1000	.		
	Summe der Artillerie		4		2000	.		

Nummer des Truppenkörpers	Ehemaliger Name des Truppenkörpers, bezw. Name des Departements, in dem das Nationalgarden-Baon. aufgestellt wurde	Standort	Bataillone	Escadronen	Mann	Reiter	Datum der Errichtung der Nationalgarden-Bataillone	Anmerkung
	Schwere Cavallerie.							
1	Carabiniers	Strassburg		4		550		
2	Carabiniers	Strassburg		4		550		
2	Royal	Landau		3		400		
4	La Reine	Ruffach		3		400		
9	Artois	Hagenau		3		400		
12	Dauphin	Gray		3		400		
14	Royal Piémont	Colmar		3		400		
19	Royal Normandie	Vesoul		3		400		
22	Royal Navarre	Besançon		3		400		
	Dragoner.							
1	Royal	Hagenau		3		400		
11	Angoulême	Hüningen		3		400		
	Jäger zu Pferd							
2	Evêches	Fort Louis		4		550		
4	Franche-Comté	Belfort		2		250		
7	Picardie	Schlettstadt		4		550		
8	Guyenne	Neu-Breisach		4		550		
10	Brétagne	Besançon		4		550		
	Summe der Cavallerie			53				
	Summe der Linien-Truppen		36	53	18800	7150		
					25950			

Nationalgarden-Bataillone.

1.		Neu-Breisach	1		500	21/1 1792	
2.	de l'Aisne	—	1		500	1/12 1791	
3.		—	1		500	4.9 „	
ein	de la Corrèze	—	1		500	10/10 „	
1.		—	1		500	6/10 „	
2.		—	1		500	6/10 „	
3.		—	1		500	6/10 „	
4.	du Jura	—	1		500	6/10 „	
5.		—	1		500	24/11 „	
6.		Neu-Breisach	1		500	14/8 „	
7.		—	1		500	24/11 „	
1.	de Puy de Dôme	—	1		500	18 9 „	
1.	du Bas-Rhin	—	1		500	11/8 „	
2.		—	1		500	3/10 „	

Nummer d. s Truppenkörpers	Ehemaliger Name des Truppenkörpers, bezw. Name des Departements, in dem das Nationalgarden-Baon. aufgestellt wurde.	Standort	Bataillone	Escadronen	Mann	Reiter	Datum der Errichtung der Nationalgarden-Bataillone	Anmerkung
1.			1		500		3 10 1791	
2.	du Haut-Rhin	—	1		500		3 10 „	
3.		—	1		500		21 9 „	
4.		—	1		500		3 10 „	
5.		—	1		500		3 10 „	
1.	de Rhône et Loire	—	1		500		11 8 „	
2.		—	1		500		3 10 „	
3.		—	1		500		3 12 „	
2.	de Seine et Oise	—	1		500		19 10 „	
1.	de la Haute-Saône	—	1		500		6 9 „	
2.		—	1		500		7 10 „	
3.		—	1		500		21 9 „	
4.		—	1		500		18 10 „	
1.	de Saône et Loire	—	1		500		25 9 „	
1.	de Vosges	—	1		500		30 5 „	
2.		—	1		500		27 5 „	
3.		—	1		500		29 5 „	
4.		—	1		500		28 5 „	
1.	du Doubs	—	1		500		21 5 „	
2.		—	1		500		9 10 „	
	Summe der Nationalgarden-Bataillone		34		17000			
	Totale der Rhein-Armee		70	53	35800	7150		
					42950			

Recapitulation	Bataillone	Escadronen	Mann	Reiter	Hievon konnten an Linien-Truppen zu Operationen im Felde verwendet werden
Nord-Armee	77	42	39100	5650	20450
Centrums-Armee	88	79	44800	10700	25200
Rhein-Armee	70	53	35800	7150	18850
Totale	235	174	119700	23500	65900
			143200		
				Später kamen nach und nach hiezu im Felde verwendbare Nationalgarden 83 Bataillone = .	41500
					106000

Der Ausspruch des Generals Dumouriez, die natürlichen Grenzen Frankreichs hätten der Rhein, die Alpen, die Pyrenäen und das Meer zu bilden, wurde zur Grundlage der Kriegspläne des Jahres 1792. Demgemäss sollte im Elsass der Vertheidigungskrieg, an den noch zu erobernden Grenzen aber, also gegen Belgien, Lüttich und die rheinischen Kurfürstenthümer in Nord und Nordost, gegen Savoyen und Nizza im Süden der Angriffskrieg eröffnet werden. [1]

In einer am 15. April unter dem Vorsitz des Königs stattgehabten Berathung der drei Armee-Commandanten und des Kriegsministers de Graves, des Nachfolgers Narbonne's, war ein defensives Verhalten beschlossen worden. Die Armeen sollten in der Zeit vom 1. bis 10. Mai in mehrere Lager vereinigt werden und in selben erst die Erlangung der vollkommenen Operationsbereitschaft abwarten. [2] Mit Instructionen in diesem Sinne versehen reisten die commandirenden Generale von Paris ab. Den Ideen des energischen und ehrgeizigen Dumouriez, der das Ministerium des Aeussern inne hatte, entsprach dieser, von der militärischen Erfahrung gebotene und durch die unfertigen Zustände des Heeres begründet erscheinende Beschluss der Generale nicht und als am 20. April der König zur Kriegserklärung genöthigt wurde, benützte Dumouriez die herrschende Stimmung, um in einem der Kriegserklärung folgenden Ministerrath seine Lieblingsidee, die Eroberung Belgiens, zur Geltung zu bringen. Konnte die französische Regierung die Kraft finden, sich über die methodische Anschauungsweise Luckner's und Rochambeau's zu erheben und selbst über Lafayette's Meinungen hinauszugehen, so lag in dem Dumouriez'schen Gedanken ohne Zweifel ein Zug der Kraft und damit der Keim des Erfolges. In den Niederlanden stand nur ein schwaches Corps des Gegners, welches zudem zur Unterdrückung eines Aufstandes, der jeden Augenblick ausbrechen konnte und auf den Dumouriez rechnete, [3] zahlreiche und starke Garnisonen zu halten genöthigt war; die Grenzen des Landes waren offen, die Festungen geschleift und verwahrlost, ein rascher Angriff der Franzosen

---

[1] La vie du général Dumouriez II. 245. 246.
[2] Tableau historique II. 17 und Mémoires du général Lafayette III. 315.
[3] La vie du général Dumouriez II. 246. 247.

konnte einen leichten Erfolg gewähren und ein solcher mochte dem Ehrgeiz Dumouriez' als glänzendes Ziel vorschweben.

Für das Gelingen des beabsichtigten Unternehmens gegen die Niederlande waren eine einheitliche Leitung, die Raschheit der Durchführung und eine entsprechende Qualität der Truppen unerlässliche Bedingungen, aber hierin blieb viel zu wünschen übrig. Der König selbst nahm keinen Einfluss auf die militärischen Operationen und Rochambeau, Luckner und Lafayette waren durch die Verschiedenheit ihrer militärischen Ansichten und politischen Gesinnung von Haus aus, unter sich wie mit Dumouriez uneinig. Der Erfolg dieses Planes eines Einfalles in die Niederlande war umso tiefer gefährdet, als die Armee durchaus nicht schlagfertig dastand. Dennoch wurde im Ministerrathe die Idee Dumouriez' angenommen und ihre Durchführung beschlossen. Rochambeau, Lafayette und Luckner waren daher kaum zu ihren Armeen abgereist, als ihnen schon neue Instructionen, welche den Operationsplan Dumouriez' zum Ausdruck brachten, nachgesendet wurde. Dieser Operationsplan wies den drei Armeen folgende Aufgaben zu: [1]

„Die Rhein-Armee bemächtigt sich der Pässe von Pruntrut und zieht an der Saar unter General Kellermann ein Corps von 8000 Mann zusammen, welches Luxemburg beunruhigt, sowie den Abmarsch der dortigen österreichischen Garnison in die Niederlande verhindert.

Die Centrum-Armee versammelt aus den in der Gegend von Metz stehenden Truppen bei Longwy ein Corps von 6000 Mann, welches sodann gegen Arlon vorzuschieben ist, um gleichfalls Luxemburg zu bedrohen und die Verbindungen dieser Stadt mit Namur zu unterbrechen. Ein Corps von 10.000 Mann, welchem der Rest der Centrum-Armee folgt, vereinigt sich bei Givet und rückt am 1. längstens 2. Mai zum Angriffe auf Namur vor. Nach Wegnahme dieses Ortes, die ohne Schwierigkeiten geschehen kann, da selber nur ein wallonisches Bataillon als Besatzung hat, von dem die Hälfte versprach, bei Annäherung der Franzosen zu deser-

---

[1] Bericht Dumouriez' in der Sitzung der National-Versammlung vom 4. Mai 1792. Moniteur vom 6. Mai 1792. La vie du général Dumouriez II. 253. 254 und Mémoires du général Lafayette. III. 315.

tiren, ist sich nach Umständen entweder nach Brüssel oder Lüttich zu wenden.

Die Nord-Armee bricht in drei Colonnen in Belgien ein und zwar:

a) General Biron rückt mit 10.000 Mann aus der Gegend von Valenciennes gegen Mons vor. Dieser Ort, bei welchem nur 2500 Oesterreicher unter General Beaulieu stehen, ist am 30. April zu nehmen und sodann rasch gegen Brüssel vorzudringen. Brüssel und Namur können am selben Tage angegriffen werden.

b) Der Commandant von Lille, Generallieutenant d'Aumont, lässt eine zumeist aus Cavallerie bestehende Colonne in der Stärke von 3 bis 4000 Mann am 29. April gegen Tournay vorrücken. Die Aufgabe dieser Colonne, welche ein General zu befehligen hat, ist, die Aufmerksamkeit des Gegners auf sich zu ziehen und von der Colonne Biron abzulenken, um den Abmarsch der Garnison von Tournay in der Richtung auf Mons zu verhindern. Sollte Tournay keinen Widerstand leisten, so ist die Citadelle daselbst zu besetzen und die Vereinigung mit General Biron zu bewirken. Beim Vorgehen stärkerer feindlicher Kräfte ist sich langsam zurückzuziehen. Die Colonne überschreitet die französische Grenze jedoch nur dann, wenn die Belgier sich für die Franzosen erklären. Trifft dies nicht zu, so ist das feindliche Gebiet nicht zu betreten, sondern hart an der Grenze bei Baissieux Stellung zu nehmen.

c) General Carle bricht von Dünkirchen aus in der Richtung auf Furnes in Flandern ein, um die Gesinnung der dortigen Bewohner zu prüfen. Je nach den Erfolgen der anderen Colonnen ist entweder in Flandern zu verbleiben oder der Rückzug auf Dünkirchen anzutreten.

Von dem Reste der Truppen der Nord-Armee ist soviel als möglich aus den Garnisonsorten herauszuziehen und bei Valenciennes zu vereinigen. Dieses Corps folgt dann als Reserve der Colonne Biron."

Dieser Operationsplan war von grossem Selbstvertrauen getragen, aber er zeigte eine Unvollständigkeit, indem er ganz ausser Rechnung liess, dass in den Niederlanden zwar allerdings nur ein kleines, aber ein tüchtiges Corps kaiserlicher Truppen sich befand.

Diesem Plane und der schon früher beabsichtigten Vereinigung der Armeen in mehrere Lager entsprechend erfolgte indessen nun Ende April und Anfangs Mai die Verschiebung der Truppen gegen die Grenzen. Trotzdem man in Paris die operativen Entschlüsse im letzten Momente gewechselt hätte und die Instructionen, welche statt der ursprünglich beabsichtigten Bildung von Defensivlagern die Offensive anordneten, erst am 25. April in den Hauptquartieren der drei Armeen Valenciennes, Metz und Strassburg eintrafen, vollzog sich die anbefohlene Gruppirung der Kräfte doch verhältnissmässig rasch. [1]

Die Nord-Armee konnte sich am leichtesten den neuen Entschlüssen anpassen, da die ursprünglich zur Versammlung der Armee bestimmten Puncte ohnehin auch Sammelräume waren, welche der Plan Dumouriez' vorschrieb. Es befanden sich daher schon am 28. April: [2]

bei Valenciennes   . .   14000 Mann,
  „ Lille   5000   „
  „ Maubeuge   5000   „
  „ Dünkirchen   4000   „
in den Garnisonen   16000   „
                     Summe   . .   44000 Mann.

Schwieriger waren die Verhältnisse bei der Centrum-Armee. Die Mehrzahl ihrer Truppen stand in der Gegend von Metz und südlich davon. Die Entfernung von Metz bis zum anbefohlenen Sammelpuncte Givet beträgt 180 km. Dem Betreiben Lafayette's gelang es indessen, schon am 30. April die anbefohlene Versammlung bei Givet durchzuführen und wenige Tage später war auch das Lager von Tiercelet bezogen, sowie der Rest der zu Operationen im Felde verfügbaren Truppen nach Dun herangeführt. Es standen somit: [3]

---

[1] Siehe Tafel IV.

[2] La vie du général Dumouriez II. 248. Mémoires du général Lafayette III. 315.

[3] Moniteur vom 6. und 11. Mai 1792. La vie du général Dumouriez II. 255 und K. A. 1792; XIII. 81.

am 30. April bei Givet . . . . 11000 Mann.
Anfangs Mai bei Tiercelet . . . . 8000 „
„ „ „ Dun . . . . 4000 „
in den Garnisonen und im Anmarsche zur Armee 32000 „
_____
55000 Mann.

Die Rhein-Armee wurde durch die neuen Pläne am
wenigsten in Mitleidenschaft gezogen, ihre Aufgabe blieb eine
defensive. Marschall Luckner verstärkte Ende April zuerst die
Garnisonen von Landau, Weissenburg, Lauterburg, Neu-Breisach
und mehrerer anderer Plätze und beauftragte sodann General
Custine, mit 4000 Mann das Gebiet von Pruntrut (Porrentruy),
welches dem Fürstbischof von Basel gehörte, zu besetzen.[1] Hier
stand nur eine österreichische Truppen-Abtheilung von 400 Mann,
welche zum Schutze des Fürstbischofs gegen innere Unruhen
früher eingerückt war und sich nun vor der Uebermacht über
Rheinfelden, wo sie am 29. April eintraf, in den Breisgau zurückzog.[2]

Am 28. April fiel Pruntrut in die Hände der Franzosen.
Marschall Luckner vertheilte hierauf seine Truppen Anfangs Mai
wie folgt:[3]

Lager von Neunkirchen bei Saargemünd unter
General Kellermann . . . . 8000 Mann.
Lager von Plobsheim nächst Strassburg . . . 9000 „
Lager von Hüningen und Hüsingen . . . . 9000 „
in den Garnisonen . . . . 17000 „
_____
43000 Mann.

_____

[1] Pruntrut war eine deutsche Enclave auf dem linken Rhein-Ufer. Es
vereinigten sich daselbst die Strassen von Freiburg i. B., Basel und Solothurn
in das Innere von Frankreich. Der Besitz dieses Punctes war daher militärisch
wie politisch von Werth.

[2] K. A.; H. K. R. 1792, V. 6 u. K. A.; 1792. V. 49, und Kaunitz an
den Fürstbischof von Basel. Vivenot I. 252.

[3] K A.: H. K. R. 1792; V. 3 und Tableau historique II. 33.

(Fortsetzung im VI. Bande.)

DIE FREIWILLIGEN AUFGEBOTE

AUS DEN

LAENDERN DER UNGARISCHEN KRONE

1741 UND 1742.

II.

DIE PRESSBURGER LANDTAGSBESCHLUESSE UND DIE ALLGEMEINE INSURRECTION
IN UNGARN 1741/42.

VON

HAUPTMANN ALEXICH.

(SCHLUSS.)

-- ▬

Während als ungarisches Aufgebot die National-Husaren-Regimenter Beleznay, Halász, Esterházy, sowie die Jazygier und Kumanier nebst den kleinen Aufgeboten der Husaren des Adels im Laufe des Sommers 1741 nach und nach bei der Armee der Königin Maria Theresia in Schlesien erschienen, ohne bei ihrer geringen Anzahl eine nennenswerthe Unterstützung gewähren zu können, hatten die Verhandlungen der Königin und ihrer Regierung mit dem am 21. Januar 1741 einberufenen, am 18. Mai in Pressburg eröffneten ungarischen Landtage begonnen.

Die schweren Bedrängnisse welche der Angriff Preussens, Bayerns und Frankreichs über das habsburgische Erbe gebracht, die drängende Nothwendigkeit, den übermächtigen Feinden Armeen entgegenzustellen, die doch erst geschaffen werden mussten, während der Feind schon längst die Grenzen überschritten hatte, die schwere Aufgabe, in die chaotische Verwirrung Ordnung und Zusammenhang zu bringen, das Alles würde Veranlassung genug gewesen sein, um die Regierung zu jedem billigen und vielleicht selbst unbilligen Zugeständniss geneigt zu machen. Maria Theresia aber hatte sich von Anfang an weit über diesen Standpunct erhoben. Sie hatte Vertrauen zu Ungarn und sie rechnete darauf, dort Vertrauen zu finden. Sie bedurfte der Hilfe ihrer Völker, aber sie war auch gewillt, den Wünschen derselben gerecht zu werden, soweit sie es vermochte und das grosse Staatsinteresse es möglich machte, nicht als politischer Marktpreis für die verlangten Gegenleistungen, sondern aus königlichem Herzen, als Herrscherpflicht, wie sie die Vertheidigung ihrer Rechte als eine heilige Pflicht ihrer Völker ansehen mochte.

Die Besorgniss der Wiener Staatsmänner, dass der ungarische Landtag übertriebene Forderungen, dass er die Kraft des Volkes

nur gegen hohen Preis der Königin zur Verfügung stellen werde,
hatte kein Echo in der Brust Maria Theresia's gefunden. Sie
hegte zunächst nur den einen Wunsch, die allzu schwere Last,
welche das Geschick und habgierige Feinde ihr aufgebürdet, zum
Theile in die treue Hand ihres Gemahls legen zu können, wenn
es gelang, ihn von ihren Völkern, also auch von Ungarn als Mit-
regenten anerkannt zu sehen.

Die Krönung, die Mitregentschaft des Grossherzogs Franz
Stephan und das Truppen-Aufgebot waren daher die wesentlichsten
und dringendsten Forderungen der Regierung Maria Theresia's.

Bei den Vorverhandlungen des Landtages jedoch machten
sich bereits Anzeichen geltend, dass ein Theil der Stände die
Absicht hege, eine Reihe von Zugeständnissen zu erzwingen, die in
weniger bedrängter Lage kaum erreichbar waren. Man wollte von der
Mitregentschaft des Grossherzogs nichts wissen; der Adel verlangte
Befreiung von jeder Abgabe und freie Ausfuhr von Wein und
Getreide nach den österreichischen Ländern; der Clerus wollte für
einen seiner Bischöfe die Erhebung zum Erzbischof und die Bestimmung, dass nur Landesangehörige kirchliche Würden erhalten
sollten; die Protestanten forderten grössere Freiheiten in Ausübung ihrer Religion.

Nach vielen Anstrengungen gelang es dem Einflusse der
Magnaten, Forderungen und Beschwerden wenigstens für den
Augenblick einzudämmen und den Landtag zu dem Beschlusse
zu bestimmen, eine Deputation nach Wien an die Königin zu
senden, um sie zur Krönung einzuladen und ihr den Dank der
Ungarn für die bei ihrem Regierungsantritte gegebene Bestätigung
der Privilegien und Freiheiten, sowie für die Einberufung des Landtages darzubringen.

Nach der Rückkehr der Delegirten aus Wien fand im Juni
eine Sitzung des Landtages statt, in welcher von Seite der Stände
auf Vorschlag des Personals Baron Grassalkovics beschlossen
wurde, die Beschwerden des Landes, die sogenannten „Gravamina",
in den vier Kreisen Ungarns erheben zu lassen und das Inaugural-
oder Sicherstellungs-Diplom vorzubereiten, damit die Königin noch
vor der Krönung die Erhaltung der Rechte und Freiheiten des
Landes angelobe.

Maria Theresia begab sich am 19. Juni nach Pressburg. Sie wurde zwar ehrfurchtsvoll, doch auch gleich mit den für die Krönung zu stellenden Bedingungen empfangen. Die Forderungen steigerten sich dabei und gewannen Formen, die mit der Einheit der Monarchie, wie sie durch die pragmatische Sanction verbürgt war, nicht mehr vereinbar erschienen; es gelang aber endlich, eine vorläufige Einigung zu erzielen, die freilich die meisten Fragen nicht löste, sondern nur einer späteren Behandlung vorbehielt; am 24. Juni unterzeichnete Maria Theresia das Inaugural-Diplom und am 25. Juni fand in der üblichen Form die Krönung statt.

Die Königin verblieb in Pressburg, um persönlich die dringenden Angelegenheiten zu betreiben.

In dem am 4. Juli wieder eröffneten Landtage war wenig Einigkeit mehr zu finden. Parteien bildeten sich und standen sich in heftigem Widerstreite gegenüber, es waren hauptsächlich die Abgeordneten der zweiten Tafel, bei denen offenkundig eine schroffe und ablehnende Stimmung gegen die Regierung zu Tage trat und besonders die fast feindliche Haltung, die gegen den Gedanken einer Mitregentschaft des Grossherzogs bei den Landtags-Mitgliedern erkennbar war, verwundete als persönliche Kränkung das Herz der Königin in schmerzlicher Weise.

Die vielen, im Kampf der zahllosen Sonder-Interessen wiederholt zu stürmischen Scenen führenden Verhandlungen der beiden Landtags-Tafeln führten keineswegs zu dem durch die Noth der Zeit gebotenen raschen Entschlusse, zur wichtigsten Frage, zum Aufgebot der ungarischen Streitkräfte. Unendlich Vieles wurde vorher verhandelt und die erste endlich zur Berathung gelangende militärische Angelegenheit war auch nur die Forderung, dass die bisher von dem kaiserlichen Kriegs-Commissariate geleiteten Contributions-Cassen für die Erhaltung der regulären Armee künftighin nur durch ungarische Beamte verwaltet werden und dem Palatin, sowie dem königlichen Statthalter untergeordnet sein sollten. Diesem Wunsch wurde willfahrt, da die Landes-Commission in Ungarn, welcher die Geschäfte des General-Kriegs-Commissariats übertragen wurden, den genannten nationalen Würdenträgern ohnehin unterstand.

In einer gemeinschaftlichen Sitzung beider Tafeln am 30. August wurde die wiederholt geänderte Einrichtung der inneren

Verwaltung des Landes und mit ihr auch die das Contributions-
und Steuerwesen des Königreiches betreffenden Bestimmungen
ausgearbeitet und angenommen, wobei jedoch die von einem Theile
des Landtages mit zäher Ausdauer, aber auch mit grossem Ungestüm geforderte Errichtung eines besonderen geheimen Rathes für
Ungarn nicht zur Annahme gelangte.

Die Bedenken gegen die Annahme so eingehender Forderungen waren schwerwiegend genug, aber jetzt galt es vor Allem
die äussersten Mittel aufzubieten, um dem ferneren Vordringen
der Feinde zu wehren.

Die Massen, welche nöthig waren, um der feindlichen Invasion entgegengeworfen zu werden, konnten, wie es schien, unter
den gegebenen Verhältnissen nur noch aus Ungarn und dessen
Nebenländern gewonnen werden.

Die Königin trat nun in eigener Person in die Verhandlungen ein. Am 7. September berief sie die vornehmsten und
einflussreichsten Magnaten zu einer Berathung in das königliche
Schloss. Mit hinreissender Beredsamkeit stellte sie ihre und des
Reiches gefahrvolle Lage dar und forderte Ungarn auf, die Waffen
zur Vertheidigung des Landes und ihrer Königin zu ergreifen.

Die Wirkung der Worte der jungen Königin war eine über-
wältigende.

Mit Begeisterung erklärten alle Magnaten einhellig, sich selbst,
ihre Söhne und ihre Einkünfte dem Dienste der Königin zu weihen.

Man einigte sich, für die Aufstellung eines Heeres von
40.000 Mann eintreten zu wollen; die Königin, unter dem Eindrucke des günstigen Augenblicks, hoffte von den Führern der
Nation ein vollständiges und entscheidendes Ergebniss zu erreichen
und ganz Ungarn zur allgemeinen Insurrection, wie dies die Gesetze
des Landes für den äussersten Fall anordneten, aufbieten zu können.

Für den 11. September wurden die Mitglieder des Landtages
auf das Schloss entboten, um die Forderungen der Regierung ent-
gegenzunehmen.[1]) Als nach Verkündigung der königlichen Propositionen durch den Hofkanzler Grafen Batthyányi die in Trauer-

---

[1]) Der Verlauf der Versammlung siehe Arneth, Maria Theresia's erste
Regierungsjahre Bd. I. — Majláth, Bd. 5 u. Kaltenbeck's Zeitschrift 1835,
1. Jhrg — Weiss, Bd. XI. — Kalianovics, Nova Ungariae Periodus, Budae, 1790,
(nach dem Diarium und als Augenzeuge).

gewänder gehüllte Königin in ergreifenden Worten, unter Thränen an die ritterliche Treue der Ungarn appellierte und dann eine glänzende Reihe der ruhmreichsten und hochverdientesten Repräsentanten Ungarns: der greise Palatin Feldmarschall Graf Johann Pálffy, der Primas von Ungarn, der Judex Curiae Graf Josef Esterházy, der Personal Baron Grassalkovics, die beiden Erdödy mit glühender Beredsamkeit für die Sache Maria Theresia's eintraten, da erhoben sich die Magnaten und Abgeordneten wie ein Mann und der begeisterte Ruf scholl der Königin entgegen: „Vitam nostram et sanguinem consecramus!"

Einstimmig wurde der Beschluss gefasst, eine Deputation einzusetzen, welche alle zur Rettung der Königin und des Landes zu ergreifenden Massregeln zu berathen und vorzuschlagen haben sollte und schon am 13. September konnte der Palatin als Vorsitzender der Deputation beim Landtage beantragen, die Aufstellung von 30.000 Mann Fussvolk in dreizehn Infanterie-Regimentern zu beschliessen.

Jedes Mitglied des insurrectionspflichtigen Adels sollte entweder in Person zu Pferde steigen oder einen Stellvertreter beistellen, so dass aus Ungarn ein Aufgebot von 15.000 Reitern erhofft werden konnte; von Croatien und Slavonien sollten 14.000 und von Siebenbürgen etwa 6000 Mann zu Fuss gestellt werden. Rechnete man das Temeser Banat, die Districte der Jazygier, Kumanier und Hayducken dazu, so war ein Gesammtaufgebot von 65.000 Mann zu erwarten.

Die nächsten Tage waren den Unterhandlungen bezüglich der Aufstellung, Bewaffnung, Bekleidung und des Soldes der Truppen gewidmet.

Die Kunde dieses grossartigen Anerbietens Ungarns und seiner Nebenländer rief in den österreichischen Erblanden wie bei allen Freunden der Monarchie die lebhafteste Bewegung und freudige Hoffnung hervor; das Gefühl mächtiger Enttäuschung beherrschte die zahlreichen Gegner der Monarchie bei der Wahrnehmung, dass der jungen Fürstin so mächtige Hilfe zutheil werde von einem Volke, das man nach den bisherigen Erfahrungen immer nur als eine Quelle der Verlegenheiten und Unruhen zu betrachten gewohnt war.

Kaum war jedoch die Sache im Gange, als sich von mehreren Seiten Einwendungen gegen die präliminirte Stärke der aufzustellenden Truppen erhoben, die nun wieder als eine zu hohe bezeichnet wurde. Landtag wie Comitate begannen die Verhandlungen in die Länge zu ziehen, um die gewünschte Herabminderung des Aufgebots zu erzwingen und erst am 9. November, als auch die erste kleine Truppenhilfe vom schlesischen Kriegsschauplatze wieder nach Ungarn heimgekehrt war, sah sich der Hofkriegsraths-Präsident Graf Harrach in der Lage, dem Grossherzog zu melden, dass er mit dem Feldmarschall Grafen Franz Esterházy und dem Feldmarschall-Lieutenant Freiherrn von Ghilányi, dann dem General-Kriegs-Commissär Grafen Nesselrode die Aufstellung und Inmarsch-setzung der ungarischen Infanterie in Berechnung ziehen könne.

Bezüglich der übrigen Truppenbeistellungen für das stehende Heer, berichtete Harrach, setze er allen Eifer ein, um die Werbung der Portalisten zur Ergänzung der bei der Armee stehenden Husaren-Regimenter in Gang zu bringen, habe jedoch keinen Effect erreichen können, „denn die dabei sich hervorthuenden Schwierig-keiten sind häufig und nicht gering".

Die Einwendungen gegen die Ziffer der aufzubietenden Truppen gewannen übrigens bald in empfindlicher Weise Gestalt und Haltung, indem nun vom Landtage in bestimmtester Form erklärt wurde, dass man von der Aushebung von 30.000 Mann Fussvolk auf 21.000 Mann, von dreizehn Regimentern auf deren sechs herabzugehen gesonnen sei.

Der Landtag entschied sonach über die Errichtung dieser sechs ungarischen Infanterie-Regimenter:

„Wienach auf den Titel des allgemeinen Aufgebotes vorerst Einundzwanzigtausend Sechshundertzweiundzwanzig Fuss-Soldaten den Contributions-Districten zur Stellung anzurepartiren und solche in sechs gleichmässige Regimenter abzutheilen kommen. Diese sollen ihren Sold einschliesslich jenes für die Officiere (unter welchen die Stabs-Officiere von Ihrer geheiligten Majestät, die übrigen aber einschliesslich der Hauptleute von den Comitaten im Einvernehmen mit den Obristen ernannt werden) aus dem Steuerfonde dieses Reiches erhalten, auch soll diese aus demselben Fonde, nach Beschluss, durch die Comitate, Städte, geschlossenen Orte und Districte bekleidet und mit allen nöthigen Requisiten (ausser den Gewehren, Fahnen, ebenso Trommeln und Zelten, mit welchen Ihre Majestät sie zu versehen geruhen wird) ausgerüstet werden. Ausser dem obigen speciellen Anlasse sollen aber die Stände, ob nun das Aufgebot ein dauerndes oder nicht, zur Ergänzung des wie immer gearteten Abganges, gleichwie zur Stellung von Recruten nimmer und unter keinerlei Vorwand verhalten werden können."

Ende October ernannte die Königin die Oberste und Stabs-Officiere für die sechs Regimenter,[1] erstere mit besonderen Decreten:

„Wir Maria Theresia etc.

„dass, nachdem unser geliebtes Erbkönigreich Ungarn bei gegenwärtigen Umständen, wo mehrere mächtige Feinde mit argen und von ferne beigezogenen fremden Truppen Unsere Erblande unversehens und an verschiedenen Orten feindlich angefallen, eine General-Insurrection veranstalten, nicht minder darüber einige Regimenter zu Fuss, aus ihr, der ungarischen Nation, zu errichten, die Mannschaft aus dem Königreiche beizubringen, folglich in Unsere Dienste zu stellen sich anheischig gemacht, Wir Unseren Oberstlieutenant . . . . auf dessen gehorsamstes Bitten und in gnädigster Anschung seiner durch lange Jahre her tapfer, treu und erspriesslich geleisteten Feldkriegsdienste, bei allen vorgefallenen Operationen bezeigten Herzhaftigkeit, Prudenz und Geschicklichkeit und dadurch in militari erworbenen Experienz, dann aus dem besonderen zu ihm habenden Vertrauen zu Unserem königlichen Obersten zu Fuss gnädigst ernannt und erhoben, nicht minder resolviert haben, dass selber das Commando eines der obgedachten neu aufzustellenden Infanterie-Regimenter ungarischer Nation führen, ingleichen bei der Errichtung und Instandsetzung desselben in militari et oeconomico alles Nöthige beitragen, auch solches nach Thunlichkeit, wie Unser höchster Dienst erfordert, befördern solle."

„Eintheilung und Benennung der Stabs-Officiere
für die neu errichteten ungarischen Infanterie-Regimenter[1])
ddto. Pressburg, 13. November 1741.

Ad Legionem Primam:	Zum 1. Regiment:
Colonellus: Comes Ignatius Forgách.	Oberst: Graf Ignaz Forgách.
Vice-Colonellus: Medniänszky.	Oberstlieutenant: Mednyánszky
Supremus Vigiliarum Praefectus: Comes Josephus Draskovich.	Oberstwachtmeister: Graf Josef Draskovich.

[1] K. A. 1741, XI, ad 13a.

Ad Legionem Secundam:	Zum 2. Regiment:
Colonellus: Baro Andrássy.	Oberst: Freiherr Andrássy.
Vice-Colonellus: Arrent.	Oberstlieutenant: Arrent.
Supremus Vigiliarum Praefectus: Baro Balassa.	Oberstwachtmeister: Freiherr v. Balassa
Ad Legionem Tertiam:	**Zum 3. Regiment:**
Colonellus: Baro Ujváry.	Oberst: Freiherr v. Ujváry.
Vice-Colonellus: Sartori.	Oberstlieutenant: Sartori.
Supremus Vigiliarum Praefectus: Comes Gyulai.	Oberstwachtmeister: Graf Gyulai.
Ad Legionem Quartam:	**Zum 4. Regiment:**
Colonellus: Baro Samuel Haller.	Oberst: Freiherr Samuel Haller.
Vice-Colonellus: Tomas Pap.	Oberstlieutenant: Thomas Pap.
Supremus Vigiliarum Praefectus: Kerekés.	Oberstwachtmeister: Kerekés.
Ad Legionem Quintam:	**Zum 5. Regiment:**
Colonellus: Thomas Szirmay.	Oberst: Thomas Szirmay.
Vice-Colonellus: Baro Bossány.	Oberstlieutenant: Freiherr Bossány.
Supremus Vigiliarum Praefectus: Albrecht.	Oberstwachtmeister: Albrecht.
Ad Legionem Sextam:	**Zum 6. Regiment:**
Colonellus: Comes Wolffgangus Bethlen.	Oberst: Wolfgang Bethlen.
Vice-Colonellus: Comes Nádasdy.	Oberstlieutenant: Graf Nádasdy.
Supremus Vigiliarum Praefectus: Gyürky.	Oberstwachtmeister: Gyürky.

Mit der Ernennung der sechs Commandanten war der erste Schritt zum Beginne der wirklichen Aufstellung geschehen und hierüber, sowie über den bisherigen Fortgang der Insurrection berichtete am 13. November[1]) Graf Harrach wieder an den Grossherzog, dass er die Aushebung so gut als möglich beschleunige und die Truppen bataillonsweise nach Wien zu senden beabsichtige.

Er berichtete ferner, dass in der Eisenburger Gespanschaft es nicht geringe Unruhen bei der Aushebung der Insurgenten gegeben habe und so viel er wisse, seien dieselben bis zur Stunde noch nicht gedämpft. Auch mit dem Gelde habe er Anstände.

Dem Berichte Harrach's waren die Daten über die bevorstehende Aufstellung der sechs neuen ungarischen Infanterie-Regimenter, wie sie sich nach den von den Comitaten und Städten einlaufenden Meldungen ergaben, beigelegt.[2])

[1]) K. A. 1741. XI. 13.
[2]) K. A. 1741. XI. ad 13a, b, c und d.

Pressburg, 13. November 1741.

Entwurf.[1]

Was einem Infanterie-Regiment von 3000 Mann in 20 ordinären Compagnien bestehend auf nachgesetzte Weise allmonatlich, mithin per 12 Monat gebührt.

A l s :

Köpfe	Regiments-Stab	Portionen Mund- Täglich	Portionen Monatlich	Pferd	Ertrags monatlich in Geld fl. kr.	Mithin per 12 Monat od in einem Jahr fl kr.	Tägliche Prtr.-Port.-wez
1	Oberst qua Oberstlieutenant	13		8	63 .	756	4
1	Oberstlieutenant qua Oberst-wachtmeister	.	5	6	33	398	2
1	Oberstwachtmeister qua Hauptleute bei der Comp						
1	Regiments-Quartiermeister, so zugleich die Proviantur-meister - Functionen zu versehen und die Ver-pflegsgelder aus denen Cassen zu holen hat . .	6	3	27	324	2
1	Auditor et Secretarius . .	5½	4	28.30	342	2
1	Caplan	3½	3	19.30	234	2
1	Wachtmeister-Lieutenant	2½	2	13.30	162	2
1	Regiments-Feldscher .	4	3	21 .	252	2
12	Feldscher-Gesellen à 3 Mund-portionen . .	36		105	1.286	12
1	Profoss cum suis	4	3	21	252	3
21	S u m m a	79½	32	331.30	4.014	13

Compagnien

Jede à 150 Mann gerechnet.[2]   [3]

20	Hauptleute à 12 Mund-3 Pferd- (Portionen)	240	60	900	10.800	120
20	Lieutenant à 5 Mund-2 Pferd- . .	100	40	520	6.240	50
20	Fähnrich à 4 Mund-2 Pferd . .	80	40	360	4.320	40

[1] K. A. 1741. XI, ad 13 b.

[2] Eine Compagnie besteht aus : 1 Hauptmann. 1 Lieutenant. 1 Fähnrich, 1 Feldwebel, 1 Führer, 6 Corporale, 3 Spielleuten, 1 Fourier, 2 Fourierschützen, 12 Gefreiten, 121 Mann, zusammen 150 Köpfe.

[3] Die Gebühren bestanden

monatlich für	fl.	kr.	täglich für	kr.
Hauptmann	45	—	Feldwebel	15
Lieutenant	21	—	Führer	4
Fähnrich	18	—	Fourier	11
Auditor	28	30	Corporal	8
Caplan	19	30	Fourierschütz	5
Wachtmeister-Lieutenant	13	30	Gefreiter	6
Regiments-Feldscher	21	—	Gemeiner	5
Feldscher-Gesell	9		Spielmann	4

Köpfe	Regiments-Stab	Portionen			Ertrag monatlich in Geld		Mithin per 12 Monat od. in einem Jahr		Tägliche Brodportions-Portionen
		Mund-		Pferd					
		Täglich	Monatlich						
		14 kr.	à5 kr.	à 3 kr.	à 3kr.	fl.	kr.	fl.	kr.	
20	Feldwebel à 3 Mund-	60				150		1.800		20
20	Führer à 2 »		40			80		960		20
120	Corporale à 2 »	240				480		5.760		120
60	Spielleute à 1 »		60			150		1.800		60
20	Fouriere à 2 »									
	1 Pferd- (Portionen)	40		20		140		1.680		20
40	Fourierschützen à 1 Mund-		40			160		1.200		40
240	Gefreite à 1 »		240			600		7.200		240
2420	Gemeine à 1 »	2420				1840		58.080		2420
	4 Zelter-Wagen à 2 »									
	4 Pferd- (Portionen)	8		16		64		768		8
	20 Proviant-Wagen à 2 Mund-									
	4 Pferd-	40		80		320		3.840		40
3000	Summa 2788 400 499½ 288					9058	30	108.462		3229

		fl.	kr.
Die 3229 Brodportionen betragen à 2 kr. gerechnet in Geld		3229	38 748 .
Ingleichen auf Medicamenten und Regimentsunkosten			2.000 .
Auf die Montur vom Feldwebel an bis zum Gemeinen inclusive auf den Mann 6 fl. jährlich gerechnet			17.928
Zusammen .			167.138

Die Kosten für die Feldgeräthe, welche die Comitate zu bezahlen hatten, weist beispielsweise nach der

„Ueberschlag

Was dem löblichen Trentschiner Comitat an nachfolgenden specificierten Spesen bei theils ungefähr an Barem der Betrag sich belaufen dürfte; als:

	fl.	kr.
Zur Herstellung der Zelter-Wagen in circa	250 fl.	— kr.
Ingleichen wegen der Proviant-Wagen . . .	1250 »	— »
Wegen Extra-Expensen und Medicin	600 »	— »
Dann auf die Zelter auch ungefähr	900 »	— »
Auf das Herstellungs-Quantum à fl. 6 per Kopf	5496 »	— »
Auf die Montur vom Feldwebel an bis inclusive Gemeinen à fl. 6 jährlich	5496 »	— »
Summa 13992 fl.		kr.

Obstehende Specification ist dieserwegen von mir aufgesetzt worden, damit das löbliche Comitat ein avanzo zur Bestreitung der höchst nöthigen Unkosten darthun möge. Sollte aber solches wider Verhoffen keinen Vorschuss thun, ist ungefähr ein solches Quantum bei Händen zu halten, um auf einlaufende Anweisung solches abführen zu mögen.

Graf von Bethlen
Oberst.“

„Ueberschlag

Was dem löblichen Neutraer Comitat an nachfolgenden specificierten Spesen
theils ungefähr an Barem, der Betrag sich erstrecken dürfte, als:

Zur Herstellung der Zelter-Wagen ungefähr . .	390 fl. — kr
Ingleichen wegen der Proviant-Wagen .	1975 » — »
Wegen Extra-Expensen und Medicin	950 » — »
Dann auf die Zelter auch ungefähr . .	1400 » — »
Auf das Herstellungs-Quantum à 6 fl. auf den Kopf	8448 » — »
Auch auf die Montur vom Feldwebel an bis	
inclusive Gemeinen à 6 fl. jährlich	8448 » — »
Summa	21611 fl. — kr.

Obstehende Specification ist dieserwegen von mir aufgesetzt worden,
damit das löbliche Comitat ein avanzo zur Bestreitung der höchst nöthigen
Unkosten thun möge; sollte aber solches wider Hoffen keinen Vorschuss thun,
ist ungefähr ein solches Quantum bei Händen zu halten, um auf umlaufende
Anweisung solches abführen zu mögen.[1)]

Graf Ignaz Forgách, Oberst."

„Vertheilung [2)]

welche anzeigt, wie viele Soldaten zu Fuss jedes Comitat, Stadt und jeder
District, der abgesonderte Porten hat, stellen soll und welche Comitate, Städte
und Districte zur Aufstellung von Regimentern vereinigt sind.

		Pedites
Legio Prima:		
Colonellus Forgách	Posoniensis	1344
Vice-Colonellus	Posonium	160
Supremus Vigiliarum Praefectus	Tyrnavia	68
Sub-Commando E.D.C. Francisci Ester-házy	Balzinind	47
	Nitriensis	1408
	Barsiensis	585
	Summa	3612
Legio Secunda:		
Colonellus Andrássy	Szabolcsa	20
Vice-Colonellus	Modra	50
Supremus Vigiliarum Praefectus	St. Georg	20
	Mosoniensis	613
	Jauriensis-ad instortis	297
	Comaromiensis	372
	Soproniensis	1348
	Sopronium	138
	Kismarton	28
	Ruszt	32
Sub-Commando E.D.C. Judicis Curiae	Simigiensis	360
	Veszprimensis	324
	Summa	3602

[1)] Ung. L.-A. 1741, Fascikel December.
[2)] K. A. 1741, XI. ad 13c.

		Pedites
Legio Tertia:		
Colonellus Ujváry	Castri-ferri	1405
Vice-Colonellus	Köszeg	43
Supremus Vigiliarum Praefectus	Szaladiensis	730
	Kanizsa	715
	Baranyensis	385
	Tolensis	176
	Albensis	244
Sub-Commando E.D.C. Judicis Curiae	Alba Regia	40
	Pestinensis	500
	Summa . .	3598
Legio Quarta:		
Colonellus Haller	Barsiensis	244
Vice-Colonellus	Csongradiensis	112
Supremus Vigiliarum Praefectus	Szegedin	44
	Jazyg. et Kuman. maj.	204
	Csanadiensis	48
	Aradiensis	76
	Zarandiensis	212
	Bihariensis	800
	Debrecinensis	184
	Marmarosiensis	332
	Szatmariensis	384
	Szatmar Nemeti	52
	Szabolcsiensis	312
	oppida Haidi	139
	Bolgary	6
	Ugocsiensis	84
	Beregiensis	188
Sub-Commando E.D.C. Károlyi	Ungvariensis	166
	Summa .	3693
Legio Quinta:		
Colonellus Szirmay	Nagy-Bánya	21
Vice-Colonellus	Felsö-Bánya	24
Supremus Vigiliarum Praefectus	Cumanie minor	66
	Hevesiensis	400
	Agria	36
	Borsodiensis	330
	Tornensis	52
	Abaujvariensis	308
	Cassovia	58
	Zemplimensis	720
	Sárosiensis	560
Sub-Commando E.D.C. Csáky	Eperies	38
	Bartfa	24
	Cibiniensis	6
	Zips	404
	Leuscovia	34
	Kesmark	36
	Gömöriensis	166
	Summe	3583

		Pedites
Legio Sexta:	Buda	120
Colonellus Bethlen	Pestinum	52
Vice-Colonellus	Strigoniensis	148
Supremus Vigiliarum Praefectus	Strigonium	24
	Neogradiensis	458
	Monteni	648
	Schemnitz	46
	Baka-Bánya	6
	Zoliensis	307
	Neozoliensis	45
	Breznobánya	16
	Bélabánya	5
	Libetbánya	6
	Vetero Zoliensis	14
	Karpona	15
	Cremniensis	22
	In Barsiens. Villas Cremniciensis	8
	Ujbonia	7
	Turocziensis	192
	Liptoviensis	259
	Arvasensis	274
Sub-Commando E.D C. Francisci Esterházy	Trencsiniensis	901
	Trencsin	15
	Summa . .	3588

Gesammtsumme der in sechs Regimenter einzutheilenden Fuss-Soldaten 21.692

Die zwanzig Compagnien eines jeden dieser neuen Regimenter sollten nach dem Ergebnisse der Assentierung in vier Bataillone, jedes zu fünf Compagnien, getheilt werden. Das vierte Bataillon eines jeden Regiments wurde zunächt nur für Garnisonsdienste bestimmt und erscheint auch unter dem Namen „Garnisons-Bataillon", so dass also nur 18 Bataillone für den Dienst im Feld berechnet waren. Die Bezeichnungen der Bataillone und Compagnien waren im Uebrigen analog wie im Heere überhaupt.

Jede der fünf Compagnien eines Bataillons bildete eine administrative Einheit, taktisch jedoch gehörten je zwei Compagnien zusammen als „Division".

Die Adjustierung der Mannschaft bestand aus schwarzen, kalpakähnlichen Filzmützen ohne Schirm, dann Pelz und ungarischen Beinkleidern von blauem Tuche mit gelben Schnüren verziert, endlich Schnürschuhen.

Die Bewaffnung und Ausrüstung bildeten Gewehre mit Steinschloss, Bajonnet und eisernen Ladstöcken; die Mündung reichte den Leuten mittlerer Grösse bis an die Augen. In einer um den Leib über den Pelz gegürteten Steckkuppel trug der Soldat den ungarischen Säbel. Die Patrontasche hing von der linken Schulter gegen die rechte Seite an handbreitem, gelbem Riemen, an dem auch das Pulverhorn, welches nur das Pulver für die Pfanne enthielt, angebracht war. Die Munitions-Ausrüstung betrug 40 Patronen mit 1½löthigen Kugeln. Der Kalbfell-Tornister hing an einem gleichfalls gelben Riemen von der rechten Schulter gegen die linke Seite.

Ausser dem Oberstwachtmeister und den Fähnrichen waren sämmtliche Stabs- und Ober-Officiere der ungarischen Regimenter, gleich allen Officieren der Armee, nebst dem Seitengewehre auch mit Flinten und darauf gepflanztem Bajonnet bewaffnet.

Die erforderlichen Feld-Requisiten, Montur und Rüstung, welche die Stellungs-Gespanschaften oder königlichen Freistädte den für diese Infanterie-Regimenter Angeworbenen mitgeben sollten, wurden endlich in einer Specification am 8. Januar 1742 nebst der Preisangabe nochmals detailliert ausgewiesen:

1. Auf je 5 Mann ein von gutem Zwilch verfertigtes Zelt; der Grösse und Ausschlag wegen ist sich mit dem Trentschiner Comitat zu verstehen.
2. Wie viel wegen der Zelte und Proviant-Wagen das Árvaer Comitat zu tragen habe, respective seines zu stellen habenden Mannschafts-Contingents, ist sich mit dem Herrn Ober-Kriegs-Commissär von Christán zu verstehen. Ein gleiches Bewandtniss hat es wegen des in schemate commissariatis ausgeworfenen auf Extra-Unkosten, Medicin, dann vom Feldwebel an auf kleine Monturs-Sorten gebührenden Geld-Quantums, so ebenfalls hier bemerkter Herr Ober-Kriegs-Commissär zu revidiren hat.
3. Dann auf je 5 Mann gebührt sich ein kupferner Feldkessel sammt Casserole zum Kochen; der Grösse und Form wegen ist sich mit der Trentschiner Gespanschaft zu verstehen.
4. Auf das ganze Contingent der 50ste Mann eine Zimmermanns-Hacke nebst Handhacke und Schurzfell.

Item für jeden Mann:

5. Eine Wasserflasche von Blech mit Riemen.
6. Eine Feldhacke.
7. Ein Haarkamm
8. Ein Tornister zur Bagage.
9. Ein Paar Fuss-Socken.
10. Zwei Hemden und soviel Unterhosen (Gatyen).
11. Eine Schuh- und Kleiderbürste.
12. Ein Kugelbeutel und Oelflasche.
13. Ein Paar Messer und Löffel.

14. Gutes schwarzes kölnisches Band zu Haarzöpfen.
15. Eine Faschinen-Mütze.
16. Ein Flinten-Riemen.
17. Ein Bandelier-Riemen sammt Haken, mit welchem der Säbel commode zu führen aufgehakelt wird, gleichwie es bei den übrigen ungarischen Infanterie-Regimentern gebräuchlich.
18. Ein Hosen-Riemen.
19. Für 5 Mann ein Schanzzeug und endlich
20. müssen bei Uebergabe der Mannschaft auf commissariatische Anweisung und des übernehmenden Regiments dazu bestellte Officiers-Quittung jedem Mann zur Verpflegung 6 fl. anticipando mitgegeben werden.

An Montur und Rüstung für einen Mann:

1 Mantel oder Caput, 1 Rock, 1 Hose mit Riemen, 1 Halstuch, 1 Czako, 1 Haube, 1 Gürtel.

Waffen: 1 Flinte mit Bajonnet und Flintensteinen, Patrontasche, 1 Säbel mit Säbeltasche und Bandelier.

Für die sechs Regimenter:

Flinten: 20.000.

Bajonnete: 20.000.

Säbel: 22.000;[2]

dann: Trommeln zusammen 360 Stück sammt Tragriemen;

endlich: Fahnen, für jedes Bataillon 2, d. i. für jedes Regiment 8, zusammen 48.«

„Kosten für einen Soldaten zu Fuss.[3])

	fl.	kr.
Spiess[4]	2	—
Pulversack mit Handriemen und 21 Patronen	2	30
Kölnisches Band für den Zopf	—	45
Flintenriemen	—	20
Schuhriemen	—	6½
Schuhe	1	10
Rock mit Futter und Leinwand	1	80
Schneider	—	85
Leibriemen	1	75
Halsbinde	—	20
Hut mit Band	—	45
Wäsche	1	40
Puderbüchse	—	18
Horn mit Zugehör	—	18½
Flasche mit Oel	—	6½
Bajonnet-Riemen	—	10
Summe	19	9⅔

[1] Ung. L.-A. 1742, ad B 2./1. 42.

[2] Geliefert von den Lanzenschneidern in Wien Paul Bader und Paul Andres.

[3] Ung. L.-A. 1742, 17./1.

[4] Tramea im lateinischen Original.

Für jedes Regiment wurden berechnet: [1]

„8 Fahnen, worunter 7 rothe und 1 weisse;

60 Trommeln sammt Riemen und Schlägeln, auf jede Compagnie 3 Stück;

2840 Bajonnete;

500 kupferne Feld-Kessel, für jede Compagnie 25;

500 Zelte, auf jede Compagnie 25;

1500 Zelt-Hacken, auf je 2 Mann eine;

1500 blecherne Wasserflaschen mit Riemen von Juchten, für je 2 Mann eine und so dass von Zweien einer eine Zelt-Hacke und der andere die Feldflasche trage;

40 grosse Zimmermanns-Hacken sammt Stiel;

40 Hand-Hacken für die Zimmerleute, ohne Stiel;

40 Schurz-Felle von Kalbleder für dieselben;

20 Proviant-Wagen mit allem Zugehör, jeder mit 4 Pferden bespannt, mit einem vollkommen montierten, auch gutem Säbel bewehrten Knecht versehen;

4 Zelt-Wagen wie die Proviant-Wagen eingerichtet und mit Pferden bespannt;

4 Wagenwinden." [2]

---

[1] Ung. L.-A. 1742 zu 22. Februar.

[2] Die Detail-Vorschriften über Aufstellung. Exercitium, innern Dienst, waren denen des Heeres nachgebildet Was die Verrichtungen des Detaildienstes in den Unter-Abtheilungen betraf, so war es zunächst Bestimmung des Feldwebels, die Recruten einzuexerciren, die Mannschaft zu den verschiedenen Diensttouren zu commandieren und die Compagnie bei Ausrückungen zu rangieren. Der Führer, welcher katholisch sein musste, hatte die Aufsicht und Verpflegung der Kranken, versah die Fahnenwache und trug in Abwesenheit des Fähnrichs die Fahne. Der Fourier war Compagnie-Manipulant und besorgte überdies das Lagerausstecken; er blieb während des Gefechtes bei der Bagage. Der Feldscher-Geselle musste dem Hauptmanne jener Compagnie, an die er gewiesen war, täglich Rapport über die Kranken erstatten; dann sollte er wenigstens einmal in der Woche die Compagnie barbieren. Der Corporal war Commandant einer Corporalschaft, deren jede Compagnie drei hatte. Es waren bei jeder Corporalschaft zwei Corporale eingestellt, damit, wenn einer im Dienste oder sonst abwesend war, der Andere die Corporalschaft »versehen« konnte. Für die Spielleute war angeordnet, dass sie sich zur Bedienung der Subaltern-Officiere willig verwenden lassen und auf Märschen die Gewehre der Officiere tragen sollten und zwar: »aus Ursachen, weil nicht jeder Officier aus eigenem Beutel einen Bedienten bei sich haben kann.« Die zwei bei jeder Compagnie

Die Anwerbung und Aufstellung der Mannschaft wurde für November angeordnet und die Regiments-Commandanten erhielten Befehl, hiezu in ihre Werbe-Districte abzugehen.

Das Jahr 1741 ging indessen zu Ende, ohne dass mehr als etwa ein Dritttheil der vom Landtage bewilligten Infanterie beisammen war.

Das Regiment Ujváry wies mit dem Schlusse des Decembers 1741 in einer Tabelle neun Compagnien mit zusammen 1350 Mann aus. Eine annähernd gleiche Zahl von Leuten war auch bei den Regimentern Forgách, Andrássy, Szirmay und Bethlen aufgebracht, während das Regiment Haller bis zu diesem Zeitpunkte sogar nur vier Compagnien mit sehr schwachem Stande zusammenbrachte.

Erst mit dem Beginne des Jahres 1742 war es möglich, überhaupt marschfertige Abtheilungen zu bilden.

Bei dem langsamen Fortgange der Infanterie-Werbung in Ungarn bemühte sich der Hof-Kriegsrath, inzwischen die Ergänzung für die bei der Armee stehenden Husaren-Regimenter möglichst zu beschleunigen. Die Königin verfügte daher am 14. November an die Comitate die Aufbringung von 2400 berittenen, mit Kleidung und Feldausrüstung wohl versehenen Portalisten.

Zur Durchführung dieses Auftrages wurde der in solchen Angelegenheiten sehr erfahrene FML. Ghilányi beordert, der die Comitate diesseits der Donau bereisen und die Insurrection im persönlichen Verkehre mit den Behörden und einflussreichsten Magnaten möglichst zu fördern suchen sollte. [1]

Den Gespanschaften und besonders benannten Städten war die Anzahl Insurgenten, welche zu stellen waren, sowie auch

normierten Fourierschützen waren dem Hauptmanne zugewiesen und bewaffnet. Es war ausdrücklich angeordnet, dass sie allzeit als Soldaten und nicht als Knechte zu behandeln seien, »denn sie sind von Ihrer Majestät nicht nur zur Wartung der Pferde in den Stallungen, sondern auch zur Bedienung der Hauptleute bestimmt.«

[1] Die Stadt Pressburg wurde angewiesen, ihm während der Zeit seiner Verwendung offenes Quartier zu liefern und die Comitate, dann die Provincial-Commissäre von Pressburg, Ofen und Neusohl erhielten Auftrag, dem General zwei Wagen zur Verfügung zu stellen.

das an die Kriegs-Cassen abzuliefernde Geld für die aufzustellende
Reiterei, sowie für Korn und Hafer, anrepartiert worden.

Viele Comitate meldeten auch, dass sie ihr Aufgebot bald
stellen würden und der Borsoder Vicegespan Graf Franz Esterházy versprach, ebenso wie der Erzbischof in Erlau, als Obergespan
des Heveser Comitats, den ganzen Einfluss aufzubieten, damit die
Grundherren ihre Portalisten rasch stellten. Die meisten Comitate
und freien Städte brachten wirklich schon im November Aufgebots-
Mannschaft zusammen; aber schnell genug begannen mancherlei
Schwierigkeiten auch hier.[1]

Das Csanáder Comitat hatte bereits am 2. November seine
Husaren-Ergänzung gestellt und ihnen einen Groschen Löhnung
angewiesen; die Leute waren damit unzufrieden und verlangten
drei Groschen, wenn sie bleiben sollten. Das Comitat stellte die
Bitte, das Aerarium möge die zwei Groschen aufzahlen, da die
Mittel fehlten, um drei Groschen zu zahlen. Die Stadt Oedenburg
bat, die Proviant-Officiere anzuweisen, dass sie sich mit den von
der Stadt angewiesenen Depóts begnügen und die Stadt nicht
zu Neubauten oder Adaptierungen nöthigen möchten. Der Bischof
von Neutra stellte in Aussicht, dass er bald die Reiter des Comitats,
mit Pferden, Waffen und Kleidern versehen, zusammenbringen
werde, aber die Officiere fehlten. Das Pressburger Comitat klagte,
dass die Comitate zur Verfrachtung der Montur für die Insurgenten Wagen verlangen und bat, dass man es mit dieser Last
verschone. Das Somogyer, Baranyaer, Baeser und Arader Comitat
hatten zwar ihre Portalisten gestellt, das erstere deren 57 Mann,
aber dem Abmarsche stand der gänzliche Mangel an Ausrüstung
entgegen. Auch andere Comitate klagten in ähnlicher Weise ihre
Noth bei der Aufstellung, insbesondere aber bei der Bekleidung
und Ausrüstung der Aufgebots-Mannschaften.

Den ganzen Schluss des Jahres 1742 noch hindurch füllen Streit
und Zwistigkeiten mit der Regierung, wie der Comitate untereinander, die wiederholten Mahnungen der Königin zur Betreibung
der Stellung der Infanterie und des Aufgebotes der Insurgenten,
ebenso zur Beibringung der noch ausständigen Lieferungen an Korn

---

[1] Ung. L.-A., November 1741.

und Hafer, die Acten des königlich ungarischen Landes-
Archivs. [1])

[1]) So stritt das Pester Comitat mit der grössten Hartnäckigkeit um den
Tag der Uebernahme seiner Milizen in die ärarische Verpflegung, den es selbstverständlich möglichst weit zurückdatirt wünschte. Die Freistadt Debreczin und
das Szaboleser Comitat lagen mehr als drei Monate lang in Hader über die
Aufteilung der zu stellenden Portalisten. Debreczin remonstrirte zuerst über-
haupt gegen die anrepartirten Lasten, dann klagte die Stadt das Comitat
Szabolcs der ungerechten Repartition wegen an, bis die Königin endlich
entschied.
    Charakteristisch ist ein Streitfall mit dem Pester Magistrat. Zwei
Husaren von der Szolnoker National-Miliz waren von der Armee bei Prag
desertiert und kehrten, wie dies fast Alle thaten, ruhig nach Szolnok zurück.
Verhaftet, wurden diese beiden Husaren mit fünf zugelaufenen Pferden über
Pest in das Stuhlweissenburger Comitat beordert, um dort als Recruten von
dem für das Ghilányi'sche Regiment werbenden Rittmeister Niczky übernommen
zu werden. Der in Pest für den District Ofen bestellte Feld-Kriegs-Commissär
Kaspar Hueber meldete über das Eintreffen der beiden Reiter und die Anordnungen, die er getroffen, dem Palatin am 17. October: „Des damals
gewesenen üblen Wetters und der grundlosen Strassen wegen, konnten sie
nicht rechtzeitig eintreffen, so dass die Nacht eingefallen und die Pferde der
Mattigkeit wegen nicht mehr weiter gehen konnten. Sonach habe ich ihnen
laut einer Assignation das Quartier bei hiesiger Stadt angewiesen und den
Magistrat von Amtswegen ersuchen lassen, weil diese Pferde den ganzen
Tag ohne Futter gestanden, darauf sieben Portionen Heu und Hafer verabfolgen
zu lassen, mit der Versicherung, dass es der Stadt kein Praejudiz zuziehen solle,
auch die Portionen nicht gratis sein sollen, sondern ich wollte solche bei
Abrechnung von dem Quanto Contributionis in solutum annehmen, mit dem
ferneren Beifügen, dass auch die Stadt Ofen in casu necessitatis hundert
Grenzer zu Pferd in ihrer Raitzen-Stadt übernachtet, welcher ich hernach die
Pferd-Portionen in der Abrechnung bonificirte. Allein alle diese meine Anträge
und Vorstellungen haben kein Gehör gefunden, sondern wurde mir geantwortet,
es könne nicht geschehen, weil sie sich dadurch in das Künftige eine üble
Consequenz zuziehen würden. Ich habe also wollen, dass diese Pferde nicht gar
Tag und Nacht Hunger leiden sollen, so bin ich selbst um neun Uhr Nachts
in ein Wirthshaus gegangen und den Pferden, die halb verhungert waren, das
nöthige Heu und Hafer geben lassen. Euer hochgräfliche Excellenz belieben
demnach hiesiger Stadt durch ihre Behörde auftragen zu lassen, damit sie
dem Wirthe die Abends und Früh genossenen Portionen Heu und Hafer
bonificire und künftighin, wenn sich derlei Casus und unumgänglicher Noth-
stand ereignen sollte, sich nicht weigere, das Interesse Ihrer königlichen Majestät
Dienst zu befördern; ich weiss gar wohl, dass die königliche Freistadt
privilegiert und von allem Actual-Quartier befreit sei, allein, wenn sich ein

Der Hofkriegsraths-Präsident Graf Harrach vermochte es indessen doch, durch seinen Einfluss dem Ghilányi'schen Rittmeister Paul Szenássy noch einige der versprochenen Portalisten zu schaffen, 312 Reiter, welche von hohen Würdenträgern beigestellt wurden.

Wie das von FML. Ghilányi verfasste Promemoria, das Harrach dem Berichte an den Grossherzog anschloss, besagt, wurden diesen gegen Ende November zur Armee nach Böhmen abgehenden Portalisten noch 69 Jazygier und Kumanier angeschlossen, so dass im Ganzen 381 Reiter den Marsch von Ofen aus antraten.

Zur selben Zeit waren noch einige andere Abtheilungen Portalisten der Comitate versammelt und zu diesen stiessen die von dem Palatin und dem Bischofe von Raab ausgerüsteten Reiter-Contingente, so dass mit Ende November auch dem Corps des Grafen Khevenhüller einige Hundert Portalisten zugesendet werden konnten.

Alles Drängen und Mahnen, selbst die Herabminderung der von den Gespanschaften aufzubietenden Contingente war im Uebrigen ohne Erfolg und erzielte keinen irgendwie beschleunigteren Vorgang bei der Stellung der Aufgebote in den Comitaten.

Der Hofkriegsraths-Präsident, der gerne dem Grossherzog Erfreuliches oder Verlässliches über die ungarische Rüstung zu berichten wünschte, musste im Berichte vom 18. November ein-

solcher unzuvermeidender Zufall ereignet, so erheischt der königliche Dienst die Beförderung ohne Widerrede."

Am 29. November gab Pálffy seine Meinung darüber dem Hof-Kriegsrathe bekannt:

„Meinesorts kann ich dieses unartige Betragen besagter Stadt Pest gar nicht gutheissen, weil auf solche Art der Allerhöchste Dienst auch in wichtigeren Umständen aus einer blossen ungegründeten Meinung vernachlässigt werden könnte, gleichwie aber diese Königlichen ungarischen Freistädte nur allein durch die Allerhöchsten Königlichen Befehle bezwungen und zu einer mehreren Discretion verleitet werden können, so habe ich mich auch nicht zu enthalten gewusst, einer hohen Instanz zu deren weiteren Ersehung und Erkenntniss das Originalschreiben hiemit gehorsamst beizuschliessen, in der Meinung, ob Dieselbe nicht geruhen möchte, den Umstand der Sache weiters dahin zu befördern, damit bemeldter Stadt Pest über dieses ihr Verfahren eine nachdrucksame Ahndung ertheilt und selbe künftighin in dergleichen den Allerhöchsten Dienst unmittelbar betreffenden Anliegenheiten zu einer willigeren Concurrenz verleitet würde."

gestehen: „dass er doch der immer mehr dabei sich hervorthuenden Beschwerlichkeiten wegen ein Solches zu thun ausser Stande sich finde."

Der grossen patriotischen Begeisterung, welche den September-Landtag durchströmt und beseelt hatte, entsprachen sonach bis jetzt die thatsächlichen Leistungen des Landes wenig und es war wirklich ein Glück zu nennen, dass der grosse Eindruck, den die September-Beschlüsse auswärts und besonders bei den feindlichen Mächten hervorgerufen hatten, noch nachwirkte, während die misslichen Verhältnisse, wie es scheint, weniger rasch allgemein zur Kenntniss kamen.

Die Ursache des Versagens lässt sich aus den Acten nur zum Theile erkennen, die eigentlichen Gründe lagen wohl viel tiefer.

Berichte des Feldmarschalls Prinzen Josef Friedrich zu Sachsen-Hildburghausen, den die Königin im November nach Ungarn zur Förderung der Insurrection gesendet hatte, gewähren zwar einige Anhaltspuncte zur Kenntniss der Lage; aber doch berühren sie zumeist eben nur obenhin sichtbare Erscheinungen und Thatsachen, ohne den Grund und Kern der ganzen Sache bloszulegen.[1]) Der Prinz hatte schon Schwierigkeiten gefunden, einen gründlichen Bericht, wie ihn die Königin wünschte, überhaupt zu erstatten, da weder das Consilium locumtenentiale, noch der Palatin selbst von den Districts-Generalen, sowie von den Comitaten andere als in ganz allgemeinen Ausdrücken verfasste Berichte erhielten. Sie gaben an, dass ihre Mannschaft in so und so viel Zeit bereit sein würde, nie aber mit Bestimmtheit die wirklich gestellte Anzahl.

Der Prinz erwartete vom Kanzlei-Director Fabiankovich Informationen über dasjenige, was dem Consilio bekannt geworden; auch berief er die Oberste Andrássy, Forgách und Ujváry, um vielleicht zu erfahren, was die Comitate an Recruten bisher beisammen hätten.

Noch grösserer Unordnung vorzubeugen, übergab er dem Palatin ein Schema[2]) für die Berichte der Districts-Generale und

[1]) K. A. 1741: XII. 14.
[2]) K. A. Mähren u. Schlesien; 1741. XII. ad 14 a.

Comitate, indem er zugleich dringend mahnte, dass die in den
Comitaten versammelte Mannschaft, die Personal-Insurgenten und
Portalisten, zum sofortigen Aufbruch geraden Weges nach Mähren
angewiesen werden möchten.

Dem Eifer und der Willfährigkeit des Palatins Pálffy im
Dienste der Königin konnte der Prinz von Sachsen-Hildburghausen
nur das grösste Lob und allen Beifall zollen; niemals habe er
Anstände oder Schwierigkeiten gegen die Anordnungen des Prinzen
erhoben, es sei ihm aber, wie der Prinz berichtete, unter der Hand
mitgetheilt worden, dass manche der Bemühungen des Palatins an
besonderem Einflusse gescheitert seien. Die Königin möge zur Beförderung des Werkes dem Palatin und dem Concilio, damit der
verzögernde schriftliche Weg vermieden werde, in wenigen Worten
bekannt geben lassen, dass der Prinz Vollmacht und Information
in dieser Sache habe und abgesendet worden sei, um im mündlichen und persönlichen Verkehr die Beschleunigung des Insurrec-
tions-Werkes zu betreiben.

Inzwischen waren zwei, allerdings incomplete Bataillone ge-
mustert worden. Der Prinz beabsichtigte diese, nach dem Eintreffen der Oberste, nach Mähren zu dirigieren; doch, wie der Ober-
Commissär mündlich meldete, fehlte noch vieles an Montur, wie
an den von dem Kriegs-Commissariate zu liefernden Requisiten:
Fahnen, Bajonneten u. s. w. Der Prinz beklagte es, dass es
nicht an Mannschaft, die in einem oder dem anderen Comitate
ihrer Verpflegung wegen bereits zur grössten Last geworden,
sondern an Monturen oder Säbeln mangle; Fehler, die sich augenblicklich auch nicht verbessern liessen, obgleich der Prinz alle
erdenklichen Erleichterungen angeboten hatte. Er sandte den nach
dem Hofe abgehenden, mit den ungarischen Verhältnissen vertrauten
und über Alles unterrichteten Pálffy'schen Beamten Jeszenák zur
Berichterstattung an die Königin, die er bat, den genannten Vertrauten einer Conferenz bei dem Minister Grafen Starhemberg
beizuziehen, sowie den von ihm an Jeszenák übergebenen Bericht
anzuhören, dann aber, wenn möglich, bald ihre Befehle, insbesondere
bezüglich der Proviantirung, zu ertheilen. Bringe er das Werk nur
einigermassen in Gang, so werde er an das Hoflager eilen, um
mündlichen Bericht zu erstatten. Der Prinz versicherte am Schlusse

seines Berichtes, er sehe seine Rückkehr als dringend an; unverrichteter Dinge aber abzugehen, habe er sich nicht unterstanden.
Versäumt habe er Nichts und hoffe der Königin bald mehr berichten zu können. Er habe, so kurz die Zeit auch gewesen, die
Sache eingeleitet und müsse bis dahin sich auf das, was Jeszenák
melden werde, beschränken.

Dem Berichte des Prinzen wurde eine eingehendere Darlegung
des Judex curiae beigeschlossen.

„Extract.[1])

Aus den an mich, den Judicem Curiae Regiae, von den
Comitaten und Städten jenseits der Donau erstatteten Berichten,
das völlige Insurrections-Werk betreffend.

Datae den 23. Decembris 1741.“

„Das Somogyer Comitat berichtet unterm 27. October,
wasmassen dasselbe Alles solchergestalt disponiert habe, dass sämmtliche desselben Mannschaft zu Pferd gegen den 17. November, die
zu Fuss aber gegen das Ende d. M. in völlig marschfertigem Stand
sein werde; wobei zugleich die Vorsehung geschehen, dass dessen
ganzer Antheil an Getreide und Hafer, in dem Aequivalent er-
hebend 2868 fl., zu Pressburg werde deponieret werden und weil
die Domini terrestris ermeldeten Comitats sich nicht in-, sondern
ausserhalb desselben aufhalten, in Folge dessen das, auf die in
wiederholtem Comitat gelegenen portas repartierte Mannschafts-
Contingent auf den Ort ihres Aufenthalts transferierten, also stellt
derselbe eventualiter vor, dass auf solche Weise die Anzahl der
Portalisten sehr gering sein würde.

Das Oedenburger Comitat schreibt unterm 31. October,
welchergestalt es hoffe, bis 15. November den grössten Theil seiner
Miliz völlig bereit und beisammen zu haben und obzwar von selbem
hierüber bis dato noch keine weitere und umständlichere Nachricht
eingelaufen, so hat man gleichwohl mit gestriger Post über ein
aus dem alldasigen Fussvolk errichtetes Bataillon schon eine Tabella
erhalten.

Das Wieselburger Comitat berichtet unterm 31. October,
dass es über diejenigen 35 Husaren, so der Fürst Anton Esterházy
von seinen in besagtem Comitat gelegenen Gütern zu stellen hätte

---

[1]) K. A. Mähren und Schlesien: 1741. XII. 14.

und somit zu einem andern Comitat herüber nehme, sich äussersten
Fleisses bestreben würde, innerhalb zweier Wochen Frist noch
andere 100 Husaren mit aller Erforderniss in Bereitschaft zu
setzen und würde es zugleich dahin trachten, dass ebenfalls das
Fussvolk je eher, je lieber und sobald nur die Montur und Säbel
fertig wären, zusammen komme.

Eben dieses Comitat zeigt weiter unterm 9. December an,
dass es über vorbesagte 35 Esterházy'sche Husaren schon noch
andere 48 dergleichen in Bereitschaft habe, dessgleichen auch die
noch in weniger Anzahl Rückständigen in Kurzem stellen wolle;
über jene hätten indessen die Ober-Capitains den Franz Michael
Hurtter zum Lieutenant und den Johann Paul Neradovich zum
Corneten ernannt.

Das Zalaer Comitat hat unterm 8. November berichtet,
dass wegen der Personal-Insurrection bereits solche Dispositiones
gemacht wären, womit die erste diessfällige Colonne höchstens bis
20. d. M. unter Commando des Herrn Oberstwachtmeisters Franz
Mártony zum Marsche bereit sein und die andere Colonne derselben gleichfalls mit Nächstem folgen könnte.

Das Eisenburger Comitat referirt unterm 13. November,
wasgestalten seine portalistische Reiterei, in ungefähr 351 Pferden
bestehend, schon grösstentheils beisammen sei und der Ueberrest würde nicht minder dergestalt ohne Säumniss zusammengebracht, dass er auf die erstere weitere Disposition ebenfalls
marschfertig sein könnte.

In Ansehung des adeligen Aufsitzes aber, so in neun
Compagnien einzutheilen kommen, wäre solche Verfügung geschehen, dass solcher benebst der Proviant-Wagen, auf nächst-
künftige Weihnachten zum Aufbruch parat sein würde; die eigentliche Anzahl dieser neun Insurrections-Compagnien hat er nicht
angemerkt, wo er indessen zu gleichmässig baldiger Stellung des
Fussvolkes und dass für dasselbe die völlige Montur nach der
Vorschrift fertig werde, nicht minder allmöglichsten Fleiss versprochen hat und wäre davon sogar vermöge der dem Bericht
angelegenen Tabelle schon ein Bataillon in Bereitschaft.

Das Tolnaer Comitat insinuirt unterm 20. November, dass
man alles Erdenkliche anwenden werde, womit sowohl der adelige
Aufsitz, welcher zwar in seinem Gremio von sehr geringer Anzahl

wäre, als auch die Portalisten und das Fussvolk auf das Eheste
gestellt werden könnte. Für die Fussgänger habe er schon die
Musketen erhalten, die Adeligen hingegen würden sich selbst und
die Domini terrestris ihre Portalisten mit Pferden, Gewehr und
Montur versehen. Eben dieses Comitat berichtet in einem anderen
Schreiben sub eodem dato, dass es zum Hauptmann über die
von ihm zu sistierende Infanterie den Stephan Székely denominiert
habe, einen Mann, der in re militari wohl erfahren sei und verschiedene Jahre gedient habe. Weiters meldet dasselbe unterm
13. December mit Beischliessung der diessfälligen namentlichen Specification, wasmassen die Anzahl der aufsitzenden Edelleute in
Allem 56 Pferde ausmache und hofft es sowohl diese als die
Portalisten bis gegen den 28. d. M. völlig beisammen zu haben,
mit Anfang Januar 1742 aber sollten sie schon aufbrechen können;
dem Fussvolk hingegen gienge nichts anderes als die Kleider und
Säbel ab, welche es zu Pressburg täglich pressire.

Das Baranyaer Comitat referiert unterm 24., dass seine
Fussgänger à proportion 96 : $^1/_4$ Häuser, in Allem 385 Mann er-
tragend, schon völlig zusammengebracht, auch schon die erforderlichen Ober-Officiers bei denselben angestellt wären; der Montur
und Säbel halber hätte es einen Expressen nach Pressburg geschickt; für die Reiterei, sowohl von Insurgenten, als Portalisten,
welche mit aller Geschwindigkeit errichtet würde, wäre ebenfalls
schon ein Rittmeister, ein Lieutenant, ein Cornet, ein Wachtmeister
und ein Quartiermeister ernannt worden; dieses und des vorhergehenden Tolnaer Comitats Oberster Ihro Excellenz der Herr
Bischof zu Fünfkirchen Graf Sigmund von Pérenyi schreibt unterm
3. December, dass das völlige Fussvolk in beiden genannten
Comitaten schon beisammen und wegen der Montur und ungarischen
Säbel für dasselbe allbereits eigene Expressen nach Pressburg
abgegangen wären; die Reiterei von Portalisten betreffend, so wären
zwar ebenfalls desshalb alle Dispositionen gemacht, indessen weil
in besagten Comitaten der Fürst Anton Esterházy, dann die gräflich Batthiányi'sche Familie, ingleichen der Graf Königsegg gar
ansehnliche Güter besässen und die auf selbe treffenden Portalisten
anderswohin transferiert, so würden nicht mehr denn ungefähr 80
dergleichen Portalisten übrig bleiben und wenn auch die Domini
terrestris den übrigen Antheil nach Vorschrift der Allergnädigsten

Disposition Ihrer Königlichen Majestät zur Completierung der alt-
regulirten Husaren-Regimenter hergeben, wie dann die Vornehmsten
unter ihnen durch schon erdeuteten Herrn Bischof bereits dazu
ermahnt worden, so würden inclusive des adeligen Aufsitzes in
beiden Comitaten kaum über 58 Pferd zusammen herauskommen.
Inzwischen würde sie der Bischof bestens dahin bearbeiten, damit
der Adel, so viel immer möglich sein wird, selbst in Person aufsitze.

Die Stadt Oedenburg stellt unterm 27. November vor,
wasgestalten die daselbst noch beständig fürwährende Leopold
Pálffy'sche Recrutierung, ingleichen auch die Reiterei-Werbungen
in den nahe herumgelegenen Herrschaften, sie, die Stadt, in Stellung
ihres Fussvolkes dergestalt verhindere und ihr die Anwerbung desselben solchermassen schwer mache, dass sie bis ermeldeten dato
noch nicht mehr als 22 Mann aufbringen konnte, so auch schon
assentieret wären; nichtsdestoweniger würde sie sich nach möglichsten
Kräften dahin befleissen, dass je eher je lieber das ganze Contingent
zusammenkomme.

Das Stuhlweissenburger Comitat zeigt unterm 30. November an, dass das Fussvolk schon völlig in Bereitschaft sei und ihm
nichts als die Montur fehle, so es aber von Tag zu Tag betreibe.
Den Adel, der zwar in geringer Anzahl vorhanden, betreffend, so
verhoffe es, dass derselbe mehrentheils in Person aufsitzen werde,
anstatt jenen aber, so legaliter davon zu dispensieren wären, werden
schon andere Edelleute sistiert werden. Weil aber die Domini
terrestris die auf ihre in dem Comitat liegenden Güter treffenden
Portalisten anderswohin herübernehmen, so gingen deswegen von
der ganzen Anzahl sothaner Portalisten bis ungefähr 30 Mann ab,
welche das Comitat dem adeligen Aufsitz hinzufügen werde.

Das Raaber Comitat meldet unterm 2. December, dass
seine Fussgänger schon grösstentheils bereit seien, zur Aufbringung
der bestimmten Anzahl Insurgenten aber wäre auf den 15. d. M.
eine Versammlung präsigniert, von deren Ausgange aber derzeit
noch keine Nachricht eingelaufen.

Die Stadt Modern hat vermöge ihres Berichtes vom
2. December 31 Mann zu Pferd in Bereitschaft und ermangeln an
dem ganzen quanto nur noch 19 Köpfe.

Die Stadt Eisenburg bringt unterm 4. December bei, dass
die Aufstellung ihres Fussvolkes durch die Husarenwerbung des

Fürsten Anton Esterházy dermassen schwer gemacht werde, dass sie bis erwähnten dato noch nicht mehr denn sechs assentierte Fussknechte aufbringen konnte.

Das Pester Comitat referiert unterm 4. December, dass es alle Mühe anwende, um sein völliges Contingent an Fussvolk wenigstens binnen Monatfrist beisammen zu haben, jedoch würde die Montur eher nicht als in zwei Monaten fertig werden.

Die Stadt St. Georgen hat nach ihrer Relation vom 29. December ihre 20 Fussgänger schon um den 27. October völlig angeworben gehabt und den 25. November zu Pressburg assentieren lassen.

Das Komorner Comitat hat bis zum 14. December in Allem 135 zu Fuss Enrollierte gehabt; der adelige Aufsitz, sowohl in Person, als durch andere taugliche wohlberittene Mannschaft bestehend, hat von 130 Insurgenten 93 derselben aus dem Graner Bischofthum schon nach Böhmen zur Completierung und Augmentierung der daselbst stehenden regulären Husaren-Regimenter abgeschickt.

Die Stadt Güns berichtet unterm 17. December, dass ihr völliges Fussvolk, in 43 Mann bestehend, allbereits angeworben, auch auf die vorgeschriebene Art montiert und bewaffnet, nicht minder durch das Commissariat-Amt schon assentiert und von dem Oberstlieutenant von Sartori übernommen sei.

Von dem Zalaer Comitat, ratione des Fussvolkes und der Portalisten, dann von dem Veszprimer Comitat, ferner von den Städten Skalitz, Kanizsa und Stuhlweissenburg, so zum Theil schon vorher benannt worden, ist noch bis dato kein Bericht eingelangt.-

Wie der Judex Curiae, so hatte auch FML. Ghilányi, der sich von Comitat zu Comitat abmühte, um die Insurrection in Gang zu bringen, wenig Tröstliches dem Grossherzog zu berichten, als er von Pressburg aus am 4. Januar 1742 schrieb:

„Obwohl meine von Zeit zu Zeit an des Generalen der Cavallerie, Herrn Franz Grafen von Esterházy, Excellenz, qua diesseits der Donau Allerhöchstens angestellten commandierenden Districtual-Generalen eingeschickten Schriften-Rapporte alle dasjenige angezeigt haben werden, was laut übereinkommener Instruction und seither empfangener fernerer Verordnungen in

Sachen der General-Landes-Insurrection bei den mir zugetheilten
Comitaten dieses Districts mit meiner Bemühung bewirkt habe, so
verhoffe dennoch, Euer Durchlaucht werden es nicht als eine Extra-
vagance, sondern in Gnaden ansehen, meine Kühnheit, mit welcher
mich unterfange, so eingeschränkt als thunlich ex superabundandi
statum rei in Gegenwärtigem mit gebührender Veneration zu Hoch-
derer mehreren Nachricht gehorsamst zu wiederholen und zwar:
Nachdem ich den 26. November von hier aufgebrochen und
meine Zeit meistens mit Hin- und Herreisen vom Neutraer in's
Trentschiner Comitat und wo ich in persona nicht hinkommen bin
oder können, mit schriftlichen Erinnerungen und Correspondenzen
zubrachte, so habe dennoch wenig oder gar nichts auszurichten
vermögen, als dass ich von allen Seiten lauter bereitwilligste, die
schönsten Offerte angehört und zu lesen überkommen, in der That
aber tausend Schwierigkeiten sich eingefunden und bis diese Stunde
nicht mehr als 334 Recruten und diese auch mehr bloss und nackt,
als gehörig zu Feld-Kriegs-Diensten brauchbar montiert und mit
Gewehr versehen in dem Neutraer Comitat assentieren lassen können.
Woher aber alle Schwierigkeiten, Verweilungen und alle übrigen
Unthunlichkeiten herkommen, werden Euer Durchlaucht von selbst
Hocherleuchtet gnädig aus Nachfolgendem abzunehmen geruhen.
In dem Neutraer Comitat habe erstlich von allen obgehabten meinen
Commissis mit des Herrn Obergespan Bischofs von Neutra Excellenz
in privato gesprochen, nachgehends auch in der gehaltenen General-
Congregation den 27. November in publico vorgebracht, so minutim
hier zu wiederholen überflüssig zu sein erachtend, völlig übergehe.
sondern nur auf das Hauptwerk zu kommen bekennen muss, dass
von sämmtlichen Herrn Ständen alle Bereitwilligkeit in allgemeinen
Ausdrücken und nach dem Wortlaute mir zugesagt worden, sobald
es aber im Besonderen gekommen, wovon das erste vorkommen.
das Comitat wolle mir unbeschwert notificieren, wieviel Mann
Recruten an ihrem Infanterie-Contingent schon wirklich angeworben,
was für Dispositionen der benöthigten Leibes-Montierung wegen
herbeizuschaffen vorgekehrt worden, wann diese zur kriegs-
commissariatischen Assentierung contrahiert und dem Regimente
übergeben werden können?
Anderstens die zu stellen habende Cavallerie betreffend, wäre
meine Anfrage, mir zu sagen, wie viel Portalisten, wie viel in

persona Edelleute, so selbst aufsitzen und wie viel jene, so anstatt Anderer aufsitzen sollen, das Comitats-Contingent ausmache? auch wann diese in parte oder in toto zum Aufbruch bereitfertig werden können?

1. Haben die löblichen Stände den Herrn Stuhlrichtern anbefohlen, ihre Relation abzustatten, aus welcher nach vielem Geschrei soviel endlich erfahren können, dass das Comitat die mehrigste ihres Infanterie-Contingents, wovon sehr viele noch im Monat November und die meisten im October angeworben und auch von den Stuhlrichtern assentiert worden, an Montur aber nicht mehr als 115 Mäntel, 200 Röcke und Hosen bereitfertig vorhanden wären, das übrige Tuch wie auch die Knöpfe, Schnüre, Gürtel, Patron- und Säbeltaschen und übrige Materialien sollen erst noch geliefert werden. Da ich hierauf dem Comitat vorgestellt habe, wie dass so viele hundert Recruten ohne Montur unbrauchbar Angeworbener zwei bis drei Monat und länger in der Verpflegung zu halten, wozu denn noch nicht einmal sicher ist, dass solche zu Feld-Kriegs-Diensten alle tauglich sein werden, sei eine grosse Last, mit welcher sich das Comitat unnöthig selbst aggraviert und wahrhaftig Ihrer Majestät Aerar dieser Unterhalt nicht zugemuthet werden könne, bevoraus aber bei jenen, welche von dem assentierenden Kriegs-Commissär als untauglich ausgeschlossen würden.

Mich nehme es auch sehr wunder, warum das Comitat die Stuhlrichter und Herrn Steuereinnehmer, so die Obliegenheit gehabt, die durch die Dorfschaften angeworbenen Recruten zu revidieren, nicht mit mehr Nachdruck angehalten habe, die Menge der angenommenen Buben auszuschliessen und a proportione eines jeden Contingents (gleich wie es Herr Cséry, einer der Stuhlrichter, gethan), die Hälfte wenigstens bis dato mit Montur zu versehen. Hierauf ist unter den Ständen ein lautmächtiges Geschrei, wie gewöhnlich, entstanden, worin selbe angezogen haben den Inhalt des Artikels 63 über die Insurrection, dass das Comitat laut diesem anbefohlen habe, die Mannschaft nicht unter 18 und auch nicht über 40 Jahre alt anzuwerben und da alle diese angeworbene Mannschaft hier benannte Jahreszahl weder weniger noch mehr zu übersteigen vorgibt, also wollten sie absolut à dato der geschehenen stuhlrichterlichen (unleserlich) der verwendeten Verpflegung wegen aus dem Steuerbetrage die Vergütung sich vorbehalten. Was die commissariatische Assentierung anbelangt hingegen verhofften die Herrn Stände, dass bis 15. December längstens dieselben mit gebührender Montur versehene 500 Mann nach Pistyán stellen werden können. Bei diesen und noch mehr anderen Pro- und Contra-Reden verfielen wir auch auf Producierung eines fertigen Leibesmontur-Musters; es war aber keines vorhanden, sondern wir kamen auf respective Abänderung der ohnedem nicht fertigen Mäntel in Caputröcke zu reden; so wäre aber gleich der Anstoss vorhanden, wie eine derlei Abänderung das Comitat in mehre Unkosten stürzen würde; jedoch um diesen Anstoss zu beheben, offerierte sich sogleich der Herr Oberst Graf von Forgách, die völlige Montur sammt allen schon herbeigeschafften fertigen Monturen und vorräthigen Materialien gegen Ersetzung der ausgeworfenen 20 fl., zu übernehmen, mit dem Beisatz, auch alle benöthigten Requisiten, als blecherne Wasserflaschen, Feldhacken, Haarband zu den Zöpfen, Kleiderbürsten, Messer und Löffel, begriffen in obigen 20 fl., zur Montur zu verschaffen. Es fanden sich aber zum ersten der Herr Stephan Hunyady und gleich darauf sehr viele, die beifallten, dass mit Ueberlassung an einen Andern mit Verfertigung der Montur das Comitat sich sehr hoch benachtheiligen würde, indem es articulariter ausgemacht worden, dass die Comitate solche herbeischaffen sollen. Ich aber begreife ganz leicht, dass der Anstoss von einigen Sonder-Interessen herrühre und desswegen das angezogene Praejudiz so grossen Beifall gefunden; habe gleich hievon abgesehen und einzig darauf bestanden, sowohl wegen der Gleichheit des ganzen Regiments, als auch grösserer Bequemlichkeit und Vortheil des gemeinen Mannes das Comitat zu bewegen, Caputröcke und nicht Mäntel verfertigen zu lassen, wobei es auch endlich verblieben.

Betreffend die Cavallerie hingegen hat mich das Comitat versichert, dass selbes in Kurzem die Repartition aller derlei Sorten durch eine hiezu bestellte Deputation wird auszuarbeiten veranstalten und mir sodann den Individual-Extract zuschicken, auch wann solche bereitfertig zum Aufbruch sein wird, mit Nächstem einberichten; nicht minder hat es keine Schwierigkeit gegeben, sondern ist gleich zugestanden worden, dass alle die Herrschaften, so es freiwillig thun wollen, ihre Portalisten an die regulierten Husaren-Regimenter abgeben können und hiemit hatte diese Congregation ein Ende.

Und sodann bei Herannäherung des zur Assentation der 500 Recruten bestimmten 15. December habe nicht ermangelt, sammt dem Herrn Kriegs-Commissär Plusintzky in Pistyän zu erscheinen, allwo auch über 500 Recruten sammt dem General-Perceptore und mehrere Stuhlrichter schon angetroffen habe. Was hiebei passiert, wird ohnedem des Herrn Kriegs-Commissärs Relation mit mehreren Amtsständen geben. Mich anbelangend, will nur so viel hier bemerken, dass bis 200 Buben, einige defectuose, gar alte, in's Spital, nicht zu Feld-Kriegs-Diensten taugliche Leute, worunter auch etliche Ausländer, aber kein einziger ansehnlicher Kerl gewesen, durch Herrn Kriegs-Commissär ausgeschlossen wurden. Die Uebrigen, so zu Feld-Kriegs-Diensten tauglich erkannt worden, bestanden in 334 Köpfen und 13 Tambours.

Nach geendigter dieser Assentierung habe sowohl von dieser, als auch seither mir eingelaufenen Verordnungen mit des Herrn Bischofs und Obergespans Excellenz unterschiedlichemal Briefe gewechselt, jedoch ad Kernpunct meines Ansuchens niemals keine positive Antwort mehr erhalten, wohl aber abnehmen können, dass Se. Excellenz mit meiner Aufführung nicht zufrieden und bei den Dicasterien der hochlöblichen ungarischen Kanzlei und dem königlichen Rathe mein unbilliges Verfahren zu ahnden mir gedroht haben, in seinem letzten Schreiben anbei mit fernerer Correspondenz mich an dessen Vicegespan verwiesen, auch in einem eigenhändig geschriebenen Post-Scripto mir zu verstehen gegeben, sein Comitat hätte schon vor einigen Wochen die anverlangte Qualität, Numero und möglichen Aufbruch dessen zu stellen habenden Cavallerie-Contingents, sowohl an das Concilium, als des Herrn Palatins Excellenz eingeschickt, von wo ich es schon erfahren werde; wir sind ja allezeit gute Freunde gewesen, also wollte sich Se. Excellenz in keine Schmutzereien mit mir einlassen.

Während diesem Zeitverlust waren meine Verrichtungen in den übrigen Gespanschaften, als Trentschin, Turócz, Arva und Liptau um soviel noch fruchtloser, indem in dem Trentschiner Comitat, ungeachtet dass ich selbst in Person den 22. December nach Dubnice zu des Obergespans Herrn Grafen Illéshäzy Excellenz mich verfügt und Hochderselbe, gleichwie im Neutraer Comitat gethan in privato (wozu zwar den Tag darauf sowohl der Vicegespan als Notar auch eingetroffen) die mir obliegende Com-

mission vorgetragen, jedoch darauf zur Antwort nach allen ge-
brauchten möglichsten Vorstellungen nur soviel erhalten:

1. Wegen Abgebung der Portalisten. Wie gerne auch Se.
Excellenz mit allen Kräften Ihrer Majestät Allerhöchste Dienste
zu befördern sich beeifern wollten, so wäre es aber nunmehr zu
spät, indem bei jüngst verwichener General-Congregation sämmtliche Herrn Stände resolviert hätten, dass sowohl aus allen ihren
Portalisten als persönlich aufsitzenden Edelleuten und auch übrigen,
so anstatt anderer aufzusitzen habenden Contingenten ein Banderium
formiert werden solle, wozu das Comitat alle diese mit schweren
Unkosten nicht nur schon gleich montieren, eine Banderial-Estandarte
verfertigen und auch andere nothwendige Requisiten wirklich
verschafft, sondern das Comitat habe zu diesem Banderio auch
schon wirklich alle Ober- und benöthigten Unterofficiere benannt,
welche ebenfalls als solche anständig sich zu präsentieren, schon
alle mit grossen Spesen aus eigenen Mitteln sich uniform gekleidet
und mit allen benöthigten Feld-Requisiten versehen haben.

2. Respective der zur Infanterie gebührend stellenden Recruten, habe auch sowohl Se. Excellenz in particulare, als auch
dessen Comitat in concreto alle mögliche Vorsehung gethan, damit
die Mannschaft angeworben und die zur benöthigten Leibes-
Montur gehörigen Materialien herbeigeschafft werden sollen, gleichwie das benöthigte Tuch zur Gänze schon beihändig, auch schon
etliche Montur fertig haben bis auf die Knöpfe, Schnüre, Patron-
taschen etc., welche noch abgehende übrige Requisiten von Pressburg und anderen Orten täglich erwarteten; aus wieviel jedoch
berittener Mannschaft ihr ganzes Banderium bestehen und wann
solche abmarschieren können, auch an welchem Tage eigentlich
einige kriegscommissariatliche Assentierungen vorgenommen werden
können, müsste erstlich in der schon ausgeschriebenen, den
13. December haltenden General-Congregation ausgemacht und
mir sodann einberichtet werden können.

Ich bin also zu der mir angedeuteten General-Congregation
nach Trentschin den 13. December wiederum selbst erschienen
und habe meine obliegenden charaktermässigen Vorstellungen auch
in publico den Herrn Ständen vorgebracht, worauf mir die
Herren Stände sub präsidio ihres Herrn Obergespans ohne einzigen
Aufschub in instanti zur Antwort gegeben: Sie könnten nimmer-

mehr darin einwilligen, dass die Edelleute, so nicht in mehreren
Comitaten begütert, ihre Portalisten von dem formierten Comitats-
Banderio zu Regimentern abgeben und hiedurch separiert werden,
indem es unmittelbar gegen den Inhalt des Artikels hiemit prae-
judiciose wäre; aus wieviel Berittenen aber ihr ganzes Banderium
bestehen werde, wollten sie gleich nach geendigter Congregation
durch eine Deputation ausarbeiten lassen und sodann deren In-
dividual-Specification anverlangtermassen mir zuschicken. Sie wollen
anbei den 22. December das ganze Banderium mustern, den 27.
die Banderial-Estandarten weihen lassen und mir, an welchem Tage
bereit sein werden, nachgehends wissen lassen.

3. Respectu der zur Assentierung bereitfertigen Infanterie
hingegen haben sie mir eine Specification amtlich eingehändigt,
bis jedoch diese Specification auf das Papier gebracht worden, hat
der Herr Vicegespan Mércy sich gegen mich beschwert, wie dass
der Herr Oberst Graf Bethlen en passant durch das Comitat, als
er sein Standquartier bezogen, durch unterschiedliche Orte passierend,
allwo von Possess zu Possess die angeworbenen Recruten zusammengezogen standen, über 200 Leute ausgeschlossen haben soll,
wegen welchen Verlust im Namen des Comitates feierlichst Einsprache
erhoben und eine Berichterstattung sich vorbehalten. Ich erwiderte
dem Herrn Vicegespan, dass ohne den anderen Theil zu hören,
ich keine Antwort geben könnte, es würde aber der Herr Oberst
bald ankommen, welcher seines Thuns und Lassens wegen
selbst sich am besten zu verantworten wissen wird. Während
diesem Discurs ist auch hier bemerkter Herr Oberst Graf von
Bethlen zur Congregation eingetreten und von mir zur Rede
gestellt worden, welcher aber auf der Stelle mit Bekenntniss des
Herrn Stuhlrichters Záhoráck bewiesen hat, wie dass er keinen
von allen ihm vorgezeigten Recruten positive abgeschafft habe,
wohl aber dem Herrn Stuhlrichter angedeutet hat die Tauglichen
davon und auch der Untauglichen wegen gesagt: „Herr Stuhlrichter! Der Herr sieht ja, dass dies Buben sind, warum pflegt
ihr diese Leute? Der Kriegs-Commissär kann ja unmöglich solche
assentieren!" Damit war diese Klage in publico abgethan.

Kaum aber dass dieses sich geendet, käme die Frage wegen
Abänderung der Mäntel. Ich habe hierauf sogleich mit nachdrücklichsten Ausdrücken vorkommen wollen und dem Comitat

vorgestellt den anwachsenden Nutzen, auch die Vermeidung der Difformität möglichstens anrecommandiert, aber umsonst. Denn erstens sagten sie, wenn sie anstatt der Mäntel Caputröcke machen lassen würden, verfiele das Comitat in grössere Unkosten. Auf dieses sagte der Oberst Graf Bethlen wie der Graf Forgách in Neutra, er wolle gegen Vergütung der angewiesenen 20 fl. die Herbeischaffung der völligen Montur sammt übrigen benöthigten Kleinigkeiten über sich nehmen.

Auf dieses sagten sie: „Sobald die angeworbenen Recruten erfahren würden, dass sie keine Mäntel, sondern Caputröcke empfangen sollen, würden sie aus Furcht, nicht unter die Musketiere gestossen zu werden, sich alle verlaufen." Ich sagte ihnen hierauf: „Das Comitat solle nur auf meine Gefahr Caputröcke machen lassen, ich obligiere mich, alle die darum entlanfen sollen zu ersetzen," — aber umsonst. Das Comitat blieb ferner bei den Mänteln und sagte endlich, dass sie, wenn schon gerne wollten, dennoch von dem positiven Inhalt Ihrer Königlichen Majestät Ordre nicht abweichen könnten und mit diesem producierte der Herr Stuhl-Notar ein eigenhändig von Ihrer Majestät gefertigtes und durch die ungarische Kanzlei emaniertes Rescript, worinnen eine Specification der Montur-Sorten, so die Comitate zu verschaffen haben, beigelegen und ausdrücklich darinnen benannt gestanden: einen blauen ungarischen Mantel mit rothem Kragen.

Ich widerlegte es ihnen und sagte, dass ich mit gebührendem Respect dieses producierte Rescript venerierte. Da jedoch in meiner Instruction in Bezug auf Bekleidung in der Annexa Specificatione Sub „A", so ebenfalls von Ihrer Königlichen Majestät an die Stände und Geschworenen des Königreiches am 25. des Monats October des eben verflossenen Jahres durch die ungarische Hof-Kanzlei zugeschickt worden, positive benannter steht:

„Una penula in forma sive Ungarica, sive Germana, Caput dicta." Ein Mantel von ungarischer oder deutscher Form, Caput genannt, nicht anders begreifen könne, als dass dieses letztere: „Sive Germana, Caput dicta", in dem mir gezeigten Extract nicht positive, sondern durch einen Fehler des Schreibenden müsse sein ausgelassen worden und desswegen wiederhole ich nochmals, das Comitat zu bereden, anstatt der Mäntel Caputs machen zu lassen. Hierauf finge der Herr Stuhl-Notar Ludwig Ordody an zu pro-

testieren wegen der Verzögerung, so die Abänderung der Mäntel
verursachen würde, im Namen des Comitats und behielten sich
vor, die Wiedervergütung der umso länger sich verlaufenden Ver-
pflegs-Spesen und es sei hochnöthig, eine Estaffette nach Wien
abzuschicken. Diese Protestation verursachte einen allgemeinen
Beifall der Herrn Stände und ein raisonnables Geschrei, so ich
länger als eine halbe Stunde ganz gelassen angehört, endlich hat
es mir auch zu lange gedauert und mich bewogen zu sagen: „Ihre
Excellenz der Herr Obergespan! (halyuk! halyuk!) Was Ursache
hat der Herr Notar so eifrig zu protestieren und ein so unnöthiges
Geschrei zu verursachen? Wir sind ja extra casum. Wer ist denn,
der diesen Lärm verursacht? Ich remonstriere ja nur dem Comitat,
dass die Caput tauglicher als die Mäntel und ersuche denselben,
keine Schwierigkeiten für die Regiments-Monticrung zu machen.
Will es das Comitat nicht thun, so bleibe es bei den Mänteln.
Ich bin ja zur Beschleunigung der aufrichtenden Regimenter
dahier und verlange, das Comitat solle mir die zum Aufbruch
fertige Mannschaft, sowohl zu Fuss als zu Pferde, benennen und
zu ferneren Allerhöchsten Diensten übergeben, sie mögen Mantel
oder Caput haben, oder wenigstens den Tag, wenn sie mir's übergeben wollen, anzeigen; also braucht's kein Protestieren, sondern
E. E. und das Comitat belieben auf dieses mein ex officio ge-
thanes Petitum zu antworten."

Damit wurde Alles still. Ich aber wiederholte mein Petitum,
worauf des Herrn Obergespan Excellenz und der Herr Vicegespan
mir endlich geantwortet und gesagt haben: „Sie verhofften, wo
nicht mehr, wenigstens 436 Mann mit aller benöthigten Montur
versehen, den 31. December übergeben zu können; ich solle
demnach den assentierenden Kriegs-Commissär zur Revision am
selben Tage nach Bella abschicken.

Auf diese Antwort versetzte ich: „Weil also das Comitat
erst den 31. December diese Recruten übergeben kann, so sage
ich E. E., dass ich mit der insolenten Protestation des Herrn
Notar ganz und gar nicht zufrieden bin." Damit ist die Congregation auf den künftigen Tag verschoben worden. Weil aber
von der Stadt Trentschin nicht einmal ein Absteig-Quartier erhalten können und, wo nicht der Herr Modatsäny mich in seines
Schwiegervaters Haus eingenommen hätte, ohnedem auf der Gasse

bleiben müssen, zudem auch gesehen habe, dass mein längeres
Verweilen nunmehr überflüssig, bin ich nicht mehr zu sie kommen,
sondern mich in meine angewiesene Station nach Hause begeben
habe. Seither habe wiederholten Befehl von des Districtual-com-
mandierenden Generalen von der Cavallerie Herrn Franz Grafen
Esterházy Excellenz bekommen, die Comitate zur Beschleunigung
ihres zu stellen habenden Contingents zu Ross und Fuss anzu-
gehen und des Quanti ihrer stellenden Cavallerie wegen, so schon
öfters urgiert worden, mittelst monatlichen Auszuges einzuschicken
sammt Benennung des Datums, wann solche aufbrechen können,
anzuverlangen. Ich habe sogleich diese meine Ordre nicht nur
simpliciter dem Neutraer und Trentschiner Comitats Herrn Obergespans Excellenz, Árva, Turócz, Liptau und Bars Herrn Vice-
gespanen angedeutet, sondern mit Beischliessung copierlicher Abschrift davon benachrichtiget und die Befolgung ex officio an-
verlanget, aber ausser, dass das Barser Comitat mein Petitum für
giltig erkennt, mir auch anverlangtermassen die individuale
Specification ihrer zu stellen habenden Cavallerie zuschickt, so
habe von allen übrigen nicht einmal eine positive Antwort darauf
bis diese Stunde erhalten.

Dieses ist, Gnädigster Herr, so ich Euer Durchlaucht vom
Fortgang meiner bisherigen Verrichtungen unterthänigst einzuberichten vermöge und wo nicht ein Mittel getroffen wird, dass
die angestellten Generale bei den Comitaten ein mehreres Ansehen
bekommen, so ist eben soviel, ob ich, der ich Feldmarschall-
Lieutenant bin, oder ein Lakai zu dem mir anvertrauenden Verrichtungen employieret werde."

Vom Beginne des Jahres 1742 bis zum Breslauer Frieden.

Das Jahr 1741 mit allen seinen schweren Verlusten war zu
Ende gegangen. Franzosen, Bayern und Sachsen standen in
Böhmen, Prag war gefallen, der bayrische Kurfürst hatte sich die
böhmische Königskrone aufsetzen lassen, Schlesien war in der
Gewalt der Preussen, Neisse als Opfer für einen Waffenstill-
stand hingegeben worden, um wenigstens nach einer Seite hin die
Hand frei zu bekommen, mühsam sammelten der Grossherzog
Franz Stephan, Neipperg, Lobkowitz, Khevenhüller die Regimenter;

die bei der Armee in Schlesien gewesenen ungarischen Aufgebote,
mit Ausnahme der Trenk'schen Croaten, die zu Khevenhüller
stiessen, waren in ihr Vaterland zurückgekehrt, die neue grosse
Waffenerhebung, welche der Pressburger Landtag bewilligt hatte,
stand kaum in ihren Anfängen. Mit tiefer Betrübniss sprach die
Königin in ihrem Schreiben an den Prinzen Sachsen-Hildburghausen
vom 31. December 1741 von dem „verwirrten Stand des ungarischen Insurrections-Wesens“ und unmuthig fügt die hohe Frau bei:

„Der in dem Landtags-Artikel zur Mannschafts-Stellung vor-
gesehene Termin ist allbereits zu Ende, demungeachtet nicht mehr
als etliche Hundert, theils zur Armee nach Böhmen, theils zu dem
Khevenhüller'schen Corps abgeschickte Portalisten bisher zum
Vorscheine gekommen. Von den übrigen Insurgenten zu Pferd
ist von den wenigsten Comitaten noch ein Mal zu wissen gewesen,
was an Mannschaft und Pferden vorhanden, wann selbe aufbrechen
und wann die Uebrigen nachfolgen werden. Die nämliche Beschaffenheit hat es mit dem Fussvolk, wovon man hier eben nichts
mehr Verlässliches, als zu Pressburg, ausser von demjenigen weiss,
was von dem Hofkriegsrath Deroselben der Extract überschickt
worden.“

Während die österreichischen Truppen unter Khevenhüller
Ober-Oesterreich von Franzosen und Bayern säuberten und siegreich
nach Bayern vordrangen, hatte König Friedrich II. den Vertrag von
Klein-Schnellendorf gebrochen und stand wieder mit Franzosen
und Sachsen vereint in Mähren.

Immer dringender wurde die Sorge der Königin um Truppen-
Aufgebote, immer schmerzlicher fiel das Ausbleiben der Hilfe aus
Ungarn und es galt schon viel, als mit dem Beginne des Jahres
1742 man nach manchen Anzeichen glaubte, endlich die Auf-
stellung und das Aufgebot der Insurrections-Truppen bestimmtere
Form gewinnen zu sehen.

Am 4. Januar hatten sich bei dem Grafen Gundacker
Starhemberg der Hofkriegsraths-Präsident Graf Harrach, dann
der General-Kriegs-Commissär Graf Nesselrode und der Hofkriegsrath Koch zu einer Conferenz versammelt, als deren Ergebniss,
allerdings ohne dabei die Quellen zu bezeichnen, am folgenden
Tage der Königin über den Stand des Insurrections-Wesens und

besonders über jenen der sechs Regimenter in sehr optimistischer Auffassung berichtet wurde :[1])

„Den 6. d. M. sollte das erste, den 8. das zweite und bis zur Hälfte d. M. drei andere Bataillone, dann zwischen dem letzten Januar und dem 10. Februar aber die anderen neun gegen Mähren über Skalitz und die anliegenden Pässe aufbrechen und weiter 3—4000 Mann Portalisten und andere Insurgenten folgen werden, wovon jedoch thatsächlich nur 400 von der Pressburger Gespanschaft gestellte zum wirklichen Aufbruch bereit waren.

Die Conferenz bat hiebei die Königin, sie möge dem Prinzen ihr Wohlgefallen ausdrücken, da ihm in der That das Verdienst gebühre, die bisher so verwirrten Angelegenheiten so weit geklärt und gefördert zu haben, dass der Aufbruch der ersten Bataillone zu gewärtigen sei.

Zugleich wurde eine Entscheidung der Königin über den Rang zwischen den sechs Regimentern, sowie die Ertheilung des Jus gladii und des Rechtes der Officiers-Ernennungen an die Oberste als erforderlich bezeichnet; endlich die Nothwendigkeit betont, von den alten Regimentern erfahrene, gediente Mannschaft den sechs Regimentern zuzutheilen.

Die Königin sandte ihre Weisungen über diese Puncte sofort an den Palatin Grafen Johann Pálffy, welcher dieselben verlautbarte und auch den Grafen Alexander Károlyi hierüber am 11. Januar verständigte: [2])

„Es hat eine hohe Instanz mir dasjenige, was Ihro Königliche Majestät in dem Insurrections-Geschäfte des zugleich gedachten Werkes eifriger Betreibung von erst Allerhöchst ernannten Ihro Majestät eigens anher abgeschickten Herrn Feldmarschallen Herzog zu Sachsen-Hildburghausen Durchlaucht mit letzter Post bedeutet haben, zu dem Ende abschriftlich mitgetheilt, auf dass von solch' Allerhöchster Entschliessung vollkommen Nachricht habe und mich auch meinesorts hiernach zu betragen wisse. Solchemnach habe ich unumgänglich nöthig zu sein ermessen, von kurz erwähnter Resolution auch E. E. ein und anderes zu nachrichtlicher Wissenschaft und in dem Absehen mitzutheilen, um

[1]) K. A. Cabinets-Acten; 1742. I. 1.
[2]) K. A. Sect II.; 1742 I 1.

hievon dem in Dero Districts-Commando neu errichtenden Regiments-Commandanten das Gemessene beibringen zu mögen und besteht solches in Folgendem, als:

1. Wird es für unentbehrlich erkannt, dass der Rang der sechs neu errichteten ungarischen Infanterie-Regimenter, wo es jetzt bereits zum Ausmarsche ein und des anderen Bataillons kommt und selbe in einer Garnison oder Feld zusammenstossen könnten, ausgemacht werde, so haben Allerhöchst gedachte Ihro Königliche Majestät für das Natürlichste und Billigste zu sein befunden, dass solches nach dem Rang, den die Oberste nach ihrem differenten Charakter in Allerhöchstderselben und Dero in Gott seligst ruhenden Herrn Vaters Kaiserlicher Majestät Dienst wirklich haben, oder doch vor diesem gehabt haben, herzunehmen.

2. Das Jus gladii und die Ersetzung der Stabs- und Ober-Officiers-Stellen belangend gewinnt es bei dem sein Verbleiben, was hier in punctis unterm 11. November kurz entwichenen Jahres allschon überschrieben habe, demzufolge die ungarischen Regiments-Commandanten die ausfallenden Kriegsrechte, ausser in jenem Falle, wo der mit unterlaufenden Umstände wegen ein Standrecht zu halten nöthig wäre und ihnen zu halten erlaubt, ante publicationem et executionem sententiae, so lange die Regimenter zu Felde stehen, den commandierenden Generalen, wenn sie aber in Garnison sind, dem hochlöblichen Hofkriegsrath zu weiterer Verfügung zu überreichen, dann wegen Ersetzung gesammter vacant werdenden Stabs- und Ober-Officiers-Chargen ihren Berichtvorschlag an erst mentionierte hochlöbliche Instanz abzustatten und die Entschliessung darüber abzuwarten haben. Hingegen sei

3. die Eintheilung von den Officieren, sonderlich den Hauptleuten, dem Regiments-Commandanten unbedenklich und um so nothwendiger zu überlassen, damit dieselben den Besten und Erfahrensten den Rang vor den anderen in der Absicht beizulegen vermögen, um zur Commandierung eines jeden Bataillons einen tauglichen Hauptmann zu haben.

4. Sei zwar nicht ohne, dass von wiederholt Allerhöchst ermeldeter Ihro Königlichen Majestät den Comitaten die Stellung der Officiere für das erstemal, jedoch aber nur conditionale zugestanden worden, dass nämlich solches mit Einverständniss des

Obersten — cum cointelligentia, wie die Worte des Artikels klar
lauten — geschehe, daher zur Beförderung Allerhöchst Dero
Dienstes dem Consilio locumtenentiali unter Einem Allergnädigst
anbefohlen worden, die Comitate auf genaue Beobachtung für das
Künftige anzuhalten und dass selbe anstatt den bereits gestellten,
des Dienstes unkundigen oder sonst nicht wohl tauglichen Officieren,
sonderlich den Hauptleuten und Lieutenanten, andere taugliche mit
des Obersten Bestimmung noch stellen, allerdings aber anstatt den
Quittierten andere zu ernennen befugt sein sollen, nach dem vigore
articuli nichts anderes als auf oben angemerkte Art eingestanden
ist; dagegen werden aber E. E. den Regiments - Commandanten
gemessen einbinden, aller unnöthigen Häcklichkeit und Chicane
dabei sich zu enthalten und nichts als das Beste des ihnen anvertrauten Regimentes vor Augen zu haben.

Da aber wider Verhoffen zwischen den Comitaten und Re-
giments-Obersten ad hoc in passu es eine Zwistigkeit abgebe und
sie sich nicht mit einander vergleichen, so wird E. E. bekannter
Erfahrenheit und Gerechtsamkeit es überlassen, hierinfalls nach
Dero Gutbefinden die Entscheidung abzufassen, damit ein und
der andere Theil so viel immer möglich zufriedengestellt, dadurch
aber und zuerst die vorgeschriebene Allerhöchste Intention erreicht
werde.«

Auch in einem Begleitschreiben an Károlyi vom 11. Januar
aus Pressburg bemerkte Pálffy :

„Wie angelegentlich Ihre Königliche Majestät die eilfertige
Zustandebringung des Insurrections-Geschäftes in Ungarn betreibe,
ergibt sich schon aus dem, dass mir durch zwei zwischen zwei
Tagen vom hochlöblichen Hofkriegsrathe an mich gerichtete
Staffetten ein solches wiederholt und mehr denn jemals aufgetragen
wird, dass von den Insurgenten Alles, was nur immer von ihnen,
worunter auch die zur Armee nach Böhmen destinierten Portalisten
mit einbegriffen sind, schleunigst in Marsch gesetzt und umsomehr
nach Oesterreich abgeführt werden, als die unserseits allda ange-
fangenen Kriegs-Operationen durch göttlichen Beistand so glücklich seien, dass einige unserer Truppen bereits wirklich in das
Bayerische eingerückt sind, welches E. E. allerdings kundmachen
darf, wie ich dann nicht zweifle, dass solches den Aufsitz aller-

dings beschleunigen werde, indem dieser Umstand die beste Gelegenheit und das eigene Thun und Lassen des Husaren ist.

Solchemnach werden E. E. ob ein- und anderem alle menschenmögliche Sorge tragen und beeifert sein, womit sowohl das dortiger Enden aufgestellt werdende Infanterie-Regiment zu Stande gebracht, als die wirklich vorhandenen Insurgenten ohne Erwartung, dass das ganze Quantum von ein- oder anderen Comitaten oder Districten gestellt sei, in marschbereiten Stand gesetzt und unverweilt den geraden Weg hieher abgehen zu machen, dem nur noch beirücke, dass E. E. mir jedoch hievon die schleunige Nachricht nebst allemal beizufügender Specification des abgehenden Quanti jedesmal im Voraus ertheilen wolle, damit sowohl der Unterkunft willen, als wegen Fortsetzung des weiteren Marsches nach Oesterreich die vorläufigen Anstalten machen könne.«

Es war in Aussicht genommen, die ganze aufgebotene Infanterie, sobald sie gesammelt, nach Mähren zu dirigieren und die Königin ordnete an, dass GFWM. Andrássy diese Infanterie in Ungarisch-Hradisch übernehmen und von da aus an ihre Bestimmung führen solle. Um die Grenze Ungarns zu schützen, befahl die Königin, die ganze Strecke von dem Passe Jablunka bis zur March-Mündung mit den noch nicht ausmarschierten Truppen und den Reconvalescenten der Armee zu besetzen.

Die aus Ungarn zu erwartenden Reiter wurden nach Ober-Oesterreich zum Corps Khevenhüller's, dann zu den Armeen in Böhmen bestimmt, wohin besonders die zur Ergänzung der regulären Husaren-Regimenter ausersehenen Portalisten gesendet werden sollten.

Als die Gefahr immer grösser wurde und Friedrich II. in Mähren vordrang, befahl die Königin an die cis- und transdanubianischen Comitate, Alles, was aufzutreiben sei, Reiterei wie Fussvolk, schleunigst an die mährische Grenze zu senden, den übrigen Comitaten aber, ihre Truppen für allfälligen Bedarf im Lande in Bereitschaft zu halten. Die Infanterie sollte mittelst Wagen bei Tag und Nacht nach Szaboles — Ungarisch-Hradisch befördert werden.

Der Wille der Königin fand nicht die rasche und entschiedene
Befolgung, die hier so nothwendig gewesen wäre.

Die ersten zum Marsche bereiten Bataillone der Regimenter
Andrássy, Ujváry und Bethlen sollten nach Brünn dirigiert werden,
die übrigen befahl die Königin ebenso, wie die Insurgenten, mit
Ausnahme von 400 von Pressburg zum Corps Khevenhüller bestimmten und der zur Armee in Böhmen abzusendenden Portalisten,
noch in Ungarn zurückzuhalten, bis man erfahren habe, wie viele
Leute Khevenhüller noch verlange, dann wie viele die Armee und
das Corps Lobkowitz benöthige, dem es insbesondere an Cavallerie sehr gebrach. Sie glaubte wohl, nach den vertröstenden
Nachrichten, welche sie aus Ungarn erhielt, auch dem Corps
Khevenhüller bald eine grössere Anzahl Insurgenten zuwenden zu
können und schrieb ihm am 4. Januar noch: „Von den von
Pressburg zu Deinem Corps gewidmeten Insurgenten werden
400 Mann diese Woche noch aufbrechen und weil innerhalb
kurzer Zeit 3—4000 Mann aus den übrigen Comitaten ebenfalls
aufbrechen werden und Wir nicht entgegen seien, eine ergiebige
Anzahl davon Dir zuzuschicken, so hast Du Uns fördersamst zu
berichten, wie viele Du derselben, auch auf was für einer Seite
der Donau Du solche haben wolltest, um das Weitere hierin verfügen zu können.“ [1])

Das Aufgebot der eigentlichen Insurrection hatte aber nicht
minder unendliche Schwierigkeiten gezeitigt, als jenes der Infanterie.
Wohl hatten seit December 1741 auf das unermüdete Drängen
und Mahnen der Königin einflussreiche Persönlichkeiten des
Landes, wie der Palatin und der Judex Curiae, durch eindring-
liche Vorstellungen es vermocht, dass die Comitate und Städte
ernstlicher die Stellung ihrer Aufgebote in Angriff nahmen.
Sie begannen ihre Insurgenten zu sammeln und das erste
Ergebniss der Aufgebote schien immerhin so günstig, dass bis
zum Herbste die Aufbringung fast der ganzen vom Landtage
versprochenen Zahl von 15.000 ungarischen Reitern erhofft
werden konnte.

[1]) K. A. Krieg in Bayern 1742. I. 8.

Schon die ersten Leistungen von 27 Comitaten und 7 Städten im Monat Januar mit 1425 Insurgenten und 2374 Portalisten, zusammen 3779 Reitern waren zufriedenstellend und nicht minder jene 16 anderer Comitate und dreier Städte im Monat Februar, die 1733 Insurgenten und 1086 Portalisten, sonach 2819 Reiter ausrüsteten.

Verzeichniss

der im Monate Januar 1742 aufgebotenen Insurgenten [1] von 27 Comitaten und 7 Städten.

Datum	Gestellt von den Comitaten oder königlichen Freistädten	Insurgenten		Portalisten	Zusammen	Anmerkung
		Steht in Person seiner auf:	Stellt an seiner statt			
⁴/₁	Szabolcs			5	5	
⁵/₁	Stadt Gran . . .		1	6	7	
⁶/₁	Pest-Pilis		.	13	13	
	Csongrád		.	21	21	
	Jazygier und Kumanier .		.	69	69	Nach einem
	Csanád		.	12	12	vom F. M.
	Békés	2	.	3	5	Grafen Ale-
	Zaránd	9		51	60	xander Ká-
⁶/₁	Bihar			200	200	rolyi vorge-
	Mármaros			83	83	legten Ver-
	Szabolcs	.		78	78	zeichnisse.
	Hayducken-Städte . .	7		34	41	
	Ugocsa			47	47	
	Ungh			41	41	
⁶/₁	Sümegh	.	86	90	176	
⁶/₁	Debreczin	.		46	46	
⁶/₁	Ofen		1	30	31	
⁷/₁	Raab	.	78	71	149	
⁸/₁	Hont	.	80	56	136	
⁸/₁	Stadt Stuhlweissenburg .	.	1	10	11	
⁸/₁	Árva	.	18	68	86	
¹⁰/₁	Bellus		16	31	47	
¹¹/₁	Szegedin		1	1	2	
¹¹/₁	Käsmark	.	1	1	2	
¹⁴/₁	Comitat Gran		18	37	55	
¹⁶/₁	Kaschau . . .		8	145	153	
¹⁶/₁	Trentschin	44		313	357	Banderium des Comitates: Stab, Officiere u. Personen 12 in 1 Cohorten a 8 Officiere 32 hievon Graf Czobor in Person mit 40 Reitern
¹⁹/₁	Stadt Szabolcs .	11		49	60	

[1] Ung. L.-A. 1742. Fascikel Januar.

Datum	Gestellt von den Comitaten oder königlichen Freistädten	Insurgenten		Portalisten	Zusammen	Anmerkung
		Steht in Person auf:	Stellt an seiner statt			
26/1	Bács		61	61	122	vom Grafen Károlyi vorgelegt.
	Arad		69	53	122	
	Szathmár		400	87	487	
	Bereg		67	47	134	
27/1	Neutra		246	296	542	
3?/1	Bars		180	38	218	
3/1	Abauj-Torna . . .			181	181	
	Summe	73	1352	2374	3799	
			1425			

Verzeichniss

der im Monate Februar 1742 aufgebotenen Insurgenten [1] von 16 Comitaten und 3 Städten.

Datum	Gestellt von den Comitaten oder königlichen Freistädten	Insurgenten		Portalisten	Zusammen	Anmerkung
		Steht in Person auf	Stellt an seiner statt			
2/2	Zips . .				150	Personalisten u. Portalisten summarisch ohne Angabe der betreffenden Kopfzahl, daher in die Rubrik „Zusammen" eingestellt.
3/2	Zaránd		71	212	283	
6/2	Turócz			48	48	
8/2	Bihar		161		161	
12/2	Hont		97	110	207	
13/2	Neográd	20	112	81	213	
13/2	Borsod		51		51	
14/2	Békés	4		22	26	für 5 zu stellende Portalisten sammt Feld-Requisiten 552 fl 30 kr. erlegt, wie vor. für 11 Portalisten 1200 fl.
14/2	Trentschin . . .	160	200		360	
14/2	Stadt Nagybánya . .	1			1	
14/2	» Szegedin . .					
14/2	Pressburg	44		279	323	
16/2	Abauj-Torna		116		146	
19/2	Árva			16	16	
19/2	Ungh	46		35	81	wie vor, für 7 Portalisten u. Fourage 942 fl.
27/2	Stadt Kis-Marton . .	1			1	
23/2	Somogy	40	47	34	121	*) hievon 22 Primaplana. hiezu vom Comitate Zips.
25/2	Zala	264*	142	81	487	
26/2	Komorn		126	18	144	
	Summe	580	1153	946	2669	
			1733		150	
	Gesammt-Summe .				2819	

[1] Ung. L. A. 1742, Fascikel Februar.

Im weiteren Verlauf des Jahres 1742 stieg das Ergebniss der Insurrection allmählich in ebenso günstiger Weise. Vom Adel selbst fanden sich zwar nur 1543 bereit „selbst aufzusitzen“ und 4722 stellten ihren Ersatzmann, dafür aber stiessen 7434 Portalisten zur berittenen Insurrection, die somit Ende 1742 immerhin bereits 13.699 Reiter zählte.

Nach den Acten wurden nebst den in den Monaten Januar und Februar aufgebotenen 3158 Insurgenten und 3460 Portalisten im Monat

März:

Datum	gestellt von den Comitaten oder königlichen Freistädten	Insurgenten		Portalisten	Zusammen	Anmerkung
		Stellt in Person auf	Stellt an seiner statt			
6.	Ungh		81	132	213	Wenig Personales gestellt, da das Comitat arm und die anderen Grundherren in anderen Comitaten wohnen
8.	Bereg	1	46		47	
8.	Stadt Altsohl			14	14	Personalisten und Portalisten summarisch ohne Angabe der betreffenden Kopfzahl, daher in die Rubrik „Zusammen“
12.	Heves				201	
13.	Zemplin				204	
15.	Békés		88		88	
19.	Gömör	100		70	170	
20.	Zaránd			56	56	
	Summe	101	215	272	1089	
			316			

April:

Datum		Insurgenten		Portalisten	Zusammen	
2.	Stadt Raab		78	171	249	
3.	Pest-Pilis-Solt		66	140	206	
21.	Abauj-Torna		21	34	55	
28.	Comitat Raab	1	35	119	155	
30.	Bács		25	61	86	
	Summe	1	225	525	751	
			226			

Mai:

Datum		Insurgenten		Portalisten	Zusammen	
7.	Borsod	46	127		173	
8.	Sohl	5	26	26	57	
8.	Wieselburg	2	27	57	86	
16.	Sáros	31	96	37	164	
17.	Eisenburg	202	305	111	618	
17.	Ungh	2	93	152	247	
	Summe	288	74	383	1345	
			902			

J u n i :

Datum	Gestellt von den Comitaten oder königlichen Freistädten	Insurgenten Stellt in Person auf	Insurgenten Stellt an seiner statt	Portalisten	Zusammen	Anmerkung
7.	Hont	4	92	176	272	
11.	Szathmár	9	256	7(7	1062	
16.	Baranya	4	40	179	223	
20.	Békés		1	37	38	
	Summe .	17	389	1189	1595	
		406				

J u l i :

1.	Bács	.	27	61	88	
9.	Árva		1	250	251	
9.	Mármaros	5	66	187	248	
23	Sümegh	39	167	192	398	
	Summe .	44	261	680	985	
		305				

S e p t e m b e r :

7.	Heves	33	107	155	295	
27.	Oedenburg	122	141	629	892	
	Summe .	155	248	784	1187	
		403				

O c t o b e r :

1.	Neográd	20	45	161	226	
1.	Gran		18	37	55	
	Summe .	20	63	200	281	
		83				

Nicht ganz mit diesen Detail-Ausweisen übereinstimmend, aber doch eine beiläufige Gesammt-Uebersicht gewährend, beziffert eine andere Tabelle die Insurgenten-Stellung mit

Datum	Gestellt von den Comitaten oder königlichen Freistädten	Insurgenten		Portalisten	Zusammen	Anmerkung
		Stellt in Person auf	Stellt an seiner statt			
31./1.	Abauj-Torna . .	.		181		
16./2.	» . .		146	.	382	
21./4.	» . .		21	34		
8./3.	Stadt Altsohl . .			14	382	
24./1.	Arad		69	53	122	
8./1.	Árva		18	68		
19./2.	»			16	353	
9./7.	»		1	250		
24./1.	Bács		61	61		
30./4.	»		25	61	206	
1./7.	»		27	61		
10./6.	Baranya . . .	4	40	179	223	
31./1.	Bars		180	38	218	
10./1.	Stadt Bellus . .			16	31	47	
6./1	Békés	2		3		
14./2.	»	4		22	156	
15./3.	»		88			
20./6.	»		1	31		
24./1.	Bereg		87	47	317	
8./3.	»	1	81	132		
6./1.	Bihar	.		200	361	
8./2	»		161			
12./2.	Borsod . . .		51		224	
7./8.	»	46	127			
6./1.	Csanád			12	12	
6./1.	Csongrád . . .			21	21	
6./4.	Stadt Debreczin			46	46	
17./5.	Eisenburg . .	202	305	111	618	
5./1.	Stadt Gran . . .	.	1	6	7	
1.8.	Gran		18	37	110	
1./10.	»		18	37		
19./3.	Gömör . . .	100	.	70	170	
8./1.	Hayducken-Städte	7		34	41	
12./3.	Heves	.	.	.	204	an Insurgenten und Portalisten.
7./9.	»	33	107	295	499	
8./1.	Hont		80	56		
10./2.	»		97	110	615	
7./6	»	4	92	272		
6./1.	Jazygien und Kumanien . . .			69	69	
18./1.	Kaschau . .		8	145	153	
12./1.	Stadt Käsmark		1	1		
22./2.	Stadt Kis-Marton .	1	.			1 Für 7 zu stellende Portalisten sammt Feldrequisiten 922 fl. erlegt.
28./2.	Komorn . .	.	126	18	144	
6./1.	Marmaros . . .	.		83	331	
9./7.	»	5	66	187		

Datum	Gestellt von den Comitaten oder königlichen Freistädten	Insurgenten		Portalisten	Zusammen	Anmerkung
		Steht in Person auf	Stellt an seiner statt			
14./2.	Stadt Nagybánya . .	1		.	1	Wie vor. für 3 Portalisten 522 fl. 30 kr.
12./2.	Neográd	20	112	81	439	
1./10.	„	20	40	161		
27./1.	Neutra		246	296	542	
6./1.	Stadt Ofen . . .		1	30	31	
27./9	Oedenburg . .	122	141	629	892	
6./1.	Pest-Pilis . . .			13		
3./11	Pest-Pilis-Solt . .		66	140	219	
. .	Pressburg . .	44		279	323	
6./1.	Raab		78	71		
28./4.	„ . . .	1	35	119	543	
2./4.	Stadt Raab . .			78	171	
16./5.	Sáros	31	96	37	164	
7./5.	Sohl	5	26	26	57	
23./2.	Somogy	40	47	34	121	
8./1.	Stadt Stuhlweissenburg		1	10	11	
6./1.	Sümegh		86	90	574	
23./7.	„ . . .	39	167	192		
4./1.	Szabolcs . . .			5		
6./1.	„ . . .			78	83	
19./1.	Stadt Szabolcs . .	11		49	60	
24./1.	Szathmár . . .		400	87	1589	
11./6.	„ . . .	9	256	797		
14./2.	Stadt Szegedin . .		.	.		Wie vor. für 11 Portalisten 1200 fl.
19 /1.	Trentschin . .	44		313	717	
14./2.	„ . . .	160	200			
8./2.	Turócz		.	48	48	
6./1.	Ugocsa		.	47	47	
6./1.	Ungh		.	41		
20./2.	„	46	.	35	682	
6./3.	„		81	132		
17./5.	„	2	93	152		
8./5.	Wieselburg . . .	2	27	57	86	
28./2.	Zala	264	142	81	487	
6./1.	Zaránd	9		51		
3./2.	„	71	212	.	399	
29./3.	„		56	.		
15./3.	Zemplin		.	.	304	Zusammen an Insurgenten und Portalisten.
3./2.	Zips . . .				150	dto.
	Summe .	1543	4722	7134	13699	
			6265			

Die Summe der für zu stellende Portalisten erlegten Gelder betrug 2114 fl. 30 kr

Es ist bemerkenswerth, dass es nur ein Theil der Comitate war, welcher durch Stellung besonders grosser Aufgebote fast die ganze Last der Insurrection trug.

Das Szathmárer Comitat allein stellte 1589 Reiter und überflügelte mit dieser stattlichen Zahl weit alle anderen. Ihm zunächst kam das Oedenburger Comitat mit 892 Insurgenten, dann die Comitate Trentschin, Ungh, Eisenburg, Hont, Raab, Sümegh, Neutra, Heves und schliesslich Zala, die ihrer hier angegebenen Reihenfolge nach 800 bis 500 Reiter aufstellten.

Diese elf Comitate lieferten zusammen 7808 Mann, also mehr als die Hälfte der gesammten aufgebrachten Zahl.

Gute Leistungen boten endlich auch die Comitate Abauj-Torna, Árva, Bereg, Bihar, Mármaros, Neográd, Pressburg und Zaránd, da dieselben an 350 bis 450 Reiter sammelten.

Die Gründe dieser Ungleichheit der Leistungen lassen sich zum Theil aus den Acten wenigstens nicht erkennen, zum Theile wäre auch hier nicht der Platz, näher darauf einzugehen, insoferne sie politischer Natur waren. Es mag genügen, die Thatsache und die Ziffern festzustellen.

In Marsch gesetzt werden konnte im Laufe des Monates Januar indessen nur ein sehr geringer Theil der Insurgenten und am 8. Januar schreibt die Königin wieder an Khevenhüller:[1] dass sie „dem Palatin den gemessenen Befehl ertheilte, wegen der gesammten übrigen Infanterie-Mannschaft und Alles, was von den Insurgenten aufzubrechen im Stande ist, sogleich an die March und Leitha, wie sie beiderseits den nächsten Weg haben, ohne Aufenthalt, Deinem Verlangen gemäss, über die hiesigen Brücken in das Land ob der Enns rücken, ausgenommen jene Portalisten, welche zu den Regimentern zu gehen sich erklären, die werden zur Armee nach Böhmen geschickt." Am 16. Januar[2] benachrichtigte die Königin den Grafen Khevenhüller abermals, dass die 400 im Pressburger Comitate aufgebotenen Insurgenten in Nieder-Oesterreich eingetroffen seien und ihm bald zugesendet werden sollten und sie theilte ihm ferner mit, dass sie erneuert die Comitate

[1] K. A. Krieg in Bayern; 1742. I. 15.
[2] K. A. Krieg in Bayern; 1742. I. 25½.

habe auffordern lassen, Alles in Marsch zu setzen, was marschbereit sei, wodurch sie hoffe, dass es ihm in Kurzem an einer
ergiebigen Verstärkung nicht fehlen werde. Doch Khevenhüller
musste noch am 31. Januar [1] (der Königin melden, dass ihm bis zu
diesem Tage keine Nachricht über anmarschierende Insurgenten
zugekommen sei, ausser einer einzigen von Oberstlieutenant Graf
Rudolf Pálffy, der mit vier Compagnien jenseits der Donau heran-
rücke und den er den Strom bei Mauthhausen übersetzen lasse.

Unausgesetzt mahnte Maria Theresia den Hofkriegsrath,
Mittel zu schaffen, um das Insurrections-Werk in Gang zu bringen.

Der Hofkriegsrath legte indessen der Königin in einem Protokoll
über die Conferenz vom 19. Februar seine Anschauung über die
herrschenden Uebelstände, speciell die Frage der Commando-
Führung, der Assentierung, Gebahrung mit den Geldern durch die
District-Cassiere, endlich über die eigenmächtigen Auslegungen, die
der ungarische Adel für seine Zwecke den Grundzügen des
Insurrections-Wesens gebe, dar. [2]

„Es geschah von dem Praesidio conferentiae der Vortrag,
wie Ihro Königliche Majestät sehr zu Herzen dringe, dass doch
einmal das Insurrections-Werk in Gang gebracht, die Mannschaft
herbeigezogen, das Königreich Ungarn hiedurch bedeckt und dem
Feind in dem Markgrafenthum Mähren eine Diversion und Einhalt in seiner Unternehmung gemacht werde; was nun an dem
gelegen und dass hievon der Schutz deren Länder und Abwendung
des besorglichen Vielunheils abhängt, also hätte Allerhöchstdieselbe
befohlen, heutige Zusammentretung zu veranlassen und Mittel an
Hand zu geben, wie das Werk befördert und die Zusammenziehung der ungarischen Truppen beschleunigt werden könne.

Die Erklärung des ungarischen Oberst-Kanzlers wäre, dass
nach Ihro Majestät Allergnädigstem Befehl die rescripta regia an
die Comitate abgelassen worden wären und dass auch in dem
Eisenburger Comitat die Ausrückung der Insurgenten nicht werde
verzögert werden, nachdem man den Szegedy zum Oberstlieutenant bei dieser Truppe belassen wird; die Ursachen,

---

[1] K. A. Krieg in Bayern; 1742. I. 46
[2] K. A. Cabinets-Acten; 1742. II. 5.

welche theils in der That, theils zum Vorwande der nicht erfolgenden Insurrection gebraucht werden, wären nach den einlaufenden Berichten folgende:

dass erstens einigen Comitaten, wann sie auch schon die Mannschaften haben, ihnen die Montur, Gewehr und andere Requisiten noch fehlen,

zweitens, die Oberste von dem insurgierenden Adel ihre Patente und Ausmachungen als Rang verlangten;

3. dass die Comitate in der Assentierung gehemmt wurden, wie dann sich dessen erst wieder dringend das Altenburger (Wieselburger) Comitat beschwert habe;

4. dass, um einen Fuss von alter Mannschaft zu haben, verlangt wurde, dass von den alten Regimentern die versprochenen 50 Mann jedem Regimente zugetheilt werden;

5. dass die Bezahlung in Richtigkeit gestellt werde, inmassen des consilii regii Meinung und Vorstellung wäre, dass durch den in Pressburg wohnenden Cassier dem Werk nicht geholfen sei und er die Gelder aus allen Comitaten in Zeit nicht an sich ziehen würde, sondern nach des consilii Meinung rathsamer wäre, wenn die Gelder für sothane Regimenter von dem Districtual-Commissär eingebracht und durch solchen an den Cassier in Pressburg übermacht würden. Dieser von Seite der Comitate angebrachten Ursache der Verzögerung setzte die königlich ungarische Hof-Kanzlei ferners bei, dass auszumachen wäre, wer denn das Commando über sothane Truppen noch führen werde, dann, was denen für Generale zugegeben werden sollen, inmassen, wie die Sache jetzo liegt, die Truppen über Pressburg nach Holicz und an die March marschieren, Niemand von ihnen was Eigentliches wisse, kein General ein Commando über solche habe, also nach Willkür und ohne Vorsichtigkeit passiert werde, wo doch der Feind in der Nähe sei; merkwürdig sei aber, was unterm 30. Januar das Komorner Comitat an das königliche Gubernium geschrieben habe, dieses Schreiben hätte das consilium unterm 7. dieses Monates herausgegeben.

Den Anlass sothanen Comitats-Schreibens gab der erhaltene Befehl, dass die Insurgenten vom Adel zu der Armee des Feldmarschalls Grafen von Khevenhüller stossen und nach Bayern gehen sollen. Das Comitat wolle aus der Anrede Ihrer Königlichen Majestät behaupten, Allerhöchstdieselben hätten diese Insurrection blos allein zum Besten des Königreiches und der Krone, dann Ihro geheiligter Person und der Durchlauchtigsten Herrschaft begehrt, wann solche in dem Königreich verbleiben. In der Anrede hätten sich Ihre Majestät erklärt, im Königreich zu verbleiben, arae et foci des Adels, oder wie man auf Deutsch sagen soll, ihre Weiber, Kinder, Freundschaft, Hab' und Gut wären im Königreich und nichts Anderes als dies zu bethätigen, wären sie schuldig, nicht aber den Feind aufzusuchen und herbeizulocken; ihre Erklärung und der 63. Artikel letzteren Landtages berufen sich auf vorhergehende Landesgefahr, nach welchen sie an der Grenze oder im Königreich unter den Districtual-Generalen dienen sollen und wäre das decretum regium klar, dass der Adel wider seinen Willen aus dem Königreich zu gehen nicht angehalten werden könne, woraus dann folge, dass ausser Land zu gehen, allein auf der Willkür des Adels beruhe, nicht aber eine Schuldigkeit sei. Sollte der Adel zu einer in Sold stehenden Armee gezogen werden, folglich unter Commando eines fremden Generals stehen, was würde dieses solchen nicht schimpflich und nachtheilig sein!

Um Ihrer Majestät recht zu dienen, hätten sie nebst Aufsitzung des Adels auch die Stellung des Fussvolkes bewilligt, damit ein- und anderes beisammen bleiben und die Armee des Königreiches formiert und die Glorie Ihrer Voreltern fortgepflanzt werde.

Werden sie zertheilt, so können sie für sich nichts Glorreiches ausführen, denn dass man sie nur zu Partheien, Kundschaften und um Beute zu machen ausschicken solle, wäre der Nation keine Ehre, so dass sie bei den anderen europäischen Nationen wegen derlei Räubereien und Grausamkeiten nur in Verachtung kommen und der Feind zu Repressalien verleitet würde.

Es sei bekannt, dass Viele ihre Portalisten ausser Land geschickt hätten; in diesem zugedachten Falle sind sie verdriesslich und betrübt, denn nach den Landesgesetzen gehören die Portalisten zu den Comitatsfahnen und ein Dominus terrestris hätte keine andere Befugniss, als dass er seine Leute, wenn er selbst zu Felde geht, bei sich behalten, oder so er in mehreren Comitaten begütert ist, diese jenem Comitat zutheilen könne, in welchem er wohnhaft ist.

In einem anderen Schreiben des Guberniums gleichmässig vom 7. Februar wird ein Brief des Neutraer Comitats-Vicegespans Josef Possani indessen und bis von dem Comitat die eigentliche Relation folgt, beigelegt, in welchem er, Vicegespan, meldet, dass er die weggelassenen Insurgenten zurückschafft und mit den übrigen unter Commando des Capitäns Georg Ordody abschicken werde. In seiner und mehrerer auch Edelleute Gegenwart hätte bei der Comitats-Congregation den 26. Januar ein Edelmann sich vernehmen lassen, seinem gestellten Mann befohlen zu haben, dass er auf keinerlei Weise aus dem Königreich gehen solle, was nun eines solchen Menschen bei den Truppen machenden Anstände für Folgen nach sich ziehen können, gäbe er zu bedenken.

Ingleichen ist vorgekommen, dass ein Schreiben ohne Unterschrift, so der General-Kriegs-Commissär aus Kaschau empfangen, wo angeführt wird, was der P. Rector zu Kaschau, Namens Kunics, für Discurs führe: Nämlich die Insurrection wäre fruchtlos, den regulierten Truppen können sie keinen Widerstand machen, anderstens die Unkosten, so hierauf die Ungarn machen, wären ohne Nutzen verwendet, die Feinde werden überwintern; doch Ungarns Privilegien, Güter und Leben wären in Gefahr; ausser Ungarn zu dienen wären sie nach den Gesetzen nicht schuldig.

Die Ungarn können unter keinem deutschen Commando stehen, man müsse nur langsam das Insurrections-Werk tractieren.

Conclusum. Aller Meinungen sind in dem ganz gleichstimmig gewesen, folglich ist auch der Schluss dahin ausgefallen, dass, nachdem es mit dem Insurrections-Werk so weit gekommen sei, dass Alles in Bewegung gesetzt und das Land und das Aerar in so grosse Unkosten verleitet worden ist, so sei auf das, was besser vorhin hätte eingetheilt und nach wohlmeinenden Rathschlägen veranlasst werden sollte, nicht mehr zurückzudenken, sondern alles Augenmerk allein dahin zu richten, damit man durch sothane Insurrection den anhoffenden Nutzen erreichen möge. So ist das Königreich Ungarn selbst zu bedecken, als das Markgrafthum Mähren von der feindlichen Ueberschwemmung wieder frei zu machen, welches zu erwirken kein anderes Mittel ist, als dass man die Leute ad confinia einmal zusammenbringe und sonach zur Operation selbst schreite. Dies nun zu bewirken, ist in anderer Weise nicht möglich, als dass ausgemacht sei, wer über sothane Truppen das Commando führen werde.

Den Palatin könne man nicht umgehen, denn solches ihm nach den Landesgesetzen gebührt, daher denn demselben sothanes Commando anzutragen ist, weil man aber versichert weiss, dass er altershalber es nicht annehme, noch weniger bei diesen Truppen stehen wolle,[1] so ist durch den Hof-Kriegsrath selber zu erinnern, dass er seine Erklärung unverweilt hieher schicken möge, damit Ihre Majestät die Königin sonach es in ordine dem Judici Curiae auftragen könne, indem sobald wissend, dass der Palatinus das Commando abbittet, an den Judicem Curiae gegangen und dieses ihm aufgetragen werden muss, mit ausdrücklichster Bedeutung, dass weil bei führendem Commando der Operations-Plan abzufassen nöthig, also möchte derselbe in persona herauf-kommen, oder einen General, in den er das Vertrauen setzt, hieher abschicken, sonach wäre auf die subalternen Generale zu gedenken und auch Jemand an die Grenze zu schicken, welcher über die täglich mehr zusammen kommenden Truppen das Auf-sehen trage.

Die sonst in Wenigem stehenden Anstände zu beheben, so ist wegen der Montur der Fehler bei den Comitaten selbst, dass sie solche nicht zeitlich, wie es hätte geschehen können, ange-schafft haben. Und an Gewehren sei kein Mangel, sondern zum Ueberfluss abgegeben worden, wann die Comitate solche nur ab-holen wollen.

Die Kriegsraths-Patente werden für die Obersten den Conni-taten ausgefolgt werden, wann sie sich um solche melden und ihren Rang werde man nach dem Tag, als sie ausrücken, aus-messen. Jedes Regiment hätte die 50 Mann von den alten Re-gimentern haben können, wann sie hingegen von der andern Mannschaft 100 solche statt Recruten abgegeben hätten. Man kann aber die alten Regimenter nicht schmelzen lassen, wenn

[1] Es war dies übrigens eine noch keineswegs ausgemachte Sache und Graf Johann Pálffy in seiner begeisterten Treue für die Dynastie und seinem regen Pflichtbewusstsein seinem Lande gegenüber, mehrmals von der Hoffnung beseelt, trotz seines Alters das Commando der ungarischen Truppen übernehmen zu können.

ihnen nicht Recruten zugetheilt werden; um in der Assentierung
den Comitaten keinen Anlass zur Verzögerung zu geben, so sollen
die Regiments-Inhaber selbst befehligt werden, die fehlende Mannschaft zu assentieren, die sonach durch die Comitate allzeit
revidiert werden könne.

Anlangend die Ansichziehung der Gelder für diese neuen
Regimenter, so glaubt zwar der General-Kriegs-Commissär, dass
er, wenn nur in den Comitaten die Zahlung geleistet wird, hierunter schon Rath schaffen werde, besser aber wäre gewesen, in
der Sache keine Neuerung eingeführt zu haben, da sicherlich es
ohne Unordnung nicht ablaufen und in effectu unpracticable sein
wird, dass der Cassier seinen Wohnsitz in Pressburg haben und
nicht bei den Regimentern sein solle. Die Ordnung wäre grösser,
dass wie die übrigen Contributionsgelder bei den Districtual-
Cassen gesammelt werden, also auch diese allda hätten einfliessen
und auf Commissär-Entwürfe an die Regimenter bezahlt werden
sollen. Wenn es aber bei dieser Neuerung doch sein Verbleiben
habe und alles durch diesen besonderen Cassier eingenommen und
ausgegeben werden solle, so wird doch die Practicabilität der
Zahlung erfordern, dass in den Comitaten die Districtual-Com-
missäre die Gelder einnehmen und an den Cassier übermachen.

So viel übrigens die angeführte Beschreibung belangt, so
sind beide letztere von der Eigenschaft, dass nähere Nachricht
abzuwarten und man nach solchen ein wachsames Auge haben
solle. Das Schreiben des Komorner Comitats ist mehr bedenklich
und hiebei die Frage, ob man hierüber eine Rückantwort an das
Gubernium erlassen solle. Wenn die Umstände nicht so, wie sie
sind, beschaffen wären, würde es nicht ausser Acht zu lassen,
ja sehr empfindlich geahndet werden müssen, denn die Prin-
cipien der Insurrection werden auf eine der königlichen Autorität höchst nachtheilige Art vorgestellt,
gleich als Euere Majestät die Insurrection nur zum
Schutz des Landes, Ihrer geheiligten Person und
der Durchlauchtigsten Herrschaft begehrt hätten.

Wenn Sie im Königreich sind, um im Königreich zu bleiben,
hätten Ihre Majestät versprochen, dass der Adel ausser Land zu
gehen nicht schuldig sei, sondern es von seiner Willkür abhänge.
Wenn der Adel bei der übrigen Armee und unter anderem

Commando stehe, gereiche es ihm zu Schimpf. Dass die Armee nicht eine Königliche, sondern des Königreichs Armee wäre, dass, um mit solcher operieren zu können, die Stände die Infanterie stellen, welche von der Cavallerie nicht abzusondern, dass keinem Magnaten und Nobili erlaubt gewesen sei, seine Portalisten zu den Regimentern zu geben. Unbegreiflich ist, das der Judex Curiae, so Obergespan des Comitats ist und von dem dieses Schreiben an Hand gelassen worden, auf solche Gedanken fallen möge. Was er in Pressburg vorgestellt und jetzt durch das Comitat beibringen lässt, läuft einander selbst zuwider, denn in Pressburg hat er vor allen Andern erkannt, dass ohne reguläre deutsche Truppen die ungarischen allein keine wichtige Operation auszuführen im Stande sind und als einem erfahrenen General hat ihm nicht unbekannt sein können, dass, wenn die Truppen errichtet werden, das Commando nach dem Rang des Generals und Officiers gehe. Er weiss, dass die ungarische Infanterie nicht vom Land, sondern aus Eurer Majestät eigenthümlichem contributionali bezahlt werde, folglich dienen müsse, wo es Euer Majestät Allergnädigst befehlen und die Truppen brauchen, er hat seinen Sohn mit den Portalisten des Komorner Comitats zu den Regimentern in Böhmen abgeschickt und ist das Komorner Comitat eines der ersten gewesen.

·Er hat allzeit versichert, dass der Adel ausser Land gehen werde und dass man ausser dem Königreiche vorrücken müsse, damit der Feind nicht ins Land komme; woran nun also die Ursache, so ihm zur Abänderung seiner Meinung verleitet hat, sein möge, das will man um die Sache auf das Glimpflichste zu nehmen, dahin ausdeuten, dass es geschehe, um hierüber das Commando zu überkommen, inmassen er des Zutrauens ist, dass selber des Aufsehens willen, so er im Land hat, die Nobilität allein abhalten und persuadieren könne, im Land zu bleiben oder ausser solchem zu gehen und weil endlich die Ausrückung derselben ausser Land Euer Königlichen Majestät wahrer Dienst ist, so ist das Rathsamste von allem dem zu präscindiren, das Schreiben unbeantwortet zu lassen und ihn hieher zu berufen und so noch mündlich zu bedeuten, dass, wenn er das Commando über solche Truppen haben wolle, er auch mit solchen ausser Land operieren müsse."

Die Königin stimmte diesem Conclusum des Hofkriegsrathes bei, nur sollte es eben „bei der Einrichtung und Verordnung des Cassiers verbleiben, wie es Nesselrode projectiert, der auch, wenn er allein dafür chargiert, für die Ordnung und Reussierung stehen muss."

Aber die Königin entschied auch, um den neuerlichen Bedenklichkeiten des Adels zu begegnen, vorläufig keine Absendungen mobilisierter Insurgenten-Abtheilungen mehr nach Ober-Oesterreich oder Böhmen vorzunehmen; sie gestattete, dass das ungarische Aufgebot innerhalb der Grenzen des Landes bleibe und sie verlangte nur, dass die wirkliche Aufbringung der Insurrections-Streitkräfte endlich zu Ende komme. Sie war des Vertrauens, dass dies jetzt doch ernstlich anempfohlen werden könne, da „die Leute nunmehr sich willfährig und nicht so widerspänstig bezeigen werden, da sie im Lande zu verbleiben haben."

Im Auftrage der Königin eröffnete am 22. Februar[1]) der Palatin Graf Pálffy den Comitaten und dem FM. Grafen Alexander Károlyi, „dass Ihre Majestät nicht nur die Zusammenziehung sämmtlicher sowohl dies- und jenseits der Donau, als dies- und jenseits der Theiss aufzubringenden Insurrections-Truppen eifrigst und gnädigst verlange, sondern auch angeordnet habe, dass die königlich ungarische Infanterie und die übrigen Insurgenten zu Pferd in die Gegend von Holicz[2]) marschieren sollen, da in Mähren sich der Feind ausbreitet und so zu besorgen ist, dass er auch dieses Land mit Brandschatzung und Gelderpressung bedrängen wird. Also rasch alle Bataillone in die Gegend von Holicz oder das nahe hievon gelegene Skalitz, wo sich FML. Baron Ghilányi befindet, welcher dort einstweilen das Commando führt, bis ich oder ein anderer General höheren Charakters hiezu ernannt wird; wobei ich mit der Mittheilung noch zurückhalte, dass ich mich an die Spitze dieser Insurrections-Truppen zu setzen und das mir zustehende Commando zu führen vorhabe."

Die wiederholten Aufforderungen der Königin hatten insoferne einigen Erfolg, als die bereits marschfähigen In-

---

[1]) K. A. Sect. II.; 1742. II. 2½,
[2]) An der March, dicht an der mährischen Grenze.

surgenten gesammelt und dem an der March commandierenden
FML. Ghilányi zugeführt wurden. Nach einem Rapporte des
Generals an den Prinzen von Sachsen-Hildburghausen vom
2. März[1]) sah er bis dahin 1809 Insurgenten zu Pferd bei sich
versammelt.

Es ist bemerkenswerth, dass König Friedrich II. diese Ansammlung von Insurrections-Truppen seinen Nachrichten zufolge als
erheblich bedeutender berechnete, als sie waren; man will sogar
als ein wesentliches Motiv seines baldigen Rückzuges aus Mähren
die Sorge vor ungarischen Massen-Aufgeboten erkennen, jedenfalls
sicherte er seinen Rückzug durch eine verhältnismässig starke
Detachierung an die mährisch-ungarische Grenze, wo es nun allerdings bald zu einigen kleinen Zusammenstössen kam.

Schon in den ersten Tagen hatte der Palatin dem Hofkriegsrathe aber unangenehme Nachrichten vom FML. Ghilányi über die
geringe Disciplin der Aufgebots-Mannschaften vorlegen müssen,
wobei er sich auf seine früheren Warnungen, wie wenig Verlass
auf die Insurrections-Truppen sei,[2]) berufen konnte. Er mahnte
nochmals daran, dass die ungarischen Insurrections-Truppen nicht
ohne reguläre deutsche Mannschaft gelassen werden dürften, da
ohne diese die ungarischen Länder selbst in Gefahr stünden, durch
die eigenen Leute ausgeraubt und verheert zu werden.

Den Klagen Ghilányi's über den Ungehorsam und die Raubsucht
der Insurgenten folgten am 15. März andere über ihre schlechte Haltung beim Zusammentreffen mit einzelnen preussischen Abtheilungen,
die ihnen eine unverhältnismässig grosse Zahl Gefangener abgenommen hatten. Pálffy besorgte sehr, dass die hier zersprengten
und auseinandergelaufenen Leute nun im eigenen Lande überall
Excesse ausführen würden; zwar versicherte er, zur möglichsten
Verhütung dieses Uebels und um die Entlaufenen wieder zur
Armee zu bringen, alle Vorkehrungen getroffen zu haben, doch
verspreche er sich nur geringen Erfolg.

Der Hofkriegsrath erwiderte dem Palatin am 19. März,
dass man jetzt noch kein besseres Betragen vor dem Feinde er-

[1]) K. A. Cab.-Acten; III 2.
[2]) K. A. 1742. XIII. 6½.

warten könne, aber diesen schwachen Trost beantwortete Pálffy schon am 22. März wieder mit der Nachricht von neuem Versagen der Insurgenten, von dem sträflichen Verhalten des Obersten der Komorner Insurgenten, Baron Szluha, gegen FML. Ghilányi und von der Zuchtlosigkeit, in der die in Skalitz zurückgebliebenen Leute, nach dem Abzug des Feindes, raubten und plünderten.

Alle Massregeln und selbst exemplarische Strafen vermochten an diesen Uebelständen nichts zu ändern. FML. Ghilányi konnte es nicht über sich gewinnen, unter solchen Umständen an der Spitze dieser Truppen zu bleiben. Er wendete sich, um eine andere Verwendung zu erhalten, durch den Palatin an den Hofkriegsrath, der an Pálffy am 7. April den Bescheid gab: „Auf den Bericht des Ghilányi, worin derselbe sich sowohl des schlechten Betragens der Insurgenten vor dem Feinde, als ihres übrigen üblen Betragens wegen beschwert und gegen das fernere Commando über diese Truppen protestiert, sieht sich der Hofkriegsrath veranlasst, das Commando dem General Festetics zu übertragen, welcher nach erhaltenen Instructionen allsogleich zur Uebernahme abzugehen hat." [1])

Nicht minder häufig waren die Excesse und Ausschreitungen jener Insurgenten-Abtheilungen, welche sich bei den Armeekörpern in Böhmen und Mähren befanden. Nach dem Breslauer Friedens-Schluss wurden selbe aus Mähren zur Armee gesandt, aber schon am 16. August[2]) klagt GFWM. Seherr an Harrach: „Von zur Armee zurückweichenden ungarischen Insurgenten belastet bin, welche im hiesigen Lande hin und wieder grosse Räubereien und Excesse verüben. Und obzwar alles Ersinnliche vorgekehrt, selbe darum so beschwerlich zu Stand zu bringen seien, als sie sich verschiedener Abwege bedienen. Doch aber sind dieser Tage zu Holleschau und Olmütz ein Wachtmeister und zwei Mann angehalten und anher geliefert worden; worüber mich mit heutiger Post bei einem hochlöblichen hinterlassenen kaiserlichen Hofkriegsrathe anfrage, was mit ihnen zu thun haben werde, welche meines Urtheiles nach wohl verdienten, dass an ihnen ein Exempel statuiert werde." Zwei Tage darauf, am

---

[1]) K. A. Krieg in Böhmen; 1742. VIII. 11½.
[2]) K. A. Krieg in Böhmen; 1742. VIII. 12.

18. August,[1]) berichtet auch Harrach an den Grossherzog, dass die auf Befehl desselben von der schlesischen Grenze und aus Mähren zur Armee abrückende National-Miliz in kleinen Trupps sich sammle und grosse Räubereien und Excesse ausübe.

Wie stark die Insurgenten-Abtheilungen bei der Armee des Prinzen Karl von Lothringen in Böhmen 1742 gewesen, ist nicht zu constatieren, doch ist es gewiss, dass bei GFWM. Festetics nebst den Liccaner- und Carlstädter-Grenzern, drei reguläre Husaren-Regimenter und eine Anzahl Insurgenten standen, die bei der Blockade von Prag mitverwendet wurden.

Am 27. September[2]) musste jedoch Festetics berichten, dass ihm nebst andern Truppen „die Insurgenten auch mehrentheils wegliefen, weil vorige Nacht ein kalter Regen fiel". Am 13. October berichtet er, dass, weil ihn ein grosser Theil seiner Truppen, darunter der Rest der Insurgenten, verliess, er bis Beraun habe zurückweichen müssen.

In Bayern machte GFWM. Splényi von dem erhaltenen Auftrage zur Strenge gegen solche Ausschweifungen ausgiebigen Gebrauch. Am 4. October meldete er an Khevenhüller aus München: „Mit den ungarischen Tumultuanten hat mir ein hochlöblicher Hofkriegsrath mit der Ertheilung des jus gladii nach den Kriegs-Artikeln und dem Erforderniss der gegenwärtigen Umständen zu verfahren, gnädig überlassen; ich bin daher im Begriffe, über die Rädelsführer Kriegsrecht zu halten und selbe exequieren zu lassen. Die Uebrigen habe ich hier zur Schanzarbeit anstellen wollen, weil man aber nunmehr die Mannschaft benöthigt, ist davon entlassen und zu Garnisonsdiensten zu gebrauchen verordnet."

Beim Corps Khevenhüller befanden sich nach einer Standes-Tabelle,[3]) die indessen erst vom Mai datiert, an Insurgenten-Truppen die Contingente des Pressburger Comitats mit 517 Mann und 513 Pferden, vom Neutraer 387 Mann und Pferde, vom Oedenburger 164 Mann und Pferde und schliesslich die erzbischöfliche Cobzat'sche Frei-Compagnie mit 84 Mann und Pferden, zu-

[1]) K. A. Krieg in Bayern; 1742. X. 4.
[2]) K. A. Krieg in Böhmen 1742; XIII. 1.
[3]) K. A. Krieg in Bayern; 1742. V. 16.

sammen 1056 Mann mit 1054 Pferden, wovon jedoch nur 740
Mann und Pferde als dienstbar ausgewiesen waren.

Khevenhüller hatte schon zu wiederholten Malen die Königin
um einen ungarischen General gebeten. Er begründete seine Bitte
in dem Berichte von Landshut am 16. Februar:[1])

„Die Anzahl der ungarischen Husaren und Insurgenten-
Truppen wächst immer mehr und mehr[2]) und ist kein eigentlich
in militaribus erfahrener und hinreichend charakterisierter Officier
vorhanden, der ihre Art und Commando weiss, so bitte ich unterthänigst Euer Kaiserliche Majestät geruhen einen guten ungarischen
General und so es anders möglich, den Nádasdy zu renominieren,
der über sie das Commando zu führen hätte." In dem Erlasse
vom 19. April[3]) an Khevenhüller willfahrte die Königin dem
Wunsche Khevenhüller's: „Du hast schon verschiedene Mal einen
ungarischen General verlangt, der nicht nur bei den unterhabenden
Husaren zu gebrauchen, sondern hauptsächlich mittelst dessen
Direction die ungarischen Insurgenten und die übrige ungarische
National-Miliz in bessere Ordnung und Disciplin versetzt werden
können. Also haben Wir den FML. Freiherrn von Ghilányi
Deinen Befehlen unterstellt."

Ghilányi sollte aber beim Corps Khevenhüller nicht weniger
Mühe und Sorge in seinem neuen Wirkungskreise finden. Auch
hier hatten die im Felde stehenden ungarischen Insurgenten allerlei
Forderungen erhoben. Sie verlangten die Verabreichung eines Ge-
haltes vom Aerar, wenn sie ausser Landes dienten, ein Begehren,
welches nach den Berichten des FM. Prinzen Carl von Lothringen und des FM. Grafen Pálffy aus Mähren und Ungarn,
auch die dort befindlichen Insurgenten gestellt hatten. Der Hofkriegsrath vermochte dies nicht zuzugestehen, er erklärte in
seiner Entscheidung vom 20. April, nicht finden zu können,
„dass diese Leute, wenn sie ausserhalb der Grenze Ungarns
sind, nach Artikel 63 des Landes-Insurrections-Gesetzes eine
mehrere Subsistenz von dem Aerar als Brod und Hafer anverlangen mögen, welches ihnen bisher unentgeltlich aus den Magazinen verabreicht wurde und auch weiters ausgefolgt wird. Die

[1]) K. A. Krieg in Bayern; 1742. IV. 23.
[2]) K. A. Krieg in Bayern; 1742. IV. 28.

Portalisten hingegen haben, wie es bei der Revision sich gezeigt,
ihre Bezahlung vom Lande für die Zeit ihrer Dienstleistung mit
sich gebracht."

Ausser diesen Forderungen verursachten aber Unbotmässig-
keit und Excesse aller Art ärgere Unannehmlichkeiten. Der
Hofkriegsrath drängte daher in einem Erlasse vom 24. April,
„dass Ghilányi schon längst hätte hinauf geschickt werden sollen,
um so mehr, als es die Zeit und Umstände unumgänglich erfordern und in Erwägung, dass diese Leute in keiner Ordnung zu
halten seien, sondern dass sie nach ihrer Willkür im Lande
herumschwärmen, überall in unverantwortlicher Weise Excesse
ausüben und da es ihnen nicht mehr gestattet und Einhalt
geschaffen werden will, so laufen sie nach Hause." Inzwischen
hatte FML. von Festetics am 16. April den Auftrag erhalten,
den FML. Ghilányi in dessen provisorischem Commando an
der mährischen Grenze abzulösen, damit letzterer sobald als möglich das Commando der ungarischen regulären Reiterei und der
Insurgenten bei dem Corps Khevenhüller übernehmen könne.

Wie sich die Generale mühten, aus den Aufgebotsmann-
schaften brauchbare Soldaten zu erziehen, so musste auch die
Königin sich immer wieder an ihren treuen, greisen Palatin
wenden, um Mittel zur Abhilfe gegen die Excesse der Aufgebote auf
den Märschen und gegen das „continuirliche Ausreissen" der
Leute, wie nicht weniger seine Meinung über die neuerliche Forderung der Insurgenten um Erhöhung ihrer Löhnung, die übrigens
Khevenhüller selbst befürwortete, zu verlangen.

Pálffy konnte freilich aus einem reichen Schatze der Erfahrung schöpfen, wenn er die Massnahmen angab, welche derlei
Ausschreitungen schon im Beginne zu ersticken geeignet gewesen
wären, aber seine Rathschläge waren bei der allgemeinen Stimmung
im Lande und den geschwächten Mitteln der Krone nicht immer
durchführbar. Immerhin bieten die Ausführungen Pálffy's manchen
Einblick in die Erscheinungen und Ergebnisse des ungarischen
Insurrections-Wesens.

„Was Euere Königliche Majestät unterm 4. dieses jetzt laufenden Monats an mich Allergnädigst abzugeben geruhten, ein solches
habe ich mit der grössten Devotion erbrochen und darin beson-

ders mein Augenmerk auf drei Anmerkungen gerichtet, da nämlich Euere Königliche Majestät die den Insurgenten und Portalisten
mitgegebene ungleiche Bezahlung berühren, anderwärts aber von
mir die zu eröffnenden Gedanken Allergnädigst abverlangen, wie
den von besagten Insurrections-Truppen ausübenden Excessen und
wie dem so nachtheiligen Ausreissen durch fernere Allerhöchste
Anordnungen Ziel und Mass gesetzt werden könne.

Ueber das Erstere kann ich meine alleruntertänigste Anzeige
mit jener Ausführlichkeit, wie ich wohl gerne wünschte, aus er-
mangelnder genügender Wissenschaft nicht ertheilen, welche Insurgenten und Portalisten nur auf drei, andere hingegen auf sechs
Monate bezahlt sind; wie es aber dazu kommt, dass einige Magnaten und Edelleute ihre Mannschaft nur zum Theil gestellt haben,
also bin ich nunmehr an dem, allenthalben die Verlässlichkeit einzuholen, was jeglicher an seinem zu praestieren gehabten Quanto
zu Feld geschickt und wie weit ein und andere mit Löhnungs-
gebühr versehen worden sind, um hiernach Euer Königlichen
Majestät die so tiefschuldigst als umständliche Auskunft über-
schreiben zu können, allermassen die unwidersprechliche Billigkeit
selbst mit sich bringt, dass, nachdem man in dem letztgewesenen
Landtag mit einstimmigem Ruf Gut und Blut für Deroselben
Allerhöchste Dienste aufzusetzen sich anheischig gemacht, nun
auch Dasjenige in vollständige Erfüllung gebracht werde, wozu
man sich auf Euer Königlichen Majestät von dem Allerhöchsten
Throne gethaner Anrede freiwillig und als getreue Vasallen und
Unterthanen erklärt hat.

Was hiernächst die Abstellung der Excesse, welche besagte
Insurrections-Truppen hin und wieder, wo sie durchmarschiert, aus-
geübt haben und noch continuieren, belanget, da redet zwar der
63. Artikel von den letztern direct einigermassen, auf welche Art
und Weise solchen gesteuert werden solle, gleichwie aber die den
Insurgenten vorgesetzten Officiere ihren untergebenen Leuten nur
gute Worte geben und von allen Bedrohungen, noch mehr aber
von der Bestrafung abstrahieren müssen, also hat der arme Unterthan
nothwendigerweise den Muthwillen dieser Leute um so härter zu
empfinden gehabt, anerwogen weder die Gespanschaften noch die
vorgesetzten Officiere aus den angezogenen Umständen für Ver-
flossenes haften können und sonst auch keine Hilfsmittel zu des

Unterthans dermaliger Indemnisierung auszusinnen wüsste, nachdem jetztberührte Truppen in keine Regimenter eingetheilt sind, um folgsam ein auf ordentliche Art zusammengesetztes Corps für den verursachten Schaden, wie es bei regulierten Regimentern gewöhnlich, repondieren zu machen. Weil aber sich die Umstände nunmehr geändert und diese neue Miliz grösstentheils bei den deutschen Truppen angehängt ist, allwo die Officiere gegen ihre untergebene Mannschaft schon mehr Ernst und Schärfe gebrauchen können und sollen, auf dass die exorbitanten und zur äussersten Bedrängniss des ohnedies hart betroffenen Unterthans gereichenden Ausschweifungen eingestellt werden, also wäre hierinfalls der unschuldigen Meinung, dass nach den allgemeinen Kriegsregeln, welche doch auch von Königen von Ungarn gesetzt und befestigt worden sind, eine gemessene Strafe den Leuten publiciert und nachher damit gegen die weiteren Transgredienten mit allem rigor und ex instanti vorgegangen würde, wo mich dann versichert halte, dass ein, so anderes statuirtes Exempel die anbegehrende Wirkung ungezweifelt machen thäte, wenn zuvor die Officiere selbst ihre Schuldigkeit bezeigen, sich den nunmehrigen Schutz von deutschen Truppen zu Nutzen machen und unter den Leuten die gehörige Kriegsdisciplin halten werden.

Euere Königliche Majestät geruhen ansonsten Allergnädigst persuadiert zu sein, dass ich wegen des continuierlichen Ausreissens der Insurgenten und dass durch diese, auch mehr andere Unordnung der Allerhöchste Dienst und Interesse sogar schlecht besorgt wird, nicht wenige Schmerzen empfinde, sonderheitlich aber hat mich neuer Dingen auf das Härteste gerührt, dass von dem Szalader Banderium und zwar von denjenigen an hundert Köpfen, die ich zu einer etwelchen geringen Besorgung bei dem FML. Pestvármegyei zu Skalitz an den mährischen Grenzen zurückbehalten, letzter Tage auf einmal etliche und dreissig durchgegangen sind. Ich habe daher noch am letztverwichenen Samstag, wegen dieses schädlichen Ausreissens, die Sache in dem hiesigen Concilium locumtenentiali proponiert, um eine Abhelfung hierunter zu treffen, weil man die noch schädlicheren Räubereien besorgen müsste, wozu die Leute gar leicht verleitet werden könnten, da sie mit Wehr und Waffen versehen, auch beritten gemacht worden sind.

Man hat auch in der Frage der fürzunehmenden Bestrafung nicht nur keinen Anstand, sondern vielmehr nach dem Articulum XII Ferdinandi primi Imperatoris de anno 1552 vorgefunden, vermöge welchem derlei Ausreissern die Todesstrafe zuzuerkennen ist, mithin beruht es auch bei Dero gerechtester Entschliessung allein, ob Allerhöchstdieselbe derlei Deserteurs nach ihrem verdienten Lohn ansehen zu lassen befehlen oder aber hierunter die angeborne Clemenz gebrauchen und besagte Todesstrafe in eine leidentlichere Züchtigung verändern wollen, dergestalt man eben des Dafürhaltens wäre, dass Euere Königliche Majestät ein grösserer Vortheil dadurch zuwächst, wenn eröffnete Deserteurs, die grösstentheils in ihre Gespanschaften, wo sie hergekommen, zurückzukehren pflegen, allenthalben aufgesucht, handfest gemacht und auf zwei, drei oder auch vier Jahre unter den wirklichen Husaren-Regimentern zu dienen commandiert, solchemnach mit Pferd, Gewehr und allen jetzt benannten Regimentern anstatt Recruten zugetheilt und endlich dadurch diejenigen Unkosten, welche auf die Recrutierung und Remontierung zu verwenden kommen, in Ersparung gebracht würden, wobei aber einer unumgänglichen Nothwendigkeit zu sein erachtet wird, dass Euere Königliche Majestät an die sämmtlichen Gespanschaften und Obergespane die nachdrücklichsten Befehle wegen Ausfindigmachung und Aufsuchung der Deserteurs, auch dass sie sogleich jederzeit anher auf Pressburg eingeliefert werden, ausfertigen lassen, weil man ausserdem niemals das führende Absehen zu einem Effect zu bringen wird vermögend sein. Es gibt leider die Erfahrenheit und ist schon von ein und dem anderen neuen Infanterie-Regiment die Nachricht eingeschickt worden, dass die Unterthanen selbst die Leute zum Ausreissen anlocken und ihnen Unterschleif geben, mithin ist es ja der Gerechtigkeit allerdings conform, dass Euere Königliche Majestät gegen Jene, welche derlei strafbare Anleitungen und Hilfsmittel zu geben sich erkühnen, umsomehr eine Strafe zu setzen geruhen möchten, als dieses Uebel, anstatt man es zu beheben vermeinte, nur durch anderwärtige Bosheit vergrössert würde. Ich unterwerfe zwar diese meine geringen Meinungen gar gerne mehr einsehenderer Erkenntniss, jedoch weiss ich gewiss, dass meine Treue und Devotion gegen Euere Königliche Majestät ohne Ende und ungefärbt ist, auch solange ich einen Athem ziehe, fortdauern wird."

Der Forderung höherer Löhnung stellte sich der Palatin entschieden entgegen:

„Ich habe mit verwichener Ordinari zwei vom 21. und sieben vom 25. dieses laufenden Monats an mich zu erlassen beliebte Schreiben mit gewöhnlicher Hochschätzung rechtens erhalten, wovon einige in blossen zu meiner Direction gereichenden Beantwortungen, die ersteren zwei aber hauptsächlich in dem bestehen, dass die in Böhmen und Bayern bei den Armeen befindlichen Insurgenten und Portalisten, weil einigen nur bis Ende August die Verpflegsgebühren mitgegeben worden, mit welchen zeitlich zu versehen, zuförderst aber dem Herrn Feldmarschall Grafen von Khevenhüller die aus gemeiner Operations-Casse gemachten Anticipationen restruieret, von mir aber wegen der von 4 auf 6 kr. zu erhöhenden Saldierung, wozu erwähnter Herr Feldmarschall den Antrag macht, die weitere Gutmeinung eröffnet werden möchte. Wie ich nun eine hohe Instanz versichern kann, dass unerachtet mir bekannt, wie von verschiedenen Comitaten die diesfällige Vorsorge getroffen und die Gelder für die Insurgenten abgeschickt worden, man nichtsdestoweniger per Circulare die Ermahnungen an allseitige Behörden abgeben und diessfalls die Behörde Sorge zu tragen, ununterlassen werde; also wüsste ich im Gegentheil weder die Gespanschaft noch Magnaten und Edelleute zur Augmentierung der ausgemachten Verpflegsgelder zu obligieren oder zu persuadieren, da einer hohen Instanz ja nur in allzufrischem Andenken steht, was es für Mühe kostet und für Hindernisse entgegen gestanden, dass die Comitate nur zur abreichenden Tertialität der Verpflegung mit monatlich sechs Gulden auf jeden Kopf gebracht worden; es stünde auch zu besorgen, dass verschiedene andere Anstände, die man zur Beförderung Allerhöchsten Dienstes zu unterdrücken gesucht, nun wieder rege gemacht und solchemnach ohne Frucht etwas gesucht würde, welches schwerlich oder gar nicht anzuhoffen steht. Ich reaccludiere demnach das mir zuzusenden beliebte Schreiben von wiederholtem Herrn Feldmarschall Grafen von Khevenhüller hiemit wieder zurück und wundere mich sehr, dass die Insurgenten, wenn sie so sehr excedieren, nicht mit gehöriger Schärfe angesehen und abgestraft werden, nachdem sie durch dergleichen Nachsichten desto mehr in ihren Bosheiten bestärkt und nicht im Geringsten sich bessern werden.“

Der empfohlenen grösseren Strenge gegen die Ausschreitungen und Excesse pflichtete Khevenhüller seinerseits bei, er sprach am 1. August[1]) dem Hofkriegsrath gegenüber es auch als seine eigene Meinung aus, „dass eine exemplarische Bestrafung der Insurgenten der ausgeübten Excesse wegen zu ihrer besseren Inzaumhaltung Vieles beitragen könnte."

Aber er kam doch auch in seiner gewohnten milden Fürsorge für seine Soldaten wieder darauf, den Insurgenten eine Löhnung wie den Husaren zu geben, denn „in Bayern kann man mit vier Kreuzer täglich nicht auskommen; auch die anderen hier stehenden Husaren haben sechs Kreuzer und es wäre für den Dienst zuträglich, dass die ungarischen Insurgenten sechs Kreuzer erhalten, um dieselben mit den Andern in der Verpflegung gleich zu stellen. widrigenfalls die Excesse dieser Leute ohne Ende sein und sie aus Abgang hinlänglicher Subsistenz niemals in eine rechte Ordnung und Disciplin zu bringen und zu erhalten sein werden."

Eine solche Bitte für die Soldaten war bei der Königin stets freundlicher Aufnahme sicher und der Hofkriegsrath benachrichtigte Khevenhüller am 1. September, dass Ihre Majestät die Zulage von täglich zwei Kreuzern für die Insurgenten genehmigt habe, „dagegen Sie gegen jene Insurgenten, die sich heimlich entfernen, mit desto mehr Schärfe verfahren."

Wenn die „selbst aufsitzenden" Insurgenten so vielen Anlass zur Beschwerde durch ihr Benehmen gaben, so erwiesen sich dafür die Portalisten im Allgemeinen als ein sehr schätzbares Element. Meist ungarische Bauern- und Bürgersöhne, zählten sie im Ganzen über 7400 wohlausgerüstete Reiter, welche in dem Masse, als sie aufgeboten waren, auf Befehl der Königin zu den Armeen marschierten. Dort wurden sie zur Deckung der Abgänge in die regulären Husaren-Regimenter eingetheilt, fanden feste, geordnete Verhältnisse, erfahrene kriegsgeübte Vorgesetzte, tapfere Kameraden und diese Miliz-Reiter wurden in kurzer Zeit treffliche Husaren.

So sehr Maria Theresia in den Desertionen bei der ungarischen Infanterie und den Tumulten und Excessen der Insurgenten Ursache

---

[1]) K. A. 1742. VIII. 8.

zu hohem Unmuthe fand und dies auch in allen Anordnungen
gegen diese Uebelstände wiederholt zum Ausdrucke brachte, eben
so sehr zeigte sich die Königin von bravem Verhalten befriedigt
und ihre Zufriedenheit mit den Portalisten, die nun doch ebenso-
gut Theile der Insurrection waren, wie die Personalisten, kam daher
auch diesen schliesslich zu Gute.

Schon am 3. Juli hob die Königin in einem Erlasse an die
ungarischen Stände hervor, dass die Reiterei in Bayern und Böhmen
vorzügliche Dienste leiste, dass sie daher dieselbe weiter zu behalten
wünsche und die Stände ersuche, darüber bald ihr Gutachten
abzugeben.

Wie alles Uebrige, so nahm die Königin auch die Lösung
dieser Frage in eigene Hand und es gelang ihr, das Zugeständniss eines weiteren Dienstjahres zu erhalten. Ein Handschreiben
der Königin vom 10. September 1742 an die Obergespane der
Comitate leitete die Angelegenheit ein, Worte von hinreissender
Gewalt, die wohl geeignet waren, ungarische Herzen zu entflammen.

„Wenn je nicht nur die Treue des ungarischen Volkes gegen
seine Königin und Herrin allein, sondern auch, wie es wahren
Bürgern des Vaterlandes ziemt, dessen ausserordentliche Liebe zu
einer gütigen Fürstin und zärtlichen Mutter hervortrat, so fand
dies wohl in reichem Masse bei dem letzten Landtage seine Bestätigung, wo die allgemeine Insurrection des Königreiches mit
einhelligem und glühendem Eifer der getreuen Stände des Reiches
beschlossen und für Mein Haus und zur Wahrung Meiner Rechte
die Waffen unverzüglich und mit lobenswerthem Wetteifer ergriffen
wurden. Nicht geringer waren auch die Beweise martialischer
Tüchtigkeit, welche daraus hervorgingen und dem Volke eigen-
thümlich zu sein scheinen.

Und da Ich der Früchte, die Ich davon erntete, immerdar
dankbar eingedenk bleiben werde, so gereichte es Mir und wird
Mir auch fernerhin zu nicht geringer Befriedigung gereichen, dass
Alles, was zur Steigerung des Ruhmes des ungarischen Namens
dient, auf Veranlassung Meiner Regierung selbst in ganz besonderer
und umso glänzenderer Weise, mit glückverheissenden Vorbedeu-
tungen, aller Welt bekannt geworden ist.

An Euch ist es nun, zu Ende zu führen, was Ihr so ruhm-
würdig begonnen habt. Wohl ist auf einer Seite der Friede her-

gestellt und die übrigbleibenden Feinde hie und da besiegt, aber
noch nicht überwunden und selbst die Niederlagen, die sie erlitten
haben, scheinen sie eher zur Vernichtung Meines Hauses anzu-
eifern, als ihnen friedlichere Gesinnungen einzuflössen.

Ihr hartnäckiges Bestreben, Mich, entgegen den Friedens-
Verträgen, den Bündnissen und Versprechungen zu unterdrücken,
setzt schon das Aeusserste in Bewegung. Ein neues starkes Feindes-
heer droht benachbarten Ländern mit weiteren Verheerungen und
beabsichtigt zweifelsohne auch in das löbliche Königreich wegen
des Bandes einzufallen, welches dasselbe unter einer Fürstin mit
jenen Ländern vereinigt.

Doch ist die Aufgabe nicht allein, diese Verheerungen abzuwenden, sondern auch die Urheber solch' ruchlosen Beginnens zu
züchtigen; woferne nur Euer Eifer in Verfechtung Meiner gerechtesten Sache, wie Ich ihm vollends vertraue, Meiner Liebe zu den
gesammten getreuen Ständen des Königreiches auch weiterhin vollkommen entsprechen wird.

Gegen diese so unerwartete neue Gefahr bedarf es schleuniger
Abhilfe und da Mir nichts näher liegt, nichts wichtiger ist, als
dass so oft es sich um das Wohl der Mir unterthänigen Völker
handelt, nichts zur Wahrung desselben unversucht bleibe, doch
aber auch jener Weg eingeschlagen werde, der ihnen die geringsten
Lasten auferlegt und zugleich bezüglich des unangetasteten Fort-
bestandes ihrer Rechte und Freiheiten nicht dem geringsten Miss-
trauen Raum gewährt: so war Ich auch diesmal um Ermittlung
eines solchen Auskunftsmittels auf das sorgfältigste bemüht. Ich
glaubte diese beiden Ziele kaum besser erreichen zu können, als
wenn Ich einerseits die am Schlusse des Militärjahres noch auszu-
zahlenden Kosten auf Mich nehme und andererseits Meine Wünsche
nicht als Herrin und Königin, sondern als eine den freien Eifer
jedes Einzelnen anrufende Fürstin und Mutter kundgebe.

Das aber, was Ich Mir von dem überströmenden, treuen und
freiwilligen Eifer eines Jeden bei dem gegenwärtigen Stande der
Dinge verspreche, besteht darin, dass die nach den Bestimmungen
des Landtags-Beschlusses gestellte Reiter-Miliz, sei es unter der Bezeichnung „Insurgenten" oder „Portalisten", mit Kleidung, Waffen
und Pferden gehörig versehen, einrücke und bei Meinen Kriegs-
heeren auch nach Ablauf dieses Militärjahres zum Ruhme des

12*

Volkes, zu Meinem, Meines Hauses, des Reiches und der
Rechte, sowie der gerechtesten Sache, die es jemals gegeben hat,
Schutz, dort wo es nöthig ist, verbleibe, jedoch auf meine Kosten
erhalten werde; besonders weil diese Miliz wegen verschiedener
eingetretener Hindernisse erst später aufgestellt werden konnte, als
mit den getreuen Ständen vereinbart worden.

Grosser Dank gebührt dem gütigen göttlichen Wesen, dass
die Gefahr, welche zur Zeit des letzten Landtages dem Königreiche selbst nächst bevorzustehen schien, weit von seinen Grenzen
abgewendet wurde und aus diesem Grunde der grösste Theil der
Lasten, welche die Unterhaltung dieser Miliz verursachte, entfiel.
Ich wünsche nicht einmal, dass Jemand einen Theil der Lasten,
welche damals offen zutage lagen, auf sich nehme; sondern da Ich
die Last der ganzen Unterhaltung nach Ablauf des Militärjahres
auf Mich zu nehmen erbötig und bereit bin, handelt es sich alleinig darum, dass der gestellte Soldat von dem Ziele, für welches
er bestimmt ist, nicht abberufen werde, bevor das Werk nicht
vollendet wäre.

Der grösste Theil der Mühen ist überwunden und jedem der
Weg zur Vermehrung seines Vortheiles und Ruhmes gebahnt,
aber die reichlichsten Früchte werden vorzüglich Jenen zufallen,
welche sich aus eigenem Antriebe dem Aufgebote der alten Krieger
anschliessen.

Ihre, Getreuer Lieber, Sorge wird es sein, alles dieses in
Meinem Namen deutlich und klar Jenen, welche zum Comitate,
dem Sie vorstehen, gehören und zwar vorläufig einem Jeden ein-
zeln auseinander zu setzen; den Wetteifer und das Verlangen sich
um Mich, um das Vaterland und um den Ruhm des ungarischen
Volkes wohlverdient zu machen, weiter anzufachen und die Hoffnung auf Belohnung durchblicken zu lassen, welche vornehmlich
Jenen zufallen wird, die es Anderen zuvorthun.

Auch werden Sie die Beweise des Wetteifers in solchem
Bestreben treulich zu Meiner Kenntniss bringen, damit Ich so oft
sich Mir die Gelegenheit bietet, nach Billigkeit belohnen kann.

So gross ist das Vertrauen, welches Ich in den einmüthigen
Eifer der getreuen Stände setze, dass Ich im Voraus sicher überzeugt bin, es werde gleichwie meine Liebe gegen jeden Einzelnen

dieselbe ist, auch in Bethätigung des vorerwähnten Eifers keinen Unterschied geben.

Und im Uebrigen bleibe ich Ihnen, Getreuer Lieber, mit Meiner königlichen Gnade und Milde gütig und fortan gewogen."

Die Worte der Königin wirkten weiter und es ist ein eigenthümliches und erhebendes Bild, wie der, seine junge Königin über Alles verehrende, greise und doch noch mit fast wunderbarer Kraft und Frische begabte Palatin, die Herzen der Edelleute fast im Sturme erobert und sie zu einer Begeisterung hinreisst, wie sie kaum an jenem denkwürdigen Septembertage des Jahres vorher in so hellen Flammen aufloderte.

Er berichtet am 16. September 1742 über seine Bemühungen im Pressburger Comitat:

„Als ich Euer Königlichen Majestät an mich Allergnädigst abgelassenem Befehl gemäss den 15. d. M. das hiesige Comitat zu einer Zusammenkunft und Congregation zu Sommerein, in welcher Gegend von dem Adel die Meisten ihre Wohnungen haben, bestimmt, mich persönlich dahin verfügt und an solchem Tage dem alldortigen versammelten zahlreichen Adel Euer Majestät recht mütterliches Herz und durch Dero Allergnädigste Briefe gegen die gesammte ungarische Nation auf das allerzarteste an's Licht gegebene und ausgedrückte Königliche Neigung, Huld und Gnade, das unchristliche und ungerechte Vorhaben Dero Feinde und die daraus fliessende Gefahr sowohl insgemein, als einen Jeden insbesondere pflichtgemäss vorgestellt und Euer Majestät Allergnädigstes Ansinnen wegen Ueberlassung auf ein Jahr der Insurgenten und Portalisten mit den dazu Allergnädigst bewilligten Bedingnissen meiner allerunterthänigsten Schuldigkeit gemäss vorgetragen, so muss es mit höchstem Vergnügen allerunterthänigst gestehen, dass ich bei dem gesammten hiesigen Comitats-Adel ohne Ausnahme für Euer Königlichen Majestät und Dero Königliches Haus einen unbeschreiblichen Eifer, Treue und Devotion gefunden und dass Alle insgesammt mit gleicher Bereitwilligkeit ihre Insurgenten und Portalisten mit Gewehr, Pferd und allem Zugehör mit den allerunterthänigst angenommenen Bedingnissen zu Euer Königlichen Majestät fernerem Königlichem Dienst treu gehorsamst überlassen. Und damit der Allerhöchste Euer Majestät

Königliche Thaten und Waffen segne, und allenthalben glückselig mache, wiederholtermassen angewünscht, auch mit oft wiederholter Ausrufung: „Vivat Maria Theresia!" ihre allerunterthänigste Devotion ausgedrückt; desswegen sie denn auch gleich und allsobald die hier beigebogene allerunterthänigste Antwort an Euere Königliche Majestät allersubmissest abzuschicken mir übergeben nicht weniger die nöthigen Dispositionen an ihre Officiers, damit nämlich sothane Ihre Insurgenten und Portalisten auch hiefür noch ein Jahr Euer Königlichen Majestät tapfer und treu dienen sollen, zuzuschreiben, allerunterthänigst eingewilligt, welches ich ebenfalls als Palatinus und sothaner Miliz General-Capitain ihnen auf das Nachdrücklichste anzubefehlen und anzurecommandieren nicht unterlassen. Gleichwie aber alles dieses, die Leute in den Kriegs-Diensten beizubehalten, nicht vermögend sein wird, soferne auch nicht die Besten und Geschicktesten von den Officieren daselbst verbleiben sollen, also wäre meine allerunterthänigste Meinung, damit durch Ihre Königliche Hoheit oder andere dazu commandierende Generale die erfahrensten, geschicktesten und die tapfersten Officiere, so auch zugleich bei dem gemeinen Manne die beliebtesten wären, auserkoren und auserlesen, solche zum Verbleiben beredet, nachdem aber durch sie auch die Gemeinen mit desto grösserer Freude zu bleiben disponiert werden möchten.

Was für Versprechen und mehr dergleichen Anreizungen sothanes Disponieren begleiten müssen, wird ohnedies jedem unter den Generalen bekannt sein und gleichwie bei den Officieren zu beobachten, so wird auch bei den Gemeinen in Acht zu nehmen sein, damit nicht gleich auf einmal der Vortrag geschehe, sondern nachdem vorher die Beredsamsten und Vornehmsten zu verbleiben, insbesondere persuadiert werden, alsdann erst auf einmal allen Euer Majestät Allergütigste Intention und der allerunterthänigste Comitats-Schluss eröffnet werde. Vor allem aber bitte allunterthänigst, damit ein oder anderes durch Euer Majestät in Vorfundierung der Husaren zu verbleiben, Allergütigst applaudierende Mittel, nur auf das baldeste und ehe und bevor der gesetzmässige Termin vorbeigeht, die Portalisten und Insurgenten schon im Voraus auf das Künftige treu zu dienen und vor Ausgang des Octobers 1743 die Kriegsdienste nicht zu verlassen, beeidigt möchten werden."

Die Königin ertheilte an Khevenhüller am 19. September die erforderlichen Befehle:

„Da der Termin der articulariter bewilligten Insurrection zu Pferd sich den letzten October endigt, so habe bei noch fortdauernden misslichen Umständen der Noth ermessen, auf dessen Erstreckung zeitlich zu gedenken. Dieselbe zu erhalten, ohne dass Mein Aerarium nach solcher Zeit die Verpflegung übernehme, war nicht wohl zu hoffen und hat man endlich genug zu gewinnen geglaubt, wenn die Mannschaften, sie bestehen gleich aus Insurgenten und Portalisten, mit Gewehr und Pferden überlassen würden.

Um nun ein Solches zu erreichen, ist nebst den durch seine Behörde erlassenen Rescripten, noch ein Handschreiben an jeden Obergespan abgegangen. So auch in dem Pressburger Comitat die aus des Palatius Bericht erhellende gute Wirkung gehabt.

Ingleichen hat das Eisenburger Comitat Meiner Intention mit gleichem Eifer und Einstimmigkeit sich gefügt und Meiner Willkür noch überdies überlassen, die von ihnen bereits gestellte Mannschaft in einem Corps zu behalten, oder während der Prolongation unter die ungarischen regulierten Regimenter zu stossen. An der Nachfolge der übrigen Comitate ist fast nicht zu zweifeln, mithin bleibt allein noch übrig, die etwa auf ein Jahr bedungene Mannschaft zu vermögen, dass sie den von den Comitaten ihnen zukommenden Anmahnungen nachleben. Solches muss nun bei der Armee geschehen. Auf die bei den Insurgenten befindlichen Officiere wird Vieles, ja das Meiste hierunter ankommen, mithin wird diese zu gewinnen, vor Allem nöthig sein. Und trage keine Bedenken, auch ihnen während der Dienstzeit die Verpflegung zu reichen, wenn sie eine proportionierte Anzahl der Gemeinen beizubehalten vermögen. Auf solche Weise werden sie durch ihr eigenes Interesse angefrischt, Meine Absicht zu befördern, zugleich aber verhütet, dass Mir eine grössere Last als Nutzen daraus erwachse."

Neben diesen von nicht eben grossem Erfolge begleiteten Bemühungen um die Organisierung der Insurrection, soweit sie das Aufgebot des „zum Aufsitzen" berufenen Adels und der Portalisten anbetraf, giengen selbstständig die Massnahmen zur Aufstellung des wichtigsten und grösseren Theils der von der ungarischen Nation ihrer Königin dargebotenen Kriegshilfe, der sechs ungarischen In-

fanterie-Regimenter, ununterbrochen und ebenso mühselig einher.
Die Formierung dieser Truppen, welche eine von sämmtlichen Comitaten gemeinsam aufzubringende Leistung darstellte, erforderte eine
einheitliche und gleichförmige Leitung und am 9. Januar 1742
wurden daher auch commissariatische Subaltern-Beamte für das
Assentgeschäft auf den 24 designierten Sammelplätzen ernannt.[1])

Gelegentlich dieser Nominierung der Assent-Beamten wurden
auch Anordnungen[2]) über das Vorgehen für Bezahlung der Verpflegs-
gelder an den zu Pressburg hiezu bestellten Cassier, sowie über
das Verhalten der Amts-Subalternen in den ihnen zugewiesenen
Stationen ausgegeben.[3])

[1]) Ungar. L. A.; 1742 zu 9/1 A
[2]) Ungar. L. A.; 1742 zu 9. November. B.
[3]) »1. Nachdem nunmehr für die sechs ungarischen Infanterie-Regimenter
der Cassier Petricsevich wirklich angestellt ist, so können gegen dessen von
dem Herrn Ober-Kriegs-Commissär zu Pressburg coramisierte Quittungen sowohl
für die Feldrequisiten von jeder Porta zu bezahlen kommenden zehn Gulden,
als die übrigen für ersagte Regimenter exscindierten Verpflegs-Gelder auf Abschlag
des Quanti contributionalis bezahlt werden

2. Den commissariatischen Subalternen ist allschon gemessen mitgegeben
worden, dass sie in ihren Stationen die Assentierung befördern, es möge ihnen
die Mannschaft in grosser oder kleiner Anzahl vorgestellt werden und die
Vertheilung und Anstellung ersagter Subalternen ist also geschehen, dass
dadurch die von dem Königreiche selbst benannten 24 Sammel-Plätze hinlänglich versehen werden können, mithin kommt es nur darauf an, dass die
Gespanschaften und freien Städte in diese determinierten Sammel-Plätze liefern;
hingegen wäre nicht wohl zu prätendieren, noch in sich selbst möglich, dass
gleichsam in jedem Ort des Königreichs und jederzeit nach Willkür der stellenden Gespanschaften und Frei-Städte ein Amts-Subaltern sich zur Assentierung
einfinden sollte, obwohl bisweilen, wenn nämlich ein ansehnliches Quantum
der Mannschaft in einem anderen Ort als den Ordinari-Sammel-Plätzen zusammengebracht ist oder gebracht werden kann, kein Bedenken obwaltet, den
nähesten Subalternen in diesen ausserordentlichen Versammlungs-Ort reisen
und die Assentierung allda vornehmen zu lassen; es müsste aber in solchem
Falle, welcher nicht oft nöthig kann s.in, das Verständnis nicht allein mit den
commandierenden Generalen und den stellenden Gespanschaften, sondern auch
mit dem assentierenden Amts-Subalternen gepflogen und vorerst gesehen werden,
dass dieser nicht aufgehalten werde und während der Reise in seiner Ordinari-
Station keine nothwendigen Verrichtungen versäumen müsse, denn im Widrigen
würde der Königliche Allerhöchste Dienst auf der einen Seite weit mehr
gehemmt, als auf der anderen befördert werden.

3. Ist die Vorstellung bei den judicibus nobilium umsonst, nachdem
obverstandenermassen die ordentlichen commissariatischen Assentierungen ver-

Die Königin bot jede Mühe auf, um die Errichtung der sechs Regimenter zu betreiben. In ihrem Auftrage schrieb Pálffy am 24. Februar erneuert an die Comitate:[1])

anstaltet worden sind, durch welche alleinig der Soldat in die königliche Pflicht und Verpflegung tritt und bei solcher Bewandtniss steht nur bei der Pester und all' anderen Gespanschaften ihre schuldige Mannschaft auf einmal in den ex parte regni ausgemessenen Sammel-Plätzen vorzustellen, um sich von allen weiteren Unterhaltungs-Unkosten zu befreien; wenn aber die Leute bisher nicht beisammen sind, folglich entweder bis zu deren Versammlung mehrere Unkosten erfordert werden, oder die einzelne und successive Stellung der Pester und anderen Gespanschaften beschwerlich fallet, kann das königliche Aerar solches nicht entgelten, sondern es wird billig denjenigen beizumessen sein, welche die Stellung in so langer Zeit nicht besser befördert haben.

4. Dieselbe Beschaffenheit hat es auch, wenn im Sároser Comitat die Stellung wegen mangelnder Montur nicht geschehen kann, indem dieser und all' anderen Gespanschaften oblieget, die Montur zu verschaffen, solches auch, da seit des diesfalls an die sämmtlichen Gespanschaften und Freistädte ergangenen Allergnädigsten königlichen Rescripts mehr als drei Monate verflossen sind, folglich hätte geschehen können, wenn der rechte Eifer angewendet worden wäre. Ohne Montur aber kann bekanntermassen der Soldat keine Dienste leisten, folglich auch keine königliche Verpflegung geniessen, jedoch hat man, um den Gespanschaften all' immer mögliche Erleichterung zu verschaffen, verordnet, dass, wenn der grösste Theil der Montur vorhanden ist und die Steller die abgängigen Stücke bald nachschaffen zu wollen versichern, derenthalben die Assentierung nicht aufgehalten werden solle. Dessgleichen ist den assentierenden Amts-Subalternen schon mitgegeben worden, dass sie nicht anstehen, die im Königreich Ungarn lange Zeit her sesshaften oder sich aufhaltenden, mithin gleichsam naturalisierten Polacken anzunehmen, wenn diese sonst die erforderliche Tauglichkeit haben.

5. Es ergeht auch an den im Oedenburger District angestellten Ober-Commissarium die Verordnung, mit der Stadt Güns ehestens die Abrechnung wegen der gestellten Mannschaft und geliefertem Getreide und Hafer zu pflegen.

6. Wird zwar gut sein, wenn bald angezeigt wird, mit was für Lieferanten die Gespanschaften die Montur contrahiert und wie weit jene die Lieferung prästiert haben, um das Rückständige umso besser eintreiben zu können, weil aber die Gespanschaften die Contracte wegen der Montur und den Säbeln privative angestossen haben und denselben für solche Verschaffung die hinlängliche Vergütung ab aerario zugesagt worden ist, so liegt ersagten Gespanschaften auch hauptsächlich ob, um die Restierung der Schuldigkeit und die rechte Qualität, sowohl bei den Säbeln als Monturs-Sorten, zu sorgen und was bei der Musterung nicht tauglich befunden werden möchte, mit Besserem zu versehen, mithin das königliche Aerar schadlos zu stellen, wohingegen ihnen der Regress an ihre Lieferanten bevor bleibet.«

[1]) K. A. Sect. II., 1741. II. 3¹₂.

„Alles ist zur Beförderung der sechs ungarischen Regimenter
angeordnet und auch unter anderem veranlasst worden, dass, um
die Assentierung der neuen Leute nicht zu verzögern, nebst den
Amts-Subalternen auch Proviant- und andere königliche Beamte
dazu angestellt und verwendet werden sollen. Da aber dies die
rasche Instandsetzung der Regimenter nicht vollkommen erreicht,
so hat Ihre Majestät bewilligt, dass die Commandanten der sechs
Regimenter in den Orten und zur Zeit, wo keine kriegs-
commissariatische oder andere zur Assentierung der neuen Leute
gewidmeten Beamten vorhanden seien, die neue Mannschaft, auch
durch die Regiments-Officiere assentieren, et a dato hujus actus
assentationis in die Verpflegung bringen lassen können. Es dürfen
aber nur gute, zum Dienste tüchtige Leute in gleicher Montur,
Gewehr und alles Andere in rechter Qualität gestellt und angenommen werden, denn wenn die Rüstung nicht tüchtig ist, so hat
der Regiments-Commandant dafür zu stehen."

Die gute Absicht der Königin, durch rasche Uebernahme die
von den Comitaten und Städten herbeizuschaffende Mannschaft in
die Verpflegung des Staates, die Last dieses Aufgebots dem Lande
möglichst wenig empfindlich zu machen, fand noch immer nicht
die billige Würdigung. Die Anwerbungen giengen äusserst langsam.
Bei den Vertretern der Comitate vergieng die kostbarste Zeit mit
endlosen Berathungen und stets neuen Einwendungen und Vorstellungen gegen die herabgelangten Weisungen.

Besonders das Concilium Regium wurde in Anspruch genommen, um directe die immer mehr Beschwerden ähnelnden Einwendungen hohen Ortes anzubringen.

Bald war über die Assent-Beamten zu klagen, bald fehlte es
an Munition und Ausrüstung, bald an Feldrequisiten oder anderen
Dingen, die von den Comitaten alle nicht zur Zeit bestellt worden
waren, zumeist wohl an Geld, um diese Anschaffungen zu bewirken
und so dem patriotischen Beschluss des Landtages auch wirklich nachzukommen. Ein rechnungsmässig nicht eben sehr klarer „Sum-
marischer Extract" vom April 1742 weist die Geld-Repartition für
die Militär-Erfordernisse aus den Steuern Ungarns nach, doch
scheint dieser Nachweis kaum ganz vollständig zu sein, noch

weniger aber ist zu ersehen, in welchem Grad die Gelder auch
wirklich flüssig geworden sind.

Summarischer Extract[1])

über das contributionale Quantum des königlichen Ungarn und dessen Repartition pro Anno 1742.

	fl.	kr.
Ungarn contribuirt pro ordinario über Abzug dessen, was auf Siebenbürgen fällt und von der Hof-Kammer wegen Schemnitz und Fölsö-Banya übertragen wird.	2.457.712	86½
Hierauf werden verwiesen:		
Die 6 neuen ungar. Infanterie-Regimenter mit den ersten Monturs-Geldern . 432.440 fl.		
Mit der 12monathlichen Verpflegung, wovon die Anticipation sowohl deren 10 fl auf jede Porten zu den Feldrequisiten, als deren 6 fl. auf jeden Kopf zu vergüten kommt . . 1,194.276 fl. 36 kr.	1.626.716	36
Zur Proviantierung u. zw. für das diaetaliter bewilligte Getreide und Hafer	155.678	24
auf weitere Disposition, jedoch mit Einschluss der von 12 Gespanschaften postulierten 80.687 Metzen Getreide und 120.000 Metzen Hafer .	500.000	—
Den im Königreich Ungarn subsistierenden Regimentern, Frei- und Invaliden-Compagnien, dann National-Miliz, die vermöge des den 5. December 1741 dem Hof-Kriegsrath überreichten Entwurfes, vorläufig aber auf das erste Winter-Quartal exscindierten auch schon wirklich angewiesenen	31.653	6
Item den Regimentern noch ferner als:		
Wolffenbüttel alt . 24.000 fl.		
Lobkowitz . 13.597 fl. ¼ kr.		
Koháry . 36.000 fl.		
Beleznay, wovon dem Pester Comitat bei der Aufrichtung versprochene Vergütung geschehen muss . . 20.168 fl. 20 kr.	93.765	20¼
Zur Vergütung der Mehranforderungen und der dieses Jahr sich ereignen mögenden Transenal-Unkosten	50.000	—
Summa	2.457.712[¹)	86½

Die Forderungen verschiedener Assignatarien von vorigen Jahren, welche
ungefähr 950.000 fl. ausmachen, werden zwar auch in die Repartition
übertragen; mit den beim Land haftenden Restantien aber und zum Theil
auch mit den baaren Cassa-Geldern, dann mit obigem pro Mehranforderungen
exscindiertem Quanto compensiert, thun mithin die Repartition nicht
alterieren.

[1]) Ungar. L. A. 1741. April. 45.

NACH DEM BRESLAUER FRIEDEN VOM 11. (28.) JUNI 1742.

Inzwischen hatte König Friedrich II. Mähren geräumt; in Böhmen war es am 17. Mai 1742 bei Czaslau zur Schlacht mit der österreichischen Haupt-Armee gekommen, im Juni reiften bereits die Friedens-Verhandlungen mit Preussen, die im Friedens-Schlusse in Breslau am 11. (28.) Juni 1742 Schlesien in die Hand Friedrich II. brachten, aber endlich auch die Möglichkeit gewährten, mit ganzer Kraft sich gegen Frankreich und Bayern zu wenden.

Die innere Verfassung und die Verhältnisse der Erblande der Königin wie Ungarns, waren nicht darnach angethan gewesen, um rechtzeitig ein Machtaufgebot zu verwirklichen, fähig, den Krieg gegen Preussen, Frankreich, Bayern und Sachsen gleichzeitig zu führen. Maria Theresia musste schweren Herzens Schlesien preisgeben, um wenigstens den einen Feind zu befriedigen und sich rüsten zu können zu dem weiteren, noch unabsehbaren Krieg.

Bevor indessen der Kern des ganzen ungarischen Landes-Aufgebots, die sechs Infanterie-Regimenter, dienstfähig war, blieben die kleinen Aushilfen und Dispositionen des Moments ziemlich werthlos. Die Aufstellung der Regimenter aber brauchte unendlich viel Zeit und bot zunächst wenig Aussicht auf völliges Gelingen.

Dem Regimente Bethlen wurde als eigentliche Errichtungs-Station, in welcher die Transporte aus den Sammel-Plätzen in Bataillone zusammenzustellen waren, das an der Grenze liegende Ungarisch-Hradisch bestimmt.

Die Aufstellung des Regiments machte in den Wintermonaten ziemliche Fortschritte, so dass der Oberst mit Ende März die Errichtung von zwei Bataillonen dem Hofkriegsrathe melden konnte, während die beiden anderen sich zu sammeln begannen; es mussten jedoch noch die Orte Skalitz, Teschen und Jablunka als Errichtungs-Stationen in Verwendung genommen werden.

Das in Skalitz stehende Bataillon wurde nach Böhmen beordert, während das Hradischer Bataillon nach Brünn bestimmt wurde. Während des Marsches erhielten die zwei Bataillone Gegenbefehl, das erste Bataillon unter Commando des Oberstlieutenants

Grafen Nádasdy kam nach Olmütz, woselbst es am 12. Juli einrückte und verblieb; das andere Bataillon traf unter Commando des Oberstwachtmeisters Balassa mit einem Stande von 13 Officieren und 590 Mann zu Königssaal bei Prag ein und wurde unter Befehl des Obersten sogleich zu den Belagerungs-Arbeiten verwendet.

Bei diesem Dienste in den Laufgräben stiess das Bataillon mit den ausfallenden Franzosen zum ersten Male zusammen und hielt sich gut. Der Verlust des Bataillons während der ganzen Dauer der Belagerung betrug vier Todte, drei Verwundete und sechs Vermisste. Das Bataillon wurde dann zum Heere des Prinzen Carl bei seinen Operationen gegen die vom Rhein herziehende zweite französische Armee unter Maillebois eingetheilt, blieb bis Mitte December im Felde und rückte hierauf in die Winter-Quartiere zu St. Georgen und Attersee in Ober-Oesterreich.

Das dritte zu Hradisch errichtete Bataillon wurde vom Hofkriegsrath am 10. September gleichfalls zur Armee nach Böhmen beordert und der in Olmütz befindliche Oberstlieutenant Nádasdy zur Uebernahme des Commandos bestimmt.

Da inzwischen die Armee die Richtung nach Bayern genommen hatte, so marschierte das Bataillon durch Mähren und Oesterreich nach Linz; dann nach Schärding, bald darauf nach Laufen und von dort wieder nach Böhmen in die Gegend von Eger, um an der Belagerung dieses Platzes theilzunehmen.

Das Regiment Haller erhielt als Errichtungs-Station Szegedin und Umgebung zugewiesen.

Oberst Haller, bemüht, die Assentierung zu fördern, bat wiederholt um den Einfluss des Hofkriegsrathes und des Palatins: er erreichte es, dass der G. d. C. Graf Károlyi nach Szegedin kam, um ihm an die Hand zu gehen, aber die Resultate waren sehr gering. Da der grössere Theil des Abganges die nördlichen Comitate belastete, liess Károlyi die einzelnen Bataillone, sobald sie die Recruten aus den südlichen Gespanschaften aufgenommen hatten, in nördlich gelegene Stationen verlegen.

Das Leib-Bataillon kam im April nach Debreczin, das Oberst-Bataillon nach Diószeg im Biharer-Comitat, das Oberstlieutenants-Bataillon nach Jászberény zur Aufstellung, während das Garnisons-

Bataillon in Debreczin errichtet werden sollte. Zwei Bataillone
sollten, als ebenso viele deutsche Bataillone im März eilig aus
Ungarn an die mährische Grenze geworfen wurden, diese in
Ober-Ungarn und im Temeser Banat ersetzen, aber erst Ende
Mai 1742 war wenigstens das Leib-Bataillon vollzählig. Dasselbe
rückte unter Commando des Hauptmanns Josef Bakits wirklich in
die Garnisonen Kaschau, Eperies und Leutschau ab. Im Juni
wurde das Oberst-Bataillon formiert und blieb unter Oberstwachtmeister Stefan Kerekes in Diószeg. Oberst Haller selbst eilte
nach Jászberény, um die Errichtung des Oberstlieutenants-
Bataillons zu beschleunigen.

Acht Monate nach dem Landtags-Beschlusse waren also erst
zwei Bataillone dieses Regiments errichtet. Was Montur, Ausrüstung und nothwendigste taktische Ausbildung betraf, war
immerhin für den Kriegsdienst vorgesorgt; anders aber stand es
mit den übrigen soldatischen Eigenschaften, es zeigten sich dis-
ciplinare Uebelstände, die indessen nicht nur bei diesem Regimente
allein vorkamen, sondern auch bei den fünf anderen nicht fehlten.

Die eigenartigen Verhältnisse verdienen hier allerdings billige
Berücksichtigung: die Mannschaft war grösstentheils den weiten
Puszten oder den Wäldern der Karpathen entnommen, nicht wenige
auch aus den Comitats-Gefängnissen hervorgeholt. Solche Leute
konnten naturgemäss umso schwerer zur Ordnung und Disciplin
angehalten werden, als die Truppen, ohne nur ordentliche Unterofficiere zu haben, bei dem Mangel an Kasernen weit zerstreut
bequartiert werden mussten. Die Folgen blieben nicht aus: Widersetz-
lichkeiten, Excesse und Ausschreitungen aller Art und insbesondere
eine massenhafte Desertion traten zu Tage.

Ende Juli wurden die beiden ersten Bataillone aus Kaschau
und Diószeg nach Slavonien berufen. Das Leib-Bataillon sollte in
Essegg und das Oberst-Bataillon in Peterwardein die zur operirenden Armee bestimmten Abtheilungen des Regiments Marulli
ablösen.

Oberstwachtmeister Stefan Kerekes trat Anfangs August
den Marsch mit dem Oberst-Bataillon an; er rückte über Grosswardein, Füzes-Gyarmath nach Mezö-Túr, von wo aus die
weitere Route über Szárvas und Szegedin nach Peterwardein zu
nehmen war. Zwischen Mezö-Túr und Szárvas weigerte sich

plötzlich ein Theil der Mannschaft, den Marsch fortzusetzen und kündigte vollends den Gehorsam.

Zuerst versuchten die Officiere mit begütigenden Worten die Leute zu ihrer Pflicht zurückzuführen und als dies fruchtlos blieb, wollten sie mit Hilfe der Treugebliebenen Gewalt anwenden. Dies misslang vollständig; die Meuterer machten sich schussbereit und griffen die Officiere an. Entschlossen traten diese den Aufrührern entgegen, doch war der Kampf bald entschieden, Hauptmann Franz Catozzi wurde erschossen und die übrigen Officiere mussten die Empörer ihres Weges ziehen lassen. Diese wendeten sich dem westlich von Mezö-Túr gelegenen Dorfe Csibakháza zu, wo sie, da in der ganzen Umgebung nicht ein Mann Militär aufzubringen war, die wildesten Excesse verübten.

Der entschlossene Vicegespan des Csongráder Comitates, v. Andrássy, sammelte die eben in der Aufstellung begriffenen Comitats-Milizen, sowie das durch die Empörer bedrohte Landvolk, marschierte nach Csibakháza, überfiel das meuterische Bataillon und brachte es entwaffnet nach Szolnok. Hieher eilte Oberst Haller, Gericht zu halten; fünfzehn Rädelsführer waren entwichen, 150 der Meistgravierten wurden zur gerichtlichen Untersuchung in die Festung Temesvár escortiert, wohin gleichzeitig das Oberstlieutenant-Bataillon und mit diesem der Cadre des Garnisons-Bataillons von Jászberény verlegt wurden.

Im Monate September ergieng das kriegsrechtliche Urtheil. Die Schuldigsten wurden mit dem Tode bestraft, viele zu schweren körperlichen Strafen verurtheilt, einige nach ausgestandener Todesangst aber „wieder ehrlich gemacht". Es gelang Oberst Haller, mit fester Hand das Oberst-Bataillon bis Ende September wieder in eine solche Verfassung zu bringen, dass dasselbe, geführt von Oberstlieutenant Thomas Pap, den Marsch nach Peterwardein fortsetzen konnte; von hier kamen zwei Compagnien nach Semlin; anfangs December wurde das ganze Bataillon nach Essegg verlegt.

Das Leib-Bataillon unter Hauptmann Bakits brach gleichfalls im August auf; dasselbe mied aber die vom Oberstlieutenant-Bataillon genommene Route und zog über Ofen, dann längs der Donau nach Essegg; von hier aus detachierte es zwei Compagnien nach Pakraz.

Das Oberstlieutenant-Bataillon wurde Ende October nach
Kaschau verlegt; eine Compagnie kam nach Leutschau, eine
nach Eperies.

Das Regiment hat sonach während des Jahres 1742 Ungarn
nicht verlassen.

Das Regiment Szirmay hatte sein erstes Bataillon, wie die
Regimenter Andrássy, Ujváry, Forgách und Bethlen, im Frühjahre
nach Mähren in Marsch gesetzt.

Die beiden anderen Bataillone von Szirmay wurden, nach
ebenfalls längerem Aufenthalte in Mähren, im Monate Juli zur
Armee nach Böhmen, beziehungsweise zur Belagerung von Prag,
abgesendet. Das Regiment, im Laufgraben stehend, bewährte
das in dasselbe gesetzte Vertrauen. Als die Franzosen am
22. August einen grossen Ausfall aus Prag unternahmen, liess die
Mannschaft von Szirmay ihre schweren Feuerwaffen liegen und
warf sich, mit dem krummen Säbel in der Faust, auf die Feinde,
sprengte sie auseinander und verfolgte sie bis in die Gräben
der Stadt.

Nach Aufhebung der Belagerung wurden die zwei Bataillone
Szirmay dem die Insurgenten befehligenden General Trips als
Unterstützung beigegeben.

Bezüglich der Regimenter Andrássy, Ujváry und
Forgách benachrichtigte der Hofkriegsrath am 12. Mai[1]) den
Grafen Khevenhüller, dass unter Commando des GFWM. Freiherrn
v. Andrássy zwei Bataillone Andrássy, zwei Bataillone Ujváry
und zwei Forgách in „wirklichen Anmarsch" gesetzt würden.
Hiebei erhielt der General die Ordre, zwei Bataillone Ujváry und
zwei Forgách nach Passau, dann ein Bataillon Andrássy nach
Schärding und ein Bataillon nach Braunau zu disponieren.

Khevenhüller sandte die beiden Bataillone Andrássy an ihre
Bestimmungsorte ab, liess dagegen, wie er dem Grossherzog aus
dem Lager von Pleitling am 1. Juni berichtet, die Bataillone
Ujváry und Forgách aus Vorsicht in Linz.

Diese ungarischen Bataillone blieben bei dem Corps

---

[1]) K. A. Krieg in Bayern 1742; V—13.

Khevenhüller bis zum Jahresschlusse in Verwendung. Eine Standes-Tabelle dieser Truppe aus dem Lager von Schärding am 10. November 1742 beziffert den effectiven Stand von Andrássy mit 1222, von Ujváry mit 1095 und von Forgách mit 1693, zusammen 4010 Mann, wovon jedoch dienstbar nur 1187, 1024 und 1578, zusammen 3799 Mann erschienen.

Bis zum Mai waren die Regimenter etwa mit zwei Drittheilen ihres Gesammtstandes „gestellt". [1]

	Haben zu stellen	Haben gestellt		Summa der gestellten	Haben noch zu stellen
		bis 3. Mai 1742	weiters vom 3. bis 9. Mai		
Graf Forgách-Regiment.		Mann			
3 Comitate	3337	2066	15	2081	1256
3 Städte	275	254	5	259	16
	3612	2320	20	2340	1272
Baron Andrássy-Regiment.					
6 Comitate	3314	2640	2	2642	672
6 Städte	288	234	—	234	54
	3602	2874	2	2876	726
Ujváry-Regiment					
6 Comitate	3500	2580	—	2580	920
3 Städte	98	83	—	83	15
	3598	2663	—	2663	935
Baron Haller-Regiment.					
13 Comitate	2960	716	—	716	2294
6 Städte	629	491	11	502	127
	3639	1207	11	1218	2421
Szirmay-Regiment					
8 Comitate . . .	3240	2595	—	2595	645
10 Städte	343	278	—	278	65
	3583	2873	—	2873	710
Graf Bethlen-Regiment					
8 Comitate	3187	2270	18	2288	899
15 Städte	401	386	--	386	15
	3588	2656	18	2674	914
Extract für die löbl. Regimenter					
Graf Forgách .	3612	2320	20	2340	1272
Baron Andrássy .	3602	2874	2	2876	726
Ujváry	3598	2663	—	2663	935
Baron Haller . .	3639	1207	11	1218	2421
Szirmay	3583	2873	—	2873	710
Graf Bethlen . .	3588	2656	18	2674	914
	21.622	14.593	51	14.644	6978

[1] Ungar. L.-A. 1742 ad Nr. 119 9,5

Dieses Ergebnis bildete aber auch den Höhepunct der ganzen Leistung, denn von nun an vermehrte sich das Recruten-Contingent immer spärlicher und langsamer, so dass bis 15. August nur 2420 Mann als weiter gewonnen erscheinen.

Für das Regiment	Haben zu stellen	Haben gestellt		Summa der gestellten	Haben noch zu stellen
		bis 3. August 1742	Vom 9. bis 15. August 1742		
		Mann			
Forgách	3612	2560	21	2681	1031
Andrássy	3602	3107	.	3107	495
Ujváry	3598	2821	.	2821	777
Haller	3639	2782	.	2782	857
Szirmay	3583	3010	.	3010	573
Bethlen	3588	2763	.	2763	825
Summa	21622	17043		17064	4558

Bis zum 10. October kamen dann noch 422 Mann dazu.

	Haben zu stellen	Haben gestellt		Summa der gestellten	Haben noch zu stellen
		bis 4. October 1742	weiters vom 4. bis 10. Oct. 1742		
Graf Forgách-Regiment		Mann			
3 Comitate	3337	2433	14	2447	890
3 Städte	275	275	—	275	—
	3612	2708	14	2722	890
Baron Andrássy-Regiment					
6 Comitate . . .	3314	2875	12	2888	426
6 Städte	288	279	3	282	6
	3602	3154	15	3170	432
Baron Ujváry-Regiment					
6 Comitate	3500	2744	1	2745	755
3 Städte	98	83	—	83	15
	3598	2827	1	2828	770
Baron Haller-Regiment					
13 Comitate	3010	2268	—.	2268	742
6 Städte	629	629	—	629	—
	3639	2897	—	2897	742

	Haben zu stellen	Haben gestellt		Summa der gestellten	Haben noch zu stellen
		bis 4. October 1742	weiters vom 4. bis 10. Oct 1742		
		Mann			
Szirmay-Regiment					
8 Comitate . . .	3240	2774	—	2774	466
10 Städte	343	319	—	319	24
	3683	3093	—	3093	190
Graf Bethlen-Regiment					
8 Comitate	3187	2375	—	2375	779
15 Städte . . .	401	401	—	401	—
	3588	2776	—	2776	779
Extract für die löbl. Regimenter					
Graf Forgách . . .	3612	2708	14	2722	890
Baron Andrássy	3602	3157	15	3170	432
Baron Ujváry . . .	3598	2827	1	2828	770
Baron Haller . . .	3639	2897	—	2897	742
Szirmay . . .	3583	3093	—	3093	490
Graf Bethlen . .	4588	2776	—	2776	779
	21622	17455	30	17486	4103

Das Jahr 1742 verging, ohne dass es dazu kam, auch nur jene verminderte Zahl von 21.622 Mann Fussvolk aufzubringen, welche der Landtag im November 1741 bewilligt hatte. Es fehlten nach dem letzten vorhandenen Ausweise vom 12. December nicht weniger als 3690 Mann von dieser Ziffer.

Für das Regiment	Haben zu stellen	Haben gestellt		Haben noch zu stellen
		bis 5. December	vom 6 bis 12. December	
		Mann		
Forgách .	3612	2872		740
Andrassy . .	3602	3189	30	383
Ujváry . . .	3598	2837		761
Haller	3639	2845	59	735
Szirmay . . .	3583	3044	87	452
Bethlen . . .	3588	2869	101	618
Summe . .	21622	17932		3690

Der Abgang blieb und es änderte nichts, dass die Königin, unzufrieden mit dem Fortgang der Sache, endlich, nachdem ein Jahr seit dem Pressburger Landtag verstrichen war, befahl, nunmehr ohne Säumen die fehlende Mannschaft zu stellen und für ihre Bekleidung vorzusorgen. Den Comitaten, in denen Seuchen herrschten, wurde gestattet, an Stelle der Naturalleistung für jeden fehlenden Mann zehn Gulden und für dessen Bekleidung zwanzig Gulden an die Petriesevich'sche Casse in Pressburg abzuführen.

Der Act der über das ganze Land vertheilten Assentierung der neuen Infanterie verlief unter den dem Lande und den Verhältnissen eigenen gewöhnlichen Vorkommnissen.[1]

Es waren im Allgemeinen zweckmässige Massnahmen getroffen worden, so dass der Erfolg mindestens nicht durch besondere Hemmnisse von Seite der Militärverwaltung beeinträchtigt zu werden Gefahr lief. Die Königin hatte die Provincial-Commissäre angewiesen, zur Verpflegung der National-Infanterie die rückständigen Beiträge, welche sich zur Zeit auf eine halbe Million beliefen, einzutreiben. Die Comitate erhielten am 3. Januar Befehl von ihr, zu Officieren nur geeignete und kriegskundige Männer im Einverständnisse mit den Obersten zu ernennen, auch für solche, welche der Oberst als nicht geeignet bezeichne, andere zu berufen. Bei Meinungsverschiedenheit zwischen den Obersten und den Comitaten sollte der Districts-General entscheiden. Den Regimentern wurde bewilligt, von den alten regulären ungarischen Infanterie-Regimentern je 50 ältere, im Dienste erfahrene Leute an sich zu ziehen, die ihren Recruten als Beispiel dienen sollten. Die neuen Regimenter gaben dafür je 100 Recruten ab.

Die ärztliche Untersuchung der jungen Mannschaft sollte für die Comitate keine Kosten verursachen. Wo Militär-Chirurgen vorhanden waren, mussten diese die Untersuchung unentgeltlich besorgen. Den Civil-Chirurgen wurden für jeden visitierten Mann sechs Kreuzer gezahlt.

Die Monturen sollten in Ungarn und aus einheimisch-ungarischen Geweben, nur wenn dies nicht möglich, in den Erbländern verfertigt werden.

Endlich mahnte die Königin, dass nicht gewartet werden

[1] Ung. L.-A. 1742; Fascikel Januar bis December.

solle, bis ein Bataillon vollzählig beisammen sei, sondern jede
Compagnie sofort, sobald sie aufgestellt, für sich abmarschiere.

Um die Stellung der neuen Regimenter möglichst zu erleichtern, wurden sogar die Werb-Officiere der alten Regimenter
des Heeres angewiesen, ihre Werbungen in Ungarn einzustellen.

Dennoch waren aber die zahllosen kleinen und grösseren Rei-
bungen und Schwierigkeiten in den einzelnen Comitaten fast unüber-
windlich. Das Veszprimer Comitat berichtete am 10. Februar, dass
von seinen 129 Infanteristen nur 50 geblieben, die übrigen aber von
der dritten Marschstation desertiert seien, weil ihnen gesagt worden,
dass sie in deutsche Regimenter eingereiht werden sollten.

Das Gömörer Comitat hatte am 25. Februar 268 Infanteristen
nach Leutschau und dann nach Eperies deren ungefähr 140 ab-
gesandt, von denen 18 als untauglich nicht angenommen wurden.
Nun klagte das Comitat, dass, wenn weiters so streng ausgewählt
werde, es schwer sei, anders als mit Gewalt das Contingent aufzubringen.

Auch das Barser Comitat klagte, dass von den vorgestellten
143 Mann blos 79 von den Officieren als geeignet angenommen
und nach Tyrnau abgeschickt worden seien; das Comitat meldete
am 23. Februar, dass seine Infanterie den deutschen Mantel,
Caputröcke und rothe Aufschläge anzunehmen tumultuarisch ver-
weigere und ungarische Mäntel verlange. Auch bitte es, seinen
Infanterie-Officieren den Sold vom 1. November 1741 an zu
berechnen.

Die Stadt Ofen entschuldigte, als sie die Liste der von ihr
gestellten Infanteristen am 3. April einsandte, den Rückstand an
der Kopfzahl damit, dass dort, wo Reiter geworben würden, keine
Infanteristen zu bekommen seien, Ritter Rochus von Esterházy habe aber hier für sein Regiment, trotz der Einsprache der
Stadt, Reiter geworben.

Das Mármaroser Comitat schrieb am 7. April, dass die
Infanteristen zwar vollständig in Bereitschaft seien, aber wegen
Geldmangel die in Pressburg bereit liegende Montur nicht beziehen
können; es möge daher dem Comitate im Wege des Salinen-Amtes
von der Hofkammer ein Darlehen von 5640 fl. gegeben werden.

Das Wieselburger Comitat begründete mit einem Bericht am 27. April über den Stand und Zustand der im Comitate befindlichen Verwundeten und Kranken, die Unmöglichkeit, Mannschaft für die Insurrections-Infanterie [1]) zu stellen.

Das ging so fort und es änderte wenig, als die Königin am 3. Juli erneuert den ungarischen Ständen vertrauensvoll die Erwartung aussprach, dass nun bald die sechs Infanterie-Regimenter aus der Insurrection aufgestellt sein würden; schon Ende desselben Monats musste die Königin die Comitate Mármaros, Báes, Szabolcs und Bihar besonders mahnen, ihre rückständigen Mannschaften endlich zu stellen und was an Kleidung, Rüstung etc. fehlen sollte, zu liefern.

Die Schwierigkeiten der Aufbringung der Insurrections-Truppen lagen aber nicht allein im Herbeischaffen, sondern nicht weniger im Bewahren.

Es bedurfte nicht einmal den Antritt des Marsches, bis sich die Erscheinung der Desertion fühlbar machte; schon auf den Assentplätzen liefen bald mehr, bald weniger dieser Leute davon, wie denn auch der Beginn der Desertionen bei jedem der sechs Regimenter sofort genau mit dem Zeitpuncte der Errichtung dieses Körpers zusammenfällt.

Schon im Anfange des Jahres 1742 war die Desertion bei den sich zum Abmarsche nach Mähren versammelnden Bataillonen, insbesondere bei jenem von Andrássy, schon so sehr im Schwunge, dass die Königin sich veranlasst sah, zu wiederholten Malen die Comitate Pressburg, Bars, Trentschin, Hont, Komorn, Raab, Gran, Baranya, Stuhlweissenburg, Zala, Sümegh, Turócz und Wieselburg aufzufordern, die National-Soldaten, welche aus Furcht vor den Preussen ihre Fahnen verliessen, um nach Hause zu laufen, aufzusuchen und nach Holicz zurückzuschicken. Maria Theresia bedrohte endlich die Deserteure mit der Todesstrafe, von der nur Derjenige, der binnen acht Tagen nach der Verlautbarung zurückkehre, verschont bleiben solle. Auch diese Verfügung erwies sich

---

[1]) Die Ausdrücke: National-Infanterie, Miliz-Infanterie, Insurrections-Infanterie, neue ungarische Infanterie, bezeichnen alle dasselbe, nämlich die sechs neu anzuwerbenden ungarischen Infanterie-Regimenter und werden nur hier, weil im Texte der Acten derart verschieden geschrieben, ebenso gegeben.

als undurchführbar, wie alle diese Massregeln. Die Insurrections-Soldaten desertierten in gleicher Art weiter. Man musste endlich am 13. October sogar Verfügungen und Massregeln treffen, um wenigstens die Räubereien der Deserteure zu hindern.

Die Gesammt-Summe der Deserteure der sechs ungarischen Regimenter bis November 1742 betrug nach den nominativen Ausweisen der Regimenter 3055 Mann.

Andrássy-Infanterie bis Ende October 1742. [1]

	Köpfe
Leib-Compagnie	63
Oberstlieutenant- Compagnie	27
Oberstwachtmeister- »	22
Hauptmann Mireck »	20
» Gräbner- »	37
» Gruber- »	30
» Dressler- »	14
» Pinge- »	18
» Pongrác- »	29
» Gyöngyösy- »	37
» Töldöss- »	38
» Prunoi »	21
» Müller- »	20
» Freudenbach- »	22
» Domitrovics- »	27
» Károly- »	33
» Danczy- »	34
» Mesterházy- »	25
» Roszar- »	33
» Sándor- »	22
Summe	572 Köpfe

Ujváry-Infanterie bis Ende October 1742. [2]

Gestellt von den Comitaten oder den königlichen Freistädten	Von den in Bayern stehenden zwei Bataillonen:	Vom Bataillon in Brünn:
	Köpfe:	
Comitate: Zala	58	54
Baranya	34	46
Tolna	46	46
Pest-Pilis	42	50
Eisenburg	17	78
Stuhlweissenburg	14	28
Städte: Stuhlweissenburg	3	5
Güns		1
Summe . . .	214	308
	522 Köpfe.	

[1] Ungar. L.-A. 29. Mai 1744 Nr. 35 A.
[2] Ungar. L.-A. 29. Mai 1744, Nr. 35 ; D.

Forgách-Infanterie bis 14. November 1742. [1]

Gestellt von den Comitaten oder den königlichen Freistädten	Köpfe
Comitat Pressburg	186
» Neutra	241
» Bars	74
Stadt Pressburg	20
» Neutra	4
» Bösing	6
» Trentschin	9
» Pest	2
» Brünn	5
Summe	647 Köpfe

Haller-Infanterie bis Ende November 1742. [2]

Gestellt auf das Contingent vom Comitate oder der königlichen Freistadt	Köpfe vom:			
	Leib-Bataillon	4 ten Ba-taillon, nun in Peter-wardein	Oberst-lieutenants-Bataillon	Ober-wacht-meister-Bataillon
Comitate: Csongrád . . .	25	.	.	.
Csanád	9	.	.	.
Bács	21	.	.	.
Arad	17	.	.	.
Zaránd	10	.	19	.
Gross-Kumanien .	14	.	.	.
Jazygien	22	.	.	.
Bihar	2	140	.	.
Békés	23	.	.	.
Stadt: Szegedin	12	.	.	.
Comitate: Ungh	.	.	15	.
Szabolcs . . .	.	.	12	.
Bereg	.	.	8	5
Stadt: Debreczin	.	.	17	.
Vom Debrecziner Bataillon	.	.	5	.
» Diószeger . . .	.	.	2	.
Comitate: Szathmár	.	.	.	41
Ugocsa	.	.	.	8
Städte: Hayducken-	.	.	.	37
Szathmár	.	.	.	8
Polgár	.	.	.	1
Debreczin . . .	.	.	.	3
Summe	155	140	78	103
Zusammen: 476 Köpfe.				

Bethlen-Infanterie bis Ende November 1742. [3]

Gestellt von den Comitaten oder königlichen Freistädten	Köpfe:
Comitate: Gran	24
Arva	48
Gross-Hont	68
Klein-Hont	26

[1] Ungar. L.-A., 29. Mai 1743 Nr. 35; B.
[2] Ungar. L.-A., 29. Mai 1743 Nr. 45; C
[3] Ungar. L.-A., 29. Mai 1743, Nr. 55; E

Gestellt von den Comitaten oder königlichen Freistädten	Köpfe
Comitate: Neográd	62
Zala	30
Liptau	29
Turócz	27
Trentschin	101
Städte: Trentschin	3
Veles	4
Gran	4
Karpfen	1
Briesen	2
Schemnitz	2
Alt-Sohl	4
Neu-Sohl	4
Kremnitz	3
Ofen	21
Libethen	2
Pest	7
Summe .	472 Köpfe

Szirmay-Infanterie bis Ende November 1742. [1])

I.

Gestellt von den Comitaten oder königlichen Freistädten	Köpfe	Vertheilen sich auf die Compagnien:	Köpfe
Comitate: Zemplin	67	Leib-	25
Abauj-Torna	49	Oberstwachtmeister	17
Zips	57	Hauptmann Szirmay	15
Sáros	24	„ Kray	49
Gömör	59	„ Mayer	26
Borsod	32	„ Hohenberg	37
Klein-Kumanien	1	„ Szatmáry	34
Städte: Zemplin	13	„ Ottlik	21
Eperies	3	„ Dagaly	46
Kaschau	9	„ Fay	21
Käsmark	1	Zusammen	321
Bartfeld	3		
Leutschau	3		
Zusammen	321		

II.

Gestellt von den Comitaten oder königlichen Freistädten	Köpfe	Compagnien	Köpfe
Comitate: Heves	48	Obersten-	20
Kumanien	5	Hauptmann von Köchly	19
Zips	14	„ Szt.-Ivany	15
Gömör	20	„ Süto	18
Borsod	11	„ Fay	9
Abauj-Torna	19	„ Cosa	17
Sáros	15	„ Eördög	11
Städte: Zemplin	1	„ Abaffy	10
Erlau	4	„ B. Hellenbach	17
Kaschau	1	„ v. Fejérváry	6
Eperies	1	Zusammen	145
Bánya	6		
Zusammen	145		
466 Deserteure.			

[1]) Ungar. L.-A. 29. Mai 743, Nr. 35, F.

Im Ganzen:

Regiment:	Köpfe:
Andrássy	572
Ujváry	529
Forgách	547
Haller	476
Bethlen	472
Szirmay	466
Summe	3.055

Es ist selbstverständlich, dass Ungarn für das Aufgebot auch
die erforderliche Verpflegung aufzubringen hatte und das Gesammt-
bild der Leistungen des Landes in jenem schweren Jahre würde
eine Lücke aufweisen, wenn nicht auch dieser Gegenstand Beach-
tung fände.

Wien, 20. Januar 1742.

Anweisung [1])

Was nachstehende Comitate in die königlichen Proviant-Magazine vermöge
hoch löblicher Hof-Kammer-Repartition an Getreide und Hafer in natura einzuliefern, hieran laut der bis anhero eingelangten Monats-Extracte pro December
bereits eingeliefert und noch zu liefern haben.

Comitate	Einzuliefern		Geliefert		Noch zu liefern	
	Getreide	Hafer	Getreide	Hafer	Getreide	Hafer
	N. Oe.	Metzen	N. Oe.	Metzen	N. Oe.	Metzen
Pressburg	5376	10080	1608½	2989	3769½	7091
Neutra	5632	10599	4515½	8486½	1116½	2173½
Raab	1136	2130	956	1950½	180	179½
Wieselburg	2452	4597½	2037⅞	3237	414⅛	1390½
Stuhlweissenburg	976	1830	—	—	976	1830
Veszprim	1296	2430	1656	3254½	—	—
Komorn	1388	2790	1191	1378	—	1412
Gran	592	1110	688	1290	—	—
Hont	2642	4860	2592	4860	—	—
Bars	3440	4387½	2271	4264½	69	123
Sohl	1128	2302½	—	—	1128	2302½
Neograd	1832	3445	—	—	1832	3445
Pest	2240	1200	—	—	2240	1200
Jazygien und Gr.-Kumanien	816	1530	—	—	816	1530
Torna	704	1320	—	—	704	1320

[1]) Ung. L.-A. Fascikel Januar 1742.

Comitate	Einzuliefern		Geliefert		Noch zu liefern	
	Getreide	Hafer	Getreide	Hafer	Getreide	Hafer
	N. Oe. Metzen		N. Oe. Metzen		N. Oe. Metzen	
Heves	1600	3000	1600	—	—	3000
Csongrád	448	840	—	—	448	840
Bács	976	1830	279½	535	696½	1295
Baranya	2540	2887½	—	—	1540	2887½
Oedenburg	5392	10110				
Eisenburg	5620	10537½	6908	12374½	7024	13748
Zala	2920	5475	...			
Szathmár	1392	—		—	1392	—
Zemplin	2890	—	2890			
Borsod	1320	—	1300	4091	20	—
Abauj-Torna	1232	—	—	—	1232	—
Ungh	664	—	664		—	—
Szabolcs	1248	—	—	—	1218	—
Stadt Szegedin	176	330	176	—	—	330
Summa . . .	58008	92572½	31622	48614½	26845	49057½

Notandum. Das Oedenburger, Eisenburger und Zalaer Comitat hat der Ursachen zusammengezogen und summarisch angesetzt werden müssen, weil zu dato von dem Oedenburger Magazin, allwohin diese Comitate einzuliefern haben, kein Monats-Extract eingekommen, mithin obige eingezogene Summa von diesen Comitaten nur summariter wie selbe in dem letzt eingeschickten Rapport (so jedoch nicht verlässlich sein dürfte) genommen werden.«

Wien, 1. Februar 1742.

Urkunde [1])

deren ungarischen Reiter-, dann Hafer- und Getreide- Loskaufungs-Gelder, was daran eingegangen und noch restierend ist, als:

Pressburger Kriegs-Cassa	Gebühr		Bezahlt		Restierend	
	fl.	kr.	fl.	kr.	fl.	kr.
Stadt Pressburg	3272	—	26x0	—	3272	—
Tyrnau	2240	36	540	36	1700	—
Skalitz	659	—	—	—	659	—
Modern	1647	30	397	30	1250	—
Sanct-Georgen	659	—	—	—	659	—
Trentschin	494	15	375	—	119	15
Bösing	1548	39	373	39	1175	—
Raaber Comitat	103	21	—	—	103	21
Trentschiner Comitat	7162	57	7162	57	—	—
	19787	18	10849	42	8937	36

[1]) Ung. L.-A. Fascikel Februar 1742.

Oedenburger Kriegs-Cassa

		Gebühr		Bezahlt		Restierend	
		fl.	kr.	fl.	kr.	fl.	kr.
Stadt	Oedenburg	4517	6	1067	6	3450	—
	Eisenstadt	922	36	572	36	350	—
	Ruszt	1054	24	654	24	400	—
	Güns	1416	51	1416	51	—	—
	Kanizsa	119	15	—	—	119	15
Comitat	Somogy	2862	—	—		2862	—
		10922	12	3740	57	7181	15

Neusohler Kriegs-Cassa

		Gebühr		Bezahlt		Restierend	
Stadt	Schemnitz	1515	42	1515	42	—	—
	Bakabánya	197	42	197	42	—	—
	Bélabánya	164	45	125	—	39	45
	Neusohl	1482	45	1482	45	—	—
	Breznóbánya	527	12			527	12
	Libethbánya	197	42	—		197	42
	Altsohl	461	18	—		461	18
	Karpfen	494	15	—		494	15
	Kremnitz	788	30	788	30	—	—
	Ujbánya	230	39	230	39	—	—
Comitat	Turócz	1526	24	—		1526	24
	Liptau	2059	3	2059	3	—	—
	Arva	2178	18	2178	18	—	—
		11824	15	8577	39	3256	36

Ofner Kriegs-Cassa.

		Gebühr		Bezahlt		Restierend	
Stadt	Stuhlweissenburg	1318	—	1178	58	139	2
	Szegedin	1100	—			1100	—
	Erlau	286	12	—		286	12
	Ofen	3954	—	1500		2454	—
	Pest	1713	24	—		1713	24
	Gran	790	48	600	—	190	48
Comitat	Csanád	381	36	381	36	—	—
	Klein-Kumanien	524	42	—		524	42
		10068	42	3660	34	6408	8

Kaschauer Kriegs-Cassa.

		Gebühr		Bezahlt		Restierend	
Stadt	Kaschau	1911	6	461	6	1450	—
	Eperies	1252	6	302	6	950	—
	Bartfeld	490	48	340	48	150	—
	Kis-Szeben	197	42	—		197	42
	Leutschau	1120	18	1120	18	—	—
	Käsmark	1186	12	1186	12	—	—
Comitat	Bereg	1494	36	—		1494	36
	Ungh	622	30	—		622	30
	Borsod	1237	30	—		1237	30
	Torna	413	24	—		413	24
	Abauj-Torna	1155	—	—		1155	—
	Zemplin	2700	—	—		2700	—
	Sáros	4452	—	—		4452	—
	Zips	3211	48	—		3211	48
	Gömör	3704	42	—		3704	42
		25149	42	3410	59	21739	12

		Gebühr		Bezahlt		Restierend	
Grosswardeiner Kriegs-Cassa.		fl.	kr.	fl.	kr.	fl.	kr.
Stadt	Debreczin	6062	48	6062	48	—	—
	Polgár	47	42	47	42	—	—
	Nagy-Bánya	691	57	—	—	691	57
	Felsö-Bánya	790	48	—	—	701	8
	Szathmár-Némethi	1713	24	—	—	1713	24
Comitat	Békés	699	36	699	36	—	—
	Arad	604	12	604	12	—	—
	Zaránd	1685	24	—	—	1685	24
	Bihar	6360	—	6360	—	—	—
	Mármaros	2639	24	—	—	2639	24
	Szathmár	1305	—	—	—	1305	—
	Szabolcs	1170	—	—	—	1170	—
	Ugocsa	667	48	—	—	667	48
Hayducken-Städte		1105	3	1105	3	—	—
Summe:		25543	6	14879	21	10663	32
Pressburg		19787	18	10849	42	8937	36
Oedenburg		10922	12	3740	57	7181	15
Neusohl		11824	15	8577	39	3246	36
Ofen		10068	42	3660	34	6408	8
Kaschau		25149	42	3410	30	21739	12
Grosswardein		25543	6	14879	21	10663	45
		103295	15	45118	43	58167	32
An den Indigenats-Geldern sind eingegangen .		—	27231	48	—	—	
An dem Dono gratuito von dem verehrten							
Clerus pr.		30000	—	17323	33	12676	27

Zählt man zu diesen Frucht- und Geld-Steuern die Verpflegs-Anforderungen für die sechs ungarischen Infanterie-Regimenter, so ergibt sich ein Gesammt-Erforderniss für die Insurrection 1742 an Geld zur Loskaufung der Betrag von 258.973 fl.; dann an Getreide von 138.695, an Hafer von 212.572 niederösterreichischen Metzen. Von diesen Lieferungen blieb, wie aus den Ausweisen zu ersehen, allerdings sehr viel rückständig.

Die Ergebnisse der Durchführung des Pressburger Landtags-Beschlusses vom November 1741 lassen sich nach den vorliegenden Acten nach dem bisher Gesagten sonach annähernd ziffermässig feststellen. Gegen Ende des Jahres 1742 sind 17.932 — 3055 Deserteure = **14.877 Mann Infanterie** und **13.699 Reiter**, unter denen 1543 Edelleute, zusammen **28.576** Mann unter den Waffen.

Ueber die Zahl derselben, welche wirklich 1742 noch zu den

kämpfenden Armeen gelangten oder selbstständig vor dem Feinde verwendet wurden, sind dagegen nur mit grosser Schwierigkeit Anhaltspuncte zu gewinnen, da die Insurgenten in den Standes-listen der Heereskörper, auch dort, wo ihre Anwesenheit ausser Zweifel ist, nicht aufgezählt erscheinen. Die ausgewiesenen Husaren und Croaten sind stets nur die regulären Husaren-Regimenter, welche in keine Verbindung mit dem Landes-Aufgebot zu bringen sind, und die Grenzer.

Mit einiger Sicherheit nachzuweisen sind nur:

a) Bei der Haupt-Armee in Böhmen und Mähren:

9 Bataillone der neuen ungarischen Regimenter mit einem beiläufigen Stand von 5400 Mann.

381 Portalisten, Jazygier und Kumanier.

b) Beim Corps Khevenhüller in Bayern und Ober-Oesterreich:

6 Bataillone der neuen ungarischen Infanterie-Regimenter, 3600 Mann.

1056 Insurgenten des Pressburger und Neutraer Comitates.

c) An der mährisch-ungarischen Grenze in Action gegen die Preussen gekommen:

1809 Insurgenten.

d) Als Nachschub und zur Verstärkung der regulären Husaren-Regimenter:

7400 Portalisten. (?)

Die Gesammtzahl der wirklich zur Verwendung gelangten Truppen des ungarischen Aufgebots vom Jahre 1741 betrug nach dieser Rechnung im Jahre 1742 etwa **9000** Mann Infanterie und **10.646** Reiter.

Es ist für das Studium des österreichischen Erbfolgekrieges durchaus nothwendig, den positiven Ziffern jener eigenartigen Landes-Insurrection Aufmerksamkeit zu schenken, da die patrio-tische Unterstützung, welche das Königreich Ungarn seiner Mon-archin in der schweren Bedrängniss ihres Regierungsantrittes in wirklicher Begeisterung geboten, nach der üblichen historischen Darstellung Machtfactoren in das militärische Calcul einstellt, welche zu den unrichtigsten Schlüssen und Urtheilen Veran-lassung geben mussten. Es ist begreiflich, dass der Historiker gerne bei jenen erhebenden Auftritten verweilt, welche einzelne

Tage des Pressburger Landtags 1741 für alle Zeit schmücken;
aber so wenig jene begeisterten Männer damals ihre Wünsche in
vollem Masse zu realisieren wussten, so wenig dürfen sie bei der
sachgemässen militärischen Beurtheilung kriegerischer Ereignisse
eine Rolle spielen. Wesshalb es nicht möglich gewesen, jene
100.000 Mann der Königin zuzuführen, von denen die erste
stürmische Erregung träumte und wesshalb das Endergebniss selbst
noch weit auch hinter den verfassungsmässig festgesetzten Ziffern
zurückblieb, gehört nicht hierher und muss speciellerer ungarischer Geschichtsforschung überlassen bleiben. Es ist militärisch
gewiss, dass eine wirkliche Streitmacht von 100.000 Ungarn neben
dem Heere, in der Hand der Königin den vollen Sieg sofort
für sie entschieden haben würde; auch Schlesien hätte dem
Hause Habsburg nicht dauernd entrissen werden können. Wer
solche Kräfte aber als wirklich vorhanden gewesen voraussetzt,
wird an Fehler der Heeresführung glauben müssen, welche trotz
der materiellen Kraft es nicht verstanden hätte, das Reich vor
Verlust zu schützen. Anders wird das militärische Bild, wenn zu
dem auf den Kriegs-Schauplätzen in Schlesien und Mähren, in
Böhmen und Bayern, wie in Italien vertheilten, gegen die mächtige
Ueberzahl der Preussen, Bayern, Sachsen, Franzosen und Spanier
kämpfenden alten und glorreichen „hinterlassenen" kaiserlichen
Heer eben nur die nachgewiesenen etwa 20.000 neuen Streiter hin-
zugerechnet werden, welche der Landtag zu Pressburg binnen
Jahresfrist aus den Gauen Ungarns zusammenzubringen und unter
die Fahnen der Königin zu senden vermochte. Es zerstört dies
vielleicht eine schöne historische Legende, aber es schmälert nicht
den Ruhm der ungarischen Waffengenossen jener Zeit, die tapfer
Schulter an Schulter neben den alten Regimentern fochten, als
diese Mähren wiedergewannen, Böhmen und Ober-Oesterreich be-
freiten und die österreichischen Fahnen wieder siegreich über die
Grenzen in Feindesland zu tragen wussten.

MILITÄRISCHE UND POLITISCHE ACTENSTÜCKE

ZUR

GESCHICHTE DES ERSTEN SCHLESISCHEN KRIEGES

1741.

VON

MAJOR DUNCKER.

(FORTSETZUNG.)

—

IV.

Durch die mit England-Hannover im Monate Juni 1741 abgeschlossenen Conventionen schienen die Angelegenheiten der Königin Maria Theresia eine wesentlich andere Gestalt zu gewinnen. Es war gegründete Aussicht vorhanden, dass diese Wendung die militärischen Verhältnisse in Schlesien günstig beeinflussen, den König von Preussen zur Schwächung seiner dortigen Streitkräfte zwingen und so der Königin die Möglichkeit bieten würde, ihr hauptsächliches Augenmerk gegen die von Westen her, von Bayern und Frankreich drohenden Gefahren zu richten.

Die königlich ungarisch-böhmischen Truppen befanden sich in ihrer früheren Aufstellung hinter der Festung Neisse.[1]) Die preussische Armee stand im Lager von Strehlen. Mit Ausnahme kleiner Patrouillengefechte blieben beide Armeen fast unthätig, erst Mitte Juli gingen wieder einige grössere Streif-Commanden aus dem österreichischen Lager ab; Obristwachtmeister v. Hadik führte mit 500 Husaren einen Streifzug über Schweidnitz gegen Breslau,[2]) ein anderer Stabsofficier wurde nach Nimptsch, Franken-

---

[1]) Siehe Band III der „Mittheilungen" pag. 293.

[2]) Das Hadik'sche Commando war zusammengesetzt aus Abtheilungen verschiedener Husaren-Regimenter, und zwar von

	Rittm.	Lieutenant	Cornet	Unterofficiere	Gemeine
Csáky	1 Rittm.	—	1 Cornet	5 Unterofficiere	70 Gemeine
Dessewffy	1 »	1 Lieutenant	1 »	5 »	70 »
Ghilányi	1 »	—	1 »	4 »	60 »
Pestvármegyi	1 »	1 »	1 »	3 »	60 »
Splényi	1 »	1 »	—	3 »	60 »
Karoly	1 »	—	—	3 »	40 »
	4 Rittm.,	4 Lieutenants,	3 Cornets,	23 Unterofficiere,	360 Gemeine.

dann der National-Regimenter:

	Rittm.	Lieutenant	Cornet	Unterofficiere	Gemeine
Belesnay	—	1 »	1 »	3 »	50 »
Halasz - Peter	1 »	—	—	3 »	55 »
Jazygier und Kumanier	—	1 »	—	3 »	35 »
	5 Rittm.,	6 Lieutenants,	4 Cornets,	32 Unterofficiere,	500 Gemeine

(Gräfl. Neipperg'sches Archiv und Fähnrich Lutsch' Tagebuch K.-A.)

14*

stein und in die dortige Gegend ebenfalls mit 500 Husaren detachirt, um die Zufuhren in das preussische Lager zu verhindern.[1]

Nach Alt-Grottkau kamen unter einem Obristwachtmeister
des Regiments Splényi 400 Husaren, mit dem Auftrage, gegen das
preussische Lager zu streifen;[2] die Slavonier wurden in zwei
Gruppen gegen Wansen und Strehlen in die Wälder verlegt. Ein
Rittmeister mit 100 Husaren hatte die Gegend von der Festung
Neisse bis zur Mündung des Neisse-Flusses in die Oder zu beobachten.[3] Unter Commando des Obristen Baron Trips rückten
ein Obristlieutenant, ein Major, 600 Husaren nebst einem Obristlieutenant mit 800 Croaten an das rechte Oder-Ufer in die Gegend
von Oppeln, mit dem Auftrage, von dort Oder abwärts bis gegen
und unterhalb Breslau zu streifen und die preussischen Zufuhren
auf der Oder zu verhindern oder mindestens zu erschweren.[4]

Am 3. Juli setzte Maria Theresia den commandierenden
General in Schlesien von den mit England-Hannover getroffenen
Vereinbarungen in Kenntnis:

33. Die Königin an FM. Grafen Neipperg.[5]

Pressburg, 3. Juli 1741.[6]

Den 24. letztverflossenen Monats sind zu Hannover drei
Conventionen, nämlich eine französische und zwei deutsche, geschlossen und unterzeichnet worden.

Vermög der französischen wird die ehebaldigste Zusammen-
ziehung und Anwendung der dänischen und Hessen-Casselschen
Truppen versprochen, anbei sich wegen der Mir vom englischen
Parlamente verwilligten 300.000 Pfd. Sterling einverstanden.

[1] K.-A.; Lutsch' Tagebuch.
[2] Dies Commando bestand aus zwei Rittmeistern, drei Lieutenants,
einem Cornet, 10 Unterofficieren, 200 Gemeinen von den Husaren-, zwei Rittmeistern, zwei Lieutenants, zwei Cornets, 10 Unterofficieren und 200 Gemeinen
von den National-Regimentern. (Gräfl. Neipperg'sches Archiv und Lutsch' Tagebuch K.-A.)
[3] u. [4] K.-A. Lutsch' Tagebuch.
[5] H. H. u. St. A.; Weisungen an Neipperg, Friedens-Acten, Fasc. 23.
Concept von Bartenstein.
[6] Die Königin war am 19. Juni von Wien nach Pressburg abgereist
und am 20. Nachmittags dort angekommen.

Zufolge der deutschen Haupt-Convention werden zu Meiner freien Disposition auf den 22. d. l. M. 13.000 Mann, nämlich 9000 zu Fuss und 4000 zu Pferd überlassen. Wessenthalben durch eine Neben-Convention, das Commando, der Dienstleistung halber und sofort, nach Ausweis nebenanschlüssiger Abschrift der deutschen Neben-Convention Verschiedenes ausbedungen worden. [1])

[1]) Die in Rede stehenden Verträge waren:

I. Subsidien-Vertrag zwischen dem König von England und der Königin von Ungarn und Böhmen.

Der Vertrag. dessen Original in französischer Sprache im k. k. Haus-, Hof- und Staats-Archive sich befindet, ist bei Martens: »Supplement au recueil des principaux traités etc.« (Göttingen 1802). I. 262, in deutscher Uebersetzung abgedruckt.

Es ist die einzige von den an dem genannten Tage zu Hannover geschlossenen Vereinbarungen, welche von König Georg II. zu Herrnhausen (am 28. Juni) ratificiert wurde. Der Tractat bezieht sich auf die in dem II. Artikel des am 20. Februar 1732 im Haag zwischen Kaiser Carl VI., England und den Generalstaaten, mit Bezug auf die im Wiener Tractat vom Jahre 1731 (Tétot. pag. 43) gegenseitig zugesicherte Hilfsleistung von 12.000 Mann, die jetzt in der Form von Auxiliar-Truppen (je 6000 hessischer und dänischer Truppen) sobald als möglich (aussitöt qu'il sera possible) beigestellt werden sollten. Da übrigens der im Tractate vom Jahre 1732 vorgedachte Fall eingetreten, dass auch über eine grössere Hilfs-Leistung die Vereinbarung getroffen werden könne. so hatte der Bevollmächtigte der Königin, Graf Ostein. auf Subsidien behufs Vermehrung der Armee angetragen und war mit dem englischen Minister und Staatssecretär Lord Harrington über die folgenden Artikel übereingekommen.

1. Erneuerung der beiderseitigen Verbindlichkeiten aus dem Vertrage vom 16. März 1731 und der Accessions-Acte vom 20. Februar 1732, »ausgenommen was diejenigen Länder betrifft, welche in dem letzten mit Frankreich geschlossenen Frieden, welchen zu brechen sie nicht gesonnen sind, anderen Mächten abgetreten worden.«

2. Der König von England verspricht, in der Zeit von einem Jahre, vom 30. April 1741 an zu rechnen, quartalweise 300.000 Pfd. Sterling (zu 10 fl. 10 Stüver holländischen Geldes) zur Anwerbung neuer Truppen, Vermehrung der Armee oder zur Bezahlung fremder Truppen, an die Königin zu zahlen.

3. Verpflichtung, das Geld nur zu vorgedachtem Zweck zu verwenden etc.

II. Eine mit dem König von England, als Kurfürsten von Hannover abgeschlossene Convention, die Ueberlassung eines Corps von 10.000 Mann deutscher Truppen, nämlich 6000 Mann Infanterie und 4000 Mann Cavallerie betreffend. und zwar sollte dies Corps vier Wochen nach Abschluss der Convention zur Disposition der Königin stehen. Für die Unterhaltung dieses Corps

Obwohl nun ein und anderes klarer und besser gefasst werden
können, so habe Ich jedoch bei dermalig höchst misslichen Umständen Meines Diensts ermessen, das Geschlossene schlechterdings
zu beangenehmen. Doch wird dem Grafen v. Ostein untereinstem
aufgetragen, zu erklären, dass solches in der Zuversicht und unter
der ausdrücklichen Verwahrung und Bedingnis geschehe, dass
kein Tag länger als bis auf den in der Convention angesetzten
Termin, nämlich den 22. d. M., mit der Hilfsleistung gesäumt werde. [1]

Auch dieser Termin ist weiter, als aus verschiedenen Ursachen und Betrachtungen nicht sein sollte, hinausgesetzt worden;
sonder Zweifel in der Absicht, noch bis dahin den Vergleichs-
versuch zu betreiben. Wie zumal aber zwar von einem thunlichen
Vergleich mit Preussen keineswegs entfernt, doch zugleich von
Schlesien nichts hintanzulassen entschlossen bin, anbei des Königs
von Preussen Entfernung von einem solchen Vergleich, mithin,
dass vor vorläufiger Hilfeleistung derselbe nicht, sondern erst
nachher anzuhoffen sei, ganz klar vor Augen liegt; als ist bereits
an Meine Minister zu Hannover der Befehl abgegangen, dass sie
auf die ungesäumte Zusammenziehung der Truppen und deren
Operationen dringen sollen: absonderlich da die diesseitige Erklärung in puncto des Vergleichs so gefasst worden, dass die, so
darauf versessen, mit gutem Grund überzeugt werden können,
dass man englischerseits nur zu viel und zu lang damit sich aufgehalten, der Sachen Stand andurch sich verschlimmert habe und
die Schuld des Nichterfolgs dem König von Preussen lediglich
beizumessen sei.

---

sollten Seitens der Königin bis letzten April 1742 »ein für alles« 200.000 Pfund
Sterling gezahlt, was an Mannschaft und Pferden vor dem Feinde bleibt, ver-
gütet werden. Hierzu versprach der König von England, als Kurfürst, noch ein
Auxilar-Corps von 3000 Mann Infanterie auf seine eigenen Kosten beizustellen,
welches zur genannten Zeit gleichfalls zur Verwendung bereit stehen sollte.

III. Ein die militärischen Angelegenheiten des Hilfs-Corps regelnde Neben-
Convention mit zwei geheimen Separat-Artikeln, deren erster die Empfangnahme
der Subsidien und die Gegenzahlung von 200.000 Pfd. regelt, der zweite die
Bestimmung trifft, dass die sämmtlichen Auxiliar-Corps für die Zeit der gegenwärtig geschlossenen Vereinbarungen nirgends anders als in Deutschland verwendet werden dürfen.

[1] Vergl. Politische Correspondenz I. pag. 272. König Friedrich II. an
den Fürsten von Anhalt, ddto. Strehlen, 6. Juli 1741.

Nun lässt sich entweder der Termin annoch verkürzen oder nicht. In einem Fall, wie in anderem ist, da sothaner Termin so nahe vor der Thür ist, kein Augenblick zu verabsäumen, um hiesigerseits die versprochene Hilfsleistung ehemöglichst suchen zu Nutzen zu machen. Zu welchem Ende Ich auch noch weiters gnädigst nicht verhalte: erstlich, dass vorlängst Kur-Sachsen insgeheim sich anheischig gemacht hat, seinerseits zu gleicher Zeit mit gesammter Macht wider Preussen operiren zu wollen,[1]) als es von dem König von England, es sei qua König, oder qua Kurfürsten geschehen würde.

Zweitens, dass sich auf gleiche Weise auch Russland erklärt habe, und hierzu Alles dergestalten bereit halte, dass nach letzter aus Petersburg eingelaufener Relation nicht wohl im mindesten gezweifelt werden mag, dass dortige Diversion den nämlichen Tag, als von Seiten Englands, ungehindert der schwedischen nicht zu-, sondern abnehmende Bewegung erfolgen werde.

Drittens, dass aus dieser Ursache hier kein Augenblick verabsäumt worden, nach Dresden und Petersburg zu berichten, dass sich des Königs von England Majestät sowohl als König, als qua Kurfürst verbunden, zum spätesten den 22. hujus mit den Operationen den Anfang zu machen, und endlich

Viertens, dass noch über die längst schon bereit stehenden dänischen und hessen-casselschen Hilfs-Völker gegen 14.000 Mann englische National-Truppen überschifft werden sollen, und zwar wie sich mündlich geäussert worden, um die Republik Holland zur ungesäumten Abgabe ihrer 5000 Mann gleichfalls aufzumuntern.

Nach des Grafen v. Ostein Bericht vom 25. v. M. scheint die Intention des Königs von England dahin zu gehen, durch Diversion zu agiren und zu solchem Ende alle bis nun erwähnten Truppen mit Einbegriff der zu Meiner Disposition seienden 13.000 Mann zusammenzuziehen und die Armee selbst zu commandiren; wie denn auch verlauten will, dass ein General von ihm nach Dresden zur Pflegung der gemeinsamen Abrede ins-

---

[1]) Diese Stelle bezieht sich wohl jedenfalls auf den am 11. April 1741 von den beiderseitigen Bevollmächtigten in Dresden unterschriebenen Vertrag (siehe II. pag. 219).

geheim bereits abgeschickt worden. Und ist des kursächsischen
Hofs Gedanken ohne das jederzeit dahin gegangen, gesammter
Hand mit Kur-Hannover den Angriff zu thun.

Mein Dienst ist, Alles zu erleichtern, um nur den so lang
verzögerten Haupt- und Endzweck zu befördern: nämlich, dass
Mir die ausbedungene Hilfe wirklich, es sei durch Diversion oder
Conjunction, angedeihe. Ich setze das Wort wirklich mit Wohl-
bedacht hinzu, indem so wenig der gemeinsamen Sache, als Mir
damit gedient sein würde, wofern durch eine NB. nicht zu-
reichende, noch ausgiebige Diversion die Zusage allein dem Schein
erfüllt werden wollte; wie doch weder vermuthen kann, noch will.
Vielmehr erheischt das offenbarste eigene Interesse des Königs
von England, sowohl qua Königs, als qua Kurfürstens, und noch
mehr die eigene von der anderwärts anscheinenden Gefahr her-
geleitet werdende Betrachtung, dass das Werk auf einmal mit
solcher Obermacht von allen Seiten angegriffen werde, um mit
Grund anhoffen zu können, dem preussischen Unwesen ein ge-
schwindes Ende zu machen; so untereinstem das sicherste Mittel
sein wird, um andere Mächte von widrigen Unternehmungen
zurück zu halten. Wann nun ohne Zeitverlust die englischen
Hilfs-Völker nebst sämmtlichen kurhannoverischen und kursächsischen Truppen hierzu angewendet, mit einem russischen Corps in
Preussen eingedrungen, die zu einem anderwärtigen Einfall so
geneigten Polen dazu angefrischt, und auch diesorts die Passus
darnach ausgemessen würden, so sollte der Endzweck zu erreichen,
mithin zu einem nicht schädlichen, sondern anständigen
Vergleich mit Preussen ehestens zu gelangen, eben
nicht so gar schwer fallen.

Gegenwärtiges Handschreiben hat aber die Euch anvertrauten
Militär-Operationen keineswegs als Objecto, als worüber Euch
durch die behörigen Wege die Anweisung zuzukommen hat,
sondern es ist vor allem, um Euch vom gegenwärtigen Stand der
Sachen den vollkommenen Unterricht zu geben, anzusehen, folglich
hat es in Allem, was die alliirten Höfe angeht, zu Eurer Direction
zu dienen.

Ihr habt also nach diesem Fingerzeig die etwa nach Dresden
und Hannover an Meine dortige Minister zu erlassen für diensam ermessen mögende Zuschriften zu fassen, und zwar solcher-

gestalten, dass wenigstens ein Theil derselben, insoweit sie nämlich
zur Beschleunigung des obangedeuteten Hauptendzwecks zu dienen
haben, ostensible sei.

Was Ihr dem Marchese Botta dürftet zuschreiben wollen,
wäre der sicheren Bestellung halber dem Grafen Khevenhüller
nach Dresden beizuschliessen. Und wann Ihr zu geschwinderer
Verabredung ein- oder anderer zu dem vorhabenden Intent nöthiger
oder diensamer Massnehmungen einen tüchtigen Officier sowohl
nach Dresden, als nach Hannover abzusenden für gut finden solltet,
so begewaltige Euch auch hierzu, in der gnädigsten Zuversicht,
dass ihr absonderlich bei gegenwärtigen Weltläuften nichts, was
zu Meinem Dienst gereichen mag, nach Eurem dafür hegenden,
rühmlichen Eifer ausser Acht lassen werdet etc.

FM: Graf Neipperg beantwortete dieses Schreiben der Königin
am 7. Juli.[1]) Er berichtete, dass er sich bereits an die bei den
alliirten Mächten accreditirten Gesandten nach Dresden, Hannover
und Petersburg gewendet habe, um zu erfahren, was man in Bezug
auf directe Hilfeleistung von dort eigentlich zu hoffen oder zu erwarten habe, damit auch er seine Dispositionen danach einrichten
könne. „Sonsten ist wohl zu wünschen, dass die Alliirten je eher
je besser zum Werk schritten und sich E. K. M. gerechteste Sache
mit allem Nachdruck angelegen sein lassen, ich zweifle aber dabei,
ob der König von England bis 22. d. alle gewidmete Truppen
beisammen haben, und somit im Stande sein dürfte, zu den Operationen
um solche Zeit den Anfang zu machen.

Die Sachsen haben vermöge letzter Nachrichten noch cantonnirt
und von den Russen hat man zwar seit einiger Zeit her immer
versichern wollen, dass sie im Anzug seien, man weiss aber von
der Gegend, wo selbe sich befinden sollen, so wenig Ausführliches,
dass ebenfalls zu besorgen sie dürfte, dass sie noch so nahe an
den preussischen Grenzen nicht seien, um auf dem übereinge-
kommenen 22. d. auch ihres Orts mit den Operationen den Anfang
zu machen.

Von den Polaken sollen wohl ein und andere Regimenter,
womit der König ohneweiters zu disponieren hat, auf dessen Befehl

¹) FM. Graf Neipperg an die Königin. Neisse. 7. Juli 1741. H. H. u.
St. A. Friedens-Acten. Fasc. 23. Original.

gegen die Grenzen angerückt sein, von der Kron-Armee hingegen
oder anderen Polaken weiss man nichts und sehe auch nicht, ob
man sich von Seiten Polens viel Gutes zu versprechen habe, allermassen von daraus dem König von Preussen nicht allein gegen
Bezahlung die meiste Zufuhr der Lebensmittel, ohne die er sonst
in Schlesien hart würde bestehen können, geschieht, sondern auch
ihm aus Polen bereits viele Deserteurs verdeckt zurückgesendet
worden, welches der Desertion bei ihm nicht einen geringen Einhalt
macht, da sonst selbige viel häufiger sein würde, weil die Gegenden
gegen Polen hiezu über die Massen bequemer und gelegensamer
als alle übrigen sind. Der König von Preussen dürfte fraglich ehe
und bevor zu einem anständigen Vergleich nicht gebracht werden
können, bis er nicht die Obermacht erkennt und empfindet, und
daher um so nöthiger sein will, dass E. K. M. Alliirte um so
fördersamer Hand an das Werk legen, und ihn zu demjenigen
vermögen, so bisher die engländische und holländische Gesandte,
die noch zu Breslau, und ersterer, laut sicheren Nachrichten, vor
wenigen Tagen wieder zum König in's Lager abgegangen, nicht
loszuwirken gewusst haben. Es wird auch den Alliirten um so
leichter fallen, hierin zu reussieren, als der König von Preussen
noch immer obligirt ist, hier zu Land 22 Regimenter Infanterie
und 12 von Cavallerie zu halten, über diejenige drei von Cavallerie,
so noch aus Preussen hieher im Anzug sind, und zwischen jetzt
und 1. August vermög den wirklich gemachten Marsch-Dispositionen
den schlesischen Boden betreten sollen. Detachierte er aber von
hier etwas, so habe dem Grafen von Ostein schon geschrieben,
was solchenfalls denen Alliirten zur Erleichterung zu thun vermeinte" [1]).

Dem Grossherzog sendete der Feldmarschall am nämlichen

[1] FM. Graf Neipperg an Graf Ostein in Hannover. Neisse, 7. Juli 1741.
»Inzwischen halte ich dafür, dass den Alliirten schon eine merkliche Diversion
gemacht werde, da ich die Preussen obligire, hierzu Land 22 Regimenter
Infanterie und 12 Cavallerie über die drei, so noch anher im Anzug sind, zu
haben; detachirten sie aber seiner Zeit von hier was gegen die Alliirten, so
würde gewiss nicht mehr bleiben, wo dermalen bin, sondern ich würde unfehlbar wieder mit Nachdruck gegen die Preussen agiren und den Alliirten
wann sie anders auch ihrerseits mit Nachdruck agiren wollen, die Sache
grossentheils und nach aller Möglichkeit zu erleichtern suchen. (H. H. u. St. A
Friedens-Acten. Fasc. 23. Abschrift.)

Tage aus Breslau eingelaufene Nachrichten ein, welche die Wegnahme eines ansehnlichen Vieh-Transportes durch österreichische Hussaren fast unmittelbar vor den Thoren dieser Stadt meldeten und die Consternation schilderten, welche in der Landeshauptstadt über die ihr vom König von Preussen auferlegte Contribution von 500.000 fl., binnen vier Wochen zu erlegen, herrschte. Bei Nichteinhaltung des angegebenen Termins waren der Stadt die strengsten Massregeln angedroht. Die Bürgerschaft, wurde gemeldet, wolle sich trotzdem dazu nicht verstehen, sondern berufe sich auf das Neutralitäts-Abkommen vom 3. Januar 1741. [1]

Man hielt offenbar preussischerseits die Zeit schon für gekommen, in die immerhin noch beschränkende Neutralitäts-Convention Bresche zu legen, um sie endlich ganz beseitigen und als unumschränkter Herr in der Landeshauptstadt gebieten zu können. [2]

34. Der Grossherzog von Toscana an FM. Graf Neipperg.[3]

Pressburg, 8. Juli 1741.

Ich habe alle Ihre Briefe erhalten, aber die Beschäftigungen im Anfange hier [5] haben mich zu antworten verhindert, wie ich es gewollt hätte.

— —

[1] FM. Graf Neipperg an den Grossherzog, Neisse, 7. Juli 1741. K.-A. Schlesien 1741; Fasc. VII. 8. ad 8 a und ad 8 b.

[2] Vergl »Zur Capitulation Breslaus«. Mittheilungen des Kriegs-Archivs 1885, pag. 193. Nach diesem Abkommen war der Stadt Breslau eine vollkommene und genaue Neutralität zugesichert worden, »also dass von derselben weder einige Huldigung, noch Abgabe einiger Contribution, wie solche Namen haben mag, solle und werde gefordert werden.«

[3] Gräfl. Neipperg'sches Archiv. Original französisch und eigenhändig. Die Briefe des Grossherzogs an den FM. Grafen Neipperg sind, entsprechend dem intimen Verhältnisse zu seinem ehemaligen Erzieher (siehe I. pag. 171. Anmerkung 1) durchwegs in vertrautem Tone gehalten. Der Gedankengang ist in denselben häufig nur skizzirt, die Perioden sind grösstentheils lang und manchmal schwer verständlich. Die Uebersetzung hat sich bemüht, den Original-Charakter der Briefe möglichst intact zu bewahren — allerdings auf Kosten des Styls.

[4] Das Original ist irrthümlich »8. Juni« datirt.

[5] Die Abreise der Königin war, wie erwähnt, von Wien am 19. Juni erfolgt am 20. der Einzug in Pressburg; am 21. hatte Maria Theresia die Mitglieder des Landtages empfangen, am 25. Juni hatte in Pressburg die Krönung zur Königin von Ungarn stattgefunden.

Ich habe Befehl gegeben, dass man Ihnen den Stand sende, in dem sich gegenwärtig die Sachen mit unseren Alliirten befinden, damit Sie au fait sind und Ihre Massregeln nehmen können, deshalb beziehe ich mich darauf und sage Ihnen nur im Auszuge, dass die Königin fest beschlossen hat, nichts von Schlesien an den König von Preussen abzutreten und in Folge dessen zu versuchen, ihn mit Gewalt durch ihre Armeen und jene ihrer Alliirten hinauszudrängen. Sie werden die zu Hannover mit dem Kurfürsten behufs der Operationen geschlossene und ratificierte Convention sehen, die am 22. dieses Monats geschehen müssen, und ich zweifle nicht, dass sich das bemerkbar mache, besonders in Schlesien, wenn sie ihre Operationen beginnen werden, denn das wird sicher eine Aenderung herbeiführen, besonders wenn die Russen, wie ich nicht zweifle, sich auch ihrerseits rühren und ich hoffe, dass die Sachsen nicht mit verschränkten Armen bleiben werden, obschon es mir scheint, dass sie keine grosse Lust haben, in die Operationen einzutreten, aber wenn man sie einmal alle soweit hat, glaube ich, dass das Ihnen das Spiel leicht machen könnte, um vorzurücken und zu versuchen, auch Ihrerseits ihn [den König von Preussen] zu drängen; sehen Sie nur zu, ob Sie nicht eine kleine Bewegung machen könnten, ohne sich zu exponieren, welche den Anschein gibt, als wenn man stets sich ein wenig vorwärts bewege, ich glaube, dass das einen guten Eindruck machen würde, wie gering auch die Bewegung sei, denn es beweist unsern Leuten, dass man vorwärts denkt und zeigt damit dem Feinde, dass man damit rechnet, ihn zu suchen und dies könnte vielleicht noch die gutgesinnten Unterthanen festigen und die Desertion beim Feinde erleichtern. Das sind die Gründe, welche mir scheinen eine Bewegung wünschen zu sollen. Sie sind schliesslich au fait und mehr à portée als ich, um den Eindruck zu beurtheilen, welchen es machen könnte, ich verlasse mich deshalb ganz auf Sie, da ich Ihre Erfahrung kenne und sage Ihnen nur, wie es mir unter allen Umständen einen guten Eindruck zu machen scheinen würde, wenn man sieht, dass man vorrückt, wenn es auch nur allmälig wäre, will man doch vorwärts gehen.

Sie haben inzwischen nach Ihren Tabellen vom 22. Juni dienstbaren Stand 18,000 Mann an regulären Truppen, ohne die

Croaten, Slavonier und Husaren. Es ist da ein Corps beisammen, das sich sehen lassen, oder im Augenblick sich kühn (hardiment) bewegen kann. Also sehen Sie zu, was Sie thun können, der Feind ist ohnedies nicht so nahe, um Ihnen während des Marsches auf den Hals fallen zu können.

Ich zweifle nicht, dass, wenn er erfährt, dass der König von England ernstlich die Operationen beginnen will, er versuche, diesem Moment zuvorzukommen, indem er Sie früher angreift, also seien Sie deshalb vorsichtig und halten Sie bezüglich seiner Bewegungen gute Spione, denn die gegenwärtige Conjunctur wird ihn gewiss, sei es auf die eine oder andere Art zum Handeln bewegen. Sie können vor Allem aus den Bewegungen, welche er seine Armee wird machen lassen, besser beurtheilen, wie diese Neuigkeiten auf den Geist des Königs wirken werden.

Ich habe den General Ghylányi zum Corps nach Schlesien befehligt,[1]) wie Sie es gewünscht haben; da er aber keine Equipage hat und diese zusammenstellen muss, wird sich seine Abreise noch einige Wochen verzögern.

Man muss auch in etwas zusehen, den Husaren-Regimentern nicht allzuviel Fatiguen aufzuladen und suchen, sie soviel zu schonen, als die Nothwendigkeit es erlaubt.

Die drei Regimenter aus den Comitaten beklagen sich, dass sie weder Heu noch Hafer haben, also sehen Sie zu, dass sie nach der „Capitulation" gehalten werden, wenn sie bei der Armee sind, ich empfehle sie Ihnen, wie auch die Slavonier, welche, obschon ich gern glaube, dass sie schauerliche Excesse begehen, alle wenig den Feind fürchten. Ich ersuche Sie demnach Geduld zu haben, da diese beiden Corps ein Versuch sind, den ich gemacht habe und wenn er Erfolg haben könnte, würde man in Zukunft gute Dienste daraus ziehen. Aller Anfang ist schwer, besonders mit solchen Leuten, aber wenn sie, die einen, wie die andern, Beute (butin) beim Feinde machen können, muss man suchen, ihnen

---

[1]) Erlass ddo Pressburg, 8. Juli 1741: Gräflich Neipperg'sches Archiv. enthält die Benachrichtigung, dass nachdem die GFWM. Baranyay und Festetics öfter unpässlich seien, dem GFWM. Br. Ghylányi Ordre ertheilt wird, sich auf das schleunigste nach Schlesien zu begeben, um mit den beiden vorerwähnten, bei den Husaren angestellten Generalen nach Neipperg's Ermessen verwendet zu werden.

dazu Gelegenheit zu geben, ohne sie im Anfang viel auszusetzen, um ihnen Lust beizubringen.

Der Obrist Belesnay ist der Schwager des Personalis, zeigen sie ihm, dass Sie mit ihm und den National-Regimentern zufrieden sind und sagen ihm, er möge das seinem Schwager mittheilen. Das wird für die Zukunft guten Eindruck machen, besonders jetzt, wo alle Comitate versammelt sind[1]) und wo das sie aneifern wird.

Ich bin Ihnen sehr verpflichtet, über das, was Sie mir bezüglich Luxemburg, Breisach und Freiburg schreiben, woran man schon gedacht hat;[2]) es scheint, dass der Kurfürst von Bayern ernstlich daran denkt, uns anzugreifen, wesshalb wir noch zwei Cavallerie-Regimenter aus Ungarn ziehen und ebenfalls zwei Infanterie-Regimenter, um ein Corps zu formieren, wo es das Bedürfniss erfordern wird, denn ich glaube, dass er uns mit beruhigenden Versicherungen zuvorkommt, wohin er sich immer wenden mag. Frankreich gibt stets gute Worte, ich glaube es aber mit den Bayern einverstanden, welche in vollständiger Bewegung, um sich zu versammeln, sind.

Das ist ein langer Brief geworden, aber da ich Ihnen lange nicht geschrieben hatte, war es gut, dass ich Sie von Allem informiere, was vorgeht und von dem was ich glaubte, das Sie thun sollen. Ich erwarte Ihre Antwort, um zu sehen, was Sie glauben, werden thun zu können, um vorwärts zu gehen.

P. S. Die Königin, welche hier bei mir ist, beauftragt mich, Sie Ihrer Huld zu versichern und Ihnen Grüsse auszurichten, sie würde sehr wünschen, dass Sie dem König von Preussen Eines versetzen könnten, ohne dem es schwer sein wird, ihn aus Schlesien herauszubringen, aber da ich dieselbe Neigung bei Ihnen voraussetze, ist es nicht nothwendig, es Ihnen anzuempfehlen und glaube ich, dass Sie befriedigen werden, wenn Sie die Möglichkeit finden, irgend eine Bewegung mit unserer Armee nach vorwärts zu machen, bis Sie eine gute Gelegenheit zum Angriff finden würden,

---

[1]) Der Landtag war seit 18. Mai 1741 in Pressburg versammelt.

[2]) In einem Schreiben aus Neisse, 30. Juni 1741, hatte der Feldmarschall mit Bezug auf die drohende Haltung Frankreichs, den Grossherzog auf die eventuelle Verstärkung der Garnisonen dieser Festungen aufmerksam gemacht (K.-A. Schlesien 1741; Fasc. VI. ad 61).

welche Sie, wie ich nicht zweifle, nicht aus der Hand lassen werden,
da ich Ihren Eifer und Ihre Erfahrung kenne.

Es ist gewiss, dass eine Bewegung gegen den Feind, so gering
sie auch sein mag, gegenwärtig ihm genug zu denken geben würde.

Ich überlasse dies Alles Ihrem Befinden etc.

35. FM. Graf Neipperg an den Grossherzog von Toscana.[1]

Neisse, 11. Juli 1741.

Ich habe das Schreiben, mit welchem Euere königl. Hoheit
mich unterm 8. d. beehrt haben und das Rescript Ihrer Majestät

---

[1] K.-A Schlesien 1741; Fasc. VII. 15. Original französisch und eigen-
händig. An demselben Tage sandte der Feldmarschall ausserdem noch einen
kurzen Bericht an den Grossherzog, welcher unwesentliche Nachrichten aus
Breslau einbegleitete und den Abschluss des am 9. Juli zu Grottkau zwischen
den beiderseitigen Commissären (österreichischerseits GFWM. Br. Lentulus.
Stabs-Auditor Jencko und Feld-Kriegs-Commissär Schütz. preussischerseits
GM. Prinz Dietrich von Anhalt, Ober-Auditeur von Kriegern und Kriegsrath
Lüdeke) vereinbarten Cartels über Auswechslung und Ranzionirung der beider-
seitigen Kriegsgefangenen meldete. Da die Verhandlungen in Grottkau hierüber
mehrere Tage in Anspruch genommen hatten. waren sich die beiderseitigen
Commissäre näher getreten. GFWM. Br. Lentulus hatte den wesentlichsten
Inhalt der bei dieser Gelegenheit geführten Gespräche zu Papier gebracht und
dem commandirenden General übergeben. der diese Note seinerseits dem
Grossherzoge mit obigem Berichte einsendete. Lentulus erzählt. er habe aus
der Conversation entnommen. »dass man preussischer Seits sehr den Frieden
wünsche, indem der Prinz Dietrich sich verlauten lassen, es würden ja leicht
Mittel zu finden sein, die zwei Puissancen zu vereinigen und wäre zu
wünschen. dass wir und sie zusammen am Rhein oder in die Niederlande
marschierten; sie mit ihrer Infanterie und wir mit unserer Cavallerie sollten
uns den Feinden des deutschen Vaterlandes fürchterlich machen. Es sei nur
zu beklagen. dass wir einander die Haare ausrauften und der Dritte davon
profitieren würde. Auch hat sich erwähnter Prinz nachdrücklich informiert
ob unsere Allergnädigste Königin und Grossherzog durch Favoriten sich leiten
lassen? ob derlei vorhanden und wer sie wären? auch dass sie ihres Orts
wünschten. dass das Römische Reich baldigst ein Oberhaupt bekommen
möchte. Sie wünschten unter Anderem. dass entweder der König in Polen oder
aber der Grossherzog hiezu erwählt würde. »(K.-A. Schlesien 1741; Fasc. VII.,
16 und ad 16 c.)

Diese von einem preussischen General dem österreichischen Commissär
gegenüber geführte Conversation zu einer Zeit, wo König Friedrich II bereits
von den Bewegungen der hannover'schen Truppen. sowie von der Sendung

der Königin vom 7. d. M. [1]) erhalten. Doch, gnädigster Herr, gestatten Sie, dass ich die Antwort darauf einige Tage verschiebe, sie wird nicht ausbleiben, sobald ich das, was E. k. H. mir anbefohlen, sowie den Stand der Angelegenheiten, reiflich überlegt haben werde. Ihre Majestät die Königin und E. k. H., welche mich mit Gnade und Güte überhäufen, mögen inzwischen vollkommen überzeugt sein, dass, indem ich die präcise Antwort oder die Bewegung und Anderes, was Ihre Majestät die Königin und E. k. H. gern unternommen sehen würden, verschiebe, dies durchaus nicht geschieht, um es zu vermeiden, noch weniger um ewig nur hier stehen zu bleiben, sondern um die Gelegenheit zu erspähen und dann sie mit Gottes Beistand, soviel als es mir möglich sein wird, zu benützen.

Bis jetzt zeigt sich der König von Preussen noch nicht verlegen, über das, was ihm droht. Vielleicht, glaubt er, da er stets in dem Lager bleibt, das er seit einiger Zeit inne hat, dass es nur ein Spiel sei und dass die Alliirten niemals dahin kommen würden, wirklich operieren zu wollen.

Ich glaube das auch, solange ich nicht sehe, dass die Herren englischen, sächsischen und holländischen Gesandten von Breslau verschwinden und den König von Preussen verlassen (et planter

eines hannover'schen Generals nach Dresden behufs militärischer Besprechungen Kenntnis hatte (vergl Polit Corresp. I. Nr. 418, 419), sieht einem ballon d'essai zur Erkundung derartiger Geneigtheit Seitens der Königin, mit Preussen in Unterhandlungen zu treten, sehr ähnlich. Es ist auch nicht ausgeschlossen, dass diese Aperçus nur »pour amuser et faire naitre des espérance« gegeben wurden, »pour donner le temps à l'electeur de Bavière d'entrer dans l'Autriche et à l'armée française d'entrer en Allemagne« (Pol. Corresp. I. Nr. 415, pag. 268), wobei nicht zu übersehen ist, dass am 5. Juli die Ratificationen des preussisch-französischen Vertrages ausgewechselt wurden. (Droysen, I p. 274; Polit. Corresp. I. pag. 268 Nr. 416.) Diese Andeutungen, die hier in Grottkau ohne Vorwissen König Friedrich II. wohl schwerlich gemacht wurden — können anderseits aber auch vielleicht als erste Etape jener Verhandlungen betrachtet werden, die im Herbst desselben Jahres stattfanden, besonders wenn man im Auge behält, dass Prinz Dietrich von Anhalt es war, der den späteren Unterhändler Oberst Freiherrn v. Goltz am 18 September 1741 zuerst dem GFWM. Br. Lentulus vorstellte.

[1]) Dem Feldmarschall wurde mit diesem Rescripte nur der Auszug eines vom Grafen Ostein am 29. Juni nach Wien erstatteten Berichtes übersendet. H. H. u. St. A. Friedens-Acten. Fasc. 23.)

le roi de Prusse), welcher unaufhörlich freiwillig und mit Gewalt sich recrutiert, in Schlesien neue Regimenter aushebt und noch nicht einmal den frischen Truppen, welche im Hereinmarsche aus Preussen und anderen Gegenden begriffen sind, Contre-Ordre ertheilt hat.

36. Die Königin an FM. Graf Neipperg.[1]

Pressburg, 14. Juli 1741.

Aus Euerem Bericht vom 7. d. habe des mehreren ersehen, was Ihr nach Anleitung Meines Handschreibens vom 3. an Graf Khevenhüller, Marchese Botta, Graf Ostein und Freiherrn von Jaxtheim erlassen habt. Mit dem Letzteren könnt Ihr, insolang er noch zu Hannover bleibt, die Correspondenz allerdings fortsetzen. Und finden sich sämmtliche übrige oberwähnte Meine Ministri, wie auch Graf von Wratislaw ohnedies bereits angewiesen, Euch von Allem, was Ihr zu wissen nöthig habt, oder wovon Euch zu verständigen diensam sein kann, von Zeit zu Zeit zu benachrichtigen; wie Ihnen dann zu solchem Ende das an Euch unter dem 3. erlassene Handschreiben in extenso abschriftlich mitgetheilt worden. Daher Ihr künftighin nicht nöthig habt, Ihnen zu verhehlen, dass Ihr von dem Ausbedungenen durch Mich belehrt worden. Den Inhalt Euerer Zuschriften heisse gnädigst gut. Und erlasse über jenes, was Ihr wegen Polen und des von dorther dem König von Preussen zugehenden Vorschubs wohl anmerkt, an Graf Khevenhüller, was die Beilage des mehreren ausweist.[2]

---

[1] H. H. u. St. A. Friedens-Acten. Fasc. 23. Concept von Bartenstein.

[2] Enthält den Auftrag, energisch gegen die indirecte Hilfs- und Vorschubleistung von Seite Polens zu protestiren, die FM. Graf Neipperg in seinem Berichte vom 7. Juli angedeutet. (Siehe pag. 218.)

»Und endlich geben Wir Dir vorläufig Nachricht, dass, nachdem wir an der erfolgten Auswechslung der Ratificationen mit Kur-Sachsen nicht wohl zweifeln können [diese wurden nicht ausgewechselt; am 24. April ward der Vertrag von der Königin ratificirt, Giltigkeit hat er aber nicht erlangt, da auf demselben die sächsische Ratification fehlt. Auf dem diesbezüglichen Acten-Convolute ist bemerkt: »Elle n'a pas été accepté et la cour de Saxe l'a renvoyé.« (k. k. Haus-, Hof- und Staats-Archiv)], der General Ilten von Seite Kur-Hannovers sich zu Dresden befindet und der 22. hujus vor der Thür ist, Wir der Nothdurft ermessen, ihm Grafen Neipperg anzubefehlen insgeheim gleichfalls einen der bei sich habenden Generale, und namentlich den Grafen

Wie sich russischerseits seither weiters erkärt worden, habt
Ihr aus der zu Petersburg dem englischen Ministro Finch ertheilten
Antwort hierbei zu ersehen:[1] aus dem Extract aber der Jaxtheim'schen Relation vom 2. d. M. hierbei ein- und andere merk-
würdige Umstände; so in das Euch betreffende Objectum einschlagen, abzunehmen.[2]

Browne nach Dresden abzusenden. Du wirst ihm also in Allem an die Hand
zu gehen und absonderlich Sorge zu tragen haben. dass, da er so höchst nöthig
bei der Armee ist. derselbe nach einem Aufenthalte von wenigen Tagen dahin
zurückkehren möge. Kommt es einmal zu Operationen. so werden alsdann
reciprocé verständige Officiere bei den einerlei Intent vor Augen habenden
Armeen beständig sich einzufinden haben. »(II. II. u. St. A. Expeditionen nach
Polen 1741. Original)

[1] Der russische Minister Graf Ostermann hatte dem englischen Gesandten zu Petersburg mitgetheilt und gleichzeitig auch der königlich ungarisch-böhmischen Vertretung daselbst von dieser Note Kenntnis gegeben. dass
es. nach den englischerseits vertraulich gemachten Eröffnungen über die schlesischen Angelegenheiten. sowie über die verderblichen Pläne Schwedens gegen
Russland. der Wunsch des russischen Hofes sei. mit Grossbritannien in innige
Verbindung zu treten. um jene Massregeln zu ergreifen. welche die Interessen
der meisten europäischen Mächte zu schützen und die Aufrechthaltung der
pragmatischen Sanction zu gewährleisten im Stande wären. »Die vollständige Erhaltung der Erbländer des Hauses Oesterreich. ohne
etwas davon zu zerstückeln. wäre das Hauptobject, das man
niemals aus dem Gesichte verloren habe.« Wenn nun gegenwärtig ein
Theil dieser Länder dem Könige von Preussen geopfert werden sollte. wäre
es wünschenswerther gewesen. wenn man von Anbeginn an die Königin von
Ungarn überredet hätte. darein zu willigen. bevor die Dinge auf einen Punct
gelangt seien. wo man von Seite Preussens vielleicht nicht mehr so nachgiebig
sein würde.

Die Hauptgesichtspuncte hätten sonach zu sein :

1. Gegenseitige Hilfeleistung der Alliirten bei allen Ereignissen.

2. Gleichzeitigkeit des Eingreifens sämmtlicher Alliirten.

Vom Kriege mit Schweden. das. wie man wisse. gegen Russland. und
auch von wem es aufgestachelt worden (Frankreich). würden die Streitkräfte
abhängig sein. mit denen Russland seinerseits auftreten könnte.

Es wäre äusserst vortheilhaft. wenn die englische Escadre ohne Verzug
im baltischen Meere erschiene. wie dies ja bereits abgemacht worden. und
wenn die sämmtlichen übrigen Mächte gleichzeitig Massregeln ergriffen. um
Schweden von Feindseligkeiten gegen Russland abzuhalten. oder diesen Krieg.
falls er unvermeidlich wäre. rasch zu beenden. (H. H. u. St. A. Abschrift.
Eingeschickt mit Bericht der Gesandtschaft aus Petersburg vom 10. Juni 1741.)

[2] »Den 26. Juni. folglich den zweiten Tag nach der Unterzeichnung beider
Conventionen und an eben dem Tag. da der Courier mit selbigen abgefertigt

Da nun zufolge eben angezogenen Extracts und dessen, was Euch den 7. hujus zu wissen gethan habe,[1] zu vermuthen ist, dass zu Dresden man mit dem Operations-Plan wirklich beschäftigt sei, so glaube Meinem Dienst gemäss zu sein, dass mit Absendung eines Generalen an dortigen Hof nicht gesäumt werde. Von hier aus lässt sich nicht wohl einer dahin senden, weil er von Eueren Ideen, und dem Stand der Sachen in Schlesien, aus dem Grunde unterrichtet sein muss. Mir hat also der Graf Browne der tauglichste hiezu geschienen. Zwar begreife sehr wohl, wie nöthig er bei der Armee ist, und wie Mein Dienst Anstoss leiden könnte, wofern er allzulang davon entfernt sein sollte. Allein ist Meine

worden, kam in der Frühe der aus Schlesien erwartete Courier mit des Königs in Preussen schriftlichen Resolution auf die im Namen des Königs von Grossbritannien und der General-Staaten ihm durch den Grafen Hyndford und dem Baron Ginkel gethane Vorstellung an.« [Am 7. Juni 1741 hatten beide Gesandte Audienz bei König Friedrich II. und übergaben Tags darauf identische Memoires, in welchen die Räumung Schlesiens durch die preussischen Truppen verlangt wird Die negative Antwort König Friedrich II. (von Podewils in Breslau am 15. Juni 1741 unterzeichnet) findet sich in »Preussische Staatsschriften« I. S. 305 abgedruckt.] »Gleich selbigen Morgens vor der Tafel wurde der Befehl an alle Regimenter ausgestellt, sich auf die erste Ordre marschfertig zu halten. Des andern Tages hierauf, als den 27., wurde der hiesige General-Wachtmeister v. Ilten nach Dresden in der Stille abgeschickt, um mit allda hiesigem Hof das Nöthige wegen der Operationen, der Conjunction der hessischen mit den sächsischen Truppen und was sonst noch dabei zu observiren sein möchte, zu verabreden, und an eben demselben Tage wurde auch wegen der dänischen Auxiliar-Truppen, als welche für's erste zu dem hiesigen zur Operation destinierten in achtzehntausend Mann bestehenden Corps stossen sollen, das Nöthige vorgekehrt. Daher denn aus diesem allen leicht abzunehmen ist, dass des Königs von England Majestät einestheils nichts anderes als die preussische letztere Entschliessung auf eine authentische Art abwarten wollen, anderntheils aber bei derselben so kaltsinnig und widrigen Abfassung um so geschwinder zu den Veranstaltungen geschritten sei.« (H. H. u. St. A. Staatskanzlei; Berichte aus Hannover 1741. Fasc. 1.)

[1] Mit dem Rescripte vom 7. Juli erhielt der Feldmarschall den Auszug aus einem umfangreichen Berichte des Grafen Ostein aus Hannover vom 29. Juni, welcher die mit dem englischen Staatssecretär Lord Harrington stattgehabte Unterredung mittheilt, bei welcher der Gesandte jene Puncte übergeben hatte, die in Folge der abgeschlossenen Conventionen in Aussicht zu nehmen und festzustellen waren. Ausserdem wird darin angeführt, dass der mehrgenannte GM. v. Ilten am 27. Juni im Geheimen nach Dresden, bezüglich der militärischen Abmachungen mit Sachsen abgesendet worden sei. (H. H. u. St. A., Staatskanzlei, Berichte aus Hannover 1741. Fasc. 1, Original.)

Meinung nicht, dass er weiters als Dresden abgehen, noch auch dass er sich allda über wenige Tage aufhalten solle.[1])

Und hätte seine Dahinreise, wie des Ilten, ohnedies insgeheim zu geschehen.

Die Anweisung ist ihm in Conformität Meines vorhinigen und gegenwärtigen Handschreibens zu ertheilen und hat er insonderheit den alliirten Höfen beizubringen und darzuthun, wie, wann auf einmal gesammter Hand mit Nachdruck gegen Preussen zu Werk gegangen wird, dem Unwesen in Bälde abgeholfen, und just andurch am ehesten ein thunlicher Vergleich bewirkt werden mag.

Allzuweitläufig würde fallen, Alles, was das Universal-Systema von Europa, und die von mehreren Orten anscheinende Gefahr anbetrifft, hier anzuführen; als wovon eine vollständige Idee zu geben, allzuviele Zeit erfordern würde. Gleichwie aber auch hiervon Anregung zu Dresden geschehen dürfte, also wäre Graf Browne derentwegen an meine dortigen Ministros zu verweisen: als welche noch vor seiner Eintreffung von Allem sich vollständig unterrichtet befinden, mithin ihm in Sachen das nöthige Licht zu geben wissen werden etc.

37. Die Königin an FM. Graf Neipperg.[2])

Undatirt [14. Juli 1741.]

Je voudrais vous envoyer encore des officiers, car tous demandent à servir, et il y a pourtant encore des bonnes gens, et qui

---

[1]) Dieser Beschluss war in der Conferenz vom 13. Juli wohl mit Rücksicht auf den Bericht des Grafen Khevenhüller vom 7. desselben Monats aus Dresden gefasst worden, wonach Graf Brühl gesagt habe, die Königin möge an »den commandirenden General Grafen v. Neipperg die Ordre erlassen, wegen der künftigen Operationen mit hiesiger Generalität zu correspondiren, es wäre auch nöthig, dass E. k. M. eine vertraute Militärperson, gleichwie von Hannover beschehen, indessen aussehen wollten, um solche nach der Hand anher zu schicken, damit man desto füglicher die jetzige und nachherige Mesuren mit selber concertieren könnte.« (H. H. u. St. A. Staatskanzlei, Sachsen. Fasc. 3.) An den Obersten Hofkanzler hatte der Gesandte am 10. Juli gemeldet: »Graf v. Brühl hat mir noch diesen Mittag gesagt, dass ihre Truppen fertig stünden und es nunmehr lediglich auf Hannover ankäme.« (Ebendaselbst Staatskanzlei, Sachsen, Fasc. 3)

[2]) Eigenhändig. Gräfl. Neipperg'sches Archiv. Auch veröffentlicht in Arneth: »Briefe der Kaiserin Maria Theresia an ihre Kinder und Freunde« IV. Bd., pag. 139.

pourraient se perfectionner sons vous. Mandez-moi, combien de
cavalerie et d'infanterie. Je vous recommande avant tout, de tâcher
de faire quelque chose, car ma résolution est prise, de ne me
jamais mettre avec le roi de Prusse en perdant un pouce de Silésie.
Je hazarderai tout pour ça. Ainsi, si vous croyez pouvoir trouver
l'occasion favorable, entreprenez tout, je me fie en vous.

38. Der Grossherzog von Toscana an FM. Graf Neipperg.[1]

Wien, 14. Juli 1741.

Ich habe Ihr Schreiben vom 11. erhalten und Sie haben sehr
gut verstanden, was ich Ihnen durch meinen Brief mit Rücksicht
auf Ihre Vorwärtsbewegung angedeutet habe. Dieselbe ist nur so
zu verstehen, wenn Sie eine schöne (belle) Gelegenheit dazu haben,
und Ihrem ausschliesslichen Willen (à votre pure volenté) [vorbe-
halten].

Sie werden heute Aufklärungen erhalten, wie die Sachen
zur Stunde stehen, und auch einen Befehl, Browne sofort nach
Dresden zu schicken, um selbst zu sehen, wie alle diese Conferenzen
sich machen werden, und da ich glaube, dass es nur eine sehr
kurze Reise sein wird, und dass sie bald einig sein werden, habe
ich geglaubt, dass Niemand besser dazu geeignet wäre, als er.
Lassen Sie ihn also bald abreisen, die Sache drängt.

Heute werden Sie ein kleines Billet von der Königin erhalten,
worin Sie Ihnen schreibt, zu versuchen, Etwas zu unternehmen[2];
das ist genug gesagt, aber ich mache sie aufmerksam, darum nichts
zu überstürzen und zu sehen, welchen Verlauf die Angelegenheiten
unserer Alliirten und die Conferenzen in Dresden nehmen werden.
Das muss Ihr Benehmen leiten und Alles hängt davon ab.

Aber hier würde man zufrieden sein, wenn Sie inzwischen
eine kleine Bewegung von keiner Bedeutung würden unternehmen
können, die Sie nicht exponirt (qui ne vous expose a rien); ich
glaube, dass Sie das thun können. Das ist Alles, was ich diesmal
für Sie habe etc.

P. S. Die Königin bietet Ihnen auch Generale an, aber ausser
solchen von der Cavallerie, von denen wir noch einige Feldmar-

[1] Gräfl. Neipperg'sches Archiv. Original französisch und eigenhändig.
[2] Siehe Nr. 37.

schall-Lieutenants haben, ist von jenen der Infanterie nichts
mehr da.

Sie wissen, dass man versucht, ein kleines Corps in Böhmen
zu versammeln, zusammengesetzt aus Caraffa [1]), Bernes [2]), Lubo-
mirsky [3]), Carl Pálffy [4]) und St. Ignon [5]); dazu werden noch zwei
Dragoner [Regimenter], die in Linz sind, gezogen [6]), auch von
Infanterie Seckendorf [7]), Moltke [8]), Waldeck [9]) und noch einige Grenzer
und Warasdiner [10]). Lobkowitz wird das Commando erhalten [11]);
man würde dies dem Kurfürsten von Bayern entgegenstellen, von
dem man versichert, dass er nach Böhmen kommt, unterstützt von
30.000 Franzosen, aber erst im kommenden Monat etc.

Am 14. und 18. Juli übersandte der Feldmarschall dem
Grossherzoge die ihm zugekommenen, vom 10. bis 14. Juli reichenden
Nachrichten aus Breslau.[12])

Es wurde von dort unter Anderem berichtet, dass der englische Gesandte Hyndford vom König Friedrich II. eingeladen
worden sei, in das Lager nach Strehlen zu kommen, [13]) „der ihn
auch anfänglich sehr gnädig tractirt und das erstemal seines Herrn
Gesundheit getrunken, hernach aber ihm besonderes Missvergnügen
zu erkennen gegeben, als den andern Tag der König durch einen
Courier von Hannover die unangenehme Nachricht erhalten, dass
die Dänen im wirklichen Anmarsche, um sich mit den hannoverischen Truppen zu conjungiren, und diese mit den Hessen die letzten
Ordres bekommen, in ein Lager an die Magdeburgische Grenze
zu rücken, worüber er mit grossem Unwillen in diese Worte aus-

[1]) Kürassier-Regiment. 1768 aufgelöst.
[2]) Kürassier-Regiment. Gegenwärtig Dragoner-Regiment Nr. 7.
[3]) Kürassier-Regiment. Gegenwärtig Dragoner-Regiment Nr. 2.
[4] u. [5]) Kürassier-Regiment. 1775 aufgelöst.
[6]) Savoyen-Dragoner (Nr. 13) und Khevenhüller (1801 aufgelöst).
[7]) Gegenwärtig Infanterie-Regiment Nr. 18.
[8]) Im Jahre 1809 als Nr. 13 aufgelöst, 1814 wieder errichtet.
[9]) Gegenwärtig Infanterie-Regiment Nr. 35.
[10]) 2000 Mann zu Fuss und 200 Husaren von den Warasdiner Grenzern.
(K.-A. Schlesien 1741; Fasc. VII. 33.)
[11]) Dies Observations-Corps wurde bei Pilsen formiert. (K.-A. Schlesien
1741; Fasc. VII. 33.)
[12]) K.-A.; Schlesien 1741; Fasc. VII. 20. ad 20. 31. ad 31a. b.
[13]) Vergl. „Politische Correspondenz“ I. pag. 269.

gebrochen: „Es ist nicht erlaubt, dass die Königin von Ungarn
so obstinat, und keineswegs die ihr von mir so vortheilhaft gemachten Friedens-Propositionen annehmen will, und obschon mich
ganz anderer Freundschaft von Eurem Herrn versehen, so werde
dem Anmarsche dieser Truppen schon zu begegnen wissen“, welches
der Gesandte mit aller Submission beantwortet, dass Alles von
Zurückziehung der Truppen aus Schlesien abhinge, warum schon
so lang angehalten worden, und müssten endlich, nach Verfliessung
so langer Zeit, die hohen Alliirten auf andere Mittel denken, und
die so theuer gegebene Garantie erfüllen.“

Daran war dann auch die Mittheilung geknüpft, die aus den
sich in Breslau mit Politik beschäftigenden Kreisen herrührte, dass
der Eintritt der Mächte in die Action aus dem Grunde so lange
verzögert werde, „weil Graf Hyndford als ein neuer Minister die
Intriguen des preussischen Hofes noch nicht genugsam kenne, die
grossen Versicherungen für wahrhaft gehalten und damit seinen
Hof so lang amusirt, davon doch anjetzt die Maske abgezogen wäre“.

Die Nachrichten besagten ferner, dass die von der Stadt
Breslau geforderten Steuern 500.000 Reichs-Thaler betrügen, dass
die Bürgerschaft sich noch mit deren Nachlass schmeichle, im
Falle dies aber nicht geschehe, hätte sie die Absicht, ihrerseits die
Neutralitäts-Convention aufzuheben, — dass ausserdem ein scharfes
Patent, mit Androhung der Execution, behufs Erlag der viermonat-
lichen Steuern ergangen sei. Zu diesen Steuereintreibungen wäre
eine eigene, aus einigen hundert Mann bestehende Frei-Compagnie
errichtet worden. Diese Truppe sei mit dem Jäger-Corps gleich
adjustirt, grün mit rothem Kragen und Aufschlägen, sie sei meist
aus Franzosen und Italienern zusammengesetzt, welche der Desertion
verdächtig gewesen. Ein Theil derselben sei auch in die Nähe
Breslaus, in den Bischof-Wald, gesendet worden, um auf das Her-
umstreifen der österreichischen Husaren Acht zu haben, „die sich
fast täglich in kleinen Parteien hier sehen lassen, gestern erst
wieder vor dem Sand-Thor gewesen und den „Dom“ mit besonderem
Alarm munter halten.“ [1]

---

[1] Vom rechten Oder-Ufer aus. Der sogenannte »Dom« war eine in der
Oder liegende Insel, durch eine Brücke mit der Sand-Insel verbunden. Die
Dom- und Stiftskirche lag auf der erstgenannten Insel.

Die Auswechslung aller in Breslau befindlichen Gefangenen wäre nunmehr bekannt gemacht, und der Abmarsch auf den 17. Juli festgesetzt.[1] „Es ist aber vorher von dem auf hiesigen Dom befindlichen preussischen Major v. Hülsen den Gemeinen unter harter Bedrohung angedeutet worden, dass, im Fall sie nicht gutwillig preussische Dienste annehmen, man sie in's Brandenburgische abschieben und mit Wasser und Brot in scharfem Arrest unterhalten würde, worauf in zwei Tagen 66 Mann auch Dienst angenommen, und ist dieses Verfahren um so strafbarer, als es nach wirklich geschlossenem Cartell geschehen."

Dem Obristwachtmeister Grafen d'Haussonville vom Birkenfeld'schen Kürassier-Regimente,[2] welcher früher allerdings unter Bewachung habe ausgehen dürfen, seien nunmehr zwei Mann mit aufgepflanztem Bajonnet vor sein Zimmer gestellt worden, mit dem gleichzeitigen Bedeuten, er werde so lange derart gehalten werden, bis nicht der bekannte Baron Reisewitz freigelassen werde.

Nach einem späteren Breslauer Berichte[3] hätte FM. Schwerin sogar der Gemalin des Grafen auf ihre Fürbitte gesagt, dass im Falle des Reisewitz' Güter confiscirt oder ein anderes Urtheil an ihm vollzogen würde, Haussonville ein gleiches Schicksal zu gewärtigen habe.[4]

---

[1] Dieses Auswechslungsgeschäft, über dessen Modalitäten das bereits erwähnte Cartel am 9. Juli zu Grottkau geschlossen worden war (siehe pag. 223, Anmerkung 1), gab Anlass zu den mannigfaltigsten Reclamationen und führte zu einer sehr umfangreichen, noch im k. u. k. Kriegs-Archive befindlichen Correspondenz zwischen dem FM. Grafen Neipperg und dem Grafen Schwerin.

[2] Im Jahre 1775 aufgelöst.

[3] K.-A. Schlesien 1741: Fasc. VII, ad 40 a.

[4] Siehe auch Actenstücke II, pag. 229, Anmerkung 2. Der Commandant von Neisse, Obrist Baron Roth, hatte Reisewitz „mit verschiedenen merkwürdigen Schriften" (Lutsch, Tagebuch, 23. Febr.) und den Grafen Arco als des Einverständnisses mit dem Feinde dringend verdächtig am 21. oder 22. Februar aufheben und nach Neisse bringen lassen. Graf Manteuffel schrieb hierüber an Graf Seckendorf: »En effet le Colonel Roth pousse sa témérité jusqu' à insulter ceux qui le tiennent bloqué de loin. Il ne daigne pas, dit-on, tenir les portes de sa bicoque [Nest; von König Friedrich II. selbst bezüglich der Festung gebrauchter Ausdruck, vergl. Brief an Algarotti, ddto. Ottmachau, 17. Januar 1741] fermées. Il fait à tous les moments des sorties si audacieuses, que les bloquans sont obligés de rester presque toujours sous les armes. Il a

Schliesslich wurde aus Breslau noch berichtet, FM. Graf
Schwerin habe geäussert, dass sich die in österreichischer Gefangen-
~~— — — —~~ eu l'insolence de faire enlever le Br. de Reisewitz, que Vous con-
noissez (C'est celui que nous avons vu à Berlin avant l'invasion en Silesie et
que S. M Pr, avoit fait Lieutenant Colonel) et de le faire mener lui et toute
sa famille prisonnier à Neisse, où on lui fera apparement mal passer son
temps, en le recompensant de« [fehlt]. (H. H. u. St. A.; Gr. Correspondenz
Fasc. 192, Convolut A.)

Als am 2. März FML. Graf Browne aus seinen Cautonnierungs-Quartieren
in Mähren mit einem Detachement von 500 Grenadieren, 300 Kürassieren und
200 Husaren bis Zuckmantel vorgegangen war, sandte er von dort 200 Grenadiere, 100 Kürassiere und einige 60 Husaren als Succurs nach Neisse, wo sie
am 3. März Früh ankamen. In selber Nacht wurden dagegen aus Neisse
unter starker Escorte, alle preussischen Kriegsgefangenen, darunter ein Obristwachtmeister, einige Officiere „und die zu Neisse inhaftierten zwei schlesischen
Landsassen Graf Arco und Baron Reisewitz bis Zuckmantel, von da aber nebst
dem zu Endersdorf aufgehobenen Arrendator von Götz (die drei geschlossen)
nach Sternberg gebracht.“ In der Nähe von Zuckmantel fand bei dieser Gelegenheit zwischen 26 preussischen und 12 österreichischen Husaren ein Rencontre statt, wobei ein preussischer Corporal erschossen, einige preussische
Husaren verwundet, drei mit ihren Pferden gefangen wurden. (Bericht des
Grafen Satzenhofen in Freudenthal vom 8. März; Deutsch-Ordens-Central-
Archiv.) Von Sternberg ging der Gefangenen Transport über Olmütz und von
dort am 10. März nach der Festung Spielberg ab. Graf Arco und Baron Reisewitz wurden als Staatsgefangene inhaftiert (Note des Spielberger Commandanten an die Landeshauptmannschaft vom 12. März 1741. Acten der k. k.
Statthalterei, Brünn) Jedenfalls waren die beiden Inhaftierten bezüglich des
Landesverraths sehr suspect, FML. Graf Browne nennt sie dem Hofkriegsrath
nach Briefen des Obristen Baron Roth, die er ebenfalls mit einsendet, als
„zwei Hauptpersonen“. (H. K. R. E. P. 1741; Februar. Fol. 532.) Der Hofkriegsrath verlangte in einem Erlass an FML. Graf Browne Bericht über die
Correspondenz der genannten Edelleute. (H. K. Raths-R. P. 1741; 8. März,
Fol. 437.) FM. Graf Neipperg sandte im Mai 1741 die vom Obrist Baron Roth
„wider den in inquisitione sich befindenden Baron Reisewitz einbekommenen
Briefschaften zur Ersehung“ (H. K. R. E. P. 1741; Mai. Fol. 1206) an diese
Behörde ein. Dass eine Untersuchung stattgefunden, ist schon deshalb wahrscheinlich, weil die böhmische Hofkanzlei beim Hofkriegsrathe „requirirt, des
Weiteren zu verfügen, womit alle in Neisse bei dem Militari etwa noch vorhandenen und in die Inquisition der beiden Arrestanten auf dem Spielberg ob
Brünn Baron Reisewitz und Graf Arco einschlagende Briefschaften, judicia und
examina abgefordert und ihr, böhmischen Kanzlei, communicirt werden
möchten.“ (H. K. R. E. P. 1741; Fol. 2114.) Die Acten hierüber konnten bisher
noch nicht aufgefunden werden.

Als Repressalie (Schwerin an Neipperg, K.-A. 1741, Fasc. XIII ad 55,
66) liess der Erbprinz Leopold von Anhalt-Dessau den österreichischen

schaft befindlichen preussischen Officiere über erlittenes hartes Tractament beschwerten."[1])

Major Grafen D'Haussonville, der auf seinem Gute iu Schlesien lebte, daselbst aufhieben und nach Breslau bringen. (K.-A. 1741, Fasc. III ad 60 c.)

Kundmann in den „Heimsuchungen Gottes über Schlesien" erzählt pag. 484 auch, dass ebenso die Gemalin des Commandanten in Neisse, Obristen Baron Roth, nebst ihren beiden Kindern als Repressalie für eine von österreichischer Seite wegen Landesverrath arretierte Gräfin Calenberg auf ihren Gütern verhaftet und nach Gross-Glogau gebracht worden, wo sie indessen standesgemäss gehalten wurde.

Grünhagen führt in „Erster schlesischer Krieg", I, 164, noch einige katholische Edelleute an, die ihrer Anhänglichkeit an die habsburgische Dynastie wegen auf Befehl König Friedrich II. verhaftet wurden.

Die Freilassung der Baronin Roth erfolgte indessen, nach einer Correspondenz aus Neisse vom 30 Mai 1741 (Wienerisches Diarium N. 44), schon in der zweiten Hälfte Mai.

„Tags darauf (28. Mai) wurde ein von dem Feind anher geschickter Trompeter mit verbundenen Augen in hiesige Stadt zu dem commandirenden Herrn General gebracht, derselbe berichtete, dass man von preussischer Seiten des allhiesigen Herrn Commandanten Baron v. Roth bis hero in Arrest gehaltene Frau Gemahlin und Kinder wieder auf freien Fuss gestellt und auf ihre Güter zurückkehren lassen, und übrigens verlangte man die Auswechslung der feindlichen Kriegsgefangenen mit den unsrigen."

König Friedrich interessierte sich besonders für die Freilassung des Baron Reisewitz (Neipperg an die Königin, vom 18 September; Staats-Archiv) und wurde dieser auf Befehl der Königin, wie FM Neipperg am 16. October, nach den Abmachungen von Klein-Schnellendorf, an Graf Schwerin mittheilen kennte, seiner Haft auf dem Spielberg entlassen und in das österreichische Hauptquartier gebracht, um von hier, bei der nächsten Auswechslung, zur preussischen Armee abgehen zu können. (K.-A. 1741; Fasc. XIII. 65. FM. Neipperg an FM. Schwerin.) Später (12. November) verwendete sich Graf Schwerin auch für den noch in Haft befindlichen Grafen Arco, welcher auf Befehl des Grossherzogs ebenfalls (am 20. November) auf freien Fuss gestellt wurde. K.-A. 1741; Fasc. XIII. 69 u. 72.)

[1]) Diese Beschwerde, wenn sie stattgefunden, war wenig begründet. Im Mai (9.) befanden sich an preussischen Kriegsgefangenen noch in den Ländern der Königin:

In Brünn: Ober-Officiere	48
Unter-Officiere	36
Gemeine	1016
(unter welchen an 140 Kranke)	
In Raab und Komorn: Beiläufig an Unterofficieren und Gemeinen	135
In Graz: Officiere	5
Summe	1270

Diesem officiellen Berichte fügte der Feldmarschall noch das folgende Schreiben bei: „Ich habe den Brief E. k. H. vom 14. erhalten [s. Nr. 38]. Sehr glücklich bin ich, dass E. k. H. finden, dass ich durch meinen letzten Bericht die Intentionen E. k. H. bezüglich der von mir zu unternehmenden Bewegung aufgefasst habe. Sie wird in diesem Sinne ausgeführt werden und ich bitte nur noch um ein wenig Geduld. Diese mit andern Dispositionen

(Acten der k. k. Statthalterei in Brünn ad linita M. 90.) Die Anzahl der in Glatz befindlichen Kriegsgefangenen ist nicht bekannt. Zur Auswechslung dürften die letzteren im Juli gelangt sein. (K.-A. Schlesien 1741; Fasc. VII. 11.) FML Graf Browne hatte im März bezüglich der in Brünn Internierten dem Spielberger Festungs-Commandanten deren gute Unterbringung, endlich dass ihnen Brot, Stroh, Holz, Licht und andere dergleichen Nothwendigkeiten verabfolgt würden, besonders aufgetragen. Mit Geld waren dieselben in Olmütz für einen Monat bezahlt worden. (Note des Spielberger Festungs-Commandanten vom 12 März 1741 an die Landeshauptmannschaft. Acten der k. k. Statthalterei in Brünn.) Der Commandant beantragte, um mehr Raum in der Festung zu haben, die Officiere in der Stadt einzuquartieren, da sie ohnehin „auf parola in der Stadt herumzugehen Freiheit haben". (Note vom 14. März 1741. Ebendaselbst.) Was die in Graz internierten fünf Officiere betraf, so erhielten dieselben am 5. April zu ihrem Unterhalte 60 Ducaten und 14 fl. (K. k. Hofkammer-Archiv; Acten der Hoffinanz.)

Der Hofkriegsrath befahl ausserdem am 11. März, dass die Verpflegung der feindlichen Gefangenen nach dem „Tractament für die eigene Armee zu regulieren" sei. (H. K. Raths-Protokoll 1741; 11. März. Fol. 449.)

Bezüglich der in preussischer Gefangenschaft befindlichen königlich ungarisch-böhmischen Officiere und Soldaten dagegen richtete König Friedrich den folgenden Erlass an den Oberst von Schwerin in Glogau: „Mein lieber Obrister von Schwerin! Eure beiden Schreiben vom 6. d. habe ich erhalten und gebe Euch darauf in Antwort, dass Ihr von den von Breslau nach Glogau gebrachten sämmtlichen österreichischen Gefangenen eine Liste an den Kriegs rath und Ober-Auditeur Kriegern nach Ohlau senden und solchem den Transport solcher Gefangenen melden sollet. Wann die gefangenen Officiers nichts zu leben haben, könnt Ihr selbigen zu ihrem Unterhalt etwas gegen ihre Quittung vorschiessen. Die Gemeinen bekommen nicht mehr als alle 5 Tage 6 gg. und das Commissbrod dabei, alles und jedes aber, so sie an Geld bekommen, auch was das Brod nach marktgängigem Preis kostet, muss wohl annotiret und die Rechnung davon wöchentlich an obgedachten v. Kriegern unfehlbar eingesendet werden. Ihr müsset auch verhüten, dass weder Officiers noch Gemeine auf den Wall kommen, noch die Festungswerke sehen. Die benöthigten Gelder für diese Leute könnet Ihr vorerst von denen Euch zugesandten 200 Thalern nehmen etc. Im Lager bei Mollwitz, den 12. Mai 1741." (H. H. u. St. A.: Preussen. Collectanea. Fasc. 1. Original.)

zusammengenommen, werden mich vielleicht auch, im Verfolg der
Zeit, zu andern Unternehmungen führen, je nachdem ich dieselben
für das Wohl der Königin günstig erachten werde.

Ich nehme die Anerbietungen I. M. mit tiefstem und ehrfurchts-
vollstem Danke entgegen, wenn Allerhöchstdieselbe mir Generale
schicken will und kann. [Vergl. Nr. 37.] Nur eine Gnade habe ich
in diesem Puncte zu erbitten, nämlich dieselben mir namentlich
mitzutheilen und meine Antwort abzuwarten, bevor sie, um in
Schlesien zu dienen, befehligt werden.

General Graf Browne ist expedirt und reist heute nach Dresden
ab, die Königin wird in ihrem besonderen Paket die schriftlichen
Instructionen finden, welche ihm mitgegeben worden sind;[1]) wir
haben übrigens mit Bezug auf seine Sendung uns eine genügende
Zeit besprochen.

Es ist unter allen Umständen vortheilhaft, dass man ein
Truppen-Corps gegen die Versuche des Kurfürsten von Bayern
in Bereitschaft setzt; handelt er ehrlich, so wird ihn dies etwas
langsamer vorgehen lassen, lässt er sich durch Drohungen abhalten,
wird das wenigstens meinen Nachbar hier etwas stutzig machen.

P. S. Im Augenblick erfahre ich, dass die Preussen fortfahren,
sich in ihrem Lager bei Strehlen zu befestigen, was die Deserteure
auch sämmtlich bestätigen. Diese Vorsichtsmassregeln werden mich
indessen nicht abhalten, die „Bewegung" bei Zeit und Gelegenheit
zu unternehmen, und werde ich bald sehen, welche Wirkung sie
hervorbringen wird, aber ich bitte stets E. k. H. und die Königin
noch ein wenig Geduld haben zu wollen."[2])

Am 22. Juli schrieb der Grossherzog dem Feldmarschall,[3])

---

[1]) Der Bericht an die Königin vom selben Tage begleitet nur die Abschrift der dem Grafen Browne nach Dresden mitgegebenen Instruction ein.
(H. H. u St. A. Friedens-Acten, Fasc. 23.) Diese Instruction hiess die Königin
mit Rescript vom 25. Juli gut und bemerkte dabei, dass es das beste gewesen
sei, Browne dahin abzusenden, „als er mündlich die näheren Erläuterungen
zu geben vermag, wodurch allen besorglichen Verwirr- und Missdeutungen
vorgebogen, auch auf den Grund gesehen werden möge, woran etwa die
Schuld eines sich weiters abseiten der Alliirten ergebenden Verzugs hafte."
(Gräfl. Neipperg'sches Archiv; Original.)

[2]) K.-A. Schlesien 1741; Fasc. VII, 30. Original französisch und eigenhändig.

[3]) Aus Pressburg. Gräfl. Neipperg'sches Archiv. Original französisch und
eigenhändig.

er möge ihm mittheilen, ob er ein „altes" Husaren-Regiment für
das Observations-Corps von seiner Armee entbehren könne, gleichzeitig empfahl er ihm nach der nunmehr von der Königin bereits
ergangenen Entschliessung[1]) zur Auflösung des Schmettau'schen
Infanterie-Regiments, „dass bei dieser Vertheilung sein Regiment
[Nr. 1] gute Officiere erhalte, und zwar so wenige als möglich
und tüchtige Mannschaft."

FM. Graf Neipperg sagte in seiner Antwort aus Neisse vom
25. Juli[2]) das letztere, soweit es von ihm abhänge, zu. Bezüglich
des abzugebenden Husaren-Regiments könne er, sobald es der Dienst
der Königin verlange, ein solches ohne Weiteres missen; er bitte
aber, man möge es ihm so lange belassen, als man nicht sicher
wäre, dass es anderswo zum Kriege käme. Das Regiment könne
in längstens 14 Tagen in Böhmen sein.

Er berichtete weiter, dass er sich auf die bewusste „Bewegung" vorbereite, und schloss an den Grossherzog die aus Breslau
neuerdings erhaltenen Nachrichten bei, welche unter Anderem besagten, dass preussischerseits auf das Schärfste und mit Anwendung
von offener Gewalt recrutirt werde, „massen man [die Leute] nicht
nur an Sonn- und Feiertagen vor den Kirchen und öfters aus den
Betten, auch die Knechte von den Vorspannswagen wegnimmt,
sondern zugleich in den Städten Brieg, Strehlen und Wansen, als
auf dem Land im Fürstenthum Brieg den neunten Mann aufgeboten" hat. Der Breslauer Bürgerschaft seien „die verlangten
500.000 Reichs-Thaler nachgelassen worden, doch sollen sie die,
der Stadt vermöge gemachter Repartition zugefallenen Steuern dem
Lande gleich entrichten und wird die Convention dahin ausgedeutet, dass man die Clausel, nichts zu geben nur von den
extra-ordinariis, als da wären Brandschatzung und dergleichen,
aber keineswegs von denen Ordinariis praestandis verstehen müsste,
derer sich die Stadt niemals als ein anschnliches Membrum vom
ganzen Land entschlagen könnte, die Worte insolang, bis sich

---

[1]) Aus Pressburg vom 21. Juli 1741. (Gräflich Neipperg'sches Archiv.)
Vergl. „Mittheilungen des Kriegs-Archivs", III. ›Militärische und politische
Actenstücke‹, pag. 268, Anmerkung 1.

[2]) K.-A. Schlesien 1741: Fasc. VII. 40. Original französisch und eigenhändig.

die Conjuncturen nicht änderten,[1]) von Abgab der
Steuern frei zu sein, wären auch von darum nicht mehr zu
attendiren, weil der König nun Herr vom ganzen Nieder-
Schlesien wäre. Es will aber die Bürgerschaft dieses alles nicht
verstehen, sondern sich an die Convention simpliciter halten und
nichts geben, auch ehender alle Extrema erwarten"[2]).

39. FM. Graf Neipperg an den Grossherzog von Toscana.[3])

Neisse, 28. Juli 1741.

Ich beehre mich, die Marschroute hier beizuschliessen, nach
welcher ich am 1. des kommenden Monats aufbrechen werde.[4])
Wenn ich einmal die Neisse werde passirt haben, wird es sich
des guten Rufes wegen darum handeln, nicht mehr wieder über
dieselbe zurückzugehen, noch vor irgend Etwas zurückzuweichen,
was der König von Preussen sich vorsetzen könnte zu thun oder
zu unternehmen, selbst wenn er in Strehlen bliebe oder in dem
Lager, das er gegenwärtig inne hat. Mein Vorhaben ist, obgleich
ich schwächer bin, über Frankenstein hinaus vorzurücken, um
mein Glück zu versuchen (pour tenter fortune) und von der geringsten Gelegenheit Nutzen zu ziehen, wenn sie sich darbietet,
mit Vernunft und Gottes Hilfe, welche auch das Uebrige im Fall
des Zusammenstosses wird thun müssen; indem ich hoffe, dass die
Mannschaft sich ihrerseits im Allgemeinen anstrengen werde, ihrer
Pflicht nachzukommen, wie wir es gegen die Königin und E. k. H.
verpflichtet sind. Ich schliesse hier noch die Fortsetzung dessen
an, was uns aus Breslau zugeht etc.[5])

---

[1]) Wortlaut der erwähnten, mit König Friedrich II. am 3. Januar 1741
abgeschlossenen Neutralitäts-Convention.

[2]) K.-A. Schlesien 1741; Fasc. VII, ad 40 a.

[3]) K.-A. Schlesien 1741; Fasc. VII, 44. Original französisch und eigenhändig.

[4]) „Den 1. August 1741 bricht die Armee von ihrem bisherigen Lager
in Bielau auf und marschirt auf Kalkau, den 2. auf Hermsdorf, den 3. auf
Kamitz, den 4. Rasttag allda, den 5 auf Wolmsdorf, den 6. auf Heinersdorf,
den 7. Rasttag allda, den 8. über die Neisse auf Grochwitz, den 9. auf
Frankenstein" (K.-A. Schlesien 1741; Fasc. VII, ad 44 a. Eigenhändig.)

[5]) Am 29 Juli ging ein weiterer Bericht des FM. Grafen Neipperg an
den Grossherzog ab, der aber nur die Bitte enthält, den GFWM. v. Festetics
zum Feldmarschall-Lieutenant zu ernennen, eventuell mit Vorbehalt des Ranges
für jene, „welche älter als er sind und mit verschränkten Armen bleiben, ohne
viel Lust zu bezeigen, ihrer erhabenen Königin zu dienen." (K.-A. Schlesien
1741; Fasc. VII, 49. Original französisch und eigenhändig.)

Diese neuerlichen Nachrichten aus Breslau, welche zu Ende des Monats Juli im österreichischen Hauptquartier einliefen, sind insofern wichtig und interessant, als sie nachweisen, welche Mittel angewendet wurden, um die wohlhabende und im Allgemeinen gut österreichisch gesinnte Bürgerschaft der Landeshauptstadt in das preussische Interesse zu ziehen. Wie in den Decembertagen des Jahres 1740, als es sich darum handelte, königlich ungarisch-böhmische Truppen als Besatzung in die Stadt zu nehmen und diese dadurch der Königin Maria Theresia zu erhalten,[1]) ein preussischer Agitator, der Schuster Döblin, dies durch Aufwiegelung der untersten Volksschichten und einen geschickt inscenirten Terrorismus zu verhindern gewusst[2]) so trat jetzt ein anderer, weit fähigerer Agent des Königs auf, um mit allen Mitteln Propaganda für die Aufhebung der Neutralität und den Anschluss an Preussen zu machen.

Salomon Jacob Morgenstern, sogenannter Hofgelehrter unter König Friedrich Wilhelm I., ein Mann von nicht gewöhnlichem Verstand und Wissen, war im Jahre 1741 der preussischen Administrationsbehörde, dem Feld-Kriegs-Commissariate in Breslau, attachiert worden. König Friedrich II. theilte ihm hier die Rolle eines Kundschafters und eines für das preussische Interesse thätigen politischen Agenten zu. Unter dem Namen eines Doctor Freyer schaffte er den durchaus nicht preussenfreundlichen Gesinnungen der besitzenden Classe, durch seine Verbindungen, besonders in den Kreisen der Zünfte, ein nicht unbedeutendes Gegengewicht.[3])

Morgenstern's Dienste in dieser Stadt, ebenso wie seine Be-

---

[1]) Siehe: »Die Invasion Schlesiens« etc. in »Mittheilungen des k. k. Kriegs-Archivs« 1885, pag. 42 und 65.

[2]) »Ihr wisset von selbsten, was es vor Mühe gekostet, um zu verhindern, dass anfänglich diese Stadt keine österreichische Garnison eingenommen.« König Friedrich II. an FM. Schwerin (undatirt [Ende Juli 1741] »Polit. Correspondenz«, I. Nr. 444, pag. 291.) — »Von Glogau werden wir nach Breslau eilen, où j'espère de trouver des intelligences.« Milkau, 20. December 1740. König Friedrich II. an Graf Algarotti. »Oeuvres«, T XVIII. pag. 27.

[3]) »Da Ich auch eine grosse Partie wohlgesinnter Bürger in der Stadt habe, so sollet Ihr Euch des p. Morgenstern bedienen, damit derselbe in seinem bisherigen Trainiren continuire und unter dem Namen des Dr. Freyers die Mir affectionirte Bürger in guten Gedanken und Neigung gegen mich conservire.« König Friedrich II. an FM Schwerin, undatirt [Ende Juli 1741]. »Politische Correspondenz« I. Nr. 444 pag. 292.

richte müssen dem König von Preussen sehr wesentlich erschienen
sein, da er sich bewogen fand, nach der Besitzergreifung Breslau's
den Rath anzuweisen, dem Hofrath Morgenstern jährlich 500 Thaler
Pension zu zahlen, die dieser auch bis zu seinem, in hohem Alter
zu Potsdam erfolgten Tode bezogen hat. [1]

Man erfuhr weiter, dass in Breslau auffallend viele preussische
Soldaten gesehen würden, „massen damit alle Gassen und Plätze
wider Gewohnheit häufig angefüllt, auch fast in allen Gassen eine
grosse Anzahl von ihren Rüstwägen stehen. Gott gebe! dass es
nicht etwa ein Stratagema, um auf den Dom unvermerkt Succurs
zu bringen, wann etwa unser Corps ein Dessein auszuführen, und
dessen sich zu bemächtigen willens wäre [2], oder aber gar ein Com-
plot mit der hiesigen Bürgerschaft, um sie durch dergleichen List in
die Stadt zu spielen — ohne dass der Magistrat, auf welchen der
gemeine Mann wieder ganz aufsässig, etwas davon inne werde,
denn preussisches Gewehr ist genug in der Stadt.“ [3]

Ein weiterer Bericht vom 26. Juli meldete, dass König
Friedrich II. der Stadt Breslau als letzten Termin den 29. Juli
bezeichnet habe, um ihre Enderklärung wegen der Steuern abzugeben.

„Es will aber und wird von den Bürgern gewiss nicht anders
resolviert werden, als dass sie Nichts geben und sich an das
in der Convention versprochene königliche Wort
halten werden, obschon die Resoluta von allen Zünften noch
nicht dem Magistrat übergeben worden.“

Der Bericht theilt weiter mit, dass nach der Versicherung
eines in die Verhältnisse vollkommen eingeweihten glaubenswerthen
Mannes, „weder der Magistrat, noch Honoratiores etwas Anderes
wünschen, als des preussischen Jochs bald los zu werden und obschon die Nichtshabenden mit Anhang der Canaille etwas anderes
suchen, so sind sie doch nicht mächtig genug, eine Uebergabe der
Stadt durch eine vortheilhaft erscheinende Capitulation zu erzwingen.

[1] Vergl Grünhagen: ›Zwei Demagogen im Dienste Friedrich des
Grossen‹ in ›Abhandlungen der schlesischen Gesellschaft für vaterländische
Cultur‹. (Philosoph.-hist. Abtheilg. 1861, Heft 1.)

[2] Hier ist das unter dem Befehle des Obristen Br. Trips auf das rechte
Oder-Ufer entsendete Streif-Corps gemeint (s. pag. 212).

[3] K.-A. Schlesien 1741; Fasc. VII. ad 44 c.

Es ist ein preussischer Bösewicht hier, Namens Freiherr von Morgenstern, welcher einmal auf des verstorbenen Königs Befehl eine Disputation de stultitia auf Deutsch gehalten, wovon die theses noch roulieren. Dieser schwätzt dem gemeinen Manne goldene Berge vor, und ist Ursache, dass wohl gegen 100, solche nichtshabende und nichtswürdige Menschen schon Freitags zum Commissariat Abends um 10 Uhr gegangen und gebeten, womit der König von der gesammten Stadt die Huldigung anverlange, haben aber doch diese Conditiones gesetzet, 1. dass sie dieses Jahr keine Steuern geben dürfen, 2. Handel und Wandel wieder eröffnet und nicht gestört würde und 3. die Stadt keine Garnison einnehmen dürfte; worauf sie, weil ihrer so wenig, um 11 Uhr zurückgeschickt und mehrere dieses Sinnes zu machen, anermahnt worden.[1] Hierauf hat nun der Magistrat gleich Deputirte an's Commissariat des anderen Tages abgeschickt und sich beschwert, dass man durch Anhörung dergleichen Leute Anlass zu Aufwiegelungen in der Stadt gebe, sich derselben Namen zu decouvrieren gebeten; so man aber refusiert und gemeldet, dass man darum nicht gefragt und sie mit ihrem petito abgewiesen hätte, um nichts der Stadt Nachtheiliges dem König anzurathen. Es könnte ganz leicht sein, dass der König, welcher schlechten Leuten gerne viel glaubt, vor die Stadt rückte, allein es ist nicht vorzusehen, dass er anjetzt durch eine noch so gut klingende Capitulation hereingelassen würde, dann man desselben Verfahren nunmehr ganz überdrüssig, weil das ehemals in Conventione gegebene Wort ganz anders, als versprochen ausgedeutet werden will.«

Man wünsche in der Stadt nichts sehnlicher, „als ein ansehnliches Detachement von unserer Armee zu sehen, welches sich des Domes bemächtigte, und sodann um eingelassen zu werden, Propositionen von Versicherung alter Privilegien machte, so würden die Thore ihnen bald eingeräumt, und was Ansehnliches von preussischen Effecten zur Beute werden. Man hat gehofft und zugleich sehnlich gewünscht, dass das jetzige Corps es thun würde, allein es soll sich wieder gegen Namslau gezogen haben.«[2]

[1] Vergl. Grünhagen's »Friedrich der Grosse und die Breslauer in den Jahren 1740 und 1741«, pag. 153 u. f. und desselben Verfassers „1. schles. Krieg“. Bd. 1, pag. 235 u. f.

[2] K.-A. Schlesien 1741; Fasc. VII, ad 44 d.

40. FM. Graf Neipperg an den Grossherzog von Toscana.[1]

Neisse, 1. August 1741.

Bei der Gelegenheit, da E. k. H. mehrmalen dasjenige in Abschrift unterthänigst anschliesse, so jetzo gleich aus Breslau von bisheriger Hand allhier eingelaufen, will Höchstdenselben auch zugleich berühren, welchergestalten eben jetzt die vorläufige, jedoch noch Bestätigung brauchende Nachricht einlange, als ob die Slavonier die Preussen, in Betracht diese letzteren zur Erhaltung der Communication zwischen Schweidnitz, Breslau, Ohlau und ihrer Armee die dazwischenliegenden kleinen Städte besetzt halten, aus dem Ort Zobten delogiert, deren einige niedergemacht, und einige gefangen bekommen hätten, zugleich aber auch von ihnen Slavoniern einige geblieben sein sollen.[2]

Dass es aber bei den Preussen, falls obige Nachricht Grund hat, bei dem Abzug aus Zobten, er mag freiwillig oder gezwungen geschehen sein, confus zugegangen sein müsse, wäre aus dem zu urtheilen, dass wiederholt Slavonier, wie man vorgibt, verschiedene Beute gemacht, die Preussen hingegen das Städtchen Zobten in Brand gesteckt haben sollen.

Sobald dann die Bestätigung hierüber einlangt, werde nicht ermangeln, E. k. H. das Verlässliche davon unterthänigst einzuberichten, nicht zwar als eine Sache, die Höchstderoselben Attention meritieren, sondern um nur zu E. k. H. gnädigster Wissenschaft zu bringen, dass die Slavonier anfangen sich eines besseren Verhaltens zu befleissen, wie dann, falls obige Nachricht gegründet, es bereits das dritte Mal wäre, dass sie gegen den Feind, ob es nur in lauter Kleinigkeiten besteht, wohl gethan hätten.

Die dem Berichte des FM. Grafen Neipperg beigelegten Nachrichten aus Breslau sind vom 28. Juli datiert und besagen, dass der Gewährsmann des Correspondenten „als ein in dieser Sache viel vermögender Mann, ebenso wie viele andere gut gesinnte Senatores" gewiss einem Unternehmen Unterstützung zuwenden würden, das österreichische Truppen in die Stadt zu bringen, ge-

---

[1] K.-A. Schlesien 1741; Fasc. VIII, 1. Original.

[2] Der Verlust der Slavonier betrug im Ganzen 16 Mann todt und 20 verwundet. (Major Menzel an FM. Graf Neipperg, Reichenbach, 1. Aug. 1741, Gräfl. Neipperg'sches Archiv.)

eignet wäre. Er meinte „es also am besten in's Werk zu richten,
dass zuvörderst ein grosses Corps von acht oder mehreren tausend
Mann sich jenseits der Oder des Domes bemächtigte, welches einige
Stück und Pontons hierzu nöthig haben würde, und sodann eingelassen zu werden verlangte, so würde man sich, seiner Einsicht
nach, nicht aufhalten, die Entrée zu verstatten, wann nur unter
einem auch der dieses Corps commandirende General sich mit
genugsamer Vollmacht legitimieren könnte, die Bürgerschaft versichern zu dürfen, dass man ihre alten Privilegien allergnädigst
confirmieren, sie zur Einnehmung einer Garnison nicht nöthigen,
und 3. wegen der aus Noth, und zu der Stadt-Conservation er-
griffenen Neutralität sie nicht bestrafen würde. Es ist hiervon umsomehr ein glücklicher Ausschlag anzuhoffen, als er mich zugleich
assecuriert hat, dass der grösste Theil der Inwohner und meist
alle Honoratiores und Potentiores es sehnlich wünschen und verlangen,
wie sie, Bürger, dann auch vorgestern wieder in grosser Anzahl
auf der Börse beisammen gewesen, und einmüthig pro- auf den
29. abzugebende Ultimato beschlossen, dem König keine Steuern
zu geben, sondern durch ein von allen Zünften und Zechen unter-
schriebenes Memorial solche von darum depreciieren werden, weil
es der Convention schnurstracks zuwider, durch diesen Krieg
aller Handel und Wandel darniederliegen thäte, und folgsam sie
nicht im Stande wären das Mindeste zu zahlen, noch würden.
Man wird nun bald erfahren, wie der König diese abschlägige
Antwort nehmen und darauf weiter resolvieren wird, massen sie
morgen durch Deputierte von Zünften hinüber in's Lager geht.
Anjetzt wäre das rechte Tempo, und glaubte ich, jedoch ganz
unvorgreiflich, diese Entreprise umso sicherer und faciler, wann
I. E. belieben wollten, vorher an den Magistrat in corpore zu
schreiben und sie, ohne von allem Obigen etwas zu melden,
generaliter zu befragen, wie sie sich nunmehr, da unsere considerable Armee im Land, bei derselben Annäherung aufführen und
ob sie solche nicht ebenso gutwillig, wie die preussische einlassen
würden, und dieses zwar unter Vertröstung, dass sie bei guter,
wie schuldiger Conduite das Passierte vergessen machen und die
vorherigen Privilegia umso leichter allergnädigst confimiert erhalten könnten. Dieses Schreiben könnte über Hirschberg adres-
siert werden an's Ober-Postamt und gegen Recepisse, jedoch mit

16*

aller Verschwiegenheit dem Magistrat unmassgeblich übergeben, besonders aber meines guten Freundes Person menagiert werden." [1])

Dieselbe Energielosigkeit der städtischen Behörden, welche schon beim Abschlusse der Neutralitäts-Convention mit König Friedrich II. am Anfange des Jahres zu Tage getreten war, zeigte sich wieder in diesen Vorbereitungen und Verclausulierungen.

Jetzt, wo eine kühne, energische Action mehr als je geboten war, verlangte man Ansuchen und Versicherungen seitens der österreichischen Armee-Leitung! Ahnten die österreichisch Gesinnten in der Stadt denn nicht, dass König Friedrich II. mehr als genügend von dem bedrohlichen Umschwung der Stimmung zu seinen Ungunsten durch seine Behörden und Agenten unterrichtet würde und dass es ihm nun vor Allem darauf ankommen werde, die Stadt ganz in seine Gewalt zu bekommen?

Mit dem Zögern und Zweifeln aber war Breslau verloren!

DIE SENDUNG DES FML. GRAF BROWNE NACH DRESDEN.

FML. Maximilian Ulysses Graf Browne Baron de Camus und Mountany war, in Folge der Befehle der Königin, aus dem Hauptquartier Neisse am 18. Juli 1741 nach Dresden insgeheim abgesendet worden,[2]) um mit dem dort anwesenden hannover'schen General v. Ilten und den sächsischen Militärs über den von den verbündeten Mächten einzuschlagenden Operationsplan zu verhandeln. FM. Graf Neipperg hatte dem Grafen Browne die für diese Mission nothwendigen Weisungen in einer ausführlichen Instruction ertheilt.[3])

---

[1]) Der Name dieses „guten Freundes" ist in den, in den Acten erhaltenen Berichten nirgends genannt.

[2]) Trotzdem wusste König Friedrich II. schon am 1. August davon, dass der General in Dresden sei, „um daselbst einen Renfort von 10.000 Mann zu sollicitiren" (»Politische Correspondenz« 1. pag. 293.)

[3]) In dieser ist die Stärke der österreichischen Armee wie folgt angegeben: An deutschen Truppen: Infanterie 10,000 Mann, Cavallerie 7000 und einige hundert, also 18.000 Combattanten, dann 6 Husaren-Regimenter mit 3000 Mann, 3 ungarische National-Regimenter mit 4500 Mann, 3000 Croaten und 1000 Slavonier, im Ganzen: 29.500 Mann. Die preussische Armee wird darin beziffert auf 22 Infanterie- und 12 Cavallerie-Regimenter, von letzterer Waffe seien ausserdem noch 3 Regimenter im Anmarsche. (Bericht FM. Graf Neipperg's an die Königin vom 18. Juli 1741. — H. H. u. St. A. Friedens-Acten; Fasc. 23.

Am Abend des 22. Juli, dem Tage, auf welchen, nach den mit England - Hannover am 24. Juni geschlossenen Conventionen, der Beginn der Operationen der gegen Preussen in Bündniss-Verhandlungen stehenden Mächte, festgesetzt war — traf Graf Browne in der sächsischen Hauptstadt ein [1]). Am darauffolgenden Tage hatte der General Audienz bei den beiden Majestäten. König August erklärte, dass es an ihm nicht fehle, seine Truppen stünden seit dem Monat Mai für die Königin Maria Theresia bereit und es hänge nur von dem hannover'schen Hofe ab, die Zeit des Aufbruches der Truppen, sowie des Beginnes der Operationen zu bestimmen und ihm mitzutheilen. In Dresden werde man in zwei Mal vierundzwanzig Stunden bereit sein. [2])

Während FML. Graf Browne in unthätigem Abwarten auf die Rücksendung des hannoverisch - sächsischen, zur Approbation nach Hannover an den König von England gesendeten Operations-Planes zu Dresden zurückgehalten wurde, waren in Hannover wo König Georg weilte, die für die Sache der Königin verhängnissvollsten Entschliessungen gefasst worden. Auf die schwankende und zaudernde Politik des Trägers der englischen Krone hatten die Unglücksfälle in Süd-Amerika, Admiral Vernon's Missgeschick bei Cartagena den trübsten Eindruck gemacht. Die üblen Nachrichten aus Frankreich, welche die Aufstellung einer an der Mosel gegen Hannover aufzustellenden französischen Armee von 40.000

---

[1]) Graf Wratislaw an Graf Neipperg; Dresden, 23. Juli 1741. Gräflich Neipperg'sches Archiv und Relation des FML. Graf Browne. H. H. u. St A. Friedens-Acten; Fasc. 23.

[2]) Graf Browne an Graf Neipperg, Dresden, 24. Juli 1741. Gräfl. Neippergsches Archiv. »Ich meines wenigen Erachtens sorge, soviel abnehmen kann. unsere Alliirten werden uns amusiren, um Zeit zu gewinnen, dass der Sommer passire und haben keine rechte Lust, vom Leder zu ziehen. Der russische Minister hier. Baron Keyserlingk, sagt. sein Hof warte nur, dass Sachsen und Hannover ihre Truppen marschiren lassen, so werden die ihrigen gleichfalls marschiren, allein wann keine Partie den Anfang machen will, was wird endlich aus der Sache werden, diesemnach solches nicht 22. hujus, wie geschehen sollen. sondern vielleicht auch noch nicht den 22. August. Ich habe S. M. dem König hier in der Audienz vorgestellt. er sollte die Freundschaft für unsere Allergnädigste Frau haben, den Anfang mit seinen zu machen und solche marschiren lassen, so dürften die anderen desto mehr Muth fassen. dem Beispiel zu folgen; worauf er mir geantwortet, marschirt ist bald. allein wer kann mich versichern, dass die anderen hernach folgen werden.«

Mann constatirten, die Bewegungen der kurbayrischen Truppen,
die schlagfertig bereitstehende Observations-Armee des Fürsten
von Anhalt bei Göttin liessen den König-Kurfürsten das Schlimmste
für seine deutschen Besitzungen besorgen.

König Georg hatte die pragmatische Armee in Person commandieren wollen, zog es nun aber vor, auf Feldherrnruhm zu
verzichten und von jeder activen Betheiligung am Kriege, wenn
möglich abzusehen. Diese Wendung in Hannover ist der Anfang
jener hartnäckig fortgesetzten britisch-hannover'schen Vermittlungs-
Politik, welche sich zum Ziele setzte, um jeden Preis einen Vergleich zwischen der Königin Maria Theresia und König Friedrich II.
förmlich zu erzwingen. [1])

Schon am 25. Juli konnte der österreichische Gesandte Graf
Ostein dem Grafen Neipperg ganz bestimmt aus Hannover mittheilen :

„Die auf den 22. festgesetzten Operationen würden von
hiesiger Seiten nicht, auch weitershin nicht mehr erfolgen, mithin kein Staat darauf zu machen, um nicht Dero
Rechnung zu verfehlen. [2])

FML. Graf Browne reiste nun, da seine Anwesenheit in
Dresden, nach den aus Hannover einlangenden Nachrichten, vollkommen überflüssig war und auch der hannover'sche General
v. Ilten, mit dem er übrigens gar nicht in Beziehung getreten zu
sein scheint, bereits am 1. August die sächsische Hauptstadt wieder
verlassen hatte, am 6. August nach Schlesien zurück und traf am
11. August im Hauptquartier zu Baumgarten ein.

_____

[1]) ›Man müsse in Betracht des, das Erzhaus und durch dieses das ganze
Deutsche Reich von weit mächtigeren Feinden bedrohenden Umsturzes etwas
auch in sich Unbilliges der gegenwärtig so bedauerlichen Situation zu cediren
sich nicht entziehen, um mittelst eines Vergleichs mit dem König von Preussen
den Ueberrest der Länder und Staaten an die Königin und das ganze deutsche
Wesen gegen dessen Feinde zu erhalten, indem ohne ihn, König [von Preussen],
also mit zum Freunde zu haben, dass er auch zu vorbemeldter Erhaltung mit
all' seiner Macht zugleich mitzuwirken, einmal kein Systema zu fassen, viel
weniger das Gehörige zu erhalten sein wolle.‹ (Graf Ostein an Graf Neipperg.
Hannover, 25. Juli 1741. — K.-A. Schlesien 1741; Fasc. VII, 42.)

[2]) Graf Ostein an Graf Neipperg. 25. Juli 1741. K.-A. Schlesien 1741;
Fasc. VII. 4?.

FM. Graf Neipperg sagt in dem Berichte, in welchem er dessen Ankunft meldet und die über die erfolglose Reise erstattete Relation der Königin übersendet: „Er, General Graf v. Browne, vermeint zwar, dass der Anstand hierinfalls mehr bei Hannover, ich aber glaube, solcher sei bei beiden Höfen, und schiebe es pro forma nur einer auf den andern"[1]) und hatte damit wohl das Richtige getroffen.

Preussischerseits kam diese farblose Vermittlungs-Politik nur gelegen, da sie Frankreich und Bayern Zeit verschaffte, kriegsbereit zu werden.

Das schliessliche Resultat dieser Mediation förderte denn endlich auch ein Vertrags-Instrument zu Tage, wie die Welt kaum ein zweites gesehen: das Abkommen von Klein-Schnellendorf, das hauptsächlich britische Diplomatenkunst zu Stande gebracht, als würdiger Abschluss der englischen Vermittlung.

Der Königin kostete es das letzte Bollwerk in Nieder-Schlesien: Neisse; es gab das Land, um dessen Erhaltung zehn Monate mit wachsendem Erfolge von den österreichischen Truppen gerungen worden, für ein Blatt Papier, und für Zusagen preis, deren wirkliche Erfüllung von Anbeginn an unwahrscheinlich war.

DIE LAGE IM AUGUST UND IN DER ERSTEN HÄLFTE DES SEPTEMBER 1741.

Die königlich ungarisch-böhmische Armee hatte ihre Vorwärtsbewegung am 1. August angetreten; am 3. berichtete FM. Graf Neipperg aus seinem Hauptquartier zu Rathmannsdorf an den Grossherzog, bei gleichzeitiger Einsendung neuer Nachrichten aus Breslau:[2])

[1]) Graf Neipperg's Bericht vom 11. August 1741. H. H. u. St. A. Friedens-Acten; Fasc. 23.

[2]) Sie enthalten nichts von besonderer Wichtigkeit. Unter Anderem wird referirt, General Schmettau sei nach Berlin gereist, man meine, er würde zu einer Mission nach Russland verwendet werden, die unvermuthete Abreise desselben befremde die in Breslau anwesenden Gesandten. Der vom König Friedrich II. zum »grand maitre de l'artillerie« ernannte Schmettau ging nun wohl nicht nach Russland, wie man in Breslau voraussetzte, sondern war am 27. Juli insgeheim aus dem Lager von Strehlen nach München an den Kurfürsten von Bayern abgesendet worden, um dort wichtige

„Sonst bin heut mit dem Allergnädigst mir anvertrauten
Kriegs-Corps in zwei Märschen von Neisse hier angekommen, und
gedenke morgen anmit weiter nach Kamitz fortzurücken.

Der Feind soll, vermöge einlangender Nachrichten, noch in
seinem bisherigen Lager bei Strehlen stehen, und ist nun zu gewärtigen, wie er sich weiters bezeigen werde.

Das den Namen von Schmettau bisher geführte Regiment ist
auf Allergnädigsten Befehl I. K. M., meiner Allergnädigsten Frau.
nunmehr wirklich reducirt worden, worüber jetzt Allerhöchst gedachter K. M. meinen alleruntertänigsten Bericht erstattet, und
E. k. H. gnädigst erlauben werden, dass mich hierorts darauf
beziehen dürfe.[1]

Der zu Wien sonst subsistirende k. engländische Minister
Mr. Robinson ist heut, laut der, von dem derzeit in Neisse commandirenden Botta'schen Obristlieutenant Br. v. St. André[2]) jetzt
gleich erhaltener Nachricht, zu erstgedachtem Neisse durchpassirt,
und ohne sich aufzuhalten, weiter nach Breslau abgegangen. Er
hat, wie gleichbesagter Obristlieutenant Br. v. St. André mich
versichert, mit mir reden wollen, auf Vernehmen aber, dass mit

Aufträge mit Bezug auf das Eintreten Bayerns in die militärische Action zu
erfüllen. Nach der ihm mitgegebenen Instruction (Pol. Correspordenz, I, pag.
286) bestand. ausser dem Wunsche des Königs, dass die Operationen bayerischer-
seits bald begonnen würden, der Hauptgrund seiner Mission darin. »dass,
da des Kurfürsten Durchlaucht im Begriffe stehe, gegen das Haus Oesterreich
zu agiren und Dero Rechte auf solche Succession zu verfolgen, er alle nur
ersinnliche Persuasiones brauchen soll, um des Kurfürsten Durchlaucht dahin
zu disponieren, damit Dieselbe, statt Dero Operationes in Böhmen vorzunehmen.
solche auf die österreichischen Lande richten. mit der Armee dahin und
gerade auf Wien marschieren und daselbsten agiren. als wodurch der ganzen
Sache in Kurzem und auf einmal ein Ende gemacht werden kann, des Kurfürsten Durchlaucht aber nicht nöthig haben dürften, ihre Forces dermassen
zu theilen. als wie Dieselben genöthigt sein möchten, wann sie in Böhmen
agirten und Dero Lande jeglicher Zeit gegen die Oesterreicher decken müssten«.
An der Donau hatte inzwischen der Kurfürst von Bayern die Feindseligkeiten thatsächlich begonnen. Passau ward in der Nacht vom 30. zum
31. Juli 1741 durch ein bayrisches Truppen-Corps unter General Minuzzi überfallen und der Fürstbischof Cardinal Lamberg gezwungen, die Feste Oberhaus
zu überliefern. (K.-A. Schlesien 1741; Fasc. VIII, 10 u. ad 10.)

[1]) Nicht in den Acten.
[2]) Statt des im Juni zum GFWM. beförderten Baron Roth. (K.-A.
Schlesien 1741; Fasc. VI, 21.)

dem Kriegs-Corps in Bewegung und allbereits zwei Märsche von dannen sei, sich nicht aufhalten können" etc.[1])

Als eine kleine Entschädigung für die durch die englischen Diplomaten sich immer ungünstiger gestaltenden politischen Verhandlungen konnte FM. Neipperg am 4. August dem Grossherzoge

[1]) In einer Audienz. welche der englische Special-Gesandte Lord Hyndford am 22. Juli bei dem König Friedrich II. gehabt, hatte der letztere im Principe eine Abfindung nach der Seite der Niederlande nicht abgelehnt. jedoch sehr hohe Forderungen auch nach dieser Seite hin gestellt. Dies war dem eifrigen britischen Unterhändler Sir Thomas Robinson in Wien durch Hyndford zur Kenntnis gebracht worden. Von seinem Hofe hiezu schon früher bevollmächtigt, erlangte Robinson am 31. Juli zu Pressburg die Ermächtigung. mit Rücksicht auf Abtretungen ausserhalb Schlesiens, dem König Friedrich II.. unter englischer Vermittlung, die folgenden Vorschläge zu machen :

1. Verzicht auf jegliche Schadloshaltung Seitens der Königin.

2. Die Königin verlangt die zwei Millionen. welche gelegenheitlich der Verhandlungen im December 1740 Seitens Preussens angeboten wurden, nicht.

3. Sie bietet im Gegentheil zwei Millionen an, zahlbar nach Uebereinkunft.

4. Cession des österreichischen Geldern.

Dagegen wird verlangt:

1. Die Brandenburgische Stimme für den Grossherzog.

2. Für die Königin die Wahrung der böhmischen Kurstimme.

3. Dass der König von Preussen in die Defensiv-Allianz-Tractate der Jahre 1731 und 1732 auf gleiche Weise wie die Königin und der König von England eintrete.

Der eventuelle Vertrag wäre von Gross-Britannien-Hannover. Russland. Sachsen und den Generalstaaten zu garantieren. Im Falle König Friedrich II. mit diesen Propositionen nicht einverstanden sein sollte. hatte Robinson im äussersten Nothfalle noch Erlaubnis, das Herzogthum Limburg anzubieten. In der Note. die Robinson am 31. Juli in dieser Angelegenheit übergeben wurde. ward jedoch die englische Hilfsleistel auf's neue als ein Mittel urgirt, der Negotiation mehr Gewicht zu geben. (H. H. u. St. A. Correspondenz des österr. Cabinets und des Grafen Sinzendorff mit dem englischen Gesandten Robinson, Z. III, 21; Note vom 31. Juli 1741 an Robinson.)

Robinson reiste am 31. Juli von Pressburg über Wien nach Schlesien ab und kam am 3. August in Breslau an. Am 7. August fand im Lager bei Strehlen dessen Audienz statt. welche ganz resultatlos verlief. König Friedrich II. verwarf die Vorschläge des österreichischen Cabinets gänzlich und erklärte auf das Entschiedenste, er verlange ganz Nieder-Schlesien mit Breslau (H. H. u. St. A. Memoire vom 17. August. remis par M. de Robinson.) Vergl. auch Arneth I. pag. 239. Grünhagen, »1. schles. Krieg«, I. pag. 423 u. ff.; Raumer. »Beiträge zur neuern Geschichte« II. pag. 139 u. ff.

aus Kamitz über einen militärischen Erfolg berichten, den GFWM.
v. Festetics erfochten hatte: „Ich habe General v. Festetics nach
Braunau abgeordnet, um von dort einen Streif an die Oder gegen
und unterhalb Breslau zur Alarmirung des Feindes vorzunehmen,
welches ihm auch dergestalten glücklich von Statten gegangen, wie
dessen allegirter Brief des mehreren erwähnt.

Hiernächst lege auch unterthänigst einige Depeschen an
[fehlen], so von wiederholtem General v. Festetics zwischen Neumarkt und Parchwitz bei dieser Gelegenheit intercipirt worden,
wovon der beifindige Brief so nach Frankfurt a. M. adressirt und
in Chiffern besteht, die einzige Ursach, dass gegenwärtige Staffetta
an E. K. H. expedire. [1]

Von Breslau ist übrigens von bisheriger Hand mehrmalen
dasjenige hier eingelaufen, so E. k. H. in Abschrift zu Höchst-
derselben Einsicht hiemit unterthänigst anverwahre." [2]

Der erwähnte Bericht des GFWM. v. Festetics lautet:

„Braunau, 3. August 1741. [3]

Ich habe die Ehre, gehorsamst zu rapportiren, dass ich heut
zwischen 6 und 7 Uhr NM. allhier mit dem Commando eingetroffen
bin, vorgestern Vormittag gegen 8 Uhr bin ich bei Maltsch an der
Oder arriviret, in alldortiger Salz-Niederlage und Magazin 386 Fass
Salz, 20 Fass Mehl, 13 Fass Alaun, 216 Scheffel Haber, zwei mit

---

[1] Dieser Brief war an den preussischen Etatsminister, Bevollmächtigten
bei der Kaiserwahl, Balthasar Konrad von und zum Broich, gerichtet und enthielt die Weisung, dass Letzterer »in allen ordinären Sachen de concert mit
dem Maréchal de Belleisle gehen und sich in allen Stücken in solchen fügen
soll«, wichtige Sachen seien durch Courier an König Friedrich II. zu berichten.
(»Polit. Correspondenz« I, Nr. 440 u. 448.)

[2] Diese Nachrichten vom 3. August enthalten u. a. die Mittheilung, dass
die Meldung von dem Erfolge des GFWM. v. Festetics bei den Preussen grosse
Bestürzung hervorgerufen habe und Infanterie von Breslau nebst 2 Geschützen
nach Leubus als Succurs abgegangen sei. Die Schanzarbeiten im Lager bei
Strehlen würden eifrig fortgesetzt. Der Dom zu Breslau werde auch mit neuen
Schanzen versehen. 23 österreichische Husaren, die noch in Breslau seien,
würden »sehr hart gehalten, bekommen zwar Brod, aber keine andere Löhnung,
müssen von Almosen leben und sollen mit Gewalt Dienst nehmen, wollen aber
absolut nicht, bitten inständig, sie nicht zu verlassen.« FM. Schwerin sei
plötzlich und unvermuthet am 3. August Früh in das Lager bei Strehlen abgegangen. (K.-A. Schlesien 1741; Fasc. VIII. 13 und ad 13 b.)

[3] K.-A. Schlesien 1741; Fasc. VIII. ad 13 a. Original. Eigenhändig.

Heu beladene Schiffe angetroffen, ich habe das Salz, Mehl und
Alaun, wie auch den Haber in die Oder werfen lassen, wie auch
von einem Schiff das Heu, die anderen Schiffe habe in Brand
stecken lassen. Da ich eben mit Versenkung des Salzes fast zu
Ende gekommen bin, hat sich ein feindliches Commando von dem
jüngst angekommenen Bandemer'schen Regiment jenseits der Oder
sehen lassen, und zu feuern angefangen, bei welcher Gelegenheit
der polnische Edelmann, welchen auf Ersuchen des polnischen
Herrn Majors als Volontair mit mir genommen habe, blessirt, und
noch den Tag an der Blessur gestorben ist.

Ich habe mich sodann über Blumerode, einen Ort, welcher
zwischen Neumarkt und Parchwitz liegt, retirirt und zwischen
Dambritsch und Obsendorf auf eine Anhöhe postirt, mittlerweil hat
sich das bemeldete Bandemer'sche Regiment (ohne 90 Mann und
des Obristen, welche im Kloster Leubus, um den Herrn Prälaten
zu exequiren und eine namhafte Summe Geldes für den König
von Preussen zu empfangen, zurückgeblieben sind) bei benannter
Maltscher-Ueberfuhr mittelst zusammengestossenen Schiffen und
Plätten transportiren lassen und gegen mich in völliger Carrière
avancirt. Da ich nun von der Anhöhe es wohl und zeitlich abnehmen können, und eilends zu Pferd sitzen lassen, auch gegen
avancirt, haben sie so eilends als sie angerückt über Hals und
Kopf die Flucht ergriffen, bei welcher Gelegenheit der Feind bis
oft bemeldeten Ort Maltsch eingeholt worden, und nach einem
tapferen Angriff in solche Consternation gerathen, dass sie sämmtlich in die Oder gesprengt worden sind, auch ein grosser Theil
von ihnen elendiglich ersoffen, ein Theil aber in unsere Hände
gerathen, gleichwie anhero mit mir zwei Hundert gefänglich eingebracht habe. Von uns ist kein Mann geblieben; ich werde E. E.
morgen die ordentliche Specification mit Benennung der Officiere
und Gemeinen unterthänigst gehorsamst einsenden. Es besteht nun
das ganze Bandemer'sche Regiment nicht von 100 Mann. [1]

Eine Depesche mittels Staffeta unter des Königs von Preussen
Petschaft ist uns zwischen Neumarkt und Parchwitz in die Hände

---

[1] Der Oberst dieses neu errichteten Husaren-Regiments, Friedrich von
Bandemer, erhielt nach diesem Echec seines Regiments den Abschied. »Bio-
graphisches Lexikon aller Helden und Militärpersonen, welche sich in preussischen Diensten berühmt gemacht haben« I. pag. 98.

gerathen, welche E. E. unaufgebrochen unterthänigst hiermit übersende. Hingegen das andere Schreiben, um mein Retirade sicherer
zu nehmen, habe eröffnet, E. E. wollen mir es nicht ungnädig
nehmen. Nachdem ich von der Zeit an, als ich von hier abgegangen,
keine Ruhe gehalt und also ermattet worden bin, dass ich mich
nicht im Stande finde, vor zwei Tagen abgehen zu können, so
bitte ich E. E. geruhen mir [zu] erlauben, dass ich wegen meiner
weiteren Verhaltung halber den Befehl von E. E. hier erwarte per
Wartha, Mittstein, Braunau, ob ich nämlich gegen Heinrichau oder
Frankenstein, oder zu E. E. kommen solle" etc. [1]

Am 31. Juli hatte sich GFWM. Br. Lentulus nach Grottkau
anlässlich der, dem geschlossenen Cartell gemäss, für den 1. August
bestimmten Auswechslung der beiderseitigen Kriegsgefangenen
begeben, wozu auch der preussische Commissär GM. Prinz Dietrich
von Anhalt eintraf. Die Verhandlungen und Abrechnungen nahmen
die Tage bis zum 6. August in Anspruch, worauf am Nachmittage
beide Generale wieder von Grottkau abgingen. Lentulus begab
sich zuerst nach Neisse zurück und brach am 7. zur Operations-
Armee auf, die er Abends in Wolmsdorf erreichte. [2]

41. Der Grossherzog von Toscana an FM. Graf Neipperg. [3]

Pressburg, 6. August 1741.

Nachdem die Königin die Gnade gehabt hat, an Mercy das
Regiment Alt-Daun [4] zu verleihen und er sich hier befindet, will
er vor seiner Rückkehr nach Italien, um es zu sehen, den Abstecher
machen, weshalb ich ihm dies Schreiben mitgebe.

Ich habe alle Ihre Briefe erhalten und bin sehr befriedigt
von alldem, was Sie mir schreiben. Ich bin froh, dass die Slavonier

---

[1] Interessante Details über dies Gefecht geben die Aufzeichnungen des
Leubuser Provisors Stephan Volkmann im XV. Bande der ›Zeitschrift des
Vereins für Geschichte und Alterthum Schlesiens.‹ — Siehe auch: ›Lettres‹.
pag. 346

[2] K.-A. Lutsch' Tagebuch.

[3] Gräfl. Neipperg'sches Archiv. Original französisch und eigenhändig.

[4] Das k. u. k. Infanterie-Regiment Nr. 56. Nach dem im Jahre 1741
erfolgten Tode des Inhabers Grafen Wirich Daun erhielt FML. Graf Mercy
d'Argenteau das Regiment.

ihren Fehler gutgemacht haben. Ich denke, Sie sind in vollem
Marsch begriffen und wünsche Ihnen das Glück, das Sie verdienen.
Damit ist Alles gesagt.

Um zu den gegenwärtigen Geschäften zu kommen, so ist es
wahr, dass ich ausser mir bin, wie unsere Alliirten uns auf allen
Seiten sitzen lassen, denn nachdem sie die festesten Verpflichtungen
jeder Art eingegangen und durch die feierlichsten Verträge gebunden sind, zu sehen, dass sie nichts thun, ist abscheulich, und
ich begreife ihre Politik nicht, denn das geht sie sicherlich ebenso
wie uns an. Sie werden schon informirt sein, dass Robinson von
hier in's Lager zum König von Preussen abgereist ist, um zu sehen,
ob man zu einem Einverständniss kommen kann, aber stets ohne
einen Zoll breit Erde in Schlesien herzugeben, was mich glauben
macht, dass seine Negotiation unfruchtbar sein werde. Aber man
muss Alles versuchen und es ist sicher, dass, wenn es gelingen
könnte, dies den gegenwärtigen Angelegenheiten eine ganz andere
Wendung geben würde, welche sehr verworren sind, denn die
Franzosen passiren am 12. und 15. August den Rhein mit 30.000
Mann, um sich mit den Bayern zu vereinigen, welche schon
Stellung in Passau genommen haben und sie sollen auch ein Corps
von fast 40.000 Mann an die Mosel schicken und ein anderes, das
nach Italien geht. Daher Sie leicht einsehen werden, dass wir uns
da in einer schönen Verlegenheit (dans un bel embarras) befinden,
ebenso, dass die Verbindung mit dem König von Preussen uns
wohl auf alle Weise nothwendig sein würde (que l'alliance du roi
de Prusse nous serait bien nécessaire de toute façon). Gott gebe
sie. Indessen thun wir Alles, was wir können, um nicht sofort
vernichtet zu werden, und ich hoffe, dass Sie Robinsons Unterhandlung durch die Bewegungen, welche Sie unternehmen, unterstützen und Gewicht geben werden.

Alles, was ich Ihnen schreibe, ist nur für Sie bestimmt,
damit Sie au fait von dem Zustande sind, in dem wir uns befinden.
Also erwähnen Sie nichts darüber etc.

42. FM. Graf Neipperg an den Grossherzog von Toscana.[1]
Wohnsdorf, 7. August 1741.

E. k. H. bitte gleich anfänglich unterthänigst, mir nicht in
Ungnaden zu vermerken, dass nicht eigenhändig schreibe, die

[1] K.-A. Schlesien 1741; Fasc. VIII, 24. Original.

Zeit und Umstände sind es, die mir's heute auf keine Weise zulassen. Inzwischen bin mit dem Kriegs-Corps nach I. k. M. meiner
Allergnädigsten Frau und E. k. H. Allerhöchst und höchster Intention, bereits gnädigst bekanntermassen den 1. d. von Neisse
aufgebrochen, und habe mich seither in kleinen Märschen bis heute
hieher gezogen, um zu sehen, ob der Feind, wie man vielleicht zu
Wien glaubt, bei Vornehmung meines Mouvements und Anrückung,
sein bisheriges Lager nicht etwa verlassen und sich zurückziehen
dürfte. Anstatt aber dergleichen Nachrichten einzuholen, hat er
sich vielmehr seit meiner Bewegung mit einem starken Detachement aus seinem Lager bei Strehlen, nach Heinrichau, einem von
dort herwärts gegen mir gelegenen Kloster, gezogen, und solle,
dem Vernehmen nach, mit dem Rest der Armee morgen dahin zu
folgen Miene machen.

Da nun heute wirklich an der Neisse stehe und solche morgen-
den Tags unfehlbar gegen Frankenstein zu passieren gedenke, so
kommt es darauf an, wozu der König von Preussen sich entschliessen dürfte. Unter anderen Nachrichten wollen auch einige
versichern, als ob jetzt besagter König von Preussen sich gegen
Neisse ziehen wollte. Gibt er mir eine Gelegenheit, ihm etwas
beizubringen und andurch I. k. M. gerechteste Sache zu befördern,
so werde es gewiss nicht unterlassen; rückte er hingegen mit seiner
ganzen Macht auf mich an, und suchte mich zu attaquieren, so
würde ihm auch, da ich einmal das bekannte Mouvement vorgenommen und die Neisse passiert, wie E. k. H. allbereits unterthänigst zu erkennen gegeben, par Reputation I. k. M. Waffen nicht
wohl füglich mehr weichen können, sondern dasjenige vor die
Hände zu nehmen, veranlasst werden, so dem Allerhöchsten Dienst
am dienstsamsten und beförderlichsten zu sein, nach meiner
geringen Einsicht ermessen würde. [1] . . .

------

[1] Breslauer Nachrichten vom 5. und 7. August liegen bei. Sie kenn-
zeichnen die Freude, mit der die Vorwärtsbewegung der königlich ungarisch-
böhmischen Armee in Breslau begrüsst wurde. Das Schreiben vom 5. bemerkt:
»Wegen der noch zu beantworten im Rückstand gelassenen Commission diene
so viel gehorsamst an, dass weder auf Deputirte noch schriftliche Versicherung
zu hoffen, weil man allzu furchtsam, es mehreren als etlichen wenigen zu
proponiren, doch wünscht man nichts mehr, als die gegebenen Vorschläge
ins Werk zu stellen, so soll der anverlangte Effect auch ohne allen Zweifel

Am 8. August war die königlich ungarisch-böhmische Armee um 3 Uhr Morgens aus Wohnsdorf und Umgebung aufgebrochen und hatte den Vormarsch an die Neisse fortgesetzt. Bei Piliz passierte die Infanterie auf zwei geschlagenen Ponton-Brücken den

erfolgen.‹ Welche ›Commission‹ hier gemeint ist, lässt sich aus den Acten nicht aufklären, vermuthlich war es der ausgesprochene Wunsch des Armee-Commandanten, die Stadtvertretung solle schriftlich die Besetzung durch österreichische Truppen verlangen.

Aus dem Lager bei Strehlen seien — nach diesen Breslauer Nachrichten — ›alle preussischen Damen‹, dann die sämmtliche schwere Bagage nach Breslau geschickt worden. Es wären dabei auch einige Wagen mit Gewehren gewesen, ›so auf dem Neumarkt abgeladen worden, dessen ist in der Stadt nunmehr vieles in verschiedenen boshaften Häusern und zu besorgen, dass, wann ein Tumult sich äussern sollte, dieses alles der Canaille ausgetheilt werden dürfte, wozu die benachrichtigten Emissarii und besonders Hr. Freiherr v. Morgenstern sich noch dato alle Mühe geben und zugleich durch ihre Verhetzung suchen, den Magistrat der Bürgerschaft je länger je verfeindeter zu machen; wäre also wohl so bald als möglich und eher die aufwiegelnde Partie mehr zunimmt, eine Expedition hieher vornehme, die ganz sicher nicht fruchtlos ablaufen wird, wie mich dessen mein guter Freund wiederholt assecurirt hat. Die Deputirten aber, als andere schriftliche Versicherung wird von darum für unmöglich gehalten, weil man es nicht genugsam verschwiegen zu tractiren einsieht. Man muthmasst auch alsdann keinen Tumult, wann Alles per Accord geht, der überprüftermassen [?] gar gerne angenommen werden dürfte, ungeachtet sich schon ganze Zünfte zu der Emissarien-Partie wenden und den Kaufleuten grosse Drohungen gemacht werden, wie sie um alle ihre Waaren in Berlin und Frankfurt kommen könnten, die dort häufig liegen, weil das ganze Jahr in Ermangelung der Schiffe nichts hat anher transportirt werden können, sofern sie sich des Königs Willen im Geldgeben, als anderen Vorfallenheiten länger widersetzen. . . .‹

›Auf das von der hiesigen Bürgerschaft abgeschickte Memorial, worin sie gegen die Steuern protestiren, sei noch keine Antwort erfolgt, hingegen machten die preussischen Emissäre denen bange, welche solches Memorial als Aelteste der Zünfte unterschrieben: wie der König (im Fall sie sich seiner Intention nicht gutwillig unterziehen und ferneren Ansinnen allen Vorschub leisten würden) am Leben strafen und über die Steuer noch ein Pönale von ihnen allein per 100.000 Rthl. abfordern würde, verhetzen die Bürgerschaft gegen den Magistrat und geben allen Anlass zu einer Empörung wider denselben.‹

Am 3. seien die Klöster von einer preussischen Commission auf das Minutiöseste durchsucht worden, weil der Magistrat beschuldigt werde, als habe er denselben Waffen für 5000 Mann zur eventuellen Vertheidigung der Stadt übergeben. Der Bericht fügt hinzu: ›Auf solche Art wird die Neutralität

Fluss, die Cavallerie durchritt denselben. Das Lager ward am linken Neisse-Ufer auf den Höhen zwischen Wartha und Baumgarten bezogen. Das Hauptquartier langte, nachdem der Feldmarschall der Defilierung der Armee über die Neisse von 6 bis 11 Uhr Vormittag beigewohnt, gegen 12 Uhr Mittags in Baumgarten an.

FM. Graf Neipperg nahm, von der gesammten Generalität begleitet, alsbald nach dem Einrücken in das Lager, eine Recognoscierung vor. Folgenden Tags wurden durch die ausgesendeten Patrouillen einige preussische Husaren und Uhlanen von Heinrichau gefangen eingebracht; am 11. August lief die Meldung ein, dass ein preussisches aus Husaren und Uhlanen bestehendes Detachement in der Stärke von etwa 800 Mann gegen Münsterberg angerückt, in die Stadt gedrungen und sich derselben bemächtigt habe, von dem in der Nähe von Münsterberg mit 500 österreichischen Husaren stehenden Obrist Morocz[1]) aber in der Stadt selbst

sehr garstig durchlöchert und bald Niemand mehr hier sicher sein. Der Magistrat will dergleichen Ansinnen nicht widerstehen, um nicht Gelegenheit zu mehrerer Gewaltthätigkeit zu geben.‹

Im Namslau-, Liegnitz'- und Glogau'schen sei die Steuer-Execution scharf im Gange und habe ›das letzte Commando im ersteren Ort zwei Landes-Aelteste zu Geiseln mitgenommen ‹

In den Vorstädten Breslaus hätten die österreichischen Husaren am 4. August Nachts ein starkes preussisches Detachement, das dort einquartiert gewesen, beunruhigt und mit den ausgestellten Posten einige Schüsse gewechselt.

Am 4. August seien sowohl ›die letzt hier gelassenen 23 Husaren, als auch die neulich aus dem Lager anher gebrachten Gefangenen nach Glogau zu Wasser transportirt, worunter auch zwei Officiers waren.‹ man gebe vor. sie hätten allesammt Dienst genommen, es haben aber die Husaren bei der Abfuhr vom Dom und Einsteigen in's Schiff helllaut geschrien, wir bitten ums jüngste Gericht willen! meldet unserer Armee, dass wir keinen Dienst genommen und lieber sterben, auch alle Marter ausstehen, als solche Dienst annehmen wollen. man soll uns doch loshelfen. Sie werden ganz sicher in's Brandenburg'sche transportirt werden, allwo unsere übrigen Gefangenen sich dato aufhalten und erst mit Ende dieses Monats anher kommen sollen.‹ Endlich enthalten die Nachrichten noch Mittheilungen über die Bewegungen preussischer Abtheilungen; die Wegführung von sechs Geistlichen aus dem Stifte Leubus als Geiseln nach Gr.-Glogau, die so lange zurückbehalten werden sollen, bis das Stift die an Contributionsgeldern noch rückständigen 95,000 Rthr. erlegt etc. (K.-A. Schlesien 1741; Fasc. VIII, ad 24 a und b.)

[1]) Emerich Baron Morocz, des National-Husaren-Regiments Belesnay.

angegriffen, geworfen und bis gegen Heinrichau verfolgt worden
sei, wobei ausser den am Kampfplatze dem Feinde beigebrachten
Verlusten ein Rittmeister, ein Lieutenant und 64 Mann gefangen
wurden. [1])

43. FM. Graf Neipperg an die Königin. [2])

Baumgarten, 11. August 1741.

Ich bin nach Passierung der Neisse hier zwischen Frankenstein und dem Kloster Camenz mit dem Kriegs-Corps eingetroffen
und stehe bereits zwei Tage allhier, es hat sich aber noch zur
Zeit nicht geäussert, dass der Feind die Partie ergriffen, sich
zurückzuziehen, vielmehr hat derselbe auf Vernehmung meines
Anmarsches, herwärts von seinem Lager zu Strehlen, wo er noch
fest steht, mit einem starken Detachement zu Heinrichau Posto gefasst. Da nun demselben in seinem Lager oder sonsten in den
vortheilhaften Posten, wo er dermalen steht, anzugreifen nicht wohl
thunlich glaube, noch auch eine weitere Vorrückung wohl unternehmen kann, ohne vorher besser abgenommen zu haben, ob der
Feind daselbst stehen bleiben, oder was sonsten für eine Partie
nehmen dürfte, dabei auch meiner weiteren Mouvements halber zu
reflectieren nöthig sein will, wie die behörige Subsistenz für Mann
und Pferde, besonders aber das Brod finden, und an mich ziehen
könne; also vermag dermalen von meinem weiteren, auch des
Feindes Thun und Lassen noch nichts Positives allerunterthänigst
zu berichten, so jedoch seinerzeit unfehlbar erfolgen wird etc.

44. FM. Graf Neipperg an den Grossherzog von Toscana. [3])

Baumgarten zwischen Camenz und Frankenstein,
11. August 1741.

Ich habe durch Graf Mercy[4]) das Schreiben erhalten, das
E. k. H. unterm 6. d. M. an mich zu richten, die Gnade gehabt.[5])

---

[1]) K.-A. Lutsch' Tagebuch.
[2]) Gräfl. Neipperg'sches Archiv. Concept.
[3]) K.-A. Schlesien 1741; Fasc. VIII. 36. Original französisch und eigenhändig.
[4]) FML. Graf Mercy d'Argenteau.
[5]) Nr 41, pag. 252.

Nun bin ich, nachdem ich die Neisse passirt, seit dem 8. d.
hier, um, wenn ich kann, die Absicht des Feindes zu entdecken,
welcher mit einem Corps von 6000 Mann, 4 Meilen von mir in
Heinrichau in guter Position steht. Die Armee ist noch in Strehlen,
entweder um dies Commando, falls es angegriffen wird, zu unterstützen, oder damit es sich auf dieselbe zurückziehen könne.

General Browne ist ohne Erfolg von Dresden zurückgekehrt
und ohne, dass es den Anschein hat, als wenn die Alliirten einen
für die Königin vortheilhaften Entschluss fassen wollten.

Ich wünsche, dass Herr Robinson in seiner Verrichtung glücklicher sei, obwohl, wie ich fürchte, nichts dabei herauskommen
wird, ausser wenn der König von Preussen auf Kosten I. M. der
Königin seine Rechnung dabei findet. Um seine Unterhandlung zu
unterstützen und ihr Gewicht zu verleihen, müsste man eine Schlacht
gegen diesen König gewinnen, und selbst diese, glauben Sie mir,
gnädigster Herr, würde den Alliirten kein Sporn sein, um früher
auf den Plan zu treten; ganz im Gegentheil, sie würden sich dazu
noch langsamer entschliessen, weil der König von England als Kurfürst von Hannover und alle diese Protestanten durchaus Preussen
nicht schwächen wollen, das sie als ihren mächtigsten Freund betrachten, um sich im Nothfalle Frankreich entgegenzustellen und
ihnen zu helfen. Sachsen fürchtet auch Preussen und ebenso wie
Hannover Frankreich. Wenn ich diese Schlacht verlöre, würde es
sich nicht mehr um Schlesien handeln, welches auf immer verloren
wäre, ohne dass die Alliirten aus den obangeführten Gründen sich
darum viel kümmern würden.

Gnädigster Herr, mit den Alliirten die wir haben, Russland
mitbegriffen, das sich nicht entschliessen zu wollen scheint, ist es
an der Zeit, eine Entscheidung zu treffen, sei es nun an Frankreich, oder an Bayern, oder an Preussen etwas abzutreten, das
geeignet sei, den einen oder anderen Theil zufriedenzustellen, denn
die Königin wird niemals, setze man selbst den Gewinn einer
Schlacht voraus, mit Erfolg einen Krieg gegen zwei Feinde aushalten, besonders von der Art, wie es Frankreich und der König
von Preussen sind, die gewaltig sind in Bezug auf Geld, Credit
und Truppen und in Folge dessen genug Hilfsquellen haben. Sie
werden die Güte haben, gnädigster Herr, sich zu erinnern, dass
ich dies vor meiner Abreise von Wien ausgesprochen

habe; und dass die Königin nicht Alles oder die
Monarchie in ihrem ganzen Umfange erhalten wird.
Man fängt in Wien gewöhnlich damit an, einem Feinde mit un-
genügenden Kräften entgegenzutreten und man macht nur dann
Anstrengungen, wenn man einsieht, dazu gezwungen zu sein, aber
stets zu spät, weil der Feind gewöhnlich so viele Vortheile im
Anfange des Krieges über uns davongetragen hat, dass es nicht
mehr menschenmöglich ist, von den letzten Anstrengungen, ohne
ein Wunder, Nutzen zu ziehen, wie es bei Hochstädt und Turin
geschehen, noch dazu in einer Zeit, wo man wackere und auf-
richtige Alliirte, Generale von vollendeter Erfahrung, sehr zahlreiche und an den Krieg gewöhnte Armeen hatte.

Der König von Preussen sucht den General Leutulus in seinen
Dienst zu ziehen, ich weiss es von Letzterem selbst und auch auf
anderem Wage.

Schliesslich füge ich zwei Berichte aus Breslau und einen
auf der Post in Beschlag genommenen Brief aus Stuttgart an
[fehlt] etc.[1])

___

[1]) Bei dem Acte liegt nur ein Bericht, welcher Breslau am 8. August
datirt ist und u. a. Folgendes enthält: »Gestern [7. August] ist Hr. FM. Schwerin
zu Pferd, ganz unvermuthet mit 9 Officieren hier angelangt, hat gar keine
Bagage mit, weiss also noch Niemand, was diese Ankunft zu bedeuten. Es
war 6 Uhr Abends, stieg beim Kriegs-Commissariat im Ober-Amts-Hause ab,
und kam erst gegen 9 Uhr in sein Quartier, wo sogleich der französische
Gesandte sich bei ihm einfand und bis gegen 10 Uhr bei ihm blieb. Er ist
noch sehr schwach zu Pferd [infolge der in der Schlacht bei Mollwitz erhaltenen Verwundung] und hat das Reiten wegen der in hiesigem schwarzen
Boden anjetzt fast impracticablen Wege ergreifen müssen. Gott gebe, dass
dieser Pas nicht etwas uns sehr Nachtheiliges mit der Stadt Breslau concer-
nire, weil gestern [7. August] auf königliche Citation beide Syndici von Gutzmar
und Löwe ins Lager abgehen müssen, man wird wohl alles von derer, als
des Ersteren Verrichtung in Erfahrung bringen und schuldigst referiren; allein
es ist ganz sicher, dass die Partei des Königs hier unter der gemeinen Bürgerschaft sehr zunimmt, massen nicht nur die vier starken Zünfte, als Kretschmer,
Fleischer, Bäcker und Schuhmacher, welche alle seither considerable Zugänge
gehabt, ihm gänzlich gewidmet und sonder Zweifel eben so willig preussische
Truppen hereinzulassen, als den Eid der Treu abzulegen bereit wären, sondern
auch die Emissarii nicht nachlassen, die sämmtliche Bürgerschaft wider den
Magistrat aufzuletzen und durch dergleichen zu des Königs Vortheil Uneinigkeit zu erregen. Ja es sind viele, die sehnlich preussische Truppen herein
wünschen, um sich wider uns Sicherheit zu verschaffen; doch sind die Hono-

17*

Diesem Berichte folgte an demselben Tage noch ein anderer für den Grossherzog:[1])

„Als mein anderweitig heute an E. k. H. abgelassenes, unterthänigstes französisches Schreiben bereits geschlossen, und die Post von hier abzugehen in Begriff war, langt der in der Beilage benannte Hans Georg Benlich, gewesener Amtsbote von dem Ober-Amt zu Breslau, aus Veranlassung des Grafen v. Sternberg, von dem die bisherigen, E. k. H. eingesendeten Breslauer Nachrichten waren, mit dem Bericht von der gestern erfolgten preussischen Besitznehmung der Stadt Breslau hier ein, wie Höchstdieselben aus dessen angebogener mündlicher Aussage des mehreren gnädigst ersehen werden.

Bei solcher Bewandtniss ist leicht abzunehmen, wie sehr sich die Sachen I. k. M., meiner Allergnädigsten Frau durch diesen Vorfall, der allem Ansehen nach nicht erst jetzt, sondern bereits von geraumer Zeit her, sich angesponnen haben muss, hier zu Land verschlimmert und wie schwer es Allerhöchstderselben fallen dürfte, in den vollkommenen Besitz Dero Erbherzogthums Schlesien ohne wahren Alliirten und wirklicher Hilfeleistung wieder zu gelangen. Das zweite und grössere Uebel wäre zwar noch, wofern der König von Preussen mit dem Hause Bayern und Frankreich selbst bereits verstanden und obgleich das Gegentheil noch immer geglaubt werden will, so ist fast nichts anderes zu muthmassen, nachdem derselbe den, ihm letztlich gemachten Friedens-Propositionen mehrmalen kein Gehör gegeben, und vielleicht nicht einmal an einen Frieden ernstlich gedenken mag und just jetzt das Dessein wegen Breslau, so er schon lang in Sinn gehabt haben muss, ausgeführt etc.

P. S.[2]) Die zweite Beilage ist eine Bestätigung dessen so wegen preussischer Besitznehmung der Stadt Breslau oben angeführt und mir auch erst von dem Obrist-Wachtmeister Hebendanz

---

ratiores und Potentiores gewiss getreu und wünschten durch das Gegentheil baldigst erfreut zu werden. Gott verhüte allergnädigst einen Tumult, sonst ist es mit dem kleinen Häufel der treu Gesinnten geschehen, massen die Schmetterungen wider unsere Königin, deren Truppen und die Katholiken abermals sehr zunehmen.« (K.-A. Schlesien 1741; Fasc. VIII. ad 36.)

[1]) K.-A. Schlesien 1741; Fasc. VIII. 38. Original.

[2]) Das Post-Scriptum eigenhändig.

des Ghilányischen Regiments aus Reichenbach eingelangt. Unsere
Husaren haben auch bei Münsterberg, wie gleich jetzt verständigt
worden, mit den feindlichen ein Rencontre gehabt, wobei von den
unsrigen einige, von dem Feind aber mehrere geblieben, auch von
den feindlichen bis 50 Gefangene eingebracht worden sein sollen.«
(S. pag. 256.)[1]

- -

[1] Die im Berichte angeführte Aussage des Amtsboten lautet:

»Baumgarten, 11. August 1741. Hans Georg Benlich, gewesener Ober-
Amts-Bote von dem königl. Ober-Amt zu Breslau ist gestern den 10. August
1741 Vormittag um 10 Uhr durch den Grafen von Sternberg, der die bisherigen
Nachrichten überschickt, diesesmal aber sicherheitswegen sich nicht zu
schreiben getraut. aus Breslau anher abgefertigt worden und gegen 1 Uhr allhier
angekommen; Sagt aus, dass gestern um 5½ Uhr Früh die Preussen 5000 Mann
stark von Infanterie, Dragoner und Kürassiers bei allen Thoren der Stadt
Breslau, ausgenommen des Schweidnitz'schen, wovon just die Brücke gebaut
wird, zu gleicher Zeit eingedrungen. alle Wachten sogleich wehrlos gemacht
und weggejagt. in verschiedenen Kreuz-Strassen der Stadt ihre Stücke, so sie
mit sich gebracht. gepflanzt, die Zeughäuser und Wälle um und um die Stadt
in der ersten Viertelstund ihres Dortseins besetzt, ferners
die Cavallerie alle Strassen der Stadt auf und ab patrouillirt, die Leute, so sie
beisammen stehen gesehen, aus einander gejagt. hierauf alle Bürgers- und
andere Häuser zu visitiren angefangen. vermuthlich in der Absicht, wie der
Graf von Sternberg vermeint, allen Bürgersleuten sowohl als anderen das
Gewehr abzunehmen. Ferners hätte der König von Preussen den 7. dieses
beide Syndicos von Breslau als Gutzmar und Löwe zu sich ins Lager berufen
lassen, die seither nicht wieder zurückgekommen, und muthmasslich aus
Anlass geschehen, womit solche der Bürgerschaft nichts Widriges inspiriren
können. Ingleichen hätte der König von Preussen gleich Tags nach Zurückkunft des englischen Ministers Robinson aus dem Lager, so am 8. d. geschehen,
alle übrigen in Breslau sich befundene auswärtigen Gesandten, mit Einschluss
des französischen, zu sich ins Lager einladen lassen. vermuthlich auch in der
Absicht. damit sie die Bürgerschaft auf keinen guten Weg bringen könnten.
Vorgedachter englischer Minister Robinson aber. der zwar dem König
seinen Vortrag gemacht, aber keine Antwort darauf erhalten. auch nachgehends
nicht mit den übrigen ins Lager geladen worden, ist nicht mehr ins Lager
retournirt, sondern hat seine Anstalten gemacht, heut den 11. August von
Breslau wieder nach Wien abreisen zu wollen.

Der Graf v. Sternberg hat auch diesem Boten zu sagen aufgegeben.
dass aus dem vermeinten Frieden nichts werde.« (K.-A Schlesien 1711;
Fasc. VIII. ad 38 a.)

Der ferner im Schreiben des FM. Grafen Neipperg erwähnte Bericht des
Major Hebendanz aus Reichenbach vom 11. August bestätigt nur kurz die Thatsache der Besetzung Breslau's durch preussische Truppen.

Mit der preussischerseits erfolgten definitiven Besitzergreifung
Breslau's war der Sache der Königin Maria Theresia ein schwerer
Schlag zugefügt worden, der zu vermeiden gewesen wäre, wenn
die dem Namen nach alliirten Mächte ihre Versprechungen, bezüglich des Beginnes der Operationen am 22. Juli eingehalten hätten.[1])
Man hat häufig die Ereignisse in Breslau zu Ende Juli und
Anfang August mit den Bewegungen des FM. Grafen Neipperg
einerseits, diese andererseits wieder mit angeblichen antipreussischen
Verschwörungen in der Landeshauptstadt in Zusammenhang gebracht. Aus den Acten lässt sich eine derartige Connexität nicht
nachweisen. Die Vorwärtsbewegung, welche Graf Neipperg am
1. August begann, geschah, wie aus dessen Correspondenz ersicht-
lich ist, auf Wunsch des Hofes und auch aus seiner eigenen Ueberzeugung; sie geschah noch in der Hoffnung auf das eventuelle Eintreten anderer Mächte für das Recht und die Interessen der
Königin. Hätte die Gunst der Umstände gestattet, eine Unternehmung gegen Breslau in's Werk zu setzen, so würde FM. Graf
Neipperg — besonders da ihm durch seinen Breslauer Correspondenten bekannt war, dass ein Theil der Bevölkerung dieselbe
wünsche — eine solche gewiss nicht unterlassen haben. Das im
Juli an das rechte Oder-Ufer entsendete Streifcorps hatte wohl
auch mittelbar den Zweck, in dieser Richtung zu wirken. Ein
directes Einverständniss der österreichisch gesinnten Bevölkerung
in der Landeshauptstadt mit der Armee-Leitung ist aber, wie gesagt, nicht nachweisbar. Als König Friedrich II. E n d e J u l i
dem FM. Grafen Schwerin, unter ausführlicher Darlegung der
Gründe, welche ihn dazu bestimmten, den Befehl ertheilte, ihm
eine Detail-Disposition zur Besetzung Breslau's vorzulegen[2]) wusste
er von der österreichischen Vorrückung, die ja am 1. A u g u s t
erst begann, noch nichts; er mag aber befürchtet haben, dass die am

---

[1]) »Man schreibt mir von Maynz, dass die französischen Truppen Ordre
erhalten, Halt zu machen, vermuthlich weil der auf den 22. passato gestellte
Operations-Plan nicht executirt worden. Wann solcher befolget, würde Breslau
nicht verloren gegangen sein.« (Lentulus an Seckendorf, Peterwitz, 16. August
1741; K.-A. Schlesien 1741; Fasc. XIII, 124.)

[2]) »Polit. Correspondenz« I. Nr. 414. — Die »Disposition des FM. Grafen
v. Schwerin, wie die Entreprise auf Breslau, d e n 10. A u g u s t ins Werk
gesetzt werden soll« ist enthalten in: »Sammlung ungedruckter Nachrichten etc.«
I. pag. 40 u. f

rechten Oder-Ufer befindlichen österreichischen leichten Truppen im Einverständnisse mit der, der Königin ergebenen Bevölkerung, wenn sich ein unternehmender und energischer Mann in Breslau an ihre Spitze stellte, die Stadt zu besetzen suchen könnten. Es ist kaum ein Zweifel, dass ohne die tausenderlei Bedenken, welche der Magistrat auf das Besatzungsrecht der Stadt nahm — dies durchführbar und möglich gewesen wäre.

Es wird auch angeführt, dem König sei ein Brief des Stadt-Syndicus Gutzmar an FM. Graf Neipperg in die Hände gefallen, welcher die Aufforderung enthalten habe, des Nachts vor Breslau zu rücken, man werde dann schon Mittel finden, die Truppen hereinzubringen. [1]

Dies ist möglich, besonders da laut einer Mittheilung des Grafen Johann Henkel in Prag an FM. Graf Neipperg, vom 29. Juli Abends, die Post-Pakete auf dem Wege von Breslau nach Neisse öfter erbrochen worden sein sollen. [2]

Dagegen kann constatirt werden, dass in den sehr genau geführten Verzeichnissen der in der Neipperg'schen Feld-Kanzlei eingelaufenen Correspondenzen sich kein einziges Schreiben einer Magistrats-Person vorfindet. [3]

Ob endlich der an das rechte Oder-Ufer entsendete Obrist Baron Trips Weisungen hatte, ein Einverständniss in Breslau anzubahnen, eventuell dort einzurücken, ist aus dem Acten-Materiale heute nicht mehr aufzuhellen. Jedenfalls wäre die Durchführung eines derartigen Unternehmens auch nur mit Hilfe einer energischen und einflussreichen Person und gewandter Agenten in Breslau selbst, möglich gewesen.

[1] Grünhagen, »Friedrich der Grosse und die Breslauer in den Jahren 1740 und 1741«, pag. 161.

[2] ..... »einige Posttage her die Ordinari-Paquet von Breslau auf dem Weg von dannen bis Neysse eröffnet, auch verschiedene Briefe herausgenommen worden, muthmasslich vom Feind; wo aber, und bei welchen Stationen, vielleicht gar an sicheren Orten zwischen Wegs derlei geschehen, solches ist mir unbekannt, weil die mitlaufenden Stundzettel nichts davon melden, muthmasslich derlei den Postmeistern bei Lebensstraf verboten sein muss, da anderen Falls der Postmeister Pflichtschuldigkeit wäre, derlei dem allgemeinen Dienst zuwider laufende höchst nachtheilige Violirung in dem Stundenzettel anzumerken.« (K.-A. Schlesien 1741; Fasc. VII. 52¹/₄.)

[3] Consignation des Feld-Kriegs-Secretärs Gröller. Gräfl. Neipperg'sches Archiv.

Dass König Friedrich II. die Haltung der Breslauer Bevölkerung, im Vereine mit dem Auftauchen der österreichischen Streif-Corps am rechten Oder-Ufer, beunruhigen musste, ist selbstverständlich, besonders in jenen Tagen, in denen von einer wirklich gesicherten Inbesitznahme Schlesiens durch die preussischen Truppen doch nicht gesprochen werden konnte.

Trotz der Schlacht von Mollwitz stand nun eine ganz wohl-ausgerüstete und schlagfertige österreichische Armee im Felde. Deren Streifpartien beunruhigten das preussische Lager, unter-brachen die Verbindungen, fiengen die Couriere ab; selbst jenseits der Oder bis Namslau, bis an die Thore und in die Vorstädte Breslau's streiften Abtheilungen der königlich ungarisch-böhmischen Truppen. Die Ueberlegenheit in den kleineren Gefechten war meist den Letzteren geblieben. Auf den ungewissen Ausgang einer Schlacht es jetzt, wo französische und bayrische Heere schon den österreichischen Grenzen sich näherten, ankommen zu lassen, blieb zunächst ein unsicheres Spiel.

Friedrich II. konnte sich daher des ungestörten und sicheren Besitzes des von ihm in den Verhandlungen so scharf betonten Nieder-Schlesien mit Breslau durchaus nicht rühmen.[1] Das Land beherrschten beinahe mehr die österreichischen leichten Reiter, als die preussische Armee, und Breslau, auf dessen Besitz so sehr ge-rechnet wurde, konnte durch irgend eine glückliche Unternehmung den Truppen der königlich ungarisch-böhmischen Armee in die Hände fallen.

Der König fasste daher den von seinem Standpunkte gewiss richtigen Entschluss, seinen „Feinden das Praevenire zu spielen" und durch eine Surprise und coup de main" sich der Landes-hauptstadt zu versichern.[2]

Das Unternehmen wurde am 10. August, wie erwähnt, aus-geführt und gelang vollkommen.

Um 9 Uhr Vormittags theilte FM. Graf Schwerin dem ver-sammelten Rathe der Stadt mit, dass die Neutralität nun

[1] Vergl. a. Orlich I, Urkunden, pag. 344 u. ff. Grünhagen I, pag. 433.

[2] „Polit. Correspondenz" I, Nr. 444 [s. d. Ende Juli] enthält die ge-nauesten Weisungen König Friedrich II. für FM. Schwerin, nach welchen er die Disposition zur Besetzung Breslau's zu entwerfen hatte.

ein Ende habe und im Namen des Königs die sofortige
Huldigung und der Eid der Treue zu leisten seien.[1])

Mit den Huldigungen wurde in den nächsten Tagen fort-
gefahren und dieselben fanden nur seitens der katholischen Geist-
lichkeit, besonders jener vom Dom, einigen Widerstand.[2])

Zum Gouverneur der Stadt ward G.-Lt. v. d. Marwitz ernannt. Die Breslauer städtische Selbstherrlichkeit hatte damit
ein Ende!

Am 14. August hatte die königlich ungarisch-böhmische
Armee ihr bisheriges Lager bei Baumgarten mit einer anderen
Stellung in der Gegend zwischen Frankenstein und Peterwitz ver-
tauscht.

Für den 15. waren schon die Befehle zum Marsche auf
Reichenbach ausgegeben, die Bewegung von den Truppen bereits
theilweise angetreten worden, als in letzter Stunde, auf die irrige
Meldung von dem Anrücken der Preussen, der Weitermarsch sistirt
und die Lagerstellung wieder bezogen und bis 21. August besetzt
gehalten wurde, an welchem Tage FM. Graf Neipperg eine vor-
theilhaftere Stellung, südlich von Frankenstein, bezog. Das Hauptquartier kam nach Tarnau.

Dem nach Wien zurückkehrenden FML. Grafen Mercy gab
der commandirende General mündliche Aufträge und ein Schreiben
für den Grossherzog mit. Er verlangte unumwunden, dass man
endlich einen Entschluss fasse, um entweder den Krieg mit zuver-
lässigen Alliirten fortzusetzen oder durch einen Federzug denselben zu beenden. England werde nie als Alliirter zu betrachten
sein, wenn man sich nicht mit dem König von Preussen zu vergleichen wisse, der Schlesien nicht mehr aufgeben wolle; es sei
dabei übrigens noch sehr die Frage, ob eine Vereinbarung möglich
sei, so lange der König im Einvernehmen mit Frankreich und
Bayern handle. Dann scheine die grössere Aussicht eine Auseinandersetzung mit Frankreich zu bieten. Schliesslich erbat Graf

[1]) Grünhagen, ›Friedrich der Grosse und die Breslauer‹, pag. 177.

[2]) Grünhagen, ›1 schlesischer Krieg‹ I. pag. 239 u. ff. und desselben
Verfassers ›Friedrich der Grosse und die Breslauer‹, pag. 180 u. ff.

Neipperg präcise Befehle. man müsse in Wien, meinte er, wissen, ob man in Schlesien Alles einsetzen oder temporisieren wolle.[1]

In seinem Berichte vom 22. August aus Tarnau schilderte der Armee-Commandant die militärischen Vorgänge der letzten Tage:

45. FM. Graf Neipperg an den Grossherzog von Toscana.[2]
Tarnau bei Frankenstein, 22. August 1741.

Aus meinen vorhergehenden unterthänigsten Berichten, und letzlich aus dem, durch den GFML. Grafen v. Mercy werden E. k. H. des mehreren gnädigst verstanden und abgenommen haben, wie die Sachen hiesiger Enden unser- und feindlicherseits bisher ungefähr beschaffen gewesen. Seitdem aber hat die feindliche Armee ihr vortheilhaftes Lager bei Strehlen wirklich verlassen und sich erstlich gegen Rothschloss, daraufhin aber von dort durch die Defiléen gegen Reichenbach gezogen, dem Schein nach Schweidnitz zu bedecken oder gewinnen zu wollen, oder um hierher zu kommen und uns zu attaquiren. [3]

Man hat unserseits dem Feinde in seinem Marsche durch die vorwärts stehenden Husaren und Slavonier allen möglichsten Abbruch und Schaden zu thun gesucht und damit wir allenfalls, da derselbe gegen uns anrücken wollte, im Stande sein mögen, ihn mit Vortheil zu erwarten. habe das vorige Lager bei Peterwitz, welches keines der besten war, gestern verlassen, und mich ungefähr eine Viertelstunde zurück in dasjenige Lager, so wir dermalen wirklich occupiren, gezogen, woselbst auch des festen Vorhabens bin, nachdem die Neisse passirt, wie E. k. H. solches noch vor meinem Aufbruch von Neisse unterthänigst zu erkennen gegeben, den Feind, wofern er allenfalls uns zu attaquiren kommen wollte, standhaft zu erwarten, denn denselben in einem copirten Lande aufzusuchen und anzugreifen, finde einmal nicht rathsamlich und besonders in den Defiléen, weil hauptsächlich bekannt, dass der Feind nicht allein mit einer sehr zahlreichen Artillerie versehen,

---

[1] Neipperg an den Grossherzog, Peterwitz, 16. August 1741 K.-A. Schlesien 1741; Fasc. VIII, 46. Original französisch und eigenhändig.

[2] K.-A. Schlesien 1741; Fasc. VIII, 52. Original.

[3] Vergl. Orlich I. Urkunden pag. 343. Schreiben König Friedrich II. an Fürst Leopold v. Anhalt ddto. Strehlen 15. August 1741.

sondern auch uns an Infanterie weit überlegen ist und überdies meistens, ohne sich zu zertheilen, beisammen bleibt. Es kommt daher zuerst darauf an, was der König von Preussen nunmehr vor die Hände nehmen dürfte.

Die Glazisch'- und Böheim'schen Grenzen bei nunmehriger Annäherung des Feindes in selbigen Gegenden werde möglichst vor allem Ueberfall oder Einbruch zu bewahren suchen, etc.

46. Der Grossherzog von Toscana an FM. Graf Neipperg.[1]

Pressburg, 23. August 1741.

Ich habe Ihr Schreiben durch Argenteau erhalten und haben Sie sehr Recht, nichts zu hazardiren und im Augenblick weniger als jemals aus vielen Gründen, die ich dem Papier nicht anvertrauen kann. Das Feuer entzündet sich gegenwärtig überall und unser Nachbar der Kurfürst von Bayern schlägt einen so hohen Ton an, dass es schwer sein wird, ihn zufrieden zu stellen, denn er will Alles und verlangt es als Recht, aber was das Schlimmste ist, dass er Truppen hat, die Frankreich ihm beistellt, um sich ihrer nach seinem Willen zu bedienen, es versichert zwar, dass es uns nicht übel wolle, aber dass es verpflichtet sei, ihm diese Anzahl von Truppen zu seiner freien Verfügung zu liefern. Ich glaube, Sie verstehen diese Art zu reden und zu handeln, und Gott weiss, was wir noch zu thun genöthigt sein werden, um diesen Strom (ce torrent) aufzuhalten. Also Ihrerseits wird es gut sein, noch ein wenig in statu quo zu bleiben, um zu sehen, welchen Entschluss der Königin zu fassen gefallen wird.

Es ist das sehr traurig, obwohl ich glaube, dass Robinson noch eine Reise machen wird und es besser ist, einen Arm als den ganzen Körper zu verlieren. Ich glaube, Sie verstehen mich. Gott weiss, was das in jeder Hinsicht kostet, aber wenigstens wird Frankreich nicht so leicht zum Ziele seiner verderblichen Anschläge gelangen, das auf nichts weniger ausgeht, als Alles zu zertrümmern. Wenn Robinsons Reise gut ausgeht, würden Sie wohl Böhmen noch in diesem Jahre sehen können. Wenn Sie mir auf diesen Brief antworten, adressiren Sie an Toussaint,[2] denn dies Schreiben

[1] Gräflich Neipperg'sches Archiv. Original französisch und eigenhändig.
[2] Cabinets-Secretär des Grossherzogs.

ist nur, um Sie von dem, was in der Welt vorgeht, zu benachrichtigen.

Obwohl wenig Anschein zum Gelingen da ist, arbeiten wir auch, um zu versuchen, uns mit Bayern und Frankreich auszugleichen, aber ich zweifle daran etc.

Am 23. August unternahm König Friedrich II., welcher am 20. August von Strehlen nach Lauterbach, am 21. bis Reichenbach gerückt war, eine Recognoscirung gegen Frankenstein[1] „in willens, unsere auf den Vorposten stehenden Husaren, die 15 bis 1800 Pferde ungefähr ausgemacht haben mögen, entweder zu coupiren oder zu delogiren, allein die guten, klugen und vorsichtigen Anstalten und Anführung des GFWM. Ghilányi,[2] den darum nicht genugsam beloben kann, machten, dass der König seinen Zweck nicht erreichte, sondern unverrichteter Dinge mit Hinterlassung [von] 100 Gefangenen ungefähr in sein Lager sich zurückbegeben musste."[3]

[1] Die Recognoscirung wurde nach Orlich I. pag. 139, preussischerseits mit 8 Grenadier-Bataillonen. 20 Escadronen Husaren und 8 Geschützen unternommen. FM. Graf Neipperg erwähnt ausser den Husaren noch »einiger Cavallerie«.

[2] War erst am 21. August im Hauptquartier der Armee eingetroffen.

[3] K.-A. Schlesien 1741; Fasc. VIII. 58. Graf Neipperg a. d. Grossherzog ddto. Tarnau, 25. August 1741. Original.

Fähnrich Lutsch erzählt in seinem Tagebuche am 23. August von diesem Gefecht: »Früh bei Anbruch des Tages hörte man stark kanonieren, welches obwohl nicht continuirlich bis um 7 Uhr dauerte, da die Nachricht einging, dass ein starkes feindliches Detachement mit Infanterie, Kanonen, Husaren und Uhlanen (wobei der König gegenwärtig gewesen sein soll) aus dem Lager bei Reichenbach ausgerückt, dessen Vortruppen erstlich auf den Major Grafen Kálnoky [des Pestvármegy'schen Husaren-Regiments] bei Habendorf, zwei Stunden von hier, gestossen. Dieser stellte sich an, als ob er weichen wollte, nachdem er sie aber genugsam angelockt hatte, bis ausser dem Dorfe gegen Rosenbach, kehrte er mit 200 Pferden um und ging mit dem Säbel auf die Feinde los, brachte sie in die Flucht, massacrierte gegen 50 und bekam 47 Gefangene.

Der Herr General Ghilányi, welcher nebst dem Herrn Obrist Trips und dem Gros der Husaren weiter vorwärts rechter Hand oberhalb Schönheide auf dem Berg stund, hess den Feind ebenfalls attaquiren, und ungeachtet der Feind stark auf ihn kanonierte, so geschah doch kein Schade. Endlich sah sich der Feind gezwungen, zu retireren. Inzwischen auf erhaltene diese Nachricht begab sich des commandierenden Generals Excellenz nebst anderen Herren

Die königlich ungarisch-böhmischen Truppen hatten bisher en ordre de bataille campirt, am 25. Juli wurde wieder ein Lager ausgesteckt, das erste Treffen gegen Olbersdorf vorgeschoben, das zweite mit dem rechten Flügel an Frankenstein gelehnt, die Cavallerie des Corps de réserve lagerte auf der rechten Flanke.[1]

FM. Graf Neipperg bestätigte dem Grossherzoge am 29. August aus Tarnau den Empfang, der am 23. aus Pressburg an ihn gerichteten Weisung[2] „nichts zu hazardiren, und in statu quo zu bleiben,“ und fügte bei, dass er dieselbe so lange pünktlich befolgen werde, bis er nicht andere Befehle vom Grossherzog erhalte und im Falle der Feind ihn nicht, wozu es nach dessen bisherigem Vorgehen übrigens nicht den Anschein habe, nöthige aus seiner Reserve herauszutreten. Er meldete noch, dass die Preussen die Stadt Nimptsch mit einem Detachement besetzt hätten, dem Anscheine nach, aus Rücksichten der Deckung ihrer von Breslau kommenden Convois. In der Infanterie der eigenen Armee kamen seit etwa 14 Tage häufige Desertionen vor, die Mehrzahl dieser Leute gehe nach Böhmen und Mähren zurück.[3]

Der ersten fruchtlosen Reise des englischen Gesandten beim Wiener Hofe, Robinson, in das preussische Lager war, in dem letzten Drittel des Monats August, eine zweite nach Breslau behufs neuer Unterhandlungen gefolgt.

Es hatte der Königin schwere und schmerzliche Ueberwindung gekostet, die Zustimmung zu dieser zweiten Reise zu ertheilen.

Generalen ebenfalls hinaus zu dem Herrn General Ghylányi, da wir dann die feindliche Infanterie im Rückmarsche sahen, die Husaren aber und Uhlanen scharmuzierten noch in der Tiefe mit unseren Husaren, bis endlich der Herr General Baranyai mit 700 frischen Husaren anlangte und die Feinde vollends zurückjagte. Von obberührtem Berge konnten wir das feindliche Lager gar wohl ausnehmen, welches mit dem rechten Flügel an Reichenbach stiess, mit dem linken aber links gegen Nimptsch sich extendirte, davon wir etwa eine Stunde weg waren. Endlich nahmen wir unseren Rückweg nach Habendorf links durch Rosenbach, Schönheide und Olbersdorf in's Hauptquartier, wo indessen sämmtliche Gefangenen (100) eingebracht worden waren.« (K.-A., Lutsch' Tagebuch.)

[1] K.-A., Lutsch' Tagebuch.
[2] Vergl. pag. 267, Nr. 46.
[3] K.-A. Schlesien 1741; Fasc. VIII, 63. Original französisch und eigenhändig.

Sie gab endlich dem Rath und dem Andringen ihrer Minister, welche sich auf die von Tag zu Tag durch Bayerns und Frankreichs Theilnahme am Kriege wachsende Bedrängniss und die gänzliche Theilnahmslosigkeit der „befreundeten" Mächte berufen konnten, nach. Robinson hatte dem König Friedrich II., vorläufig als Pfand, Nieder-Schlesien anzubieten, doch sollte eine Demarcationslinie bezeichnen, was man darunter verstanden haben wollte. Diese Linie würde von Greifenberg über Goldberg zur Oder und querüber durch das Fürstenthum Wohlau laufen. Breslau und Liegnitz verlangte die Königin zu behalten[1]. Dagegen hätte Preussen die Garantie der pragmatischen Sanction zu übernehmen und sich zur sofortigen Inmarschsetzung eines Corps von 10.000 Mann gegen die Angreifer der Staaten der Königin zu verpflichten gehabt. Mit England und Sachsen-Polen sollte ein Uebereinkommen getroffen werden, um ein ansehnliches Truppen-Corps etwa am Rheine, oder dort aufzustellen, wo es zum Schutze der Ruhe und Wohlfahrt des römischen Reiches, speciell auch der Wahrung der Freiheit bei der Kaiserwahl zweckmässig erschien. Preussen sollte sich verpflichten seine Wahlstimme dem Grossherzoge von Toscana zu geben und die Schwierigkeiten beseitigen helfen, welche man der Königin in Betreff der Ausübung der böhmischen Wahlstimme in den Weg gelegt hatte; endlich sollte es dazu beitragen, dass die Königin für die Abtretungen in Schlesien aus den Gebietstheilen ihrer Angreifer entschädigt werde. Den Schluss der Anträge Robinson's sollte die sofortige Ernennung von Commissären bilden, um die Handels- und Zoll-Beziehungen zu regeln.[2]

[1] Arneth I. pag 242.

[2] Dem englischen Gesandten ging am 24. August mit dem Entwurfe noch das folgende Schreiben des Obersten Hofkanzlers Grafen Sinzendorff zu:

»Par ordre de S. M. la Reine je vous communique le projet de la convention cy-joint, la quelle vous pouvez signer et conclure au nom de la dite Majesté, le présent billet, écrit de ma propre main avec consentement et par ordre exprès de ma Souveraine, devant suffire pour vous y autoriser de la manière du monde la plus valable. J'ai l'honneur d'être avec toute la considération possible etc.«
Auf dem Concepte bemerkte die Königin eigenhändig: »si la moindre chose manquait à ces articles je me déclare de n'être tenue a rien, du reste je l'approuve.« (H. H. u. St. A. Projet de la convention à faire avec le roi de Prusse daté à Pressbourg le 24 aout 1741. Correspondenz mit Robinson Concept.)

Am 29. August kam Robinson in Breslau an, verhandelte jedoch nur mit dem preussischen Minister Podewils, da König Friedrich II. sich weigerte, ihn im Lager von Reichenbach zu empfangen, und den Gesandten, ohne ihn angehört zu haben, unverrichteter Dinge wieder nach Pressburg zurückkehren liess. [1])

In dem, mit Bezug auf diese Sendung, an die preussischen Gesandtschaften erlassenen Circular-Schreiben vom 4. September 1741, hebt der König hervor, dass Robinson ohne Zustimmung und ohne Vollmacht seines Königs als Unterhändler erschienen und dass der am preussischen Hofe bevollmächtigte englische Minister Lord Hyndford die allein berufene Persönlichkeit sei, durch deren Vermittlung eventuelle Vorschläge an König Friedrich II. zu bringen seien. [2])

Die Umstände für die Ablehnung der Seitens der Königin gemachten Anerbietungen waren allerdings augenblicklich so günstig als möglich: Die Bayern in Bewegung gegen die oberösterreichischen Grenzen, die Franzosen, welche zwischen dem 15. und 22. August bei Fort Louis und Rheinzabern den Rhein überschritten hatten, im Marsche gegen Donauwörth, wo sie zwischen 5. und 12. September eintrafen.

So konnte König Friedrich II. am 1. September an seinen Minister Podewils aus dem Lager bei Reichenbach schreiben: „Rassurez les Français, fortifiez les Bavarois, intimidez les Saxons, flattez les Hollandais, donner l'encens aux Danois, jouez vous des Hanovriens et f . . . . vous des Autrichiens." [3])

Am 5. September war dem Armee-Commandanten FM. Grafen Neipperg durch Nachrichten, welche ihm aus Breslau zugegangen, der Misserfolg der Sendung Robinsons bereits bekannt. [4])

---

[1]) Vergl. »Pol. Correspondenz« I. Nr. 480, 481, 482.

[2]) »Preussische Staatsschriften« I. pag. 313 — II. H. u. St. A. Correspondenz mit Robinson, Memoire Robinsons s. d. [7. Sept.]

[3]) »Pol. Correspondenz« I. Nr. 481.

[4]) Der Breslauer Bericht vom 2. September meldet, der Etatsminister v. Podewils habe geäussert, »dass der Frieden niemals so weit als jetzt entfernt war, er beklage das arme Land, weil es jetzt recht übel mitgenommen werden würde« — man mache sich gar Hoffnung, die Winterquartiere in Mähren zu halten. Die preussische Armee müsse aus dem Lager [bei Reichenbach] aufbrechen, weil dasselbe zu sumpfig sei und viele Leute jählings stürben. Aus

Er blieb abwartend „in statu quo“, wie ihm der Grossherzog
in seinem Schreiben vom 23. August anbefohlen; die preussische
Armee that ein Gleiches. Nur Streif-Corps zwischen dem österreichischen Lager und Breslau, dann jenseits der Oder führten
den kleinen Krieg fort.

Den Parteien in Braunau und Trautenau hatte der Feldmarschall befohlen, keine Feindseligkeiten vorzunehmen, da sich
die preussischen Streifcorps jener Orten ohnehin zurückgezogen
hätten. [1]

In dem Berichte, welchen Graf Neipperg hierüber an den
Grossherzog richtet, bittet er, Seine königliche Hoheit möge sich
vorlegen lassen, was er bezüglich des kriegsgefangenen kaiserlichen
Obristwachtmeisters Grafen d'Haussonville und des als Hoch-
verräther in Brünn inhaftirten schlesischen Barons Reisewitz heute
an den Hofkriegsrath berichte.“ [2]

Berlin bringe man nichts mehr aus Furcht vor den österreichischen Husaren.
»Der gemeine Mann wünsche nichts mehr als eine Haupt-Attaque, womit sie
Gelegenheit hätten, sich corpsweise fortzuhelfen, wie denn auch hier [in Breslau]
100 Commandirte noch wiederkommen sollen, die vor vierzehn Tagen abgeschickt worden.« (K.-A. Schlesien 1741; Fasc. IX, ad 4 b.)

[1] Fähnrich Lutsch meldet hierüber: »Am 31. August wurde berichtet,
dass der Feind nach Friedland, eine Meile von Braunau, sich gezogen, u. z.
wie der heutige Bericht anzeigt, mit Husaren, Infanterie und Kanonen, welchem
aber den 1. September widersprochen wurde, mit der näheren Auskunft, dass
nur 1000 Husaren unter dem Obristen Bronikowski in Friedland sich befänden,
welcher den Stiftsamtmann von Braunau zu sich citirt hätte, um seinem Vorwande nach, wegen Fourage für die Armee und Vorspann für die Artillerie
die Disposition zu machen, so aber nur für Gasconnade gehalten würde.
Jedoch wurde ein Obristlieutenant mit 500 Croaten nach Braunau abgeschickt.
Am 2. Früh ging der Bericht von Braunau ein, dass die feindlichen Husaren
gestern vor Tags einen Meierhof, zu Braunau gehörig, verbrannt, ein Dorf
geplündert, den Schulzen und einen Bauern mit sich nach Friedland genommen.
Nachmittag wurde conferirt, wie der Feind von Friedland zu delogiren sei und
wollte man mehrere Husaren hinaufschicken. Es ging aber am 3. die Nachricht ein, dass der Feind sich herüber gegen das Kloster Grüssau gezogen und
solches besetzt habe.« (K.-A. Lutsch' Tagebuch.)

[2] FM. Graf Schwerin hatte am 4. September aus dem Lager bei
Reichenbach u. A. dem FM. Grafen Neipperg geschrieben: »Bei dieser Gelegenheit kann ich auch nicht umhin, Euer Excellenz ergebenst zu ersuchen,
dero vielgiltiges Vorwort und gute Officia dahin anzuwenden, dass der Obristlieutenant Baron von Reisewitz mit nächstem extradirt werde, massen Seine

Schliesslich bemerkt der Feldmarschall noch, dass die Preussen die Spurweite ihrer Geschütze und Fuhrwerke „auf enge Geleise richten lassen". Man spreche davon, dass sie nach Böhmen oder Mähren gehen wollten, wenn unsere Verlegenheiten sich mehren würden. [1]

Am 8. September meldete Graf Neipperg dem Grossherzoge aus Frankenstein,[2] dass die Preussen bei Tagesanbruch ihr Lager abgebrochen hätten und sich im Marsche gegen die österreichische Armee befänden „ohne Zweifel um uns anzugreifen, so viel man von ihrer Marschbewegung bisher urtheilen kann. Kommen wir aneinander, so wünsche ich aus Herzensgrund, dass Gott die Waffen I. M. segnen möge."[3]

In der Nachschrift fügte der Armee-Commandant noch bei, dass ihm soeben gemeldet werde, dass die Preussen ihren Marsch darnach einrichteten, um das Ufer der Ohlau zu gewinnen, was ihn zu Massregeln nöthige, damit sie ihm nicht zuvorkämen und die Neisse vor ihm erreichten.

In der That war die Avantgarde der preussischen Armee unter Glt. von Kalkstein schon am 7. September aufgebrochen;[4]

k. Majestät mein Allergnädigster Herr mir befohlen, wider den Major Graf d'Ossonville [Haussonville] mit repressailles zu prozediren. Ob ich nun gleich naturellement eine repugnance hier wieder bei mir empfinde, so dürfte ich dennoch, falls der Obristlieutenant Reisewitz nicht bald ausgeliefert wird, der königlichen Ordre nachzuleben, nicht länger anstehen können." (K.-A. Schlesien 1741; Fasc. XIII. ad 55.)

[1] FM. Graf Neipperg an den Grossherzog, ddto. Tarnau, 5. September 1741. Original französisch und eigenhändig. K.-A. Schlesien 1741; Fasc. IX, 4.

[2] K.-A. Schlesien 1741; Fasc. IX, 10. Original französisch und eigenhändig.

[3] Nachrichten aus Breslau liegen diesem Berichte bei, welche u. A. bemerken, dass die Städte im Glogauischen schwören sollten; dass die Domherren alle aus Breslau fort seien, weil sie nicht schwören wollten. (vergl. Grünhagen: Friedrich d. Gr. und die Breslauer, p 186, 187). Die preussischen Truppen stünden im Lager von Peterswaldau (bei Reichenbach) »im Wasser bis an die Waden«; es herrsche eine ziemliche Sterblichkeit in der Armee. Das königliche Amt in Breslau sei suspendirt. Zoll- und Accis-Officianten seien eingesetzt und letztere bei ihrer alten Pflicht gelassen worden, viele aber hätten es nicht angenommen. Der General-Steuer-Einnehmer hat »Wacht« und die Casse sei noch versiegelt. (K.-A. Schlesien 1711; Fasc. IX. ad 10.)

[4] Drei Dragoner-Regimenter, sieben Grenadier-Bataillone »Sammlung ungedr. Nachrichten etc.« I, pag. 65.

am 8. bei Tagesanbruch folgte die Armee nach Diersdorf 4 Km.
von Nimptsch. Im österreichischen Hauptquartier war man nun
der Meinung, dass preussischerseits ein Angriff beabsichtigt sei
und die erforderlichen Dispositionen wurden infolge dessen getroffen.
In der Nacht zum 9. September ging jedoch die Meldung ein, dass
die preussische Armee sich gegen Heinrichau wende. [1]

Neipperg brach nun, in der Befürchtung, dass die Preussen auf
Neisse gehen und die Armee der Königin tourniren könnten, am 9.
September um 7½ Uhr Morgens in sechs Colonnen auf und führte
die Armee theils über Camenz, theils über Baumgarten, Wartha,
Piliz nach Wohnsdorf, rastete dort und setzte gegen Abend die
Marschbewegung über Schlottendorf und Reichenau in zwei Colonnen
die Nacht hindurch fort.

Bei dem Planitzer Hof rastete der linke Flügel und das Corps
de réserve wieder und kam theils in der Nacht, theils am Morgen
des 10. September bei Kamitz und Patschkau an.

Hier kam am Morgen Meldung, dass die Avantgarde der
preussischen Armee unter Glt. von Kalckstein ihren Marsch in
der Richtung auf Neisse forcire, [2] und FM. Neipperg setzte daher
am Nachmittage dieses Tages den Marsch treffenweise in zwei
Colonnen bis nach Stübendorf fort.

Am 11. September bei Tagesanbruch brach die Armee wieder
auf und kam im Laufe des Nachmittags bei Köppernik und Morau
an,[3] und rastete dort, als die Nachricht einlief, dass die Preussen
zwei Brücken über die Neisse geschlagen und bereits 4 Bataillone
über den Fluss geworfen hätten. „So erhellte, dass er willens war
gewesen unser voriges Lager bei Biclau zu beziehen und uns von
Neisse zu coupiren. Gleichwie aber der Feind nicht vermuthet
hatte, dass wir ihm vorkommen und mittelst dieses forcirten und
wegen der Weite unmöglich zu prästiren geschienenen Marsches
(welcher ein Meisterstück der Graf Neipperg'schen Kriegs-Experienz

[1] Die preussische Armee campirte vom 8. zum 9. September in und
um Töppliwoda. »Sammlg. ungedr. Nachr.« I, pag. 65.
[2] Das Gros der preussischen Armee hatte unter vielfachen Angriffen
der österreichischen leichten Reiterei am 9. September Münsterberg erreicht,
wo es am 10. Rasttag hielt. (Orlich I, pag. 140.)
[3] Das preussische Gros gelangte an diesem Tage nach Woitz. (Orlich.
I, pag. 140.)

zu nennen) sein Concept verrücken würden; und da man einige
Commandi hin detachirte, so zog er die 4 Bataillone wieder zurück
und lagerte sich von uns gegenüber bei Woitz". [1]

Die königlich ungarisch-böhmische Armee nahm nun Stellung
am rechten Ufer der Neisse bei Grünau. [2]

Am 12. September ward preussischerseits auf die an die
Neisse vorgeschobenen österreichischen Cavallerie-Commanden
Geschützfeuer gerichtet, ohne, ausser der Verwundung von drei
Pferden, Schaden zu thun. Es entstand allerdings ein falscher
Allarm, und eine Meldung, die aber schon Abends widerrufen
wurde, traf ein, die Preussen seien im Begriff, den Fluss ober-
halb der Festung zu passieren. Am selben Tage wurden auch 40
preussische Gefangene nebst Beute von vielen Wagen, Pferden,

---

[1] K.-A., Lutsch' Tagebuch.

[2] Der Armee-Commandant meldete von hier am 12. September dem
Grossherzoge, dass es zu einer Action mit dem Feinde nicht gekommen,
»sondern da derselbe mit gesammter Macht gerad nach Heinrichau sich gezogen, so habe anerwogen, dem Feinde in einem Land, welches mit lauter
Defiléen angefüllt, nicht wohl mit Vortheil beizukommen war, mich darob
veranlasst befunden, mit der Armee die Neisse zu repassieren, und hieher nach
Grünau, welches nicht gar eine Stunde von der Stadt Neisse entlegen, zu
rücken, daselbst auch auf eine Anhöhe mich zu setzen, weilen das vormalen
occupirte Lager bei Bielau allerhand verhinderlicher Ursachen und bedenk-
licher Anstände halber, wegen Anmichziehung der nöthigen Subsistenz und
sonsten, für diesmal noch wieder zu beziehen nicht rathsam erachtet. Unterdessen hat sich der Feind mit seiner ganzen Armee bis nach Woitz, eine
Stunde oberhalb der Stadt Neisse an den Neisse-Fluss gezogen und daselbst
überzusetzen gesucht, auch zwei Brücken wirklich geschlagen, und mittels
solcher bereits 5 bis 6000 Mann, wogegen ein Commando, so aber noch zu
dato nicht zurückgezogen, geschickt, herüber defiliren lassen, die sich jedoch
hierauf wieder bis auf 300, die noch diesseits stehen, zurück hinüber gezogen,
wie dann auch besagte beide Brücken allschon wieder abzutragen mit Hinweg-
nehmung der Bretter der Anfang gemacht worden.

Nun muss sich zeigen, was der Feind weiters im Schild führe und etwa
zu unternehmen suche. Von mir aber wollen E. k. H. gnädigst persuadirt sein,
dass keine Gelegenheit aus der Hand lassen werde, wo mit Vortheil an ihn
kommen oder sonst der Stadt Neisse zum Besten, wann allenfalls der Feind
sein Absehen dahin gerichtet haben solle, so lang und wo es möglich, auch
Gott dazu seinen Beistand verleihen wird, etwas thun, und unternehmen
könne« etc. (K.-A. Schlesien 1741; Fasc. IX. 17. Original.)

Regiments- und Officiers-Bagagen in das Hauptquartier nach
Grünau eingeliefert. [1]

Als Sir Thomas Robinson die Nachricht von seinem missglückten zweiten Unterhandlungsversuche mit dem Könige von
Preussen nach Pressburg zurückbrachte, schienen die Verhältnisse
allerdings höchst besorgnisserregend.

Die versuchten Anknüpfungen mit Bayern und Frankreich
waren ganz resultatlos geblieben. Das französische Heer, welches
Mitte August den Rhein überschritten hatte und sich im Marsche
auf Donauwörth befand, konnte seine Vereinigung mit den bayer-
ischen Truppen vielleicht schon um die Mitte des Monats September bewirken; eine zweite französische Armee bedrohte den
Niederrhein. Die Aussicht, von Russland Unterstützung zu erhalten,
war geschwunden, seit Schweden zu Anfang August diesem Staate
den Krieg erklärt hatte. In Hannover herrschte die Furcht vor
den Franzosen und ohne Hannover war auch auf Sachsen nicht
zu rechnen.

In der am 7. September zu Pressburg gehaltenen Conferenz
ward deshalb beschlossen, der Forderung des Königs von Preussen
bezüglich Nieder-Schlesiens mit Breslau nachzugeben und dies
Robinson mitzutheilen. [2]

Mit äusserstem Widerstreben entschloss sich Maria Theresia,
der unabweislichen Nothwendigkeit nachzugeben.

Mit seltenem Muthe, mit königlicher Standhaftigkeit hatte
die „junge Prinzessin ohne Erfahrung“, [3] die König Friedrich II.
wenig „furchteinflössend“ schien, um ihr rechtmässiges Erbe gerungen und gekämpft, das wie freie Beute für Jedermann angesehen worden, seit der Kaiser die Augen geschlossen. Mit der
tiefen Ueberzeugung, ein heiliges Recht zu vertheidigen und in
dem Vertrauen auf den endlichen Sieg der Gerechtigkeit, war die
junge, vielbedrängte Königin nicht vor der drohenden Uebermacht
gewichen, aber die neben ihr standen, die Männer der Regierung,

[1] K.-A., Lutsch' Tagebuch.
[2] H. H. u St A. Vorträge, Staatskanzlei 74. Conferenz-Notaten vom
7. September 1741, abgedruckt bei Unzer: »Die Convention von Klein-
Schnellendorf.« Urkunden, p. 118. Frankfurt a. M. 1859.
[3] Histoire de mon temps. Oeuvres posthumes. I. 127. Berlin 1788

waren muthloser als sie. In der fürchtbaren Lage, in der sich
ihr Erbbesitz befand, auch noch g e g e n den Rath und Willen
derer zu regieren, die ihr zur Stütze dienen sollten, wäre zuviel
gefordert gewesen von der Fürstin. So musste denn Maria Theresia
jenes Land hingeben, auf welches König Friedrich II., man mag
es deuten und wenden wie man will, nicht das geringste bessere
Recht zustand, als die grössere Macht, welche ihm die Verhältnisse verliehen und die Noth der edeln Königin. Maria Theresia
opferte ihr Erbland Schlesien mit tiefem Schmerz.

„Placet" schrieb sie auf den Bericht, mit welchem ihr der
Oberste Hofkanzler Graf Sinzendorff die Actenstücke vorlegte,
„weil kein anderes Mittel zu helfen, aber wohl mit meinem
grössten Herzeleid."

Und als sie die Aenderung einiger Ausdrücke in dem be-
züglichen Schriftstücke wünschte, der Oberste Hofkanzler ihr aber
eine Gegenvorstellung machte, da gab sie mit den Worten nach:
„Diese ganze Angelegenheit ist wider meinen Willen verhandelt
worden, sie kann auch in gleicher Weise beendigt werden; ich
werde mich bei diesen Worten nicht aufhalten." [1])

Dem Armee-Commandanten FM. Graf Neipperg gab die
Königin sofort Nachricht:

47. Die Königin an FM. Graf Neipperg. [2])

Pressburg, 8. September 1741.

Es geht heute ein Courier an Lord Hyndford mit solchen für
den König von Preussen vortheilhaften Friedensbedingnissen ab,
dass an dem Schluss des Werks nicht wohl gezweifelt werden
mag. Von darum aber habt Ihr, insolang man von dem Erfolg
nicht vollständig sicher ist, an aller Vorsichtigkeit, so zu Meinem
Dienst gereichen, oder erforderlich sein möchte, nichts erwinden
zu lassen. Dann Euch lediglich zu dem Ende von der Sachen
gegenwärtiger Beschaffenheit verständige, damit in dem Fall, wo
Euch von dem Schluss des Friedens mit Preussen der Lord Hyndford die Nachricht zusendete (wie er zum voraus, wann es geschehen sollte, von Meinetwegen darum ersucht wird), Ihr sogleich

[1]) Arneth I. pag. 245, 396. (36 u. 37.)
[2]) H. H. u. St. A. Friedens-Acten. Fasc. 23. Concept von Bartenstein.

mit der Armee in Böhmen, um den Kur-Bayrischen Unternehmungen Widerstand zu thun, einrücken, und mittlerweil, so viel sich unvermerkt thun lässt, Alles dazu vorbereiten, auch etwa mit Fürst von Lobkowitz darüber correspondiren, und diesem die von Lord Hyndford des Schlusses halber erhaltende Nachricht ungesäumt zukommen zu lassen bedacht sein möget. Wornach Ihr Euch also zu achten habt etc.

In der am 7. September zu Pressburg abgehaltenen Conferenz, in welcher beschlossen ward, durch die englische Vermittlung neue Friedensvorschläge an Preussen gelangen zu lassen, war auch vorgeschlagen worden, den eigentlichen Abschluss des Friedensvertrages durch einen in das österreichische Hauptquartier zu entsendenden Diplomaten durchführen zu lassen. Zu diesem Zwecke wurden Fürst Liechtenstein, Graf Uhlefeld oder Graf Colloredo namhaft gemacht.[1]) Doch war am 13. September, vermuthlich um rascher zum Abschluss zu kommen, der Armee-Commandant FM. Graf Neipperg hiezu bevollmächtigt[2]) und ihm, bei ausführlicher Mittheilung der bisher unter englischer Vermittlung stattgefundenen Verhandlungen, bei einer Reihe von Puncten das Abgehen von dem durch Robinson an Lord Hyndford am 8. September gesendeten Vertrags-Entwurfe gestattet worden.

Das österreichischerseits Angebotene umfasste Nieder-Schlesien auf dem rechten Oder-Ufer bis zur Brünnitz und auf dem linken Ufer bis an die Grenze des Fürstenthums Neisse. In der Instruction für Neipperg ward er ermächtigt auch den nördlich des Neisse-Flusses gelegenen Theil des letzteren Fürstenthums zu

---

[1]) H. H. u. St. A. Vorträge, Staatskanzlei, Fasc. 74.

[2]) Die Königin an FM Graf Neipperg, Pressburg, 13. September 1741. H. H u. St. A. Friedens-Acten, Fasc. 23. Concept. In der Vollmacht wird dem Grafen Neipperg das Recht eingeräumt, sich Substituten zu ernennen; die Instruction vom nämlichen Tage spricht sich folgendermassen darüber aus: »Es ist darin die Facultas substituendi zu dem Ende ausgedrückt, damit, wann Ihr es für gut oder nöthig finden solltet, ein Anderer in Sachen gebraucht werden möge. Wozu ich den Generalen Browne den tauglichsten zu sein ermesse, ohne jedoch Euch, wofern erhebliche Bedenken obhanden wären, derenthalben die Hände zu binden. Wären aber deren keine vorhanden, so hättet Ihr mit ihm Alles, was in dieses wichtige Werk einschlägt, jederzeit zu überlegen.«

concedieren mit der Einschränkung: „Dass so viel als die Kriegsregeln mit sich bringen und wenigstens ein Stückschuss jenseits
des Flusses, annoch zur Festung Neisse gezogen, und Meiner Botmässigkeit vorbehalten werde. Da nun solchergestalten derer
Grenzen halber dem König von Preussen Alles, was er selbst
verlangt, eingestanden wird, so ist nicht wohl zu vermuthen, dass
hierbei einige Schwierigkeit sich äusseren werde: zumahl ohnedies
ein gutes Stück von Ober-Schlesien ihm zu Theil wird: als wozu
das Fürstenthum Münsterberg nebst Grottkau bis nach Wansen
von jedermänniglich gerechnet wird. Daher man auch den
Robinson ganz inständig ersucht hat, dem Hyndford zu schreiben,
dass er diesen Bezirk zu retten, annoch einen Versuch thun möge,
doch ohne von darum den Schluss der Handlung aufzuhalten.
Der König von Preussen behaltet ohnedies die festesten Orte:
Breslau, Glogau und Brieg, und hat seines Orts wegen Sicherheit
der Grenzen nichts zu besorgen. Wohingegen wann er aufrichtig
mit Mir sich auszusöhnen gedenkt, Mir von ihm nicht verargt
werden kann, dass gleichfalls auf die Bedeckung dessen, was mir
übrig bleibt, bedacht bin."

Die für alle ihre Länder verlangte Garantie war die Königin
auf die deutschen Erbländer einzuschränken, und von jener für
Italien, den Niederlanden und Ungarn abzusehen bereit. Aber Robinson's Andeutung gegenüber, dass Preussen neutral bleiben wolle, hielt
sie mit Entschiedenheit an jenem Artikel des Friedens-Entwurfes
fest, der 10.000 Mann preussischer Truppen zu ihrer Unterstützung
verlangte. Der 6. Artikel wäre nunmehr so gefasst, wie nach
Robinson's mündlicher Mittheilung, der preussische Minister von
Podewils „es zu verlangen geschienen habe." [1]

„Wofern aber mit allem dem nicht auszulangen wäre, so
wäre die Handlung von darum nicht abzubrechen, sondern dahin
anzutragen, dass die übrigen Artikel unterschrieben und festgesetzt"
und strittige Puncte weiteren Verhandlungen vorbehalten würden.

„Ein mehreres lässt sich zum voraus Euch weder vorschreiben
noch an handgeben. Ihr habt inzwischen vor Allem den Lord
Hyndford zu verständigen, mit der Vollmacht und Instruction, um

---

[1] „S. M. Prussienne s'engage de donner sa voix pour la couronne im-
périale à S. A. R. de Lorraine, Grand-Duc de Toscane."

der Handlung Schluss möglichst zu befördern, versehen zu sein,
und wofern sich ein derzeit nicht vorgesehener Anstand ergäbe,
ihn ungesäumt durch Courier anher zu berichten, im Uebrigen
aber Alles anzuschicken, um dem Königreich Böhmen ehemöglichst
zur Hilfe eilen zu können. Wonebst Ihr zu wissen habt, dass
in der Ungewissheit, wohin sich der Feind wenden möchte, Fürst
Lobkowitz bereits nach Budweis und pro re nata sich Wien zu
nähern beordert worden."

Der Grossherzog von Toscana begleitete diese Instructionen
der Königin an FM. Graf Neipperg mit einem Schreiben aus
Pressburg vom nämlichen Tage: [1]

„Sie werden mit diesem Courier eine Depesche und Plein-
pouvoir erhalten mit Bezug auf den Frieden mit dem König von
Preussen. Sie werden darin sehen, was die Nothlage, in welcher
wir sind, uns zu thun auferlegt und Gott gebe, dass das sich
machen lassen könnte. Sie werden auch daraus sehen, dass Sie
Jemand wie Browne substituiren können, welcher, wie ich glaube,
auch die Sache gut durchführen würde. Also wenn Sie kein Bedenken haben, beauftragen Sie ihn damit. Das was mir das Nothwendigste sein würde, wenn die Sache gut geht, wären die Artikel,
mit welchen er 10.000 Mann zu ihrem Corps geben würde, um
zu handeln (pour agir), wie er es so oft versprochen hat contra
quoscunque und der zweite würde die Stimme für die Kaiserkrone sein; aber nachdem dies mich ganz speciell betrifft, glaube
ich nicht, dass man das Uebrige deshalb aufhalten soll.

Wenn abgeschlossen werden kann, würden wir Ihr Corps
in Böhmen sehr nöthig haben, wo der Kurfürst von Bayern in
den nächsten Tagen einbrechen wird, denn Lobkowitz' Corps musste
getheilt werden, weil wir sichere Nachrichten haben, dass er gleichzeitig auf Wien geht, so dass wir die Infanterie dieses Corps
hierher werfen müssen.

Dies Project ist von Schmettau und man sagt, dass er mit
kommt, was in 4 bis 10 Tagen geschieht. Wir treffen alle erdenklichen Vorkehrungen, damit dieser Platz sich länger halte als man
glaubt: und ich hoffe es.

[1] Gräfl. Neipperg'sches Archiv. Original französisch und eigenhändig.
Das Original ist irrthümlich »13. August« datiert.

Vorgestern hat die Königin hier im Landtage eine schöne
Rede gehalten, damit man zu den Waffen greife und man hat
dies auch sofort beschlossen, so dass wir hier ein „General-Auf-
gebot" haben werden. [1] Gott weiss, ob es nachhaltig wirken wird,
aber ich kann sagen, dass sie gegen die Bayern und Franzosen
wutherfüllt sind.

Die Königin ist auch entschlossen, wenn sie Wien verlassen
muss, mit ihrer ganzen Familie in dies Land zu kommen.

Was ich für das Schwierigste und selbst unmöglich halte,
wird das Geld sein, um diese Truppen zu unterhalten, denn wenn
die Länder verloren gehn, hören die Reventien auf und die Aus-
gaben vermehren sich; ich gestehe, das mich das sehr in Verlegenheit setzt, aber sie werden leben müssen ohne Geld auf
Kosten der Länder.

Da haben Sie den Zustand, in dem wir uns befinden, wenn
durch einen Vergleich mit Preussen wir Böhmen nicht retten
können."

Die militärischen Anordnungen, welche der Commandant der
königlich ungarisch-böhmischen Armee am 11. und 12. September
traf, waren einigermassen durch den Erlass der Königin vom 8.
September (s. p. 277) beeinflusst und gebunden. Für die militärische
Situation an diesem Tage war es entschieden nicht von Vortheil,
dass dem Feldmarschall „Vorsichtigkeit" angerathen und überhaupt ein Erlass seiner Monarchin zugegangen war, der wie dieser
in jeder Zeile die Gewissheit des Friedens mit Preussen athmete.
Ohne den Erhalt dieses Schreibens wäre Graf Neipperg wohl
energischer gegen die bereits übergegangenen preussischen Truppen
vorgegangen. Nur so ist auch die Meldung an den Grossherzog
in seinem Berichte vom 12. September zu verstehen (s. p. 275
Anmerkg. 2), dass er 300 Preussen, wohl Beobachtungs-Posten, am
rechten Neisse-Ufer, unbehelligt gelassen habe. Er wollte offenbar nach Erhalt jenes Schreibens kein Engagement
mehr mit dem Feinde und handelte hierin wohl auch
nach den Intentionen seines Hofes.

---

[1] Es war dies jene berühmte Rede, welche die Königin am 11. September
1741 im Landtage zu Pressburg hielt und welche den ersten Impuls zur Aufstellung der ungarischen Insurrection gab. Vergl Arneth I. pag. 298 u ff.

Am 13. September, um 10 Uhr Morgens, war die preussische
Armee aus ihrem Lager bei Woitz aufgebrochen und nach Gross-
Neundorf marschirt. Da die Vermuthung nahe lag, dass mit diesem
Marsche die Absicht verbunden sein könne, unterhalb der Festung
den Fluss zu passieren, so befehligte FM. Graf Neipperg die
GFWM. Lentulus und Festetics mit den Cürassier-Regimentern
Diemar [1]) und Birkenfeld, [2]) dann den Husaren - Regimentern
Ghilányi, [3]) Károlyi, [4]) 2 Escadronen von den National-Regimentern
Halasz und Kumanier, 4 Grenadier-Compagnien und 1000 Croaten,
am Abend dieses Tages über Bielau, an Neunz vorüber durch
Wischke nach Kaundorf, zur Beobachtung eventueller Brücken-
schlags-Vorbereitungen der Preussen gegenüber Wischke oder bei
Lassoth, abzurücken. Das Detachement traf mit Tagesanbruch bei
Kaundorf ein und lagerte dort. [5])

Am 14. September wurde gemeldet, dass auf dem linken
Flügel der Preussen, an den Hängen gegen die Neisse, Holz gefällt
und ausgearbeitet werde. Als die österreichischen Generale nun
zur Recognoscierung gegen die Neisse ritten, erhielten sie von den
Höhen am linken Ufer Geschützfeuer. Da man immer noch voraussetzte, dass Vorbereitungen zu einem Brückenschlage getroffen
würden, rückten die Croaten und die 4 Grenadier-Compagnien von
Kaundorf nach Wischke, um à portée der Uebergangstelle zu sein;
die Cavallerie nahm bei Kaundorf Stellung.

Inzwischen war auch das Gros der Armee nachgerückt und
bei Neunz in Schlachtordnung aufmarschiert. Auf die bei dem
Dorfe Wischke postirten leichten österreichischen Truppen ward
preussischerseits ein heftiges Kanonenfeuer eröffnet, doch erreichten
die Geschosse deren Aufstellung nicht. [6])

---

[1]) Im Jahre 1801 aufgelöst.

[2]) Im Jahre 1775 aufgelöst.

[3]) Im Jahre 1768 aufgelöst.

[4]) Gegenwärtig Husaren-Regiment Nr. 6.

[5]) K.-A., Lutsch' Tagebuch.

[6]) K.-A., Lutsch' Tagebuch. Der Verfasser desselben berechnet die Entfernung der preussischen Geschütze von den Croaten auf kaum 1000 Klafter
und erwähnt, dass die Geschosse nur bis auf circa 30 Schritt von der Aufstellung der österreichischen Truppen gingen.

Die an diesem Tage in Menge eintreffenden Deserteure berichteten, dass bei der preussischen Armee „grosser Mangel an Lebensmitteln und vornehmlich an Brod" herrsche.

Eine der über die Neisse entsendeten österreichischen Patrouillen von 30 Husaren ward am 16. September von dem preussischen Obristlieutenant Malakowsky mit 300 Uhlanen angegriffen und zurückgeworfen, wobei 4 Husaren in die Hände der Preussen fielen. Nachdem aber der Commandant dieser Patrouille „der Lieutenant Namens Verner (welcher auch den König nach der Mollwitzer Action bei Oppeln gejagt hatte), [1] sich recolligirt, so gieng er mit dem Säbel auf die Feinde los und brachte solche dergestalt in Confusion, dass er unsere Gefangene nicht nur wieder abjagte, sondern auch den Obristlieutenant Malakowsky blessirter nebst 44 feindlichen Uhlanen gefangen bekam." [2]

Am 17. September ward die Besetzung und Beobachtung des rechten Neisse-Ufers durch Husaren, Croaten und Slavonier bis nach Schurgast hinab, angeordnet. Das bei Kaundorf und Wischke aufgestellte Commando liess der Armee-Commandant in das Lager der Armee bei Neunz einrücken und rechts vom Orte vor dem rechten Flügel der Cavallerie lagern. [3]

Während dieser Vorgänge an der Neisse waren in Breslau bereits neue Fäden zu diplomatischen Verhandlungen geknüpft worden.

Lord Hyndford, der bevollmächtigte englische Minister am preussischen Hofe, welcher sich zu Breslau aufhielt, hatte nach Sir Thomas Robinson's erfolgloser schlesischer Reise und nachdem der letztere am 2. September die Landeshauptstadt wieder verlassen hatte, Gelegenheit gefunden „mit einer gewissen Person, in welche der König von Preussen das grösste Vertrauen hat, zu conversieren." [4]

---

[1] Siehe »Actenstücke« I. in »Mittheilungen des Kriegs-Archivs«, N. F. Bd. 1. pag. 209 u. ff.

[2] u. [3] K.-A. Lutsch' Tagebuch.

[4] Diese »gewisse Person« scheint der Gouverneur von Breslau, GLt. v. d. Marwitz, gewesen zu sein. (Carlyle III. Bd. IV. Cap., pag. 396.)

Diese „Person" besass einen Freund in der unmittelbaren Umgebung des Königs. [1])

Im Gespräche kam man auf die politischen Angelegenheiten, und der Ungenannte liess dabei durchblicken, dass Hoffnung vorhanden sei, dass, um den Preis von Nieder-Schlesien, Friedrich II. sich der Königin von Ungarn und Böhmen gegenüber neutral verhalte.

„Die Königin ist so unvernünftig (déraisonnable), und mein Herr ist so weit gegangen, dass ich nichts vorzuschlagen wage;" erklärte jener Vertrauensmann weiter, „oder glauben Sie, dass die Königin noch bewegen werden kann, seine Neutralität zu gewinnen für Nieder-Schlesien mit Breslau?" Der englische Gesandte erklärte hiefür zwar keine Bürgschaft übernehmen zu können, aber er wollte, falls der König von Preussen ihn dazu ermächtige, durch Robinson diesen Vorschlag in Wien machen. Der Ungenannte sagte, er werde seinem Correspondenten im Lager darüber schreiben, obwohl er glaube, dass der König gegenwärtig schon zu sehr anderwärts engagiert sei.

Es vergiengen nun drei bis vier Tage, ohne dass Hyndford Gelegenheit hatte die „gewisse Person" zu sehen, aber am Morgen des 9. September liess diese ihn zu sich bitten. Nach einer langen Auseinandersetzung über die Nothwendigkeit, das strengste Geheimniss in dieser Angelegenheit zu beobachten, zeigte der Unterhändler eine Reihe aufgeschriebener Bedingungen, die er Hyndford dictierte. Dann fügte er hinzu:

„Wenn diese Angelegenheit ohne Ergebniss verliefe oder wenn sie bekannt würde, so würden sowohl der König, mein Herr, und ich selbst läugnen, jemals etwas davon gewusst oder gehört zu haben; dass also, wenn man überhaupt damit zu Ende kommen solle, dies mit dem grössten Geheimniss geschehen müsse und in der in dem Papier beschränkten Zeit."

Hyndford theilte Robinson diese Unterredung mit und sprach die Meinung aus, die übermässige Vorsicht entspringe wohl der Furcht des Königs, dass seine Alliirten etwas davon erführen.

<hr/>

[1]) Hiemit dürfte der Oberst und Adjutant des Königs Friedrich II., Freiherr v. Goltz, gemeint sein.

Ueber die erste Unterredung hatte Hyndford bereits an den englischen Staatssecretär Lord Harrington am 6. September berichtet. [1])

Robinson erhielt zugleich die von dem „Ungenannten" dictierten Forderungen des Königs von Preussen.

Diese lauteten:

„Toute la Basse Silésie. La rivière de Neisse pour limite. La ville de Neisse aussi bien que Glatz. De l'autre côté de l'Oder, les anciens limites entre les duchés de Brieg et d'Oppeln. Namslau à nous. Les affaires de religion in statu quo. Point de dépendance de la Bohême. Cession éternelle.

En échange nous n'irons pas plus loin. Nous assiégerons Neisse pro forma. Le commandant se rendra et sortira. Nous prendrons les quartiers tranquillement, et ils pourront mener leur armée où ils voudront. Que tout cela soit fini en douze jours." [2])

Ob die erste Anregung zu den Verhandlungen in Breslau von preussischer Seite oder von Hyndford ausgegangen, ist nach des letzteren Berichten allerdings nicht klar. Jedenfalls muss der „gewisse Unbekannte" in Breslau instruirt gewesen sein, Pourparlers nicht abzuweisen, wenn er sie auch nicht selbst herbeigeführt hat.

An Ursachen, welche preussischerseits hiezu bestimmend wirken konnten, wäre kein Mangel. Friedrich II. kannte recht gut die Gefahren, welche die Königin Maria Theresia von anderer Seite bedrohten; er wusste, dass er hoffen konnte, aus dieser Nothlage der Königin grosse Vortheile für sich zu gewinnen, und dass er die Geneigtheit in Wien voraussetzen durfte, in Schlesien jedes Opfer zu bringen, um nur endlich freie Hand zu haben, die vorläufig einzige tüchtige Armee, die man besass, zur Rettung Böhmens verwenden zu können. Bei König Friedrich II. bestand zudem der Wunsch, Neisse jedenfalls noch mitzuerwerben. um dann auf Glatz rücken zu können. [3])

Er hatte sich wohl überzeugt, dass, insolange die österreichische Armee ihm gegenüberstand, der Besitz dieser Festung stets

[1]) Der Brief ist abgedruckt bei Carlyle. III. Bd., IV. Cap. pag. 393.

[2]) H. H. u. St. A Traduction de la lettre de Mylord Hyndford à Mr. Robinson. Breslau le 9. Septembre 1741. — Die Bedingungen auch abgedruckt in »Polit. Correspondenz« I. pag 336, Anmerkung 1.

[3]) »Polit. Correspondenz« I. Nr. 495.

von dem ungewissen und gefährlichen Wagniss einer Schlacht
abhängen werde.[1]) Die Jahreszeit war schon vorgerückt, seine
Armee lange im Felde, seine Alliirten weit und in ihren Operationen
langsam. Schmettau's Berichte, der im Heerlager des Kurfürsten
von Bayern weilte, mögen wohl genügende Aufklärung über die
dortigen Zustände gebracht haben.

Eine verlorene Schlacht entschied voraussichtlich über den
Besitz Schlesiens. Durch Verhandlungen, die in seltener Weise
durch die Gunst der Umstände unterstützt wurden, die österreichische Armee aus Schlesien hinauszuschaffen, Neisse ohne
langwierige Belagerung in Besitz zu nehmen, schien ein Preis,
der diplomatischen Kunst jener Tage werth. Dass die englische
Vermittlung Alles thun werde, um die Nachgiebigkeit des Wiener
Cabinets gegen Preussen zu erreichen, wusste König Friedrich II.
genau. Handelte es sich für England doch darum, Preussen, wenn
möglich, von Frankreich zu trennen.

Am 11. September erhielt Hyndford in Breslau den österreichischen Entwurf vom 8. mit einem Schreiben Robinson's.[2])
Sogleich ersuchte er den preussischen Minister Podewils ihm eine
Audienz zu verschaffen. Doch lehnte dieser mit Hinweis auf einen
Befehl des Königs ab. Hyndford blieb nichts anders übrig als
einen eigenen Boten mit den österreichischen Vorschlägen in das
preussische Lager zu senden und dem König mitzutheilen, dass
er zum Abschluss der Präliminarien ermächtigt sei.[3])

Der Courier traf am 13. September Früh bei Woitz ein, als
der König mit seinen Truppen im Abmarsch begriffen war. Auch
der französische Gesandte Marquis Valori befand sich in der Suite
des Monarchen.[4]) König Friedrich II., nachdem er die Depesche

---

[1]) »Dieweil der Feind sich auf die Höhen vor Neisse gezogen, so ver-
muthete man gänzlich, dass es diesem Ort gelten werde, allein bis dato ist
noch Alles ganz ruhig, zumal es auch so leicht nicht wäre, diese Stadt einzu-
nehmen, indem erstlich das Wasser im Angesicht unserer Armee müsste
passirt werden; zu einer Bataille hingegen scheint es, dass der Feind ebenso
wenig Lust habe, als wir.« GFWM. Baron Lentulus an FM. Graf Seckendorf,
Neunz, 19. September 1741. (K.-A. Schlesien 1741; Fasc. XIII, 12 y. Original.)

[2]) Abgedruckt bei Carlyle, Bd. III, Cap. IV, pag. 393.

[3]) Unzer, »Die Convention von Klein-Schnellendorf«, pag. 24.

[4]) »Polit. Correspondenz« I, Nr. 502.

gelesen, rief Valori zu sich und sagte: „Tenez, monsieur de Valori, lisez cela; je crois que ces gens deviennent fous." [1])

Die Antwort des Königs an Hyndford bezeichnete das ihm übermittelte Allianz-Project als chimärisch.

Der Gesandte möge dem Wiener Hofe antworten, der Kurfürst von Bayern werde Kaiser und die Verbindungen des Königs mit Frankreich und Bayern seien so feierlich und unlöslich, dass er nie diese treuen Alliirten verlassen werde, um in Verbindung mit einem Hofe zu treten, der niemals anders als unversöhnlich gegen ihn sein könne und werde. Man möge ihn mit ähnlichen Anträgen verschonen. [2])

Ob diese Ablehnung nur als ein politisches Manöver dem französischen Gesandten gegenüber oder als mehr aufzufassen sei, ist nicht wohl bestimmbar; die weitern Ereignisse sprechen für die erstere Annahme.

Ueber die militärische Situation gegen Mitte September äussert sich der Armee-Commandant in einem ausführlichen Berichte an seine Monarchin:

48. FM. Graf Neipperg an die Königin.[3])

Neunz bei Neisse, 14. September 1741.

E. k. M. Allergnädigstes Handschreiben vom 8. d. M. aus Pressburg hat der an mich eigens anher abgefertigte Courier mir richtig zu Handen gestellt, und sobald der Lord Hyndford nach Allerhöchst Deroselben Anleitung von dem Schluss des Friedens mit Preussen mir die Nachricht zusenden wird, so können E. k. M. mit gänzlicher Zuverlässigkeit allergnädigst sich persuadiren, dass sogleich mit der Allermildest mir anvertrauten Armee in Böhmen, um den kurbayrischen und französischen Unternehmungen nach aller Möglichkeit Widerstand zu thun, einrücken, auch dem Fürsten von Lobkowitz die von dem Lord Hyndford des Schlusses halber erhaltende Nachricht ungesäumt zukommen zu lassen, und alles übrige, so E. k. M. in ob accusirtem Dero Allerhöchstem könig-

---

[1]) Broglie »Frédéric II et Marie Thérése«, II, pag 82.
[2]) Aus dem Lager an der Neisse, 14. September 1741. »Polit. Corresp.« I. Nr. 503.
[3]) Gräfl. Neipperg'sches Archiv. Concept.

lichen Handschreiben mir anzubefehlen geruhen, nach dem Buch-
staben zu erfüllen, über alles besorgt sein werde, wie mich dann
allbereits hierüber mit dem Grafen von Kaiserstein, welcher als
General-Landes-Kriegs-Commissarius von Seite des Königreiches
Böhmen zur Versorgung hiesiger Armee bei mir sich befindet,
anvertraut, und vorläufig mit ihm mich vernommen, wie bei allenfalls vor sich gehendem Marsche der Armee nach Böhmen zu
vorbesagtem Ende das Versorgungswesen einzuleiten, wiewohl
aus dem fortwährigen Thun und Lassen des
Königs von Preussen nicht abzunehmen, dass
er einigen Friedenspropositionen von Seite
E. k. M. allein mehr Gehör geben werde, vielmehr aber fast zu schliessen, dass selbiger
etwa bereits mit den kurbayerischen und
französischen Höfen dergestalt sich gesetzt
haben möchte, dass sehr schwer, wo nicht unmöglich fallen werde, ihn davon abzuziehen.

E. k. M. geruhen aber mir nicht ungnädig zu nehmen, dass
Sachen einfliessen lasse, die in meine Sphäram nicht einschlagen,
nichtsdestoweniger hingegen vollkommen darauf Allergnädigst zu
rechnen, dass insolang man von dem Erfolg des Friedens mit
Preussen nicht vollständig sicher ist, und auch ohne solchen, an
aller möglichsten Vorsichtigkeit, so zu Deroselben Allerhöchsten
Dienst gereichen, oder erforderlich sein möchte, nichts erwinden
lassen werde; und obschon der König von Preussen in seinem
letzten Marsche mit der Armee herunterwärts an die Neisse
mehrerer Proximität halber um etliche Stunden mir zuvorge-
kommen, auch wirklich bereits über diesen Fluss zwischen Ottmachau und der Stadt Neisse zwei Brücken schlagen und 5 bis
6000 Mann darüber auf diese Seite defiliren lassen, so haben
doch selbige auf meine Annäherung sich wieder zurück- und
hinübergezogen, auch die Brücken wieder hinter sich abgetragen,
und den Marsch mit der ganzen Armee auf eine Anhöhe um die
Stadt Neisse genommen, sofort unterhalb derselben auf einer
ebenmässigen Anhöhe an dem Neissefluss sich gesetzt, also zwar,
dass, da auch ich mit E. k. M. Armee auf dieser Seite der Neisse
nachgerückt, beide Armeen nunmehr einander gegenüberstehen,
und nichts als den Neissefluss zwischen ihnen haben. Die Passage

des Neisseflusses will zwar der feindlichen Armee, solange allhier
und in der Gegend der Stadt Neisse stehe, auch daselbst der
beschwerlichen und aus Mähren und Böhmen entsendeten Beifuhr,
da es auch an Pferden dazu in Schlesien wegen des hin- und
wieder von dem Feind weggenommenen und ruinirten Zugviehs
hauptsächlich ermangelt, der Subsistenz für Mann und Pferd
willen, stehen bleiben kann, beschwerlich genug machen, ob es
aber mit der Zeit, falls der König von Preussen absolut darauf
bestehen und es mit Finessen wie im Krieg zu geschehen pflegt,
es sei ober- oder unterhalb weit oder nahe meiner Lager [? schwer
lesbar] endlich ins Werk zu richten suchen sollte, gänzlich werde
verhindern können, ohne in eine allgemeine Affaire mit ihm zu
gerathen, ist eine Sache, die nicht wohl zum Voraus melden,
wohl aber unterdessen kräftigst versichern kann, dass wo es
allenfalls dazu komme, alles dasjenige dabei thun und vorkehren
werde, so E. k. M. Allerhöchster Dienst und Interesse nur immer
erfordern, und meine geringe Experienz und Einsicht beitragen
mag, nur wünschend, dass Gott der Allmächtige hierin E. k. M.
allergerechte Sache mit seiner Gnade und Beistand segnen, auch
meinen so inbrünstigen Wunsch in vollem Maasse erfüllen wolle.

Nur eines habe schliesslich E. k. M. hiebei noch allerunterthänigst vorzutragen, und darüber Allerhöchst Deroselben Willens-
meinung und Allergnädigste Befehle zu meiner Direction mir
auszubitten, dass, wann allenfalls der König von Preussen seinen
gefassten Vorsatz, den Neissefluss zu passiren, fallen lassen und
zu dem schreiten sollte, die Stadt Neisse von der anderen Seite
förmlich zu bombardiren, alles darin zu verheeren und den Ort
in die Asche zu legen, wie er es mit der Menge seiner Artillerie,
ohne dass ich ihm von dieser Seite daran zu verhindern vermag,
gar wohl thun kann, ob in solchem Fall mit der Armee einen
Zuseher abgeben und mich allein, ihn von Zeit zu Zeit in Ansehung der Garnison zu verstärken, mich begnügen, oder von
dannen mich zurückzuziehen, und dem Feinde hierin freie Hände
lassen, oder aber die Neisse passiren und auf ihn coûte qu'il
coûte losgehen solle. Dasjenige von diesen dreien, so E. k. M. für
Dero Allerhöchsten Dienst und Interesse das Auslänglichste zu
sein erkennen und mir zur Richtschnur anbefehlen dürften, soll
von mir auf das genaueste und nach Maass es die Umstände

gestatten, erfüllt werden. Wählen E. k. M. das letztere, um
welches mich absonderlich anfrage, weil E. k. M. in ob accusirtem
Dero Allergnädigstem Handschreiben alle Vorsichtigkeit mir anbefohlen, und ich bin glücklich, so Gott gebe, so würden Allerhöchst Dieselbe zwar wohl eine Zeit lang über hierländige Beschaffenheit, falls anders der König von Preussen seine bei Göttin
oder Magdeburg stehende Armee, die noch dermalen von Niemandem
angefochten wird, nicht auch herbeiziehen sollte, sich beruhigen
können; wäre ich aber unglücklich, wie man nicht vorsehen kann,
nachdem die feindliche Armee noch wenigstens 30.000 Mann, die
mir untergebene, hingegen an regulirten deutschen Truppen kaum
20.000 Mann stark, mithin zwischen beiden die Proportion nicht
gleich ist, so werden E. k. M. die missliche Folge, so hieraus bei
einem erfolgenden Unglücksfall erwachsen könnte, und wo Kron
und Scepter daran liegt, Dero Allerhöchsten Orts von selbst
leichtlich erkennen, absonderlich da E. k. Majestät nunmehr mit
diesem Feind nicht allein, sondern auch mit Kurbayern und der
Krone Frankreich selbst zu thun, dahingegen aber auf Dero
Alliirte, insolange der Frieden mit Preussen nicht hergestellt, vermuthlich wenig zu rechnen haben. Ich bitte aber alleruntertänigst
mir die hierunter genommene Freiheit, die einzig und allein aus
der für E. k. M. Allerhöchsten Dienst und Interesse liegenden
wahren Treue und Eifer entspringt, nicht ungnädig zu deuten,
sondern es als ein pures Merkmal meiner heftigen Begierde zu
Allerhöchst Deroselben Vortheil anzusehen. Obige drei Sachen
aber sind von solcher Beschaffenheit, dass mir je eher je besser,
und ohne deswegen eine Zeit zu verlieren, eine ausführliche und
standhafte Antwort von E. k. M. zu meiner Richtschnur erforderlich ist.

Sollte hingegen der König von Preussen, ehe und bevor
E. k. M. Allergnädigste Antwort mir einlangt, die Neisse passiren,
um die Stadt Neisse zu investiren und förmlich zu attaquiren,
oder in ein anderes Land sich zu begeben, so müsste alsdann zur
Ehre E. k. M. Waffen schon die Partie nehmen, mich nach
Bewandnis der Sache entweder angreifen zu lassen, oder ihn
selbst anzugreifen, womit sich dann meine obigen Fragen von
selbst aufheben etc.

Ein Schreiben vom nämlichen Tage an den Grossherzog begleitete diesen Bericht des Armee-Commandanten, worin er mittheilt, dass er den, ihm durch Courier übermittelten Brief der Kaiserin-Mutter Elisabeth für den bei der preussischen Armee befindlichen Prinzen Ferdinand von Braunschweig, durch einen Trompeter in das preussische Lager geschickt habe und nun die durch diesen zurückgebrachten Antwortschreiben übersende. „Das eine sei durch den Prinzen dem Trompeter öffentlich übergeben worden, das andere im Geheimen, um es in meine Hände zu legen, ohne dass Jemand davon etwas erfahre." [1]) Der Marschall meldet ferner, dass, wie er aus guter Quelle benachrichtigt worden, der König von Preussen gesagt haben sollte, Neipperg werde in kurzer Zeit genöthigt sein, Wien zu retten, dann könne er nach Belieben schalten.

Man spräche auch in der preussischen Armee seit 14 Tagen nur von den Winterquartieren, die, nach ihrem Vorgeben, in Mähren oder Böhmen genommen werden sollten. Valori sei bei dem Könige seit zwei Wochen, [2]) während die übrigen Gesandten sich in Breslau befänden. Er werde sehr bedauert, da ihm auf dem Marsche von Reichenbach an die Neisse seine ganze Equipage durch die österreichischen Husaren abgefangen worden sei. [3])

Die am 9. September von Lord Hyndford an den englischen Gesandten Robinson in Wien eingesendeten und dem Wiener Hofe mitgetheilten preussischen Forderungen (s. p. 285) hatten schon

[1]) Die Mutter der Königin Maria Theresia, Kaiserin Elisabeth, hatte sich am 11. September in einem eigenhändigen Schreiben an ihren Neffen, den als Volontär im preussischen Lager befindlichen Prinzen Ferdinand von Braunschweig gewendet, um sich seiner Mitwirkung zur Wiederherstellung guter Beziehungen zwischen Oesterreich und Preussen zu versichern. Der Brief ist abgedruckt in Arneth: »Maria Theresia« I, pag. 397 u. 398 und in: »Histoire de mon temps« (Red. v. 1746) pag. 235 (Varianten pag. 453); die officielle Antwort, von König Friedrich II. selbst concipiert, bei Arneth a. a. O. Vergl. auch »Polit. Correspondenz« I, pag. 333. Die »en cachette« gegebene zweite Antwort konnte bisher nicht aufgefunden werden.

[2]) »C'est où [à Reichenbach] je le joignis [le roi] pour ne le plus quitter du reste de la campagne. Valori »Mémoires« I, pag. 123.

[3]) K.-A. Schlesien 1741; Fasc. IX, 21 und ad 21. Original französisch und eigenhändig.

am 14. September ein Schreiben Maria Theresia's an den Armee-Commandanten in Schlesien zur Folge:

49. Die Königin an FM. Graf Neipperg.[1])

Pressburg, 14. September 1741.

Seit Meinem Handschreiben vom 13. ist Mir die Nachricht zugekommen, dass wenige Hoffnung übrig sei, den König von Preussen, auch mit Abgab von ganz Nieder-Schlesien, zur Neutralität, geschweige zur Hilfsleistung zu vermögen, sondern derselbe vielmehr seine Verlangen von Tag zu Tag erhöhe, und nun sogar auf die Abtretung der Stadt Neisse, als Glatz dringe.

Sollte dessen ungehindert mit dem in obigem Handschreiben enthaltenem Antrag auszulangen sein, so wäre kein Augenblick damit zu säumen. Ich habe Euch inzwischen diese Umstände zu Eurer Direction und dem Ende zu wissen thun wollen, damit Ihr desto mehr in Ansehung des Königs von Preussen auf Eurer Huth seiet. Theile Euch auch zufolge des gnädigst in Euch gesetzten Vertrauens abschriftlich mit, was um das Universum zu retten, in diesen äusserst andringenden Umständen, und wo von keinem Meiner Bundesgenossen einige Hilfe anzuhoffen ist, an Grafen von Traun erlasse.[2])

Sollte Euch nun etwas Mehrers beifallen, was der so grossen Noth zu steuern weiters diensam sein möchte, so hättet Mir Ihr es ungesäumt anhand zu geben, je und allezeit aber den Inhalt gegenwärtigen Handschreibens, und dessen Beilage höchst geheim zu halten. etc.

Am 15. September, als eben die Post abgehen sollte, erhielt FM. Graf Neipperg die Depesche der Königin und das Schreiben

---

[1]) H. H. u. St. A. Friedens-Acten, Fasc. 23.

[2]) Der commandirende General im österreichischen Italien, FM. Graf Traun, erhielt Befehl, die drei Hayducken-Regimenter, welche sich unterwegs durch Nachschübe aus Ungarn auf 3000 Mann jedes verstärken sollten, weiter vier Infanterie-Regimenter, dann das Dragoner-Regiment Sachsen-Gotha (gegenwärtig Uhlanen-Regiment Nr. 8) und ein Husaren-Regiment, im Ganzen circa 18,000 Mann durch Tyrol gegen Bayern in Bewegung zu setzen, während 12,000 Mann in Italien bleiben sollten. (Instruction an Graf Traun, ddto. Pressburg, 14. September 1741. Gräfl. Neipperg'sches Archiv.)

des Grossherzogs vom 13. Er bestätigte dem Letzteren den
Empfang beider Schriftstücke, [1]) und fügte noch an, dass beide
Armeen sich immer noch an den Ufern der Neisse einander
gegenüberständen und dass bei Schurgast, am untern Laufe der
Neisse, ein österreichischer Husaren-Posten zurückgedrängt und der
Ort von den Preussen besetzt worden sei.[2])

Jenem Schreiben der Königin vom 13. September folgten
nun neue Weisungen mit Bezug auf die mitgetheilten preussischen
Forderungen.

50. Die Königin an FM. Graf Neipperg. [3])

Pressburg, 15. September 1741.

Gleich nach Abgang meines letzteren Handschreibens an
Euch kam dem Robinson ein Courier vom Lord Hyndford zu. —
Worauf jener die kurze sub num. 1° hierbei kommende Schrift
übergab, so von einem Vertrauten des Königs von Preussen
herrühren und dessen Ultimatum in sich enthalten, nach des
Robinsons mündlicher Anzeige aber ihm Hyndford zugestellt
worden sein solle. [4])

Die dabei fürwaltenden Betrachtungen fallen von selbst in
die Augen. Nachdem aber die Sachen so weit gekommen sind,
als leider mehr denn zu viel vor Augen liegt, so ist letztlich für
gut befunden worden, gedachtem Robinson die Schrift sub num. 2°
zu behändigen. [5]) Ihr ersehet daraus, wie weit man sogar von
jenem, was Euch letztens überschrieben worden, abgegangen sei;
in der That darin bestehend, dass allein, um sich des Euch angewiesenen Corps bedienen zu können, und des Friedens von
Preussen gesichert zu sein, Ihr zu der nämlichen Cession, als
man sonsten gegen der wirklichen Hilfsleistung und kur-branden-
burgischen Wahlstimme eingestehen wollte, begewaltigt werdet.

[1]) K.-A. Schlesien 1741; Fasc. IX, 25. Original französisch und eigenhändig.

[2]) »Es ging die Nachricht ein, dass der Feind mit 350 Mann von dem
neuen Münchhausen'schen Regiment in Michelau, nicht weniger zu Schurgast
diesseits der Neisse Posto gefasst habe.« (K.-A. Lutsch' Tagebuch.)

[3]) H. H. u. St. A. Friedens-Acten. Fasc. 23. Concept von Bartenstein.

[4]) Brief Hyndford's vom 9. September an Robinson und die preussischerseits mitgetheilten Bedingungen. (Vergl. pag. 285 und ebendort Anmerkung 2.)

[5]) Siehe das weiter unten folgende Project.

In den übrigen Puncten hat es bei dem vorhin Euch zugesandten Conventions-Project zu verbleiben, Ihr aber in den dahin einschlagenden Artikeln Euch nach der Erklärung sub num. 2° zu richten.

Projet de la réponse à donner à Mr. de Robinson. [1]

Pressbourg, 15. Septembre 1741.

Avant que de recevoir le courier du Comte de Hyndford, on avoit expedié un au Comte de Neipperg avec un plein pouvoir et des instructions par rapport du projet de convention sur ce qu'il pourroit en relâcher, point par point, et qu'il eut à en informer d'abord par un exprès le Comte de Hyndford, pour en cas qu'il y eut moyen d'entrer en négociation, lui Comte de Neipperg pût traiter ou en personne, ou par substitut.

Cependant sans attendre la réponse, on ne hésite pas d'accorder tous les points enoncés dans le papier qui a été remis ici en dernier lieu, c'est à dire toute la Silésie Basse jusqu'à la rivière de Neiss, que la Reine est prête de lui céder éternellement et sans aucune dépendance du Royaume de Bohême; sans demander de S. M. le Roi de Prusse, que son amitié, et une paix et réconciliation solide avec lui. En conséquence de quoi S. M. la Reine espère, que comme il n'a jamais été question des places de Neisse et Glatz, et comme suivant le dernier projet de convention on lui cède même une partie de la Silésie supérieure, et en quelque façon plus, qu'il n'avoit demandé, le Roi de Prusse voudra d'autant moins y insister, que ses frontières sont si bien garnies, et ses forces telles, que sa sûreté est plus qu'abondamment affermie, et qu'au contraire il est de sa propre gloire et intérêt, selon les sentimens généreux, déclarés ci-devant en faveur de la Reine, que les limites de cette souveraine ne restent pas entièrement dépourvus, et qu'Elle ne soit rendue par là inutile au bien public.

Am Rande des Concepts ist eigenhändig von der Königin bemerkt:

„Placet il faudroit pourtant insensiblement l'obliger ou le faire promettre quelque chose pour sa voix.“

------

[1] H. H. u. St. A. Concept von Bartenstein.

Der Ausfertigung des obigen Schreibens an Graf Neipperg fügte die Königin eigenhändig noch Folgendes bei:

„Ich empfehle Ihnen dringend dieses Einvernehmen zu den angegebenen Bedingungen zu beschleunigen, um die Armee alsbald in Böhmen zu haben, und wenn Sie Hoffnung haben, mindestens einstweilen an Lobkowitz die Regimenter zu Hilfe zu senden, denn wenn sie nicht ankommen, um die Truppen an den Grenzen aufzuhalten, sind alle meine Pläne und das Opfer, das ich bringe, vergeblich." [1])

51. FM. Graf Neipperg an die Königin.[2])

Neunz, 17. September 1741.

Auf E. k. M. durch den letzten Courier an mich erlassenes Allergnädigstes Handschreiben vom 13. d., und zu Allerunterthänigster Befolgung Allerhöchst Deroselben darin enthaltenen Willensmeinung habe allsogleich dem Lord Hyndford von dem, so E. k. M. Allermildest mir zu committiren und zu übertragen geruht, Nachricht gegeben, wie es die abschriftlich hiebei verwahrte Anlage des mehreren bezeugen wird.[3]) Da nun, um ihm Lord Hyndford dieses mein Schreiben richtig und fördersamst zu Handen gelangen zu machen, nicht gleich einen anständigen Weg wusste, angesehen zwar wohl ein vertrauter Mann vorhanden, der sonst die Nachrichten aus Breslau überbringt, dieser hingegen derzeit nicht an der Stelle ist, und hiernächst auch bei jetzmaliger Bewandnis der feindlichen Situation einen sehr grossen Umweg nach Breslau. welchen die Andringlichkeit dieser wichtigen Sache, meines geringen Erachtens, nicht leiden dürfte, zu machen hätte,

---

[1]) Das Post-Scriptum nach einem Extract im gräflich Neipperg'schen Archive.

[2]) H. H. u St. A. Friedens Acten. Fasc. 23. Original. Präsentiert: 19. September 1741 »per cursorem« von Sinzendorff's Hand.

[3]) »J'ai l'honneur de Vous donner part, comme ma cour me l'ordonne. avoir reçu hier les instructions et pleinpouvoirs en cas que l'on parvienne à un accomodement avec S. M. le roi de Prusse selon le dernier projet daté de Pressbourg le 8me de ce mois. que vous aurez reçu de Mr de Robinson sans doute. Je sais que Vous y êtes préliminairement autorisé, et ne me donne l'honneur de Vous écrire ces mots que pour Vous informer de ce que j'ai en main, et profiter de cette occasion pour Vous assûrer. qu'on ne sauroit être« etc. FM Graf Neipperg an Lord Hyndford. ddto. Neunz, 16. September 1741. (H. H. u. St. A. Friedens-Acten. Fasc. 23 Abschrift.)

so habe das Auslänglichste zu sein ermessen, vorgedacht mein Schreiben an den Lord Hyndford, dem königlich preussischen GFM. Grafen Schwerin, der mir bereits in derlei Vorfällen seine Willführigkeit durch verschiedene Proben zu erkennen gegeben, beizuschliessen, und ihm nach dem Enthalt der zweiten abschriftlichen Anlage um dessen richtige Besorgung zu ersuchen.[1]

Was derselbe nun hierauf mir für eine Versicherung gibt, enthält der Eingang des an mich erlassenen und gleichfalls copialiter angebogenen Antwort-Schreibens;[2] dass also zu hoffen, es werde

[1] »Ich sende gegenwärtigen Trompeter mit Briefen an den Lord Hyndford, an E. E. ab. Erlauben nun S. K. M. von Preussen, dero allergnädigster Herr, dass ihm Lord Hyndford, falls er nicht bei der Armee, sondern zu Breslau, sothane Briefe alldahin überbracht werden dürfen, so bitte selbige durch obbesagten Trompeter, oder durch andere Wege gefälligst alldahin sicher gelangen machen zu wollen. Wogegen versichere« etc. FM. Graf Neipperg an FM. Graf Schwerin, ddto. Neunz. 16. September 1741. (H. H. u. St. A. Friedens-Acten, Fasc. 23. Concept.)

[2] »Neudorf [Gross-Neundorf?], 17. September 1741. E. E. hochgeehrtes Schreiben vom gestrigen Dato nebst der Einlage an den Lord Hyndford habe ich wohl erhalten, und letzteres sogleich gehörig besorgt.

Was E. E. in dero letztern wegen der zurückgebliebenen Prisonniers erwähnt, so habe ich die Ehre, E. E. zu versichern, wie S. K. M., Mein Allergnädigster Herr, recht sehr verwundert sind, dass der Commandant in Stettin einige von dero gefangenen Officiers zurückbehalten habe, ohne die Ursache davon zu melden. Indessen ist deshalb eine geschärfte Ordre an ihn ergangen, und befohlen, selbige sogleich mit Extra-Post auf S. K. M. Kosten anher zu senden, damit sie gegen den 1. künftigen Monats unfehlbar hier sein können. Dagegen aber hoffen S. K. M., Mein Allergnädigster Herr, auch, dass E. E. dahin zu sorgen geruhen werden, dass der Obristlieutenant von Reisewitz künftigen 1 October unfehlbar werde ausgewechselt werden.

Endlich kann ich auch nicht umhin zu berühren, wie der Capitain Torneri, welcher letztens unsere Gefangenen von Weidenau nach Grottkau escortirt hat, sich ganz unerlaubter Redensarten und Expressionen, als brandenburgische Canaillen, lutherische Hunde und dergleichen, wider erwähnte Gefangene bedient habe. Dannenhero E. E. geruhen werden, gedachten Capitain Torneri solche Conduite zu verweisen, indem dergleichen Expressiones nicht allein an sich unbillig, sondern auch schnurstracks wieder das Cartel laufen« etc.

»PS. S. M. le roi, mon maitre, a donné des ordres si sévères d'en bien user en toute occasion envers vos prisonniers, que j'espère que personne aura à l'avenir sujet de se plaindre avec la moindre justice.« FM. Graf Schwerin an FM. Graf Neipperg. (H. H. u. St. A. Friedens-Acten, Fasc. 23. Original. Ausserdem liegt dem Berichte noch eine Abschrift dieses Briefes bei. Der Zusatz eigenhändig.)

wiederholt mein Brief, wann anderst solcher durch den König von
Preussen, der ihn nach seiner Gewohnheit unfehlbar eröffnet haben
dürfte, nicht zurückgehalten worden, und daher, ohne Allerunterthänigster Massgab jedoch, gut wäre, den Lord Hyndford durch
andere gesicherte Wege von dort aus dessen zu verständigen,
jetzo gleich gedachtem Lord Hyndford sicher zu Handen gelangen,
und von demselben sofort das weitere darauf zu erwarten sein.
Unterdessen sollte einem der übrige Inhalt des oballegirt
Schwerin'schen Antwort-Schreibens, wofern es nicht eine verstellte
Sache, fast glauben machen, dass der König von Preussen nichts
weniger, als an die Schliessung einigen Friedens denke, zumal
derselbe darin unter anderen von der Auswechslung beidseitiger
Gefangener auf den 1. October nach dem Fuss des errichteten
Cartels, worin zu Anfang jedweden Monats sothane Auswechslung
einbedungen, Meldung thun lässt, auch mehrmals den Reisewitz
anverlangt, um welchen er bereits verschiedentlich schrift- und
mündlich, wie es dem Hof-Kriegs-Rath allschon wiederholt vorgestellt, Erinnerung gethan, und selbigen vor einen seinigen
Officier und Obristlieutenant ausgiebt, desswegen auch, dass man
solchen nicht ausliefert, sehr piquirt zu sein scheint, andurch aber,
wofern, wie gesagt, nicht eine Verstellung unterwaltet, zu erkennen
gibt, dass er von Schliessung einigen Friedens noch sehr weit
entfernt sei; absonderlich, da er auch seine schwere Artillerie aus
Brieg, vermuthlich um Neisse willen, herbeibringen lässt, und
davon von daher schon sieben Halb-Karthaunen und sieben Mörser
in seinem Lager angekommen sein sollen. Wenn es nun wirklich
diese Bewandniss anmit hätte, und des Königs von Preussen
Verbindlichkeiten mit den kur-bayerisch- und französischen Höfen
etwa so gestaltet wären, dass er sich nicht mehr füglich davon
abziehen könnte, oder wollte, sofort mich allhier mit dem meinem
Commando Allergnädigst anvertrauten Kriegs-Corps nur zu amusiren
suchte, und unterdessen seinen Bundesgenossen Platz gebe, in
ihren widerrechtlichen Absichten und Anschlägen desto füglicher
zu reussiren, ich hingegen bei so beschaffener Sache mit obbe-
sagtem Kriegs-Corps, nicht aus Mangel derer Materialien, sondern
wegen Beschwerlichkeit der Zufuhr, und meiner Entfernung von
den Glazischen und Böhmischen Grenzen, woher den Unterhalt
für das Corps an Mann und Pferden, wie bereits E. k. M. letztens

allerunterthänigst bekannt zu machen, mich erkühnt, unmittelbar
zu holen habe, mit der erforderlichen Subsistenz nicht aufkommen
könnte, sondern daran natürlicherweise wegen Abgang der Fuhren,
und entsetzlich üblen Wegen, da ich anjetzo mit keinen Magazinen
in loco versehen, sondern von Tag zu Tag leben muss, nothleiden
müsste; als will E. k. M. durch dieses mein Allerunterthänigstes
Schreiben allerangelegentlichst gebeten haben, über die — in
meinem — unterm 15. (14.?) dieses durch den zurückspedirten
Courier erlassenen Antwort-Schreiben enthaltene Anstände und
Anfragen je eher je besser Dero Allergnädigste Willens-Meinung
mir zur Nachricht und Direction zu eröffnen, welches meines
Allerunterthänigsten Dafürhaltens um so pressanter sein will, als
dieses Kriegs-Corps von allen E. k. M. Truppen, mit Einschluss
derer in Italien, worin Allerhöchstdieselbe Ihre meiste und beste
Infanterie haben, doch dermalen dasjenige ist, welches bei diesen
misslichen Umständen die mehreste Attention verdient, und daher
unumgänglich in gut und aufrechtem Stand zu erhalten wäre. Ich
stelle diese erhebliche Beschaffenheit schliesslich nochmahlen zu
allermildester Beherzigung etc.

P. S. Der Trompeter, wordurch dem FM. Grafen Schwerin
meinen, an den Lord Hyndford erlassenen Brief zugesendet, und der
solchen, meinem Antrag nach, jetzt besagtem Lord Hyndford selbst
hätte überbringen sollen, ist aus dem feindlichen Lager wieder
zurück anher spedirt worden, also dass es hierinfalls auf die
Besorgung dieses Briefes, so der Schwerin in seiner Antwort versichert, ankommt etc.

Den Bericht an die Königin begleitete noch ein eigenhändiges
Schreiben des FM. Grafen Neipperg von demselben Tage an den
Grossherzog, worin er erklärt, Alles, was er mit Rücksicht auf
die erhaltenen Instructionen vom 13. September inzwischen habe
thun können, sei, dass er Lord Hyndford in der in dem Berichte
an die Königin geschilderten Weise davon informirt habe. Er
selbst glaube nicht, dass man mit dem Könige von Preussen übereinkommen werde, wenn man selbst alles Angebotene opfere, da
Frankreich und Bayern ihm gewiss die günstigsten Anerbieten
gemacht hätten. Er berief sich auf den Eindruck, den ihm der
Brief Schwerins und die übrigen preussischerseits getroffenen Dis-

positionen gemacht, es sei denn, dass Alles nur geschehen sei,
um Frankreich und Bayern zu täuschen.

Der König von Preussen habe auch am 15., „um seine
Truppen zur Geduld zu ermuthigen, ihnen gute Winterquartiere
entweder in Böhmen oder Mähren, unter Beihilfe der Franzosen
und Bayern, welche demnächst dort als Feinde der Königin
erscheinen würden, versprochen." Der Feldmarschall fügt hinzu
„wenn Alles das, was er dem Grossherzoge auseinandersetze, der
Königin heute berichte und was der Brief des Marschalls Schwerin
zeige, nicht eine Finte sei, werde ohne ein Gotteswunder, im Laufe
von drei Monaten Ober- und Nieder-Oesterreich, Böhmen, Mähren
und ganz Schlesien unfehlbar verloren gehen, und in diesem Falle,
wenn man sich nicht auf ein Zurückgreifen des Königs von
Preussen auf die am 8. September beschlossenen Bedingungen
mehr schmeicheln könne, möge der Grossherzog alle Truppen vereinigen und sich an deren Spitze stellen, um so gut als möglich
Wien zu sichern."

Neipperg fügt hinzu, er möchte wünschen, dass alle seine
Befürchtungen eitel wären und dass der König von Preussen auf
die gegebenen Bedingungen eingehe, aber man möge Lord Hyndford direct oder indirect drängen, was er selbst nicht thun könne,
da die Preussen keinen Courier nach Breslau durchliessen.
Uebrigens fürchte er auch noch, dass „Hyndford sich hinhalten
lasse (ne se laisse mener)" und die Preussen nur Zeit zu gewinnen
suchten, um den übrigen Gegnern der Königin das Spiel leichter
zu machen.

Nach allen Vorbereitungen wollen sie an Neisse „um dann
weiter zu gehn und mitzuwirken den Todesstoss zu
geben."

Er habe in der Krise, in der man sich befinde, die Königin
um positive Befehle ersucht und bitte den Grossherzog, ihm diese
zugehen zu lassen, denn es handle sich nicht um ihn, noch
diejenigen, die zu befehligen er die Ehre habe, sondern um die
Angelegenheiten der Königin, wenn die Dinge hier nicht die
Wendung zum Ausgleich, wie in Wien gewünscht werde, nehmen.[1]

---

[1] K.-A. Schlesien 1741; Fasc. IX. 30 und ad 30. Original französisch
und eigenhändig.

DIPLOMATISCHE VERHANDLUNGEN IM LAGER.

Ob der vom FM. Grafen Neipperg zur Beförderung an Lord
Hyndford dem FM. Grafen Schwerin am 16. September über-
sendete Brief, wie Neipperg in seinem Berichte vom 17. an die
Königin die Vermuthung ausspricht, im preussischen Hauptquartier
eröffnet worden, bleibt dahingestellt. Am Abende desselben
Tages aber, als dieser Brief in FM. Schwerins Hände gelangt
war, schrieb der Oberst und Adjutant Königs Friedrich II. Freiherr von der Goltz an Hyndford nach Breslau, und ersuchte ihn,
unverzüglich in das preussische Hauptquartier zu kommen.[1]

Und am selben Tage schreibt auch Cabinets-Secretär Eichel,
auf Befehl Friedrich II., an Minister Podewils, derselbe möge an
Hyndford „Namens Sr. königl. Majestät sagen, dass, wenn er zu
Deroselben anher kommen möchte, er nicht nur allemal angenehm
sein würde, sondern auch, dass es Deroselben ein Vergnügen
machen werde, wenn er übermorgen anher reisen wollte, indem
Se. königl. Majestät ein besonderes Verlangen haben, ihn bei sich
zu sehen.[2]

Am selben Tage sandte Friedrich II. Weisungen an den im Hauptquartier des Kurfürsten von Bayern weilenden FM. Samuel Schmettau
und ein Schreiben an den französischen Marschall Grafen Belleisle
in Frankfurt. Schmettau wird zu neuen Anstrengungen angeeifert,
den Kurfürsten von Bayern in seinen Operationen gegen Wien
vorwärts zu drängen.[3] Belleisle gegenüber spricht Friedrich II.

---

[1] »Mylord. Vous savez que je suis porté pour la bonne cause. Sur ce
pied je prends la liberté de vous conseiller en ami et serviteur, de venir ici
incessamment, et de presser votre voyage de sorte que vous puissiez paraître
publiquement lundi (18) vers midi. Vous trouverez 6 chevaux de poste à
Ohlau et à Grottkau tout prêts. Hâtez-vous, Mylord, tout ce que vous pourrez
au monde.« Goltz an Hyndford. »au camp de Neuendorf, 16 me septembre, à
9 heures du soir.« (Carlyle. III. Cap. IV. pag. 396.)

[2] »Polit. Correspondenz« I. Nr. 508.

[3] »Vous faites de merveilles, poussez, poussez votre pointe en avant.
J'ai voulu gagner le vieux camp de la Neisse, où était Neipperg avant-hier,
Kalkstein a eu l'avant-garde, mais sa lenteur a fait manquer le coup, et le
b . . . . autrichien m'a prévenu: je veux à présent passer la Neisse et chasser
ces gueux d'Autrichiens jusqu'en Hongrie.« »Polit. Correspondenz« I. Nr. 509.

An Jordan hatte der König am Vortage Verse gesendet, die ebenfalls
das verfehlte Unternehmen auf Neisse zum Gegenstande haben: »Neipperg

über die Vertheilung der Länder der Königin, mit der er im
Begriff stand, in Verhandlungen zu treten.

„Ce n'est point que je forme de nouvelles prétentions, je me
contente des bords de la Neisse, cette ville et Glatz y comprises;
mais j'écris principalement pour l'électeur de Bavière, et je suis
du sentiment que la Moravie doit du moins le dédommager de la
cession qu'il doit faire à la Saxe d'une partie de la Bohême et
de la Haute-Silésie." [1])

Bevor Podewils den Auftrag, den englischen Gesandten zur
Reise in das preussische Lager zu bestimmen, erhielt, hatte er am
nämlichen Tage, den 16. September, an den König berichtet, dass
Lord Hyndford in Breslau krank darniederliege.[2]) Diese Anzeige
war in der Nacht vom 17. zum 18. September im preussischen
Lager eingelaufen.

Am Morgen des 18. September passirte ein Courier des
englischen Gesandten Robinson, aus Wien, mit Depeschen für Lord
Hyndford, auf dem Wege nach Breslau, die Festung Neisse. Am
linken Ufer der Neisse wurde er jedoch von den preussischen
Vorposten angehalten, und mit einem Schreiben des FM. Schwerin
an den österreichischen Armee-Commandanten zurückgesendet,
worin mitgetheilt wurde, dass Hyndford krank in Breslau liege,
man remittire deshalb den Courier mit den Depeschen, „damit
falls daran eilig gelegen, man die benöthigte Vorkehrung dort
besorgen könne", da man preussischerseits befürchtete, dass Hyndford nicht im Stande sein werde, dieselben „zu öffnen und den
Inhalt zu prosequiren." Falls Neipperg jedoch für nöthig erachte,
dass der Courier seine Route fortsetze, so möge er zurückkehren
und werde man dann das Weitere zu seiner Reise vorkehren.[3])
Neipperg schickte diesen Courier mit dem Antwortsschreiben an
Schwerin zurück, „dass er selbst die Depeschen Robinsons an Hynd-

---

avec nos ennemis / ont prévenu l'instant d'être surpris. / Malgré ce contre-
temps funeste, / je poursuis mes premiers desseins. / Vienne dans peu doit
jouer de son reste, / j'en ai mêlé les cartes de mes mains.« Frédéric II. à
Jordan. Camp de la Neisse. 15. septembre 1741. »Oeuvres«. XVII. pag. 133.

[1]) „Polit. Correspondenz' I. Nr. 510.

[2]) Grünhagen. „1. schlesischer Krieg" II. pag. 9.

[3]) Schwerin an Neipperg. Lager bei Neisse. 18. September 1741; H. H.
u. St. A. Friedens-Acten. Fasc. 23. Original.

ford nicht eröffnen könne, und wenn auch Letzterer sehr krank
oder gar schon gestorben wäre, werde er doch einen Legations-
Secretär bei sich haben, der dieselben eröffnen und das Nothwendige besorgen könne." Schwerin möge also den Courier seine
Route nach Breslau ungehindert nehmen lassen.[1])

Dies geschah nun auch und der Courier erhielt im preussischen
Lager vom Oberst von Goltz noch ein besonderes Billet für Lord
Hyndford mit, worin er diesen ersuchte, sobald als möglich selbst
zu kommen oder dem Gouverneur von Breslau GLt. v. d. Marwitz
zu sagen, um was es sich handle, damit dieser ihn davon in
Kenntniss setzen könne.[2])

Kurze Zeit nachdem FM. Graf Neipperg diesen Courier in
das preussische Lager abgefertigt hatte, langte von dort ein
Trompeter mit einem Briefe des GM. Prinzen Dietrich von Anhalt-
Dessau für den GFWM. Br. Lentulus an:

„Da Se. königl. Majestät mir Allergnädigst befohlen mit
Ew. Hochwohlgeboren etwas zu sprechen; so werden Dieselben
belieben den nächsten Ort bei Neisse, wo solches geschehen und
ich mich einfinden könne, zu choisiren, mithin durch Überbringern
dieses mir davon ohnschwer zu benachrichtigen, auch wenn E. H.
für nöthig finden einen Pass von I. E. den Herrn FM. Graf von
Neipperg mitzuschicken. Ich bringe keinen mit, als 1 Trompeter
nebst 6 Husaren, ingleichen meinen Adjutanten. Hoffe also noch
heute die Ehre und das Vergnügen zu haben, mit E. H. zu
sprechen und mündlich versichern zu können, wie ich mit aller
Consideration bin" etc.[3])

GFWM. Baron Lentulus schlug, nach Rücksprache mit seinem
Armee-Commandanten, das ungefähr ½ Meile von Neisse links

---

[1]) Neipperg an Schwerin. Neunz, 18. September 1741. H. H. u. St. A.
Friedens-Acten, Fasc. 23. Abschrift.

[2]) »Le 18me à 3 heures, après-midi. Je suis au désespoir, Mylord, de
votre maladie. Voici le courier que vous attendiez. Venez le plutôt que vous
pourrez au monde si non, dites au général Marwitz de quoi il s'agit, afin
qu'il puisse me le fair savoir. Le courier serait arrivé quatre heures plutôt,
si nous ne l'avions renvoyé au comte Neipperg à cause de votre maladie.«
(Carlyle III, Cap. IV, pag. 396.)

[3]) Lager bei Neundorf, 18. September 1741. H. H. u. St. A. Friedens-
Acten, Fasc. 23. Original.

seitwärts der Strasse nach Grottkau liegende Dorf Riglitz als Ort
des Rendez-vous vor [1]) und ritt, von seinem Adjutanten Fähnrich
Lutsch, 1 Corporal mit 6 Husaren und einem Trompeter begleitet,
um 3 Uhr Nachmittags von Neunz ab, passirte die Festung und
die am linken Ufer der Neisse liegende Vorstadt, die sogenannte
„Mährengasse", um sich nach Riglitz zu begeben. Als der österreichische General die Vorstadt verliess, wurde er ausserhalb
derselben bereits preussischer Officiere ansichtig, welche die Vorposten passirt hatten und in Begleitung des Officiers der österreichischen Feldwache sich näherten.

Es war GM. Prinz Dietrich von Anhalt selbst mit seinem
Adjutanten, einem Trompeter und einem Bedienten; in dessen
Begleitung befand sich aber noch ein preussischer Stabsofficier,
welchen der Prinz nach erfolgter Begrüssung dem GFWM. Baron
Lentulus mit den Worten vorstellte: „Ich präsentire Ihnen den
Herrn Obristen v. Goltz, General-Adjutanten meines Königs, von
welchem Sie das Weitere vernehmen werden." Hierauf kehrte der
Prinz mit dem Officier der Feldwache um, und begab sich in das
preussische Lager zurück. General Lentulus ritt seinerseits mit
dem Obersten von Goltz, gefolgt von Fähnrich Lutsch in die
„Mährengasse" und alle drei begaben sich in den Garten des dort
gelegenen Kapuziner-Klosters. Hier hatten Lentulus und Goltz
eine längere Unterredung. Endlich ward Fähnrich Lutsch wieder
herbeigerufen, und von dem preussischen Obersten in höflichster
Form ersucht, zu dem commandirenden General Grafen Neipperg
zu reiten und zu „melden, wie er mit einem geheimen Auftrag
von Seiner Majestät dem König an Seine Excellenz abgeschickt
worden," er stelle es dessen Belieben anheim, ob er ihm erlauben
wolle, seine Aufwartung zu machen, oder ob der Feldmarschall
sich selbst herausbemühen wolle. Im letzteren Falle möge derselbe keine Suite mitnehmen, „indem der König diese Unterredung
geheim gehalten wissen wollte."

FM. Graf Neipperg begab sich in Folge des ihm von Fäh-
rich Lutsch überbrachten Auftrages, nur von Letzteren begleitet,
zu Pferde in die „Mährengasse," wo er um 7 Uhr Abends an-

---

[1]) Bericht FM. Neipperg's an die Königin, Neunz. 18. September 1741.
H. H. u. St. A. Friedens-Acten. Fasc. 23. Original.

langte. Dort bei hellem Mondschein conversirten Neipperg und
Goltz eine volle Stunde, worauf Letzterer in das preussische Lager,
FM. Neipperg mit seinem Begleiter um 9 Uhr Abends nach Neunz
zurückkehrte. [1])

Ueber die mit dem Oberst Goltz gehabte Unterredung berichtete FM. Graf Neipperg noch am nämlichen Tage um Mitternacht an seine Monarchin, Goltz habe nach der ersten Begrüssung
sofort „aus Veranlassung seines Königs" gefragt, ob Neipperg „zu
Treffung eines Accomodements mit einer Vollmacht versehen
wäre," welche Frage dieser mit „Ja" beantwortet habe. „Er fragte
weiters, ob sothane meine Vollmacht auch dahin sich extendierte,
dem König seinem Herrn, wie er es verlange, nebst ganz Unter-
Schlesien auch beide Plätze Neisse und Glatz, jedoch diese beiden
Oerter ganz allein, und ohne weiterem Bezirk, als nur insoweit
ein Stückschuss um und um reichen mag, überlassen und abtreten
zu können. Hierauf antwortete ich mit „Nein." und sagte, dass
meine Vollmacht nur so weit gienge, dem König, seinem Herrn
dasjenige zu cedieren und zu überlassen, was Nieder-Schlesien in
sich begreift, mithin mir auch oblieget, sowohl das Fürstenthum
Münsterberg und Frankenstein, als denjenigen Strich Landes, so
zu dem Fürstenthum Neisse gehört, und über dem Neisse-Fluss
unter dem Namen des Grottkau'schen Weichbildes liegt, als District,
so insgemein zu Ober-Schlesien gerechnet worden, [2]) davon aus-
zunehmen, welches letztere aber nur pro forma, und um die Sache
vorläufig desto mehr zu erleichtern, thäte, worüber der Obrist
v. Goltz mir aber widersetzte, dass sein König ohne solchen, und
ohne Neisse und Glatz auf vorbesagte Art einzubekommen, zu
einem Accommodement sich nicht bequemen würde. [3])

[1]) K.-A. Lutsch' Tagebuch.

[2]) Zu Ober-Schlesien rechnete man damals die sieben Fürstenthümer:
Münsterberg, Neisse, Teschen, Troppau, Jägerndorf, Oppeln und Ratibor; zu
Nieder-Schlesien die neun Fürstenthümer: Breslau, Brieg, Glogau, Jauer,
Liegnitz, Oels, Sagan, Schweidnitz und Wohlau. Unter österreichischer Herr-
schaft waren die Fürstenthümer Breslau, Brieg, Liegnitz, Oels, Münsterberg,
Schweidnitz und Jauer in Weichbilder abgetheilt, die übrigen aber in Kreise.
(Büsching, Erdbeschreibung, 10, Theil, pag. 778 u. 780.)

[3]) Der in diesen Verhandlungen eine hochbedeutsame Rolle spielende Oberst
George Konrad Freiherr v. d. Goltz hatte sich seine Sporen im diplomatischen
Dienste bereits verdient. Durch seinen Oheim, den sächsisch-polnischen Etats-

Ich sondirte ihn, Obristen v. Goltz auch sonsten über verschiedene in das Friedens-Geschäft und meine Vollmacht einschlagende Dinge, unter anderen aber hauptsächlich über die in dem 4. Conventions-Artikel enthaltene Hilfsleistung, worüber der Obrist v. Goltz insoweit sich herausliess, dass sein König zwar unfehlbar neutral bleiben, zu wirklicher Hilfsleistung aber sich nicht verstehen würde, soviel ich aber abgemerkt, dürfte sothane Hilfsleistung gleichwohl, obschon nicht gleich jetzt, doch seiner Zeit, und vielleicht wohl in dem künftigen Frühjahr erfolgen, absonderlich, wie er mir klar zu erkennen gegeben, dass sein König nimmermehr leiden würde, dass Frankreich und Bayern E. k. M. einen so grossen und empfindlichen Schaden, als sie sichs vornehmen, beibringen sollen, in der Besorgung, es möchte seine Tour auch kommen, um das Abgenommene in Schlesien, so ihm andere so leichterdings nicht lassen würden. Mir fallet aber ein, ob dieser König nicht einen anderen Anschlag führen möchte, nemlich, wann der König von Polen wankend werden, und sich zur französisch- und bayrischen Partie schlagen sollte, um von solcher Occasion zu profitiren, und die Lausitz, in Betracht ihrer Gelegensamkeit mit Nieder-Schlesien und seiner brandenburg'schen Länder, sich zu appropriiren.

Eröffterter Obrist v. d. Goltz hat mir von wegen seines Königs eine Menge an E. k. M., und an des Grossherzogs k. H. aufgegeben, und mir im Vertrauen gemeldet, wie er an E. k. M.

minister Grafen Manteufel war er in König August II. Dienst gezogen und im Jahre 1727 schon als Legationsrath mit Graf Hoym nach Frankreich geschickt worden. Dann in preussische Dienste getreten, hatte ihn König Friedrich Wilhelm I. in wichtigen Angelegenheiten an den Hof von Warschau im Jahre 1733 gesendet. Während des gegenwärtigen Krieges war er als General-Adjutant in der unmittelbaren Umgebung des Königs und schien diesem unzweifelhaft die geeignete Persönlichkeit, mit dem in diplomatischen Künsten wenig bewanderten österreichischen Armee-Commandanten zu verkehren. König Friedrich II. sagt später selbst über ihn: »Herr von Goltz war wie Proteus in der Fabel. Im ersten Feldzuge leistete er die Dienste eines General-Adjutanten, eines Generals, und sogar die eines Unterhändlers. Er wurde mit einem wichtigen und geheimen Auftrage betraut, von welchem das Publicum niemals vollständig Kenntnis erhielt.« (Ausgewählte kriegswissenschaftliche Schriften Friedrichs d. Gr.« Von Heinrich Merkens. Jena 1876. Aus: »Lobrede auf General von Goltz«, pag. 314.)

dermaligen bedrängten Umständen grossen Antheil nehme, und
Allerhöchstdieselbe ohne Hilf nicht lassen würde, jetzo aber gleich
solche aus sicheren Ursachen nicht leisten könne. Er dringt sehr
darauf an, dass sobald mit ihm ein Accommodement getroffen,
das hiesige Kriegs-Corps ungesäumt gegen Wien rücken, und diese
Stadt im Fall einer feindlichen Belagerung, wie der Obrist v.
Goltz aus seinem König zu haben sagt, dass es dahin vermeint
sei, retten zu helfen suchen solle, wonach sich Alles zum Besseren
wieder kehren werde. Welches auch eben dasjenige ist, so ich
meines geringen Orts bei diesmaligen misslichen Beschaffenheiten
das Beste und Auslänglichste für E. k. M. Allerhöchsten Dienst
und Interesse zu sein erachte, falls die ganze feindliche Macht von
bayrischen und französischen Truppen sich dahin ziehen sollte.

Aus Allem, worüber der Obrist von Goltz gegen mir sich
herausgelassen, kommt mir fast vor, dass der König von Preussen
hauptsächlich sich besorge, es möchte Frankreich und Bayern,
wie schon oberwähnt, ihm zu mächtig werden, welches auch der
meiste Trieb sein dürfte, ihn von selbigen abzuziehen, und indessen
zur Neutralität zu veranlassen, weil er vermuthlich von Frankreich
sich besorgt, und seine Sache verdeckt zu haben verlangt, alsdann aber seiner Zeit auf Allerhöchstderoselben Seiten treten zu
machen, in Betracht, da er so sehr auf die Rettung der Stadt
Wien anmahnt. Es mag zwar sein, dass er nicht ungern sehe,
dass dem Kurfürsten von Bayern von E. k. M. Ländern etwas
zufalle, da aber selbiger die ganze Monarchie zu haben praetendirt,
so wird wohl dieses eine grosse Ursach sein, so ihm Ombrage
weckt.

Das Secretum dieser Sache hat der Obrist v. Goltz im Namen
seines Königs mir zu wiederholten Malen mit Nachdruck recom-
mandirt, und verlangt, dass es nur zwischen E. k. M., dem Grossherzoge, ihm, und mir noch zur Zeit bleiben solle, vorgebend,
wie ihm gar wohl bekannt, dass sothanes Secretum zu Wien nicht
allemal, wie sichs gebührt, gehalten würde; ich hab' es ihm versichert, dass es gewiss also schreiben, und E. k. M. darum allerunterthänigst bitten werde."

Neipperg meldet ferner, dass er bei seiner Rückkehr von
dieser Unterredung das Handschreiben der Königin vom 14. September vorgefunden, bei Schluss seines Berichts das andere Hand-

schreiben vom 15. mit den beiden Anlagen erhalten,[1] worin die Königin an Preussen „das ganze Nieder-Schlesien bis an den Neisse-Fluss, der künftig zur Grenze dienen solle, auf ewig abzutreten, und ohne einiger Dependenz von dem Königreich Böhmen, auch nichts dafür von dem König von Preussen, als seine Freundschaft, und einen standhaften Frieden und Versöhnung verlangen zu wollen, zu cediren eingewilligt, und wovon die Beilage Nr. 1 ungefähr dasjenige begreift, so der Obrist von Goltz mir mündlich gesagt".

„Kommt es zu keinem Frieden mit dem König von Preussen, wie ich besorge, zumal der Obrist von Goltz mir ausdrücklich gemeldet, dass sein König, ohne beide Plätze Neisse und Glatz, wie vorgedacht, zu bekommen, solchen nicht eingehen würde, so dürfte man wohl mit Allernächstem Neisse bombardiren und beschiessen hören; hat hingegen das Accommodement statt, und vielleicht morgen sein könnte, dass sie unter anderem Prätext wieder zu mir schickten, so wollen E. k. M. vollkommen Allergnädigst versichert sein, dass mit dem hiesigen Kriegs-Corps ungesäumt nach Böhmen aufbrechen, und den Dahinmarsch beschleunigen werde". [2]

In einer Nachschrift zu diesem Berichte äussert Neipperg noch, dass er Alles thun werde, um zu dem von der Königin in Anbetracht der anderweitigen drohenden Gefahren gewünschten Ausgleich zu gelangen, doch verhehlt er die Besorgnisse nicht, dass der König von Preussen auf der Abtretung der beiden Festungen bestehen werde. Er werde es an nichts fehlen lassen, um für die Interessen der Monarchin bei jeder Gelegenheit zu wirken, aber er werde auch vermeiden, dem Könige von Preussen zuerst die eigene Meinung zu insinuiren und eine Gelegenheit oder eine Unterredung abwarten, um darnach zu sehen, wie man zum Ziele gelangen und nach dem letzten ihm zugekommenen Friedensentwurfe vom 15. September schliessen könne.

Zum Schlusse fügt der Feldmarschall noch bei: „Le roi de Prusse m'a fait dire mille choses pour V. M. et S. A. R., si l'occasion s'en présente je lui ferai connaître qu'une amitié ne

---

[1] Siehe pag. 293.
[2] H. H. u. St. A. Friedens-Acten. Fasc. 23. Original.

consiste pas en paroles et que c'est par effet qu'il pourra en
donner des preuves soit par ses forces et encore à l'égard de
la voix".[1])

Die Gesammtlage war derart, dass Neipperg in dem Aufgeben
von Schlesien sammt Neisse und Glatz das kleinere Uebel sehen
musste, der Gefahr gegenüber, mit den eigenen überall unzu-
reichenden Kräften der grossen Coalition der Feinde Maria
Theresia's widerstehen zu sollen. Die Propositionen des preussischen
Unterhändlers konnten sonach bei Neipperg insoferne auf ein
gewisses Entgegenkommen rechnen, als dieser, wenn König
Friedrich II. den Frieden wirklich ohne Hintergedanken wollte,
in den preussischen Forderungen einen, wenn auch hart erkauften
Weg zur Rettung des übrigen Besitzes der habsburgischen Kaiser-
tochter zu erkennen glaubte. Nach seinem eigenen Empfinden
musste ja der Friede, den König Friedrich II. mit Maria Theresia
schloss, dann von selbst das Aufgeben der bayrischen und französischen Allianz mit sich bringen und Neipperg hoffte wirklich auf
ein solches Handeln des Königs, wenn er sich auch eines gewissen
Misstrauens nicht erwehren konnte.

In wieweit Goltz seine Auseinandersetzungen selbst in gutem
Glauben vorbrachte, ist nicht wohl zu erweisen, deutlicher sind die
Fingerzeige über die Gedanken und Ziele Königs Friedrich II. bei
dem mit dem österreichischen Armee-Commandanten angebahnten
Verständigungsversuche.

Die überlieferten politischen Auslassungen des Königs gerade
in diesen kritischen Tagen sprechen nicht dafür, dass er sich von
Frankreich und Bayern wirklich zu trennen gewillt war. Im
Gegentheil, geben die Weisungen an Schmettau[2]), an den Gesandten
beim Kurfürsten von Bayern, Geheimen Kriegsrath von Kling-
graeffen,[3]) die Resolutionen für den bei ihm befindlichen französischen Gesandten Marquis de Valori vom 21.,[4]) das Schreiben an

[1]) K.-A. Schlesien 1741; Fasc. IX. 34. Original französisch und eigenhändig.

[2]) »Polit. Correspondenz« I, Nr. 518.

[3]) »Polit. Correspondenz« I, Nr. 519.

[4]) »Je regarde dans les conjonctures présentes l'accession de la Saxe
comme le coup de parti qui détermine tout« etc. »Polit. Correspondenz« I.
Nr. 521.

den Kurfürsten von Bayern vom 22. September[1]) ein ganz anderes
Bild und deuten auf jetzt schon vorhandene Pläne, die später klar
genug geworden sind.

Zwischen Sachsen und Bayern war der Bündnissvertrag am
19. September 1741 unter Marschall Belleisle's Vermittlung zu
Frankfurt a/M. abgeschlossen worden. Wo Alle auf Beute hofften,
wollte König August II. nicht zurückbleiben.

Sachsen sollte Ober-Schlesien ohne Neisse, ganz Mähren als
Königreich und dazu von Nieder-Oesterreich das Viertel ober dem
Manuhartsberg erhalten, dagegen etwaigen Ansprüchen auf sonstige
österreichische Lande zu Gunsten Bayerns und auf Jülich und
Berg zu Gunsten der Pfalz entsagen. Bayern hatte sich in den
Besitz von Böhmen, Ober-Oestreichs, Tyrols und Vorderösterreichs
zu setzen.

Bezüglich der Kaiserwahl sollte dem Kurfürsten-Collegium
freie Entscheidung für einen der beiden Candidaten zustehen. Der
Vertrag wurde mit dem Vorbehalte geschlossen, dass zur Giltigkeit der Verabredung der Beitritt Preussens und Frankreichs
erforderlich sei.[2])

Am 19. und 20. September schienen die Verhandlungen ganz
abgebrochen zu sein. Bei den Vortruppen der beiden Armeen fanden
kleinere Scharmützel statt; die österreichischen Feldwachen unterhalb der „Mährengasse" wurden dreimal angegriffen, behaupteten
jedoch schliesslich ihre Posten.[3])

---

[1]) »Valori vient de recevoir un courier du maréchal de Belleisle, qui
lui envoie les préliminaires du traité avec la Saxe, dont les conditions sont
l'acquisition de la Moravie et de la Haute-Silésie, avec le titre de roi. Je crois
que cet accord est conforme aux intérêts et aux idées de V. A. E., l'accession
de la Saxe étant pour nous un coup de parti, depuis la malheureuse bataille
que les Suédois ont perdue contre les Russes« [bei Wilmanstrand] — —
»Les Autrichiens ne se rebutent point de négocier ici, mais V. A. E. peut être
sûre qu'ils n'avanceront pas plus qu'ils n'ont fait jusqu'à présent. Neipperg
a grande envie de copier en Silésie ses négociations de Hongrie. Il s'en est
avisé trop tard et mes engagements sont trop sacrés pour que je les rompe de
ma vie.« „Polit. Correspondenz" I. Nr. 522.

[2]) Heigel, „Der österr. Erbfolgestreit", pag. 183 u. 371. Der Vertrag findet
sich in Martens „N. Suppl. au recueil des traités", T. I, pag. 728.

[3]) K.-A. Lutsch' Tagebuch.

Die Zurüstungen, welche im preussischen Lager getroffen wurden, deutete FM. Graf Neipperg in seinem, am Abend des 19. September an die Königin erstatteten Berichte, auf eine geplante Beschiessung der Stadt Neisse und fährt fort:

„Denn hat sich der König von Preussen in Kopf gesetzt, Neisse und Glatz in seiner Gewalt zu haben, so werden E. k. M. gethane Propositionen, ob sie gleich noch so vortheilhaft für ihn lauten, gleichwohl nicht hinlänglich genug sein, ihn von seinem Vorhaben abzubringen, absonderlich, da ihm bekannt, dass E. k. M. das hiesige Kriegs-Corps zu anderweiten Andringlichkeiten nöthig haben, und solchenfalls etwa nur die höchste Noth abwarten, dadurch aber suchen und verlangen möchte, nebst den beiden Städten Neisse und Glatz auch die dazu gehörigen Districte an sich zu bringen, und nachher von Zeit zu Zeit seine Anforderung, wie ers bisher gethan, zu erhöhen."

Und nun mochte der Feldmarschall doch auch seine tiefe Sorge der Herrin nicht bergen: „Dass aber der König von Preussen dieses Accommodement wünscht und gerne befördert sehen möchte, ist gewiss, und habe es aus dem Obristen von Goltz genugsam abnehmen können; ob es jedoch E. k. M. und dem Grossherzogen zu gefallen geschehe, wie die Menge schöner Worte mich hätten sollen glauben machen, ist eine Sache, die mehr in Zweifel zu ziehen, als für wahr zu halten, vielmehr ist zu urtheilen, dass nur eine Scheinbarkeit hierunter verborgen, und derselbe nichts anderes suche, als bei Erreichung anderweiter anständiger Gelegenheit, gleichwie er in Betracht Schlesiens gethan, zu profitiren." . . .

„Es sei aber dem, wie es wolle, so ist nun zu gewärtigen, ob er von seinem Anspruch auf Neisse und Glatz abstehen, oder aber darauf beharren dürfte. Ist es das erstere, so weiss ohnehin schon ausführlich, was hierinfalls E. k. M. Allergnädigste Willens-Meinung ist, welche demnach zu bewerkstelligen mir äusserst angelegen halten werde; ists hingegen das Letztere, und die Umstände erfordern unumgänglich, dieses Kriegs-Corps zu anderweiten E. k. M. Allerhöchsten Disposition zu employiren, sofort diesseits ein Accommodement wirklich zu treffen, so wüsste solchenfalls, ohne allerunterthänigster Maassvorschreibung jedoch, kein anderes Mittel dem König von Preussen in der höchsten

Nothwendigkeit vorzuschlagen, als ihm die Rasirung dieser beiden
Plätze zu proponiren, mit der Bedingniss jedoch, dass selbige
also rasirt E. k. M. Botmässigkeit unterworfen bleiben sollen;
und obschon es auch sein könnte, dass der König von Preussen
nichts Werkthätiges gegen Neisse unternähme, sondern davor in
der Inaction längs der Neisse, und in seinem jetzigen Lager
stehen bliebe, so wäre doch Allerhöchstderoselben Dienst andurch
nicht geholfen, weil solchergestalt, wann man anderst verhüten
wollte, dass er nicht weiter gienge und vielleicht neuerdings Ober-
Schlesiens, ja auch gar der Grafschaft Glatz sich bemächtigte,
derselbe allhier mich ausdauern und behindern würde, mit dem,
meinem Commando Allergnädigst anvertrauten Kriegs-Corps E. k. M.
anderweite Allerhöchste Befehle in die Erfüllung zu bringen. Um
aber in dem Fall, da es auf die Rasirung Neisse und Glatz,
welches jedoch nur unverfängliche Gedanken von mir, und Allerhöchst Deroselben Genehmhaltung allenfalls ohnehin erforderten,
wirklich ankommete, E. k. M. böhmische und mährische Grenzen,
die solchergestalt durch Neisse und Glatz völlig entblösst würden,
wieder zu bedecken und zu versichern, so würden sich seiner
Zeit schon andere Oerter in den convenablen Gegenden finden
lassen, wodurch diese Absicht allerdings erreicht werden könnte,
dahingegen die Grenzen Ober-Schlesiens ihre Sicherheit von dem
Gebirge herholen müssten.

Ist aber E. k. M. Allergnädigste Willens-Meinung, dass man
es mit dem König von Preussen, wofern derselbe durch jetzmalige
Propositionen zu einem Accommodement gar nicht sich lenken
wollte, auf eine Affaire ankommen lasse, so beruht es nur auf
Allerhöchst Deroselben briefliche Erklärung über dasjenige, so
E. k. M. bereits jüngstens diesfalls allerunterthänigst zu erkennen
gegeben. Ich finde mich aber schuldig, zum Voraus zu sagen,
dass, wann es auch unserseits glücklich abliefe, doch aber dabei
nicht alle Preussen verunglückten, E. k. M. einen allzugrossen Vortheil daraus nicht schöpfen würden, zumal der König von Preussen
in einer dergleichen Aeusserung unfehlbar von seinen, bei
Magdeburg stehenden Truppen den Abgang wieder anher ziehen,
oder aber auf andere Art sich zu verstärken suchen dürfte, wie
denn verlautet, dass er allbereits den zehnten Mann von Nieder-
Schlesien aufgeboten, um davon neue Regimenter zu errichten,
auch was ihm abgeht, zu ersetzen gedenke.

Bei dieser Gelegenheit finde mich auch umsomehr veranlasst, dasjenige, so in meinem letztvorhergehenden wegen des Secrets allerunterthänigst einfliessen lassen, hier zu wiederholen, als bereits in einer mit heutiger Post allhier eingelangten, geschriebenen Zeitung ausdrücklich gelesen wird, welchergestalt an die in Welschland stehenden Truppen der Befehl ergangen, schleunig aufzubrechen, und nach Deutschland zurückzukehren, welches doch noch zur Zeit ein volles Geheimnis sein und bleiben sollte, woraus dann, dasjenige mit Stillschweigen zu übergehen, so mir gestern zu meiner Erstaunung von dem Obristen von Goltz von allem dem, so zu Wien geschieht, und eben dem König von Preussen desto mehr hochmüthig zu werden Ursach giebt, beigebracht worden, E. k. M. von selbst Allerhöchst erleuchtet urtheilen können, wie nöthig es sei, Sachen von dieser Beschaffenheit, wann man anderst nicht vor der Zeit, wie bisher geschehen, verrathen werden will, in höchster Geheim zu halten und zu tractiren".[1])

Am 20. September lief ein Erlass der Königin, der die militärischen Angelegenheiten behandelte und theilweise die am 19. September von Neipperg gestellten Anfragen schon zu erledigen geeignet war, bei dem österreichischen Armee-Commandanten ein:

52. Die Königin an FM. Graf Neipperg.[2])

Pressburg, 17. September 1741.

Uns hat der von Dir wieder zurückgeschickte Courier Dein unterm 14. e. in Sachen aberlassenes Schreiben wohl eingehändigt und dieses des Mehreren zu verstehen gegeben, was Du über die mittelst eines Unsern Rescripts vom 8. d. M. Dir gegebene Anleitung zu erinnern gefunden. Nun ist an Deiner diesfältigen Vorstellung ganz recht geschehen, lasset sich auch aus der von Dir beschriebenen Fürgehung des Königs von Preussen nicht wohl urtheilen, dass er mit Uns einen Frieden einzugehen grössere Lust habe. Wannenhero von Dir gar vorsichtig gehandelt wird, insolang

---

[1]) H. H. u. St. A. Friedens-Acten, Fasc. 23. Original.

[2]) Gräfl. Neipperg'sches Archiv. Original.

bis nicht der Friede wirklich erfolgt, auf beständig guter Huth zu stehen.

Um aber weiters auf Deine Anfrage zu kommen, ob Du, im Fall erwähnter König von der anderen Seite der Neisse die Stadt dieses Namens bombardiren und den Ort in Asche legen wollte, Du einen blossen Zuscher abzugeben, und nur von Zeit zu Zeit die Garnison mit frischer Mannschaft zu verstärken, oder aber Dich von dannen gar zurückzuziehen und dem Feind freie Hand zu lassen, oder auch über die Neisse zu passiren, und auf solchen los zu gehen, folgsam mit ihm eine Schlacht zu wagen habest. Da erachten Wir zwar keinerdings rathsam, dass Du bei den einberichteten Umständen über die Neisse setzen und seine an der Stärke Unserer so viel überlegene Armee angreifen, mithin Unsere künftige Wohlfarth einem so zweifelhaften Streich exponiren sollest. Jedoch finden Wir auch nicht nöthig, dass Du Dich jenenfalls mit Deiner Armee zurückziehest, indem Unserem Dienst hauptsächlich daran gelegen, die Festung Neisse zu behaupten und endlich besser wäre, selbige ruinirt und verheert beizubehalten als gar zu verlieren. Es ist nicht leicht zu glauben, dass er von der anderen Seite des Flusses die Festung ordentlich attaquiren und mit Stücken viel belästigen werde, daher auch besonders anfänglich an Mannschaft nicht allzuviel hinein zu verlegen sein wird, und mit einem Bombardement pflegt ohnedem keine Festung überzugehen.

Dass also Deine mehreste Sorge Du die sein lassen wollest, die beihabende Infanterie nebst der ganzen Armee so viel möglich zu menagiren, wie Du ohnedem nach Deiner besitzenden stattlichen Kriegs-Experienz und zu Unserm Allerhöchsten Dienst tragenden Eifer schon von selbst beflissen sein wirst. Alles, was Wir Dir in dermaliger Begebenheit beider gegeneinander überstehenden Armeen gnädigst einzubinden haben, besteht in dem, dass Du von nun an die feindliche nicht mehr aus Deinen Augen zu lassen, sondern es möge solche gegen Glatz, oder über die Neisse gegen Ober-Schlesien, folgsam gegen Ungarn, oder nach Mähren sich wenden wollen, ihr jederzeit vorzubiegen, und die auf ein oder andere Seiten führende Desseins zu verhindern, auf das Aeusserste trachten sollest. Wobei es sich auch versteht, dass, wo Du Gelegenheit hättest, mit Vortheil, oder wenigstens keinem

gar zu grossen Hazard dem Feinde eine Bataille zu liefern, Du
es unbedenklich thun könntest.

Ansonst hat an Unsern böhmischen Obrist-Kanzler Grafen
von Kinsky mit eben heut eingelaufener Staffette der Landeshauptmann von Oppeln, Graf v. Henkel, Bericht erstattet, dass der
Feind mit 6000 Mann die Neisse passirt habe und er Henkel
Willens sei eilends eine Land-Miliz aufzurichten und mit solcher
sich dem Feind zu widersetzen. Wir haben ihm aber durch erst
berührten Unseren Obrist-Kanzler, vermöge des beikommenden
Schreibens [1]), dahin verbescheiden lassen, dass, weil einestheils
die Errichtung einer Land-Miliz bevor mit dem im Land commandirenden Generalen zu concertiren wäre und ohne dessen Geneh-
halt und Anordnung nichts zu geschehen habe; anderntheils von
dort her die mehreste Subsistenz an rauher Fourage für Unsere
Armee beizulangen sei, durch solche Land-Miliz hingegen dessen
Zufuhr gehemmt, mithin auch Unser Allerhöchster Dienst etwa
mehr verkürzt als befördert werden dürfte: Er sich diesfalls an
Dich zu wenden und das Fernere mit Dir auszumachen habe.

Wir thun Dir ein solches zur Nachricht und dem Ende hiemit
erinnern, damit Du dieses Geschäft überlegen und nach Deinem
Gutbefinden ihm Henkel, nebst Bestellung obigen Schreibens, das
Weitere an Hand lassen mögest, wiewohl Wir der Meinung sind,
es werden eben diejenigen 6000 Mann so auf Deine Annäherung
sich über die Neisse wieder zurückgezogen zu anerbotener Auf-
richtung dieser Land-Miliz Anlass gegeben haben etc.

(Eigenhändiger Zusatz der Königin) man überlasst alles
dieses seinen Dispositionen, nach weilen in keiner solchen occasion
von hier nichts kann befohlen werden.

53. FM. Graf Neipperg an die Königin. [2])

Neunz, unweit Neisse, 21. September 1741.

Ich profitire von der Gelegenheit, da Ueberbringer dieses der
von dem Lord Hyndford zurückspedirte englische Courier wieder
nach Wien geht, um E. k. M. zu bestätigen, dass Dero Allergnädigstes Rescript vom 17. dieses fortlaufenden Monats September

---

[1]) Nicht vorhanden.
[2]) Gräfl. Neipperg'sches Archiv. Concept.

durch den anmit hieher abgefertigten Feld-Courier gestern richtig
mir zu Handen geliefert worden sei, und meine Sorgfalt und Eifer
vornehmlich dahin richten werde, den Inhalt in allen Puncten
nach E. k. M. eröffneter Allerhöchster Willensmeinung und nach
Ergebenheit der Umstände auf das genaueste zu befolgen. Nur
allein habe für diesesmal allerunterthänigst zu berühren, dass noch
zur Zeit die Garnison in Neisse von mir nicht verstärkt, sondern
in der nemlichen Anzahl, wie selbe bei meinem Abzug von dort
bestanden, und etwas über 2000 Mann sich belaufen dürfte, gelassen worden, ausser 200 Croaten, die erst neuerlich, weil sie
geschwinder als die deutsche Infanterie und daher zu ein und
anderen Vorfallenheiten mit mehrerer Beförderung zu gebrauchen,
alldahinein verlegt, dagegen aber so viele von der deutschen
herausgezogen habe. Ich erkenne zwar wohl, dass auch eine
geringere Garnison als obbesagte 2000 Mann für Neisse hinreichend
wäre, allein die Hauptursache, so mich zu dieser Anzahl veranlasst, besteht in dem, dass zu Neisse gar keine Gewölbe und
Casematten sind, sofort bei Entstehung eines Brandes, der bei
allenfallsigen Feindseligkeiten nicht selten zu besorgen, unumgänglich auf genugsame Hände zum Löschen angetragen werden,
und daher sothane Garnison in dieser ungefähren Anzahl nothwendigerweise bestehen müsse." [1]

Das Friedensgeschäft anbelangend, da steht es anmit noch
in dem nämlichen Stande, als mein letztes allerunterthänigstes
Schreiben zu erkennen gegeben haben wird, das ist, man ist
preussischerseits diesfalls nicht ferners an mich kommen, und ich
habe meines Orts auch nicht für rathsam befunden, einige Erinnerung zu thun, um dem König von Preussen nicht glauben
zu machen, dass wir den Frieden so sehr suchen, und ihm andurch Anlass zu geben, in seiner Härtigkeit, soviel sein Begehren
anbetrifft, fortzufahren. Da aber heute noch, wie der Courier sagt,
und die Depeschen, so er an den Robinson mitbringt, unfehlbar

---

[1] Bezugnehmend auf den Befehl der Königin, den Preussen bei ihrem
etwaigen Vordringen nach Mähren stets zur Seite zu bleiben, folgen nun noch
Anträge wegen Anlage eines Magazins in Olmütz u. s. w. Die Errichtung einer
„Landmiliz" erscheint Neipperg „für eine Sache, woraus nicht viel Vortheil zu
ziehen«, »vielmehr ist es mir um die von dorther ziehende rauhe Fourage
zu thun.«

enthalten werden, der Lord Hyndford in das preussische Lager
kommt, so wird sich zeigen, ob und was daraus werden, und ob
der König in Preussen von seiner Anforderung auf die Städte
Neisse und Glatz abstehen dürfte, gleich ich es in meiner Unterredung mit dem Obristen v. Golz verworfen, auch ihn wegen des
über der Neisse liegenden Districts des Fürstenthums Neisse, nicht
minder des Fürstenthums Münsterberg und Frankenstein noch im
Zweifel gelassen, um andurch, wann man es concedirt, den Weg
desto leichter zum Frieden zu bahnen.

E. k. M. übersende hiebei auch in Abschrift alles das, so
der Lord Hyndford mir geschrieben, mit den Nachrichten, die er
mir gibt etc. [1])

Ein zweiter Bericht des Feldmarschalls an die Königin von
demselben Tage lautet: [2])

Neunz, unweit Neisse, 21. September 1741.

„Ich habe mir zwar allschon heut die allerunterthänigste
Freiheit genommen, E. k. M., bei Gelegenheit des aus Breslau

--

[1]) »Breslau ce 19 de Septembre 1741. J'ai l'honneur de la lettre de
V. E. du 16me de ce mois par le canal de Mr. le maréchal Schwerin qui
me l'envoya du camp prussien. Je n'y ai pas pu répondre plutôt à cause
d'une bonne fièvre accompagné de la colique qui me saisirent il y a dix
jours et qui m'ont un peu maltraité, mais à présent grâce à Dieu j'en suis
délivré.
   Je suis très mortifié que cette négociation dont V. E. parle, échoua aussi
subitement que malheureusement, car le roi de Prusse n'en voulut point
entendre parler, mais j'ai lieu de me flatter que V. E. recevra au premier
jour d'autres instructions de Votre cour touchant un autre espèce d'accomodement, et que Dieu veuille que cela réusisse mieux. Je vais au camp
prussien le 21 où j'attendrai avec impatience le retour de ce même courier
et je m'estimerai fort heureux et très honoré si je puis être d'aucun utilité
à la Reine d'Hongrie.
   Je prends la liberté d'envoyer à V. E. une nouvelle qui lui fera plaisir
confirmé par un lettre de Danzig« [die Nachrichten schildern die Niederlage
der Schweden durch die Russen unter FM. Graf Lascy bei Wilmanstrand,
23. August] »que vous n'aurez pas de la peine à Vous faire expliquer quoi-
qu'en anglais, se trouvant assez de nos messieurs auprès de Vous, après les
avoir lu je prierai à V. E. de me les renvoyer par la première occasion.
   Si mon cher ami le général comte Browne est au camp, je serai charmé
qu'il voulut recevoir l'offre sincère de mes très humbles services« etc.
(Gräfl. Neipperg'sches Archiv. Original.)
   [2]) H. H. u. St. A. Friedens-Acten, Fasc. 23. Original.

von dem Lord Hyndford nach Wien respedirten englischen Couriers zu schreiben, und unter anderen eine Abschrift von dem beizulegen, so jezt gedachter Lord Hyndford auf mein, an ihn Abgelassenes mir zur Antwort gegeben; da aber, um besagten englischen Courier allhier nicht lange aufzuhalten, mir die Zeit gleich anfänglich nicht genommen, sothanen Hyndford'schen Brief mit rechtem Bedacht zu durchgehen, seit dessen Abgang hingegen mir kein Hinderniss im Weg steht, über dessen Inhalt meine wohlbedächtlichen Reflexionen zu machen, so veranlasst mich hauptsächlich die darin enthaltene Passage: dass er Lord Hyndford Ursache sich zu flattiren habe, welchergestalten ich ersterer Tägen von meinem Hof andere, das Accommodement mit Preussen betreffende Instructionen erhalten würde, zu vermuthen und auf die Gedanken zu fallen, ob nicht auch wiederholter Lord Hyndford jenen Antrag auf die Abgabe beider Städte Neisse und Glatz, um das Verlangen des Königs von Preussen vollkommen zu erfüllen, schon mache, und in dieser Gestalt die Genehmhaltung von Seiten E. k. M. zu erhalten hoffe, auf diesen Conto auch vorläufig in das preussische Lager sich begeben habe; dann ob er schon auch in seinem Schreiben mit einfliessen lasset: sich sehr beglückt und geehret schätzen zu wollen, so E. k. M. derselbe zu einiger Nutzbarkeit sein könne, so weiss man doch, dass dieses nur Complimenten zu sein pflegen, die sich gar selten verificiren, und ein bevollmächtigter Minister gemeiniglich nur auf das Interesse seines Principals sieht, das übrige hingegen nur als Nebensachen tractirt, und darauf eine wesentliche Attention, und den rechten Nachdruck wie für seinen Herrn, nicht traget, absonderlich, da wie bekannt, der König von England hauptsächlich nur sucht, dem Krieg hier zu Lande ein Ende zu machen, ohne sich über den Verlust zu bekümmern, der E. k. M. hiedurch zuwachsen möchte. Da aber dieses nur geringe Gedanken und Einfälle von mir, so wird sich nun zeigen, wie weit ein- oder anderes getroffen sein dürfte, nachdem mehrberührter Lord Hyndford, seiner Versicherung nach, heut in dem preussischen Lager sich einfindet, und zwar insoweit, als ich seinen Brief verstehe, nur daselbst die Zurückkunft des eigenen Couriers mit Ungeduld abwarten werde, ich meines Orts hingegen, daferne nicht etwa von

daraus zu was Anlass bekommen möchte, werde ganz still bleiben
und von mir selbst keinen Anwurf machen, um den König von
Preussen, wie bereits gedacht, nicht auf die Gedanken zu bringen,
als ob man unserseits so sehr nach dem Frieden strebe und seinen
immerfort erhöhenden Propositionen noch so willig Gehör geben
wolle.

Und wie zumalen gleichersagter König von Preussen neulich
besagtermassen so sehr darauf andringt, dass man unserseits nach
allen Kräften trachten solle, die Stadt Wien zu retten und sogar
dafür hielte, dass ich keine Zeit zu verlieren hätte, von dem
Königreich Böhmen hingegen in meiner jüngsthin mit dem Obristen
v. Goltz gepflogenen Unterredung von demselben gar keine Erwähnung geschehen, so gerathe ebenfalls auf die Gedanken, ob
nicht etwa zwischen dem König von Preussen, Frankreich und
Bayern ausbedungen worden, dass dem Kurfürsten aus Bayern
das Land ob der Enns mit Vorder-Oesterreich und dem Königreich Böhmen, letzteres zwar entweder ihm allein, oder zugleich
mit Sachsen zufallen, Unter-Oesterreich hingegen mit Steyermark,
Kärnten, Krain und Tyrol E. k. M. verbleiben solle, welchemfalls,
und wann es diese Beschaffenheit wirklich hätte, und unter Bayern
und Sachsen auch die Grafschaft Glatz, der Rest von Ober-
Schlesien, und vielleicht auch gar das Markgrafthum Mähren verstanden wäre, nicht ohne Grund zu besorgen, dass eröffterter König
von Preussen von seiner Anforderung auf die Städte Neisse und
Glatz keineswegs abstehen, sondern vielmehr solche als eine Tête
und Barrière gegen die nur vermeintlichen Acquirenten von
Böhmen und übrigen, als gegen E. k. M. zu behaupten suchen
dürfte.

E. k. M. wollen mir aber nicht ungnädig nehmen, dass
Dinge auf die Bahn bringe, die nur aus meinen geringen Gedanken ihren Ursprung haben, und deren Wesenheit noch gar
vieler Ungewissheit unterworfen ist; ich suche nur hervor, was
mir mein Eifer und Sorgfalt für E. k. M. Allerhöchsten Dienst
und Interesse bei diesen verwirrten Umständen eingeben, und es
beruht dannoch lediglich auf Allerhöchst Deroselben Belieben und
Wohlgefallen, davon denjenigen Gebrauch zu machen, den
E. k. M. den anständigst und bequemlichsten zu sein erachten
werden etc."

54. FM. Graf Neipperg an die Königin.[1])

Neunz, 23. September 1741.

Heut Vormittag zwischen 10 und 11 Uhr empfing ich von dem Lord Hyndford das in Abschrift angebogene Schreiben,[2]) und darauf, um 1 Uhr ungefähr, kam derselbe selbst anher und nahm mit mir das Mittagmahl ein.

Ersagter Lord Hyndford gab mir bei dieser Gelegenheit zu erkennen, dass er den letzt an Robinson abgefertigten, und vorgestern als den 21. d. allhier zu Mittag passirten Courier mit Verlangen zurückerwarte, um alsdann in dem Friedenswerk mit Preussen weiter vorschreiten zu können. Da unterdessen derselbe mir vertraute, wie der König aus Preussen von seinen Anforderungen auf die Städte Neisse und Glatz keinerdings abstehen wolle, ja überdies noch neuerdings die Winterquartiere in Böhmen oder Mähren sammt dem E. k. M. verbleibenden Ober-Schlesien, wovon ich noch zur Zeit nicht das Geringste wusste, für wenigstens zehntausend Mann seiner Truppen zu haben verlange.

Ich habe ihm Lord Hyndford aber hierauf platterdings erwidert, wie aus diesen Anforderungen nichts werden würde, und der König von Preussen weder auf die Städte Neisse und Glatz, noch auch auf vorbesagte Winterquartiere einigen Antrag zu machen hätte, indem man von seiten E. k. M. keinerdings weiter sich einzulassen gedenke, als wozu man sich albereits erklärt, nemlich mit Cedirung ganz Unter-Schlesiens, worunter das Münsterberg'sche und Grottkau'sche verstanden, den Neissefluss zur Grenze zu behalten. Ich sähe auch nicht, wozu ihm die, obbesagtermassen in Böhmen, Mähren oder Ober-Schlesien anverlangenden Winterquartiere helfen sollten, denn wann er auch allerdings hiedurch nur seine wahren Absichten vor Frankreich und

[1]) H. H. u. St. A. Friedens-Acten. Fasc. 23. Original.
[2]) »Du camp Prussien, Septembre 1741.
J'arrivai ici hier, et comme je souhaite fort d'avoir l'honneur de parler a V. E. je prends la liberté de lui envoyer mon valet de chambre avec celle-ci pour lui faire savoir que je passerai la rivière de Neisse aujourdhui a onze heurs pour me rendre chez lui où j'aurai l'honneur de l'assurer de bouche que je suis avec la plus parfaite considération de V. E.« etc. (H. H. u. St. A. Friedens-Acten. Fasc. 23.)

Bayern zu verhehlen suche, so würde es anmit keinen langen
Bestand haben, weil diese beiden, falls sie einmal durchgedrungen,
von ihm ausser Zweifel verlangen würden, entweder mit seinen
Truppen zu agiren, oder aber widrigens die solchergestalten in
Winterquartiere verlegten, von dannen zurückzuziehen; ausser es
wären selbige uns zu Hilfe gewidmet, welchemfalls über diesen
Punct sich weiters reden liesse, wann es zum Friedens-Schluss
kommen sollte.

Ich merke überhaupt aus dem, mit dem Lord Hyndford
geführten Discurs, dass der König von Preussen wegen Frankreich
und Bayern, mit denen sein Engagement schon zu weit gekommen
sein muss, und er es allererst jetzt zu erkennen anfängt, jetzt
mehr als jemahls embarassirt sei, und deren führende Absichten
ihm nicht geringe Sorgen erwecken müssen, auch ihm um soviel
mehr veranlassen dürften, sich zum Ziel zu legen, und die, von
seiten E. k. M. ihm gemachten Propositionen einzugehen, absonderlich aber meldete mir der Lord Hyndford, wie er, obzwar noch
zur Zeit ohne Gewissheit, dafür halte, dass mehrgedachter König
von Preussen wenigstens von seiner Anforderung auf die Stadt
Glatz, nicht aber auf die Stadt Neisse abstehen würde.

Noch eines, wie der Lord Hyndford mir sagt, werde jetzgleich
erwähntem König von Preussen annehmlich sein, wann ihm nemlich
der überlassene Theil von Schlesien durch Russland garantirt würde,
wogegen auch, meines alleruntertähnigsten Darfürhaltens, kein Anstand zu machen wäre, weiters aber erachtete meines geringen Orts
nicht, dass seinen Anforderungen, so viel nemlich die Städte Neisse
und Glatz, ingleichen die Winterquartiere betrifft, Gehör gegeben,
oder ihm hiervon was zugestanden werden solle, denn eine solche
freiwillige Eingestehung nebst dem, dass es E. k. M. zu unersetz-
lichem Schaden und Nachtheil gereichte, von der Welt nicht mit
so gleichgiltigen Augen angesehen werden dürfte, als wann man
hiezu durch die Gewalt der Waffen gezwungen worden wäre;
und wäre es allenfalls dem König von Preussen mit dem Frieden,
seinen bekannten Finessen nach, kein Ernst, so gäbe man ihm ja
durch Ueberlassung der Städte Neisse und Glatz, auch durch
Eingestehung der abverlangten Winterquartiere umsomehr Gelegenheit an die Hand, seinen Allirten auch mit grösserer Eilfertigkeit
beizustehen.

Ich finde mich in meinem Gewissen schuldig, E. k. M. hiervon in Eile den allerunterthänigsten Vortrag zu thun, in der Zuversicht, dass man sich ja nicht dahin entschliessen würde, in diese neuerliche Anforderungen des Königs von Preussen, was nemlich die Cession beider Städte Neisse und Glatz, hiernächst obvermeldete Winterquartiere anbelangt, einzuwilligen, und den Lord Hyndford hierauf durch den letzt an den Robinson abgefertigten Courier zu instruiren, denn gleichwie dieser Minister aus Veranlassung seines Königs in der Hauptsache nur dahin sich bestrebt, den König aus Preussen von diesem Krieg abzuziehen, also dürfte es ihn wenig bekümmern, ob es mit grösserem oder geringerem Schaden E. k. M. geschehe, und ich dieses von dem Lord Hyndford gar wohl abgemerkt habe. So viel auch von diesem sowohl, als dem Obristen von Goltz abgenommen, ist es beiden nur um Wien zu thun und keiner hat sich um Böhmen bekümmert, woraus zu schliessen, dass sie es bereits als eine richtige Sache ansehen müssen, dass dieses Königreich zwischen Bayern und Sachsen zertheilt werde. Sogar hat der Lord Hyndford mir eingestanden, dass der Tractat zwischen Frankreich und Sachsen wirklich geschlossen sei.

Eröffterter Lord Hyndford ist übrigens von hier wieder ab- und gerade nach Neisse in die Stadt gegangen, und gedenkt daselbst, wie er mir gesagt, so lang zu verbleiben, bis der letzte nach Wien an den Robinson abgeschickte Courier mit der Antwort auf seinen Vortrag wieder zurückgekommen sein wird, um alsdann das Weitere zu besorgen, welches hiemit zur Nachricht alleruntertänigst anhänge, und dabei der sicheren Hoffnung lebe, man werde ja von Seiten E. k. M. keinen solchen Schluss abfassen, der da mit dem Verlangen des Königs von Preussen in Betracht seiner neuerlichen Praetensionen übereins kommen möchte.

Die beiden Husaren-Regimenter Csáky und Pestvarmagey lasse ich noch zur Zeit nach Böhmen zu dem Fürsten v. Lobkowitz nicht aufbrechen, um dadurch den König von Preussen, wann er erfahrete, dass ganze Corpi von hier weggehen, nicht Anlass zu geben, sein Anverlangen noch höher zu spannen, in der Meinung, man fange bereits an, die Truppen von hier anderswohin abgehen zu lassen. Sobald es aber zum Frieden ein wirkliches Ansehen hat und derselbe richtig, so werde gar nicht mehr säumen, selbige

zu dem Fürsten von Lobkowitz abgehen zu machen, auch noch
weitere Verfügung, in Conformität E. k. M. Allerhöchster Intention,
aller dahin abgehender Truppen halber allsogleich zu thun.

Der russische Minister an dem preussischen Hof Baron von
Brackel, der bisher zu Berlin geblieben, soll heut zu Breslau
anlangen, und von dem König von Preussen, vermöge der mit
Russland habenden Allianz, Hilfe gegen Schweden anzubegehren [1]
und weil auch curios wäre, zu wissen, wie dann der Lord Hyndford es anstellen können, hieher zu kommen, nachdem dieses Geschäft vor den Franzosen, wie er mich's selbst und der Obrist
von Goltz versichert, ein Geheimnis sei und bleiben solle, der
französische Minister Valori hingegen dem König von Preussen
stets an der Seite ist, so hat er mir gesagt, wie er öffentlich vorgegeben, dass er von seinem König eine Commission habe, um
welcher er mit mir wegen E. k. M. reden müsste, und gar nicht
dahin schlaget, und endlich auch den letzt von ihm abgesendeten
Courier lieber allhier bei mir erwarten wollte, als drüben, wo
man ihm kein gutes Gesicht mache, und dieses habe er auch
vermeldet in Gegenwart des FM. Grafen von Schwerin, der von
dem Geheimnis nicht mit ist, welches von dem König aus Preussen,
der zwar von der wahren hierunter waltenden Beschaffenheit unterrichtet, genehmgehalten und ihm hierauf von dem General-
Adjutanten Obristen von Hacke die schriftliche Approbation, wie
ers verlangt, in einem Billet gegeben worden etc.

23. September 1741.

P. S.[2]) Wanns zum Frieden mit dem König von Preussen
kommen sollte, und er es ernstlich, redlich und aufrichtig mit
E. M. meinen, so weiss ich nicht ob's nicht Händel gibt zwischen
ihm und Sachsen, besonders wenn letzteres mit Frankreich und
Bayern eine Allianz getroffen; wenigstens dürfte er unter obigen
Conditionen, und so sie wider [die] Person des Königs von Preussen
stattfinden, die Sachsen von bösen Vorhaben durch seine Bedrohungen abhalten. Der Lord Hyndford sagt mir auch, dass der
König von Preussen sich um seine Clevischen Länder besorge,

_____
[1]) Vergl. »Pol. Co resp« I. Nr. 506.
[2]) Das Postscriptum eigenhändg.

wegen französischer Nachbarschaft die in Jülichisch und Bergischem, worauf ihm zur Antwort gegeben, der König sollte nur Wesel mit Mannschaft und Uebrigem versehen, um von der Sorge los zu sein und entweder nun oder bald darauf es mit uns und übrigen Alliirten halten. Die Allianz zwischen Bayern und Frankreich, sagt der Lord, sei zu keinem sonderlichen Vortheil und zur Noth des ersteren; und so viel aus sein des Lord Hyndford Discurs weiter hab' abnehmen können, so zielet die ganze Sache hauptsächlich nach nur auf Böhmen und Ober-Oesterreich und weiters wie in meinem Schreiben schon dessen gedacht, die Niederlande für Frankreich, Italien zu partagiren nach Gutbefinden, und ganz Deutschland in eine Espèce von sclavitude zu setzen; das der König von Preussen, mehr aber noch andere, die um ihn wie der Obrist v. Goltz, wohl merken und apprehendiren etc.

Hyndford hatte den König Friedrich II. im Lager nur einmal flüchtig gesprochen, jedenfalls aber mit Obrist Goltz fleissig verhandelt. Grünhagen erzählt nach einem von ihm benützten Berichte Hyndfords im Londoner Record office über die damalige Anwesenheit des englischen Gesandten im preussischen Lager, dass der König die nachgesuchte Audienz verweigert habe, „er wolle dem französischen Gesandten Marquis Valori keine Ombrage geben."

Doch fand sich ein anderes Auskunftsmittel, und jedenfalls auf Goltz's Anrathen, also schwerlich ohne Vorwissen des Königs, postirte sich am 22. September der Lord in den engen Eingang zu des Königs Zelte, als dieser von der Parade zurückkehren sollte. Friedrich gieng, so wie er den Gesandten erblickte, nicht rechts in das Speisezelt, sondern links in sein eigenes, schloss die Thür, winkte das Gefolge hinaus und fragte: „Nun Mylord, um was handelt es sich jetzt?" „Majestät" sagte Hyndford, „um die geheime Angelegenheit und dann um eine Zusicherung wegen der Neutralität der hannoverischen Lande, welche von Ew. Majestät zu erhalten ich sehr glücklich sein würde." Nur auf die zweite Sache gieng der König ein, brachte wiederum seine Beschwerden über England vor und die wenig übereinstimmenden Aeusserungen des englischen und des hannoverischen Gesandten, versprach aber dann seine Verwendung, allerdings nicht ohne Anspielungen auf Convenienzen dafür.

21*

Von der geheimen Angelegenheit vermied er zu reden, und als Hyndford das Gespräch hierauf zu lenken suchte durch die Erklärung, er müsse morgen über den Fluss in das österreichische Lager, begnügte Friedrich sich, hervorzuheben, der Lord möge es so einrichten, dass man sähe, der Uebergang geschehe im eigenen, nicht in des Königs Interesse." [1])

Inzwischen kamen dem österreichischen Armee-Commandanten jedoch am 24. September neue Weisungen Seitens seines Hofes zu. Die erste vom 21. September ermächtigte Neipperg im Nothfalle auch Neisse abzutreten und nach Wien, zur Rettung der Hauptstadt mit der Armee aufzubrechen. [2])

Die zweite, nach dem Eintreffen des Berichtes vom 18. verfasst, wiederholte das Zugeständnis wegen Neisse, bestand aber auf der Behauptung von Glatz, als unentbehrlich für die Sicherheit Böhmens. [3])

Die dritte endlich, nach Empfang von Neipperg's Relation vom 19. entworfen, stellt die Reihenfolge der Anerbietungen fest:

---

[1]) Grünhagen, »I. schles Krieg«. II. pag. 13.

[2]) . . . »So viel aber die Euch untergebene Armee anbelangt, kommt entweder der mit Preussen intendirte Vergleich nach den unter dem 15. h. Euch überschriebenen Bedingnissen zu Stand, oder aber nicht. In dem ersteren Falle habt Ihr unverzüglich und ohne weiteren Befehl abzuwarten, den Rückweg mit derselben nach Wien anzutreten, um diesen Ort ausser Gefahr zu setzen oder davon zu befreien. . . . . Wäre es aber, dass Preussen mit den, den 15. Euch überschriebenen Anerbieten sich nicht begnügte, so hättet Ihr vor Allem zu versuchen, ob nicht gegen Abtretung der Stadt Neisse nebst den ohnedies angetragenen Opfern, Preussen zum Frieden zu vermögen wäre, und solchenfalls gleichfalls mit der Armee nach Wien, um den Ort zu retten, so wie obstehet, zu eilen. Man ist inmittelst am Begriff, den grössten Theil Meiner Infanterie aus Italien herauszuziehen, um entweder zwei Armeen zu formieren oder mit überlegener Macht die kur-bayerischen eigenen und sogenannten Hilfs-Völker anzugreifen. Wie zumal aber zu obiger Herausziehung Zeit erfordert wird, und Wien, bevor sie vollzogen, fallen dürfte, also ist aus dieser alleinigen Ursache und Betrachtung der in gegenwärtigem Handschreiben enthaltene Entschluss, Neisse gleichfalls an Preussen zu überlassen, ob ihn gleich überaus grossen Bedenklichkeiten unterworfen zu sein gar wohl erkenne, von mir gefasst worden« (Die Königin an FM. Graf Neipperg. Pressburg, 21. September 1741. H. H. u. St. A. Friedens-Acten. Fasc. 23. Concept.)

[3]) H. H. u. St. Archiv. Friedens-Acten. Fasc. 23. Concept.

zuerst sollte der Feldmarschall versuchen, mit den vom Hofe am
15. September aufgestellten Concessionen auszukommen, darnach
Neisse in statu quo und zuletzt die Schleifung beider Festungen
zugestehen.[1])

55. Der Grossherzog von Toscana an FM. Graf Neipperg.[2])
[Pressburg], 21. September.

Ich habe Ihre beiden Depeschen für die Königin vom
18. erhalten, woraus ich ersehe, was sich zwischen dem Obristen
des Königs von Preussen und Ihnen zugetragen hat. Ich gestehe
Ihnen, dass dieser Vergleich sehr zu wünschen wäre, besonders,
wenn die Bedingungen, welche wir verlangten, darin enthalten
wären; aber selbst mit dieser Neutralität würde es uns helfen,
denn man hört nicht auf, uns hier arg zu bedrängen und es ist
ja doch immer ein Feind weniger.

Man schickt Ihnen durch diesen Eilboten die Ermächtigung,
ihm selbst Neisse abzutreten, was in Wahrheit uns sehr zu Herzen
geht, weil es sich die ganze Zeit über so vortrefflich gehalten hat;
aber wegen Glatz, da es ein Theil des Königreichs Böhmen ist,
und aus unendlich vielen Gründen, kann man dies nicht thun,
also werden Sie Ihre ganze Rhetorik anwenden, um ihnen begreiflich zu machen, dass dies unmöglich ist und Sie werden versuchen, ob Sie nicht auf dem in unserer Depesche vom 15.

---

[1]) »Nun werdet Ihr zuvörderst nicht zu säumen haben, die unter dem
15. Euch zugekommene hiesige Erklärung, wenn es noch nicht geschehen,
dem König von Preussen zukommen zu machen, und deren Inhalt bestens
geltend zu machen.

Langt Ihr damit aus, so hat es ohnedas seine Richtigkeit. Wann es
aber nicht zu erhalten sein sollte, so hättet Ihr eher Neisse in dem Stand,
wie es ist, ihm anzubieten, als beider Orte Rasierung, auch mit dem Zusatz,
dass sie unter Meiner Botmässigkeit zu verbleiben hätten, in Vorschlag zu
bringen.

Wann jedoch auch dieser zweite Grad nicht durchzubringen wäre, so
hess Ich mir Euren Vorschlag wegen sothaner Rasierung auf Art und Weise
als Euer Bericht vom 19. ausweist, endlich auch gefallen und hättet Ihr auch
auf solchen Fuss den Frieden zu schliessen, nicht zu säumen.« (Die Königin
an FM. Graf Neipperg. Pressburg, 22. September 1741 H. H. u St. A. Friedens-
Acten. Fasc. 23. Concept.)

[2]) Gräfl. Neipperg'sches Archiv. Original französisch und eigenhändig.

gewünschten Fuss abschliessen können, welches Neisse retten würde;
um wenigstens mit diesem letzten Opfer Alles zu beendigen, und
damit man Ihr ganzes Corps verwenden könnte, wo die grösste
Nothwendigkeit es erheischen wird. Sie könnten auch dem König
von Preussen begreiflich machen, dass mit uns zu sein, seine
wahren Interessen sind, da er einen Vertrag schliesst, durch
welchen es für ihn nicht vortheilhaft ist, dass Frankreich und
Bayern ihm so nahe kommen [?] [1]) und dass es das sicherste Mittel,
einen so gefährlichen Feind zu entfernen, wäre, sich mit uns zu
verbinden, bevor wir ausser Stande seien, ihm zu helfen, wenn
der Bedarfsfall dazu eintrete. Da haben Sie Alles, was mir ein-
fällt, dass Sie ihm sagen; ich zweifle nicht, dass Sie nicht noch
kräftigere Gründe finden sollten und vor Allem seine Denkungsart,
seine Geistesrichtung beachtend, da er doch der Retter der Königin
und der Erhalter des deutschen Vaterlandes sein will, wozu er
gegenwärtig eine Gelegenheit hätte, welche er niemals wieder so
treffen wird. Was die Complimente an die Königin und mich
anbetrifft, so werde ich Ihnen einen Brief schreiben, den Sie im
grössten Vertrauen diesem Obristen zeigen oder vorlesen können,
wenn Sie ihn wieder sehen.[2])

Ich glaube, dass Sie nichts sparen sollen, wenn Sie schliessen
können, und Sie können auch unter irgend einem Vorwand versuchen mit ihm zu sprechen, um ein tüchtiges Feuer an dies Werk
zu legen und ich schmeichle mir, dass der König von Preussen
auch einmal müde werden wird, ein malhonneter Mann zu sein
(d'être malhonnête homme) und uns Gutes erweisen wird.

Die Angelegenheiten hier betreffend, so hat mich das ganze
Land mit vieler Zustimmung als Mitregent anerkannt[3]) und sie
zählen darauf, die Waffen für die Königin zu ergreifen und ein
ganz ungarisches Corps von mehr als 50.000 Mann zu formiren,
arbeiten auch schon kräftig daran; diese mit Ihnen vereinigt,
wenn Sie sich losmachen können, würden uns helfen können,

---

[1]) Dieser Satz ist im Original sehr undeutlich; hier jedoch dem Sinne
nach wenigstens correct wiedergegeben.

[2]) Siehe pag. 328, Anmerkung 2

[3]) Am 21. September, dem Tage von welchem dieser Brief datirt ist,
hatte der Grossherzog vor seiner königlichen Gemalin und den Mitgliedern
beider Tafeln den Eid als Mitregent im Schlosse zu Pressburg abgelegt.

vereint noch mit der Hilfe, welche Sie in Ihrem Post Scriptum angeführt haben.[1])

Wien ist so ziemlich in Ordnung und hat man gethan, was man konnte, um Alles in Stand zu setzen und es soll heute oder morgen 8 000 Mann reguläre Truppen haben und genug Lebensmittel, auch Vorräthe.

Man muss gestehen, dass die Raschheit schwer zu begreifen ist, mit welcher das Alles gegangen ist gegen die sonstige Gewohnheit, und ich zweifle, dass Schmettau es in sieben Tagen einnimmt, wie er es gesagt haben soll und ich hoffe, dass es Ihnen die Zeit geben wird noch recht zu kommen, um es zu entsetzen.

Sie werden ohne Zweifel auch wissen, dass der Marschall Lascy die Schweden, welche stärker als 10.000 Mann waren, geschlagen und sie der Art vernichtet hat, dass nur 2 Escadronen von ihnen übrig geblieben; der commandirende General und andere gefangen oder getödtet und ihre gesammte Artillerie auch genommen und selbst auch eine Stadt Willmanstrand, welche in der Nähe war, genommen, wo Alles niedergemacht wurde; mit einem Worte, man hat niemals einen vollständigeren Sieg gesehen und Marschall Lascy muss viel Ruhm dadurch erworben haben. Gott gebe, dass dies der Anfang unseres Glückes sei und das Ende der Unglücksfälle, wenn Sie mit dem König von Preussen reussiren.

Ich hoffe es; inzwischen beendige ich dies Schreiben, indem ich Sie benachrichtige, dass die Königin mir anbefiehlt, Sie Ihrer Huld zu versichern, sie ist hier gegenwärtig und wiederholt es mir.

Man betrachtet Sie als den Retter Böhmens oder der Stadt Wien. Bezüglich der Königin, wenn er [der Kurfürst von Bayern] nach Wien kommt, geht sie nach Ofen. Das hätte man vor einem Jahre nicht gedacht. Adieu, mir bleibt nur übrig, Ihnen meine Denkungsart zu wiederholen, für Sie bleibt sie stets die gleiche.

P. S. Da Mylord Hyndford meinen Brief, den ich an den König von Preussen geschrieben hatte, ohne ihm davon Erwähnung zu thun, mir zurückgeschickt hat, sende ich Ihnen denselben

---

[1]) Hier ist vermuthlich der Schlusssatz des zweiten (französischen) Berichtes des Feldmarschalls vom 18. September gemeint. (S. pag. 307.)

wieder zu, indem ich das Datum darauf ändere, damit Sie, wenn
Sie sich dem genannten Könige nähern, ihm denselben übergeben,
falls Sie glauben, dass er eine gute Wirkung machen könnte.[1])

Denn ich gestehe es Ihnen, dass sein Betragen so ausserordentlich ist (que sa conduite est si extraordinaire), dass ich
nicht weiss, was man davon denken solle, besonders gegenwärtig,
doch muss man Alles versuchen, um ihn uns zu nähern.

Vor Allem, wenn Sie abschliessen können, vergessen Sie
nicht, dass er Ihnen etwas Unterzeichnetes gebe (qu'il vous donne
quelque chose de signé), selbst wenn es für seine Neutralität wäre,
denn man muss seine Vorsichten mit ihm wohl nehmen und
sicher sein, dass er nicht irgend einen Streich machen wird
(qu'il ne fera pas quelque algarade). Das ist's, was ich Ihnen
anempfehle.[2])

---

[1]) Es ist hier der bei Arneth »Maria Theresia« 1. pag. 397, abgedruckte
Brief gemeint.

[2]) Das erwähnte, für den preussischen Unterhändler zur Einsicht bestimmte Schreiben vom nämlichen Tage lautete:
    »Pressburg 21. September 1741.
Die liebenswürdigen Complimente, welche der König von Preussen
Ihnen für mich aufgetragen, haben mir Vergnügen gemacht, denn ich darf es
wohl sagen, dass ich sie ein wenig verdiene und vielleicht mehr, als er
meint, und ich glaube bestimmt, dass, wenn er mir seine Stimme für die
Kaiserkrone gäbe, er Jemand gehabt hätte, der mehr Verpflichtung für ihn
haben würde, als sie sicherlich der Kurfürst von Bayern für ihn besitzt, der
stets glauben wird, sie von Frankreich erhalten zu haben. Aber genug davon;
und Alles, was ich wünschen würde ist, dass der König ebenso gut für mich
dächte, als ich für ihn.
Die Königin hat mir empfänglich für das geschienen, was er für sie
hat sagen lassen, und hat geantwortet, dass es die Noth ist, in der man
die wahren Freunde erkennt und so hoffe ich, dass der König davon reelle
Proben im gegenwärtigen Augenblick geben werde.
Es war ganz natürlich, dass Sie in der Weise gesprochen und ich
glaube, dass, wenn der König wohl nachdenken will, er uns durch unsere
Feinde und jene der allgemeinen Ruhe und Freiheit des Reiches nicht vernichten lassen wird, und es ist wahr, dass der König wenigstens etwas hat,
um den Affairen in Europa eine ganz andere Wendung zu geben; ich denke
immer, wenn er reiflich überlegt haben wird, er es thun wird, da es ja sein
eigenes Interesse ist: wenigstens glaube ich daran, da ich ihn kenne. Ich
bin etc.« (Gräflich Neipperg'sches Archiv. Original französisch und eigenhändig.)

Am 24. September begab sich FM. Graf Neipperg zu Lord Hyndford nach Neisse. Bei seiner Rückkehr in das Hauptquartier[1]) langte Abends 7 Uhr der Courier aus Wien mit den drei erwähnten Depeschen an, worauf der Armee-Commandant sich sofort abermals zum englischen Gesandten nach Neisse begab, von wo er erst um 12 Uhr Nachts zurückkehrte.[2])

Er kam mit Hyndford überein, dass, um keine Zeit zu verlieren, weil die Königin den „Frieden absolut zu haben verlange", am 25. September Morgens GFWM. Baron Lentulus an den Prinzen Dietrich von Anhalt bezüglich der für den 1. October bestimmten Auswechslung der Kriegsgefangenen schreiben und Hyndford dieser Mittheilung einen Brief an Oberst von Goltz beilegen solle, worin er ihn von dem Stand der Sache unterrichte und verlange, dass sich der Letztere wieder bei den Capuzinern in der „Mährengasse" einfinde.

Dies durch einen Trompeter in das preussische Lager abgesendete Schreiben wurde durch König Friedrich II. selbst eröffnet und es kam die Antwort um 1 Uhr Mittags zurück, dass der Oberst am selben Nachmittage zwischen 4 und 5 Uhr an gedachtem Orte eintreffen werde.

Neipperg wurde hievon verständigt.

Lentulus begab sich um die genannte Stunde in das Capuzinerkloster, wo er den Oberst von Goltz bereits fand. Um 5 Uhr fuhr auch Graf Neipperg mit Hyndford, ohne Begleitung bei dem Kloster vor und blieben dort bis 6½ Uhr.[3])

Der Armee-Commandant meldet in seinem Berichte an die Königin vom 25. September, dass dem Obersten von Goltz ein Vergleichs-Project, „so der Lord Hyndford als das, dem Genio und Intention des Königs von Preussen, seiner Meinung nach conformste, unterdessen entworfen habe," übergeben worden sei.[4])

---

[1]) u. [3]) K.-A., Lutsch' Tagebuch.

[2]) K.-A., Lutsch' Tagebuch.

[4]) „Convention secrète entre S. M. le roi de la Grande Bretagne, S. M. la reine d'Hongrie et de Bohême et S. M. le roi de Prusse". „Hiernach trat die Königin Maria Theresia „sans demander autre chose de S. M. le roi de Prusse que son amitié et une paix et une reconciliation solide avec lui." ohne Abhängigkeit vom Königreich Böhmen, ganz Nieder-Schlesien bis zum Neisse-

Der Marschall berichtet nun: „man redete miteinander
darüber, und der Obrist von Goltz versprach es seinem König
zu behändigen, auch dabei seine gute officia, das er es beliebe
und annehme, beizutragen, wiewohl den Lord Hyndford und mich
einigermassen in der Ungewissheit belassend, und alle drei in
Betracht der geschlossenen und genauen Allianz mit Frankreich
und Bayern, die er dem Exterieur — nach zu besorgen scheint,
wiewohl, was daran ist, meines Orts nicht wissen kann, zweifelten,
ob es von Seiten seines Königs also genehm gehalten und wirklich
eingegangen werden dürfte.

Nun wird sich bald hievon, wie der Obrist von Goltz vorläufig versichert, das Weitere zeigen und die Gewissheit unfehlbar
erfolgen, ob der König von Preussen diesen Vorschlag angenommen,
oder nicht.

Nimmt er solchen an, und die Sache gelangt andurch zur
Richtigkeit, so flattire mich, es werde mir dasjenige, so etwa,
ohne dazu vorläufig authentisirt gewesen zu sein, in ein so andern
einfliessen lassen, nicht neuerdings zur Ungnade gereichen, in
Betracht ich weder ein Staatserfahrener bin, noch auch die in
derlei Geschäften erforderliche tiefe Einsicht besitze, sondern Alles
was hierinfalls gethan, ist geschehen, um einestheils das Accommodement, so viel möglich, zu erleichtern, anderentheils aber dem
Verlangen des englischen Minister Lord Hyndford, der da auf
alles das, so seinen König und die Garantie von Russland, welches
den König von Preussen flattirt, nicht minder den Beitritt von
Sachsen zur Neutralität betrifft, mit Heftigkeit angedrungen, ein
Genügen zu leisten, und ist sich nicht an dem zu stossen, dass
in dem Project nur allein die Garantie dessen, so dem König von
Preussen in Schlesien überlassen wird, enthalten, allermassen auch

---

und Brinnitz-Flusse ab. Das Herzogthum Oppeln blieb der Königin. Oels kam
an Preussen. Die Stadt Neisse sollte geschleift werden.

Preussen geht nicht weiter und bewahrt »une exacte neutralité à l'égard
de la reine.«

Es folgen nun Bestimmungen über Religions-Angelegenheiten, über
Optionsrecht, die Bezahlung der auf Schlesien incorporirten Schulden nach dem
zu erhaltenden Antheile des Landes; bezüglich der Neutralität Preussens
Hannover gegenüber etc., und Garantiefestsetzungen. (H. H. u. St. A. Friedens-
Acten. Fasc. 24.)

die nemliche Garantie über das, so E. k. M. hier zu Lande ver-
bleibt, von England und Russland wie obiges, falls es zu Stand
käme, leichtlich zu erhalten sein würde.

Da aber, wann auch der Frieden mit Preussen nach dem
Enthalt ob allegirten Projects wirklich zu Stand gebracht werden
sollte, die meiste Schwierigkeit, wann ich denen Worten glauben
kann, dahin ankommt, solchen geheim zu halten und zu behindern,
dass selbiger dem französischen Minister Valori, der den König
von Preussen stets anliegt, gegen E. k. M. weiter zu agiren und
unter anderem die Stadt Neisse förmlich zu attaquiren, vor der
Zeit nicht bekannt werde, welches vermuthlich, und wann ich
mich nicht betrüge, aus einer Furcht vor den Franzosen, und
dass der König von Preussen allbereits zu weit mit dasigem und
dem kur-bayerischen Hof sich engagirt, herrührt, so fället mir
ein, ob nicht zur Beförderung dieses, von preussischer Seite so
sehnlich suchenden Endzwecks thunlich wäre, dem König von
Preussen, sobald er den, ihm laut obigen Vorschlags anerbotenen
Vergleich beangenehmt, und wirklich eingegangen, auch selbigen
unterschrieben und somit solchem die vollkommene Giltigkeit
gegeben, ich hingegen mit dem hiesigen Kriegs-Corps unter dem
Scheine einer Retraite von hier mich zurück und gegen Mähren
gezogen, zu verstatten, dass er die Stadt Neisse, ohne jedoch
selbige zu beschiessen, oder sonsten zu beleidigen, mit einem
Theil seiner Truppen ringsherum, das ist in einer Distanz von
höchstens einer- oder anderthalb Stunden um die Stadt einschliesse,
und der Welt glauben mache, als ob er solche aushungern wolle,
anmit aber so lang trainirte, bis es ihm Zeit zu sein gedünke,
die Maske abzulegen und sich öffentlich zu declariren. Es müsste
aber deswegen ein separirter Artikel errichtet, und von Preussen
ein Revers ausgestellt werden, dass, wann auch die Stadt Neisse,
ungeachtet selbige auf die wirklich daselbstige Garnison auf 3,
und wann man selbige auf die Hälfte von 1000 Mann, wie es
solchenfalls das beste wäre, herabsetzte, auf 6 Monat mit Lebensmitteln versehen, fallen sollte und sich unumgänglich ergeben
müsste, selbige E. k. M. wieder nach dem Verstand des errichteten
Friedens zurückgestellt werde, um alsdann das Ausbedungene
wegen Rasirung ihrer Fortification daran vollziehen zu können,
und sofort unter Allerhöchst Deroselben Botmässigkeit zu ver-

bleiben. Nicht minder müsste auch Preussen in solchem Fall sich
verreversiren, nicht weiter in Ober-Schlesien, oder gegen Mähren
vorzurücken, oder aber aus dem E. k. M. verbleibenden Theil
von Schlesien ein — so anderes, es sei an Geld, Naturalien oder
sonsten, zu erpressen, sondern alles dasjenige, so zur Subsistenz
der vor und um Neisse vorgesagtermassen belassender Truppen
erforderlich wäre, müsste aus dem Theil von Schlesien, so dem
König von Preussen vermöge des Vergleichs zufiele, herbeigeschafft
werden.

Sonsten habe aus dem Obristen von Goltz, wofern es anders
nicht verstellte Worte sind, sehr wohl abgemerkt, wie es dem
König von Preussen leid sei und ihn gereue, dass sich dieser Vergleich so lang verzogen und er inzwischen so weit mit Frankreich
und Bayern sich eingelassen, wovon er sich nunmehr so leichterdings und ohne sich selbst in Sorgen und Hazard zu setzen,
nicht abzuziehen vermag; wie dann ganz gewiss sein solle, wie
sie es bei ihnen vorgeben, und der Hyndford es auch bestätigt,
dass er gegen den Kurfürsten aus Bayern sich anheischig gemacht,
ihm seine Stimme bei der Kaiserwahl geben zu wollen; wann
daher sothane Kaiserswahl vor sich gehen sollte, ehe und bevor
der König von Preussen die Gelegenheit gefunden, worauf die
einzige, jedoch sehr ungewisse Hoffnung zu setzen wäre, sich von
Frankreich und Bayern abzuziehen und sofort sich öffentlich zu
declariren, so wird es fast nicht anders sein können, als sein
Engagement in Gebung der Stimme auf den Kurfürsten in Bayern
und übrigens, es sei directer oder indirecter Weise zu erfüllen.

Es kommt mir auch vor, als ob der König von England
qua Kurfürst von Hannover wegen seiner Stimme zur Kaiserwahl
eben so, wie der König von Preussen qua Kurfürst zu Brandenburg gesinnt und auf selbige gleichfalls keine Rechnung zu
machen sei. Ja ich habe aus dem, da man nur immer von Seiten
des Königs von Preussen sowohl, als des Lord Hyndford um die
Errettung der Stadt Wien so sehr sich interessirt, von dem Königs-
reich Böhmen hingegen, worauf ich doch bei denen bisher vorgefallenen Unterredungen meines Orts sehr attent gewesen, gar keine
Meldung macht, Anlass zu glauben, dass dieses Königreich sammt
weit mehreren Provinzen noch, dem Kurfürsten aus Bayern, um
selbigen andurch zu Soutenirung der kaiserlichen Würde desto

mehr in Stand zu setzen, bereits zum Theil so viel als zugetheilt, zum Theil aber anderen zugedacht sei, und dass es
solchemnach E. k. M. hierinfalls nicht allein mit Dero offenbaren
Feinden, sondern auch mit Dero Freunden selbsten connivendo
zu thun und von selbigen, so viel diese Puncte angeht, keine
Hilfe zu hoffen haben.

Der Lord Hyndford sagt mir auch, wiewohl nicht weiss, ob
es Grund habe, oder nur so vorgegeben wird, dass seines Königs
beide Fürstenthümer Bremen und Vehrden auch in die Partage
kommen und dem König von Schweden zufallen, das Sachsen-
Lauenburgische hingegen an den Fürsten von Anhalt-Dessau gelangen solle. Ob es nun zu unserem Trost nur vorgeschützt wird,
oder aber auf der Wahrheit beruhe, ist mir unbekannt, oder vielleicht ist es schon wieder dahin ausgemacht, dass es dem König von
England gegen dem, dass er einen Zuseher abgiebt, und E. k. M.
nur in Worten, nicht aber in Werken secundirt, verbleiben solle.
Wiederholter Lord Hyndford thut auch Meldung, dass die
Engländer an obigem Verlust ihres Königs zwar grossen Antheil
nehmen, nicht aber, dass sie es abzuwenden, oder der Sachen bei
diesen Umständen sich anzunehmen grosses Verlangen, wann es
dazu kommen sollte, spüren lassen. Mit einem Wort ich
besorge, E. K. M. seien von allen denjenigen, die
Deroselben von Rechtswegen helfen sollten, oder
könnten, verlassen und es lediglich dahin angesehen, wo
nicht die ganze Monarchie, wenigstens einen grossen Theil davon
in andere Hände fallen zu machen.

Inzwischen und sobald es nur einen richtigen Schein hat,
dass es mit Preussen zum Vergleich kommt, so schicke ich gleich
vorläufig die drei ungarischen capitulirten Regimenter, weswegen
mir auch gestern die Verordnung des Hof-Kriegs-Raths eingelaufen,
von hier den geradesten Weg über die Jablunka nach Ungarn
ab und mit dem hiesigen ganzen Kriegs-Corps bin gesinnt, nach
E. k. M. Allerhöchstem Befehl und Intention sogleich, nach erfolgter
Unterschrift des Vergleichs mit Preussen, von hier aufzubrechen
und nach Mähren in die Gegend Olmütz, und so weiter gegen
Brünn zu rücken, um mich alsdann von dort hinzuwenden, wo
es die Umstände und E. k. M. Allerhöchster Dienst erfordern
dürften, vorläufig aber und auf allen Fall schicke mich bereits

hiezu wirklich an, in Einleitung des Marsches sowohl, als Versorgung der Truppen und was sonsten in derlei Aeusserungen erforderlich sein will, suche auch bereits dem Landeshauptmann in Mähren Grafen von Kaunitz nebst der daselbst aufgestellten Militär-Commission und die königlichen Hauptleute der betreffenden Kreise zum voraus zu praeveniren, dass bei vor sich gehendem Marsche nicht gehindert werde, sondern, sowohl der Marschdirection halber, als Versorgung der Truppen und was sonsten dahin einschlagt, alle Beförderung erlange. Wollen E. k. M. nun auch dem obgedachten Landeshauptmann Grafen von Kaunitz deswegen von seiner Behörde zuschreiben lassen, so würde es hierin um so stärkere Wirkung thun und der Dahinmarsch dieses Kriegs-Corps desto mehr befördert werden, und ihm auftragen, dass er selbiges von Station zu Station versorge, zumalen derzeit in dasigem Lande keine Magazins vorhanden."[1])

An den Grossherzog sendete Graf Neipperg noch am selben Tage Abends ein Schreiben ab, worin er den Empfang des Briefes desselben vom 21., des zweiten zur Einsicht für Goltz bestimmten und des dritten für König Friedrich II. bestätigte,[2]) dabei aber hinzufügte, dass er in seiner am selben Tage mit Goltz gehabten Unterredung nicht für opportun erachtet habe, diesem den Brief zu zeigen oder desselben zu erwähnen. Was den für König Friedrich II. bestimmten Brief betreffe, so halte er ihn für nutzlos.

Der Kurfürst werde sicher Kaiser werden, soweit glaube er Hyndford und Goltz durchschaut zu haben, und die Königin werde aus ihren Ländern die Kosten für diese Wahl bezahlen müssen.

Neipperg bittet den Grossherzog, wenn man in Wien glauben sollte, dass er seine Instructionen mit dem Goltz übergebenen Vergleichs-Entwurf überschritten habe, Jemanden geeigneteren für diese Unterhandlungen nach Schlesien zu senden.[3])

---

[1]) H. H. u. St. A. Friedens-Acten, Fasc. 23. Original.

[2]) Siehe pag. 328, Anmerkung 1 und 2.

[3]) „Monseigneur en ce cas et comme on pourrait nonobstant dire à Vienne avoir outrepassé mes instructions dans ce projet et me rendre responsable, quoique Dieu sait qu'il n'a été couché que dans une bonne intention, pour faire sortir la Reine au moins plutôt d'un embarras s'il est possible, envoyez quelqu'un et des plus habiles que Vous avez à Vienne pour conclure une paix avec

Am späten Abend des 25. September noch kam ein Brief ohne Datum und Unterschrift aus dem preussischen Hauptquartier mit der Antwort auf das dem Oberst Goltz übergebene Vergleichs-Project an Lord Hyndford in Neisse, und wurde von dem letzteren sofort an Graf Neipperg gesendet.

Dieses Schreiben lautet: „à Lundi au soir. Je suis bien fâché, Mylord, de vous dire qu'il n'y a rien à faire. Pour Glatz je crois qu'on n'en parlera plus, mais la ville de Neisse nous tient à coeur. Je puis vous assurer, que si le roi jouait seul, nous aurions bientôt fait, puis qu'il ne demandera certainement jamais que ce que vous offrez, excepté la ville; mais nos alliés méritent des égards. Tout ce que nous pourrions faire pour le bien de la reine qui ne nous est nullement indifférent, c'est de laisser aller son armée d'ici, sans faire aucun traité; de nous amuser ici en Silésie, et de n'agir autre part contre qui que ce soit au monde. Si cela vous convient, M. le maréchal Neipperg peut partir demain s'il veut, ma tête lui serait garant de ce que j'ai l'honneur de vous dire, etc." [1])

Neipperg berichtet, indem er die Abschrift dieses Briefes am 26. September nach Pressburg einsendet: „Hieraus nun ersehen E. k. M. Allergnädigst, wie wenig mich geirrt, da gezweifelt, dass mit dem, dem König von Preussen gethanen Friedens-Vorschlag auszulangen sein werde, denn die Stadt Neisse ist es erstlich, die er absolut zu haben pretendirt, welche ihm auch zu geben keinen Anstand hätte, wann nicht zum Voraus schon gesehen hätte und noch vermerkte, dass damit nichts gerichtet und das Wort nur, ohne demselben zu begnügen, von sich gegeben wäre, selbiges aber nicht wieder zurückgenommen werden könnte. Ich werde aber dennoch Morgen neuerdings zu dem Lord Hyndford nach Neisse mich begeben und mit ihm übereinkommen, was etwa weiters in Vorschlag zu bringen sein möchte, absonderlich aber wegen Neisse, wie im vorhergehenden meinem Schreiben

ce roi qui hésite tantôt pour la Reine ou Vous, tantôt pour la France et veut pourtant toujours gagner au milieu de ces embarras qui me surpassent comme bien d'autres choses." (K.-A. Schlesien 1741; Fasc. IX. 52 und ad 52. Original französisch und eigenhändig.)

[1]) H. H. u. St. A. Friedens-Acten. Fasc. 23. Abschrift. Nach derselben abgedruckt in „Polit. Correspondenz" I. Nr. 528.

angemerkt, um in eine Blokade zu verwandeln, damit er doch
dem Ort nicht wehe thue, gleichwohl aber seine Alliirten dadurch
einigermassen flattiren und unter anderen, wie es in oballegirtem
Schreiben angezogen, in Schlesien sich amusiren könne.

Mich dünkt aber, um der in jetztgedachtem abschriftlichen
Brief unterstrichenen Wörter hälber: Mais nos alliés méritent des égards, dass obiger Vorschlag nicht angenommen
werden und die Stadt Neisse kein genugsames Object für ihn sein
dürfte, wohl aber, dass er danebst in Ansehung seines Engagement
mit seinen Alliirten, wann es auch nur zum Schein, selbige zu
erfüllen, wäre, Ober-Schlesien wegen seiner Winterquartiere beziehen will, oder seiner Zeit sich flattiert, es gar behalten zu wollen,
wiederum in Ansehung obstehend unterstrichener französischer
Wörter. Käme ich aber mit ihm, ehe und bevor aus diesen
Gegenden abginge, nicht überein, so würde er sich hierau nicht
begnügen, sondern sicherlich auch vollends in Mähren vorrücken,
nicht zwar, um selbiges Land in dem nemlichen Verstand, wie
Ober-Schlesien, vielleicht sich zuzueignen, weil es ihm andere nach
der Partage, so sie etwa untereinander gemacht, nicht zulassen
würden, sondern, um seine Truppen, wenn auch nicht völlig,
wenigstens grossen Theils darin leben zu machen und seine
Regimenter durch die Art seiner Werbung, die bekannt ist, zu
recroutiren, gestalter Dingen auch neue zu errichten.

E. k. M. haben also die Allerhöchste Gnade, und thun mir
in dem Fall, da Allerhöchstdieselbe mir befehlen sollten, dass
nöthiger Umstände halber unumgänglich von hier abgehen und
mich entweder in Böhmen, oder nach Wien wenden müsste, zu
wissen, ob — und wie weit mich in obgedachten Stücken mit ihm
einlassen, und ob wegen der Stadt Neisse, wann derselbe solche
einige Zeit blockierte, auch wegen der Winterquartiere in Schlesien,
und auf wie lang eigentlich, wann er auf ein- wie anderem beharren sollte, überein kommen könne.

Diese Anfrage wegen Neisse, wozu E. k. M. mich allbereits
Allergnädigst bevollmächtigt haben, und wohl weiss, dass mich
nicht mehr darum anzufragen Ursache hätte, geschieht nur um der
neuen Art willen, die ich vorschlage, und die in des Königs seinem
Genio eingeht, und vielleicht die Sache zu einer Endschaft zu bringen
ihn vermögen möchte, sonst aber aus keiner anderen Ursache.

Was E. k. M. hierauf nun Allergnädigst mir zu befehlen
geruhen werden, das werde thun und bin selbst der Meinung, dass
wann Wien gerettet wird, falls das feindliche Absehen dahin ginge,
auch alles Uebrige viel leichter wieder sich geben werde, welches
aber, wann dieser Ort fallen und verloren gehen sollte, nicht wohl
zu hoffen, ich jedoch nicht wissen kann, sondern von dort aus
hierüber, was daran sein möchte, belehrt, und mir die Ordre um
des Marsches willen zugestellt werden muss; denn ohne Noth, als
um grösseres Uebel retten zu helfen, weiss ich ohnehin schon, dass
E. k. M. nicht anderwärtshin mich werden zu ziehen verlangen;
und würden E. k. M. Allergnädigst erkennen, dass länger hier
bleiben müsse, so käme es doch alle Zeit darauf an, wer einer
den anderen der Subsistenz willen ausdauern würde, und solchenfalls mich mehrmalen veranlasst sehe, E. k. M. Allerunterthänigst
zu bitten, die Ordre an seine Behörde ergehen zu lassen, dass
hierin ausgeholfen würde.

Uebrigens werden E. k. M. aus dem Thun und Lassen des
Königs von Preussen Allergnädigst erkennen, dass mir nicht wohl
möglich, mit ihm zu tractieren, der Respect vor ein gekröntes
Haupt lässt mir auch nicht zu, sein Portrait zu machen, und etwas
Weiteres hierinfalls zu berühren, und darum bitte E. k. M. Allerunterthänigst, in diesem Friedenswerk einen anderen hieher zu
beordern, weil nicht Finesse genug habe, à proportion der Preussischen, die derer voll sind, und zu nennen nicht erlaubt ist, auch
ich mit meiner Einfalt E. k. M. nur noch in grösseren Schaden,
so mir unsäglich leid wäre, bringen möchte, etc. [1]

Neipperg begab sich nun, infolge der in der Nacht ein-
getroffenen preussischen Antwort, am 26. September nach Neisse
zu Lord Hyndford und zog der Conferenz mit demselben auch
den FML. Graf Browne zu. In derselben ward beschlossen, die
Negociation mit Preussen in statu quo zu belassen. Hiezu wurden
die österreichischen Generale hauptsächlich auch dadurch bewogen,
dass die preussische Armee am nämlichen Tage früh aus ihrem
bisherigen Lager bei Neundorf aufgebrochen und flussabwärts
marschiert war, bei Koppitz Brücken geschlagen und die Avantgarde bereits den Uebergang aufs rechte Neisse-Ufer begonnen

[1] H. H. u. St. A. Friedens-Acten. Fasc. 23. Original.

Mitth. des k. und k. Kriegs-Archivs. Neue Folge. V.   22

hatte. Neipperg verhielt sich dieser Bewegung gegenüber vorläufig noch abwartend; er sagt:

„Geht seine Absicht bieher, so wird es wohl auf eine Affaire ankommen, gedenkt er aber in Mähren einzudringen, so werde meine Mass dergestalten nehmen, dass ihm diesfalls vorbiegen, und andurch E. K. M. mir jüngsthin in diesem Fall bekannt gemachte Allergnädigste Intention befolgen kann; wie dann auch sonst allweglich auf die Stadt Wien meine Hauptabsicht gerichtet sein wird, um solcher allenfalls bei sich äussernder Feindesgefahr zu Hilfe zu eilen, da ich, bis dahin dieser Vorfall sich nicht wirklich ergiebt, zu Beförderung E. K. M. Allerhöchsten Dienstes mit dem unterhabenden Kriegs-Corps, meines geringen Dafürhaltens, nirgends besser als dieser Enden gegen den König von Preussen, insolang mich nur der Subsistenz, worum bereits so vielfältig geschrieben, flattieren kann, zu verbleiben vermeine.“

Hyndford werde noch einen Tag in Neisse bleiben, um die Rückkehr seines letzten, nach Wien abgesendeten Couriers abzuwarten, dann aber nach Breslau zurückkehren. FML. Graf Browne, der vom Armee-Commandanten über Alles unterrichtet sei, werde demnächst nach Pressburg abgehen, um der Königin ausführlichen Bericht zu erstatten. [1]

In einem, noch vor der Zusammenkunft mit Hyndford, an den Grossherzog gerichteten Schreiben spricht sich Neipperg unumwunden über die Erfolglosigkeit der Verhandlungen aus und bittet nochmals, dieses Geschäft einem Anderen zu übertragen. [2]

---

[1] H. H. u. St. A. Friedens-Acten. Fasc. 23. Original.

[2] . . . . Monseigneur je ne sais plus où j'en suis avec ce roi de Prusse, qui en veut à la ville de Neisse et qui ne s'en contentera pas si même je la lui offre, il veut la prendre par force pour assurer la France et ses alliés qu'il tient bon avec eux et veut avancer dans la haute Silésie pour en jouir et sous espèce d'hostilité pour mieux confirmer la chose et s'en emparer en suite en cas que les affaires de la Reine tournassent plus mal et que ses alliés ne lui disputassent pas cette partie, ou pour en jouir en attendant comme je l'ai d'jà dit et y faire subsister une bonne partie de son armée et y lever du monde de gré et par force.

. . . . car il est sur que si jamais je quitte cette contrée avec l'armée que le roi en profitera d'abord pour exécuter non seulement son dessein contre la ville de Neisse dont il n'est plus question, mais pour occuper les quartiers dans la haute Silésie aussi, et se transporter plus loin et jusque dans le coeur

Der österreichische Armee-Commandant irrte darin wohl nicht. König Friedrich II. hatte sogar den Plan, ihn und seine Armee, wenn sie Schlesien verliessen, zwischen die Bayern und sich zu bringen, sie einzuschliessen und zu Kriegsgefangenen zu machen, und schrieb darüber am 23. September an Schmettau in das bayerische Hauptquartier:

„Le grand article serait à présent de disposer l'Electeur, puisqu'il veut entrer en Bohême [anstatt des aufgegebenen Marsches auf Wien], qu'il dirige ses marches de façon qu'il recogne avec moi Neipperg; je crois même qu'on pourrait le bloquer, et le réduire, lui et son armée, à se rendre prisonniers de guerre."[1])

de la Moravie; il n'attend que mon départ et s'en flatte que j'y serai obligé pour aller au secours de Vienne.

. . . . Monseigneur, croyez-moi, il faut un autre homme que je suis pour faire tête à ce roi dans ce labyrinthe de traité, et envoyez le de grace de chez vous, si la Reine doit être servie dignement et à proportion des difficultés chicaneuses qui augmentent de la part prussienne d'un instant à l'autre. Un militaire tel qu'il soit de nous autres ici n'en viendra certainement pas à bout, entêté comme ce roi l'est, fourbe comme il le veut être, ou trop lié avec ses alliés qu'il veut ménager pour faire bonne mine.

. . . . C'est à la Reine et à Vous Monseigneur qu'il convient de décider, mais ne Vous flattez de rien, la chose est trop clairement marquée dans la réponse de Goltz, sans parler de ce qui y est obscur et qu'on développera plus aisement à la cour qu'ici, qui a une connaissance de toutes les intrigues et vues étrangères.

Si j'avais dans la personne de Mylord Hyndford, qui voulut à ce qui me parait, parler plus cordialement je parviendrais plus au fait, mais il ne me dit que ce qu'il y a à craindre et est mauvais et me laisse là sans vouloir me bien développer le mystère.

. . . . La réponse de Goltz que je connais et sa façon de s'énoncer, n'est pas de lui mais bien du roi même, de qui je connais la méthode d'écrire par plusieurs écrits qui ont étés interceptés et couchés de sa main propre. . . . ⸜
(K.-A., Schlesien 1741; Fasc. IX. 53 und ad 53. Original französisch und eigenhändig.) Der vollständige Brief ist abgedruckt bei Unzer: „Die Convention von Kl.-Schnellendorf", Urkunde 11, pag. 121.

[1]) »Politische Correspondenz.« I, Nr. 525.

(Schluss im VI. Band.)

KRIEGS-CHRONIK

ÖSTERREICH-UNGARNS.

MILITÄRISCHER FÜHRER

AUF DEN

KRIEGSSCHAUPLÄTZEN DER MONARCHIE.

III. THEIL.

Der südöstliche Kriegsschauplatz in den Ländern der ungarischen Krone, in Dalmatien und Bosnien.

FORTSETZUNG

Feldzug 1709.

Quellen: Wie bereits angegeben.

Ungeachtet der beispiellos strengen Winterkälte suchte FM. Heister die Bergstädte den Insurgenten zu entreissen und das Árvaer, Liptauer und Turócer-Comitat zu occupiren. Die Rebellen hatten von diesem Plane Kenntniss erhalten und die schon durch ihre natürliche Beschaffenheit sehr beschwerlichen Wege durch geschickt angelegte Verschanzungen abgesperrt.

G. d. C. Graf Pálffy, der diesen Auftrag Heister's zu vollziehen hatte, entledigte sich seiner schwierigen Aufgabe in einer überaus scharfsinnig combinirten Weise. Oeskay und Egremont überschritten die Tátra auf Schleichwegen, so dass sie, ohne auf die Schanzen der Kuruczen zu stossen, mit 1000 Mann bei Sztankován vorbrechen konnten. Gleichzeitig gingen GFWM. Tollet und Viard mit 1200 Mann auserlesenen Soldaten am Fusse des Sturec-Berges gegen Staré-Hory, während Pálffy und Ebergényi gegen die Schanzen des Párnicaer-Passes marschirten, welche durch eine Umgehungs-Colonne eingenommen wurden. Diese Operationen waren, ungeachtet der unwirthlichen Kälte, am 7. Januar mit Erfolg beendet worden und GFWM. Tollet konnte, um den Gegner in die Mitte zu nehmen, eine Abtheilung gegen Rosenberg entsenden. Am 10. Januar vereinigten Tollet, Viard und Oeskay ihre Streitkräfte in Rosenberg und wendeten sich hierauf gegen Liptó-Szent-Miklós. Die Insurgenten räumten hierauf die Liptau und zogen sich in eine Cordonsstellung zurück, welche von Lucsivna bis Leutschau reichte.

In Siebenbürgen war für das Jahr 1709 keine nennenswerthe Bewegung mehr zu gewärtigen. FZM. Kriechbaum musste aber das Grenzgebiet im Auge behalten, um jede von dorther drohende Beunruhigung bei Zeiten abzuwenden. In und um Belényes hatten 10.000 Kuruczen überwintert, welche die Gegend ruinirten und ausgedehnte Streifungen unternahmen. GFWM. Montecuccoli erhielt deshalb den Befehl, mit seinen Truppen über die Grenze vorzurücken. Am 19. Februar kam es bei Belényes zu einem Treffen, **Belényes.** in welchem die Insurgenten vollständig auseinander gesprengt wurden. — Bei einem Streifzuge, welchen der Obrist Wobeser von Bistritz aus in das Thal des Szamos-Flusses unternahm, mussten

Zágra. die Kaiserlichen am 4. März im Dorfe Zágra wiederholte Angriffe überlegener Insurgentenschaaren zurückweisen.

Am 7. Juni brach Heister nach Raab auf und empfing unterwegs die Nachricht, dass Anton Esterházy mit einer grösseren Anzahl von Truppen in Nieder-Oesterreich und Steyermark einzubrechen beabsichtige. FZM. Nehem erhielt deshalb den Befehl, sich mit GFWM. Breuner zu vereinigen und in das Lager bei Körmend abzurücken. Als am 17. Juni GFWM. Veterani mit den vom Fürsten Lubomirski beigestellten Hilfstruppen eingetroffen war, stand die auf dem rechten Donau-Ufer verfügbare Macht unweit von Raab concentrirt. — Am nächsten Tage wurden die Insurgenten

Árpás. aus ihren Verschanzungen bei Árpás vertrieben und am 19. Juni stand das kaiserliche Corps auf dem rechten Ufer der Raab. In Beled, wo Heister am 20. Juni anlangte, erhielt der Feldmarschall die Nachricht, dass Anton Esterházy mit seiner gesammten Macht am andern Ufer der Raab stehe. Auf die weitere Nachricht, dass die Insurgenten St. Gotthard überrumpeln wollten, beschloss Heister in der Richtung gegen Körmend aufzubrechen. GFWM. St. Croix wurde mit 1000 Pferden vorausgesendet, um den GFWM. Breuner

Mindszent. zu verstärken. St. Croix traf am 26. Juni bei dem Dorfe Mindszent auf starke Insurgenten-Abtheilungen, welche in der ersten Attaque zersprengt wurden und 200 Todte auf dem Platze liessen. Nach diesem Gefechte legte der Feldmarschall seine Truppen in eine Postirung längs des linken Raab-Ufers, über welche der FZM. Nehem das Commando erhielt. Zur vollständigen Deckung Steyermark's gegen die Einbrüche der Kuruczen wurde FML. Nádasdy angewiesen, mit seinen Truppen Güns und Steinamanger zu besetzen.

Um die Insurgenten auf dem rechten Donau-Ufer ihrer Stütz-

Sümeg. puncte zu berauben, erschien Heister am 19. Juli vor Sümeg, das am folgenden Tage capitulirte. Kurze Zeit später griffen die

Simontornya. Kaiserlichen Simontornya an und eroberten es nach geringem Widerstande, wobei die 1500 Mann starke Besatzung kriegsgefangen nach Stuhlweissenburg abgesendet wurde. Nach dieser

Veszprim. Affaire erschien Heister vor Veszprim, das er am 3. September zu belagern begann und am 7. in seinen Besitz brachte.

Auf dem linken Ufer der Donau hatten die Kaiserlichen ihre Posten von Lipto-Ujvár (Hradek) bis Pribilina und Hibbe vor-

Árva. geschoben, während gleichzeitig GFWM. Lancken Árva cernirt

hielt. Anfangs Februar gelang es aber dem Insurgentenführer Babocsay die Cernirungs-Truppen auseinander zu sprengen und den Platz mit Proviant zu versehen. GFWM. Viard stellte die Blokade des Platzes wieder her. Als die Rebellen unter Csáky Anstalten trafen, gegen Liptau vorzudringen, beschloss der bald darauf zum Feldmarschall ernannte Graf Pálffy die in der Zips sich sammelnden Kuruczen aufzusuchen. Kaiserliche Abtheilungen wurden in der Nacht auf den 6. Februar von Szent-Miklos dahin in Marsch gesetzt, um die Besatzungen des Batiszfalvaer und Styavniker Schlosses zu überfallen. Schon am 7. Februar wurde die Grenze der Zips erreicht und das Schloss Batiszfalva besetzt, während jenes von Styavnik auf Csáky's Befehl von den Insurgenten selbst zerstört worden war. GFWM. Viard drang mit seiner Reiterei bis Leutschau vor, wurde aber von der Besatzung **Leutschau.** mit einem so mörderischen Feuer empfangen, dass der Rückzug angetreten werden musste.

Während dieser Operationen erhielt Pálffy die Nachricht, dass Károlyi die Gran passirt habe, in Neuhäusel eingetroffen sei und Streifcolonnen der Insurgenten bis in das Neutraer Comitat und Tapolcsán vorgedrungen wären. Auch wurde ihm gemeldet, dass Bottyán die Garnison von Szent-Benedek habe niedermetzeln lassen. — Pálffy berief deshalb den GFWM. Viard eiligst zurück und dirigirte ihn gegen Bajmócz und Neutra, um zwischen der Gran und Neutra Stellung zu nehmen und auf Károlyi's Flanke zu drücken. Die Unternehmung gegen die Zips war damit vereitelt. Ein theilweiser Ersatz für das verfehlte Unternehmen war die Einnahme von Árva, welches der Commandant Winkler nach **Árva.** einer heftigen Beschiessung am 10. April an die Kaiserlichen übergeben musste.

Als gegen Ende Juli 6000 Kuruczen im Gömörer Comitate vereinigt waren, fasste Beresényi den Plan, mit der Hälfte dieser Truppen von der Zips aus die Liptauer Schanzen, dann Árva und Turóc, mit den anderen 3000 Mann aber Alt-Sohl und von Zselisz aus die Bergstädte angreifen zu lassen. — Ein Vorstoss der Insurgenten auf Breznóbánya scheiterte an der Festigkeit des **Breznóbánya.** Platzes. Dafür gerieth GFWM. Tollet, der die Liptauer Schanzen **Liptauer** **Schanzen.** vertheidigte, in grosse Gefahr, als die Kuruczen mit 5000 Mann frischer Truppen am 4. August gegen ihn zum Angriffe vorgingen.

17*

Nur der rasche Anmarsch des FM. Pálffy brachte dem General Rettung und setzte zugleich die Kaiserlichen in die Möglichkeit, den Pass von Szuha zu forciren. — FM. Pálffy marschirte über Divény nach Gyetva (Detva), bemächtigte sich am 12. August des dort befindlichen Passes, rückte hierauf in Losone ein und setzte von hier die Operationen in der Richtung gegen Gács fort. Die Lage der Kaiserlichen wurde aber trotzdem in Ober-Ungarn bald eine sehr kritische. Die Insurgenten bereiteten sich zu einer energischen Offensive vor und suchten besonders im Rücken Pálffy's zu wirken, weshalb der Feldmarschall genöthigt war, sich gegen Rosenberg zu ziehen. Die Kuruczen bedrohten hierauf abermals Breznóbánya, die Besatzung von Neuhäusel, welche bei Mocsonok einige Erfolge errungen hatte, unternahm weit ausgreifende Streifungen und Ebeczky bedrohte das Lager der Kaiserlichen bei Zseliz.

Im Anfange des Monats October übertrug FM. Heister das Commando der Truppen auf dem rechten Ufer der Donau an den FZM. Nehem und begab sich selbst über Gran nach dem linken Donau-Ufer. Von hier wendete sich der Feldmarschall nordwärts, um sich mit Pálffy zu vereinigen, was auch am 15. October geschah. Nachdem im Lager von Klein-Sáró die weiteren Operationen festgestellt worden waren, begab sich Heister von der Gran in das Thal der Eipel gegen Szécsény, wo er den Anmarsch des FML. Sickingen erwartete. Da für den zahlreichen Train des Letzteren Befürchtungen gehegt werden mussten, entschloss sich der Feldmarschall, um die Insurgenten einzuschüchtern, ihnen im Angriffe zuvorzukommen. Er bemächtigte sich durch Ueberrumpelung des Städtchens Gács und liess in der Nacht auf den 3. November Mörser vor das feste, wohlarmirte Schloss bringen. Ohne es aber auf eine Beschiessung ankommen zu lassen, übergab die Besatzung das Schloss und alle darin befindlichen, ansehnlichen Vorräthe am 3. November an die Kaiserlichen. — Gleichzeitig rückte FML. Sickingen gegen Rima-Szombath, in dessen Nähe er einen Trupp Kuruczen zersprengte. Heister zog nun vor Leutschau, dessen Belagerung er am 10. November eröffnete. Die Besatzung und die Einwohner leisteten hartnäckigen Widerstand, der von Czelder trefflich geleitet wurde, und Károlyi erschien mit zahlreichem Fussvolk bei Krompach. Heister, der das von dem

[Marginal notes:]
Szuha.
Gyetva
(Detva).

Mocsonok.

Gács.

Rima-
Szombath.

Leutschau.

Fürsten Theodor Lubomirski geworbene Auxiliar-Corps an sich gezogen hatte, unterbrach die Belagerung für acht Tage, wandte sich gegen Károlyi und warf diesen bei Szalók gegen Kis-Szeben zurück. Der Feldmarschall brach hierauf die aussichtslose Belagerung von Leutschau ab und erschien dafür am 8. December vor Kesmark. Dieser Platz wurde am 11. December so heftig beschossen, dass er an vielen Stellen in Brand gerieth und nach zwei Tagen capituliren musste. — Da Heister die Bergstädte von Rákóczi bedroht glaubte, eilte er dahin und übertrug den Oberbefehl an FML. Löffelholz, der den Auftrag erhielt, die Belagerung von Leutschau so bald als möglich wieder aufzunehmen.

Die Fortschritte der Kaiserlichen und die immer verheerender auftretende Pest nöthigten Rákóczi, sich an die obere Theiss zurückzuziehen. Hier wechselte er wiederholt seine Quartiere, theils um seuchenfreie Gegenden aufzusuchen, theils um den Kaiserlichen und dem Volke die Schwäche seiner Truppen zu verbergen.

In Siebenbürgen hielt FZM. Kriechbaum die hie und da auftauchenden Insurgentenbanden durch zweckmässige Vertheilung und Postirung seiner Truppen in Schach. Als FML. Graf Löwenburg, der Commandant von Grosswardein, Anfangs Juli melden liess, dass in dem ihm anvertrauten Platze nur mehr bis Mitte August Lebensmittel vorhanden seien, beeilte sich FZM. Kriechbaum, die Festung mit allem Nöthigen zu versehen. Nach entsprechender Verstärkung der siebenbürgischen Postirungen brach der Feldzeugmeister mit seinen Truppen und 130 mit Proviant beladenen Wagen auf und nahm seinen Marsch über Fenes, Kis-Kapus, Sebesvár, Feketetó nach Beznye, wo er am 1. August eintraf. Als die Kaiserlichen am 2. August sich Pestes näherten, stiessen sie auf stärkere Rebellen-Abtheilungen. Von eingebrachten Gefangenen erfuhr man, dass Ladislaus Bagosy mit 1000 Mann im benachbarten Walde in einem Hinterhalt liege. FZM. Kriechbaum liess seine Colonne sogleich in Schlachtordnung formiren und den rechten Flügel zum Angriffe vorgehen. Schon der erste Stoss trieb die Kuruczen, welche eine ansehnliche Strecke weit verfolgt wurden, in die Flucht. Am 5. August marschirte das kaiserliche Corps nahe an Grosswardein vorüber und nahm bei Püspöki Stellung, in welcher es am nächsten Tage ein glückliches Gefecht

mit drei feindlichen Reiter-Regimentern bestand. — Nachdem Grosswardein für mehr als ein Jahr mit Lebensmitteln versehen worden
war, trat FZM. Kriechbaum am 10. August den Marsch nach Kis-
Jenö und weiter nach Pestes an. Hier erhielt er die Kunde, dass
überlegene feindliche Streitkräfte im Anzuge seien, um ihn an der
Passirung der nahen Defiléen zu hindern. Um die Schnelle Körös
noch vor dem Feinde zu passiren, brach die Colonne am 12. August
bei Morgendämmerung auf und stiess bald auf die hinter Verhauen
und Brustwehren aufgestellten Insurgenten. Ungeachtet ihres heftigen
Gewehrfeuers wurden die Kuruczen nach kurzem Kampfe aus
allen Deckungen geworfen und in die Flucht getrieben. Während
die Kaiserlichen ihren Erfolg ausnützten, brach die Reiterei der
Kuruczen in die kaiserliche Nachhut ein und trieb diese auf das
Regiment Rabutin. In diesem kritischen Augenblicke liess Obrist
Acton einen Theil seiner Dragoner absitzen und ein wirksames
Feuergefecht gegen den Feind eröffnen. Als GFWM. Graven
mit dem Reste der Reiterei zum Angriffe überging, wurden die
800 Mann starken Insurgenten nach einem vierstündigen Kampfe
allenthalben geworfen.

Als neue Nachrichten einliefen, dass die Insurgenten in ihrem
Lager bei Szent-Jobb ansehnliche Verstärkungen erhalten hätten
und drei Kuruczen-Regimenter gegen Siebenbürgen im Anmarsche
seien, detachirte FZM. Kriechbaum den FML. Montecuccoli mit
1000 Pferden und einigen Abtheilungen Raizen gegen Szamos-
Ujvár. Hier erfuhr dieser General, dass eine Insurgenten-Abtheilung bei Remete stehe. Montecuccoli sandte sogleich einen
Obristwachtmeister mit 200 Pferden gegen diesen Punct voraus
und liess diesen Vortruppen noch weitere 100 Pferde unter dem
Obristen Eckh folgen, sobald das Gros sich dem Dorfe Somkút
näherte. Bei diesem Orte kam es zu einem heftigen Zusammenstosse mit den Rebellen, welche beabsichtigten, die Garnison von
Kövár zu verstärken. Nach einem erbitterten Kampfe, in welchem
die Kuruczen 300 Todte verloren, wurden sie zum Weichen gezwungen und in das Gebirge getrieben. — Von den späteren, im
September erfolgten Detachirungen, welche der FZM. Kriechbaum
gegen die Rebellen vornehmen liess, war nur jene von Erfolg begleitet,
die der tapfere, landeskundige GFWM. Tige befehligte. — Ungeachtet aller Rührigkeit der Kaiserlichen konnte indessen der In-

Schnelle
Körös.

Somkút.

surgentenführer Szent-Iványi nicht gehindert werden, die Halmágy zu besetzen und sich darin auch zu behaupten.

Feldzug 1710.

Quellen: Wie bereits angegeben.

Rákóczi hatte durch versprengte Ueberreste des schwedisch-polnischen Heeres Ergänzungen erhalten und hielt sich nun wieder für hinlänglich stark, um mit einiger Aussicht auf Erfolg die Offensive ergreifen zu können. Der Uebertritt schwedisch-polnischer Truppen nach Ungarn führte übrigens den Einmarsch russischer Streitkräfte herbei, welche, wohl auch in der Absicht, sich für einige Wochen entsprechende Winterquartiere zu erwerben, Igló und dessen Umgebung besetzten. Diese Invasion russischer Truppen in Ungarn beunruhigte den Wiener Hof, der von den emsig betriebenen Verhandlungen Rákóczi's mit dem Czar Peter I. in Kenntniss war, in hohem Grade, und bereitete auch den gegen die Insurgenten commandirenden Generalen grosse und vielfache Verlegenheiten. Glücklicherweise beschränkte sich der russische General Janus auf eine leichte Blokade des Schlosses von Lubló und zog mit seinem ungefähr 4000 Mann starken Corps im April wieder nach Polen ab.

Mit den erwähnten Verstärkungen brach Rákóczi in den ersten Tagen des Januar aus den Winterquartieren auf und zog über Erlau und Gyöngyös gegen Vadkert, um den in der dortigen Gegend stehenden FML. Sickingen zu überfallen. Dieses Vorhaben wurde jedoch nicht erreicht. In Romhány angekommen, erfuhr **Romhány.** Rákóczi, dass der kaiserliche General ihm kampfbereit entgegenrücke. Das am 22. Januar bei Romhány stattgehabte Treffen endete unglücklich für die Rebellen, welche mehr als 1500 Mann und 27 Fahnen einbüssten.

Während dieser Vorgänge belagerte FML. Löffelholz Leutschau. Obwohl ein Pulvermagazin der Rebellen durch Ver- **Leutschau.** rräthershand in die Luft gesprengt wurde und die Explosion grossen Schaden anrichtete, konnten die Kaiserlichen den tapfer vertheidigten und starken Platz dennoch erst am 13. Februar in ihren Besitz bringen. — Mitte Februar bemächtigten sich die Rebellen der von den Kaiserlichen im Schlosse zu Tavarnok (unweit Tapolesán) untergebrachten Proviantvorräthe, um diese nach Neuhäusel zu führen. GFWM. Hochberg sammelte jedoch alle in der Nähe befindlichen Truppen, setzte mit denselben den Insurgenten rasch nach und ereilte dieselben bei Egerszeg. Obwohl die Kuruczen über 8000 Mann zählten, wurden sie von Hochberg vollständig geschlagen und ihnen die Beute abgenommen. — Wenige Tage später traf FM. Heister mit einigen Truppen bei Leopoldstadt ein. Er wollte gegen die Neutra und Neuhäusel vorrücken, da die Insurgenten das vor dem genannten Platze befindliche Blokade-Corps zu durchbrechen drohten. Das Erscheinen der Kaiserlichen genügte, um den Plan der Kuruczen zu vereiteln und diese zu veranlassen, längs der Gran nordwärts zu retiriren. Rákóczi beabsichtigte, einen Theil seiner Streitkräfte über die gefrorene Donau zu senden und in Steyermark und Croatien einbrechen zu lassen, sah aber sein Project durch das plötzlich eintretende Thauwetter vorläufig vereitelt. Er führte desshalb seine durch Desertion stark gelichteten Truppen aus der Gegend von Keeskemét gegen Szolnok, wo er ein Lager aufschlug und die Zagyva überbrücken liess. Kuruczen-schaaren, welche südwärts streiften, wurden durch einen Theil der Besatzung von Szegedin und eine Abtheilung Raizen im Mai bei Keeskemét angegriffen und zersprengt.

Die Kaiserlichen concentrirten den grösseren Theil ihrer Streitkräfte bei Szobb unweit Gran, während Obrist Petrasch, der Commandant von Brod, auf dem rechten Donau-Ufer Mohács, Tolna, Földvár und andere Orte armirte und fortificirte. Zipserhaus, das von den Kaiserlichen seit geraumer Zeit blokirt wurde und welches die Rebellen wiederholt zu entsetzen versucht hatten, musste am 12. Juli capituliren. FM. Heister liess die Eipel-Linie besetzen und traf hierauf Anstalten, um die Belagerung des seit Monaten erfolglos cernirten Neuhäusel zu eröffnen. Rákóczi demonstrirte zwar mit einem Entsatze, blieb aber, als ihm Heister mit der Reiterei entgegenging, unthätig bei Szolnok stehen. Im Monate August verlangte die Besatzung von Neuhäusel einen Waffenstillstand von 14 Tagen und versprach, am 31. August zu capituliren, wenn bis zu diesem Tage kein Entsatz erfolgt sein würde. Diese Vereinbarung wurde aber nicht eingehalten und diente den Rebellen nur dazu, einen Theil der Besatzung durch frische Streitkräfte ablösen zu lassen. Heister liess aus Gran und

Komorn schweres Geschütz herbeischaffen und begann am 14. September den Platz zu beschiessen. Das Feuer hatte einen so guten Erfolg, dass die Besatzung bereits am 21. September Unterhandlungen anknüpfte und am 23. capitulirte. Mit Neuhäusel fielen den Kaiserlichen 109 Geschütze, 900 Centner Pulver und ansehnliche Vorräthe in die Hände.

Da zwischen FM. Heister und Pálffy Zerwürfnisse entstanden waren, verliessen beide die Armee und der G. d. C. Cusani übernahm provisorisch das Commando. Dieser marschirte über Jász-Berény gegen Szolnok, wo er am 15. October die Theiss überbrücken, die Brückenschanze wegnehmen und die Flossbrücke des Feindes zerstören liess. Am folgenden Tage begann er den Platz mit so guter Wirkung zu beschiessen, dass die Besatzung bereits am 17. October capitulirte. Cusani wandte sich hierauf gegen Erlau, welche Stadt sich beim Erscheinen der Kaiserlichen sogleich unterwarf und eine Besatzung erhielt, welche zur Cernirung des festen Schlosses bestimmt war. Szolnok.

Erlau.

Ráköczi, dessen Partei immer mehr in Auflösung gerieth und einen wichtigen Platz nach dem andern einbüsste, zog sich mit den Resten seiner Anhänger nach Munkács zurück, während Bercsényi nach Ungvár eilte und Károlyi indessen die Postirungen auf dem linken Ufer der Theiss zu verstärken bemüht war und auch nach Kaschau Verstärkungen sendete.

Anfangs November marschirte Cusani mit dem Gros der Armee von Erlau nach Nagy-Körös und Kecskemét, wo er die Anordnungen zu Truppenpostirungen traf. Am 10. November traf er in Pest mit dem FM. Pálffy zusammen, mit welchem die Erweiterung der Postirungen bis Onód und die Belagerung des Schlosses von Erlau vereinbart wurde. Mit der Leitung der Belagerung ward der Obrist Graf Wallis beauftragt, der die Besatzung am 30. November zur Capitulation zwang.

Während dieser Vorgänge hatten auch andere kaiserliche Generale mit Erfolg gegen die Rebellen operirt. FML. Graf Virmond, der bisher in der Zips gestanden, zersprengte im October bei Murány einen Trupp Rebellen und liess sodann das feste Murány. Schloss durch den Obristen Böhmer blokiren. Kurze Zeit später, am 10. November, schlug GFWM. von der Lancken ein Insurgenten-Corps unter Anton Esterházy bei Sáros-Patak bis zur Sáros-Patak.

Krasznahorka.
Bartfeld.

Vernichtung und nahm darauf das mit reichen Vorräthen versehene Schloss Krasznahorka durch Capitulation. FML. Graf Virmond erschien Anfangs December bei Bartfeld, wo er 500 feindliche Reiter überfiel und schlug. Wenige Tage später, am 4. December 1710, capitulirte auch die mit allem Nothwendigen für
eine längere Vertheidigung ausgerüstete Stadt. General Virmond
liess in Bartfeld eine angemessene Besatzung zurück und marschirte

Eperies.

am 6. December gegen Eperies, vor welchem Orte er ein glückliches Gefecht mit einem Theile der dortigen Besatzung bestand
und Batterien zur Beschiessung des Platzes aufführen liess. Auch
diese Stadt öffnete, ohne es auf ein Bombardement ankommen zu
lassen, den Kaiserlichen am 10. December ihre Thore. FM. Pálffy
liess nun das starke und wichtige Kaschau enge einschliessen, um
es durch eine andauernde Blokade zur Uebergabe zu zwingen.

Auf dem rechten Ufer der Donau fochten die Insurgenten
ebenfalls mit Unglück. Adam Balogh streifte durch die Raabau

Oedenburg.

gegen Oedenburg, wurde aber in der Nähe dieser Stadt von dem
Obristlieutenant Freiberg eingeholt und total geschlagen. Als er

Ikervár.

hierauf unweit Ikervár die Raab überschreiten wollte, fiel er dem
Obristen Schilling in die Hände, der ihn gegen den Bakonyerwald
trieb. Eine andere Insurgenten-Abtheilung wurde von dem Obristen

Siófók.

Monticelli bei Siófók fast gänzlich aufgerieben. Im nächsten Monate, und zwar am 29. October, gelang es dem Obristen Petrasch,
eine starke Insurgenten-Abtheilung unter Adam Balogh zwischen

Szegszárd.
Mohács.

Szegszárd und Mohács zum Schlagen zu zwingen und nach
einem langen, erbitterten Kampfe vollständig zu besiegen. Balogh
selbst gerieth in die Gefangenschaft und wurde nach Essegg abgeführt.

In Siebenbürgen, wo seit dem Ableben Kriechbaum's G. d. C.
Steinville das Commando führte, hatten die Kriegsereignisse geringe
Bedeutung. GFWM. Graven, der im März mit Verstärkungen gegen
Grosswardein entsendet worden war, besetzte unterwegs und im
geheimen Einverständnisse mit Csáky die Schlösser Havad und
das theilweise in Ruinen liegende Somlyó, während Steinville selbst
am 22. Juli mit dem Gros seiner Truppen von Hermannstadt auf-
brach und ein Lager bei Bonczhida bezog. Von hier aus wurden
Streifcommanden nach verschiedenen Richtungen entsendet, um die
Insurgentenschaaren, welche nur mehr als Räuberbanden ange-

sehen werden konnten, aufzusuchen und unschädlich zu machen.
Um die nördlichen Grenzgebiete von den Resten der Rebellen-
haufen zu säubern, marschirte Steinville gegen Ende des Jahres
bis Szurdok vor, von welchem Orte abermals Detachements nach
den seuchenfreien Ortschaften abgesendet wurden.

Feldzug 1711.

Quellen: Wie bereits angegeben.

Am Schlusse des Jahres 1710 befand sich, mit Ausnahme
einiger weniger Gespannschaften, ganz Ungarn wieder in der Botmässigkeit des Kaisers. — Rákóczi suchte zwar mit Hilfe des
Czars Peter I. von Russland dem Aufstande neue Nahrung zuzuführen und wurde bei diesem Bemühen auch von Frankreich unterstützt, war aber schliesslich doch nicht im Stande, der Zersetzung
und Auflösung, in welche seine Partei gerathen war, zu steuern.
Die Versprechungen des Czars erwiesen sich bald als trügerisch,
und ausserdem hatte der Kaiser dem FM. Grafen Pálffy nicht
allein das Ober-Commando in Ungarn ertheilt, sondern diesem ver-
trauenswürdigen Manne auch umfassende Vollmachten ertheilt, um
die Pacification des Landes durch Unterhandlungen mit den
Häuptern der Aufständischen herbeizuführen. Pálffy, der durch
seine Geburt und seinen Charakter das Vertrauen der Ungarn
besass, hatte schon im Spätjahre 1710 mit dem Grafen Alexander
Károlyi Verbindungen angeknüpft, welch' letzterer bereits früher in
Gegensatz zu den Plänen Rákóczi's und Bercsényi's gerathen war.

Um den begonnenen Unterhandlungen grösseren Nachdruck
zu geben, zog Pálffy alle seine verfügbaren Truppen gegen Debreczin
und die Theiss vor. Der Feldmarschall stand am 3. Januar 1711
bei Nagy-Körös, von wo der Vormarsch gegen Debreczin angetreten
wurde, gegen welchen Ort auch Truppen aus Siebenbürgen unter
FML. Montecuccoli beordert worden waren. Die Streitkräfte Pálffy's
bestanden während der Vorrückung am 8. Januar bei Szoboszló **Szoboszló.**
und am 10. Januar unweit Debreczin leichte Gefechte gegen die **Debreczin.**
Ueberreste der Rebellen-Armee.

Während FM. Pálffy, ohne Unterbrechung der mit den In-
surgentenführern angesponnenen Verhandlungen, die letzten Zu-
fluchtsorte der Rebellen immer enger umfasste, erschien FML. Graf

Sarkad Löwenburg, der Commandant von Grosswardein, vor Sarkad und brachte diesen Platz, der die Verbindungen zwischen Jenö, Szegedin, Arad, Szolnok und Siebenbürgen beherrschte, schon am 11. Januar durch Capitulation in seinen Besitz. Einen Monat später, am **Sólyomkő.** 12. Februar, ergab sich das stark befestigte Schloss von Sólyomkő, **Murány.** wahrscheinlich mit der geheimen Zustimmung Károlyi's. Murány, seit dem vorigen Jahre blokirt, öffnete den Kaiserlichen ebenfalls seine Thore, welche nun den Cernirungsgürtel um das wichtige Kaschau immer enger und enger ziehen konnten.

Pálffy, der mit Hilfe des kaiserlichen Hofkriegsrathes Locher von Lindenheim und des FML. Ebergényi die Verhandlungen mit Károlyi und anderen Häuptern der Insurgenten eifrig und erfolgreich fortsetzte und den am 17. April eingetretenen Tod des Kaisers Josef I. einstweilen geheim hielt, brachte die mehr als 3000 Mann **Kaschau.** starke Besatzung von Kaschau dahin, sich am 27. April zu ergeben. An demselben Tage wurde zwischen FM. Pálffy und Károlyi im Schlosse Nagy-Károlyi der Unterwerfungsvertrag in seinen einzelnen Artikeln festgestellt. Hierauf begab sich Locher in das Lager der Aufständischen unweit Majtény, in welchem noch ungefähr 10.000 Mann versammelt waren. Das Vertrags-Instrument wurde hier vorgelesen und fast ohne Berathung angenommen. Am 30. April kam FM. Pálffy selbst nach Majtény, hielt eine Heerschau über die Insurgenten und empfing hierauf die 147 Fähnlein, welche die Rebellen in seine Hände niederlegten. Károlyi und die Officiere der Insurgenten schwuren sodann dem Kaiser den Eid der Treue. **Ungvár.** In Folge dieser Uebereinkunft ergaben sich am 15. Mai in rascher **Huszt.** Folge Ungvar, Huszt und das feste Schloss Kővár. **Kővár.**

Munkács. Nach der am 30. Mai erfolgten feierlichen Proclamation des mit den Insurgenten abgeschlossenen Vertrages von Szathmár befand sich, mit Ausnahme des wohlarmirten Munkács, ganz Ungarn im Besitze des Kaisers Karl VI., der damals eben auf der Reise aus Catalonien nach Frankfurt am Main begriffen war. FM. Pálffy liess desshalb den Platz durch FML. Löffelholz einschliessen, welcher der Besatzung auf der Weide die Heerden wegnahm und sodann erfolgreiche Anstalten traf, um dem Platze das Trinkwasser zu entziehen. Als die an der Festung erbaute Mühle durch das Geschütz der Kaiserlichen zerstört worden war, sah sich der Commandant Sennyey am 23. Juni zur Capitulation gezwungen. Mit der Festung Munkács nahm General Löffelholz 140 Geschütze und einen grossen Vorrath von Proviant und Munition in Besitz.

Rákóczi, Bercsényi und einige andere minder bedeutende Führer der Insurgenten hatten die Ablegung des Eides der Treue verweigert und zunächst in Polen ein Asyl gefunden.

Der Krieg zwischen der Republik Venedig und der Türkei 1714—1718.

Quellen: Theatrum europaeum. — Daru, Histoire de la république de Venise. — Gardner-Wilkinson, Dalmatia and Montenegro. — Hammer-Purgstall, Geschichte des osmanischen Reiches.

Um Morea wieder zu gewinnen, erklärte die Pforte der Republik Venedig am 8. December 1714 den Krieg, wobei als Grund vorgeschützt wurde, dass letztere die Aufstände in Kleinasien und Montenegro unterstützt und türkische Kaufleute gewaltthätig behandelt habe. Schon vor der Kriegserklärung hatte die Türkei stark gerüstet, während die in Verfall gerathene Republik, in ganz unbegreiflicher Täuschung über die Absichten der Pforte, ihre Streitkräfte verringert und nicht einmal die griechischen Festungen und die Kriegsschiffe genügend armirt hatte.

Der Krieg begann thatsächlich erst im Jahre 1715 und wurde hauptsächlich auf der Halbinsel Morea geführt, wo die Republik rasch hintereinander mehrere der wichtigsten Plätze verlor. Um auch in Dalmatien mit Nachdruck auftreten zu können, erhielt der Pascha von Temesvár den Befehl, jenem von Bosnien hilfreiche Hand zu bieten und von jedem zwischen der Donau, Theiss, Maros und Temes wohnenden Raizen einen Ducaten als Kriegssteuer einzutreiben. Dennoch war in Dalmatien das Kriegsglück den Türken entschieden abhold. Letztere versuchten die Ueberrumpelung der Festung Sinj und die Wegnahme der Brücke über die Cetina, sie wurden aber mit Verlust zurückgeschlagen. Ein von den Morlaken auf türkisches Gebiet verlegter lebhafter Guerillakrieg war die Folge dieser Angriffe. Die Morlaken, Meister in dieser Kriegsweise, plünderten in den Ebenen der Herzegowina und Bosniens und die venezianischen Milizen drangen bis an das Prolog-Gebirge vor, während die Christen Bosniens in Schaaren nach Dalmatien

Sinj.

zogen, um an den Siegen und Beutezügen ihrer Glaubens- und Stammesgenossen theilzunehmen.

Endlich erschien der Pascha von Bosnien mit 40.000 Mann, eroberte **Verlika** und begann, nach einer bedeutungslosen Bedrohung von Dernis und Knin, die nachdrückliche Belagerung von Sinj. Giorgio Balbi, der in diesem Platze eine Handvoll Leute befehligte und dessen Artillerie nur aus zwei Kanonen und einem Mörser bestand, trotzte zwölf Stürmen der Türken und schlug sie am 14. August in einem dreizehnten, in dem sie unverhältnissmässig grosse Verluste erlitten, vollends in die Flucht.

Im Jahre 1716 befehligte der General Nostitz die venezianischen Streitkräfte in Dalmatien und sammelte dieselben bei Dernis, während die Türken in der Nähe von Sinj ihrerseits ein Gleiches thaten. Die Morlaken wurden als Besatzungen in die festen Plätze verlegt, aus welchen sie mit den Venezianern manchen glücklichen Streifzug nach der Herzegowina und Bosnien unternahmen und meist mit ansehnlicher Beute heimkehrten. Im Allgemeinen standen in Dalmatien und Albanien die Verhältnisse für die Venezianer so günstig, dass aus diesen Gegenden mehrere tausend Mann zur Vertheidigung von Corfu abgesendet werden konnten. Als die Türken die Belagerung der letzteren Stadt hatten abbrechen müssen, verstärkten sie ihre Streitkräfte auf 12.000 Mann, ohne mit denselben aber irgend etwas Belangreiches zu unternehmen, wogegen 7000 Morlaken und Montenegriner abermals in das türkische Grenzgebiet einbrachen und aus demselben eine grosse Anzahl von Gefangenen und 700 beladene Pferde fortschleppten.

Lebhafter verlief das Jahr 1717, da die grossartigen Erfolge der kaiserlichen Waffen auf den Kriegsschauplatz in Dalmatien bereits ihre Nachwirkung äusserten. In der Nähe von **Cattaro** wurde ein türkisches Streif-Corps zurückgeschlagen, worauf der General-Proveditore Mocenigo das Gebiet an der Narenta verheeren liess, bei **Ljubuški** eine türkische Abtheilung in die Flucht trieb und die Vorstädte von **Mostar** einäscherte. Am 26. Juli erschien Mocenigo vor **Imoski**, eroberte binnen zwei Tagen die Stadt und begann hierauf die Belagerung des gleichnamigen Schlosses. Durch die Geschicklichkeit der venezianischen Mineure wurde die Besatzung bereits am 1. August zur Capitulation gezwungen. In dem eroberten Platze wurden 20 Geschütze und eine bedeutende Menge

Verlika.

Sinj.

Cattaro.

Ljubuški.
Mostar.
Imoski.

von Proviant und Munition vorgefunden. Die Venezianer wendeten sich nach diesem Erfolge gegen Antivari, vor welchem stark befestigten Orte am 15. October die Laufgräben eröffnet wurden. Obwohl das Feuer der Belagerer grossen Schaden anrichtete und der Vertheidiger die Vorstädte verlassen musste, gelang es den Türken bei einem Ausfalle am 21. October dennoch, die Angreifer zurückzutreiben und ihnen in einem vierstündigen Gefechte so empfindliche Verluste beizubringen, dass die Venezianer die Belagerung aufhoben und nach Cattaro abzogen. Antivari.

Schulenburg, der 1718 in Dalmatien das Commando erhalten hatte, vereinigte sich bei Cattaro mit dem aus Sebenico anrückenden Mocenigo und begann mit diesem gemeinschaftlich die Belagerung von Dulcigno. Die Venezianer trafen bereits Anstalten zum Sturme, als das Anlangen eines türkischen Entsatz-Corps den General Schulenburg zwang, sich gegen dieses zu wenden und es in einem siebenstündigen Treffen in die Flucht zu treiben. Bald vermehrten aber die Türken ihre zum Entsatze von Dulcigno bestimmten Truppen, weshalb Schulenburg, der indessen auch die Nachricht von dem Abschlusse des Friedens von Požarevac erhalten hatte, die Belagerung aufhob. Dulcigno.

Dieser Frieden beendigte die Feindseligkeiten zwischen Venedig und der Pforte, machte aber auch der Bedeutung der Republik für alle Zeiten ein Ende. Die Abtretung von Morea und die anderen Verluste in der Levante schlugen dem venezianischen Staate tiefe Wunden, während die Erwerbungen in Dalmatien und Albanien kaum in Betracht gezogen werden konnten. Die Festsetzung der Grenzen verursachte dieselben Schwierigkeiten, wie bei allen früheren Friedensschlüssen und erst 1726 kam ein dauernder Ausgleich zu Stande.

Der erste Krieg Kaiser Karl VI. gegen die Türken
1716—1718.

Quellen: Theatrum europaeum. — Schels, Kriegsgeschichte der Oesterreicher. —
Hammer-Purgstall, Geschichte des osmanischen Reiches. — Histoire de la guerre
de Hongrie, pendant les campagnes de 1716, 1717 et 1718. Vienne 1788. —
Oesterreichische militärische Zeitschrift 1811—1812, I. Band. — Arneth, Prinz
Eugen von Savoyen. — Acten des k. k. Kriegs-Archivs.

Feldzug 1716.

Die Erfolge der türkischen Waffen gegen die Venezianer auf der
Halbinsel Morea konnten von Kaiser Karl VI. unmöglich mit Gleich-
muth angesehen werden, da jede Vergrösserung des Ländergebietes
der Pforte eine Bedrohung für Oesterreich involvirte. Aus diesem
Grunde fand das Ansuchen des venezianischen Botschafters, Pietro
Grimani, um Abschluss eines Schutz- und Trutzbündnisses am
Kaiserhofe zu Wien günstige Aufnahme und schon am 13. April
1716 kam die Allianz zwischen Oesterreich und Venedig zur Unterzeichnung. Drei Wochen später empfahl der Kaiser dem Grossvezier nochmals die Erneuerung des Friedens von Karlovitz, trug
aber, für den Fall einer ablehnenden Antwort, dem kaiserlichen
Residenten Fleischmann auf, Constantinopel zu verlassen. Die
Türkei, auf ihre bisher gegen Venedig erreichten Erfolge pochend,
liess die Mahnung des Kaisers unbeantwortet und sammelte ein
Heer von ungefähr 200.000 Mann, das gegen Belgrad gesendet
werden sollte. In Oesterreich wurde eine Armee von ungefähr
65.000 Mann, davon ein Drittheil Reiterei, ausgerüstet und General-
Lieutenant Prinz Eugen von Savoyen zum Ober-Commandanten
derselben ernannt, während FM. Graf Pálffy den provisorischen
Oberbefehl erhielt und die Armee bei Futak zu concentriren hatte.
Am 9. Juli traf Prinz Eugen daselbst ein, wo am 15. die vereinigte Armee ein Lager bezog. Sie bestand aus 66 Bataillonen,
52 Grenadier-Compagnien und 165 Escadronen und zählte 41.500
Mann Infanterie und 22.700 Mann Cavallerie, zusammen also
64.200, ohne Einrechnung der 8000 Mann. welche die Besatzung
von Peterwardein bildeten.

Wenige Tage später beendeten auch die Türken die Versammlung ihrer Streitkräfte. Am 26. und 27. Juli überschritt die

feindliche Armee die Save auf einer Schiffbrücke und schlug bei
Banovce an der Donau, südlich von Szlankamen ein Lager auf,
in welchem am 28. Juli der Grossvezier Damad Ali Pascha eintraf. Dieser marschirte am 1. August nach Szlankamen und von
da nach Karlovitz, wo er in der Nähe der sogenannten Friedens-
Capelle eine überaus vortheilhafte Stellung nahm. Der Grossvezier
liess das Gerücht verbreiten, dass er Peterwardein zu belagern
beabsichtige.

FM. Pálffy stellte dem Prinzen Eugen das Anerbieten, mit
1300 Reitern und 500 Mann Infanterie die Stellung des Feindes
zu recognosciren. Der Oberbefehlshaber ertheilte diese Bewilligung
erst nach einigem Zögern, machte aber zur Bedingung, dass Pálffy
jede Action vermeiden und sich lediglich auf die Recognoscirung
der Stellung des Gegners beschränken müsse. Schon in der
nächsten Nacht erbat sich Pálffy noch zwei weitere Regimenter
zur Unterstützung, worauf Eugen die Regimenter Bayreuth-Dragoner
und Gondrecourt-Cürassiere zu ihm stossen liess. Kaum waren diese
Truppen bei dem Detachement des Feldmarschalls Pálffy angelangt, so wurde letzteres am 2. August von einem 20.000 Mann
starken feindlichen Reiter-Corps unweit von K a r l o v i t z angegriffen. **Karlovitz.**
Pálffy's Lage ward durch die ungünstige Beschaffenheit des von
Gräben und Schluchten durchzogenen Terrains eine noch schwie-
rigere und nur durch Aufnahme des Kampfes gegen die unverhältnissmässig grosse Uebermacht konnte die Rettung und der
Rückzug der Truppen ermöglicht werden. Die trefflichen Dispositionen Pálffy's und die unvergleichliche Tapferkeit seiner Truppen
führten zum beabsichtigten Erfolge. Vier Stunden lang trotzten
die Kaiserlichen dem Anprall der Gegner und am Abende des
2. August standen die Truppen Pálffy's, die in dem ungleichen
Kampfe über 400 Mann verloren hatten, wieder in Peterwardein.
Unter den Opfern dieses Tages befanden sich der FML. Graf
Siegfried Breuner, der von den Türken gefangen und später unter
Martern getödtet wurde und der schwer verwundete FML. Graf von
der Hauben.

Die Türken rückten mit ihrer Vorhut den Truppen des
FM. Pálffy gegen Peterwardein nach und begannen in einiger Entfernung von der Festung Verschanzungen aufzuwerfen.

Während dieser Ereignisse hatte Prinz Eugen die Armee bei Peterwardein über die Donau und in jene Verschanzungen geführt, in welchen im Jahre 1694 der FM. Caprara von den türkischen Truppen eingeschlossen gewesen war.

Die türkische Haupt-Armee folgte der Vorhut und in der Nacht vom 3. auf den 4. August näherten sich 60.000 Mann den Verschanzungen der Kaiserlichen; sie begannen mit der Aushebung von Laufgräben und eröffneten am Morgen ein überaus heftiges Geschütz- und Kleingewehrfeuer gegen das Lager des Prinzen. Gleichzeitig wurde vom Grossvezier die Festung Peterwardein, selbstverständlich erfolglos, zur Uebergabe aufgefordert.

Prinz Eugen traf unverweilt Vorbereitungen, um den Feind in seiner Stellung anzugreifen, bevor die letztere noch mehr verstärkt und durch Feldbefestigungen gesichert werden konnte. Noch am 4. August wurden vom Oberbefehlshaber die nöthigen Dispositionen ertheilt, um den Gegner am nächsten Morgen vor Tagesanbruch angreifen zu können. Die auf dem linken Donau-Ufer stehende Cavallerie und die im Anmarsche von Szegedin her begriffene Infanterie sollten auf den beiden Schiffbrücken den Strom noch in der Nacht passiren. Alle Anordnungen für die bevorstehende Schlacht wurden vom Generalissimus der eigenthümlichen Beschaffenheit des Terrains trefflich angepasst. Der grösste Theil der Infanterie ward hinter der vordersten Schanzenlinie aufgestellt, und zwar in drei Treffen, von denen der rechte Flügel des ersten von dem FZM. Maximilian Graf Starhemberg, der linke von FZM. Graf Regal, das zweite von den Feldzeugmeistern Prinz Braunschweig-Bevern (rechter Flügel) und Graf Harrach (linker Flügel), das dritte von dem FZM. Löffelholz befehligt wurden. Sechs Bataillone, welche ausserhalb der Verschanzungen aufgestellt waren und die Verbindung mit dem linken Flügel herzustellen hatten, führte der FZM. Prinz Alexander von Württemberg. Der linke Flügel der Armee unter dem FM. Graf Pálffy bestand aus der in fünf Colonnen getheilten Reiterei, während der rechte, an welchem die Bodenbeschaffenheit die Verwendung grösserer Streitkräfte nicht gestattete, nur aus vier Cavallerie-Regimentern unter dem G. d. C. Freiherrn von Ebergényi bestand. Die Aufstellung des kaiserlichen Heeres war links durch einen ausgedehnten Sumpf, rechts durch unpraktikable Höhen gedeckt, also in beiden Flanken vollständig gesichert. — Der Beginn der Schlacht bei Peterwardein wurde durch einen widrigen Zufall um einige Stunden verzögert. *Peterwardein.* Ein Sturmwind hatte in der Nacht Schiffmühlen losgerissen und durch sie die beiden Brücken so beschädigt, dass die nachrückenden Colonnen aufgehalten wurden und der Angriff der Kaiserlichen erst um 7 Uhr Morgens des 5. August ausgeführt werden konnte.

Die Türken hatten die Bewegung der kaiserlichen Truppen rechtzeitig wahrgenommen und sich ebenfalls in Schlachtordnung gestellt. Ihre Reiterei postirte sich jener des Prinzen gegenüber und die Janitscharen besetzten die Laufgräben, hinter welchen eine ansehnliche Reserve Stellung nahm, allein der starke linke Flügel wurde vom Grossvezier so ungünstig postirt, dass er auf den Gang der Schlacht ganz ohne Einfluss blieb.

Nach dem Befehle des Generalissimus begann der FZM. Prinz Alexander von Württemberg den Angriff. Er bemächtigte sich in wenigen Minuten der vor ihm placirten feindlichen Batterie und FM. Pálffy, der mit der Reiterei zur Attaque nachfolgte, warf die türkische Cavallerie über den Haufen. Schlimmer stand es um den rechten Flügel und um das Centrum der Kaiserlichen. Beim Hervorbrechen aus den Verschanzungen gerieth das Fussvolk in einige Unordnung, und wenn auch die Janitscharen aus ihren vordersten Posten vertrieben wurden, blieb dem Gegner die eingetretene Verwirrung doch nicht verborgen. Die Türken benützten dieselbe schnell und drängten die Infanterie bis hinter die zweite Verschanzung zurück. Schon begonnen sie diese zu ersteigen, als die Reiterei der beiden Flügel und die intacte Reserve unter FZM. Löffelholz die Ordnung herstellten und der Infanterie Zeit gaben, sich zu sammeln. — Prinz Eugen erkannte sofort, dass der Feind in der Hitze seines Vorstosses die beiden Flanken vollends entblösst hatte. Alexander von Württemberg vollführte eine Schwenkung nach rechts, attaquirte zum zweiten Mal und die Reiterei der beiden Flügel rückte, Alles vor sich niederwerfend, in geschlossenen Massen vor, während die Infanterie, diesmal in unzerreissbaren Frontlinien, vorging und erst auf die denkbar geringsten Distanzen ihr mörderisches Feuer abgab. Die Türken, von drei Seiten angefallen, wichen und suchten sich bald in regelloser Flucht zu retten. Die Janitscharen blieben ohne alle Unterstützung.

18*

da die türkische Reiterei von der kaiserlichen abgedrängt worden
und FM. Pálffy bereits in den Besitz der feindlichen Wagenburg
und des Lagers gelangt war. Um 12 Uhr Mittags war der Sieg,
der die Kaiserlichen in den Besitz des ganzen feindlichen Lagers
mit reichen Vorräthen brachte, entschieden. Unter den Trophäen
befanden sich 172 Geschütze, 156 Fahnen, 5 Rossschweife und
3 Paar Pauken. Der Feind hatte an Todten über 6000 Mann,
darunter den Grossvezier verloren, während auf kaiserlicher Seite
die Zahl der Todten und Verwundeten kaum 3000 Mann betragen
mochte. Unter den Todten befanden sich die FML. von der Lancken
und Wellenstein, der GFWM. Hoensbroeck, fünf Obriste und der
General-Adjutant Johann Graf Pálffy, unter den Verwundeten der
FML. Graf Bonneval, die GFWM. O'Dwyer, Schilling und vier
Obriste.

Prinz Eugen, der von der feindlichen Haupt-Armee vorläufig
nichts weiter zu besorgen hatte, fasste den Entschluss, die künftigen
Winterquartiere durch die Einnahme von Temesvár zu sichern,
durch welche auch Ober-Ungarn besser gedeckt, die Verbindung
mit Siebenbürgen erleichtert und die in Aussicht genommene Belagerung von Belgrad wesentlich gefördert wurde. FM. Graf Pálffy
erhielt den Befehl, mit einem starken Cavallerie-Corps sogleich
aufzubrechen und Temesvár einzuschliessen. Am 14. August setzte
sich die Armee in Marsch und traf, nachdem die Theiss bei Zenta
passirt worden, bei Temesvár ein. Dieser Platz war, wenn auch
nicht regelmässig, doch stark befestigt und ausserdem durch fast
unpassirbare Moräste geschützt. Die Festung bestand aus vier
Theilen, der grossen Palanka (Vorstadt), der eigentlichen Stadt,
dem Schlosse und der südlich von diesem gelegenen Insel oder
kleinen Palanka. Das Schloss lag auf dem linken Ufer der Bega
und durch diesen Fluss von der Stadt getrennt, welch' letztere von
starken Mauern und doppeltem Graben umgeben war. Prinz Eugen
von Savoyen richtete seinen Angriff gegen die Nordfront der
Festung, während die Südseite, wo die Annäherung eines Entsatz-
Heeres erwartet werden musste, von der Reiterei umschlossen wurde.
In der Nacht vom 1. zum 2. September wurde mit der Aushebung
der Laufgräben und damit, der Belagerung der letzten grösseren
türkischen Festung auf ungarischem Boden begonnen. Am 6. September nahmen mehrere Belagerungs-Batterien bereits das Feuer

Temesvár.

gegen den Platz auf, welchen Mustapha Pascha mit 18.000 Mann tapfer und umsichtig vertheidigte. Am 22. September erhielten die Belagerer die Nachricht, dass ein 20.000 Mann starkes Entsatz-Heer von Denta her im Anzuge sei. Als Pálffy am folgenden Tage diese Meldung bestätigte, begab sich Eugen in das Lager der Reiterei und beorderte 11 Bataillone unter dem FZM. Graf Maximilian Starhemberg ebenfalls dahin. Gegen Mittag des 23. September erfolgte der Angriff der Türken auf das Lager Pálffy's, scheiterte aber an der Tapferkeit der kaiserlichen Reiterei. Als der Feind auch noch ein zweites und drittes Mal abgewiesen worden war, stand er von weiteren Angriffen ab und wich wieder hinter die Temes, dann hinter die Donau zurück.

Schon am 25. September wurden die Dispositionen für den Sturm auf die Palanka gegeben, aber die Zerstörung einiger Minen, die Anschwellung des Wassers im äusseren Graben und ein von der Besatzung unternommener Ausfall zwangen zur Aufschiebung dieses Vorhabens. Sieben Tage wurden dazu verwendet, um die zerstörten oder beschädigten Belagerungsarbeiten wieder herzustellen. Erst am 1. October um 8 Uhr Morgens gingen 30 Bataillone, 30 Grenadier-Compagnien und 2000 Arbeiter unter dem FZM. Prinzen von Württemberg, dem die FML. Browne und Ahumada, die GFWM. Langlet, Livingstein und Franz Wallis beigegeben waren, zum Sturme vor. Nach einem zweistündigen, erbitterten Gefechte bemächtigten sich die Kaiserlichen der Bresche und der Palanka und nöthigten die Besatzung zum Rückzuge in die Stadt und das Schloss. Der Erfolg war aber mit einem Verluste von 2000 Mann an Todten und Verwundeten erkauft worden, unter den letzteren befanden sich der Prinz Alexander von Württemberg und dessen Bruder Friedrich, dann die Generale Browne, Ahumada und Livingstein.

Das Feuer wurde nun gegen die innere Stadt und die Citadelle aus 44 Kanonen und 40 Mörsern mit Lebhaftigkeit fortgesetzt. In den Halbmond war bereits eine ansehnliche Bresche geschossen worden, aber noch immer waren grosse Schwierigkeiten zu überwinden, bis der Kern der Befestigungen in den Besitz der Belagerer gebracht werden konnte. Daher war der Prinz von Savoyen auf das angenehmste überrascht, als der türkische Befehlshaber am 12. October die Capitulation anbot, welche am

13. October zum Abschlusse gelangte. Nach den Bestimmungen derselben erhielt die türkische, aus noch 12.000 Mann bestehende Besatzung freien Abzug nach Pancsova und zum Gouverneur des eroberten Gebietes ernannte Prinz Eugen den G. d. C. Mercy.

Längs der Save hatte mittlerweile der Parteigängerkrieg eine grössere Bedeutung erlangt. Eine Expedition, welche GFWM. Graf Draskovich gegen **Novi** unternahm, blieb jedoch ohne Resultat, und eine andere des Obristen Dilher, des Commandanten von Rača, gegen **Šabac** führte im August sogar einige Verluste herbei. — Desto glücklicher waren die Unternehmungen des Obristen Maximilian Petrasch. Dieser überschritt mit einem kleinen Detachement von Grenzmilizen die Save und lockte die Besatzung von **Berbir** durch List in einen Hinterhalt. Nur mit grossen Verlusten retteten sich die Türken in die Festung, welche sie in der folgenden Nacht in Brand steckten, worauf sie sich nach Banjaluka zurückzogen. Obwohl erkrankt, unternahm Petrasch schon nach wenigen Wochen eine neue Expedition, und zwar gegen **Dervent**. Die Türken rückten ihm vor diesem Platz entgegen, wurden aber in einem kurzen Gefechte geschlagen und verliessen im Laufe der Nacht die Stadt, deren Befestigungen die Kaiserlichen im September bis auf den Grund zerstörten. Eine dritte Expedition, im November, brachte den Obristen Petrasch in den Besitz der Schanzen bei **Kotorsko** und des festen Schlosses von **Doboi**.

Im Spätjahre zog der G. d. C. Graf Mercy mit einem schwachen Corps gegen Süden, um die Unterwerfung des Gebietes von Temesvár bis an die Donau hin zu vollenden. **Pancsova** ergab sich, ohne ernstlichen Widerstand zu leisten, am 10. November und am 14. November unterwarf sich auch **Uj-Palánka**, ohne einen Schuss abzufeuern. Mercy marschirte sodann durch die von den Tataren vollständig verwüstete Gegend von **Orsova**, dessen Besatzung ihm gefechtsbereit entgegenrückte. Sie wurde zwar nach kurzem Kampfe in die Flucht getrieben, aber Mercy wollte sich auf eine voraussichtlich schwierige Belagerung nicht einlassen, da das schwer zugängliche, isolirte Orsova ohnehin nur mit Mühe zu behaupten war. Der General liess dafür Mehadia armiren und marschirte, da die Jahreszeit unwirthlich geworden, nach Temesvár zurück.

G. d. C. Graf Steinville, der commandirende General in Siebenbürgen, war von Eugen angewiesen worden, dem Feinde in der Moldau, ganz besonders aber in der Walachei, Abbruch zu thun und in diesen Ländern Kriegs-Contributionen einzutreiben. Der Grenz-Capitän Dettina marschirte deshalb mit 12.000 Mann Raizen in die Walachei ein, deren Bewohner ihn wie einen Befreier empfingen, und gelangte fast unbemerkt bis an die Thore von Bukarest. Am Morgen des 25. November drang Dettina in die Stadt ein, überfiel den tyrannischen Hospodar Nikolaus Maurocordato in seinem Schlosse und brachte ihn als Gefangenen nach Hermannstadt.

Feldzug 1717.

Quellen: Wie bereits angegeben.

Das zweite Jahr des Krieges gegen die Türken begann für die Kaiserlichen mit einer Reihe von Unfällen. Ein kleines Streif-Corps rückte gegen Jassy vor und bemächtigte sich des dortigen Schlosses, wurde aber von den Tataren überfallen und fast ganz aufgerieben. Türkische Abtheilungen gingen über die Save, überwältigten die kaiserlichen Postirungen in Syrmien und tödteten den Grenz-Capitän Monasterli, während ein anderes feindliches Streif-Corps gegen Karlovitz vordrang und die in der Nähe befindliche, sogenannte Friedens-Capelle in Brand steckte. Eine Streifung, welche Obrist Neipperg von Uj-Palánka aus auf türkisches Gebiet unternahm, hatte anfangs einen glücklichen Fortgang, schliesslich gerieth aber das Detachement in einen Hinterhalt, verlor die meisten seiner Leute und nur ein kleiner Rest vermochte sich durchzuschlagen und zu entkommen. Noch empfindlicher war der Schade, welchen die kaiserliche Donau-Flottille erlitt. Obristlieutenant Ernst Petrasch hatte vom G. d. C. Grafen Mercy den Auftrag erhalten, einen starken Proviranttransport zu Schiffe von Peterwardein nach Pancsova zu bringen. Er vollführte diese Aufgabe glücklich, wurde aber auf der Rückfahrt von der weit überlegenen feindlichen Tschaiken-Flotte angegriffen. Während des Gefechtes entzündete sich das Pulver in dem Schiffe, auf welchem sich Petrasch befand. Die Explosion tödtete einen grossen Theil der Bemannung und Obristlieutenant Petrasch fiel schwer verwundet in Gefangenschaft. Erfolgreich verlief dagegen ein Streifzug, den der Obrist Petrasch über die Save unternahm. Er marschirte im Mai mit 1200 Grenzern und zwei Geschützen gegen die zwischen Zvornik und Šabac angelegte Schanze (bei Lešnica), legte einen Theil seiner Mannschaft in einen Hinterhalt und nahm mit dem Reste die Verschanzung mit Sturm. Diejenigen Türken, welche sich durch die Flucht zu retten suchten, fielen den Croaten in die Hände und wurden von ihnen niedergemacht.

Lešnica.

Prinz Eugen, der die Operationen ohne Zögern beginnen wollte, traf am 21. Mai im Lager bei Futak ein, bereiste mit Mercy sodann das neu eroberte Gebiet von Temesvár bis nach Pancsova und führte am 9. Juni die Armee nach Peterwardein, bei welch' letzterem Orte er die Donau zu überschreiten beschloss und am 15. und 16. Juni auch passirte. Der Prinz hatte den Uebergang bei Pancsova hauptsächlich deshalb gewählt, um sich mit den in Siebenbürgen und im Banate bequartierten Truppen rascher zu vereinigen und die von den Türken geplante Unternehmung gegen Temesvár zu verhindern. Am 18. Juni recognoscirte Eugen Belgrad, liess zur Verbindung mit Croatien und dem Banat Schiffbrücken über die Donau und die Save schlagen und mit der Aushebung der Laufgräben beginnen. Die kaiserliche Armee, 61 Bataillone, 176 Schwadronen stark, umschloss Belgrad vollständig und lehnte sich links an die Save, rechts an die Donau. Die Tschaiken ankerten ober- und unterhalb der Donau-Brücke, um diese zu schützen und die Verbindung zwischen Belgrad und der feindlichen Flottille zu sperren.

Belgrad

Die türkische Besatzung bezifferte sich auf 30.000 Mann, grösstentheils Kerntruppen, welche der erprobte Mustapha Pascha von Rumelien befehligte. Ausserdem sammelte der neue Grossvezier Chalil Pascha bei Adrianopel eine Armee, über deren Stärke die abenteuerlichsten Gerüchte verbreitet wurden. Um sich gegen diese zu sichern, liess Prinz Eugen von Savoyen sein Lager vor Belgrad durch Wälle und Gräben umgeben und auf das stärkste befestigen. Der Feind suchte diese Arbeiten durch starkes Feuer aus der Festung zu stören und unternahm am 29. Juni zwei heftige, jedoch erfolglose Ausfälle. Ebenso vergeblich war sein in der folgenden Nacht unternommener Versuch, durch losgelassene Schiffmühlen die Donau-Brücke der Belagerer zu zerstören. Am 1. Juli räumten die Türken Semlin, welches der FML. Hauben zwei Tage später besetzte. Am 5. Juli griff der Feind mit seiner Flottille zwei kaiserliche Schiffe an, welche bei Semlin vor Anker lagen, verlor aber dabei mehrere Fahrzeuge und wurde zurückgewiesen. Nachmittags wurde der Angriff mit mehr als 50 Tschaiken wiederholt, wobei die Türken auch Truppen auszuschiffen suchten. Die Feldmarschall-Lieutenants Hauben und Seckendorf warfen den Feind aber auf seine Schiffe zurück und die letzteren mussten nach einem dreistündigen Kampfe und einem Verluste von mehr als 200 Todten unter die Kanonen der Festung zurückkehren.

Der Grossvezier war indessen in Nisch angekommen und gab sich den Anschein, als wenn er gegen Karansebes und Siebenbürgen vorrücken wollte. Eugen erkannte aber die Absicht des Gegners, welche dahin zielte, die kaiserliche Armee von Belgrad wegzulocken und liess sein Lager nur noch stärker fortificiren. Als am 13. Juli ein heftiger Sturm die kaiserlichen Brücken beschädigt hatte, wollte sich die Besatzung die im Lager eingetretene vermeintliche Verwirrung zu Nutze machen und die Save-Brücke gänzlich zerstören, wurde aber vom GFWM. Graf O'Dwyer zurückgetrieben. Nicht besser endete ein Ausfall am 17. Juli, obwohl die Belagerer in dem erbitterten Kampfe empfindliche Verluste erlitten, unter welchen sich auch der gefallene GFWM. Graf Marsigli befand. Indessen hatte der Prinz die durch den Sturm beschädigte Donau-Brücke wieder herstellen und eine zweite über die Save schlagen lassen. Am 22. Juli wurde das schwere Geschütz in die Batterien eingeführt und am 23. Nachts das Feuer eröffnet. Dasselbe war von so vortrefflicher Wirkung, dass in wenigen Tagen der grössere Theil der Wasserstadt in Trümmern lag und eine bedeutende Anzahl der Kanonen in der Festung demontirt war.

Gleichzeitig war die, angeblich 300.000 Mann, thatsächlich aber mehr als 200.000 Mann starke Entsatz-Armee bis gegen Semendria vorgerückt und hatte einen Theil der Janitscharen gegen Grocka vorgeschoben. Ein türkisches Corps von 30.000 Mann überschritt die Donau und streifte im Banate von Temesvár, während ein anderes, wenig schwächeres, vor Mehadia erschien, aber in drei verzweifelten Stürmen, in welchen es 3000 Mann einbüsste, abgewiesen wurde. Erst als die Besatzung bis auf 350 Streitbare geschmolzen war, capitulirte der Commandant Major Herlenval am 28. Juli gegen freien Abzug.

Am 30. Juli wurde die aus Reiterei bestehende Vorhut des türkischen Heeres dem linken Flügel der kaiserlichen Armee gegenüber sichtbar und bestand ein leichtes, bedeutungsloses Gefecht mit Husaren und raizischer Cavallerie. Am nächsten Tage begannen die Türken auf Kanonenschuss-Distanz vom Heere des Prinzen von Savoyen ebenfalls ein Lager aufzuschlagen, aus welchem sie mit Laufgräben vorgingen und ein ununterbrochenes Geschützfeuer unterhielten. In den nächsten zwölf Tagen verminderten die Türken die Distanz zwischen sich und den Kaiserlichen bis auf 600 Schritte.

Obwohl die Armee durch Kämpfe und Krankheiten bis auf ungefähr 70.000 Kampfführige herabgesunken war, fasste der Prinz dennoch den kühnen Plan, sich aus der verzweifelten Lage, in welcher er sich befand, durch eine Entscheidungsschlacht zu befreien. Ausnahmsweise und gegen seine sonstige Gewohnheit berief er einen Kriegsrath und ertheilte nach demselben die Disposition für den Angriff, der am 16. August stattfinden sollte.

Belgrad. 8 Bataillone, 4 Grenadier-Compagnien und 7 Reiter-Regimenter unter dem FML. Grafen Browne und FML. Viard hatten die Laufgräben, 4 Bataillone und die unberittenen Dragoner das Lager zu bewachen, die übrige Armee aber noch in der Nacht und in grösster Stille zu dem Angriffe auf das Heer des Grossveziers aufzubrechen. Die Infanterie sollte das Centrum, die Reiterei die beiden Flügel der Schlachtordnung bilden. Ueber die erstere führte der FM. Prinz Alexander von Württemberg, über die letztere der FM. Graf Johann Pálffy den Befehl. Das erste Treffen der Infanterie commandirten die FZM. Maximilian Graf Starhemberg und Joseph Graf Harrach, das zweite der FZM. Prinz von Braunschweig-Bevern. Bei der Reiterei waren die G. d. C. Ebergényi und Mercy auf dem rechten, die G. d. C. Montecuccoli und Martigny auf dem linken Flügel eingetheilt. FML. Seckendorf stand mit 15 Bataillonen, die als Reserve ausgeschieden worden, unmittelbar an der Contravallations-Linie. Noch vor Mitternacht rückten die Truppen aus der Contravallations-Linie vor und stellten sich in Schlachtordnung. Die Nacht war hell, aber gegen Sonnenaufgang fiel ein so dichter Nebel ein, dass auf wenige Schritte nichts mehr unterschieden werden konnte. Er ward die Veranlassung, dass FM. Pálffy mit der Reiterei des rechten Flügels den Weg ver-

fehlte und an einen von den Türken neu ausgehobenen Graben
gerieth. Der dadurch alarmirte Feind empfing die kaiserliche
Cavallerie mit einem heftigen Feuer und lockte durch dieses die
eigene Reiterei zur Unterstützung herbei. Während die Türken
ihre Schlachtordnung ohne besondere Schwierigkeiten formirten,
verhinderte der Nebel die Kaiserlichen, die ihnen angewiesenen
Stellungen aufzufinden. Unglücklicher Weise hatte die Infanterie
Befehl erhalten, sich an die Reiterei des rechten Flügels anzu-
schliessen und gerieth in Folge dessen auch viel zu weit nach
rechts, wodurch es geschah, dass im Centrum eine Lücke entstand,
in welche mehrere feindliche Bataillone eindringen konnten. Inzwischen hatte G. d. C. Graf Mercy mit der Cavallerie des zweiten
Treffens dem FM. Pálffy Luft gemacht und den Feind zurückgedrängt. Dieser griff verstärkt neuerdings an, stiess hiebei aber
auf die kaiserliche Infanterie, die in geschlossener Frontlinie von
Starhemberg herangeführt wurde, während die Reiterei Pálffy's den
Türken in die Flanke fiel. Diesem Anpralle vermochte der Gegner
nicht mehr zu widerstehen. Er wich und liess seine Batterien in
den Händen der Kaiserlichen. Um diese Zeit hatte sich das Gefecht
bereits auf der ganzen Linie entwickelt. Der linke Flügel war bis
an die türkischen Laufgräben vorgerückt und hatte diese mit dem
Bajonnette genommen. Aber auch der Feind hatte im Centrum
Boden gewonnen und sich in dichten Massen zwischen den beiden
Flügeln der kaiserlichen Armee eingekeilt.

Gegen acht Uhr Morgens zertheilte sich der Nebel, der bis
dahin jeden Ueberblick verhindert hatte und liess die überaus
gefährlich gewordene Situation erkennen. Blitzschnell führte Prinz
Eugen das zweite Treffen unter Braunschweig zum Angriffe vor
und warf sich mit der Reiterei in die Flanke der vorgedrungenen
Türken, während die Infanterie in der Front vorging und in einem
blutigen Handgemenge die Verbindung zwischen den beiden Flügeln
der kaiserlichen Armee wieder herstellte. Nur um eine Batterie von
18 Geschützen, die im Centrum der türkischen Position aufgefahren
war, schaarten sich die Janitscharen und leisteten den verzweifelt-
sten Widerstand. Gegen diese liess Prinz Eugen 4 Bataillone und
10 Grenadier-Compagnien, deren Flanken zwei Reiter-Regimenter
deckten, zum Sturme vorrücken. Ohne einen Schuss abzufeuern,
warfen sich die Tapfern mit dem Bajonnett auf den Feind und

nahmen in einem mörderischen Gemetzel die Batterie in Besitz.
Um 9 Uhr Morgens wich der Gegner auf allen Puncten und die
siegreiche kaiserliche Armee breitete sich auf den erstürmten Höhen
aus. Die Husaren wurden zur Verfolgung des Feindes befehligt
und brachten, unterstützt von dem serbischen Landvolke, diesem
noch grosse Verluste bei. Das ganze Lager mit ungeheuren Vorräthen, 200 Geschütze, 51 Fahnen und 9 Rossschweife fielen den
Siegern in die Hände, welche ihren Triumph allerdings auch mit
einem Verluste von 5000 Mann an Todten und Verwundeten erkauft hatten. Unter den Todten befanden sich die FML. Graf von der
Hauben und Josef Anton Fürst Lobkowitz; unter den Verwundeten
Prinz Eugen von Savoyen, die G. d. C. Ebergényi und Montecuccoli, dann die GFWM. Eckh, Locatelli, Dalberg, Ottokar Graf
Starhemberg und Franz Wallis. Die Verluste der Türken betrugen
über 20.000 Mann.

Der glänzende Sieg von Belgrad hatte den Fall der Festung
zur unmittelbaren Folge. Schon am 18. August wurde die Capitulation abgeschlossen und am 22. befanden sich die Festung, 600 Geschütze, die ganze türkische Donau-Flottille und eine grosse Menge
von Munition im Besitze der Kaiserlichen.

Es war aber auch hohe Zeit gewesen, dass die Entscheidung
fiel, denn im Rücken der kaiserlichen Armee standen die Verhältnisse nichts weniger als günstig. Im Gebiete von Temesvár streiften
türkische Corps, und eine Heeres-Abtheilung von 15.000 Mann,
theils aus Tataren, theils aus ehemaligen ungarischen Malcontenten
bestehend, brach durch die Moldau in Siebenbürgen und Ober-
Ungarn ein und drang unter furchtbaren Verwüstungen des Landes
über Radna bis Bistritz vor. Károlyi, der Befehlshaber in Szathmár,
wich vor dem Feinde hinter die Theiss zurück.

Prinz Eugen von Savoyen sandte den G. d. C. Grafen Mercy
mit sechs Reiter-Regimentern und zwölf Bataillonen zur Besetzung
des Banates ab und detachirte vier Cavallerie-Regimenter unter
dem G. d. C. Grafen Martigny über Arad nach Ober-Ungarn. Bei
der Annäherung der Kaiserlichen zogen sich die Tataren in Eile
durch die Marmaros und Moldau wieder zurück, wobei sie durch
das bewaffnete Landvolk empfindliche Verluste erlitten. — Um
Siebenbürgen zu sichern, wurde der FML. Viard mit zwei Cavallerie-
Regimentern dahin gesandt und auch Mercy und Martigny ange-

wiesen, den FM. Steinville im Falle der Nothwendigkeit zu unterstützen. Steinville erhielt gleichzeitig den Auftrag, den Ver-
wüstungszug der Tataren durch einen Einbruch in die Moldau und
die Verheerung des dortigen Landes zu rächen.

FML. Graf Hannibal Heister war befehligt worden, mit der
Grenzmiliz Novi wegzunehmen. Dieser übertrug den beiden
GFWM. Draskovich und Königsegg das Commando der Expedition.
Beide Generale umschlossen N o v i und liessen es mit ihrer **Novi.**
wenigen Artillerie beschiessen. Am 17. September stürmten die
Kaiserlichen den Platz, wurden aber ungeachtet ihrer Bravour
zurückgeschlagen. Als ein ansehnliches, feindliches Corps zum
Entsatze herbeieilte, hob Draskovich die Belagerung auf, erlitt aber
auf dem Rückzuge durch die nachdrängenden Türken so schwere
Verluste, dass er fast ohne alle Mannschaft nach Kostainica gelangte. Die misslungene Expedition hatte über 1400 Mann an
Todten und Verwundeten gekostet. Nicht besser endete ein Zug
gegen Z v o r n i k, bei welchem GFWM. Petrasch nicht unbedenk- **Zvornik.**
lich blessirt wurde.

Die wiederholten Friedensvorschläge der Pforte hatten in
letzter Zeit in Wien eine günstigere Aufnahme gefunden, da den
italienischen Besitzungen des Kaisers durch die Ränke des spani-
schen Ministers Alberoni Gefahr drohte und die Insel Sardinien
thatsächlich bereits verloren war. Der Grossvezier erneuerte die
Friedensvorschläge auf das dringendste und beantragte den Zu-
sammentritt eines Congresses in Belgrad, indem er einstweilen um
einen Waffenstillstand bat. Eugen von Savoyen verweigerte den
letzteren zwar, zeigte sich aber dem Frieden geneigt und bezeichnete, da Belgrad durch die Belagerung zu sehr gelitten hatte,
Požarevac als den geeigneten Ort für die Unterhandlungen.

Feldzug 1718.
Quellen: Wie bereits angegeben.

Die Truppen wurden während des Winters theilweise dazu
verwendet, die neu erworbenen Grenzorte in Vertheidigungszustand
zu setzen. Orsova, die Insel Poreč, Pancsova und Uj-Palánka
wurden stark fortificirt, bei Kubin zur besseren Verbindung mit
Serbien eine Brücke über die Donau geschlagen und Belgrad sollte

nach den Entwürfen des Prinzen Eugen zu einer Festung ersten
Ranges erhoben werden. Im Laufe des Winters suchte die Pforte
mehrmals um Waffenstillstand an, wurde aber mit ihrem Begehren
immer abgewiesen.

Die türkischen Bevollmächtigten langten gegen Ende April
in Požarevac an und einen Monat später begann der Grossvezier
bei Adrianopel eine Armee von angeblich 60.000 Mann zu concentriren. Um dieselbe Zeit sammelte sich die ansehnlich verstärkte
kaiserliche Armee bei Semlin, in welchem Orte der Prinz am
8. Juni eintraf. Da die Friedensverhandlungen einen überaus
schleppenden Verlauf nahmen, suchte Eugen den Gang derselben
durch eine Scheinbewegung seiner Armee zu beschleunigen. Neun
Cavallerie-Regimenter und zwölf Bataillone passirten die Donau
und lagerten bei Belgrad, während G. d. C. Graf Mercy mit seinem
Corps gegen Uj-Palánka und Orsova aufbrach. Auf die Nachricht
von diesen Bewegungen setzte sich der Grossvezier von Adrianopel
gegen Nisch in Bewegung und ein türkisches Corps von 10.000
Mann marschirte längs der Drina gegen die Donau heran. Diese
Operationen hatten aber weiter keine Erfolge, da am 21. Juli zu
Požarevac der Friede unterzeichnet wurde, in welchem dem Kaiser
von der Pforte das Gebiet von Temesvár, ein Theil von Bosnien,
Serbien bis zum Timok mit Belgrad und die sogenannte kleine
Walachei, zwischen der Donau und Aluta, abgetreten wurde. Einige
Tage später gelangte auch ein sehr vortheilhafter Handelsvertrag
zwischen dem Kaiser und der Türkei zum Abschlusse.

Der zweite Krieg Kaiser Karl VI. gegen die Türken 1736—1739.

Quellen: Schels, Kriegsgeschichte der Oesterreicher. — Hammer-Purgstall, Geschichte des osmanischen Reiches. — Oesterreichische militärische Zeitschrift 1818
und 1833. — Mittheilungen des k. k. Kriegs-Archivs, Jahrgang 1881. — Acten
des k. k. Kriegs-Archivs.

Während die Waffen des Kaisers in Folge der Verwicklungen,
welche die Thronfolge in Polen herbeigeführt hatte, in Italien und am
Rheine beschäftigt waren, drohte Ungarn neuerdings der Schauplatz
blutiger innerer Unruhen zu werden. Die Serben befürchteten den

Verlust ihrer Privilegien, sorgten um die Freiheit ihrer Religion
und planten deshalb einen Aufstand, zu welchem die Gelegenheit
um so günstiger erschien, als die regulären Truppen Ungarn verlassen hatten und die Besatzungen der festen Plätze zum grossen
Theile aus serbischen Grenzmilizen bestanden. Die Urheber der
Empörung waren die Befehlshaber der längs der Maros vertheilten
Grenztruppen, besonders deren Commandant, Obrist Peter Szegedinecz (genannt Peró), Major Sterba, Hauptmann Ranko Thököly
und Oberlieutenant Szevics; dann der Obrist Záko, der zwei Regimenter commandirte, welche in der Bácska in Garnison lagen.
Während des Winters von 1734 auf 1735 versuchten Peró und
seine Mitverschwornen, das ungarische Landvolk an der untern
Theiss, der Maros und Körös dadurch zur Theilnahme an der beabsichtigten Empörung zu verleiten, dass sie demselben vorspiegelten,
sie seien von Rákóczi, der in kurzer Zeit selbst erscheinen werde,
beauftragt, ein Kuruczenheer anzuwerben. Obwohl die grosse Masse
des Volkes gegen diese Aufreizungen taub und theilnahmslos blieb,
liessen sich doch einige verwegene Leute, wie Johann Vértesi, der
Richter von Szent-András, Johann Szebestyén u. a., bewegen, gemeinsame Sache mit den Rebellen zu machen. Peró und Thököly
nahmen es auf sich, Arad, wo zwei serbische Bataillone die Besatzung bildeten, in ihre Gewalt zu bringen, während Vértesi und
Szebestyén Gyula überrumpeln sollten. Die beiden letzteren
schlugen am 27. April in Szent-András los, brachten aber kaum
1300 Bewaffnete zusammen, mit welchen sie in der Gegend von
Mezötúr plünderten. Am 29. April besiegten die Rebellen ein Häuflein
Soldaten, welches ihnen aus Szolnok entgegengerückt war, und lagerten
sich hierauf vor Gyula. Sie begannen eben diese Stadt zu belagern, als Orczy, der Obergespan des Heveser Comitats, mit den
Obristen Beleznay und Halász, dann dem Capitän der Jazygier
und Kumanier, Podhradczky, anrückten und die mangelhaft bewehrte und zuchtlose Schaar der Empörer nach den Waldungen
von Erdöhegy trieben. Szevics, Sterba und andere Urheber der
Verschwörung gaben sich nun den Schein unverletzter Treue gegen
den Kaiser und retteten sich, indem sie ihre früheren Genossen verriethen. Beauftragt, die Reste der Rebellen zu zerstreuen, drangen
sie mit ihren Milizen in den Wald von Erdöhegy, hieben darin
eine grosse Anzahl ihrer früheren Mitverschwornen nieder, nahmen

Gyula.

eine noch grössere Menge derselben gefangen und sprengten den geringen Rest auseinander. Die Häupter der Verschwörung starben entweder durch Henkershand oder wurden vom Landvolke, das sie verleitet, erschlagen.

Feldzug 1737.

Quellen: Wie bereits angegeben.

Kaiser Karl VI. hatte im Jahre 1726 mit Russland ein Bündniss geschlossen, welches ihn verpflichtete, diesen Staat in jedem Vertheidigungskriege mit einem Hilfs Corps von 30.000 Mann zu unterstützen. Seit 1736 befand sich Russland im Kriege mit der Türkei, da aber ersteres den Conflict provocirt und begonnen hatte, war es dem Ermessen des Kaisers überlassen, ob er sich am Kampfe betheiligen wolle oder nicht. Obwohl die Türkei in letzter Zeit keinen Anlass zu Streitigkeiten gegeben hatte und sich gegen Karl VI. friedliebend und nachgiebig erwies, wurde in Wien dennoch der Angriffskrieg beschlossen, da man von diesem einen theilweisen Ersatz für die jüngst erlittenen schweren Verluste in Italien erwartete. Schon im September des Jahres 1736 zog der FM. Pálffy in den Lagern bei Futak, Bács, Novoszelo, Keresztur und Kovil eine Armee von 57.000 Mann, davon 20.000 Reiter, mit 80 Geschützen zusammen. Gleichzeitig sammelte sich in Croatien unter dem FZM. Josef Friedrich von Sachsen-Hildburghausen ein Corps von 14.000 Mann regulärer Truppen und das Corps, welches FZM. Graf Wallis in Siebenbürgen commandirte, sollte eine Stärke von 9600 Mann erhalten. Als die Lagerplätze der Haupt-Armee von Ueberschwemmungen heimgesucht wurden und sehr viele Soldaten am Sumpffieber erkrankten, erhielt Pálffy den Befehl, mit den Truppen bis Požarevac vorzugehen, bei Kubin eine Brücke über die Donau herstellen zu lassen und einen Theil der Reiterei nach Uj-Palánka und Karansebes zu verlegen. Er sollte in dieser Aufstellung die türkischen Streitkräfte beobachten, die Grenze aber erst dann überschreiten, wenn die russischen Truppen sich entsprechend genähert haben würden.

Im nächsten Jahre (1737) erhielt FM. Seckendorf das Commando der Armee, unter welchem die FM. Graf Philippi und Graf Khevenhüller, der FZM. Baron Schmettau und der G. d. C. Graf

Wurmbrand dienen sollten. Die Uneinigkeit indessen, welche unter den Befehlshabern herrschte, gab schon vor Beginn der Feindseligkeiten ebenso begründeten Anlass zu Besorgnissen, wie die Unsicherheit und das Schwanken bei der Feststellung des Feldzugsplanes. Nach langen Berathungen nahm der Hofkriegsrath den Vorschlag des FM. Seckendorf, welcher mit der Armee auf der Linie Požarevac-Majdanpek-Vidin operiren wollte, an, und wies — diesem Plane gemäss — die Truppen an, gegen Belgrad aufzubrechen.

Als Seckendorf am 11. Juni in Belgrad eintraf, befanden sich die meisten Regimenter noch auf dem Marsche, welcher aber, da Hochwasser eintrat, bald wieder unterbrochen werden musste. Dieser Umstand bewog den Feldmarschall mit einem neuen Plane hervorzutreten, welchem das spätere Misslingen des ganzen Feldzuges zum grossen Theile zugeschrieben werden muss. Anstatt gegen Vidin, sollte der Angriff gegen Nisch unternommen, die Ueberschreitung der Grenze bis zum 12. Juli verschoben, an diesem Tage aber die Vorrückung nicht allein von der Haupt-Armee, sondern auch in Croatien, Bosnien und in der kleinen Walachei ins Werk gesetzt werden.

Die Armee brach am 13. und 14. Juli in der Richtung gegen Paračin auf und am Abende des letzteren Tages wurde die Kriegserklärung dem Pascha von Nisch übergeben, während an anderen Puncten des Kriegstheaters die Feindseligkeiten thatsächlich schon begonnen hatten. So hatte der Obristlieutenant Valvasor, unterstützt von einem Theile der Truppen des GFWM. O'Mulrian, am 12. Juli die Schanze bei Lešnica angegriffen und die türkische Besatzung daraus vertrieben.

Lešnica.

Obwohl die Vorrückung der Haupt-Armee den Truppen die grössten Anstrengungen auferlegte, lagerte FM. Philippi am 23. Juli bereits bei Toponica zwei Stunden von Nisch und rückte noch am Abende desselben Tages unmittelbar vor die Festung, die er sofort zur Capitulation auffordern liess. Diese kam thatsächlich nach wenigen Stunden zustande und am 28. Juli empfing der Herzog von Lothringen, welcher als Freiwilliger beim Heere weilte, die Schlüssel des Platzes, in dem 144 Geschütze nebst der entsprechenden Munition vorgefunden wurden.

Nisch.

Minder günstig als in Serbien gestalteten sich die Operationen in Bosnien. Die vier Colonnen, in welche die unter dem Commando des FZM. Prinzen von Hildburghausen stehenden Truppen eingetheilt waren, konnten in Folge der unverhältnissmässig grossen räumlichen Trennung zwischen denselben den beabsichtigten Zweck nicht erreichen. Hildburghausen brach am 10. Juli aus dem Lager bei Cernik auf, konnte aber die aus den Ufern getretene Save erst am 15. bei Gradiska überschreiten und bis Sićc-Kula an der Vrbaska vorrücken. Während des Marsches detachirte der Prinz den FML. Müffling mit 7 Bataillonen, 400 Husaren und 4 Geschützen auf der westlichen Strasse gegen eine etwa von Banjaluka vorgehende Colonne. Dieses Detachement wurde am 21. Juli im Lager bei Jurković überfallen und verlor seinen Commandanten und 56 Todte und Verwundete. GFWM. Göldy, der nun den Befehl übernahm, trieb den Feind wieder zurück und setzte hierauf unbehelligt den Marsch fort. Am 24. langte der Prinz vor Banjaluka an und trat mit dem Detachement des GFWM. Göldy wieder in Verbindung.

FML. Stubenberg begann die Vorrückung erst in der Nacht vom 15. auf den 16. Juli, in welcher der GFWM. Graf Herberstein die Korana überschritt und unter leichten Gefechten bis über Bihać hinaus vorrückte. Ein zweites Detachement zog gegen Dreznik und verbrannte dessen Vorstädte, während eine dritte kaiserliche Streifpartei vor Cetin erschien und das dortige Schloss seit 21. Juli mit Feldstücken beschoss.

Graf Johann Esterházy, der Banus von Croatien, passirte ebenfalls ziemlich spät die Grenze bei Glina und blokirte seit dem 25. Juli das Schloss von Buzim.

Ohne Kenntniss von dem verzögerten Beginne der Operationen führte der Obrist Raunach seine Colonne, 4500 Mann und 5 Geschütze, genau an dem vom FM. Seckendorf hiefür bestimmten Tage am 12. Juli bei Dobroselo über die Grenze vor. Am 15. ging Raunach über die Una und begann am 18. die Beschiessung des Schlosses Navala. Inzwischen hatte der Pascha von Travnik die Bevölkerung zu den Waffen gerufen, aber Raunach, fest überzeugt von der Cooperation des FML. Stubenberg und des Banus Esterházy, setzte die Beschiessung von Navala ununterbrochen fort. Die Türken, welche 5000 Mann gesammelt hatten, wandten sich gegen

(Marginalia:) Jurković.

(Marginalia:) Dreznik. Cetin.

(Marginalia:) Buzim.

(Marginalia:) Navala.

diese ganz isolirte Colonne und schnitten ihr den Rückzug nach Croatien ab. Bei dem Versuche, sich mit den Waffen Bahn zu brechen, wurde Raunach unweit Ostrovica am 22. Juli gänzlich geschlagen und mit 8 Officieren und 600 Mann getödtet. Die Trümmer seiner Colonne retteten sich nur mit grösster Anstrengung nach Karlstadt. Der Unfall, welcher die Colonne Raunach betroffen, hatte zur Folge, dass alle übrigen Abtheilungen, mit Ausnahme jener des Banus und des Haupt-Corps, wieder über die Grenze retirirten.

Indessen hatte FZM. Hildburghausen Banjaluka am 23. Juli zur Capitulation auffordern und als dieser Schritt vergeblich geblieben war, die Belagerung am 25. Juli beginnen lassen. Da der Prinz nur über 16.000 Mann verfügte, musste er sich darauf beschränken, den eigentlichen Angriff auf dem linken Ufer des Vrbas zu unternehmen und das rechte durch ein Detachement beobachten zu lassen. Am 27. Juli eröffneten zwei Batterien von je 4 Geschützen und 2 Mörsern das Feuer, durch welches die Türken genöthigt wurden, am 29. die auf dem linken Flussufer gelegene Vorstadt aufzugeben. Am 30. Juli wurden bereits 12 Kanonen und 10 Mörser in Thätigkeit gesetzt und ein Ausfall der Besatzung zurückgewiesen. Als gleichzeitig bestimmte Nachrichten über das Anrücken eines Entsatz-Corps einliefen, entsendete der Prinz den GFWM. Bernes mit einem kleinen Detachement gegen Travnik, während ein anderes unter GFWM. Baranyay auf das rechte Ufer des Vrbas ging und die Türken am 31. Juli aus der dortigen Vorstadt vertrieb. Am 3. August waren die Belagerungsarbeiten so weit vorgeschritten, dass Hildburghausen für die folgende Nacht den Sturm auf den bedeckten Weg anordnete. Gleichzeitig sollte GFWM. Baranyay einen Angriff auf das ›Wasserthor‹ unternehmen. Kaum waren die Dispositionen für den Sturm ertheilt worden, als GFWM. Bernes mit der Meldung zurückkehrte, dass ein 10—15.000 Mann starkes feindliches Corps in der Gegend von Gjurić, westlich von Banjaluka, in einem schwer zugänglichen Gebirgskessel lagere. Der Angriff wurde deshalb verschoben und beschlossen, den Feind in der bisherigen Aufstellung zu erwarten.

Die Türken hatten indessen ihren Marsch in südlicher Richtung fortgesetzt, überschritten unweit Kola den Vrbas und umgingen

19*

hinter dem Illasko-Brdo die Stellung Baranyay's, der durch die feindliche Uebermacht am 4. August eine empfindliche Schlappe erlitt. — Obwohl der Prinz von Hildburghausen schliesslich das Feld behauptete, war die Verbindung der Garnison von Banjaluka mit dem Entsatz-Corps nicht mehr zu hindern, und da die Kaiserlichen in den Gefechten vor diesem Platze 1000 Mann und sechs Geschütze verloren hatten, sah sich der Feldzeugmeister gezwungen, die Belagerung aufzuheben. Noch in der Nacht traten die Kaiserlichen den Rückmarsch an, wiesen die verfolgenden Türken in dem **Klasnice.** Defilé von Klašnice blutig zurück und überschritten am 13. August bei Gradiska die Save. Der Rückzug des Haupt-Corps nöthigte den Banus, die Blokade von Bužim aufzuheben und ebenfalls über die Grenze zurückzugehen.

Nach dem Abzuge der kaiserlichen Truppen hatten die Türken ihre Streitkräfte bei Banjaluka concentrirt und waren am 12. August nach Tešanj und Doboj im Bosna-Thale marschirt, durch welche Bewegung sie die Save von Brod bis Rača bedrohten und in den gefährdeten Grenzdistricten eine gewaltige Panique hervorriefen.

Diese Umstände und ein Befehl des FM. Seckendorf, der die Belagerung von Zvornik anordnete, veranlassten den Prinzen, sofort gegen Brod zu marschiren, wo er am 21. August eintraf und den **Bjelina.** Major Petrowsky mit 600 Mann nach Bjelina vorschob, der den Feinden diesen Posten wieder abnahm. Noch in Brod erhielt Hildburghausen einen Befehl des Hofkriegsrathes, der die Weisung enthielt, nach Gradiska zurück zu marschiren, dort die Save zu passiren und in dem Lager bei Machica (Mašić) eine beobachtende Stellung zu nehmen. Diese Weisung kam nur insoferne zur Ausführung, als der Prinz nach Gradiska zurückging und, da sein Corps bereits mehr als 5000 Kranke zählte, in dessen Nähe stehen blieb. Am 8. September erhielt der Feldzeugmeister eine neue Ordre Seckendorf's, welche ihm auftrug, die Grenze entsprechend zu sichern und dann nach Šabac aufzubrechen. In Folge dieses Befehles wurden sieben Bataillone Grenzer längs der Save vertheilt, während die Confinien des Karlstädter Generalats durch das dortige bewaffnete Landvolk besetzt wurden. Das Corps Hildburghausen's brach am 12. und 13. September aus dem Lager bei Gradiska auf und marschirte über Brod, Djakovo und Mitrovic nach Šabac, wo es am 24. September anlangte. Am folgenden Tage ging die Infanterie über die Save und vereinigte sich mit der in der Nähe lagernden Haupt-Armee.

Die Truppen in Siebenbürgen waren nach der Disposition des FM. Seckendorf am 12. Juli über die Grenze vorgerückt. GFWM. Ghilany brach an diesem Tage von Törzburg auf und sandte den Obristlieutenant Bárkóczy mit 250 Pferden gegen Kimpulung voraus, da verlautete, die Türken würden diesen Ort bei Ausbruch der Feindseligkeiten niederbrennen. Der Feind wartete aber das Erscheinen der kaiserlichen Truppen gar nicht ab, sondern zog südwärts ab und liess nur eine geringe Besatzung in dem mit hohen Mauern umgebenen Kloster zurück. Nach hartnäckiger Vertheidigung wurde dasselbe von den zu Fusse kämpfenden Husaren Bárkóczy's erstürmt und das nachfolgende Gros nahm bei Kimpulung Stellung und verschanzte dieselbe. Die Haupt-Colonne unter FZM. Paul Wallis lagerte am 18. Juli bei Rimnik, wo ein Brückenkopf angelegt wurde.

Kimpulung.

Um die gleiche Zeit drang FML. Quadagni in die Moldau ein, konnte sich aber, da günstig situirte haltbare Puncte fehlten, nicht darin behaupten und musste sich mit der Besetzung der Grenze und der Vornahme von Streifzügen begnügen. Nach dem Falle von Nisch wollte FZM. Wallis die Alt überschreiten, um nach der Vereinigung mit dem GFWM. Ghilany Bukarest zu nehmen. Bevor noch eine Entscheidung über das Project des FZM. Wallis zurückgelangt war, traf ein Befehl Seckendorfs ein, welcher den FZM. Wallis anwies, mit so viel Truppen als entbehrlich nach Vadulil (Calafatu) zu marschiren. In Ausführung dieser Weisung marschirte Wallis mit seinem Detachement von Krajova ab und traf am 16. August in Vadulil ein.

Da FM. Seckendorf die Ausbreitung der russischen Truppen an der unteren Donau erwartete und die Armee in der Nähe des Stromes leichter verpflegen konnte, als in der ressourcenlosen Umgebung von Nisch, endlich auch Nachrichten eingelaufen waren, welche das Auftreten einzelner feindlicher Abtheilungen am Timok und bei Vidin ausser Zweifel stellten, befahl er die Absendung eines 8—9000 Mann starken Corps mit dem entsprechenden Geschütze zur Cernirung, eventuell Belagerung von Vidin. Der schlechten Wege und des schwierigen Terrains halber sollte dieses Corps nicht vereinigt, sondern brigadenweise marschiren. Am

1. August ging die erste derselben unter dem FM. Khevenhüller ab und erst am 16. folgte die schwere Artillerie nach. Gleichzeitig waren die bei Orsova liegenden Kriegsschiffe »St. Elisabeth« und »St. Karl« an die Mündung des Timok beordert worden, um die dort herzustellende Schiffbrücke über die Donau zu sichern.

Während sich das Corps Khevenhüller's gegen Vidin bewegte, blieb die Haupt-Armee ruhig in ihrem Lager bei Nisch stehen. FM. Seckendorf beschränkte sich auf die Entsendung einzelner Detachements, welchen aber zuweilen die Erreichung bedeutender Erfolge gelang. So bemächtigten sich raizische Frei-Compagnien am 31. Juli des befestigten Postens **Mustapha Pascha-Palanka** und der wichtigen Passsperre von **Pirot**. Obrist Lentulus, der Novipazar zu besetzen hatte, war um diese Zeit bis Karanovac vorgedrungen. Eine Verstärkung von 500 Mann und 4 Feldstücken, welche der Obristlieutenant Pfefferkorn dem Obristen Lentulus zuführen sollte, wurde am 5. August im Lager bei Kosovo von mehr als 2000 Türken überfallen und, nachdem der Commandant und 60 Mann geblieben waren, auseinander gesprengt.

Indessen war FM. Khevenhüller am 10. August in Bregovo eingetroffen, von wo er Vidin zur Uebergabe auffordern liess. Nachdem dies erfolglos blieb, liess er am 14. August acht Cavallerie-Regimenter zur Recognoscirung dahin vorgehen. Obristlieutenant Graf Dragoni rückte hiebei mit der aus 500 Pferden bestehenden Vorhut bis an die Contre-Escarpe vor, wurde von den Türken umzingelt und bezahlte seine Unvorsichtigkeit mit dem Verluste von 228 Mann. — Da Vidin als trefflich armirt erkannt wurde, liess FM. Seckendorf, obwohl er bereits die Haupt-Armee dahin in Marsch gesetzt hatte, den Plan einer Belagerung dieses Platzes wieder fallen und sandte Khevenhüller den Befehl, vier Infanterie- und sieben Cavallerie-Regimenter unter dem FML. Kavanagh an die Morava zu senden und sich mit dem Reste seiner Truppen bei Radujevac hinter dem Timok zu postiren. Die Haupt-Armee sollte acht Bataillone und zwei Cavallerie-Regimenter bei Nisch zurücklassen, ein starkes Detachement gegen Novipazar entsenden, um die dort wohnenden Christen zum Aufstande zu bewegen, mit dem Gros jedoch Uzice und Sokol nehmen und sich an der Drina mit Hildburghausen vereinigen, durch welche Verlegung der Operationen

Mustapha Pascha-Palanka. Pirot.

Kosovo.

Serbien und Slavonien gedeckt und ein Theil von Bosnien unterworfen werden könnte.

Obwohl der Hofkriegsrath in Anbetracht der schwierigen
Verpflegung und auch aus anderen triftigen Gründen gegen die
Verlegung der Operationen an die Drina protestirte, wurde die
Armee dennoch am 28. August in das Lager bei Toplica verlegt
und am 8. September gab FM. Seckendorf den Befehl zum Vormarsche gegen Westen. Die Armee zog über Kruševac, Trstenik
und Karanovac nach Čačak, wo sie am 16. anlangte und bis
22. September stehen blieb. Hier liefen die Meldungen ein, dass
am 14. der Posten von Caribrod und am 20. September das   Caribrod.
wichtige Pirot vor einer 5000 Mann starken feindlichen Abtheilung   Pirot.
capitulirt habe. Gleichzeitig berichtete GFWM. Doxat aus Nisch,
dass ein grösseres türkisches Corps gegen Musa Pascha-Palanka
anrücke und zu befürchten stehe, es werde die Verbindung
zwischen Nisch und dem Corps Khevenhüller in kurzer Zeit unterbrochen werden. Um die Expedition gegen Užice vorzubereiten,
ging Obrist Lentulus noch am 18. September nach Pozega vor.
Als dieser melden liess, dass ein feindlicher, für Užice bestimmter
Succurs von Sarajevo abgegangen sei, wurde am 22. der FM. Philippi ebenfalls nach Pozega vorgeschoben. FM. Seckendorf erschien
am 29. selbst, um Užice zu recognosciren und liess am 30. die   Užice.
Beschiessung des Platzes beginnen. Als am 2. October der Sturm
stattfinden sollte, capitulirte die Besatzung und am folgenden Tage
nahmen die Kaiserlichen die Bergfestung, vor welcher sie 200 Mann
eingebüsst hatten, in Besitz. Nachdem alle Massregeln für die
Sicherung des Platzes getroffen waren, begab sich FM. Seckendorf nach Šabac, wo am 18. October das Gros der Haupt-Armee
vereinigt stand. Zur Deckung der Magazine und zur Erhaltung
der Verbindung zwischen Belgrad und Nisch waren schon vorher
der GFWM. Chanclos mit sechs Bataillonen nach Ravna und
FML. Graf Styrum mit vier Reiter-Regimentern an die Morava
detachirt worden. In Šabac erhielt FM. Seckendorf die Weisung,
sich nach Wien zu begeben und das Commando über die Armee
an den FM. Philippi zu übertragen.

Fast um dieselbe Zeit begann die feindliche Haupt-Armee
ihre Vorrückung gegen Nisch. Am 11. October erschien ein   Nisch.
Reiter-Corps von 12.000 Mann vor dieser Festung und forderte

dieselbe zur Uebergabe auf. GFWM. Doxat, der mit Lebensmitteln
kärglich versehen war und an Trinkwasser Mangel litt, erbat sich
vom FM. Seckendorf Instructionen, capitulirte aber, als eine statt-
liche feindliche Armee Nisch vollends eingeschlossen hatte, schon
am 16. October gegen freien Abzug der Besatzung.

Um die gleiche Zeit endete auch die von dem GFWM. Grünne

Sokol.　mit raizischen Milizen versuchte Blokade des Schlosses S o k o l, südöstlich von Zvornik. Als ein türkisches Corps von 5—6000 Mann
von der Drina her sich näherte, musste Grünne die begonnene
Belagerung in Eile abbrechen.

Mittlerweile hatte das feindliche Gros den Timok gegenüber
von Rabdin überschritten, die schwachen kaiserlichen Vorposten
zurückgeworfen und war zum Angriffe auf die Stellung des FM.

Radujevac.　Khevenhüller bei R a d u j e v a c vorgerückt. Der kaiserliche General
hatte seine Truppen aber rechtzeitig in Schlachtordnung gestellt
und wies die wiederholten Angriffe der feindlichen Uebermacht ab.
Als eine türkische Umgehungs-Colonne am 28. September im
Rücken der Stellung erschienen war, machten die zunächst befindlichen kaiserlichen Abtheilungen »Kehrt« und trieben durch ihr
überlegenes Feuer die Feinde in die Flucht. Da aber zu befürchten
stand, die feindlichen Truppen könnten das schwache Corps Khevenhüller's umgehen und demselben durch die Besetzung der Defileen
bei Kusjak den Rückzug abschneiden, führte der kaiserliche General
seine Truppen längs der Donau bis Brza-Palanka, wo er am
30. September mit der Infanterie ein Lager bezog, während die
Cavallerie nach Grabovica weiter marschirte. Gleichzeitig bestand
das Kriegsschiff »St. Karl« unter seinem Capitän Merlo am 29. und
30. September und 1. October rühmliche und erfolgreiche Gefechte
gegen die weit überlegene feindliche Flottille. Bei Brza-Palanka
verblieben die kaiserlichen Abtheilungen, bis der Feind diese
Stellung tournirte, worauf dieselben am 6. November über Kladova
nach Sip zurückgingen und am 9. bei Fort Elisabeth die Donau
übersetzten. Bei diesem Uferwechsel gingen die beiden Kriegsschiffe, welche unmöglich weiter stromaufwärts gebracht werden
konnten, verloren, indem die Kaiserlichen sich gezwungen sahen,
sie zu versenken. Als der Feind über die Donau nachfolgte und
gegen Mehadia vorrückte, musste der GFWM. Sahm am 13. November auch noch die Magazine bei Orsova in Brand stecken. Ein

Detachement von 400 Pferden unter dem Obristlieutenant Soyer, welches GFWM. Salm zur Erhaltung der Verbindung mit Orsova abgesendet hatte, erschien zu spät, um die Magazine retten zu können, warf aber eine feindliche Abtheilung in einem dreistündigen Gefechte bei Zsupanek am 14. November siegreich zurück. Zsupanek.

In der Walachei war die Aufstellung eines Truppen-Corps an der Donau zwecklos geworden, da dessen Mitwirkung an der Belagerung von Vidin durch die Auflassung dieser Operation von selbst entfiel. FZM. Wallis, dessen Aufgabe nun hauptsächlich in der Sicherung der Grenzen von Siebenbürgen bestand, ging nach Hermannstadt zurück und übertrug das Commando über die bei Vadulil (Calafatu) verbliebenen geringen Streitkräfte dem GFWM. Damnitz. Da sich die Türken im Lande immer mehr ausbreiteten, und die Bevölkerung für sie Partei ergriff, musste GFWM. Damnitz schon am 5. September Vadulil (Calafatu) verlassen und am 11. und 12. September bei Krajova eine Postirung beziehen. Aber auch diese Stellung konnte nicht behauptet werden und Damnitz sah sich genöthigt, nach Rimnik zu marschiren, um dort mit dem GFWM. Ghilany in Verbindung zu treten. Dieser hatte indessen selbst nach Kimpulung retiriren müssen, wo er sich jedoch in wiederholten Scharmützeln gegen den nachdrängenden Feind behauptete. Auch FML. Quadagni wurde am 18. September von 4—500 Türken bei Comănesci angegriffen und mit Verlust von Comanesci. 70 Mann nach Gyimes zurückgedrängt, wo er den Pass besetzt hielt.

Am 17. October überfielen 5000 Türken den kaiserlichen Posten in Pitesti, tödteten den Commandanten und fast 200 Mann und zwangen dadurch den GFWM. Ghilany seine durch geraume Zeit behauptete Position aufzugeben und nach Törzburg zurückzuziehen. Wenige Tage später erlitt das unter dem Obristen Sallhausen bei Krajova zurückgelassene Detachement von 800 Mann Krajova. ein gleiches Schicksal. Am 27. October von dem Feinde heftig angegriffen, musste sich Sallhausen's Detachement fechtend gegen Rimnik zurückziehen, es wurde aber am folgenden Tage von einer vielfachen Uebermacht überwältigt und vollständig auseinander gesprengt.

Die kaiserlichen Truppen in Siebenbürgen, über welche der G. d. C. Fürst Lobkowitz das Commando übernommen hatte, bezogen Winterquartiere an der südlichen Grenze des Landes.

Feldzug 1738.

Quellen: Wie bereits angegeben.

Während der Kaiser über die Feststellung des gemeinsamen Operationsplanes noch Verhandlungen mit Russland führen liess, begannen die diesmal äusserst rührigen Türken bereits die Feindseligkeiten. Sie alarmirten die Postirungen der kaiserlichen Truppen in der nördlichen Walachei und Ali Pascha, der Statthalter von Bosnien, sammelte bei Višegrad gegen 20.000 Mann, von welchen er 6000 unter der Führung des Beglerbegs Ibrahim Pascha zur Eroberung von Užice bestimmte. Am 1. März erschien dieser auch vor der Feste, in welcher der Hauptmann Schenk 320 Mann befehligte. Mit dieser geringen Macht vertheidigte Schenk den Platz so nachdrücklich, dass der Feind drei volle Wochen lang gar nicht wagte, zu einem Sturme zu schreiten. Als die Belagerer am 23. März aus Zvornik zwei schwere Geschütze erhalten hatten, legten sie den Thurm des Schlosses in Trümmer, welcher im Zusammenstürzen die beiden dreipfündigen Feldgeschütze verschüttete, mit welchen die Kaiserlichen bisher das Feuer erwidert hatten. Jetzt erst übergab Schenk den Trümmerhaufen an die Türken und zog mit dem Reste der Besatzung nach Belgrad ab. Nach dem Falle von Užice breitete sich der Feind ziemlich ungehindert in ganz Serbien aus.

Als am 2. Mai Hadschi Muhammed, der Statthalter von Vidin, mit 800 Mann einen Vorstoss gegen das von 240 Kaiserlichen vertheidigte Fort Elisabeth unternahm, verstärkte FZM. Neipperg, der commandirende General im Banate, die Postirung bei Orsova durch zwei Dragoner-Regimenter, zwei Bataillone und zwei Grenadier-Compagnien. Diese Truppen waren erst zum Theile dort angekommen, als am 8. Mai Nachmittags 4—5000 Spahis gegen Orsova vorrückten. GFWM. Misserony, der Befehlshaber der anlangenden Verstärkungen, ging den Türken mit 430 Pferden entgegen, wurde aber umringt und blieb mit 220 Mann auf dem Platze. Der Feind warf sich hierauf auf die von einem Bataillon besetzte Palanka von Alt-Orsova, deren Besatzung sich nach einem Verluste von ungefähr 100 Mann nach Ada Kaleh (Neu-Orsova) zurückzog. — Hadschi Muhammed erschien hierauf vor Mehadia, welchen Ort, der theilweise mit meist noch im Bau begriffenen

Margin notes:
Užice.
Orsova.
Mehadia.

Erdwerken fortificirt war, der Obrist Piccolomini mit 1200 Mann
und zwölf dreipfündigen Feldstücken besetzt hielt. Die Kaiserlichen
wiesen zwei Stürme siegreich ab, mussten aber, als der Feind
beträchtliche Verstärkungen erhalten hatte und schwere Geschütze
ins Feuer brachte, am 26. Mai gegen freien Abzug nach Karansebes capituliren.

Während der Statthalter von Vidin gegen Mehadia vorrückte,
marschirte der Seraskier Mehemed Pascha mit einer Armee von
Kladova am rechten Ufer der Donau aufwärts und forderte am
12. Mai die Inselfestung Orsova zur Uebergabe auf. In dieser Ada-Kaleh.
befand sich eine Besatzung von 2000 Mann, welche zur Vertheidigung des ausgedehnten Platzes viel zu gering war, besonders deshalb, weil auch die sogenannte »neue Schanze« auf dem linken
Donau-Ufer von der Garnison gesichert werden musste. Ebenso
hatte das für 700 Mann eingerichtete Fort Elisabeth eine Besatzung von nur 240 Mann. An Geschützen befanden sich in den
zum Theile fehlerhaft angelegten Fortificationen 108 Stücke,
darunter jedoch nur 30 Kanonen von schwerem Caliber. Als der
Commandant, Obrist Kehrenberg (Cörrenberg), die Aufforderung
zur Capitulation abgelehnt hatte, begann der Seraskier den Bau
zahlreicher Batterien, in welchen allmählig 56 Geschütze und
16 Mörser placirt wurden. Als am 28. Mai Hadschi Muhammed
von Mehadia zurückgekehrt war und die Festung auch auf dem
linken Strom-Ufer einschloss, begann am 29. Mai die Beschiessung,
welcher am 27. Juni ein erfolgloser Sturm auf das Fort Elisabeth
folgte. Die Annäherung der kaiserlichen Haupt-Armee veranlasste
die Türken zum Abbruche der Belagerung und am 10. Juli zu
einem so übereilten Rückzuge, dass sie 50 Kanonen, 14 Mörser,
bedeutende Mengen von Munition, 1500 Wagen, ansehnliche Viehheerden und ihr ganzes Lager im Stiche liessen. Mittlerweile war
der Grossherzog von Toscana, Franz Stephan Herzog von Lothringen und Bar, als General-Lieutenant an die Spitze der Armee
getreten, führte aber das Commando nur nominell, da die Verantwortung für die Durchführung und die Folgen der Operationen in
die Hände des Feldmarschalls und Hofkriegsraths-Präsidenten Grafen
Königsegg gelegt worden war. Die bei Semlin und Belgrad
lagernden kaiserlichen Truppen sammelten sich am 8. Juni bei
Grocka, passirten am 10. auf zwei Brücken die Donau und folgten

dem Laufe der Temes bis Ság, wo der Herzog von Lothringen
bei der Armee eintraf. Am 24. Juni vereinigte sich die letztere
unweit Lugos mit den Truppen des FZM. Neipperg und am 28.
südlich von Karánsebes mit jenen des G. d. C. Fürsten Lobkowitz.
Die Armee, nunmehr 40.000 Mann, darunter 10.000 Reiter, lagerte
am folgenden Tage unweit Szlatina, wo die ersten türkischen Vortruppen sich zeigten. Ohne vom Feinde gehindert zu werden,
passirten die Kaiserlichen das gefährliche Defilé zwischen Szlatina
und Teregova, mussten aber, da Nachrichten von stärkeren Ansammlungen feindlicher Truppen einliefen, schon vom 2. Juli an
den Marsch in steter Gefechtsbereitschaft fortsetzen. Der Feind
zog sich langsam zurück und meist genügten wenige Kanonenschüsse, um ihn zum Aufgeben der vortheilhaftesten Positionen zu
veranlassen. In dieser Weise erreichte die Armee am 3. Juli die
Kornia.   Gegend von Kornia. Der Feind, welcher muthmasslich Verstärkungen an sich gezogen, hatte hier die vorliegenden Höhen
stark besetzt und seine vielen Zelte liessen auf eine ansehnliche
Truppenmenge schliessen. Der Herzog liess daher seine Armee in
Schlachtordnung — Front gegen Süden — aufmarschiren und in
dieser Stellung biwakiren. Die Front der Kaiserlichen war durch tiefe
Einschnitte theilweise gesichert, dagegen aber dominirte ein vorwärts des linken Flügels befindlicher kahler Bergrücken den Biwak-
raum in seiner vollen Ausdehnung. Dieser wichtige Punct wurde,
ungeachtet aller Vorstellungen des FZM. Prinz Hildburghausen,
auf ausdrücklichen Befehl des FM. Königsegg, nur von den Vorposten, 100 Mann Infanterie und 100 Dragoner, besetzt. Dem
Feinde konnte dieser Umstand nicht verborgen bleiben; er versuchte am Morgen des 4. Juli, begünstigt durch ein heftiges Ge-
witter, sich durch einen Ueberfall in den Besitz des Bergrückens
zu setzen und ging, als dieser Versuch scheiterte, zum offenen
Angriffe über. FZM. Hildburghausen zog schleunigst Truppen
herbei, konnte aber der vielfachen Uebermacht des Feindes nur
mühevoll Stand halten. Er wurde aus seiner gefahrvollen Lage
erst befreit, als gegen Mittag FM. Wallis mit dem ganzen linken
Flügel auf die Höhe gelangte und eine brillante Attaque des
GFWM. Philibert mit dem Cürassier-Regimente Hohenzollern den
Feind zur Flucht zwang. Während dieser Vorgänge auf dem
linken Flügel hatten die Türken auch einen Angriff auf die Front

der Kaiserlichen unternommen. Da der linke Flügel zur Verstärkung des Prinzen Hildburghausen abgerückt war, gelang es dem Gegner in die entstandene Lücke einzudringen und zwei Bataillone, die sich der Uebermacht entgegenwarfen, auseinander zu sprengen. Gleichzeitig hatte eine türkische Reitermasse den rechten Flügel umgangen und sich auf das Biwak des Trains geworfen. In diesem kritischen Augenblicke warfen sich vier Cürassier-Regimenter des linken Flügels, welche zur Verstärkung des Prinzen Hildburghausen bestimmt waren, als sie die Stellung durchbrochen sahen, ohne Befehl auf den Feind und trieben ihn über die kaiserlichen Linien hinaus, wo sich sein Rückzug bald in regellose Flucht auflöste. Die Panique, welche die Türken jetzt ergriff, war so gross und allgemein, dass sie ihr Geschütz und ihr Lager preisgaben und in fluchtartiger Eile gegen Mehadia abzogen. Der Verlust der Kaiserlichen im Treffen bei Kornia betrug über 1300, jener der Türken mindestens 2000 Mann.

Der Feind, welcher sich wieder bis auf 20.000 Mann verstärkt hatte, nahm bei Mehadia eine Stellung und umgab dieselbe mit dreifachen »Retranchements«. Als aber die kaiserliche Armee am 9. Juli in Schlachtordnung anrückte, zog er sich, ohne irgend einen Widerstand zu versuchen, nach Orsova zurück, wobei seine Nachhut durch die verfolgenden Husaren und Raizen sehr empfindliche Verluste erlitt. Noch an demselben Tage ergab sich die Besatzung von Mehadia, 2300 Mann mit 13 Geschützen, gegen freien Abzug, ohne Kampf.

Mehadia.

Mit diesen Erfolgen erreichte die Offensive der kaiserlichen Armee ihr Ende. Der Grossvezier Jegen Muhammed Pascha hatte mit einer Armee von 60.000 Mann einen grossen Theil von Serbien überschwemmt und wollte, in der Absicht, Belgrad zu belagern, bei Jagodina eine Brücke schlagen lassen, welches Unternehmen die hoch angeschwollene Morava wiederholt verhinderte. Auf die Nachricht, dass die kaiserliche Armee über Karánsebes im Vorrücken begriffen sei, ging der Grossvezier nach Vidin zurück, von wo aus er den Janitscharen-Aga gegen die Armee Lothringens entsandte, während er selbst sich die abermalige Belagerung von Orsova vorbehielt.

Am 13. Juli sollten sämmtliche Grenadiere der Armee eben gegen Orsova vorgehen und sieben Bataillone unter GFWM. Graf

Platz als Verstärkung nach der Insel übersetzen, als die Annäherung des Feindes gemeldet wurde. Die Grenadiere hatten gerade
noch Zeit, sich auf das Gros zu retiriren, als 7000 Spahis sich auf
jenen Theil der Besatzung Orsovas warfen, der im Begriffe stand,
die gewonnenen Geschütze nach der Insel zu schaffen. Unter
empfindlichen Verlusten musste sich das Detachement nach der
»neuen Schanze« und von dort nach der Insel zurückziehen.

Feldmarschall Königsegg fand in dem Mangel der Cavallerie,
der Noth an Fourage und der feindseligen Stimmung der Land-
bewohner Anlass, um jede weitere Offensive aufzuheben und auf
den Rückmarsch der gesammten Armee nach der Temes zu dringen.
Anfänglich liess der Feind die abziehende Armee blos durch wenige
Reiter beobachten, benützte aber die mehrfachen Stockungen, welche
während des Marsches eintraten, um die kaiserliche Nachhut mit
Uebermacht anzufallen. Als der FM. Philippi bei der Nachhut anlangte, fand er dieselbe im hitzigsten Gefechte mit dem nachdrängenden Gegner und erkannte sofort, dass der Kampf nicht
abgebrochen werden könne, ohne das Schicksal der Armee zu
gefährden. Auf seine Meldung sandte der Herzog von Lothringen
sechs Compagnien Grenadiere, sieben Reiter-Regimenter und zwei
Geschütze zur Unterstützung. Nach einem mörderischen, durch
lange Zeit schwankenden Kampfe um die Schanzen von Mehadia
zogen sich die Türken, die einen Verlust von ungefähr 5000 Mann
erlitten haben mochten, wieder zurück. Auch die Kaiserlichen hatten
bei der Abwehr des vehementen Angriffes an 1000 Todte und
Verwundete eingebüsst. Ohne vom Feinde weiter gestört zu werden,
setzte die Armee am 17. den Marsch nach Karánsebes fort, wo
sie bis zum 24. Juli rastete. Hier lief die Meldung ein, dass
Mehadia, von mehr als 10.000 Türken heftig angegriffen, gegen
freien Abzug der Besatzung capitulirt habe.

Ungewarnt durch diesen Verlust, marschirte FM. Königsegg
über Nagy-Köveres, Denta und Werschetz nach Kubin wieder an
die Donau zurück, welche er am 18. und 19. August überschritt
und hierauf das Banat vollständig preisgebend, ein Lager bei
Semendria bezog. Die nächste Folge des ungerechtfertigten Rückzuges der kaiserlichen Armee bestand darin, dass der Grossvezier
die Belagerung von Orsova abermals begann und den Platz vom
18. Juli an aus 120 Geschützen und 40 Mörsern beschoss. Obrist

Mehadia.

Mehadia.

Orsova.

Kehrenberg, der kaum über 1000 Combattants verfügte und keine Aussicht besass, dem vom Gegner vorbereiteten Sturme trotzen zu können, capitulirte am 15. August und zog mit dem Ueberreste der Besatzung nach Uj-Palánka ab. Der Verlust von Orsova veranlasste den FM. Königsegg am 25. August von Semendria nach Belgrad zurück zu marschiren, wo er am 6. September eintraf.

Der Grossvezier benützte den neuerlichen Rückzug der kaiserlichen Armee, um ein Corps unter Ali Pascha von Nisch aus gegen die Donau zu entsenden. Dieses Corps erschien am 15. September vor Kolar, verbrannte diesen Ort und nöthigte das von nur 150 Mann besetzte S e m e n d r i a zur Capitulation, worauf Ali Semendria. Pascha unweit Grocka ein Lager bezog. Gleichzeitig lief in Belgrad die Meldung ein, dass der Grossvezier noch vor Abschluss des Feldzuges Belgrad erobern wolle und seine Vorhut bei Batočina angelangt sei. Ausserdem sollten Rača und Šabac angegriffen werden und 6000 Tataren über die Save gehen, um das Land auf deren linkem Ufer zu verheeren. Ein unter dem Vorsitze des Herzogs von Lothringen am 15. September abgehaltener Kriegsrath beschloss, den Feind nicht in der dermaligen, übermässig ausgedehnten Stellung zu erwarten, sondern die Infanterie unter FM. Königsegg zunächst auf das Glacis von Belgrad und bei Annäherung des Gegners ganz in die Festung zu ziehen. Die Reiterei hätte jedoch die Save zu übersetzen, bei Semlin ein Lager zu beziehen und von diesem aus Slavonien zu decken. Am 17. September, als eben der Uebergang nach Semlin bewirkt werden sollte, benützten die Türken unter Ali Pascha den Moment, wo die Besatzung von Semendria an die Vorposten übergeben wurde, zu einem allgemeinen Angriffe, der jedoch durch den FML. Römer mit sieben Reiter-Regimentern glänzend abgeschlagen wurde. Zwei Tage später, am 19. September, zwangen 8000 Türken die kaum 200 Mann zählende Besatzung von Uj-Palánka nach zwei heftigen Uj-Palánka. Angriffen zur Capitulation. Da nun Temesvár vom Feinde arg bedroht war, liess Königsegg in der Nacht vom 27. auf den 28. September die Cavallerie über die Save und Donau setzen, um Pancsova zu sichern und den Feind zu hindern, mit einer untergeordneten Streitmacht gegen das ungenügend armirte Temesvár vorzugehen. Nachdem Kaiser Karl VI. vom FM. Königsegg schon wiederholt grössere Activität gefordert hatte, concentrirte der letztere 14 Bataillone, 14 Grenadier-Compagnien und die Cavallerie und marschirte am 11. October über Borcsa nach Pancsova, wo er am 15. ankam. Seine Ankunft bewog die Türken Uj-Palánka zu räumen und zu zerstören, worauf der Feldmarschall auch noch die Festungswerke von Pancsova rasiren liess. Unmittelbar darauf setzte sich die durch ununterbrochene, häufig ganz zwecklose Märsche ruinirte und durch die Pest und Ruhr decimirte Armee über Oppova und Becskerek in Marsch, passirte am 5. November bei Uj-Becse die Theiss und rückte am 6. über Bács-Petrovoszelo in die Winterquartiere ab.

In Bosnien erhielten die Operationen der Türken, ungeachtet der Anstrengungen Ali's Pascha von Sarajevo, keinen einheitlichen Charakter. Die einzige grössere Unternehmung war die Belagerung von Raĉa. Am Morgen des 4. October erschienen 10—15.000 Türken vor der Festung und begannen alsbald deren Beschiessung. Begünstigt durch die Lage, welche eine vollständige Einschliessung des Platzes nicht gestattete und unterstützt von der Besatzung von Mitrowic, schlug der Commandant, Obristlieutenant Roth, alle Angriffe des Gegners ab, der, als das Entsatz-Corps des Prinzen von Hildburghausen bei Mitrowic eintraf, in grosser Ueberstürzung gegen Zvornik abzog.

(margin note: Raĉa.)

Feldzug 1739.

Quellen: Wie bereits angegeben.

Feldmarschall Graf Olivier Wallis, der neu ernannte Oberbefehlshaber, liess die Truppen in ihren verschiedenen Lagerplätzen unthätig stehen und ertheilte den Befehl zum Vormarsche erst dann, als am 6. Juli die Meldung einlangte, dass der neue Grossvezier Hadschi Massade Muhammed mit dem türkischen Haupt-Heere in Sofia angekommen sei. Die kaiserlichen Truppen versammelten sich gegen Mitte Juni in einem Lager bei Semlin.

Der Grossvezier brach nach längerem Aufenthalte in Sofia gegen Nisch auf und seine Massregeln, darunter besonders die Ueberbrückung der Morava bei Ravna, deuteten darauf hin, dass er einen Schlag gegen Belgrad auszuführen gedenke. FM. Wallis ertheilte dem mit seinen Truppen bei Arad stehenden FZM. Grafen

Neipperg den Befehl, die Maros zu überschreiten und nach Becskerek vorzurücken. Der Feldmarschall selbst ging mit der Armee am 27. Juni über die Save und bezog bei Mirijevo östlich von Belgrad ein Lager. FZM. Neipperg trat seinen Marsch am 2. Juli an, erreichte am 11. Becskerek und lagerte am 13. Juli bei dem Schlosse von Szentes gegenüber von Szurduk. Obwohl der damalige Stand der kaiserlichen Haupt-Armee den schleunigen Beginn der Operationen rathsam hätte erscheinen lassen, begnügte sich der Feldmarschall damit, an der Herstellung von Communicationen über die Sibnica bis Jabuka an der Temes arbeiten zu lassen. Erst als das Vorrücken des Grossveziers gegen Semendria ausser Zweifel stand, ertheilte FM. Wallis am 17. Juli den Befehl zum Vormarsche an die Morava, ohne aber zu diesem Zwecke das in der Nähe befindliche Corps des FZM. Neipperg rechtzeitig heranzuziehen. Obwohl es möglich gewesen wäre, die ungefähr sechs Meilen lange Strecke von Mirijevo bis Semendria in 2—3 Tagen zurückzulegen, letzteren Ort noch vor dem Feinde zu erreichen und dadurch die Absichten des Grossveziers wirksam zu durchkreuzen, rückte die kaiserliche Armee aber am ersten Marschtage nur nach dem kaum eine Stunde vom Lager entfernten Višnica vor, wo sie am 18. und 19. stehen blieb, um das Corps des FZM. Neipperg zu erwarten, welch' letzteres jedoch den Stromübergang bei Borcsa unmöglich vor dem 21. Juli bewirken konnte. Indessen war GFWM. Pallavicini über Grocka vorgegangen und meldete, dass ungefähr 4000 Türken die östlich von diesem Platze gelegenen Höhen besetzt hätten und ansehnliche Verstärkungen an sich zögen. Obwohl im kaiserlichen Hauptquartier positive Nachrichten über die Stärke und die Zwecke des Feindes fehlten, glaubte FM. Wallis dennoch nicht zu irren, wenn er annahm, der Grossvezier könne seine Truppen noch nicht bei Semendria concentrirt haben. Er beschloss desshalb, noch am Abende des 21. Juli den Vormarsch gegen Grocka beginnen zu lassen, ohne länger auf das Corps Neipperg zu warten. Thatsächlich brach die Armee noch um 10 Uhr Abends gegen Grocka auf. Die gesammte Reiterei, 14 Regimenter, bildete die Avantgarde, hinter welcher in zwei Colonnen die Infanterie folgte. Die 22 Geschütze waren zwischen den Regimentern vertheilt. FM. Wallis, der sich bei der Vorhut aufhielt, liess diese unaufhörlich im vollen Trabe vorgehen, so dass die Verbindung mit der Infanterie bald unterbrochen war und sogar die bei der Avantgarde eingetheilten 18 Grenadier-Compagnien weit zurückblieben. Bei Tagesanbruch des 22. Juli stiess die Spitze der kaiserlichen Vorhut auf die feindlichen Posten und warf diese zurück, gerieth aber alsbald in ein so heftiges Feuer, dass sie in Unordnung auf das Gros der Reiterei zurückweichen musste. Diese konnte sich in dem sehr bedeckten Terrain nicht entwickeln und musste regimenter- oder wohl gar escadronsweise angreifen, wobei sie vom Feinde umringt wurde und ausserordentliche Verluste erlitt. Vergeblich suchten die kaiserlichen Reiter den Feind aus seiner vortheilhaften Position auf den Grocka. Höhen von Grocka zu verdrängen, die Verhältnisse standen zu ungünstig, als dass die Bravour der Truppen und das Beispiel der Führer einen Erfolg hätten erzielen können. Da der Feind bald an der Möglichkeit zweifeln musste, die kaiserlichen Regimenter durch einen directen Angriff in das Defilé zurückzuwerfen, schob er starke Abtheilungen gegen zwei Höhen vor, die hinter den Flügeln der kaiserlichen Truppen den Defilé-Eingang beherrschten. Zum Glücke erkannte FZM. Prinz Hildburghausen die Gefährlichkeit der Situation und schob die rechte Colonne unter FML. Fürst Waldeck gegen die Höhe vor, welche der Feind eben zu ersteigen begann, während Prinz Karl von Lothringen sich links gegen die Donau wandte. Auf diese Weise gelang es, die Cavallerie hinter die Gefechtsfront zu bringen und die im Defilé festgekeilte Infanterie und Artillerie in Action treten zu lassen. Nach einem zwölfstündigen erbitterten Kampfe behauptete die kaiserliche Armee den Besitz des Schlachtfeldes. Die Verluste aber betrugen 10 Generale. 350 Officiere und 5500 Mann, während jene der Türken noch um 3000 Mann grösser gewesen sein sollen. FZM. Neipperg war mit seinem Corps um 7 Uhr Früh bei Vinca eingetroffen und, da er keinen Befehl zum Vorrücken hatte. daselbst stehen geblieben. Ungeachtet des Widerspruches seiner Unterbefehlshaber ordnete FM. Wallis den Rückzug an und führte die Armee am 13. nach Vinca und dann bis nach Mirijevo zurück, dessen Verschanzungen er ohne zwingende Gründe hatte demoliren lassen. Das Erscheinen der feindlichen Vortruppen vor Mirijevo war für den Feldmarschall genügend, um den Rückzug noch weiter fortzusetzen. Die Armee passirte im Laufe des 26. Juli den Strom und bezog bei Boresa ein Lager.

Der Grossvezier, welcher den Rückzug der kaiserlichen Armee in keiner Weise belästigt hatte, rückte mit der feindlichen Hauptmacht vor Belgrad und liess der Besatzung im Falle der Uebergabe dieses Platzes freies Geleite bis Ofen anbieten. Belgrad hatte damals eine Garnison von ungefähr 16.000 Mann, davon 10.000 Mann dienstfähige, war mit Geschütz und Munition reichlich versehen und brauchte um Lebensmittel so lange keine Sorge zu tragen, als die Feld-Armee sich in der Lage befand, die Verbindung mit der Festung offen zu halten. Der FML. Succow, Commandant von Belgrad, erwiderte die Aufforderung des Feindes mit Kanonenschüssen, worauf der letztere die Raizenstadt am 27. Juni niederbrannte, am 28. die Laufgräben und am 29. das Feuer eröffnete. Bis Mitte August hatten die Türken die Flügel ihrer Parallelen an die Donau und Save gelehnt.

Fast gleichzeitig mit der Armee des Grossveziers war ein Corps von 16.000 Mann unter Thoss Muhammed Pascha von Orsova gegen Pancsova aufgebrochen, um in der Flanke und im Rücken der kaiserlichen Haupt-Armee zu agiren. Auf die Nachricht von dem Eintreffen dieses Corps bei Pancsova beschloss der FM. Wallis der Gefahr zuvorzukommen, die Temes selbst zu überschreiten und Thoss Muhammed in seinem Lager bei Pancsova anzugreifen. In der Nacht vom 27. zum 28. Juli brach die Armee von Borcsa auf, überschritt im Laufe des Tages die Temes bei Jabuka, wo sie lagerte und rückte am Morgen des 30. in Schlachtordnung gegen Pancsova vor. Die Trennungen, welche während des Marsches und in Folge mangelhafter Befehlgebung entstanden, waren noch nicht behoben, als unweit von Pancsova starke feindliche Reitermassen sichtbar wurden. Obwohl die beiden Flügel den Angriff der Türken abwiesen, gestalteten sich die Dinge desto gefährlicher im Centrum. Dieses musste, um das Intervalle zwischen den Flügeln auszufüllen, seine Front mit Hilfe des zweiten Treffens verlängern und hatte dieses Manöver noch nicht vollendet, als die feindliche Reiterei die Cavallerie-Regimenter St. Ignon und Preising warf und die Front durchbrach. Gleichzeitig hatte eine andere türkische Abtheilung den linken Flügel umgangen und das zweite Treffen der Kaiserlichen attaquirt. Die Situation war in hohem Grade bedenklich geworden, aber die kaltblütige Tapferkeit der Truppen stellte das Gefecht alsbald wieder her. Die Cürassier-Regimenter Batthyányi

Pancsova.

20*

und Karl Pálffy stürzten sich auf den eingedrungenen, durch das
Feuer der Infanterie bereits decimirten Feind und hieben sie fast
bis auf den letzten Mann nieder. Die Kaiserlichen verloren in diesem
Treffen über 400, die Türken, welche in Eile nach Uj-Palánka
zurückgingen, über 500 Mann. Ein rasches Vordringen der Kaiserlichen gegen Uj-Palánka wäre für das Resultat des Feldzuges
offenbar von hoher Bedeutung gewesen, FM. Wallis war aber zu
einem solchen nicht zu bewegen und fasste vielmehr den Entschluss
hinter die Temes zu gehen und Belgrad preiszugeben. Nur ein
Detachement Reiterei unter FML. Römer wurde über Belgrad nach
Semlin gesendet. Die Haupt-Armee marschirte am 2. August nach
Jabuka, zerstörte in den nächsten Tagen die mit grosser Mühe seit
einem Monate hergestellten Communicationen und gelangte über
Oppova und Tomasevác, durch die wiederholten Gewaltmärsche auf
das Aeusserste erschöpft, am 11. August nach Szentes, von wo
GFWM. Königsegg mit fünf Bataillonen zur Verstärkung nach Belgrad
abging, während die anderen Truppen am 15. August nach Szurduk
übersetzten. Die nächste Folge dieser Operationen bestand in dem Verluste von drei Kriegsschiffen, welche der Feldmarschall an die Mündung
der Temes gesendet hatte. Die Türken beherrschten mit ihrer Flottille
bereits den Strom und hatten Uferbatterien erbaut, so dass kein
anderes Mittel erübrigte, als die Schiffe in die Luft zu sprengen
oder in Feindeshand fallen zu lassen. Die Bemannung entschied
sich für das erstere, schlug sich aber selbst glücklich nach Semlin
durch.

    FM. Wallis hatte bereits Vorkehrungen getroffen, den Rückzug
bis nach Peterwardein fortzusetzen. Nur der energische Protest
seiner Generale hinderte ihn an diesem Schritte und nöthigte ihn
sogar, den Prinzen von Hildburghausen mit dem linken Flügel der
Armee, 22 Bataillone und 8 Cavallerie-Regimenter, zum Schutze
von Belgrad an die Save maschiren zu lassen. Als endlich ein
directer Befehl des Kaisers eintraf, der anordnete, die Armee nach
Semlin zu führen und dort Stellung nehmen zu lassen, setzte sich
der FM. Wallis mit der Armee in Bewegung und traf mit derselben
am 30. August bei Semlin ein. Hier erhielt FM. Wallis am 1. September die Meldung des FZM. Neipperg aus dem Lager des Grossveziers, dass der Friede geschlossen und jede Feindseligkeit einzustellen sei.

Die Operationen in Bosnien und in der Walachei blieben ganz ohne Belang. G. d. C. Fürst Lobkowitz, der commandirende General in Siebenbürgen, hatte, nach einem am 10. August unternommenen zwecklosen Vorstosse gegen Karánsebes am 31. August die walachische Grenze überschritten und d'Arges besetzt, als die Nachricht von dem Friedenschlusse seinen Unternehmungen ein Ende machte.

Der am 1. September 1739 geschlossene, unrühmliche Friede von Belgrad gab alle Besitzungen und Eroberungen des Kaisers in Bosnien, Serbien (mit Einschluss von Belgrad) und der Walachei an die Pforte zurück und machte die Save und die Donau bis Orsova zur Grenzscheide zwischen Oesterreich und der Türkei.

Der Aufstand der Walachen in Siebenbürgen 1784—1785.

Quellen: Fessler-Klein, Geschichte von Ungarn. — Dominik Graf Teleki d. Ae., Geschichte des Hora-Aufstandes.

Die walachische Bevölkerung Siebenbürgens befand sich ihren adeligen Grundherren gegenüber in einem Zustande vollständiger Knechtschaft und die griechisch-nichtunirte Kirche, zu welcher sich die Mehrzahl der Walachen bekannte, erschien nur als eine geduldete, keineswegs mit den anderen Confessionen gleichberechtigte. Obwohl die Masse des Volkes in tiefster Rohheit versunken war und von menschenwürdiger Existenz kaum eine richtige Vorstellung besass, fühlte sie den harten Druck und das Elend, in welchem sie schmachtete, auf das lebhafteste, verbarg aber den tiefen Hass gegen ihre Bedrücker unter dem Scheine knechtlicher Unterwürfigkeit. Die Veränderungen, welche von Kaiser Josef II. in der Eintheilung Siebenbürgens vorgenommen wurden, erweckten in den geknechteten Walachen die Hoffnung, es werde ihnen das Joch der Leibeigenschaft abgenommen und ein Theil der Rechte der anderen im Lande sesshaften Nationen zu Theil werden. Verschiedenartige, diese Voraussetzungen unterstützende Gerüchte, welche von böswilligen Personen verbreitet wurden, erzeugten unter dem walachischen Landvolke eine tiefgehende Aufregung, welche sich zunächst in der Verweigerung der Frohndienste und Abgaben äusserte.

Das Gubernium berichtete an den Kaiser und dieser befahl, 200 Grenzsoldaten in jene Dörfer zu legen, welche sich am meisten widersetzlich gezeigt hatten. Da die Truppen ausserordentlich schonend auftraten, wurde das Volk in seinem Wahn, der Kaiser wolle es befreien, nur noch bestärkt. Unter solchen Verhältnissen konnte es geschehen, dass, als Nikolaus Ursz (genannt Hora) seinen aufgeregten Landsleuten Ende October 1784 mittheilte, der Kaiser zürne den Edelleuten und habe ihm aufgetragen, die misshandelten Walachen zu befreien und mit ihrer Hilfe den Adel auszurotten, er allgemeinen Glauben und grossen Zulauf fand. Der Vicegespan des Zaránder Comitates sandte Panduren nach dem Dorfe Brád, in welchem sich Hora aufhielt. Diese fingen den Aufwiegler zwar ein, mussten ihn aber bald wieder der Uebermacht bewaffneter Bauern ausliefern. Er führte die zusammengelaufenen Scharen sogleich gegen die benachbarten Adelssitze, welche er ausplündern und niederbrennen und deren Bewohner er unter grässlichen Martern niedermetzeln liess.

Die Zaránder Gespanschaft wandte sich an den Statthalter Bruckenthal und den commandirenden General von Siebenbürgen FZM. Preiss und bat um die schleunige Absendung einer entsprechenden Anzahl von Truppen. Es vergingen mehrere Tage, bis Bruckenthal und Preiss sich dahin einigten, die in den Dörfern vertheilten Truppen zwar zu verstärken, den Soldaten aber den Gebrauch der Waffen zu untersagen. Diese halbe Massregel hatte zur Folge, dass die Zahl der Empörer in wenigen Tagen bis auf mehr als 15.000 stieg und der Aufstand sich von der Zaránder Gespanschaft aus auch über die benachbarten Comitate verbreitete. Hora ging über die Maros und erschien mit seinem Bauernheere vor Déva, während ein zweites einige Dörfer des Arader Comitats aufwiegelte und katholische Kirchen plünderte. Am 4. November überfiel Krisan Dsurds, ein Spion und Werkzeug Hora's, mit 6000 Walachen Abrudbánya, plünderte, mordete und zerstörte, was er nicht mitschleppen konnte. Der Adel, welcher sich auf seine eigenen Kräfte angewiesen sah, griff, um Leben und Eigenthum zu schützen, zu den Waffen und errang über die Rebellen einige Erfolge. Der erste derselben war jener bei Déva, wo die Edelleute, geführt von dem durch Muth und Geistesgegenwart ausgezeichneten Vicegespan Johann Zeyk, die Bauern auseinander trieben und 34 Gefangene machten, welche das Comitatsgericht sogleich aufhängen liess. Durch diesen errungenen Vortheil ermuthigt, be-

Abrudbánya.

Déva.

waffnete sich der ungarische Adel auch an anderen Orten und war in mehreren kleineren Zusammenstössen mit den Aufständischen vom Glücke begünstigt. Dennoch wollte Bruckenthal noch immer die Anwendung von Gewalt vermeiden. Er begnügte sich damit, auf den Kopf der Rädelsführer (Hora, Krisan und Kloska) einen Preis von je 20 fl. zu setzen und den Obristlieutenant Schulz mit einer Abtheilung Grenzsoldaten gegen die Rebellen zu entsenden. Schulz war jedoch viel zu schwach, um irgend etwas unternehmen zu können, da die Zahl der bewaffneten Bauern bereits auf 30.000 Mann geschätzt wurde, und beschränkte sich darauf, mit Hora erfolglose Unterhandlungen anzuknüpfen.

Kaiser Josef II. hatte mittlerweile selbst Anstalten zur Unterdrückung des Aufstandes ergriffen. Er rief Preiss aus Siebenbürgen ab, ernannte den FML. Fabris zum commandirenden General und trug diesem auf, die Empörung mit allem Nachdrucke, aber möglichst wenig Blutvergiessen niederzuschlagen. Ausserdem sandte der Kaiser den Grafen Jankovics und den GFWM. Papilla als Commissäre mit unbeschränkten Vollmachten nach Siebenbürgen. Diese letzteren verkündeten allen Bauern, mit Ausnahme ihrer Führer und Aufwiegler, Amnestie und setzten eine imposante Truppenmacht gegen die Aufständischen in Bewegung. Als die Soldaten allenthalben energisch einzuschreiten begannen, löste sich das Bauernheer auf und bis zu Anfang des Jahres 1785 erreichte die Empörung ihr Ende. Geführt von einigen Walachen, die früher mit Hora gemeinsame Sache gemacht hatten, gelang es dem Obristlieutenant Kray die Hauptanführer Horn und Jura Kloska in ihrem Verstecke auf der »Alpe Galpona« am 1. Januar 1785 festzunehmen. Beide wurden am 28. Februar (nach Szilágyi) zu Karlsburg hingerichtet. Auch Krisan wurde gefangen genommen, kam aber der Hinrichtung zuvor, indem er sich im Karlsburger Comitats-Gefängnisse erhängte.

Der Krieg gegen die Türken, 1788—1791.

Quellen: Fessler-Klein, Geschichte der Ungarn. — Laudons Leben und Thaten,
Wien 1791. — Ausführliche Geschichte des Krieges zwischen Russland, Oesterreich und der Türkei, Wien 1791—1792. — Geschichte des österreichischen,
russischen und türkischen Krieges in den Jahren 1787—1792. — Witzleben,
Prinz Friedrich Josias von Sachsen-Coburg-Saalfeld. — Oesterreichische militärische Zeitschrift, Jahrgänge 1823, 1824, 1825, 1826, 1828, 1831, 1834, 1837,
1843 und 1868. — Kaiser Josef II. als Staatsmann und Feldherr (Mittheilungen
des k. k. Kriegs-Archivs 1882, 1883 und 1885). — Acten des k. k. Kriegs-
Archivs.

Die Vernichtung des Tataren-Staates auf der Halbinsel Krim
durch Katharina II., der Aufschwung der russischen Seemacht im
schwarzen Meere und der bevorstehende Verlust Georgiens hatte
die Pforte im höchsten Grade gegen Russland erbittert. Als der
russische Gesandte in Constantinopel, Bulgakoff, vor den Divan
geladen wurde und keine beruhigenden Zusagen über die Absichten seiner Kaiserin ertheilte, liess ihn der Sultan Abdul Hamid I.
in das Gefängniss der Sieben Thürme bringen und erklärte Russland am 24. August 1787 den Krieg. Josef II., eng mit diesem
verbunden, beschloss, ungeachtet der drohenden Haltung Preussens,
mit seiner gesammten Streitmacht an dem Kriege gegen die Türken
theilzunehmen. Die Rüstungen wurden mit grossem Eifer betrieben,
und, um sich vortheilhafte Bedingungen für den Beginn der Feindseligkeiten zu schaffen, fasste der Kaiser den Entschluss, den Türken
Belgrad durch Ueberrumpelung zu entreissen. Dieser in der Nacht
vom 2. auf den 3. December 1787 unternommene Ueberfall scheiterte jedoch in Folge der mangelhaft getroffenen Vorbereitungen,
dann des Frostes und dichten Nebels vollständig. Ein zweiter ähnlicher Versuch hatte keinen besseren Erfolg. Ebenso unterblieb
die vom Kaiser Josef II. erwartete Erhebung der christlichen Bevölkerung in Serbien und Bosnien und auch in Montenegro war
die Stimmung der Bewohner den österreichischen Bestrebungen
keineswegs günstig. Russische Emissäre hatten in diesem Lande
bereits vorgearbeitet und so kam es, dass die Entsendung des
Hauptmanns Vukassovich ohne jedes Resultat blieb.

Die gegen die Türkei mobilisirte österreichische Armee (eine
bedeutende Truppenmacht musste in Böhmen und Mähren zurückbleiben) vollzog ihren Aufmarsch in der folgenden Weise:

a) Haupt-Armee unter dem Oberbefehle des Kaisers, der sich den FM. Lacy an die Seite gestellt hatte, 57 Bataillone und 44 Divisionen Reiterei, in der Gegend von Peterwardein und Semlin;

b) Armee-Corps in Croatien unter FML. De Vins (später Karl Fürst von Liechtenstein), 17 Bataillone, 2 Divisionen, in der Gegend von Dubica;

c) Armee-Corps in Slavonien unter FML. Mittrowsky, 13 Bataillone, längs der Save;

d) Armee-Corps im Banat unter FML. Wartensleben, 7 Bataillone, 6 Divisionen Reiterei;

e) Armee-Corps in Siebenbürgen unter FML. Fabris, 12 Bataillone, 11 Divisionen Reiterei;

f) Armee-Corps in Galizien unter dem G. d. C. Prinz Coburg, 7 Bataillone, 6 Divisionen Reiterei.

Im Ganzen 113 Bataillone, 69 Divisionen Reiterei, 264.000 Mann, 40.000 Pferde.

In der Voraussetzung, dass die Russen im Frühjahre 1788 die Offensive ergreifen und mit einer ihrer Armeen bis an die untere Donau vordringen würden, entwarfen der Kaiser und FM. Lacy folgenden allgemeinen Operationsplan. Im Anfange des Monats April sollte die Haupt-Armee Belgrad belagern und sich nach dem Falle dieser Festung entweder auf dieselbe basiren oder einer etwa heranrückenden feindlichen Armee entgegengehen. Das croatische und slavonische Corps sollten in Bosnien vordringen, wobei auf eine Diversion der Montenegriner im Rücken der in Bosnien stehenden türkischen Streitkräfte gezählt wurde. G. d. C. Prinz Coburg hatte mit den Russen in Verbindung zu bleiben, jedoch nach Siebenbürgen vorzurücken und im Vereine mit FML. Fabris gegen Vidin vorzustossen, gegen welchen Platz auch das Corps im Banate dirigirt wurde.

Feldzug 1788.
Quellen: Wie bereits angegeben.

Am 9. Februar 1788 liess Kaiser Josef II. durch seinen Gesandten in Constantinopel, Baron Herbert, die Kriegserklärung überreichen, welche zu gleicher Zeit durch alle in den Grenzgebieten commandirenden Generale an die benachbarten türkischen Paschas erfolgte. Bei mehreren kaiserlichen Armee-Corps wurden die Feindseligkeiten noch an dem genannten Tage eröffnet. Der zum croatischen Armee-Corps gehörige Obristlieutenant Knesevich **Dubica.** unternahm am 9. Februar einen Angriff auf Dubica, welcher aber **Dreżnik.** erfolglos war. Dafür wurde das befestigte Dreżnik durch Obrist Beharnik desselben Armee-Corps in der Zeit vom 9. bis 12. Fe-**Sturlić.** bruar erfolgreich angegriffen und genommen. Auch Sturlić, ein auf dem rechten Ufer der Korana gelegenes Schloss, wurde von dem Obristlieutenant Rukavina angegriffen und der das Castell umgebende Ort niedergebrannt. Das Schloss selbst leistete aber so hartnäckigen Widerstand, dass Rukavina, der tödtlich verwundet worden war und 141 Mann an Todten und Blessirten verloren hatte, am 9. Februar über die Korana zurückgehen musste. — **Berbir.** Die Festung Türkisch-Gradiska (Berbir) ward am Tage der Kriegserklärung von dem Obristen Gvosdanovich des slavonischen Armee-Corps zur Capitulation aufgefordert und, als die Antwort abschlägig lautete, von der Festung Neu-Gradiska aus vom 9. bis 17. Februar beschossen. Das Feuer der kaiserlichen Geschütze legte die Festung und die beiden Vorstädte in Trümmer und ver- nichtete die vor Anker liegenden feindlichen Tschaiken. Dennoch konnte der Platz nicht überwältigt werden, da die Besatzung es auf einen Sturm ankommen lassen wollte und die Kaiserlichen wegen Mangel an Fahrzeugen die Save nicht zu überschreiten vermochten. — Im Banate nahm der GM. Papilla am 9. Februar **Alt-Orsova.** die Stadt Alt-Orsova und machte die aus 80 Mann bestehende türkische Garnison zu Gefangenen.

Die Haupt-Armee bei Semlin blieb vorläufig noch ziemlich inactiv und die kaiserlichen Generale begnügten sich damit, eine grosse Anzahl türkischer Schiffe wegnehmen und nach Boljevci schaffen zu lassen. Auf dem rechten Ufer der Save wurde, um einen gesicherten Uebergangspunct zu schaffen, bei dem Dorfe Zabreż eine Redoute angelegt und entsprechend besetzt.

Bedeutender waren die Ereignisse bei dem croatischen Armee-Corps. Die Führung der Angriffe auf dem linken Flügel wurde dem GM. Klebek übertragen. Dieser liess Novi am frühen Morgen **Novi.** des 10. Februar beschiessen, doch war die Wirkung des Feuers eine so geringe, dass gegen Mittag die Kanonade wieder eingegestellt wurde. An den folgenden Tagen traten die Geschütze zwar wieder in Action, ohne aber irgend ein Resultat zu erzielen, weshalb das Feuern am 21. März definitiv abgebrochen wurde. Auf dem rechten Flügel befehligte GM. Wallisch den Einmarsch in das türkische Gebiet. Bei seinem Vorrücken verbargen sich die türkischen Bewohner in den zahlreichen und schwer zugänglichen Wildnissen des Landes, während die Christen sich unter den Schutz der kaiserlichen Truppen stellten oder selbst Dienste nahmen.

In der zweiten Hälfte des Monats Februar bezog ein türkisches Corps auf dem rechten Ufer der Una zwischen dem Jablonica-Berge und Vidoria Stellung und versuchte, seine Posten bis an den Fluss vorzuschieben. Seither fielen längs des Cordons zahlreiche kleine Gefechte vor. Am 27. Februar überfiel der Fähnrich Kermpotić mit 200 Croaten eine feindliche Abtheilung bei Unac, hieb 40 Türken nieder, trieb den Rest in den Fluss und erbeutete zwei Fahnen und 15 Pferde. Wenige Tage später — 2. März — wurde der zwischen der Tschardake Paunovac und Businovac an der Glina aufgestellte Posten von 52 Mann von 500 Türken angegriffen und musste sich nach heldenmüthigem Widerstande und einem Verluste von 31 Mann zurückziehen. Am 7. März brach eine starke türkische Abtheilung unter Ibrahim Beg Bezerović in das Gebiet des Sluiner Grenzregimentes ein, verbrannte Klokoć an der Glina und hieb den aus 31 Mann bestehenden Posten zu Crkvina wieder. Dagegen vertheidigte sich jener zu Oblaj tapfer und so lange, bis ihm Unterstützung gesendet wurde. Andere Einbrüche in die Linie des Cordons geschahen bei Rakovica, Drežnik und Grahovo-Šelište. Die in den Verschanzungen postirten Croaten wiesen aber, unterstützt von einer Division Chevauxlegers, den über 1000 Mann starken Gegner zurück.

Mittlerweile hatten die Truppen der Haupt-Armee den Bau eines Dammes bei Bežanja, unweit Belgrad, eifrig gefördert und waren hierbei vom Feinde fast gar nicht belästigt worden. Erst Anfangs März suchten die Türken die Arbeiten der Kaiserlichen zu zerstören. Am 4. März Nachmittags vertrieben sie die kaiserlichen Wachen von der sogenannten Save-Spitze und am 7. wurden daselbst 800 türkische Soldaten ausgeschifft. Diese drückten die kaiserlichen Vorposten zurück, griffen die zur Bedeckung der

(Marginalien:)
Unac.
Paunovac.
Businovac.
Crkvina.
Oblaj.
Rakovica.
Drežnik.
Grahovo-Šelište.
Bežanja.

Communications-Brücke aufgestellten Compagnien mit grosser Vehemenz an und brachten sie in Unordnung. Ein Zug des Husaren-Regiments Wurmser kam aber rechtzeitig zu Hilfe, hieb viele Feinde nieder und trieb den Rest derselben zurück. Immerhin betrugen die Verluste der Kaiserlichen in dem Gefechte am 7. März mehr als 90 Mann.

Das Armee-Corps in Siebenbürgen sollte so lange in der Defensive bleiben, bis das galizische und das croatische Corps fühlbar in die Operationen eingreifen konnten. Bis dahin sollten die Pässe Siebenbürgens besetzt und das Land gegen feindliche Einbrüche geschützt werden. Wiederholt versuchten türkische Streifcorps nach Siebenbürgen einzudringen, wurden aber stets mit Verlusten zurück-

Vulkan-Pass. geworfen. So verlief ein den 21. März am Vulkan-Passe statt-gehabtes Gefecht ungünstig für den Feind, ein Angriff auf das
Sinaia. Kloster Sinaia am 28. März hatte für ihn eine empfindliche Schlappe zur Folge. Hauptmann Nikolaus Freiherr von Rauber vertheidigte diesen, vom Tömöser Passe aus vorgeschobenen Posten mit zwei Székler-Compagnion (300 Mann und 1 Geschütz) gegen 2300 Türken, welche nach einem Verluste von mehr als 400 Mann zurückge-trieben wurden. Die Kaiserlichen hatten in dem ungleichen Kampfe nur 60 Mann eingebüsst.

Kaiser Josef II. verliess Wien gegen Ende Februar und traf, nachdem er den ganzen Grenz-Cordon von Triest ab besichtigt hatte, am 20. März in dem der türkischen Festung Šabac gegen-über befindlichen Orte Klenak mit dem FM. Lacy zusammen. Hier wurde der Entschluss gefasst, Šabac wegzunehmen und dessen Recognoscirung angeordnet. Die letztere unternahmen und zwar am 2. und 3. April der FZM. Rouvroy und die GM. Steinmetz, Miko-wini und Zechenter. Nach seiner Rückkehr in das Hauptquartier zu Futak befahl der Kaiser die Vorrückung der Haupt-Armee aus der Gegend von Peterwardein in jene von Semlin-Banovce und die
Šabac. Ausführung des Angriffes auf Šabac durch die Truppen des slavo-nischen Armee-Corps. Unter seiner persönlichen Leitung begann am 20. April die Ueberschiffung der Truppen auf das rechte Ufer der Save. Nach einer mehrtägigen Beschiessung, während welcher Josef II. an Bravour seinen Truppen ein glänzendes Beispiel gab, capitulirte die Festung am 24. April. Die Garnison (700 Mann) wurde kriegsgefangen nach Peterwardein abgeführt und der Platz

sofort von den Kaiserlichen besetzt und reparirt. Nach der Einnahme von Šabac erschien die Belagerung von Belgrad als das nächste Ziel der kaiserlichen Truppen. In der Nähe dieser Festung fanden fast täglich kleine Gefechte statt. Am 22. April unternahmen 3000 Mann der türkischen Besatzung unter dem Schutze des Festungsgeschützes und der Tschaiken einen neuen Angriff auf die Dammbauten bei Bežanja. Nur mit Anstrengung vermochten sich die Soldaten der Uebermacht, welche bereits vier kaiserliche Geschütze erbeutet hatte, zu erwehren und den Feind schliesslich zurückzudrängen. Die Kaiserlichen verloren über 350 Mann, darunter den FML. Bechard, welcher nach wenigen Tagen an der empfangenen Wunde starb. Die Ausführung der Unternehmung gegen Belgrad verzögerte sich indessen und musste, ungeachtet alles Drängens des Kaisers, wegen der noch nicht beendeten Dämme und des Mangels an unentbehrlichen Belagerungs-Erfordernissen verschoben werden. Mitte Mai waren die Vorbereitungen soweit gediehen, dass die Dispositionen zur Einschliessung der Festung erlassen werden konnten. Da sich aber neue Schwierigkeiten ergaben, musste die Ausführung derselben abermals sistirt werden.

Anfangs April übernahm der G. d. C. Karl Fürst Liechtenstein vom FML. De Vins das Commando des Corps in Croatien. Der neue Corps-Commandant liess, in der Absicht, Dubica wieder zu belagern, die Una in der Nacht vom 19. auf den 20. April von zwei Colonnen passiren und den türkischen Platz einschliessen. In der folgenden Nacht wurden die Laufgräben eröffnet und am 22. April begannen die kaiserlichen Batterien ihr Feuer. Dieses war von so guter Wirkung, dass sich nach weiteren 24 Stunden eine 20 Klafter breite Bresche gebildet hatte. Der commandirende General befahl, dass am 25. April der Sturm unternommen werden solle, liess aber, da verlässliche Nachrichten von Ansammlungen feindlicher Truppen eingelangt waren, zwei Recognoscirungs-Detachements absenden. Das eine, unter dem Obristen Bubenhofen, hatte auf dem Wege gegen Prjedor, das andere, am 22. April unter dem Major Skaritza, über den Agino Brdo gegen Kozarac vorzugehen. Bubenhofen vollzog den ihm ertheilten Auftrag ohne Gefecht und Verlust, während Skaritza, dem sich der Generalstabs-Obrist Neu angeschlossen hatte, in einen von den Türken gelegten Hinterhalt gerieth und 5 Officiere und 150 Soldaten verlor. Ebenso ungünstig endete der Sturm auf Dubica am 25. April. Obwohl die Freiwilligen mit grosser Tapferkeit gegen die Bresche anliefen, scheiterte alle Bravour an dem zähen Widerstande der Türken. Nach unverhältnissmässig grossen Verlusten (unter diesen der tödtlich verwundete GM. Khuen) musste der Angriff abgebrochen werden. Kaum war die Ordnung im Lager der Kaiserlichen wieder hergestellt, als 8000 Türken von den Abhängen des Agino Brdo herab unter gewaltigem Geschrei zur Attaque stürmten. Obwohl durch den unerwarteten Angriff in Unordnung gebracht, schlugen die croatischen Truppen in einem sechsstündigen erbitterten Kampfe den Feind zurück, verloren aber dabei mehr als 550 Mann. Nachrichten, welche ausser Zweifel stellten, dass ein 10.000 Mann starkes feindliches Corps vor Türkisch-Gradiska erschienen sei und im Begriffe stehe, sich mit jenem auf dem Agino Brdo zu vereinigen, bestimmten den Fürsten Liechtenstein, die Belagerung von Dubica am 26. April in aller Stille abzubrechen und auf die Höhen von Cerovljani zurückzugehen. Die nächsten Wochen verstrichen unter zahlreichen, jedoch fast durchaus ziemlich unbedeutenden Gefechten. Besonders die auf dem linken Ufer der Una angelegten Verschanzungen und der obere

Dubica. Brückenkopf von Dubica wurden die Objecte häufiger feindlicher Angriffe. Eine besonders heftige Attaque auf den genannten Brückenkopf erfolgte am 11. Juni, allein die Tapferkeit des dort aufgestellten Grenzer-Bataillons unter Major Löwenberg vereitelte alle Anstrengungen des Feindes. Am 23. Juni setzten 200

Crkvina. Türken unweit der Crkvina Tschardake über die Una, um die Ernte auf dem linken Ufer zu vernichten. Eine kaiserliche Abtheilung trieb sie bald wieder zurück, konnte aber nicht verhindern, dass dieselben die Bogaser Tschardake in Brand steckten. Als der Feind noch Verstärkungen erhalten hatte, versuchte er am 26. Juni

Crkvina. Slabinja. und 1. Juli den Uebergang bei Crkvina und Slabinja zu wiederholen, wurde aber durch das wirksame Feuer der kaiserlichen Batterien daran gehindert.

In der Gegend von Novi hatte GM. Klebek mehrere kleine Unternehmungen der Türken mit Glück abgewiesen. Grössere Bedeutung hatte jedoch nur der Einbruch, welchen 3000 Türken

Starselo (Krivaja). von Vranograč und Podzvizd her am 31. Mai gegen Starselo (Krivaja) ausführten. Auch diesmal wurden die Gegner zum

Rückzuge genöthigt, die Kaiserlichen erlitten jedoch namhafte Verluste und mussten es geschehen lassen, dass mehrere ihrer Tschardaken in Flammen aufgingen. Am 9. Juni setzten die Türken, begünstigt von einem dichten Nebel, über die Una und fielen den linken Flügel der kaiserlichen Truppen von Novi mit grosser Vehemenz an. Als vier Compagnien Grenzer zur Unterstützung heranrückten, wich der Gegner wieder über den Fluss zurück, auf dessen anderem Ufer er die Köpfe von 16 getödteten kaiserlichen Soldaten aufspiesste. Auf dem rechten Flügel des Cordons, wo GM. Wallisch befehligte, ereignete sich nichts Erbebliches, bis am 23. Mai 700 Türken den Posten von Ochigrie überfielen. 60 Grenzer vertheidigten denselben aber so hartnäckig, dass der Feind nach einem Verluste von 30 Todten unverrichteter Sache den Rückzug antreten musste.

    Am 13. Juli begannen die Türken aus einer versenkten Kesselbatterie Croatisch-Dubica mit Bomben zu bewerfen, mussten aber, da die Batterie und zwei ihrer Kanonen demontirt wurden, das Feuer bald wieder einstellen. Obwohl die Angriffe der Gegner fast jedesmal mit Glück abgewiesen wurden, verging selten ein Tag, an welchem es nicht zu einzelnen, zuweilen wiederholten Zusammenstössen kam. Am 21. Juli Nachmittags setzten 600 Türken wieder bei der Crkvina Tschardake über die Una und drängten die in der Nähe aufgestellten Husaren zurück, geriethen aber beim unvorsichtigen Nachsetzen in das Kreuzfeuer der Kaiserlichen und mussten mit Zurücklassung von zahlreichen Todten retiriren. An demselben Tage beabsichtigten die Gegner, bei der Tschardake Struga (unweit Novi) über den Fluss zu gehen und griffen, um ihren eigentlichen Zweck zu maskiren, die Tschardake Sztergar (oberhalb Novi) mit grosser Heftigkeit an. Da sie aber nicht durchdrangen und auch die Tschardake Struga entsprechend besetzt fanden, gingen sie nach einem Verluste von 40 Mann wieder über die Una zurück. Bei der Haupt-Armee hatte indessen eine nicht unbeträchtliche Verschiebung stattgefunden, indem das Armee-Corps des FML. Wartensleben auf Befehl des Kaisers, der noch immer an eine Offensive gegen Serbien dachte, aus Syrmien eine Verstärkung von acht Bataillonen und zwölf Escadronen erhielt. Um die hiedurch in dem Lager bei Semlin entstandene Lücke auszufüllen, wurden acht Bataillone aus

Margin notes: Novi. Ochigrie. Croatisch-Dubica. Crkvina. Sztergar.

dem Innern der Monarchie gezogen. Auch die Garnison von Belgrad hatte Verstärkungen erhalten und die Folge davon war, dass die Zahl der Scharmützel und Zusammenstösse sich bedeutend vergrösserte. Am 15. Juni näherten sich einige feindliche, stark bemannte Tschaiken dem linken Ufer der Save, um auf diesem Fourage einzubringen, büssten aber bei diesem Unternehmen eine Tschaike, die in Grund geschossen wurde und mehrere, voreilig ausgeschiffte Soldaten ein. Drei Tage später überschifften ungefähr 100 Türken nach der sogenannten Save-Spitze, geriethen in einen von den kaiserlichen Vorposten gelegten Hinterhalt und verloren mehr als 30 Mann.

Am 20. Juni wurden die zum Schutze der Stellung bei Semlin angelegten Verschanzungen fertiggestellt und gegen 300 Geschütze, theilweise des schwersten Calibers, in dieselben eingeführt, vier Bataillone zur Bewachung des Retranchements und drei andere zu deren Reserve bestimmt. Ueber diese sieben Bataillone erhielt der FML. Graf Clerfayt den Oberbefehl. Im Laufe des Monats Juni stieg der Krankenstand der kaiserlichen Haupt-Armee bis auf 12.000 Mann, indem sich zu den schon herrschenden Fiebern noch eine besonders heftig auftretende Ruhr gesellte. Der Kaiser beorderte desshalb zehn Bataillone und zwei Artillerie-Compagnien als theilweisen Ersatz aus dem Innern der Monarchie nach Semlin.

Auch im Laufe des Monats Juni blieb die Haupt-Armee vollkommen unthätig. Dafür fügte das von dem Major Mihalievich organisirte, 3000 Mann starke serbische Frei-Corps durch unaufhörliche Streifungen und Ueberfälle den Türken empfindlichen Schaden zu. So überfielen am 1. Juli 100 Mann unter dem Fähnrich Vukadinovich in den Dörfern Bukovica und Dunan (an der Drina) 150 Feinde, tödteten davon über 100, nahmen zehn der vornehmsten gefangen und kehrten mit einer überaus reichen Beute nach Zabreš zurück. Als Major Mihalievich in Erfahrung gebracht hatte, dass, um der Auswanderung der Serben zu steuern, ein Pascha in Hassan-Pascha-Palanka eingetroffen sei, entschloss er sich, mit 1000 Mann nach diesem Orte aufzubrechen und den Pascha entweder zu vertreiben oder aufzuheben. In der Nacht auf den 11. Juli erschien Mihalievich vor Hassan-Pascha-Palanka, griff den Flecken bei Tagesanbruch an, tödtete darin viele Türken, steckte die Gebäude

Bukovica. Dunan.

Hassan-Pascha-Palanka.

in Brand und gewann eine überaus ansehnliche Beute. Das Frei-
Corps hatte bei der Unternehmung nur 14 Mann verloren.

Bedeutender als die erwähnten Affairen war der wiederholte
Angriff, den die Türken in der Nacht vom 21. auf den 22. Juli
auf den Damm von Bežanja unternahmen. Einzelne landeten auf Bežanja.
der »Save-Spitze« und liessen sich in resultatloses Plänklergefecht
ein, zogen sich hierauf aber wieder zurück. Gegen Tagesanbruch
verstärkten sie sich aber auf 4000 Mann und drängten die Feldwachen allenthalben zurück. Als einige Escadronen Reiterei zu deren
Unterstützung vorgingen, wurden die Türken bis in das Röhricht
des Ufers getrieben. Kaum eine Stunde später griff der Feind
neuerdings an, hieb einen an den Pallisaden des Dammes aufgestellten Infanterieposten von 100 Mann grösstentheils nieder und
suchte die Verpfählungen in Brand zu stecken, wurde aber
durch die unter dem GM. Wenkheim herbeieilenden Unterstützungen
in das Gestrüpp zurückgedrängt. Zu derselben Zeit waren auch
auf der anderen Dammseite drei starke feindliche Abtheilungen vorgedrungen und unterstützten ihren Angriff durch zwei mitgebrachte
Feldstücke. Zwei Escadronen warfen sich hier den Spahis entgegen, schlugen sich aber ohne Erfolg mit diesen herum, bis endlich
der Lieutenant Berg mit einem Zuge Wurmser-Husaren den Türken
in den Rücken fiel und sie in Unordnung gegen das Ufer zurück-
warf. Der Verlust der Kaiserlichen an Todten und Verwundeten
betrug 72 Mann.

Die Nachrichten, welche im Hauptquartier einliefen, bestätigten,
dass der Grossvezier mit angeblich 80.000 Mann von Sofia gegen
Vidin aufgebrochen und der Pascha von Rumelien mit einem starken
Corps auf dem Marsche nach Nisch begriffen sei. Da die Russen
durch den neu ausgebrochenen Krieg gegen Schweden zu vollständiger Passivität gezwungen waren, bestand kein Zweifel, dass
die Hauptmacht der Türken nur gegen die Oesterreicher zur Verwendung gelangen werde. Josef II. erwartete einen Einbruch des
Feindes in das Banat und sandte nach diesem und nach Siebenbürgen Verstärkungen, während die Haupt-Armee bereit zu bleiben
hatte, um nach dem bedrohten Puncte geführt zu werden. Diese
Anordnungen und die vollständige Passivität des Kaisers versetzten
die Türken in die Möglichkeit, sich den Angriffsort nach Belieben
zu wählen und die dünne Cordonsstellung an irgend einem, ihnen

vortheilhaften Puncte zu durchbrechen. Der Grossvezier Jussuf Pascha hatte die Donau bei Kladova (Feth-Islam) passirt und griff am 7. August die Posten der Kaiserlichen mit 70.000 Mann bei **Alt-Orsova** und **Zsupanek** an. GM. Papilla musste nach ansehnlichen Verlusten an Mannschaft und Geschützen (13) retiriren. Um diese Zeit stand das Gros des banatischen Armee-Corps bei Mehadia in einer fortificirten Stellung.

Kaiser Josef II. liess 21 Bataillone und 30 Escadronen unter dem FZM. Gemmingen in Syrmien zurück und brach mit dem Reste der Haupt-Armee (ungefähr 20.000 Mann) von Semlin auf. Er marschirte von Semlin über Banovce, Oppova, Kubin nach Weisskirchen, wo er am 20. August anlangte. Als eine Recognoscirung des Almás-Thales, durch welches die Vereinigung mit dem Corps Wartensleben am schnellsten hätte bewerkstelligt werden können, dessen Unbrauchbarkeit für den Marsch der Armee sichergestellt hatte, befahl der Kaiser den Weitermarsch der Armee über Vranyuc, Tikván und Prebul nach Karansebes, während schwächere Streitkräfte zum Schutze der Gegend Uj-Palánka-Moldava und der östlichen Gebirgsdefiléen zurückgelassen wurden. Noch während des Marsches erhielt der Kaiser die Nachricht, dass 7000 Türken die vom Major Stein heldenmüthig vertheidigte Veterani'sche Höhle angegriffen und die Besatzung, die hiebei 400 Mann verlor, am 10. August zur Räumung der Aussenwerke gezwungen hätten. Eine Woche später, am 17. August, griff die feindliche Hauptmacht die Position des FML. Wartensleben bei **Lazu-Mare** an, wurde aber abgewiesen und büsste bei ihrem Unternehmen 500 Mann ein. FML. Wartensleben bat dringend um Verstärkungen, da in wenigen Tagen das Eintreffen des Grossveziers und des Restes der türkischen Haupt-Armee vor Lazu-Mare gewärtigt werden musste. Am 25. August bei Tagesanbruch begann der Feind die Verschanzungen Wartensleben's aus zahlreichen Geschützen zu beschiessen. An den folgenden Tagen wiederholten sich die Angriffe, die besonders gegen die Bersa-Palanka gerichtet wurden, welche die Kaiserlichen am 27. räumen mussten. Den Türken war nun die Möglichkeit geboten, ihre zahlreichen Kanonen an allen dominirenden Puncten zu placiren und Wartensleben durch ein überlegenes Feuer in der Nacht vom 28. auf den 29. August zum Rückzuge nach Fényes zu zwingen. Am 30. August musste Major Stein, der an Lebensmitteln und Munition bereits den grössten Mangel litt, die Veterani-Höhle gegen freien Abzug des Restes der Besatzung übergeben. Durch diese Ereignisse gelangten die Strassen von Mehadia durch das Almás-Thal gegen Weisskirchen und die freie Communication auf der Donau bis Belgrad in die Hände der Türken. Mit Hilfe ihrer ansehnlichen Tschaikenflotte konnten sie an verschiedenen Puncten Truppen ausschiffen und mit diesen das Banat überschwemmen.

Veterani-Höhle.

Kaiser Josef II. setzte mit der Armee den Marsch fort. Am 4. September stand dieselbe, in Folge von Krankheiten kaum mehr 30.000 Mann zählend, vorwärts von Szlatina und das Corps Wartensleben im Verhältnisse einer Avantgarde. Die Lage der Haupt-Armee wurde nun bedenklich, da die längs der Donau und gegen die Almás aufgestellten Detachements etwas voreilig ihre Positionen räumten und dadurch der feindlichen Hauptmacht den ungehinderten Eintritt in die Ebenen des Banats ermöglichten. Hiezu kam, dass eine türkische Heeres-Abtheilung am 15. August den Vulkan-Pass forcirt hatte und über Hátszeg und den Pass des Eisernen Thores der Haupt-Armee in den Rücken zu fallen drohte. Um dies zu vermeiden und nicht von Semlin abgeschnitten zu werden, sah der Kaiser sich genöthigt, in der Nacht vom 20. auf den 21. September den Rückzug der Armee nach Karánsebes auszuführen. Das Unglück wollte, dass während des Nachtmarsches bei der Nachhut ein falscher Alarm entstand, der sich rasch verbreitete und zur Folge hatte, dass die Truppen in der Dunkelheit auf einander feuerten. Der Kaiser schritt persönlich ein, um der eingerissenen Verwirrung zu steuern, musste aber unter solchen Umständen und weil die Türken bereits auf die Arriéregarde zu drücken begannen, von einer Aufstellung bei Karánsebes, welches durch Nachzügler in Brand gesteckt worden, absehen und den Rückzug bis Lugos fortsetzen. Von hier aus wollte Kaiser Josef II. dem Feinde entgegentreten, sobald dieser das Gebirge verlassen würde.

Vulkan-Pass.

Die türkische Hauptmacht ging aber, wahrscheinlich durch die vom Prinzen Coburg in der Moldau und Walachei errungenen Erfolge eingeschüchtert, wieder gegen Mehadia zurück. Der Kaiser befahl desshalb dem FML. Wartensleben mit 10.000 Mann dem Feinde über Karánsebes zu folgen, während das Gros am 12. October von Lugos über Tomasevác an der Temes gegen Semlin rückte. Gegen Weisskirchen wurden starke Detachements vorgeschoben. Am 27. October traf die Armee bei Semlin ein und um dieselbe Zeit war auch das Banat von den Feinden wieder geräumt worden, wobei es, wie bei Uj-Palánka am 21. October und Pancsova am 24. October zu leichten Gefechten kam.

Uj-Palánka.
Pancsova.

Vor Belgrad hatte sich in der Zwischenzeit nichts bedeutendes zugetragen. Der Feind versuchte zwar wiederholt, so am 9. September, 13. October und 11. November, Truppen auf dem diesseitigen Ufer der Save auszuschiffen und gegen die Verschanzungen bei Bežanja zu demonstriren; er wurde aber jedesmal durch die Unterstützungen oder einige Kanonenschüsse abgewiesen.

Bežanja.

Mit dem Eintreffen des Kaisers bei Semlin nahmen die Feindseligkeiten im Allgemeinen ein Ende. Als die Türken aus dem Lager bei Belgrad nach den Winterquartieren abzogen, ertheilte auch der Kaiser den Befehl zum Beziehen derselben. Am 18. November verliess der Kaiser die Armee und begab sich, krank und verstimmt über den Verlauf des Feldzuges, nach Wien. Nach der Abreise des Monarchen trug der commandirende G. d. C. Kinsky dem Seraskier Avdi Pascha, Gouverneur von Belgrad, für die Dauer des Winters einen Waffenstillstand gegen zehntägige Kündigung an, welcher angenommen und später auf alle Grenzgebiete ausgedehnt wurde.

In Croatien gelang es den kaiserlichen Truppen, deren Commando nach der Erkrankung des G. d. C. Fürsten Karl Liechtenstein wieder der FML. De Vins übernommen hatte, am 9. August die Höhen von Begovstan bei Dubica zu erobern, welche durch Verschanzungen gesichert und dadurch zu einem wichtigen und haltbaren Stützpuncte auf dem rechten Ufer der Una gemacht wurden. Am 10. August wurde die Belagerung von Dubica nun abermals begonnen, von den Türken aber keine Gelegenheit unbenützt gelassen, sie zu stören und zu unterbrechen. Ein Angriff, den GM. Schindler am 17. August gegen die feindliche Stellung auf dem Agino Brdo unternahm, erheischte beträchtliche Opfer, 125 Mann und scheiterte vollständig. Dennoch waren die Kaiserlichen seit dem 15. August zum Sturme bereit, aber der Kaiser hatte denselben untersagt und befohlen, die Festung durch das Geschütz allein zu bezwingen. Am 18. August traf endlich der neuernannte Commandant der Armee in Croatien und Slavonien,

Begovstan.
Dubica.
Agino Brdo.

FM. Laudon, bei Dubica ein. Dieser liess den halbzerstörten Platz sogleich zur Capitulation auffordern. Die Besatzung wies diese Aufforderung aber ab und unternahm, unterstützt von den noch immer auf dem Agino Brdo stehenden Türken, am 21. August einen heftigen Angriff auf die Verschanzungen der Kaiserlichen auf dem Berge Begovstan, welche erfolglose Attaque ihnen jedoch **Begovstan.** an Todten allein über 200 Mann kostete. Als es den Belagerern unter grossen Anstrengungen gelungen war, die Verpfählungen, mit welchen die Besatzung die weiten Wallbrüche verbaut hatte, nieder-zubrennen, zog der auf dem Agino Brdo stehende Feind gegen Prjedor ab und überliess Dubica seinem Schicksale. Auf das Aeusserste gebracht, capitulirte die 414 Mann starke Besatzung am 26. August und wurde in Kriegsgefangenschaft abgeführt.

FM. Laudon beabsichtigte, den Feind aus seinem Lager bei Jelovac, von welchem aus er die Unternehmungen an der oberen Una wirksam zu hindern vermochte, zu vertreiben und befahl dess-halb dem FML. Mittrowsky, die Save oberhalb Gradiska zu über-schreiten. Obrist Gvosdanovich verbrannte am 1. September zwar das feindliche Lager bei Berbir (Türkisch-Gradiska), der ange- **Berbir.** strebte Zweck wurde damit aber nicht erreicht, da der Feind wohl sein Lager bei Jelovac am 4. September selbst in Brand steckte, **Jellovac.** jedoch statt gegen die Save gegen Banjaluka und Prjedor zog und so von Novi und von Dubica fast gleich weit entfernt war. Dennoch beschloss der FM. Laudon den Angriff auf Novi ohne weiteres Zögern zu beginnen und begab sich, nachdem er dem FML. De Vins die Bewachung von Dubica und der Una bis Novi übertragen, nach Dvor vor Novi, wo er am 6. September sein Hauptquartier aufschlug.

In der Zwischenzeit hatten, um die Belagerung von Dubica zu unterstützen, die beiden GM. Klebek und Wallisch Einfälle in das feindliche Gebiet unternommen. Cetin und Tržac wurden am **Cetin. Tržac.** 15. August und Gross-Kladuš (Kladuša vl.) am 16. August ein- **Kladuš.** geschlossen und bei dem letzteren Orte eine türkische Pulvermühle niedergebrannt. Ein von Obrist Pejacsevich am 17. August gegen Vranograč unternommener Streifzug alarmirte zwar die Besatzungen **Vranograč.** der benachbarten zahlreichen türkischen Schlösser, brachte die Kaiserlichen aber in den Besitz von 238 Wagen Heu, welche sie als erwünschte Beute mitführten. Mit ähnlich günstigem Erfolge

Bihać.

sandte der GM. Wallisch am 17. August den Major Simbschen gegen Bihać. Der letztere verbrannte die Heuernte bei Lovo und liess vor Bihać den Ort Skočaj anzünden. Major Kovačević zog mit

Glamoč.

600 Croaten am 20. und 21. August über Grahovo gegen Glamoč am Unac, griff die in der Nähe dieses Ortes befindliche Karaula an und verbrannte sie nebst ihrer Besatzung. Auf die Nachricht, dass

Doljani.

sich die Türken in Doljani an der Una sammelten, um unter der Anführung des Ibrahim Basić in der Gegend von Kamensko ein- zufallen, beschloss der Major Simbschen den Anschlägen der Gegner zuvorzukommen. Er durchwatete am 21. August nach Mitternacht mit 500 Croaten die Una, erstürmte eine auf deren rechtem Ufer angelegte Schanze und steckte Doljani in Brand. Als der Feind sich in eine nabgelegene, mit Getreide angefüllte Karaula zurück- zog, wurde auch diese angezündet und hierauf mit 170 Gefangenen der Rückzug angetreten. Vor Novi führte der Hauptmann Mihai- lovich am 12. August drei Compagnien bei der Tschardake

Sztergar.

Sztergar über die Una und verbrannte nach einem sechsstündigen Gefechte die benachbarte Moschee und 18 Häuser.

FM. Laudon liess unmittelbar nach seinem Eintreffen in Dvor Brücken über die Una schlagen, führte den grössten Theil seiner Truppen auf das rechte Ufer und liess den Berg Mihinovac und andere dominirende Höhen vor Novi befestigen. Am 8. September bereits wurde das Feuer aus den Batterien eröffnet und in der Nacht auf den 11. September die erste Parallele, 190 Klafter von

Novi

der Festung Novi entfernt, begonnen. Bald meldeten die Kund- schafter, dass die bei Prjedor stehenden türkischen Truppen sich in Bewegung gesetzt hätten und zum Entsatze von Novi vorrückten. Am Morgen des 20. September wurden die Redouten der Kaiser-

Mihinovac.

lichen auf dem Berge Mihinovac angegriffen, aber ein mörderisches Geschütz- und Kleingewehrfeuer warf die Stürmenden zurück. Obwohl der Feind die meisten Todten und alle Verwundeten mit sich schleppte, musste der Feldmarschall noch 110 Leichname be- erdigen lassen. Die Kaiserlichen verloren an Todten und Verwun- deten nur 75 Mann. Mittlerweile hatten die Breschbatterien mit so gutem Erfolge gewirkt, dass der Feldmarschall den Sturm für den 21. September anberaumen und dessen Ausführung dem GM. Klebek übertragen konnte. Obwohl die vier Sturmcolonnen mit grosser Bravour die Höhe der Bresche erstiegen, scheiterte der

Angriff doch an dem beispiellos hartnäckigen Widerstande der Besatzung. Nach einem Verluste von 300 Mann musste Laudon die Sturmcolonnen zurückziehen. In den folgenden Tagen wurden mehrere Minen, theilweise mit sehr gutem Erfolge gesprengt. Als eine derselben am 1. October die Wasser-Bastion in Trümmer gelegt hatte, ertheilte der Feldmarschall abermals die Dispositionen zum Sturme. Am 3. October gingen wieder drei Colonnen vor und überwältigten die Besatzung, deren Rest (590 Mann) in die Kriegsgefangenschaft nach Croatien abgeführt wurde. Die Kaiserlichen hatten bei den Kämpfen um Novi 580 Mann an Todten und Verwundeten eingebüsst.

FM. Laudon wollte noch vor dem Schluss der Campagne Berbir (Türkisch-Gradiska) bezwingen und eilte am 12. October nach Alt-Gradiska. Er liess Berbir beschiessen und schloss diesen Platz durch Batterien und einen Verbau an der Verbaska enge ein. Die mit heftigen Regengüssen sich ankündigende rauhe Jahreszeit veranlasste den Feldmarschall jedoch, die Feindseligkeiten abzubrechen und die Truppen am 20. October in die Cantonnirungsquartiere zu verlegen.

Der Krieg auf den übrigen Linien des Cordons beschränkte sich auf Streifzüge. Am 13. September trieb der Fähnrich Budisavljević aus der Gegend von Petrovac 500 Stück Hornvieh und 20 Pferde mit sich fort und gegen Ende des Monats unternahm der Major Kovačević einen beutereichen Zug gegen Glamoč. An der Korana streifte der Obrist Beharnik am 14. September gegen Izačić und Bihać, steckte bei ersterem Orte mehrere Wachhäuser in Brand und kehrte ohne Verlust nach Drežnik zurück. Am gleichen Tage erfolgten Streifungen der Kaiserlichen gegen Tržac, Cetin und gegen Gross- und Klein-Kladuš. Nach der Einnahme von Novi trat auf der Linie des Cordons ziemliche Ruhe ein.

Auf dem äussersten linken Flügel der übermässig ausgedehnten Aufstellung der kaiserlichen Truppen hatte der G. d. C. Prinz Friedrich Josias von Sachsen-Coburg-Saalfeld mit einem schwachen Corps die Bukowina und Galizien gegen die Moldau und die Festung Chotim zu decken.[1]) Der commandirende General wollte in die Moldau vordringen und Chotim wegnehmen, bevor der Feind noch Zeit gefunden hätte, seine Streit-

Margin notes: Berbir. Glamoč. Izačić. Bihać. Tržac. Cetin. Gross- und Klein-Kladuš.

---

[1]) Vergl. Kriegs-Chronik, IV. Theil.

kräfte ansehnlich zu verstärken. Am 12. März erfolgte der Vorstoss des rechten Flügels des galizischen Corps in die Moldau,
während das Gros nordöstlich von Czernowitz auf dem linken Ufer
des Pruth Stellung nahm, um in dieser die Russen zu erwarten.
Coburg hatte beim russischen FM. Rumjanzow Unterstützung an-
gesprochen, wurde aber mit Versprechungen hingehalten, weshalb die Unternehmung gegen Chotim nicht allein eine bedeutende
Verzögerung erfuhr, sondern der Prinz auch genöthigt war, einzelne
Angriffe der bei Chotim concentrirten türkischen Truppen abzu-
wehren. Nach einigen kleinen Gefechten besetzte der rechte Flügel
des Corps am 19. April Jassy, wodurch die Verbindung der Festung
Chotim mit der operirenden feindlichen Armee unterbrochen ward.
Anfangs Mai begann der Prinz Coburg seine Operationen gegen
Chotim und nach mehreren heftigen Zusammenstössen mit den
türkischen Truppen wurden diese in den eigentlichen Festungsrayon
zurückgedrängt. Als die russische Division Soltikow den Dniester
passirt und sich mit den Kaiserlichen vereinigt hatte, erfolgte am
2. Juli die vollständige Einschliessung der Festung. An demselben
Tage mussten die österreichischen Truppen unter GM. Fabri aber
Jassy wieder räumen, da ein Cops von 20 000 Türken und Tataren
unter Manuel Rosset, dem neuernannten Hospodar der Moldau,
gegen die Stadt anrückte und, da an einen Widerstand gegen solche
Uebermacht nicht zu denken war, ohne Kampf besetzte. Erst als
zu den österreichischen Truppen eine russische Division gestossen
war, nahmen die Verbündeten am 3. September Jassy wieder in
Besitz, ohne dass der Feind wesentlichen Widerstand geleistet
hätte.

Chotim.

Wenige Wochen später, am 19. September, capitulirte nach
einer längeren Beschiessung und nach zahlreichen Gefechten auch
Chotim und wurde für Oesterreich in Besitz genommen. Nach
diesem Erfolge befahl der Kaiser, dass das Gros des Corps Coburg
nach Siebenbürgen zu marschiren und sich mit dem dortigen Armee-
Corps zu vereinigen hätte. FML. Splényi, der die nach Siebenbürgen
bestimmten Truppen befehligte, traf am 30. September in Bacâu
ein. Da türkische Abtheilungen von Focsani aus weitausgreifende
Streifungen unternahmen, sah sich der Feldmarschall-Lieutenant
veranlasst, seinen Marsch im Thal des Seret, von welchem aus die Pässe
von Gyimes und Ojtos am erfolgreichsten gesichert werden konnten,

nur langsam fortzusetzen. Aus diesem Grunde standen die Truppen Splényi's noch am 13. October unweit der Mündung des Trotusu in den Seret. In dieser Position wurden die Kaiserlichen am 14. October von ansehnlichen feindlichen Streitkräften angegriffen, welche die Vortruppen des FML. Splényi über den Trotusu drängten. Der General stellte hierauf seine Abtheilung unweit des Ortes Adschud (Agiudu-nuou) in drei Carrés, vor denen die leichten Truppen und sechs Geschütze postirt wurden. Die Türken gingen ebenfalls in drei Abtheilungen über den Trotusu vor und griffen das mittlere Carré mit Ungestüm an, während sie gleichzeitig die beiden Flügel der Aufstellung der Kaiserlichen zu umfassen suchten. Das Geschütz Splényi's brachte aber die mittlere und linke Colonne des Feindes bald zum Weichen und wenige Minuten später warfen sich vier Escadronen Husaren auf die 3. türkische Colonne, welche, gedeckt durch dichtes Gebüsch, längs des Seret vorgerückt war, und schlug sie in die Flucht. 75 Türken blieben auf dem Platze, während die Kaiserlichen nur sechs Mann eingebüsst hatten. FML. Splenyi setzte nach diesem Gefechte seinen Marsch nach dem Ojtos-Passe fort. Er stand am 20. October bereits zu Grozesci, als er von dem in Siebenbürgen commandirenden FML. Fabris den Befehl erhielt, seine Bewegung einzustellen. Als nach dem Rückzuge des Grossveziers die Gefahr für Siebenbürgen abgewendet schien, hatte der Kaiser nämlich einen Gegenbefehl erlassen und angeordnet, dass Prinz Coburg sein Armee-Corps in der Gegend von Roman concentriren solle. Bald darauf bezogen die Truppen die Winterquartiere zwischen dem Seret und der siebenbürgischen Grenze.

In Siebenbürgen und den angrenzenden Theilen der Moldau und Walachei beschränkten sich die Kriegsereignisse auf eine Reihe von kleinen Postengefechten (die wichtigsten derselben sind bereits erwähnt worden), wie es die Bodengestaltung und die von beiden Seiten in Thätigkeit gesetzten geringen Streitkräfte bedingten. Die Vorrückung der kaiserlichen Truppen nach der kleinen Walachei war zwar beabsichtigt, stellte sich aber ohne die Mitwirkung der Nachbar-Corps im Banat und in der Moldau als unthunlich heraus, besonders da der Hospodar der Moldau, Fürst Maurogeni, bald nach Beginn des Feldzuges bei Bukarest 20.000 Mann versammelte.

Feldzug 1789.

Quellen: Wie bereits angegeben.

Zu Anfang des Jahres 1789 lag die österreichische Armee in Winterquartieren, welche sich von den Quellen der Una bis zum Seret-Flusse erstreckten. Der ungewöhnlich kalte Winter machte auf beiden Seiten eine Unternehmung von grösserer Bedeutung zur Unmöglichkeit. Da FM. Lacy, angeblich wegen seiner angegriffenen Gesundheit, die Fortführung des Oberbefehls abgelehnt hatte, wurde dem Hofkriegsraths-Präsidenten, FM. Grafen Hadik, das Commando der Haupt-Armee übertragen. Der Kaiser setzte den 15. April als Termin für die engere Concentrirung der Corps fest, bestimmte aber, dass dieser nicht unbedingt eingehalten zu werden habe, weil die Witterung, die geringen Vorräthe in den Magazinen und die Conservirung der Soldaten eine Verzögerung der Campirung wünschenswerth erscheinen lassen könnten.

Als FM. Hadik Anfangs Mai im Hauptquartier zu Futak eintraf, waren die kaiserlichen Truppen in folgender Weise vertheilt:

1. **Haupt-Armee:**

a) Corps in Syrmien unter G. d. C. Graf Josef Kinsky: 26 Bataillone, 3 Compagnien, 53 Escadronen;

b) Corps im Banat unter FZM. Graf Clerfayt: 28 Bataillone, 12 Compagnien, 44 Escadronen.

2. **Corps in Croatien und Slavonien** unter FM. Freiherrn von Laudon;

a) in Croatien unter FZM. De Vins (später GM. Wallisch): 33 Bataillone, 32 Compagnien, 22 Escadronen;

b) in Slavonien unter FML. Graf Mittrowsky: 17 Bataillone, 13 Compagnien, 8 Escadronen.

3. **Corps in Siebenbürgen** unter FML. Fürst Hohenlohe: 18 Bataillone, 28 Escadronen.

4. **Corps in der Moldau** unter G. d. C. Prinz Coburg: 8 Bataillone, 8 Compagnien, 24 Escadronen.

Die Completirung der Armee, besonders der Cavallerie, verzögerte sich, ungeachtet der Einwirkung des Kaisers, ausserordentlich.

Die ersten Feindseligkeiten kamen in Croatien vor. Schon am 20. April war dem in Glina befehligenden GM. Schlann gemeldet worden, dass sich die bosnische Reiterei in Jasenica, das

Fussvolk in Lipovljani zu sammeln beginne. Am 24. April Früh um 2 Uhr wurde durch entsendete Patrouillen die Bewegung feindlicher Truppen gegen den Posten von **Radosnica** sicher- Radosnica. gestellt. Wenige Tage später wurde die von 30 Grenzern besetzte Tschardake von 7–8000 Türken angegriffen, aber das wohlgezielte Gewehrfeuer brachte jeden Sturm des übermächtigen Feindes und auch dessen Versuch, die Tschardake in Brand zu stecken, zum Scheitern. Die Türken verloren in dem Gefechte 32 Todte, die Grenzer hatten nur vier Leichtverwundete.

Am 14. Mai unternahmen 3000 Türken einen Einfall in die Mračel. Gegend von **Mračel** und **Svinica** bei Voinić, verbrannten das Svinica. erstgenannte Dorf und schleppten einige Gefangene mit sich fort, wurden aber, als Obrist Pejacsevich rechtzeitig 100 Mann durch den Wald Petrova-Gora zur Unterstützung sandte, nach einem Ver- luste von 15 Todten zum Rückzuge gezwungen. Wenige Tage später sammelten sich im Thale der Una ansehnliche feindliche Streitkräfte, so dass Obristlieutenant Kovačević, der in Srb be- fehligte, um Verstärkungen bat und Anstalten zur hartnäckigen Vertheidigung traf. Am 21. Mai erschienen von Glamoč her 6000 Türken, verbrannten Unac und bezogen eine Stellung vor Bobara. Bobara. Kovačević besetzte mit 240 Grenzern eilig das dortige Blockhaus und zog am 23., als die Türken eben den ersten Angriff auf das- selbe unternahmen, noch zwei weitere Compagnien an sich. Dennoch gelang es der Uebermacht des Feindes, das Blockhaus zu erstürmen, in welchem vier Officiere und 200 Grenzer heldenmüthig kämpfend den Tod gefunden hatten. Der Rest der Besatzung schlug sich nach Srb durch. Am nächsten Tage erschien das Gros des Feindes vor Srb, während eine andere, 300 Mann starke türkische Schaar gegen Grahovo anrückte. Alle benachbarten Dörfer niederbrennend, erschienen die vereinigten Gegner am 25. Mai vor dem Posten **Dobroselo**, in welchem Obrist Fröhlich ein Grenzbataillon com- Dobroselo. mandirte. Am 27. Morgens führte Obrist Kulnek 2000 Croaten noch rechtzeitig zur Verstärkung herbei, denn wenige Stunden später ging der Feind in drei Colonnen zum Angriffe vor. Sein rechter Flügel wandte sich gegen Lapac, das Centrum umschloss die Schanze und der linke Flügel rückte gegen die auf Bobin Kraj aufgestellte Compagnie und hieb diese grösstentheils nieder. Der Kampf um die Schanze dauerte durch volle zwölf Stunden, ohne eine Entscheidung herbeizuführen. Endlich, als bereits die Nacht hereingebrochen war, nöthigte der eingetretene Munitionsmangel die tapferen Grenzer zum Rückzuge, welchen die türkische Reiterei wiederholt, jedoch immer vergeblich, zu stören suchte. Die Kaiserlichen hatten in dem hartnäckigen Kampfe an Todten, Verwundeten und Gefangenen 9 Officiere und 243 Mann, die Türken aber weit mehr verloren. Auf die Kunde von diesen Vorgängen liess der FM. Laudon, um die Aufmerksamkeit des Feindes auf sich zu lenken, noch in der Nacht auf den 26. Mai gegen die kleine Festung Izačić streifen um am 28. sieben Bataillone und sechs Escadronen des slavonischen Armee-Corps an der Mündung des Vrbas-Flusses über die Save gehen. In der Absicht, den Feind ganz von der Una wegzuziehen, befahl der Feldmarschall dem Obristen Kovačević, sich mit sechs Compagnien Grenzern in Rajevoselo einzuschiffen, die Save hinabzufahren und das Städtchen

Bréka. Bréka zu nehmen. Am 1. Juni bei Tagesanbruch landeten die Kaiserlichen an der Mündung des Brka-Baches, gingen sofort zum Angriffe über und eroberten Bréka in kurzem Kampfe.

In der ersten Hälfte des Monats Juni setzte FM. Laudon einen Theil des croatischen Corps aus der Umgebung von Sluin nach Slavonien in Marsch, um mit demselben die Belagerung von Berbir (Türkisch-Gradiska) zu unternehmen. Das Commando in Croatien erhielt nun FML. Wallisch, der das Gros und sein eigenes Hauptquartier nach Sluin verlegte. Die Grenztruppen hielten den Cordon besetzt, auf dessen äusserstem rechtem Flügel das ungefähr 1000 Mann starke Frei-Corps des Obristlieutenants Vukassovich stand.

Berbir. Am 19. Juni schlug FM. Laudon sein Hauptquartier in Alt-Gradiska auf, wo sich 21 Bataillone und zwei Escadronen zur Belagerung von Berbir versammelten. Das zu diesem Zwecke herangezogene Belagerungsgeschütz bestand aus 22 Kanonen und 16 Mörsern. Ausserdem befanden sich auf den Wällen von Alt-Gradiska 25 Kanonen und 29 Mörser. In der Nacht zum 23. Juni gingen die Kaiserlichen auf einer Schiffbrücke, welche sie durch einen Brückenkopf versicherten, über die Save. Um 8 Uhr Morgens begann die Südfront von Alt-Gradiska das Feuer gegen Berbir und in der folgenden Nacht wurde zur Aushebung der Laufgräben geschritten. Nach wenigen Tagen schon zeigten sich die Vortruppen eines feindlichen Entsatz-Corps und nöthigten den Feldmarschall sich gegen dasselbe zu decken. Das Lager der Angreifer wurde durch Verschanzungen abgesperrt und die Verbindung mit Alt-Gradiska durch zwei weitere Schiffbrücken erleichtert. Da das türkische, ungefähr 3000 Mann starke Entsatz-Corps ganz unthätig blieb, konnte das Feuer von den Kaiserlichen nach einer kurzen Unterbrechung wieder aufgenommen werden. Es brachte die feindlichen Geschütze bald zum Schweigen, legte weite Oeffnungen in die Mauern der Festung und nöthigte am 9. Juli die bis auf 50 Mann zusammengeschmolzene Besatzung die Festung preiszugeben und nach Banjaluka zu entfliehen. Die Kaiserlichen erbeuteten 36 Kanonen und vier Mörser und ihr Verlust während der ganzen Belagerung betrug an Todten und Verwundeten zwei Officiere und 158 Mann.

Längs des Cordons in Croatien fielen in dieser Zeit mehrere, zuweilen verlustreiche Gefechte vor. Am 15. Juni griffen 6000 Türken den bei Jelovac aufgestellten Posten an und zwangen ihn, sich bei einbrechender Nacht nach Türkisch-Dubica zu retiriren. Ibrahim Beg Bezerović durchbrach am 9. Juli mit 2000 Türken den bei der Tschardake Gračenica aufgeführten Verhau, verbrannte alle in der Nähe befindlichen Wohnhäuser und schleppte deren Einwohner und die Viehheerden mit sich fort. Als der Feind gegen Jamnica vorrückte, stellte sich ihm der Major Löwenberg mit drei Compagnien Warasdiner Grenzern entgegen und warf Bezerović wieder zurück. Fähnrich Andrievich, der mit 70 Grenzern bei Jamnica aufgestellt war, eilte den Türken nach und nahm ihnen einen grossen Theil ihrer Beute wieder ab. Am Morgen des 23. Juli drangen 1200 Türken in das Dorf Dobretin, verbrannten es und wendeten sich hierauf gegen Devotoki, welches Oberlieutenant Gvosdenčević mit 240 Grenzern besetzt hielt. Dieser wurde zum Rückzuge gezwungen, leistete aber auf der in der Nähe befindlichen Kuppe Agina-Kruska noch durch zwei Stunden erfolgreichen Widerstand.

Anfangs Juli wurden die in und bei Orsova stehenden Türken activ und unternahmen grössere Fouragirungen im Thale von Zsupanck. FM. Hadik befahl, dass die Truppen jedem Zusammenstosse auszuweichen hätten und liess bei dem Pascha von Belgrad wiederholt wegen Einhaltung des Waffenstillstandes reclamiren. Kaiser Josef II. war unzufrieden mit dem Auftreten Hadik's und zögerte auch, dessen Project über die Durchführung der für den Herbst beabsichtigten Unternehmung gegen Belgrad anzunehmen. Da der Feldmarschall überdies kränkelte, enthob ihn der Kaiser des Commandos und übertrug dasselbe dem FM. Laudon. Dieser begann am 2. August die entbehrlichen Truppen des slavonischen Corps in fünf Colonnen von Alt-Gradiska nach Mitrovic-Banovce in Marsch zu setzen. Er selbst eilte seinen Truppen voraus und übernahm am 17. August in Weisskirchen vom FZM. Colloredo das Commando der Haupt-Armee.

Mehadia.   Mittlerweile war es in der Gegend von Mehadia bereits zu grösseren Zusammenstössen gekommen. Schon am 1. August hatte der in Mehadia commandirende GM. Vecsey die Nachricht erhalten, dass bei Czernetz 14.000 Türken eingetroffen seien. Am Morgen des 4. August meldeten die retirirenden Vorposten, dass sich namhafte feindliche Streitkräfte von Alt-Orsova her im Anmarsche befänden. Wenige Minuten später griffen 2000 Spahis die verschanzte Stellung der Kaiserlichen vor Mehadia an, wurden aber durch das Geschütz und das Musketenfeuer der Scharfschützen zurückgetrieben. Bald darauf erschien das feindliche Gros und umschloss die ganze Stellung, während eine kleinere Abtheilung die Position über das Gebirge Jelenecza zu umgehen suchte. Da die Aufstellung nur von geringer Widerstandsfähigkeit war, entschloss sich GM. Vecsey, die feindliche Uebermacht durch einen raschen und energischen Gegenangriff zu werfen. Drei Escadronen Husaren attaquirten das türkische Gros und verbargen durch ihre Bewegung ein Infanterie-Bataillon, welches mit vier Geschützen der Reiterei unmittelbar folgte. Plötzlich räumte die Cavallerie die Front und demaskirte die Geschütze, welche durch wohlgezielte Schüsse den Feind zum Rückzuge zwangen. Die Kaiserlichen hatten 39, die Türken 150 Mann verloren. Da aber die feindlichen Truppen sich unaufhörlich verstärkten und immer heftiger gegen Mehadia vordrängten, sah sich GM. Vecsey genöthigt, am 6. August diesen Posten aufzugeben und bis Teregova zurückzugehen. Um ihn zu unterstützen, dirigirte FZM. Clerfayt seine Streitkräfte von Karansebes nach Fényes und FML. Waldeck verstärkte die Postirungen Bodzaer-Pass. in der Almás. Als FML. Hohenlohe am Bodzaer-Passe den Angriff von 800 Türken am 3. August zurückschlug und die Nachricht von der Schlacht bei Focsani einlangte, gerieth die feindliche

Offensive im Thale von Zsupanek rasch wieder ins Stocken.
FZM. Clerfayt ging nun seinerseits ohne Zögern gegen Mehadia vor.
Zwei Bataillone und vier Escadronen, welche die Avantgarde bil-
deten, wurden auf der Czernahora von 600 Spahis angegriffen,
machten sich aber in einem kurzen Kampfe den Weg nach der
Brücke über die Bolvasnica oberhalb Mehadia frei. An dieser hatte
sich der Feind abermals zum Widerstande in Bereitschaft gesetzt
und brachte auch drei Geschütze ins Feuer. Die weit überlegene
Wirkung der kaiserlichen Artillerie zwang die Türken bald zum
Verlassen ihrer Position und Nachmittags wurde Mehadia von den
Truppen des FZM. Clerfayt besetzt.

Schon am 27. August ergriff der Feind erneuert die Offensive.
Dschargadschi Mehemmed Pascha rückte im Thale von Zsupanek
so weit vor, dass er am Abend zwischen Toplec und dem Berge
Csaplia stand. Am nächsten Tage besetzten die Türken auch noch
das Plateau von Lazu-Mare und sandten von hier 2000 Reiter in
die Ebene hinab. Um 9 Uhr griffen die Janitscharen die Verschanzungen des rechten Flügels der Kaiserlichen an, wurden aber
zurückgeschlagen. Als die Anstrengungen des Feindes bis Mittag
ohne Erfolg geblieben waren, begann Dschargadschi Mehemmed
Pascha sich auf Lazu-Mare zu verschanzen und um dies zu ver-   Lazu-Mare.
hindern, beschloss FZM. Clerfayt selbst zum Angriffe überzugehen.
Ungeachtet der Schwierigkeiten des Terrains rückten die Truppen
geschlossen und mit klingendem Spiele, von der Artillerie trefflich
unterstützt, zur Attaque vor. Der Gegner wartete den Kampf
nicht ab, sondern begann so eilig zu retiriren, dass 3000 Türken
von dem Gros getrennt, in die Berge getrieben und von
den verfolgenden Kaiserlichen grösstentheils niedergemacht wurden.
Die Sieger hatten nur 67 Mann, die Türken dagegen 1000
Todte, 91 Gefangene und fünf Geschütze verloren. Am Abend
nach dem Treffen lagerte FZM. Clerfayt auf der Höhe von
Toplec. Der Feldzeugmeister besetzte am folgenden Tage die Defiléen von Koramnik, ohne hiebei Widerstand zu finden, da der
Feind bereits in der Nacht die Ebene von Zsupanek geräumt
hatte. Zwei Bataillone und sechs Escadronen Husaren rückten
bis an die Donau vor.

Wenige Tage später erhielt FM. Laudon die Nachricht, dass
ein feindliches Corps im Anmarsche gegen Belgrad begriffen sei.

Dies brachte den Oberbefehlshaber zu dem Entschlusse, die Belagerung von Belgrad, zu welcher die Dispositionen ohnehin schon ertheilt worden waren, zu beschleunigen. Er selbst traf in Boljevci ein und liess sofort mit der Herstellung einer Schiffbrücke unweit Ostružnica beginnen, welche aber erst in den Morgenstunden des 11. September vollendet werden konnte. Mit Tagesanbruch des 12. rückten die Kaiserlichen in zwei Colonnen gegen Belgrad vor. Die erste unter dem G. d. C. Kinsky marschirte aus der Stellung bei Ostružnica über Železnig und Žarkowo auf den Repiše-Berg vor Belgrad, die zweite unter dem FML. Waldeck von Železnig über Kneževac gleichfalls auf den Repiše-Berg. Aus der Stellung auf dem Repiše setzten sich die Truppen gegen das Plateau von Dedina in Bewegung, das am Abende vollständig von ihnen besetzt war. In der Nacht auf den 12. wurde gegenüber der Zigeuner-Insel der Bau eines Brückenkopfes und die Herstellung einer zweiten Schiffbrücke begonnen. Beide Arbeiten gelangten am 13. September zur Vollendung. An diesem Tage stiessen die letzten Truppenkörper zu der vor Belgrad concentrirten Armee und FM. Laudon unternahm eine eingehende Recognoscirung des Platzes. In der Nacht auf den 15. September begannen 2500 Arbeiter an der Mündung der Dunavica eine Redoute für sechs Feldgeschütze und längs der Donau gegen Semlin einen Laufgraben anzulegen, der die Bewegung der türkischen Tschaiken auf dem Strome hindern sollte. Während dieser Vorbereitungen rückte die auf dem Dedina lagernde Armee in die noch ganz gut erhaltenen Linien, die einst der Prinz Eugen von Savoyen vor Belgrad angelegt hatte. Zur besseren Verbindung mit Semlin wurden an der Westspitze der Kriegs-Insel Brücken über die Save und ausser diesen noch eine Schiffbrücke unterhalb Belgrad über die Donau geschlagen. Ueber die letztere rückte FZM. Clerfayt, welcher angewiesen worden war, mit den entbehrlichen Truppen durch die Almás nach Pancsova zu marschiren, am 18. September zur Armee ein. Als FM. Laudon, der seit dem 16. September Belgrad mit grossem Erfolge beschiessen und in der darauffolgenden Nacht mit der Aushebung der Laufgräben beginnen liess, erfahren hatte, dass alle Meldungen über den Anmarsch eines feindlichen Entsatz-Heeres grundlose Gerüchte gewesen seien, konnten die Dispositionen zum Sturm auf die Vorstädte getroffen werden. Anhaltendes Regenwetter verzögerte aber deren Ausführung bis zum 30. September, an welchem Tage sich die Kaiserlichen in einem kurzen, aber blutigen Kampfe der Vorstädte bemächtigten. Osman Pascha, der Commandant von Belgrad, welcher bisher einen einzigen grösseren Ausfall am 19. September unternommen hatte, wies die Aufforderung zur Capitulation ab und übergab die Festung erst am 9. October, als dieselbe nach einer mehrtägigen heftigen Beschiessung durch die Kaiserlichen zum grössten Theil in einen Trümmerhaufen verwandelt worden war. Die Sieger, welche die Einnahme von Belgrad mit dem Verluste von 905 Todten und Verwundeten bezahlt hatten, erbeuteten in der Festung 411 Geschütze, 34 Mörser, 6000 Centner Pulver, 20 Tschaiken und 45 zum Lebensmittel-Transport bestimmte Schiffe.

Während dieser Vorgänge bei Belgrad fielen längs der Postenkette an der Donau einige kleine Gefechte vor, welche dazu beitrugen, dass die Donau mit dem Falle von Belgrad bis nach Orsova hinab von feindlichen Schiffen befreit war. Am 7. September sendete der Obristlieutenant Liptay, welcher in Uj-Palánka befehligte, eine Abtheilung des Marian'schen Frei-Corps über die Donau, um Nachrichten vom Feinde einzuholen. Diese legte sich unweit Požarevac in einen Hinterhalt und überfiel am 8. September einen Theil der dortigen Garnison, welche in dem kurzen Gefechte 28 Mann verlor. Bedeutender war die Unternehmung des GM. Lilien gegen die von den Türken besetzte Insel Poreč, südlich von Alt-Orsova, am 16. September. Der Feind wurde von der Insel vertrieben und zwei seiner Tschaiken in Grund geschossen. Die Sieger erbeuteten dabei 3000 Säcke Mehl und 1000 Eimer Branntwein.

Nach der Eroberung von Belgrad sandte der FM. Laudon Officiere nach Semendria, um diese Festung zur Uebergabe aufzufordern. Thatsächlich verzichtete die dortige Besatzung auf jeden Widerstand und die Kaiserlichen unter GM. Otto besetzten den Platz, in welchem sie 14 Kanonen und einen entsprechenden Vorrath an Schiesspulver vorfanden, am 11. October. Am folgenden Tage räumten die Türken freiwillig den Posten von Požarevac.

Um die feindlichen Schaaren, welche sich an der Drina unterhalb Zvornik festgesetzt hatten, zu vertreiben, dirigirte der Feldmarschall den Obristen Davidovich mit einem Bataillon nach Klenak,

(Marginalien:) Požarevac. Poreč. Semendria. Požarevac.

um den an der Kolubara stehenden GM Chernel zu verstärken. Am 13. October liess der commandirende General noch zwei Escadronen Husaren und drei Geschütze dahin nachfolgen, während drei Bataillone, zwei Escadronen Husaren und drei Geschütze nach Sremčica abrückten.

FM. Wallis traf am 22. October von Wien in Belgrad ein, um den Oberbefehl über die dortigen Truppen zu übernehmen und FM. Laudon, der noch in diesem Jahre Orsova nehmen wollte, ging am 28. nach Weisskirchen ab. Als der Feldmarschall am 1. November vor Neu-Orsova anlangte, hatte FML. Wartensleben bereits Vorbereitungen zur Beschiessung der von 800 Türken besetzten Festung getroffen und drei Batterien vollendet. Orsova, an und für sich ein Platz von ansehnlicher Stärke, unterhielt ausserdem noch die Verbindung mit Jussuf Pascha, dem Seraskier von Vidin, der mit 8000 Mann bei Kladova stand. FM. Laudon beschloss daher, den Pascha zu vertreiben und liess einen bis dahin unfahrbaren, höchst beschwerlichen Weg, der auf dem rechten Donau-Ufer von dem Dorfe Kobilova über das Gebirge nach Kladova führte, praktikabel machen. Kaum hatte Jussuf Pascha von diesen Angriffsvorbereitungen erfahren, als er das Schloss von Kladova durch eine schwache Besatzung sicherte und mit den übrigen Truppen gegen Vidin abzog. Am 6. November führte GM. Fabri zwei Bataillone, sechs Escadronen und zwölf Geschütze bei Kobilova über die Donau und erschien, durch Regengüsse und die schlechten Wege vielfach aufgehalten, am 9. vor Kladova. Die Besatzung liess sich sofort in Unterhandlungen ein und übergab das Schloss mit 31 Kanonen und namhaften Vorräthen an Munition und Proviant noch an demselben Tage den Kaiserlichen. Als die Garnison von Orsova die Aufforderung zur Capitulation abgelehnt hatte, liess der Feldmarschall in der Nacht auf den 9. November bei Varciorova mit der Aushebung der Laufgräben beginnen. Die Beschiessung blieb jedoch ohne besondere Wirkung und da die Jahreszeit die Fortsetzung einer regelmässigen Belagerung nicht mehr gestattete, so beliess FM. Laudon 600 Mann unter dem Obristen Auersperg auf dem Berge Allion, um Orsova in Schach zu halten und legte die übrigen Truppen am 12. November in Winterquartiere. In der Umgebung von Neu-Orsova blieb es bis gegen Ende December ruhig. Da aber drängte Kara-Mustapha,

Neu-Orsova.

Kladova.

Pascha von Vidin, die Kaiserlichen aus der Kraina am Timok und wollte hierauf Kladova wegnehmen, um die Verbindung mit Orsova herzustellen. Der am 29. December unternommene Angriff der Türken auf Kladova scheiterte jedoch und wenige Tage später **Kladova.** wurde der Feind wieder vertrieben und von den Kaiserlichen auch die Kraina mit der Timok-Linie wieder gewonnen.

Die zur Vertreibung des Feindes von der Drina bestimmte Abtheilung passirte am 18. und 19. October auf Schiffen die Save und lagerte hierauf unweit von Šabac. Auf dem Weitermarsche wurde der Flecken Lešnica verlassen gefunden, unweit desselben jedoch, nächst Lipnic, stiess Obrist Davidovich am 22. October **Lipnic.** in einem mit dichtem Gestrüpp bedecktem Terrain ganz unvorbereitet auf eine starke türkische Abtheilung. Die Truppen geriethen in Schwanken, bald aber stellten die Husaren das Gefecht her und zwangen den Gegner, welcher 15 Mann auf dem Platze gelassen hatte, zum Rückzuge. Als Davidovich sich am 24. October bei Loznica mit der Vorhut des GM. Chernel vereinigte, fand er auch diesen Ort geräumt. Nach einer Rast von drei Tagen marschirte GM. Chernel am 28. October bis unter die Geschütze von Zvornik, erkannte aber sofort, dass seine Mittel nicht hinreichten, um gegen diesen Platz etwas unternehmen zu können. Er wollte seine Expedition aber doch mit einem Erfolge abschliessen und entschied sich daher, das feste Bergschloss Sokol wegzu- **Sokol.** nehmen.

Am 2. November erschienen die Kaiserlichen vor dieser Feste und begannen den Ort und das Schloss zu beschiessen. Ersterer ging in Flammen auf, aber gegen das stark gebaute Schloss erwies sich die Wirkung der Feldgeschütze als unzureichend. Die Aufforderung zur Uebergabe blieb daher erfolglos, besonders da am 6. November 400 Türken von Srebrenica zum Entsatze anrückten. Diese erhielten bald weitere Verstärkungen und gingen am 8. November zum Angriffe über. Obrist Davidovich schlug diesen zwar zurück, aber GM. Chernel erkannte unter solchen Verhältnissen die Fortsetzung der Belagerung als unmöglich und trat am folgenden Tage den Rückzug an, den der Feind ungestört liess. Am 11. November stand die ganze Abtheilung wieder in Loznica, wo sie bis zum 25. verblieb, um dann über die Save und in die Winterquartiere zu marschiren.

22*

Seit der Einnahme von Belgrad liess GM. Otto durch Abtheilungen des serbischen Frei-Corps allenthalben das Gerücht verbreiten, dass die Haupt-Armee demnächst gegen Nisch vorrücken werde. Die Streifzüge des genannten Frei-Corps liessen diese Nachricht so glaubwürdig erscheinen, dass der Seraskier Avdi Pascha die Morava-Brücke bei Ćuprija verbrennen liess und mit dem Reste seiner meuternden Truppen gegen Nisch abzog. GM. Otto rückte hierauf in Ćuprija ein, liess Paraćin besetzen und sandte seine Vortruppen bis über Aleksinac hinaus. Jagodina wurde hierauf mit Vorräthen versehen und zur Basis aller Unternehmungen des serbischen Frei-Corps bestimmt. Die Vortruppen des serbischen Frei-Corps streiften seit der Mitte November bis an die serbische Morava. Jenseits dieses Flusses standen in dem mit Pallisaden umgebenen **Karanovac** noch 600 Türken. Um diese zu vertreiben, brach Obrist Mihalievich mit zehn Compagnien, drei Escadronen und einigen Geschützen von Jagodina am 18. November auf, erschien am 20. vor Karanovac und bemächtigte sich in einem lebhaften Gefechte dieses Ortes, in welchem er drei Kanonen und grosse Vorräthe an Getreide und Heu erbeutete. Am 22. November kehrte er mit seinen Truppen wieder nach Jagodina zurück.

In Croatien wurde ein lebhafter Parteigängerkrieg geführt, in welchem es fast täglich zu Zusammenstössen kam. Am 13. September rückten 3000 Türken von Prjedor aus in die Gegend von **Knezpolje**, in welche sich die croatische Gebirgs-Miliz unter Hauptmann Kussevich vor der Uebermacht zurückgezogen hatte. Auf die Nachricht hievon eilte GM. Jellachich mit drei Bataillonen und einer Escadron aus Dubica herbei und trieb den Feind wieder zurück. Sechs Tage später, am 19. September, erschienen 1500 Türken in der Gegend von **Kamensko** und trafen Anstalten, das dort befindliche Blockhaus zu stürmen. Hauptmann Dossen, der dieses mit 150 Croaten vertheidigte, liess die Angreifer auf die kürzeste Distanz herankommen und warf sie sodann mit seinem wohlgezielten Gewehrfeuer zurück. In der Absicht, gegen Dreznik vorzurücken, griffen 5000 Türken die den Weg dahin versperrende **Zeljava** Redoute Željava, welche Obrist Kulnek mit 650 Croaten vertheidigte, am 6. October an, während einzelne Grenz-Compagnien, welche von Priboj aus der bedrohten Redoute zu Hilfe eilen wollten, von der türkischen Uebermacht zurückgedrängt wurden. Obwohl durch einen neunstündigen Kampf ermüdet, unternahm die Besatzung um 6 Uhr Abends einen Ausfall und zu gleicher Zeit erschien Obrist Rukavina von Drežnik her mit einem Bataillon und zwei Escadronen Husaren und ging sofort zum Angriffe über. Dieser führte die Entscheidung herbei und die Türken gaben die zwecklose Berennung der Redoute auf und zogen sich unter die Geschütze von Izačić zurück. Die Kaiserlichen hatten in dem langen erbitterten Kampfe an Todten, Verwundeten und Gefangenen 81 Mann verloren. Dieselbe feindliche Schaar zog in den nächsten Tagen bei Gross-Kladuš Verstärkungen an sich, ging hierauf über die Glina vor und griff am 9. October die von dem Obristen Köblös besetzten Redouten bei Svinica (Krstinja) an. Dieser **Svinica.** Angriff blieb zwar erfolglos, aber eine feindliche Abtheilung umging die Redouten, steckte das Dorf Svinica in Brand und schleppte 74 Einwohner, bedeutende Getreidevorräthe und 300 Stück Vieh mit sich fort. GM. Jellachich hatte in Erfahrung gebracht, dass die Besatzungen der türkischen Grenzschlösser sich zu vereinigen beabsichtigten, um den Cordon an irgend einem Puncte zu durchbrechen. Er fasste daher den Entschluss, durch kleine Expeditionen auf feindliches Gebiet den Gegner von der vermutheten Offensive abzuhalten. Hauptmann Gvosdenčević wurde desshalb am 7. October mit 305 Mann gegen Otoka entsendet, um das der dortigen Be- **Otoka.** satzung gehörige Schlachtvieh herüber zu treiben. Die Türken waren jedoch auf der Hut und die ersten Schüsse riefen die Garnison von Otoka und die Reiterei aus Krupa herbei. Gvosdenčević wurde in einem hitzigen Gefechte auf die ihm folgende Reserve unter Major Gyulai geworfen und ging mit dieser über die Grenze zurück. Der Verlust der Croaten betrug 27 Mann.

Während dieser Vorfälle war es der Pforte gelungen, den Pascha Mahmud von Scutari zur Unterstützung von Belgrad zu bewegen. Mahmud erhielt unterwegs die Nachricht von dem Falle dieser Festung und wandte sich nun mit seinen 6000 Mann über Sarajevo gegen Banjaluka. Da der Pascha in wenigen Tagen mehr als 8000 Mann unter seinen Befehlen vereinigt hatte, beschloss GM. Kulnek, den kaum haltbaren Posten von Željava beim **Željava.** ersten Angriffe aufzugeben. Dieser Angriff erfolgte schon am 4. November und nach einer einstündigen Vertheidigung ging die Besatzung unverfolgt nach Priboj zurück. Der Feind zerstörte die

Priboj.

Redoute und verbrannte das Blockhaus. Drei Tage später, am 7. November, griffen 2000 Türken die Schanze von Priboj an, zogen sich aber bei Eintritt der Dämmerung wieder gegen Željava zurück. Am folgenden Tage erschienen sie mit drei Kanonen und einem Mörser abermals vor der Schanze, welche bis gegen Abend überaus lebhaft beschossen wurde. Ein bei Eintritt der Dunkelheit von der Besatzung, welche ungeachtet des heftigen Feuerns nur 21 Mann verloren hatte, unternommener Ausfall trieb die Türken wieder bis Željava zurück. Nach dem Abzuge des Paschas von Scutari trat in den Grenzbezirken verhältnissmässig Ruhe ein. Das letzte grössere Gefecht fand am 21. November in der Gegend von Begovopolje statt. In diesem leisteten 150 Mann unter Oberlieutenant Borojević tapferen und erfolgreichen Widerstand gegen 400 Türken, welche letzteren schliesslich gegen Prjedor retiriren mussten.

Begovopolje.

Das galizische Armee-Corps des Prinzen Coburg lag im Beginne des Jahres in den Winterquartieren auf dem rechten Ufer des Seret, hatte die Front durch die Bistritz gedeckt und seine Vorposten bis an den Trotusu vorgeschoben. Drohende Bewegungen des Feindes aus der Walachei her gegen die Front der kaiserlichen Truppen erheischten im Anfange des Monats März die Concentrirung eines Theiles des Corps bei Bacău. Um diese Zeit forderte der russische Feldmarschall Rumjanzow, der mit seinem rechten Flügel unter dem General Derfelden die Gegend zwischen Berlad und dem Pruth säubern sollte, den Prinzen auf, durch die Besetzung von Focșani die rechte Flanke des erwähnten Flügels zu decken. Coburg, dem vom Kaiser grosse Vorsicht zur Pflicht gemacht worden war, lehnte ab, da er sich nicht zu weit von Siebenbürgen entfernen wollte.

Diese Handlungsweise des Prinzen wurde bald durch die Ereignisse gerechtfertigt. Obrist Karaiczay meldete am 10. April, dass der Feind nur durch das eingetretene Hochwasser verhindert würde, eine bei Rechcui (unweit von Petrascani) über den Trotusu geschlagene Brücke zu vollenden. GM. Schmerzing erhielt hierauf den Befehl, im Falle, als ein Angriff auf die bei Bacău stehenden Truppen erfolgen sollte, mit drei Bataillonen und zwei Escadronen Husaren sofort auf das rechte Ufer der Bistritz zu rücken. In der Nacht auf den 14. April gingen thatsächlich 4000 feindliche Reiter

bei Recheuci über den Trotusu, drückten die kaiserlichen Vor- **Recheuci.**
posten zurück und zwangen 100 Husaren, welche zu deren Unterstützung vorrückten, zum Weichen. Als Obrist Karaiczay mit
allen seinen verfügbaren Truppen vorging, befand sich der Feind,
welcher nur eine Recognoscirung beabsichtigt hatte, bereits im
Rückzuge. Am Vormittage des 19. April meldeten die Vorposten,
dass 5000 Türken auf der gegen Adschud (Agiudu-nuou) führenden
Strasse erschienen seien. Obrist Karaiczay traf sofort Anstalten,
um den Feind in der gutgewählten Stellung vorwärts von Vale **Vale Seca.**
Seca zu empfangen. Die Husaren mussten zwar vor der Wucht
des feindlichen Angriffes weichen und zogen sich gegen die linke
Flanke des Fussvolkes zurück, wodurch aber die Artillerie Gelegenheit erhielt, in Thätigkeit zu treten. Die Türken entzogen
sich rasch dem Geschützfeuer und warfen sich zum zweiten Male
auf die Husaren, wurden von diesen aber mit grosser Bravour zurückgeschlagen. Ein dritter Angriff des Feindes gegen die beim
Kirchhofe aufgestellten drei Compagnien scheiterte an dem Gewehrfeuer derselben und einer abermaligen glänzenden Gegen-
Attaque der Husaren. Die Türken, welche 40 Todte auf dem
Platze liessen, brachen nunmehr den Kampf ab. Der Verlust der
Kaiserlichen, die zwei Fahnen erbeuteten, bezifferte sich auf
49 Mann an Todten und Verwundeten.

Als Coburg die Nachricht von dem glücklichen Gefechte der
russischen Division Derfelden bei Maximeni und von deren Marsch
nach Galatz erhalten hatte, entschloss er sich, auf erneuerte Aufforderung der Russen, einen Theil seines Corps nach Focşani vorgehen zu lassen. Ein Befehl des Kaisers jedoch, der dem Prinzen
auftrug, bei guter Zeit nach der Bukowina zurückzugehen, da von
den Operationen der Russen nur ein geringer Erfolg erwartet werden
dürfe, veranlasste Coburg von der beabsichtigten Detachirung wieder
abzustehen. General Derfelden nahm mittlerweile Galatz ein, musste
aber, da die Kaiserlichen Focşani nicht besetzten, wieder nach Berlad
zurückweichen. Das Corps Coburg bezog ein vortheilhaftes Lager
bei Podu Bezedy und später bei Parawa, zwischen dem Seret
und dem unteren Trotusu auf der Strasse zwischen Roman und
Focşani.

Während dieser Zeit waren im Commando der russischen
»Süd-Armee« wichtige Veränderungen erfolgt. Fürst Potemkin

wurde zum Generalissimus derselben ernannt, Fürst Repnin erhielt
die bisher von Rumjanzow befehligte Armee und das Commando
der Division Derfelden wurde dem energischen General-Lieutenant
Suwarow übertragen, mit welchem der Prinz Coburg bald in das
innigste Einvernehmen trat.

Coburg hatte Nachrichten erhalten, dass die Türken in der
Walachei mehr als 20.000 Mann stehen hätten. Er verlangte desshalb von Potemkin Unterstützung durch die Division Suwarow
und blieb in seiner Stellung. Als diese Unterstützung — wider
die gehegte Erwartung, zugesagt wurde, vereinigte der Prinz, um
in eine bessere Verbindung mit Berlad zu treten, sein Corps am
16. Juli in der Gegend von Adschud und wandte sich direct an
Suwarow, damit dieser seinen Marsch beschleunige. Am 28. Juli
Nachts vereinigte sich Suwarow mit 10 Bataillonen, 9 Escadronen
und 30 Geschützen bei Adschud mit den Kaiserlichen. Die Verbündeten, welche nun 23.000 Mann zählten, begannen am 30. Juli
mit Tagesanbruch den Vormarsch gegen den hinter dem Putna-
Flusse mit der Hauptmacht bei Focşani stehenden, 30.000 Mann
starken Gegner. Nach einem glücklichen Gefechte bei Vodu Turkuluj am 31. Juli, in welchem 3000 recognoscirende Türken vertrieben worden waren, gelang es, die Hauptmacht des Feindes am
1. August bei Focşani einzuholen und vollständig zu schlagen.
Der Kampf endete mit der Erstürmung der hartnäckig vertheidigten
Klöster Samuel und Dragoi Obideni. Der Verlust der Oesterreicher
betrug kaum 100, jener des Feindes gegen 1100 Mann, 10 Kanonen
und 16 Fahnen. Nach dem Siege bei Focşani kehrte Suwarow
wieder nach Berlad zurück.

Prinz Coburg liess sein Corps ein Lager beziehen und beab-
sichtigte, den Sieg auszunützen und im Einvernehmen mit dem in
Siebenbürgen stehenden Fürsten Hohenlohe in das Innere der
Walachei vorzudringen.

Mitte September rüsteten die Türken zu einer neuen Offensive und die vom Prinzen Coburg befürchtete Bedrohung der linken
Flanke seines Corps und damit die Trennung derselben von den
Russen stand zu besorgen. Streif-Patrouillen, die gegen Braila
vorgegangen waren, brachten die Nachricht, dass der Grossvezier
Hassan mit zahlreichen Truppen im Marsche auf Focşani begriffen
sei und gegen 18. September bei Martinesti eintreffen werde.

Vodu
Turkuluj.

Focşani.

Gleichzeitig sammelten sich bei Buzău ansehnliche feindliche Streitkräfte, mit welchen die kaiserliche Reiterei am 19. September an
dem Rimna-Bache ein siegreiches Gefecht bestand. Coburg sandte **Rimna-Bach.**
Eilboten an Suwarow, um diesen, der im Begriffe stand, nach Galatz
vorzurücken, um Unterstützung zu bitten. Am 21. September traf
Suwarow mit 7000 Russen im Lager der Kaiserlichen am linken
Ufer des Milkow-Flusses (südlich von Focşani) ein. Obwohl die
Armee des Grossveziers auf 100.000 Mann geschätzt wurde und
sich bei Martineşti und Tirgu-Kukului (Plaineşci) in einer ver- **Martineşti.**
schanzten, trefflich gewählten Stellung befand, gingen die kaum
23000 Mann starken Verbündeten am 22. September dennoch zum
Angriffe vor. Der Grossvezier wurde in einem erbitterten, wiederholt schwankenden Kampfe geschlagen und verlor 5100 Mann (eine
noch grössere Anzahl soll im Rimnik-Flusse ertrunken sein), 100
Fahnen, 71 Geschütze, 6 Mörser, 2000 Wagen u. s. w. Dagegen
hatten die Kaiserlichen an Todten und Verwundeten nur 233 Mann
eingebüsst.

Den Siegern stand der Weg in die Walachei offen, da der
Grossvezier nach Silistria retirirte und unterwegs von einem Theile
seiner Truppen verlassen wurde; allein Suwarow ward zum zweiten
Mal abberufen und marschirte nach Tekucz am Berlad-Flusse. Da
auf eine weitere Unterstützung von Seite der Russen so bald nicht
mehr zu rechnen war und Regenwetter die Operationen in einem
von zahlreichen Gewässern durchzogenen Lande sehr erschwerte,
beschloss der Prinz von Coburg, seine Truppen zwischen Focşani
und Roman in Winterquartiere zu verlegen. Im Begriffe, dieses
Vorhaben auszuführen, erhielt der seit der Schlacht von Martineşti
zum Feldmarschall beförderte Prinz von Laudon den Befehl, mit
dem galizischen Corps, so weit als möglich, in die Walachei vorzurücken. Coburg sicherte demselben den Nachschub der nöthigen
Verpflegung und wandte sich hierauf gegen Bukarest, in welche
Stadt er am 10. November einzog. Zwei Tage später unternahm
Obristlieutenant Kiennmayr mit 500 Mann des Arnauten-Freicorps,
300 Husaren und zwei Geschützen einen Streifzug gegen Oinaca **Oinaca.**
(unweit Giurgevo), nahm hier am 14. November den Wojwoden
Jussuf Pascha, der Giurgevo mit Lebensmitteln versehen sollte,
und sieben andere vornehme Türken gefangen und kehrte mit
ansehnlichen erbeuteten Viehheerden und ganz ohne Verlust zurück.

Das galizische Corps konnte seine Winterquartiere nun ungehindert in der Walachei beziehen.

Das Corps in Siebenbürgen war in seinen Operationen abhängig von den Dispositionen des Prinzen Coburg. Gleichwohl entwickelte Fürst Hohenlohe eine ganz aussergewöhnliche Thätigkeit, welcher es zu danken war, dass von den zahlreichen Angriffen der Türken auf die Besatzungen der Grenzpässe kein einziger gelang, und das Land von jeder Invasion und Verwüstung durch den Feind verschont blieb.

Mit dem Eintritte der besseren Witterung im Monate März zog Hohenlohe seine Truppen aus den Cantonnements nach den wichtigsten Puncten zusammen. Er bildete bei Hátszeg, Hermannstadt und Kronstadt drei Hauptgruppen zum Schutze der diesen Puncten nächstgelegenen Gebirgs-Uebergänge, während das Hauptquartier in Hermannstadt verblieb. Die Stellungen im Gebirge wurden stark verschanzt, geschlossene Redouten und Minen angelegt und entsprechende Reserven in Bereitschaft gehalten. Für den Fall, dass Siebenbürgen von einem Hauptangriff des Gegners bedroht werden sollte, hatte der Kaiser angeordnet, dass das bei Karánsebes stehende Gros des Corps Clerfayt (acht Bataillone, sechs Escadronen) zur Verstärkung nach Siebenbürgen abzurücken habe.

Kieyi.
Predeal.
Suits.

Die Angriffe des Gegners bei Kieyi am 27. April und 1. Mai, auf die Schanzen am Predeal am 15. Juli, Suits bei Kimpulung am 17. Juli u. a. a. O. wurden siegreich abgewiesen, aber erst der Sieg Coburg's bei Focşani und die bereits erwähnte Schlappe, welche 8000 Türken am 3. August bei einem Angriffe auf den Bodza-Pass. Pass von Bodza erlitten, hatten das Zurückweichen des Feindes von der Landesgrenze zur Folge. Der folgende Sieg der Alliirten bei Martineşti verminderte die Gefahr für Siebenbürgen von dieser Seite her noch mehr und Hohenlohe konnte sich dem Westen zuwenden, wo eben ein türkisches Corps im Begriffe war, von Krajova aus über den Vulkan-Pass einzubrechen. Dieses wurde am 7. und Vajdeni. 8. October bei Vajdeni (Porceni) entscheidend geschlagen und verlor an Todten und Verwundeten 1000 Mann, dann 6 Geschütze und 40 Fahnen. Dieser Erfolg und jene der benachbarten Corps veranlassten Hohenlohe, in die kleine Walachei vorzurücken. Anfangs November gingen die Truppen in vier Colonnen über den

Vulkan-, Rothenthurm-, Törzburger- und Tömöser-Pass dahin vor, wo sie zu ihrem grössten Theile auch die Winterquartiere bezogen.

Feldzug 1790.

Quellen: Wie bereits angegeben.

Oesterreich und die Türkei bedurften des Friedens in gleicher Weise und unterhandelten über einen solchen. Für den ersteren Staat war er zu einer Nothwendigkeit geworden, da mit Sicherheit vorauszusehen war, dass Preussen, mit Polen vereint, im Frühjahre 1790 zum Angriffe gegen Oesterreich schreiten werde. Die Türkei wieder war erschöpft und hatte im letzten Jahre schwere Niederlagen erlitten, rechnete aber anderseits auf ein Eingreifen Preussens und zog, um dieses zu erreichen, die Verhandlungen in die Länge. Unter solchen Verhältnissen mussten die Vorkehrungen mit Beschleunigung getroffen werden, um die Armee für das Frühjahr mit allem Nöthigen auszurüsten. Es sollten 39 Bataillone und 38 Cavallerie-Divisionen gegen Preussen und Polen herangezogen, 36 Bataillone und 16 Cavallerie-Divisionen gegen die Türkei verfügbar belassen werden. Der lebensgefährlich erkrankte Kaiser Josef II. hatte das Commando über die gegen Preussen bestimmten Truppen dem FM. Laudon übertragen. Schon am 20. Februar 1790 starb Josef II. jedoch und sein Nachfolger Leopold II. war vor Allem bestrebt, eine Verständigung mit Preussen anzubahnen und die drohendste Gefahr von der Monarchie abzuwenden.

Mittlerweile hatten die Feindseligkeiten im Süden indessen schon längst begonnen. Obristlieutenant Liptay säuberte durch das glückliche Gefecht bei Negotin am 6. Januar die Kraina vom Feinde und vereitelte die von diesem beabsichtigte Verproviantirung von Orsova. Wenige Wochen später, am 23. Januar, wurde bei Krstinja in Croatien ein Angriff des Feindes abgeschlagen. An der Morava wurde nach einem siegreichen Gefechte am 6. April Aleksinac besetzt, an der Donau am 12. April ein türkisches Corps bei Calafatu und bei Mogureni, am 13. Mai die feindliche Besatzung von Turnul geschlagen. Am 16. April capitulirte Orsova, dagegen scheiterte eine Unternehmung auf Giurgevo, das Coburg seit dem 2. Juni belagert hielt, durch einen am 8. Juni

Negotin.

Krstinja.

Aleksinac.
Calafatu.
Mogureni.

Turnul.
Orsova.
Giurgevo.

unternommenen glücklichen Ausfall der Besatzung, welche den Feldmarschall zum Abzuge zwang. FZM. Graf Clerfayt siegte am

Calafatu. 27. Juni bei Calafatu über ein 7000 Mann starkes, wohlverschanztes Corps, wobei der Feind 2000 Mann, 16 Fahnen, eine Kanone, sein ganzes Lager und fünf Tschaiken verlor, während die Kaiserlichen an Todten und Verwundeten nur 88 Mann einbüssten.

Unter-Ladjevac. In Croatien schlugen die Cordonstruppen am 27. April einen feindlichen Angriff bei Unter-Ladjevac erfolgreich zurück und später,

Jamnieko Brdo. am 18. Mai, vertheidigte sich die nur 18 Mann zählende Besatzung der Tschardake Jamnieko Brdo mit höchster Bravour gegen 2000 Türken, welch' letztere am 22. Mai von den Truppen des

Ljubina. croatisch-slavonischen Corps bei Ljubina ereilt und mit ansehnlichen Verlusten in die Flucht geschlagen wurden. Am 22. Juni

Cetin. liess FZM. De Vins das feste Cetin, welches 1000 Türken vertheidigten, durch 4000 Kaiserliche belagern. Ein am 1. Juli unternommener Ausfall der Besatzung, sowie ein am 11. Juli versuchter Entsatz derselben wurden vereitelt und am 20. Juli endlich der Platz mit Sturm genommen.

Das letzte grössere Gefecht in diesem Kriege fiel am 27. Juli

Florentin. bei Florentin in der Walachei vor und wurde vom FZM. Clerfayt gewonnen.

Ein unter Preussens Vermittlung am 23. September 1790 zu Giurgevo abgeschlossener neunmonatlicher Waffenstillstand machte dem Kampfe ein Ende. Der Congress, welcher hierauf in Sistova seine Verhandlungen begann, brachte jedoch erst am 21. August 1791 den definitiven Frieden zu Stande, in welchem Oesterreich alle seine Eroberungen bis auf Orsova zurückgab, und erst noch später schloss auch Russland seinen Frieden mit der Pforte zu Jassy. —